Illegale Internal Investigations

Schriften zum deutschen, europäischen und internationalen Wirtschaftsstrafrecht

Herausgegeben von Robert Esser

Band 1

PL ACADEMIC RESEARCH

Josephine Scharnberg

Illegale Internal Investigations

Strafrechtliche Grenzen unternehmensinterner Ermittlungen

PL ACADEMIC RESEARCH

Bibliografische Information der Deutschen Nationalbibliothek
Die Deutsche Nationalbibliothek verzeichnet diese Publikation in der Deutschen Nationalbibliografie; detaillierte bibliografische Daten sind im Internet über http://dnb.d-nb.de abrufbar.

Zugl.: Passau, Univ., Diss., 2014

D 739
ISSN 2190-0469
ISBN 978-3-631-65724-9 (Print)
E-ISBN 978-3-653-05063-9 (E-Book)
DOI 10.3726/978-3-653-05063-9

PL Academic Research ist ein Imprint der Peter Lang GmbH.

Peter Lang – Frankfurt am Main · Bern · Bruxelles · New York · Oxford · Warszawa · Wien

Diese Publikation wurde begutachtet.

www.peterlang.com

Für Luise

Vorwort

Die vorliegende Arbeit wurde im Sommersemester 2014 von der Juristischen Fakultät der Universität Passau als Dissertation angenommen.

Mein Dank gilt all jenen, die mich bei der Erstellung dieser Arbeit unterstützt haben. Folgende Personen möchte ich besonders hervorheben:

Meinen herzlichen Dank spreche ich zunächst meinem Doktorvater Herrn Prof. Dr. Robert Esser aus, an dessen Lehrstuhl ich während der Erstellung dieser Dissertation arbeiten durfte. Danken möchte ich auch Herrn Prof. Dr. Armin Engländer für die rasche Erstellung des Zweitgutachtens sowie Herrn Prof. Dr. Jochen Bung für seine Mitwirkung in der Prüfungskommission.

Zudem bedanke ich mich bei meiner lieben Lehrstuhlkollegin und Freundin Frau Susanne Bettendorf, die stets ein offenes Ohr für mich hatte.

Der größte Dank gebührt schließlich meiner Familie, die mich stets in jeglicher Hinsicht unterstützt hat.

Hamburg, im September 2014
Josephine Scharnberg

Inhaltsverzeichnis

Abkürzungsverzeichnis

a.A.	andere Ansicht
Abs.	Absatz
a.F.	alte Fassung
AG	Aktiengesellschaft
AG	Amtsgericht
AG	Die Aktiengesellschaft, Zeitschrift
AGB	Allgemeine Geschäftsbedingungen
AktG	Aktiengesetz
Alt.	Alternative
Anm.	Anmerkung
AnsFuG	Anlegerschutz- und Funktionsverbesserungsgesetz
AnwBl	Anwaltsblatt
AO	Abgabenordnung
ArbG	Arbeitsgericht
ArbGG	Arbeitsgerichtsgesetz
ArbRAktuell	Arbeitsrecht Aktuell
ArbuR	Arbeit und Recht
Arg.	Argument
Art.	Artikel
BaFin	Bundesanstalt für Finanzdienstleistungsaufsicht
BAG	Bundesarbeitsgericht
BAGE	Amtliche Entscheidungssammlung des Bundesarbeitsgerichts
BayObLG	Bayerisches Oberstes Landesgericht
BB	Betriebs-Berater
Bd.	Band
BDG	Bundesdisziplinargesetz
BDSG	Bundesdatenschutzgesetz
Beck'OK	Beck'scher Online-Kommentar
BeckRS	Beck-Rechtsprechung
Beschl.	Beschluss
BetrVG	Betriebsverfassungsgesetz
BGB	Bürgerliches Gesetzbuch

BGBl.	Bundesgesetzblatt
BGH	Bundesgerichtshof
BGHSt	Entscheidungen des Bundesgerichtshofes in Strafsachen
BGHZ	Entscheidungen des Bundesgerichtshofes in Zivilsachen
BImSchG	Gesetz zum Schutz vor schädlichen Umwelteinwirkungen durch Luftverunreinigungen, Geräusche, Erschütterungen und ähnliche Vorgänge (Bundes-Immissionsschutzgesetz)
BORA	Berufsordnung für Rechtsanwälte
BRAK	Bundesrechtsanwaltskammer
BRAO	Bundesrechtsanwaltsordnung
BR-Drs.	Bundesratsdrucksache
Bsp.	Beispiel
bspw.	beispielsweise
BT-Drs.	Bundestagsdrucksache
BVerfG	Bundesverfassungsgericht
BVerfGE	Entscheidungen des Bundesverfassungsgerichts
bzgl.	bezüglich
bzw.	beziehungsweise
CCZ	Corporate Compliance Zeitschrift
CR	Computer und Recht
DAV	Deutscher Anwaltverein
DB	Der Betrieb
DCGK	Deutsche Corporate Governance Kodex
d.h.	das heißt
DJT	Deutscher Juristentag
DOJ	Department of Justice (US Justizministerium)
Drs.	Drucksache
DuD	Datenschutz und Datensicherheit
EDM	Evidence and Disclosure Management
EDV	Elektronische Datenverarbeitung
EGMR	Europäischer Gerichtshof für Menschenrechte
Einl.	Einleitung
EMRK	Konvention zum Schutze der Menschenrechte und Grundfreiheiten (Europäische Menschenrechtskonvention)
E-Mail	electronic mail
EStG	Einkommensteuergesetz
etc.	et cetera
f.	folgende (Seite)

ff.	folgende (Seiten)
FA	Fachanwalt Arbeitsrecht
FAZ	Frankfurter Allgemeine Zeitung
FCPA	Foreign Corrupt Practices Act
Fn.	Fußnote
Frankfurt a.M.	Frankfurt am Main
FS	Festschrift
gem.	gemäß
GewO	Gewerbeordnung
GewStG	Gewerbesteuergesetz
GG	Grundgesetz
ggf.	gegebenenfalls
ggü.	gegenüber
GmbH	Gesellschaft mit beschränkter Haftung
GmbHG	Gesetz betreffend die Gesellschaften mit beschränkter Haftung (GmbH-Gesetz)
GOBT	Geschäftsordnung des Deutschen Bundestages
grds.	grundsätzlich
GVBl.	Gesetz- und Verordnungsblatt
GWB	Gesetz gegen Wettbewerbsbeschränkungen (Kartellgesetz)
GWR	Gesellschafts- und Wirtschaftsrecht
HGB	Handelsgesetzbuch
h.M.	herrschende Meinung
Hrsg.	Herausgeber
Hs.	Halbsatz
i.d.R.	in der Regel
i.e.S.	im engeren Sinne
i.H.v.	in Höhe von
IMAP	Internet Message Access Protocol
InsO	Insolvenzordnung
IPBPR	Internationaler Pakt über bürgerliche und politische Rechte
i.R.d.	im Rahmen des/der
i.S.d.	in Sinne des/der
IT	Informationstechnik
ITRB	Der IT-Rechts-Berater
i.V.m.	in Verbindung mit
i.w.S.	im weiteren Sinne
JSt	Journal für Strafrecht

JuS	Juristische Schulung
JZ	JuristenZeitung
Kap.	Kapitel
KO	Konkursordnung
KorruptionsbG	Gesetz zur Verbesserung der Korruptionsbekämpfung und zur Einrichtung und Führung eines Vergaberegisters in Nordrhein-Westfalen (Korruptionsbekämpfungsgesetz)
KRG	Gesetz zur Einrichtung und Führung eines Registers über korruptionsauffällige Unternehmen in Berlin (Korruptionsregistergesetz)
KSchG	Kündigungsschutzgesetz
KStG	Körperschaftsteuergesetz
KWG	Gesetz über das Kreditwesen (Kreditwesengesetz)
K&R	Kommunikation und Recht
LAG	Landesarbeitsgericht
LG	Landgericht
Lit.	Literatur
lit.	littera (Buchstabe)
Ls.	Leitsatz
m.E.	meines Erachtens
Mio.	Million
MMR	Multimedia und Recht
MüKo	Münchener Kommentar
m.w.N.	mit weiteren Nachweisen
n.F.	neue Fassung
NJOZ	Neue Juristische Online-Zeitung
NJW	Neue Juristische Wochenschrift
NJW-RR	NJW-Rechtsprechungs-Report
Nr.	Nummer
NStZ	Neue Zeitschrift für Strafrecht
NZA	Neue Zeitschrift für Arbeitsrecht
NZA-RR	NZA-Rechtsprechungs-Report Arbeitsrecht
NZBau	Neue Zeitschrift für Baurecht
NZG	Neue Zeitschrift für Gesellschaftsrecht
NZI	Neue Zeitschrift für das Recht der Insolvenz und Sanierung
NZWiSt	Neue Zeitschrift für Wirtschafts-, Steuer- und Unternehmensstrafrecht
o.ä.	oder ähnlich

OLG	Oberlandesgericht
OStA	Oberstaatsanwalt
OWiG	Gesetz über Ordnungswidrigkeiten (Ordnungswidrigkeitengesetz)
PC	Personal Computer
POP3	Post Office Protocol, Version 3
PostG	Postgesetz
PwC	PricewaterhouseCoopers International
RdA	Recht der Arbeit
RDV	Recht der Datenverarbeitung: Zeitschrift für Datenschutz-, Informations- und Kommunikationsrecht
RIW	Recht der internationalen Wirtschaft
Rn.	Randnummer
Rspr.	Rechtsprechung
s.	siehe
S.	Satz
S.	Seite
SEC	U.S. Securities and Exchange Commission (US Börsenaufsicht)
SMS	Short Message Service
SPD	Sozialdemokratische Partei Deutschlands
SprAuG	Gesetz über Sprecherausschüsse der leitenden Angestellten (Sprecherausschussgesetz)
S/S	Schönke/Schröder, Strafgesetzbuch, Kommentar
StA	Staatsanwaltschaft
StGB	Strafgesetzbuch
StPO	Strafprozessordnung
StraFo	Strafverteidigerforum
StV	Strafverteidiger
s.o.	siehe oben
sog.	so genannt
str.	streitig
s.u.	siehe unten
TK	Telekommunikation
TKG	Telekommunikationsgesetz
TMG	Telemediengesetz
Tz.	Teilziffer
u.a.	unter anderem

Urt.	Urteil
USA	United States of America
USSG	US Federal Sentencing Guidelines
UStG	Umsatzsteuergesetz
usw.	und so weiter
u.U.	unter Umständen
UWG	Gesetz gegen den unlauteren Wettbewerb (Unlauterer Wettbewerb-Gesetz)
v.	von / vom
v.a.	vor allem
VAG	Gesetz über die Beaufsichtigung der Versicherungsunternehmen (Versicherungsaufsichtsgesetz)
Var.	Variante
VergabeR	Vergaberecht
VG	Verwaltungsgericht
VGH	Verwaltungsgerichtshof
vgl.	vergleiche
VOB/A	Vergabe- und Vertragsordnung für Bauleistungen, Teil A
VOL/A	Vergabe- und Vertragsordnung für Leistungen, Teil A
Vorb.	Vorbemerkung
WiJ	WisteV-Journal
WiM	Wirtschaft in Mittelfranken
wistra	Zeitschrift für Wirtschaft, Steuer und Strafrecht
WLAN	Wireless Local Area Network
WM	Wertpapiermitteilungen
WpHG	Gesetz über den Wertpapierhandel (Wertpapierhandelsgesetz)
WpDVerOV	Verordnung zur Konkretisierung der Verhaltensregeln und Organisationsanforderungen für Wertpapierdienstleistungsunternehmen
WPO	Wirtschaftsprüferordnung
WPR	Wettbewerb in Recht und Praxis
z.B.	zum Beispiel
ZD	Zeitschrift für Datenschutz
ZIP	Zeitschrift für Wirtschaftsrecht
ZIS	Zeitschrift für Internationale Strafrechtsdogmatik
zit.	zitiert
ZJS	Zeitschrift für das Juristische Studium

ZPO	Zivilprozessordnung
ZRP	Zeitschrift für Rechtspolitik
ZStrR	Schweizerische Zeitschrift für Strafrecht
ZWH	Zeitschrift für Wirtschaftsstrafrecht und Haftung im Unternehmen

Kapitel 1 – Rechtliche Einordnung der unternehmensinternen Ermittlungen

A. Einleitung und Hinführung zum Thema

In der Vergangenheit haben spektakuläre Fälle wie die Siemens-Korruptionsaffäre[1] dazu beigetragen, dass der Begriff „Compliance" nunmehr auch in Deutschland in aller Munde ist. Er beschreibt all jene Maßnahmen, die ergriffen werden, um das rechtmäßige Verhalten aller Unternehmensangehörigen zu gewährleisten.[2]

Eng verwoben damit sind die sog. Internal Investigations. Bei diesen unternehmensinternen Ermittlungen handelt es sich typischerweise um Untersuchungen, die bei Verdacht eines Verstoßes gegen Gesetze oder sonstige Regeln durch vom Unternehmen beauftragte externe nichtstaatliche Ermittler (bspw. Rechtsanwälte oder Wirtschaftsprüfer) durchgeführt werden und regelmäßig im Zusammenhang mit (drohenden) staatlichen Ermittlungen durch die Strafverfolgungsbehörden stehen.[3]

Die Begriffe „Internal Investigation" und „interne Untersuchung/Ermittlung" werden im Rahmen dieser Arbeit synonym verwendet, unabhängig davon, ob sie von internen oder externen nichtstaatlichen Ermittlern durchgeführt werden oder im Vorfeld zu einem staatlichen Verfahrens stehen.[4] An dieser Stelle soll auch darauf hingewiesen werden, dass im Zusammenhang mit Internal Investigations eigentlich stets von (unternehmens-)internen „Untersuchungen" und nicht von „Ermittlungen" gesprochen werden sollte, da Ermittlungen streng genommen nur die staatlichen Strafverfolgungsbehörden führen, nicht aber Private.[5] Hier werden die Begriffe jedoch nicht in einem derart strengen formaljuristischen Sinne verstanden, sondern vielmehr synonym verwendet.

---

1 Vgl. nur: *Jahn*, StV 2009, 41 ff.; *Wastl/Litzka/Pusch*, NStZ 2009, 68 ff.

2 Vgl. zunächst nur *Bock*, Criminal Compliance, S. 21.

3 Vgl. hier zunächst nur *Momsen*, ZIS 2011, 508, 511.

4 Vgl. auch: *Wybitul*, BB 2009, 606 Fn. 13; *Kort*, in: Bitburger Gespräche, S. 45, 62; *Kort*, DB 2011, 651, 654; *Grützner/Leisch*, DB 2012, 787, 791 Fn. 49; *Mark*, ZWH 2012, 311; Rübenstahl/Debus, NZWiSt 2012, 129; **a.A.**: Böhm, Non-Compliance und Arbeitsrecht, S. 88.

5 BRAK, Stellungnahme-Nr. 35/2010, S. 9, die aber von „Erhebung" sprechen.

In den USA wird dieses Phänomen bereits seit Ende der 60er, Anfang der 70er Jahre beschrieben.[6] In Deutschland gewinnen unternehmensinterne Untersuchungen hingegen erst seit einigen Jahren an Bedeutung.[7] Obwohl das juristische Interesse an den Internal Investigations seither groß und die Zahl der Veröffentlichungen beeindruckend ist, besteht nach wie vor enorme Rechtsunsicherheit hinsichtlich des rechtlichen Rahmens und der rechtlichen Grenzen dieses Phänomens. Die Ursachen hierfür sind vielfältig: Zum einen hat sich die Rechtsprechung bisher nur selten mit diesem Themenkomplex auseinandersetzen müssen, zum anderen existiert kein Gesetz, das explizit Regelungen für die Durchführung von internen Ermittlungen enthält.

Die folgenden Ausführungen sollen in diesem praxisrelevanten Bereich eine Orientierungshilfe für Arbeitgeber[8] und private Ermittler darstellen. Im Mittelpunkt stehen dabei stets die strafrechtlichen Grenzen des Zulässigen. In Anbetracht der vielen noch immer ungeklärten Rechtsfragen, denen in verschiedenen Konstellationen entscheidende Bedeutung zukommt, ist es jedoch unmöglich eine allgemeingültige Antwort hinsichtlich der Zulässigkeit einzelner Untersuchungsmaßnahmen zu geben. Die Strafbarkeit des Arbeitgebers bzw. der privaten Ermittler ist vielmehr von den konkreten Umständen des Einzelfalles, Abwägungsergebnissen und der vertretenenAnsicht hinsichtlich der einen oder anderen umstrittenen Rechtsfrage abhängig.

Um den Rahmen, in dem interne Untersuchungen durchgeführt werden, abzustecken, werden in einem ersten, einleitenden Kapitel zunächst einige grundsätzliche Ausführungen zum Bereich der Compliance gemacht. Neben Anmerkungen zum Ursprung und der Entwicklung findet sich hier auch ein Überblick zu den Folgen von *Non*-Compliance, den Vorteilen und der Rechtspflicht zur Einführung eines Compliance-Programmes sowie typischen Compliancemaßnahmen. Sodann werden die Internal Investigations in den Themenkomplex der Compliance eingeordnet. Es folgen Ausführungen zum Ursprung und Ablauf, der Zielsetzung, möglichen Auslösern, Vor- und Nachteilen sowie der rechtlichen Gebotenheit der Durchführung einer unternehmensinternen Untersuchung. In einem sich anschließenden Abschnitt wird kurz auf die grundsätzliche Zulässigkeit privater Ermittlungen eingegangen.

---

6 *Wewerka*, Internal Investigations, S. 45; *Behrens*, RIW 2009, 22, 24.

7 Vgl. etwa: *v. Hehn/Hartung*, DB 2006, 1909 ff.; *Mengel/Ullrich*, NZA 2006, 240 ff.

8 *Weidenkaff*, in: Palandt, Einf. vor § 611 Rn. 6: Als Arbeitgeber gilt jeder, der mindestens einen anderen in einem Arbeitsverhältnis als Arbeitnehmer beschäftigt und dafür eine Vergütung schuldet. Arbeitgeber kann dabei eine natürliche oder juristische Person sein, für die dann ein gesetzlicher Vertreter die Arbeitgeberfunktion ausübt.

In einem ersten großen Komplex werden in Kapitel zwei die Grundsätze des Beschäftigtendatenschutzrechts, das hinsichtlich der Zulässigkeit der Durchführung interner Ermittlungen eine maßgebliche Rolle spielt, dargestellt. Dabei geht es vor allem um das Bundesdatenschutzgesetz (BDSG) und das Telekommunikationsgesetz (TKG). Im Mittelpunkt der Ausführungen steht zum einen § 32 Abs. 1 S. 2 BDSG, der eine spezielle Erlaubnisnorm für den Umgang mit Daten zur Aufklärung von Straftaten im Beschäftigungsverhältnis enthält und daher als Rechtfertigungsnorm im Rahmen des Strafrechts in Betracht kommt, und zum anderen die Frage nach der Anwendbarkeit des TKG. Eine höchstrichterlich noch ungeklärte Frage ist nach wie vor, ob der Arbeitgeber, wenn er seinen Mitarbeitern die private Nutzung des Internets gestattet, als Dienstanbieter i.S.d. TKG einzuordnen ist. Für die Zulässigkeit der Untersuchungsmaßnahmen, die sich auf Telekommunikationsmittel beziehen, kommt dieser Frage zentrale Bedeutung zu, da bei Anwendbarkeit des TKG die Maßnahmen an dessen wesentlich strengeren Maßstäben bzw. dem Fernmeldegeheimnis zu messen wären, wohingegen das BDSG grundsätzlich eine Abwägung der entgegenstehenden Interessen ausreichen lässt.

Im darauffolgenden dritten Kapitel geht es um die Zulässigkeit einzelner Ermittlungsmaßnahmen. Das Hauptaugenmerk liegt dabei auf den strafrechtlichen Grenzen unternehmensinterner Ermittlungen, da erst allmählich erkannt wird, dass sich auch die Verhinderung und Aufdeckung von Rechtsverstößen in den Grenzen der Zulässigkeit bewegen muss,[9] sofern man das Ziel des rechtmäßigen Verhaltens aller Unternehmensangehörigen glaubhaft verfolgen möchte. Insoweit kann gewissermaßen von der „Compliance der Compliance“[10] gesprochen werden. Zunächst wird die (datenschutzrechtliche) Zulässigkeit einzelner Untersuchungsmaßnahmen beleuchtet, um sodann auf die jeweiligen Strafbarkeitsrisiken für Arbeitgeber und private Ermittler einzugehen. In Hinblick auf den Grundsatz der Einheit der Rechtsordnung ist zu berücksichtigen, dass ein datenschutzrechtlich ausdrücklich erlaubtes Verhalten grundsätzlich nicht strafrechtlich sanktioniert werden kann, sodass im Rahmen der Rechtswidrigkeit stets auch das Datenschutzrecht eine entscheidende Rolle spielt.

Besonderes Augenmerk liegt auf den beiden zentralen Ermittlungsmaßnahmen des sog. E-Mail-Screenings und der Interviews. Bei ersterem handelt es sich um die systematische Kontrolle und Durchsicht aller ein- und ausgehenden

9 Vgl. *Maschmann*, in: Soziale Marktwirtschaft, S. 184, 187.
10 *Taschke*, NZWiSt 2012, 89, 94.

E-Mails der Mitarbeiter in Hinblick auf einen bestimmten Verdachtsmoment.[11] Im Rahmen der sog. Interviews werden Mitarbeiter nach der konzernweiten Sichtung der Unterlagen mit den gefundenen Beweismitteln konfrontiert und dazu befragt.[12] Daneben werden auch die Zulässigkeit der Auswertung von Dokumenten, Dateien und Personalakten, die Post- und Telefonkontrolle, die Inaugenscheinnahme des Büros sowie der elektronische Datenabgleich geprüft.

Abschließend wird im vierten Kapitel ein Überblick über die prozessualen Folgeprobleme, insbesondere die Verwertbarkeit der im Rahmen einer internen Ermittlung gewonnenen Beweismittel im Straf-, Zivil- und Arbeitsgerichtsverfahren, gegeben. Dabei wird vor allem diskutiert, ob rechtswidrig von Privaten gewonnene Beweise verwertet werden dürfen und einem ggf. anzunehmenden Beweisverwertungsverbot Fernwirkung zukommt.

B. Compliance

Unternehmensinterne Untersuchungen sind eng mit dem Bereich der Compliance verbunden. Um den Zusammenhang zu verstehen und den Rahmen abzustecken, in dem derartige Untersuchungen stattfinden, bietet es sich an, zunächst einige grundsätzliche Ausführungen zur Compliance zu machen.

I. Begriffserklärung, Ursprung und Entwicklung[13]

Bei dem Begriff der Compliance handelt es sich im Rahmen der Rechtswissenschaft um eine aus dem anglo-amerikanischen Rechtskreis stammende Terminologie.[14] Ursprünglich stammt der Begriff jedoch aus dem medizinischen Bereich, wo er – angelehnt an die wörtliche Übersetzung: „Befolgung, Einhaltung oder Erfüllung“[15] – als Therapietreue verstanden wird.[16] Als „Geburtsstunde der modernen Compliance auf juristischer Ebene“ bezeichnet *Eufinger* die im Hinblick

---

11 In diesem Sinne etwa: *Schmidl*, in: Hauschka, Corporate Compliance, § 29 Rn. 295.

12 *Jahn* StV 2009, 41, 42; *Knauer/Buhlmann* AnwBl 2010, 387; *Momsen*, ZIS 2011, 508, 510; *Reeb*, Internal Investigations, S. 95.

13 Ausführlich zu Ursprung und Entwicklung: *Rotsch*, in: Handbuch Wirtschaftsstrafrecht, 1. Teil, 4. Kap. Rn. 10 ff.

14 *Bürkle*, BB 2005, 565.

15 *Willmann*, in: Langenscheidt Englisch – Deutsch.

16 *Eufinger*, CCZ 2012, 21; *Stober*, NJW 2010, 1573; *Bock*, Criminal Compliance, S. 19; *Hauschka*, NJW 2004, 257; *Rotsch*, in: FS Samson, S. 141; *Rotsch*, in: Handbuch Wirtschaftsstrafrecht, 1. Teil, 4. Kap. Rn. 1; *Hauschka*, AnwBl 2010, 629; *Momsen*, ZIS 2011, 508.

auf die „Electrical Cases“[17] von 1960 immer bedeutsamer werdende Prävention von Kartellverstößen in US-amerikanischen Unternehmen.[18] „Compliance“ im heutigen Sinne entwickelte sich jedoch vor allem im Hinblick auf die „US Federal Sentencing Guidelines“ (USSG)[19].[20] Diese unverbindlichen[21] öffentlichrechtlichen Verwaltungsanweisungen legen einzelne Tatbestands- und Verschuldenskriterien für die Bemessung der Strafe fest.[22] Seit 1991 enthalten sie Regelungen für die Bestrafung von Unternehmen, vgl. Kapitel Acht „Sentencing of Organizations“ (enthält Richtlinien zur Errechnung von Geldstrafen für Unternehmen[23]).[24] Für ein Unternehmen wirkt es sich danach strafmildernd aus, wenn es ein Compliance-System eingerichtet hat. Das Unternehmen muss sich also durch die Einführung und Überwachung von Richtlinien um die Einhaltung des geltenden Rechts bemühen (§ 8 C.2.5 (f) USSG).[25] Bei Einführung eines effektiven Compliance-Programmes kann der Strafrahmen einer Geldstrafe bis

---

17 *Eufinger*, CCZ 2012, 21, 22: Amerikanische Unternehmen der Elektroindustrie teilten die Märkte untereinander auf und trafen Preisabsprachen, um dem Preiswettbewerb zu entgehen. In Folge einer Selbstanzeige wurde das Kartell aufgedeckt.

18 *Eufinger*, CCZ 2012, 21, 22; vgl. aber auch *Rotsch*, in: Handbuch Wirtschaftsstrafrecht, 1. Teil, 4. Kap. Rn. 10, wonach bereits in den 1930er Jahren erste Compliance-Programme in den USA bestanden.

19 Abrufbar unter: www.ussc.gov/Guidelines; vgl. zu den USSG: *Steinherr/Steinmann/Olbrich*, in: Verantwortung und Steuerung von Unternehmen in der Marktwirtschaft, S. 153 ff.; *Dannecker*, in: Verantwortung und Steuerung von Unternehmen in der Marktwirtschaft, S. 5, 9 ff.; *Mahnhold*, Compliance und Arbeitsrecht, S. 93 ff.; *Hopson/Graham Koehler*, CCZ 2008, 208 ff.; *Withus*, CCZ 2011, 63 ff.; *v. Rosen*, Internal Investigations bei Compliance-Verstößen, S. 20 ff.

20 *Bürkle*, BB 2005, 565; vgl. auch: *Dann*, AnwBl 2009, 84.

21 *Withus*, CCZ 2011, 63, 64; *Engelhart*, NZG 2011, 126, 127; *Moosmayer*, Compliance, S. 8; *Böhm*, Non-Compliance und Arbeitsrecht, S. 51.

22 *Ringleb*, in: Ringleb/Kremer/Lutter/v. Werder, Kommentar zum DCGK, Rn. 619.

23 *Mahnhold*, Compliance und Arbeitsrecht, S. 32.

24 *Engelhart*, NZG 2011, 126; *Bürkle*, BB 2005, 565; *Wagner*, CCZ 2009, 8 f.; zu den US-amerikanischen Richtlinien zur Strafverfolgung vgl. *Wehnert*, NJW 2009, 1190.

25 *Ringleb*, in: Ringleb/Kremer/Lutter/v. Werder, Kommentar zum DCGK, Rn. 620; *Bürkle*, BB 2005, 565; *Momsen*, ZIS 2011, 508; *Behrens*, RIW 2009, 22, 26; *Withus*, CCZ 2011, 63; *Mahnhold*, Compliance und Arbeitsrecht, S. 95; zur Frage strafmildernder Wirkung im deutschen Kartellrecht: *Krebs/Eufinger/Jung*, CCZ 2011, 213; *Pampel*, BB 2007, 1636; *Domke/Stehr*, Working Paper No. 42 2008, 17 ff.; zur Frage strafmildernder Wirkung im europäischen Kartellrecht: *Almunia*, speech/10/586 v. 25.10.2010; *Domke/Stehr*, Working Paper No. 42 2008, 15 ff.

zu 95 % vermindert werden, die unterlassene Einführung hingegen kann zu einer Strafschärfung führen.[26]

Compliance dient aber nicht allein dem Streben nach Strafmilderung im Falle einer Sanktionierung für bereits begangene Rechtsverstöße. Durch die Einführung eines Compliance-Systems soll vielmehr bereits präventiv etwaigen Rechtsverstößen und deren negativen Konsequenzen vorgebeugt werden. Compliance dient somit auch der Risiko- und Haftungsvermeidung[27], der Einhaltung gesetzlicher Handlungs- und Organisationspflichten und nicht zuletzt auch der Vermeidung von Reputationsschäden.[28]

Seit Beginn der 90er Jahre fand der Begriff „Compliance" auch im deutschen Rechtsraum Eingang, da immer mehr in Deutschland ansässige Unternehmen Geschäftsbeziehungen mit den USA unterhielten. Zunächst setzte sich das Rechtsinstitut vor allem im Bereich der Wertpapierdienstleistungsunternehmen durch, weitete sich jedoch schnell auch auf international operierende Unternehmen anderer Brachen aus.[29]

Obwohl Compliance nunmehr seit vielen Jahren in der Rechtswissenschaft eine Rolle spielt, enthält das Gesetz keine Legaldefinition. Im Deutschen Corporate Governance Kodex (DCGK) heißt es unter Ziffer 4.1.3. allerdings: „Der Vorstand[30] hat für die Einhaltung der gesetzlichen Bestimmungen und der

---

26 *Hopson/Graham Koehler*, CCZ 2008, 208; vgl. auch: *Moosmayer/Gropp-Stadler*, NZWiSt 2012, 241, 242 f., die sich für eine gesetzlich festgeschriebene Bußgeldminderung im Falle der Existenz eines effektiven Compliance-Systems aussprechen.

27 *Hülsberg/Engels*, ZWH 2011, 14, 16: Laut einer von KPMG durchgeführten Studie stufen 83 % der befragten Unternehmen ihr Compliance-System als wirksames Instrument zur Haftungsvermeidung ein; Zu einem ähnlichen Ergebnis (92 %) kommt auch die vom Institut für Demoskopie Allensbach im Auftrag der Kanzlei Kerkhoff Legal durchgeführte Studie, NJW-aktuell 41/2011, 10.

28 *Vogt*, NJOZ 2009, 4206; vgl. auch: *v. Steinau-Steinrück/Glanz*, NJW-Spezial 2008, 146; *Bock*, ZIS 2009, 68 ff.; *Rotsch*, in: FS Samson, S. 141, 144, 157; *Passarge*, NZI 2009, 86: mangelhafte Compliance als Insolvenzrisiko.

29 *Pietrek*, Die strafrechtliche Verantwortlichkeit des Betriebsinhabers, S. 27; vgl. auch: *Engelhart*, Sanktionierung von Unternehmen und Compliance, S. 496 f.; *Rotsch*, in: Handbuch Wirtschaftsstrafrecht, 1. Teil, 4. Kap. Rn. 17.

30 Aber: faktische Ausstrahlungswirkung auf nicht börsennotierte Unternehmen, *Lelley*, Compliance im Arbeitsrecht, Rn. 68; vgl. auch: *Schemmel/Ruhmannseder/Witzigmann*, Hinweisgebersysteme, Kap. 1 Rn. 45.

unternehmensinternen Richtlinien zu sorgen und wirkt auf deren Beachtung durch die Konzernunternehmen hin (Compliance).“[31]

Damit übereinstimmend versteht man unter Compliance i.w.S. das Handeln im Einklang mit dem geltenden Recht,[32] worunter nicht nur strafrechtliche, sondern bspw. auch arbeitsrechtliche Gebote[33] und unternehmensinterne (Verhaltens-)Richtlinien[34] zu verstehen sind. Teilweise wird darüber hinaus auch die Übereinstimmung des unternehmerischen Verhaltens mit gesellschaftlichen Richtlinien und Wertvorstellungen, mit Moral und Ethik einbezogen.[35]

Nunmehr hat der Begriff jedoch eine besondere Prägung erhalten und beschreibt all jene Maßnahmen, die ergriffen werden, um das rechtmäßige Verhalten aller Unternehmensangehörigen zu gewährleisten.[36] Verstand man ursprünglich unter Compliance also eher eine *Reaktion* auf Normverstöße, mit der man das Strafmaß zu mildern versuchte, so treten heute die *präventiven* Aspekte immer mehr in den Vordergrund. Compliance dient damit sowohl der Abwehr und Verringerung von konkret drohenden Sanktionen als auch der Prävention

---

31 DCGK, abrufbar unter: http://www.corporate-governance-code.de/ger/kodex/1.html; *Hauschka*, AnwBl 2010, 629; *Schmidt*, BB 2009, 1295: Empfehlung, kein zwingendes Recht.

32 *Bock*, Criminal Compliance, S. 19; *Bock*, ZIS 2009, 68; *Koch*, WM 2009, 1013; *v. Steinau-Steinrück/Glanz*, NJW-Spezial 2008, 146; *Mengel/Hagemeister*, BB 2006, 2466, 2567; *v. Hehn/Hartung*, DB 2006, 1909; *Rotsch*, in: FS Samson, S. 141; *Manhnhold*, Compliance und Arbeitsrecht, S. 29; *v. Rosen*, Internal Investigations bei Compliance-Verstößen, S. 13.

33 *Leipold/Beukelmann*, NJW-Spezial 2009, 24; *Mengel/Hagemeister*, BB 2006, 2466; *Müller-Bonanni*, AnwBl 2010, 651; *Moosmayer*, Compliance, S. 1.

34 *Stober*, NJW 2010, 1573, 1574; *Cauers/Haas/Jakob/Kremer/Schartmann/Welp*, DB 2008, 2717; *Passargo*, NZI 2009, 86; *Sieg*, in: FS Buchner, S. 859.

35 *Momsen*, ZIS 2011, 508; dazu: KPMG-Studie, dargestellt von Hülsberg/Engels, ZWH 2011, 14, 17, Abb. 5: Die 2008–2010 durchgeführte Studie ergab, dass alle befragten Unternehmen unter „Compliance“ die Einhaltung gesetzlicher Anforderung verstehen und für 83 % auch die Einhaltung von internen Richtlinien umfasst ist. Ethik, Moral und Nachhaltigkeit sind aber nur für 17 % vom Compliance-Begriff umfasst.

36 *Bock*, ZIS 2009, 68; *Bock*, Criminal Compliance, S. 21; *Mengel/Hagemeister*, BB 2006, 2466; *Schneider*, ZIP 2003, 645, 646; *Maschmann*, NZA-Beilage 2012, 50; *Eidam*, Unternehmen und Strafe, Rn. 1936; *Koch*, WM 2009, 1013; *Stober*, NJW 2010, 1573, 1574; *Hauschka*, NJW 2004, 257; *Bürkle*, BB 2005, 565; *Momsen*, ZIS 2011, 508; *Kort*, DB 2011, 651; *Kustor*, in: Unternehmensinterne Untersuchungen, S. 13, 16; *Mahnhold*, Compliance und Arbeitsrecht, S. 29; *Pietrek*, Die strafrechtliche Verantwortlichkeit des Betriebsinhabers, S. 32.

möglicher künftiger Risiken.[37] Dahinter verbirgt sich der systematische Ansatz, unternehmensinterne Prozesse und Vorgaben zu etablieren, die die Einhaltung des geltenden Rechts nicht mehr dem Zufall oder persönlichen Engagement jedes einzelnen Mitarbeiters überlässt. Der Vorwurf, bei Compliance handele es sich lediglich um „alten Wein in neuen Schläuchen“[38], vermag also nicht zu überzeugen. Richtig ist allein, dass das geltende Recht schon immer auch den Anspruch erhoben hat, beachtet zu werden. Compliance ist aber sehr viel mehr und geht über die reine Beachtung des geltenden Rechts weit hinaus.[39] Hinter dem Begriff „Compliance“ verbirgt sich nicht nur die Frage, ob geltendes Recht befolgt werden muss, sondern vielmehr auf welche Weise rechtskonformes Verhalten im Unternehmen gewährleistet werden kann.[40]

Abschließend kann somit festgehalten werden, dass sich Compliance zu drei wesentlichen Grundfunktionen zusammenfassen lässt: Prävention, Aufdeckung von Fehlverhalten und die Reaktion hierauf.[41] Die Ziele einer Compliance-Organisation sind dementsprechend vielfältig. Es geht um den Schutz der Reputation, die Einrichtung eines wirksamen Frühwarnsystems, ein effektives Risikomanagement, Überwachung, Qualitätssicherung und die Abwendung von Schäden von Unternehmen, Anteilseignern, Organen und Mitarbeitern.[42]

II. Ursachen für den Wandel

1. Steigendes Strafbarkeitsrisiko

Zwar handelt es sich bei der vom Begriff Compliance umschriebenen Normentreue nicht um eine Neuheit, doch haben Unternehmen zur Gewährleistung der Gesetzestreue erst in den vergangenen Jahren vermehrt mit der Einrichtung sog. Compliance-Abteilungen bzw. der Einsetzung eines Compliance-Officers[43]

---

37 *Momsen*, ZIS 2011, 508; *Forst*, DuD 2010, 160 spricht insoweit vom präventiven und repressiven Element; so auch: *Kretschmer*, StraFo 2012, 259, 263.

38 *Cauers/Haas/Jakob/Kremer/Schartmann/Welp*, DB 2008, 2717.

39 *Klindt/Pelz/Theusinger*, NJW 2010, 2385; im Ergebnis auch: *Schemmel/Ruhmannseder/Witzigmann*, Hinweisgebersysteme, Kap. 1 Rn. 41.

40 *Schemmel/Ruhmannseder/Witzigmann*, Hinweisgebersysteme, Kap. 1 Rn. 41.

41 *Moosmayer*, AnwBl 2010, 624; *Reeb*, Internal Investigations, S. 2; *Moosmayer*, in: Moosmayer/Hartwig, Interne Untersuchungen, S. 1.

42 *Hauschka*, AnwBl 2010, 629, 631.

43 Zum Compliance Officer vgl. nur: *Moosmayer*, Compliance, S. 38 ff.; *Moosmayer*, AnwBl 2010, 634 ff.; zum Strafbarkeitsrisiko des Compliance-Officers: BGHSt 54, 44 (Berliner Straßenreinigung); *Schwarz*, wistra 2012, 13 ff.; *Michalke*, AnwBl 2010, 666 ff.

begonnen.[44] Die Ursachen für diesen Wandel sind vielfältig.[45] Neben der zunehmenden Komplexität rechtlicher Vorgaben[46] mag insbesondere in der national wie international festzustellenden Tendenz der Ausweitung der Unternehmens- und Organhaftung ein Grund für die zunehmende Etablierung von Compliance-Systemen liegen.[47] Auch in Deutschland werden zunehmend Bußgelder in mehrstelliger Millionenhöhe verhängt. Dabei sei nur auf die 2012/2013 im sog. „Schienenkartell" verhängten Bußgelder von insgesamt 232,14 Mio. Euro verwiesen.[48] Davon entfielen allein 191 Mio. Euro auf die ThyssenKrupp GfT Gleistechnik GmbH.[49]

Daneben ist auch das materiell-rechtliche Strafbarkeitsrisiko und die Verfolgungsintensität[50], nicht zuletzt auf Grund der Professionalisierung der Strafverfolgung (Schwerpunktstaatsanwaltschaften für Wirtschaftsdelikte[51]; Wirtschaftsstrafkammer, vgl. §§ 143 Abs. 4, 74c GVG), gestiegen.[52] Auch die besonders kritische Presse und Öffentlichkeit haben in der Vergangenheit zu dieser Entwicklung beigetragen, da insbesondere ein Reputationsverlust zu gravierenden mittelbaren Schäden des Unternehmens[53] führen kann. Damit führen

---

44 *v. Rosen,* Internal Investigations bei Compliance-Verstößen, S. 13; 2009 wurden Compliance-Aufgaben in 29 % der deutschen Großunternehmen von separaten Compliance-Abteilungen, in 63 % von einem Compliance-Beauftragten wahrgenommen, PwC-Studie 2010, 22 (befragt wurden in Deutschland von April – Mai 2009 500 Personen in Unternehmen einer Größe von 500 Mitarbeitern und mehr, PwC-Studie 2010, 45 und Abb. 27).

45 Dazu ausführlich: *Bock*, Criminal Compliance, S. 246 ff.

46 *Hauschka*, AnwBl 2010, 629, 633.

47 *v. Rosen,* Internal Investigations bei Compliance-Verstößen, S. 13; *Domke/Stehr*, Working Paper No. 42 2008, 19: „vermehrten Aktivitäten und Erfolge der Kartellbehörden" führen zu einer gesteigerten Sensibilisierung.

48 Pressemitteilung des Bundeskartellamtes v. 23.7.2013.

49 2012 wurde ein Bußgeld i.H.v. 103 Mio. Euro wegen wettbewerbswidriger Absprachen zu Lasten der DB AG verhängt, 2013 ein Bußgeld i.H.v. 88 Mio. Euro wegen Absprachen zu Lasten von Nahverkehrsunternehmen, Privat-, Regional- und Industriebahnen sowie Bauunternehmen, vgl. Pressemitteilung Bundeskartellamt v. 5.7.2012, 23.7.2013.

50 Vgl. dazu: *Taschke*, in: FS Volk, S. 801, 804 f., wonach der Wandel unter anderem in der Ausweitung der Korruptionstatbestände und der Geltung des Bruttoprinzips im Rahmen des Verfalls begründet liegt; allgemein zur Entwicklung der Verfolgung von Wirtschaftsstrafsachen in Deutschland: *Taschke*, NZWiSt 2012, 9 ff., 41 ff., 89 ff.

51 *Minoggio*, Firmenverteidigung, Rn. 18.

52 *Bock*, Criminal Compliance, S. 248 ff.

53 *Bussmann/Salvenmoser*, CCZ 2008, 192, 193; zum Reputationsschaden und den Folgen auch: *Moosmayer*, Compliance, S. 22 f.

insbesondere die Risiken, die im Falle von Non-Compliance, also der Nichtbefolgung geltenden Rechts, drohen, dazu, dass Unternehmen immer häufiger ein Compliance-System einrichten.[54]

2. Internationale Gesetzgebung

Ein weiterer Grund für die Ausbreitung liegt in der internationalen Gesetzgebung, die zunehmend von Unternehmen verlangt, ein Compliance-System einzurichten, bzw. Vorteile an die Einrichtung oder das Bestehen eines solchen Systems knüpft.

Zu nennen sind zunächst die USSG, die gewissermaßen als Ursprung der heutigen Compliance-Diskussion angesehen werden können (oben, S. 4 f.). Eine weitere Ausbreitung fand mit dem am 25.7.2002 in den USA erlassenen Sarbanes-Oxley Act[55] statt, der börsennotierte Unternehmen zur Durchführung zahlreicher Kontroll- und Präventionsmaßnahmen verpflichtet.[56] Auch deutsche Unternehmen sind an den Sarbanes-Oxley Act gebunden, wenn sie in den USA börsennotiert sind. Darüber hinaus muss auch ein deutsches Tochterunternehmen eines US-amerikanischen, an der Börse notierten Unternehmens den Anforderungen des Sarbanes-Oxley Acts genügen.[57]

Auch der am 1. Juli 2011 in Kraft getretene UK Bribery Act[58] (Antikorruptionsgesetz) trägt zur weiteren Ausbreitung von Compliance bei. Gemäß Section 7(2) UK Bribery Act ist die Einrichtung eines Compliance-Systems erforderlich, sofern das Unternehmen sich eine haftungsrechtliche Exkulpationsmöglichkeit bewahren möchte. Zudem spielt für die Festlegung der Strafe bzw. der Strafhöhe sowohl die Kooperation des Unternehmens als auch dessen Mitwirkung an der Aufklärung von Verdachtsfällen eine maßgebliche Rolle.[59] Da der UK Bribery Act einen sehr weiten Anwendungsbereich hat – es soll bereits ausreichen, dass

---

54 PwC-Studie 2010, 3, 11. Mittlerweile verfügen 56 % der Großunternehmen in Deutschland über ein Compliance-Programm, PwC-Studie 2010, 17; hingegen 77 % der Unternehmen an der US-Börse, PwC-Studie 2010, Abb. 2; 2008 waren es nur 37 % aller deutschen Unternehmen, PwC-Studie 2008, 9, Abb. 4.b; Besprechung bei: *Bussmann/Salvenmoser*, CCZ 2008, 192 ff.

55 Abrufbar unter: http://thomas.loc.gov/cgi-bin/query/z?c107:H.R.3763.ENR:.

56 *Pietrek*, Die strafrechtliche Verantwortlichkeit des Betriebsinhabers, S. 28.

57 Vgl.: *Glaum/Thomaschewski/Weber*, Auswirkungen des Sarbanes-Oxley Acts, S. 11 f.; *Pietrek*, Die strafrechtliche Verantwortlichkeit des Betriebsinhabers, S. 29.

58 Abrufbar unter: www.legislation.gov.uk/ukpga/2010/23/contents; vgl. dazu nur: *Kappel/Lagodny*, StV 2012, 695 ff.

59 *Kappel/Lagodny*, StV 2012, 695, 697.

das Unternehmen einen Berührungspunkt zu Großbritannien hat oder gehabt haben soll, vgl. Section 7(5) und 12(5) UK Bribery Act[60] – können grundsätzlich auch deutsche Unternehmen in den Anwendungsbereich fallen.

III. Folgen von Non-Compliance

1. Überblick

Die Liste möglicher Folgen von Non-Compliance ist lang.[61] Dazu zählen unter anderem: Reputationsverlust; Beschädigung des Markennamens und damit Absatz- und Umsatzeinbußen; Beeinträchtigung der Geschäftsbeziehungen; mitunter enorme Aufklärungs- und Beratungskosten; Rückgang der Arbeitsmoral;[62] Störung des inneren Friedens des Unternehmens;[63] Geldbußen, z.B. nach § 30 OWiG oder § 81 GWB; Schadensersatzansprüche; Vertragsstrafen; Ausschluss von der Vergabe von Aufträgen; Eintragung in Korruptionsregister; Abschreckung von Lieferanten und Kunden, was ggf. zum Verlust von Marktanteilen und zu Lieferengpässen führen kann;[64] Betriebsschließung, §§ 20 f. BImSchG, § 35 GewO.[65]

Einige der genannten Folgen von Non-Compliance, wie die Verhängung einer Geldbuße, der Ausschluss von öffentlichen Aufträgen und die Eintragung ins Korruptionsregister werden auf Grund ihrer besonderen Brisanz näher beleuchtet.

2. § 30 OWiG – Verbandsgeldbuße

Gemäß § 30 Abs. 1 OWiG kann gegen eine juristische Person oder eine Personenvereinigung eine Geldbuße festgesetzt werden, wenn ein Verbandsverantwortlicher eine Straftat oder Ordnungswidrigkeit begangen hat, durch die Pflichten, welche die juristische Person oder die Personenvereinigung treffen, verletzt worden sind oder die juristische Person oder die Personenvereinigung bereichert worden ist oder werden sollte. In der selbstständigen Festsetzung einer Geldbuße

---

60 *Kappel/Lagodny*, StV 2012, 695, 697, die die extraterritoriale Ausdehnung des Gesetzes allerdings für völkerrechtswidrig halten (S. 701).

61 Einen Überblick über Risiken für Unternehmen im Rahmen eines Strafverfahrens bietet *Minoggio*, Firmenverteidigung, Rn. 171 ff.

62 *Pietrek*, Die strafrechtliche Verantwortlichkeit des Betriebsinhabers, S. 24 f.

63 *Gercke*, wistra 2012, 291, 295; *Minoggio*, Firmenverteidigung, Rn. 100.

64 *Thüsing*, Arbeitnehmerdatenschutz und Compliance, Rn. 27 ff.; zu den außerstrafrechtlichen Nebenfolgen in Wirtschaftsstrafverfahren: *Gercke*, wistra 2012, 291 ff.

65 *Trüg*, ZWH 2011, 6, 10.

nach § 30 Abs. 4 OWiG besteht eine „quasi-strafrechtliche Sanktionierung von Unternehmen".[66] Durch die Sanktionierung von Verbandspflichtverletzungen durch Verbandsverantwortliche soll eine Besserstellung juristischer Personen und Personenvereinigungen gegenüber natürlichen Personen verhindert werden.[67]

Als Anknüpfungstat kommen grundsätzlich alle Straftaten und Ordnungswidrigkeiten in Betracht, die von den in § 30 Abs. 1 OWiG aufgezählten Tätern begangen wurden. Die Tat muss tatbestandsmäßig, rechtswidrig und schuldhaft bzw. im Falle einer Ordnungswidrigkeit vorwerfbar i.S.d. § 12 OWiG sein. Bei einer selbstständigen Verbandsgeldbuße muss die Anknüpfungstat aber weder verfolgt oder sanktioniert werden noch muss der Täter innerhalb der Leitungspersonen des Unternehmens identifiziert sein, sofern feststeht, dass es einer von ihnen war.[68]

In Verbindung mit § 130 OWiG kann auch das Fehlverhalten eines untergeordneten Mitarbeiters an Relevanz gewinnen, wenn sich die Aufsichtspflicht des Betriebsinhabers gerade auf ihn bezog.[69] In diesem Zusammenhang gewinnt auch § 9 OWiG an Bedeutung, der den Kreis der Aufsichtspflichtigen über die Person des Inhabers hinaus auf alle gesetzlichen Vertreter (Abs. 1), auf Betriebsleiter und speziell aufsichtspflichtige Personen (Abs. 2) erweitert.[70]

Bei der Bemessung der Verbandsgeldbuße wird zwischen dem Ahndungs- und dem Abschöpfungsteil differenziert. Der Ahndungsteil kann gemäß § 30 Abs. 2 S. 1 Nr. 1 OWiG bis zu zehn Millionen Euro betragen, sofern es sich um eine vorsätzlich begangene Straftat handelt. Häufig stellt der Ahndungsteil aber nur einen Bruchteil der Verbandsgeldbuße dar. Maßgeblich für den Abschöpfungsteil ist der wirtschaftliche Vorteil der Tat, der das gesetzliche Höchstmaß von zehn Millionen Euro überschreiten darf, §§ 17 Abs. 4 S. 2, 30 Abs. 3 OWiG. Im Ergebnis wird dem Unternehmen somit zum einen der wirtschaftliche Vorteil aus der Tat wieder entzogen und zum anderen die Tat mit einem Ahndungsteil sanktioniert. Der zugeflossene wirtschaftliche Vorteil stellt also lediglich die Untergrenze der Verbandsgeldbuße dar, die um den

66 *Trüg*, ZWH 2011, 6, 7.

67 *Trüg*, ZWH 2011, 6, 7; *Rödiger*, Strafverfolgung von Unternehmen, S. 60.

68 *Trüg*, ZWH 2011, 6, 8.

69 *Trüg*, ZWH 2011, 6, 8; *Rödiger*, Strafverfolgung von Unternehmen, S. 63 f.

70 *Rödiger*, Strafverfolgung von Unternehmen, S. 64; *Pietrek*, Die strafrechtliche Verantwortlichkeit des Betriebsinhabers, S. 136 f.; *Wewerka*, Internal Investigations, S. 27.

Ahndungsteil erhöht wird. In der Praxis führt dies zu Verbandsgeldbußen in bis zu dreistelliger Millionenhöhe.[71]

3. *Ausschluss von öffentlichen Aufträgen*

Neben der Verhängung eines Bußgeldes droht dem Unternehmen auch der Ausschluss von öffentlichen Aufträgen.[72] Gemäß § 97 Abs. 4 S. 1 GWB dürfen öffentliche Aufträge nur an gesetzestreue und zuverlässige Unternehmen vergeben werden. Daran anknüpfend sehen § 16 Abs. 1 Nr. 2c VOB/A und § 6 Abs. 5 lit. c VOL/A vor, dass Angebote von Bietern, die nachweislich eine schwere Verfehlung begangen haben, die ihre Zuverlässigkeit in Frage stellt, ausgeschlossen werden können. Dafür genügt bereits, dass bei der Beurteilung der zur Verfügung stehenden Beweismittel und Tatsachen keine begründeten Zweifel an der Verfehlung bestehen.[73]

Auf Bundesebene existiert ein Gewerbezentralregister, in dem rechtskräftige Bußgeldentscheidungen im Zusammenhang mit der Ausübung eines Gewerbes eingetragen werden, § 149 GewO. Behörden können bei der Vergabe öffentlicher Aufträge die Eintragungen einsehen und diese in ihrer Entscheidung berücksichtigen. Einschlägige Eintragungen können dabei die gewerberechtliche Zuverlässigkeit eines Unternehmens in Frage stellen, was nicht nur bei der Vergabe öffentlicher Aufträge relevant ist, sondern ggf. auch zu einer Gewerbeuntersagung wegen Unzuverlässigkeit führen kann, § 35 GewO.[74]

4. *Korruptionsregister*

Bei einer Reihe von (Straf-)Rechtsverstößen im Unternehmen droht zudem die Eintragung in ein Korruptions- bzw. Vergaberegister. Immer wieder ist die Einführung eines bundesweiten Korruptionsregisters, einer sog. „schwarzen Liste“[75], im Gespräch. Bisher sind auf Bundesebene jedoch alle Anläufe einer

---

71 *Trüg*, ZWH 2011, 6, 9; im Ergebnis auch: *Rödiger*, Strafverfolgung von Unternehmen, S. 73; zur Höhe und Bemessung der Unternehmensgeldbuße: *Wilsing*, in: Handbuch Managerhaftung, § 27 Rn. 16 ff.; *Knauer/Buhlmann*, AnwBl 2010, 387, 388 sprechen von möglichen Geldbußen in existenzgefährdender Höhe.

72 Dazu: *Rödiger*, Strafverfolgung von Unternehmen, S. 74 ff.

73 *Rödiger*, Strafverfolgung von Unternehmen, S. 76.

74 Siehe dazu: *Gercke*, wistra 2012, 291, 293 f.

75 *Wehnert*, in: FS Richter II, S. 563; *Wehnert*, in: Verhandlungen 67. DJT 2008, L 157, 158: „black list“.

gesetzlichen Normierung gescheitert.[76] Allerdings haben zahlreiche Bundesländer, darunter u.a. Berlin[77] und Nordrhein-Westfalen[78], mittlerweile ein Korruptionsregister eingeführt. In ein solches Register werden natürliche oder juristische Personen oder Personenvereinigungen eingetragen, die sich bestimmter (Straf-) Rechtsverstöße schuldig gemacht haben.[79]

Bei der Vergabe öffentlicher Aufträge ist die Behörde bei Erreichen eines bestimmten Auftragsvolumens[80] verpflichtet, im Rahmen der obligatorischen Zuverlässigkeitsprüfung eine Anfrage an das Korruptionsregister zu richten. Zwar ist der Vergabeausschluss keine automatische Folge der Eintragung, de facto führt ein positiver Eintrag jedoch regelmäßig zu einer Auftragssperre für die Dauer der Eintragung[81], da die Vergabe des Auftrages an ein eingetragenes Unternehmen äußerst unwahrscheinlich erscheint.[82] Gerade in Bereichen, in denen Unternehmen von öffentlichen Aufträgen leben, wie bspw. im Bereich des Straßenbaus oder der Rüstungsindustrie[83], hat die Eintragung in das Korruptionsregister häufig verheerende, mitunter existenzvernichtende Folgen.[84]

---

76 2002 wurde dem Vorschlag der Bundestagfraktionen von SPD und Bündnis 90/Die Grünen (BT-Drs. 14/7796) und dem entsprechenden Entwurf der Bundesregierung (BT-Drs. 14/8285) im Bundesrat die Zustimmung versagt (BT-Drs. 14/9794). Letztlich scheiterte das Gesetzgebungsvorhaben wegen des Ablaufs der Wahlperiode. Auch der Regierungsentwurf (BR-Drs. 644/02) konnte wegen des vorzeitigen Endes der 15. Legislaturperiode nicht verwirklicht werden. 2008 brachte die Bundestagsfraktion Bündnis 90/Die Grünen erneut einen Gesetzentwurf ein (BT-Drs. 16/9780), 2009 scheiterte aber auch dieser. Ende 2012 wurde ein weiterer Gesetzesentwurf von der Fraktion eingebracht (BT-Drs. 17/11415), der sich jedoch mit Ende der Legislaturperiode automatisch erledigt hat. Dazu: *Lantermann*, ZRP 2013, 107 ff.; *Dannecker*, in: NK StGB, Vorb. zu §§ 298 ff. Rn. 38 ff.

77 Gesetz zur Einrichtung und Führung eines Registers über korruptionsauffällige Unternehmen in Berlin (Korruptionsregistergesetz – KRG) v. 19. April 2006 (GVBl. 2006, S. 358).

78 Gesetz zur Verbesserung der Korruptionsbekämpfung und zur Einrichtung und Führung eines Vergaberegisters in Nordrhein-Westfalen (Korruptionsbekämpfungsgesetz – KorruptionsbG) v. 16. Dezember 2004 (GV. NRW. 2005, S. 8).

79 NRW: § 5 Abs. 1 KorruptionsbG; Berlin: § 5 Abs. 1 KRG.

80 NRW: § 8 Abs. 1 S. 1 KorruptionsbG; Berlin: § 6 Abs. 1 S. 1 KRG.

81 NRW: bis zu fünf Jahre, § 7 Abs. 3 Nr. 1 KorruptionsbG; Berlin: bis zu drei Jahre, § 8 Abs. 1 Nr. 2 KRG.

82 *Wehnert*, in: FS Richter II, S. 563 f.

83 *Battis/Bultmann*, ZRP 2003, 152, 153.

84 *Wehnert*, in: FS Richter II, S. 563, 566 f.

Eine vorzeitige Löschung des Eintrags kann unter Berücksichtigung der Besonderheiten des Einzelfalles veranlasst werden, wenn „durch geeignete organisatorische und personelle Maßnahmen Vorsorge gegen die Wiederholung der Verfehlung getroffen" und der Schaden ersetzt wurde, § 7 Abs. 4 KorruptionsbG. Die Durchführung einer „Selbstreinigung" des Unternehmens kann sich damit für dieses durchaus lohnen, dazu S. 36.

Obwohl grundsätzlich über den Nutzen eines (bundesweiten) Korruptionsregisters Einigkeit zu bestehen scheint,[85] sind die landesrechtlichen Umsetzungen starker Kritik ausgesetzt.[86] Einer der Hauptkritikpunkte ist die Tatsache, dass auch eine Einstellung nach § 153a StPO für eine Eintragung in das Korruptionsregister ausreicht.[87] Darin wird teilweise ein Verstoß gegen die Unschuldsvermutung gesehen, da diese durch die Einstellungsentscheidung nach § 153a StPO nicht widerlegt werde[88], sodass daran keine belastenden Konsequenzen – auch nicht strafrechtlicher Art – geknüpft werden dürften.[89] Andere halten die Unschuldsvermutung im Rahmen des Vergaberechts schon nicht für anwendbar[90] oder für nicht verletzt, da sie nicht davor schütze, bis zu einer rechtskräftigen Verurteilung überhaupt keine negativen rechtlichen Folgen erleiden zu müssen, sondern nur davor, keine Nachteile hinnehmen zu müssen, die an den vollen Nachweis der Schuld anknüpfen.[91] Auch die Eintragung während des noch laufenden Ermittlungsverfahrens sei „rechtsstaatlich äußerst bedenklich".[92]

IV. Vorteile

Non-Compliance birgt für Mitarbeiter und das Unternehmen selbst letztlich nicht nur das Risiko von Sanktionen und finanziellen Verlusten, sondern – wie

---

85 *Battis/Bultmann*, ZRP 2003, 152; *Stoye*, ZRP 2005, 265; *Lantermann*, ZRP 2009, 6, 9; *Lantermann*, ZRP 2013, 107.

86 Vgl. nur: *Wehnert*, in: FS Richter II, S. 563 ff. zum KorruptionsbG.

87 NRW: § 5 Abs. 2 Nr. 4 KorruptionsbG; Berlin: § 3 Abs. 2 Nr. 3 KRG.

88 BVerfG, NJW 1991, 1530, 1531.

89 *Pananis*, in: Handbuch Arbeitsstrafrecht, § 6 Rn. 48; kritisch auch: *Wehnert*, in: FS Richter II, S. 563 ff., die gar vom „Ende der Unschuldsvermutung" spricht; vgl. auch: *Dann*, in: FS Mehle, S. 127, 131 f.

90 *Battis/Bultmann*, ZRP 2003, 152, 155; **a.A.**: *Wehnert*, in: FS Richter II, S. 563, 570.

91 OLG Saarbrücken, NZBau 2004, 346, 347; *Dann/Dann*, ZRP 2010, 256, die allerdings darauf hinweisen, dass die Unzuverlässigkeit des Unternehmens nicht allein auf die Einstellung an sich gestützt werden darf; vielmehr müsse stets geprüft werden, ob aktuell Zweifel an der Zuverlässigkeit bestehen.

92 *Minoggio*, Firmenverteidigung, Rn. 226.

bereits gezeigt – auch von erheblichen Reputationsverlusten.[93] An diesem Punkt setzt Compliance an. Der Nutzen eines Compliance-Programmes liegt vor allem in der Schadensprävention und dem Reputationsschutz.[94] Bereits der Vorwurf von Non-Compliance kann dabei genügen, um bei dem Unternehmen erheblichen zeitlichen und finanziellen Aufwand hervorzurufen. Zudem droht dem Unternehmen ein Ansehensverlust, der regelmäßig selbst in dem Fall eintritt, dass sich die Vorwürfe als haltlos herausstellen, da die nachträgliche Berichterstattung oder die Einstellung des Ermittlungsverfahrens weit weniger Aufmerksamkeit bekommen als die zu Beginn veröffentlichten Meldungen über Durchsuchungen von Firmenzentralen oder Privatwohnungen.[95] Das Zusammentreffen beider Aspekte kann ein Unternehmen schlimmstenfalls die Existenz kosten. Ein effektives Compliance-Programm kann diese Risiken erheblich reduzieren.[96]

Für die Einrichtung eines Compliance-Programmes kann zudem sprechen, dass damit nicht nur Haftungsrisiken verringert werden, sondern darüber hinaus auch Marketingeffekte erzielt werden können. Durch eine (öffentlichkeitswirksame) Berichterstattung über die Einhaltung sämtlicher Normen, interner Sanktionierung entsprechender Verstöße und Schulungen der Mitarbeiter kann man „pro-aktiv im Wettbewerb punkten."[97] Zudem kann das Vorhandensein eines Compliance-Systemens im Rahmen des behördlichen Ermessens bei der Bußgeldbemessung nach § 30 OWiG berücksichtigt werden[98] und zur Exkulpation des Unternehmensinhabers gegen den Vorwurf der Aufsichtspflichtverletzung bei der Anwendung der Bußgeldnorm des § 130 OWiG führen.[99]

Da gravierende Rechtsverstöße das Unternehmen viel Geld, die Geschäftsführer und Vorstände unter Umständen gar ihren Job kosten können und die Mitarbeiter um Arbeitsplatz und Existenz fürchten müssen, sind in großen und mehr und mehr auch in vielen mittelständischen Unternehmen Compliance-Ansätze

93 *Bock*, Criminal Compliance, S. 21, ausführlich zu den Folgen: S. 262 ff.; *Dieners/Reese*, azur 2011, 143; ausführlich zu den Risiken von Non-Compliance: *Böhm*, Non-Compliance und Arbeitsrecht, S. 67 ff.

94 *Bürkle*, BB 2005, 565, 566.

95 *Bürkle*, BB 2005, 565, 566; im Ergebnis auch: *Fritz/Nolden*, CCZ 2010, 170.

96 *Bürkle*, BB 2005, 565, 566.

97 *Schaefer/Baumann*, NJW 2011, 3601, 3605; auch *Bock*, Criminal Compliance, S. 270 sieht in der Rechtstreue Nutzen für das Image eines Unternehmens.

98 *Moosmayer/Gropp-Stadler*, NZWiSt 2012, 241, 242; *Engelhart*, Sanktionierung von Unternehmen und Compliance, S. 440, allerdings nur hinsichtlich des ahndenden Teils; vgl. auch: *Moosmayer*, NJW 2012, 3013, 3017, der eine entsprechende gesetzliche Festschreibung der Haftungsreduzierung befürwortet; ebenso: *Krause*, StraFo 2011, 437, 445.

99 *Wehnert*, in: FS BRAK, S. 175, 180; *Moosmayer/Gropp-Stadler*, NZWiSt 2012, 241, 242.

zu finden. Bspw. verfügen mittlerweile praktisch alle börsennotierten Aktiengesellschaften über ein Compliance-Management.[100] Dabei hat sich der Gedanke des Compliance-Managements längst aus dem traditionellen Bereich des Kartell- und Kapitalmarktrechts hinaus in den nicht-börsenrechtlichen Bereich ausgeweitet.[101] Die größte bzw. bedeutendste Rolle in der Praxis aber spielt Compliance auf Grund der verhängten, mitunter bestandsgefährdenden Geldbußen weiterhin im Bereich des Kartellrechts. Darüber hinaus ist Compliance in der Praxis vor allem auch im Bereich der Korruptionsbekämpfung von Bedeutung.[102]

V. Rechtspflicht „Compliance"[103]

Einen weiteren Grund für die zunehmende Einführung einer Compliance-Organisation in Unternehmen stellt die – wenn auch noch verhaltene – Verrechtlichung von Compliance[104] dar, wobei konkrete gesetzliche Vorgaben hinsichtlich eines zwingenden Mindestinhaltes für Compliance-Maßnahmen gänzlich fehlen.[105] Vereinzelt findet sich im außerstrafrechtlichen Bereich jedoch eine ausdrückliche Verpflichtung zur Einrichtung von Compliance-Programmen.

1. Spezialgesetzliche Regelungen

In einigen Spezialgesetzen finden sich Regelungen zur Einrichtung von Compliance-Programmen. Zu nennen ist bspw. das Bank- und Kapitalmarktrecht, das als Vorreiter im Bereich Compliance gilt. Gemäß § 33 Abs. 1 S. 2 Nr. 1 WpHG ist eine „dauerhafte und wirksame Compliance-Funktion einzurichten" (vgl. auch § 12 Abs. 3, 4 WpDVerOV). § 25a Abs. 1 S. 3 HS. 1 KWG[106] fordert ein „angemessenes und wirksames Risikomanagement". Der durch das

---

100 *Hauschka*, AnwBl 2010, 629, 630; vgl. PwC-Studie 2010, Abb. 2: 77 % der Unternehmen die an der US-Börse gelistet sind und 64 % der sonst börsennotierten Unternehmen verfügen über ein Compliance-Programm.

101 *Klindt*, NJW 2006, 3399; *Mengel/Hagemeister*, BB 2006, 2466, 2467; vgl. dazu: *Fleischer*, AG 2003, 291, 299 noch mit: „Auch in Deutschland findet sich der Compliance-Gedanke zur Hauptsache im Bank- und Kapitalmarktrecht.".

102 *Krebs/Eufinger/Jung*, CCZ 2011, 213; *Hauschka*, AnwBl 2010, 629, 631; *Hild*, AnwBl 2010, 641.

103 Dazu ausführlich: *Pietrek*, Die strafrechtliche Verantwortlichkeit des Betriebsinhabers aus Compliance-Pflichten, S. 37 ff.

104 Vgl. dazu allgemein: *Bock*, Criminal Compliance, S. 511 ff.

105 *Maschmann*, NZA-Beilage 2012, 50.

106 Dazu ausführlich: *Bock*, Criminal Compliance, S. 517 ff.; *Pietrek*, Die strafrechtliche Verantwortlichkeit des Betriebsinhabers, S. 61 ff.

Anlegerschutz- und Funktionsverbesserungsgesetz (AnsFuG) neu eingefügte § 34d Abs. 1 bis 3 WpHG schreibt zudem fest, dass Wertpapierdienstleistungsunternehmen nur sachkundige und zuverlässige Anlageberater, Vertriebs- und Compliance-Beauftragte einsetzen dürfen. In dem sog. „MaComp"-Rundschreiben[107] der Bundesanstalt für Finanzdienstleistungsaufsicht (BaFin) finden sich zudem dezidierte Vorgaben zur Etablierung von Compliance-Strukturen.[108] Dabei handelt es sich jedoch nicht um materielles Recht, sondern vielmehr um eine behördliche Auslegungshilfe für Wertpapierdienstleistungsunternehmen.[109]

Auch im Versicherungsrecht finden sich Vorschriften zur Einrichtung eines Compliance-Systems. Der § 64a Abs. 1 S. 1 VAG bspw. legt fest, dass Versicherungsunternehmen über eine ordnungsgemäße Geschäftsorganisation verfügen müssen, die die Einhaltung der zu beachtenden Gesetze und Verordnungen sowie der aufsichtsbehördlichen Anforderungen gewährleistet.[110]

2. *Allgemeine Rechtspflicht?*

Ob eine darüber hinausgehende allgemeine Rechtspflicht zur Einrichtung eines Compliance-Systems besteht, ist umstritten.[111] Teilweise wird eine allgemeine Pflicht zur Einführung eines Compliance-Programmes abgelehnt.[112] Andere hingegen bejahen eine solche Rechtspflicht.[113] Sie berufen sich unter anderem

---

107 BaFin, Rundschreiben 4/2010: Mindestanforderungen an die Compliance-Funktion und die weiteren Verhaltens-, Organisations- und Transparenzpflichten nach §§ 31 ff. WpHG für Wertpapierdienstleistungsunternehmen (MaComp).

108 *Schaefer/Baumann*, NJW 2011, 3601, 3602.

109 *Hartwig*, in: Moosmayer/Hartwig, Interne Untersuchungen, S. 7, 8; *Eisele/Faust*, in: Bankrechts-Handbuch, § 109 Rn. 93: „Verwaltungsvorschriften mit normkonkretisierender Qualität".

110 Vgl. dazu: *Schaefer/Baumann*, NJW 2011, 3601, 3602; *Kort*, NZG 2008, 81, 83.

111 Ausführlich zum Streitstand: *Pietrek*, Die strafrechtliche Verantwortlichkeit des Betriebsinhabers, S. 80 ff.; vgl. auch: *Winter*, Vorstandorganisation und Compliance, S. 18 ff.; *Liese*, BB Special 5/2008, 17 ff., der den Streit für lediglich terminologischer Art hält und resümiert (S. 22): „Viel Lärm um nichts.".

112 *Winter*, Vorstandorganisation und Compliance, S. 23 ff.; *Theile*, wistra 2010, 457, 459 f., 462; *Thüsing*, Arbeitnehmerdatenschutz und Compliance, Rn. 21; *Spindler*, in: MüKo AktG, § 91 Rn. 36; *Hauschka*, in: Corporate Compliance, § 1 Rn. 23; *Minoggio*, Firmenverteidigung, Rn. 1179; *Engelhart*, Sanktionierung von Unternehmen und Compliance, S. 511; *Kort*, NZG 2008, 81, 84; so wohl auch: *Koch*, WM 2009, 1013 f.; *Hauschka*, NJW 2004, 257, 261.

113 *Pietrek*, Die strafrechtliche Verantwortlichkeit des Betriebsinhabers, S. 95; *Schmidt*, BB 2009, 1295 f.; *Bürkle*, BB 2005, 565, 569; *Fleischer*, in: Spindler/Stilz, AktG, § 91

darauf, dass sich aus den spezialgesetzlich geregelten Compliance-Pflichten der allgemeine Rechtsgedanke ableiten ließe, dass Unternehmen die Rechtstreue von Mitarbeiter- und Unternehmenshandeln mit entsprechenden Maßnahmen sicherzustellen haben.[114] Dies kann jedoch in Hinblick auf die unterschiedliche Reichweite und Ausgestaltung der Regelungen nicht überzeugen.[115] Zudem spricht gerade die Existenz bereichsspezifischer Einzelregelungen gegen die Annahme einer allgemeinen Pflicht.[116]

Festzuhalten ist, dass das allgemeine Gesellschaftsrecht keine Norm enthält, die die Einrichtung eines Compliance-Programmes verpflichtend festschreibt.[117] Für die Aktiengesellschaft[118] sieht § 91 Abs. 2 AktG jedoch vor: „Der Vorstand hat geeignete Maßnahmen zu treffen, insbesondere ein Überwachungssystem einzurichten, damit den Fortbestand der Gesellschaft gefährdende Entwicklungen früh erkannt werden." Somit trägt der Vorstand die Verantwortung für das „Früherkennungssystem", wobei ihm aber die Business Judgement Rule (§ 93 Abs. 1 S. 2 AktG) zugute kommt. Danach steht dem Vorstand ein Ermessensspielraum hinsichtlich der Ausgestaltung der Compliance-Organisation und der zu ergreifenden Maßnahmen im Falle von Compliance-Verstößen zu[119]. Dabei ist auch zu berücksichtigen, dass nicht jede Rechtsverletzung bestandsgefährdende Wirkungen hat. Jedoch darf nicht unterschätzt werden, dass das Zusammentreffen der Folgen von Non-Compliance auch bei einzeln betrachtet unbedeutenden Rechtsverstößen eine enorme Wirkung haben kann,

---

Rn. 47; *Schneider*, ZIP 2003, 645, 648 f.; so wohl auch: *Eisele/Faust*, in: Bankrechts-Handbuch, § 109 Rn. 95a; *Reichert*, ZIS 2011, 113, 114.

114 *Pietrek*, Die strafrechtliche Verantwortlichkeit des Betriebsinhabers, S. 96; Gesamt analogie: *Schneider*, ZIP 2003, 645, 649.

115 *Engelhart*, Sanktionierung von Unternehmen und Compliance, S. 511; im Ergebnis auch: *Hauschka*, in: Corporate Compliance, § 1 Rn. 23; *Bürkle*, CCZ 2008, 50, 56; *Theile*, wistra 2010, 457, 459; *Schemmel/Ruhmannseder/Witzigmann*, Hinweisgebersysteme, Kap. 2 Rn. 63; *Winter*, Vorstandorganisation und Compliance, S. 24.

116 *Rotsch*, in: Handbuch Wirtschaftsstrafrecht, 1. Teil, 4. Kap. Rn. 18.

117 Dazu allgemein: *Bock*, Criminal Compliance, S. 569 ff.

118 Für eine analoge Anwendung des § 91 Abs. 2 AktG auf andere Gesellschaftsformen: *Spindler*, in: MüKo AktG, § 91 Rn. 24; *Nolte/Becker*, BB Special 5/2008, 23; *de Wolf*, NZA 2010, 1206, 1209: Geltung auch für GmbH; *Schemmel/Ruhmannseder/Witzigmann*, Hinweisgebersysteme, Kap. 2 Rn. 18: jedenfalls dann, wenn die GmbH angesichts Größe und Organisationsstruktur mit einer AG vergleichbar ist; **a.A.**: *Schaefer/Baumann*, NJW 2011, 3601.

119 *v. Rosen*, Internal Investigations bei Compliance-Verstößen, S. 32; *Spindler*, in: MüKo AktG, § 91 Rn. 36.

die schlussendlich in einem bestandsgefährdenden Ausmaß gipfeln kann.[120] Die Etablierung eines Compliance-Systems dient somit zumindest der Umsetzung der Pflicht aus § 91 Abs. 2 AktG.[121]

Es bleibt jedoch festzuhalten, dass § 91 Abs. 2 AktG keine allgemeine gesetzliche Pflicht zur Errichtung eines Compliance-Systems darstellt. Lediglich im Einzelfall kann der Vorstand zur Einrichtung verpflichtet sein.[122] Dabei steht dem Vorstand hinsichtlich des „Wie" und des „Ob" von Compliance-Maßnahmen ein Ermessensspielraum zu.[123]

Auch aus dem DCGK, der kein zwingendes Recht[124], sondern vielmehr eine Empfehlung darstellt (vgl. § 161 Abs. 1 AktG), lässt sich keine allgemeine Pflicht zur Einrichtung eines Compliance-Systems entnehmen.[125] Er macht keine konkreten Angaben.[126] In Ziffer 4.1.4. DCGK heißt es bspw. lediglich: „Der Vorstand sorgt für ein angemessenes Risikomanagement und Risikocontrolling im Unternehmen." Abgesehen davon könnte der DCGK auch gar keine Rechtspflicht zur

---

120 *Bürkle*, BB 2005, 565, 569; wohl auch: *Bock*, Criminal Compliance, S. 572.

121 *Raum*, StraFo 2012, 395, 396.

122 *Thüsing*, Arbeitnehmerdatenschutz und Compliance, Rn. 22; *Winter*, Vorstandorganisation und Compliance, S. 31; *Spindler*, in: MüKo AktG, § 91 Rn. 36; *Engelhart*, Sanktionierung von Unternehmen und Compliance, S. 499; vgl. auch: *Theile*, wistra 2010, 457, 460: „keine generelle Verpflichtung zur Einrichtung von Compliance-Programmen".

123 *Schemmel/Ruhmannseder/Witzigmann*, Hinweisgebersysteme, Kap. 2 Rn. 68; im Ergebnis auch: *Forst*, DuD 2010, 160, 162.

124 *Forst*, DuD 2010, 160, 162, 164; *Hölters*, in: Hölters, AktG, § 93 Rn. 15; vgl. auch: *Schemmel/Ruhmannseder/Witzigmann*, Hinweisgebersysteme, Kap. 1 Rn. 47 f., wonach kein rechtlicher, u.U. aber ein „wirtschaftlicher, faktischer Zwang" bestehen kann; *Winter*, Vorstandorganisation und Compliance, S. 30: DCGK hat „keinen allgemein verbindlichen Charakter, er erhält aber durch § 161 AktG dennoch eine gewisse (Teil-)Rechtsverbindlichkeit".

125 *Spindler*, in: MüKo AktG, § 91 Rn. 3; *Hauschka*, in: Corporate Compliance, § 1 Rn. 23; *Liese*, BB Special 5/2008, 17, 20; so wohl auch: *Schmidt*, BB 2009, 1295; *Forst*, DuD 2010, 160, 162, 165, wonach der Vorstand allerdings einer Compliance-Pflicht unterliegt, die in ihrer Intensität einzelfallabhängig ist und sich ggf. zu einer allgemeinen Compliance-Pflicht verdichten kann. „Da man davon ausgeht, dass Wirtschaftskriminalität zum Untergang eines Unternehmens führen kann, folgt auch aus der Sorgfaltspflicht i.e.S., dass ein Vorstand gehalten ist, Wirtschaftskriminalität und sonstige Regelverstöße in „seinem" Unternehmen zu unterbinden." (S. 162); **a.A.**: *Bürkle*, BB 2007, 1797, 1798.

126 *Schaefer/Baumann*, NJW 2011, 3601, 3602.

Einrichtung einer Compliance-Organisation begründen, da ihm keine Gesetzeskraft zukommt.[127]

Teilweise wird zur Begründung einer Compliance-Pflicht auch auf § 130 OWiG verwiesen. Danach besteht für den Inhaber des Betriebes oder Unternehmens die Pflicht Aufsichtsmaßnahmen zu ergreifen, die Verstöße gegen betriebsbezogene Straf- und Ordnungswidrigkeitsnormen verhindern.[128] Daraus kann jedoch keine allgemeine Rechtspflicht zur Einrichtung eines Compliance-Programmes folgen, da § 130 OWiG lediglich die Einhaltung von Pflichten fordert, die den Inhaber treffen, nicht aber eine umfassende Verhinderungspflicht oder eine Pflicht zur Beachtung sämtlicher Normen beinhaltet.[129]

Im Ergebnis lässt sich somit keine allgemeine Rechtspflicht zur Errichtung eines Compliance-Systems begründen. Den Leitungsorganen muss es vielmehr als unternehmerische Entscheidung freistehen, wie die Pflicht zur Rechtstreue im Unternehmen umgesetzt wird.[130] Dass die Einführung ggf. sinnvoll sein kann, steht auf einem anderen Blatt.

VI. Compliancemaßnahmen[131]

Sämtliche Compliancemaßnahmen sind grundsätzlich darauf gerichtet, das Eintreten von Rechtsrisiken zu erkennen und zu vermeiden.[132] Zu Beginn eines jeden Compliance-Programmes steht daher die Analyse der konkreten Compliance-Risiken. Erst anschließend lassen sich die Aufgabenfelder und Schwerpunkte der zu ergreifenden Compliancemaßnahmen bestimmen.[133] Das Compliance-Programm

---

127 *Thüsing*, Arbeitnehmerdatenschutz und Compliance, Rn. 22; *Hauschka*, in: Corporate Compliance, § 1 Rn. 23; *Schemmel/Ruhmannseder/Witzigmann*, Hinweisgebersysteme, Kap. 2 Rn. 65; *Liese*, BB Special 5/2008, 17, 20; *Koch*, WM 2009, 1013, 1020.

128 *Schmidt*, BB 2009, 1295, 1296.

129 *Winter*, Vorstandorganisation und Compliance, S. 24 f.; im Ergebnis auch: *Theile*, wistra 2010, 457, 459; *Hauschka*, in: Corporate Compliance, § 1 Rn. 23; *Kretschmer*, StraFo 2012, 259, 263; *Engelhart*, Sanktionierung von Unternehmen und Compliance, S. 509 f.

130 *Winter*, Vorstandorganisation und Compliance, S. 25; vgl. auch: *Wehnert*, in: FS Müller, S. 729, 730: „faktischen Zwang zur Einrichtung einer Compliance-Abteilung".

131 Dazu ausführlich: *Pietrek*, Die strafrechtliche Verantwortlichkeit des Betriebsinhabers, S. 99 ff.

132 *Schmidt*, BB 2009, 1295, 1296.

133 *Moosmayer*, AnwBl 2010, 634, 635; *Domke/Stehr*, Working Paper No. 42 2008, 12 weisen auf das „brachenspezifische Risiko" hin und auf die ggf. zu berücksichtigenden Gesetze anderer Länder, in denen das Unternehmen tätig ist.

sollte dabei aus einer Reihe unterschiedlicher Maßnahmen bestehen.[134] Für die Ausgestaltung gibt es keine einheitlichen Vorgaben, vielmehr hängt sie von einzelnen unternehmensspezifischen Faktoren ab. Von Bedeutung sind dabei insbesondere Branche, Unternehmensgröße, Konzernstruktur, Internationalisierungsgrad und eine etwaige Börsennotierung.[135]

Grundsätzlich sollten aber vier Elemente im Rahmen eines jeden Compliance-Programmes Beachtung finden: (1) Compliance-Organisation: Dazu zählt vor allem die Benennung eines (zentralen) Compliance-Officers und die Ernennung der Compliance-Beauftragten in den unterschiedlichen Fachbereichen. (2) Verhaltenskodex: Er stellt die Grundhaltung des Unternehmens im Geschäftsverkehr dar und soll den Mitarbeitern als Orientierung in rechtlichen Fragen dienen. (3) Compliance-Programm: Das Compliance-Programm beginnt mit der Risikoanalyse und befasst sich stetig mit der Überwachung des Compliance-Systems. (4) Information und Beratung: Die Mitarbeiter müssen in konkreten rechtlichen Konstellationen durch die Einrichtung von Beratungsangeboten, unter Umständen in der Kombination mit einem Hinweisgebersystem, vom Unternehmen unterstützt werden.[136]

Zu dem Maßnahmenbündel sollte darüber hinaus ein Organisationsplan zählen, der vor allem die Abgrenzung von Verantwortungsbereichen klarstellt und so Überschneidungen, die häufig dazu führen, dass sich letztlich niemand verantwortlich fühlt, vermeidet. Wichtig ist außerdem, dass gerade in korruptionsanfälligen Bereichen eine Interessen- und Funktionstrennung besteht. Verfügende, verwaltende und verbuchende Funktionen sollten auf verschiedene Mitarbeiter aufgeteilt sein.[137]

Eine absolute Sicherheit der Normeinhaltung kann es jedoch nicht geben. Auch das beste Compliance-System kann kriminelles Verhalten, insbesondere vorsätzliche Rechtsbrüche, nicht vollständig ausschließen.[138] *Schmidt*

---

134 PwC-Studie 2010, 11; *Bock*, ZIS 2009, 68, 76 ff.; zu Anforderungen der USSG an effektives ethisches Compliance-Programm: *Hopson/Graham Koehler*, CCZ 2008, 208 ff.

135 *Bürkle*, BB 2005, 565; *Pietrek*, Die strafrechtliche Verantwortlichkeit des Betriebsinhabers, S. 99; *Winter*, Vorstandorganisation und Compliance, S. 40.

136 *Bürkle*, BB 2005, 565 f.; *Pietrek*, Die strafrechtliche Verantwortlichkeit des Betriebsinhabers, S. 99 ff.; Achtung: keine einheitliche Handhabe der Begriffe im Rahmen der Compliance-Diskussion.

137 *Bock*, ZIS 2009, 68, 77.

138 *Kremer/Klahold*, in: Handbuch Managerhaftung, § 21 Rn. 14; *Moosmayer*, NJW 2012, 3013, 3017; *Brückner*, BB Special 4/2010, 21, 26; *Domke/Stehr*, Working Paper

schlussfolgert, dass daher auch im Rahmen von Compliance der Grundsatz „Vertrauen ist gut, Kontrolle besser!“ Geltung beansprucht.[139]

1. Compliance-Organisation

Die Hauptaufgabe einer Compliance-Abteilung ist die Identifizierung, Bewertung und Überwachung von Compliance-Risiken. So hat sie bspw. an Hand einer Vorabprüfung die Strafbarkeit beabsichtigter Maßnahmen des Unternehmens zu prüfen.[140] Die besondere Effizienz der Compliance-Abteilung liegt in der Separierung vom operativen Geschäft,[141] um eine strikte Trennung von Überwachenden und Überwachten sicherzustellen.[142]

Der Compliance-Officer ist die beratende, vorbereitende und ausführende Instanz im Unternehmen hinsichtlich sämtlicher Compliance-Fragestellungen.[143] Teilweise wird gefordert, dass ermöglichst weder kündbar oder versetzbar noch Weisungen unterliegen sollte, da eine persönliche und sachliche Unabhängigkeit die Objektivität fördert.[144] Wichtig ist vor allem aber auch, dass er mit den Geschäftsstrukturen und Prozessen im Unternehmen vertraut ist.[145] Zu seinem typischen Aufgabenbereich zählen zunächst der Aufbau und die Leitung einer Compliance-Organisation, das Erstellen eines Compliance-Regelwerkes und die Durchführung[146] von Trainingsprogrammen. Außerdem ist er in aller Regel für

---

No. 42 2008, 11; *Lampert*, BB 2002, 2237, 2239; *Schmidt*, BB 2009, 1295, 1296; *Kretschmer*, StraFo 2012, 259, 264; *Krause*, StraFo 2011, 437, 445.

139 *Schmidt*, BB 2009, 1295, 1296.

140 *Bock*, ZIS 2009, 68, 79.

141 *Bock*, ZIS 2009, 68, 80; vgl. auch: *Bissels/Lützeler*, BB 2012, 189: Integration einer Compliance-Organisation in bestehende Unternehmensstruktur kann auf drei verschiedene Arten erfolgen: selbstständige Stabsstelle mit Compliance-Beauftragten, Teil der Rechtsabteilung oder internen Revision, Präferenz wohl beim Compliance-Beauftragten.

142 *Schulz/Renz*, BB 2012, 2511, 2513.

143 *Petsche*, in: Handbuch Compliance, S. 1, 21.

144 *Bock*, ZIS 2009, 68, 80.

145 *Moosmayer*, AnwBl 2010, 634, 636; *Wiederholt/Walter*, BB 2011, 968, 972; zum Anforderungsprofil: *Schulz/Renz*, BB 2012, 2511, 2516 f.; BaFin, Rundschreiben 4/2010 – MaComp, BT 1.3.1.4.

146 *Kraft*, in: Gercke/Kraft/Richter, Arbeitsstrafrecht, Kap. 4 Rn. 65: Schulungen möglichst durch externe Berater, da Mitarbeiter dort eher konkrete Fragen aus der Praxis stellen.

die zu ergreifenden Präventionsmaßnahmen, die Kontrolle des Compliance-Programmes und dessen Verbesserung zuständig.[147]

Das Urteil des BGH im Fall „Berliner Straßenreinigung" hat gezeigt, dass sich der Compliance-Officer wegen Unterlassens strafbar machen kann.[148] Um sich vor strafrechtlicher Verantwortlichkeit zu schützen, sollte er, sofern Hinweise auf Gesetzesverstöße im Unternehmen vorliegen, die Durchführung interner Ermittlungen und die Einleitung der notwendigen Gegenmaßnahmen veranlassen.[149]

2. *Verhaltenskodex*

Typischerweise werden zudem Verhaltensrichtlinien, sog. „Codes of Conduct"[150], erlassen, durch die sich das Unternehmen selbst verpflichtet und bereit erklärt, sich an die festgeschriebenen Maßstäbe zu halten.[151] Darin, oder auch in Compliance-Handbüchern[152], werden unter anderem allgemeine Unternehmensziele beschrieben, die Grundsätze zu ethisch korrektem Verhalten dargelegt und nicht zuletzt die maßgeblichen gesetzlichen Regelungen laienverständlich wiedergegeben.[153] Sie stellen z.B. die gängigen Problemfelder im Bereich der Korruption, wie der Annahme von Geschenken oder Einladungen, dar[154] und dienen damit den Mitarbeitern als Orientierung in rechtlichen Zweifelsfragen.[155] Dabei sollte jedoch von einer detaillierten Aufführung der Regelungen abgesehen werden und stattdessen an Hand von Praxisbeispielen das rechtmäßige Verhalten aufgezeigt und in Schulungen[156] vertieft werden. Gerade in großen

---

147 *Moosmayer*, AnwBl 2010, 634, 635; *Bissels/Lützeler*, BB 2012, 189; *Wiederholt/Walter*, BB 2011, 968, 972; vgl. auch: *Schulz/Renz*, BB 2012, 2511, 2513 ff.

148 BGHSt 54, 44, 46 ff.; konkret: Beihilfe durch Unterlassen zum Betrug.

149 *Wybitul*, BB 2009, 2263, 2264.

150 *Pies/Sass/Meyer zu Schwabedissen*, Prävention von Wirtschaftskriminalität, S. 192; *Bock*, ZIS 2009, 68, 77; *Wybitul*, BB 2009, 1582, 1583; vgl. auch: *Hülsberg/Engels*, ZWH 2011, 14, Abb. 5: Die von KPMG durchgeführte Studie ergab, dass 100 % der befragten Unternehmen Codes of Conduct erlassen.

151 *Momsen*, ZIS 2011, 508, 509.

152 *Hülsberg/Engels*, ZWH 2011, 14, Abb. 5: Die KPMG-Studie ergab, dass 83 % der befragten Unternehmen über Compliance-Handbücher verfügen.

153 *Müller-Bonanni*, AnwBl 2010, 651; für ethische Richtlinien: *Bussmann/Salvenmoser*, CCZ 2008, 192, 194; PwC-Studie 2010, 11, darüber verfügen aber nur 64 % der nicht börsennotierten Unternehmen, PwC-Studie 2010, Abb. 2.

154 *Bock*, ZIS 2009, 68, 77.

155 *Bürkle*, BB 2005, 565, 566.

156 *Reidlinger*, in: Unternehmensinterne Untersuchungen, S. 121, 136 merkt an, dass Compliance-Trainings auch dazu führen können, dass begangene Verstöße weniger

Unternehmen bietet sich zudem die Berufung von Compliance-Beauftragten an, die den Mitarbeitern bei allen compliancerelevanten Rechtsfragen zur Seite stehen.[157] Denn im Regelfall erfolgen Verstöße gegen verbindliche Normen nicht vorsätzlich, sondern vielmehr aus einer Unwissenheit heraus oder mangels Sensibilität für rechtliche Gefahren. Die Einrichtung einer Beratungsstelle stellt also eine ideale Ergänzung zu den „Codes of Conduct" dar, da im Unternehmensalltag immer wieder rechtliche Fragen auftauchen werden, auf die der Verhaltenskodex keine Antwort bereithält.[158] Durch klare Handlungsanweisungen sowie die Ausbildung und Schulung der Mitarbeiter können Rechtsverstöße aus Unwissenheit häufig vermieden werden.[159] Dabei muss jedoch unbedingt beachtet werden, dass Rechtsverstöße, die darauf basieren, dass Verhaltensanweisungen nicht zur Kenntnis genommen oder bewusst missachtet werden, naturgemäß nicht verhindert werden können.[160]

3. *Compliance-Programm*

Das Compliance-Programm setzt sich aus verschiedenen Komponenten zusammen. Eine Maßnahme stellt das sog. Monitoring dar, das teilweise deckungsgleich mit internen Ermittlungsmaßnahmen ist. Dies sind Maßnahmen, die zur Überwachung der Mitarbeiter und der Wirksamkeit der Compliance-Anordnungen durchgeführt werden. Dazu zählt auch die dauerhafte, systematische Überwachung einzelner Vorgänge oder Prozesse.[161] Darüber hinaus gehört insbesondere die überraschende, regelmäßige, stichprobenartige Kontrolle von Arbeitsabläufen zu den typischen Bestandteilen eines wirksamen Compliance-Programmes. Sollten trotz aller Maßnahmen dennoch Verstöße einzelner Mitarbeiter festgestellt werden, gehört zu einem Compliance-Programm auch die

---

klar dokumentiert werden, da Mitarbeiter gelernt haben, weniger Spuren zu hinterlassen.

157 *Domke/Stehr*, Working Paper No. 42 2008, 13 f.

158 *Bürkle*, BB 2005, 565, 566; im Ergebnis auch: *Pietrek*, Die strafrechtliche Verantwortlichkeit des Betriebsinhabers, S. 115 f.

159 *Schmidt*, BB 2009, 1295, 1296; *Schulz/Renz*, BB 2012, 2511, 2514.

160 *Schmidt*, BB 2009, 1295, 1296.

161 *Momsen*, ZIS 2011, 508, 509; die PwC-Studie ergab, dass 70 % der befragten Unternehmen ein internes Monitoring durchführen, PwC-Studie 2010, Abb. 13; auch *Schmidt*, BB 2009, 1295, 1296 sieht die Überwachung als Element der Compliance-Organisation.

Sanktionierung[162] der Verstöße. Andersherum kann aber auch ein Anreizsystem (Beförderung, Gehaltserhöhung) normkonformes Verhalten fördern.[163]

Zum Compliance-Programm gehören damit neben der Prävention von Non-Compliance auch die Aufdeckung und die Reaktion auf Normverstöße. Dazu zählen insbesondere anlassbezogene sowie routinemäßige Untersuchungen. Zudem werden als Reaktion etwaige zu Tage getretene Präventionslücken in der Compliance-Organisation geschlossen.[164]

4. *Information und Beratung*

Zu den Hauptaufgaben des Compliance-Systems zählen auch die Beratung von Mitarbeitern bei Verhaltensunsicherheiten, die Durchführung von Schulungen und sog. „Awareness-Maßnahmen", wie z.B. die Schaffung von Compliance-Bewusstsein für Reputationsrisiken.[165]

Zusätzlich gibt es in aller Regel Hinweisgebersysteme, die eine zentrale Rolle einnehmen.[166] Bei sog. „Compliance Hotlines" können mögliche Verstöße oder Unregelmäßigkeiten – in der Regel auch anonym – gemeldet werden.[167] Diese Kontrollsysteme geben häufig den ersten Hinweis auf ein Fehlverhalten.[168] In Deutschland besteht, anders als bspw. in den USA (für dort börsennotierte Unternehmen[169]), zwar keine Pflicht zur Einrichtung eines Whistleblowing-Programmes[170], doch ist ein Compliance-System in aller Regel nur dann

162 *Hülsberg/Engels*, ZWH 2011, 14, Abb. 3: Die von KPMG durchgeführte Studie ergab, dass 75 % der befragten Unternehmen eine Sanktion beschließen oder empfehlen.

163 *Bock*, ZIS 2009, 68, 78 f.; Anreiz zur Einhaltung des Kodex: *Bürkle*, BB 2005, 565, 566.

164 *Hülsberg/Engels*, ZWH 2011, 14, Abb. 3: Die von KPMG durchgeführte Studie ergab, dass 25 % der befragten Unternehmen routinemäßige Untersuchungen durchführen und 96 % an den Normverstoß anschließend Lücken im System schließen.

165 *Hülsberg/Engels*, ZWH 2011, 14, 16: Bei einer von KPMG 2008–2010 durchgeführten Studie verfügten alle befragten Unternehmen über entsprechende Angebote, Abb. 3.

166 *Buchert*, CCZ 2008, 148.

167 *Müller-Bonanni*, AnwBl 2010, 651.

168 *Kempf*, in: Münchener Anwaltshandbuch Verteidigung in Wirtschafts- und Steuerstrafsachen, § 10 Rn. 72 (1. Auflage).

169 Sarbanes-Oxley Act 2002 Section 301 (4): "Each audit committee shall establish procedures for (A) … (B) the confidential, anonymous submission by employees of the issuer of concerns regarding questionable accounting or auditing matters."; *Moosmayer*, Compliance, S. 56.

170 *Schürrle/Fleck*, CCZ 2011, 218, 220; dazu auch: *Schürrle/Olbers*, CCZ 2010, 178, 181: „Das Betreiben einer Hotline betrifft das Ordnungsverhalten eines Arbeitnehmers und ist daher gem. § 87 Abs. 1 Nr. 1 BetrVG mitbestimmungspflichtig.".

effizient, wenn gerade auch kritische Situationen frühzeitig erkannt werden.[171] 2008 verfügten dennoch nur 22 % aller deutschen Unternehmen über ein Hinweisgebersystem,[172] 2010 hatten immerhin 34 % der deutschen Großunternehmen ein solches eingerichtet.[173]

C. Internal Investigations

I. Begriff[174]

Der Begriff „Internal Investigations" bezeichnet die „einmalige unternehmensinterne Untersuchung zur systematischen Sachverhaltsermittlung bei Verdacht auf Gesetzes- oder sonstige Rechtsverstöße".[175] Typischerweise handelt es sich dabei also um Untersuchungen, die (1) bei Verdacht eines Verstoßes gegen Gesetze oder sonstige Regeln (2) durch vom Unternehmen beauftragte externe Berater, häufig Rechtsanwälte und/oder Wirtschaftsprüfer, durchgeführt werden und (3) regelmäßig im Zusammenhang mit (drohenden) staatlichen Ermittlungen stehen[176] – *Knauer* spricht insoweit von „Internen Ermittlungen im engeren Sinne".[177] Die einzelnen Maßnahmen selbst werden zumindest grundsätzlich ohne die Teilnahme von Behörden durchgeführt. Die Untersuchung dient der Zusammenstellung von Informationen auf Grund derer alle weiteren Maßnahmen und Entscheidungen getroffen werden können.[178] Innerhalb eines Compliance-Programmes stellt die interne Untersuchung somit eine mögliche Maßnahme zur Sicherung der Normbefolgung dar.[179] Sie ist gewissermaßen als

---

171 *Schürrle/Fleck*, CCZ 2011, 218, 220.

172 PwC-Studie 2008, 9, Abb. 4.b.

173 PwC-Studie 2010, 31; in den USA hingegen verfügen 75 % der Unternehmen an der US-Börse über ein Hinweisgebersystem, PwC-Studie 2010, Abb. 2.

174 Vgl. dazu. *Nestler*, in: Internal Investigations, Kap. 1 Rn. 19 ff.

175 *Kustor*, in: Unternehmensinterne Untersuchungen, S. 13; vgl. auch: *Bissels/Lützeler*, BB 2012, 189, 190; *v. Hehn*, Börsen-Zeitung Nr. 221, 15; *Mengel/Ullrich*, NZA 2006, 240; *Vogt*, NJOZ 2009, 4206.

176 *Behrens*, RIW 2009, 22; *Momsen*, ZIS 2011, 508, 511; *Wewerka*, Internal Investigations, S. 6; vgl. auch: *Knierim*, StV 2009, 324, 328; *Rotsch*, in: Handbuch Wirtschaftsstrafrecht, 1. Teil, 4. Kap. Rn. 49.

177 *Knauer*, ZWH 2012, 41, 42.

178 *Kustor*, in: Unternehmensinterne Untersuchungen, S. 13.

179 *Momsen*, ZIS 2011, 508; zum Verhältnis zwischen Internal Investigation und Compliance: *Wagner*, CCZ 2009, 8, 10 f.; *Brückner*, BB Special 4/2010, 21, 22.

repressive Seite der Compliance zu verstehen[180] und bildet als solche einen unverzichtbaren Bestandteil eines effektiven Compliance-Konzeptes.[181]

Abzugrenzen sind die Internal Investigations zum einen von der internen Revision und zum anderen von allgemeineren Überwachungsmaßnahmen. Anders als bei internen Untersuchungen, die vor allem auf dem Verdacht einer im Unternehmen begangenen Straftat basieren, ist Aufgabe der internen Revision, durch regelmäßig stattfindende Prüfungen „Unternehmensvorgänge auf ihre Ordnungsmäßigkeit zu prüfen und Unwirtschaftlichkeit, Unregelmäßigkeiten oder Manipulationen aufzudecken."[182] Ein bedeutender Unterschied besteht darin, dass die Revision angekündigt wird und sich die entsprechende Unternehmenseinheit darauf vorbereiten kann, sodass hier von einer „kooperative(n)/partnerschaftliche(n) Funktion" ausgegangen werden kann. Bei internen Untersuchungen gibt es hingegen keine derartige Vorankündigung der Maßnahme, sie hat vielmehr Eingriffscharakter.[183]

Bei den allgemeinen Überwachungsmaßnahmen werden die Arbeitnehmer bei der Ausführung ihrer Tätigkeit bspw. optisch (Videokamera) überwacht. Anders als bei der internen Untersuchung, die der Aufklärung eines Verdachtsfalles dient, geschieht dies im Rahmen der allgemeinen Überwachungsmaßnahmen gerade verdachtsunabhängig.[184]

II. Ursprung und Entwicklung

Interne Ermittlungen in dem hier beschriebenen Verständnis haben ihren Ursprung in den USA. Infolge der großen Finanzskandale und der Watergate-Affäre Ende der 60er und Anfang der 70er Jahre begann die U.S. Securities and Exchange Commission (SEC) auf Grund ihrer unzureichenden personellen Ausstattung Unternehmen, in denen es vermutlich zu Unregelmäßigkeiten gekommen war, die Auflage zu machen, interne Ermittlungen durchzuführen und ihr die Ergebnisse dieser Untersuchung zur Verfügung zu stellen. Im Gegenzug

---

180 *Momsen*, ZIS 2011, 508, 511; *Theile*, StV 2011, 381; *Rödiger*, Strafverfolgung von Unternehmen, S. 23; *Brockhaus*, in: Internal Investigations, Kap. 26 Rn. 1; vgl. auch: *Behrens*, RIW 2009, 22; *Gerst*, CCZ 2012, 1.

181 *Dann*, AnwBl 2009, 84; *Eidam*, Unternehmen und Strafe, Rn. 1936; *Moosmayer*, Compliance, S. 96.

182 *Petsche*, in: Handbuch Compliance, S. 1, 8; so auch: *Winter*, Vorstandorganisation und Compliance, S. 62 f.; *Pauthner-Seidel/Stephan*, in: Corporate Compliance, § 27 Rn. 43.

183 *Bührer*, in: Moosmayer/Hartwig, Interne Untersuchungen, S. 101, 106.

184 Vgl.: *Minoggio*, in: Wirtschaftsstrafrecht in der Praxis, Kap. 15 Rn. 13.

wurde den Unternehmen eine Sanktionsmilderung in Aussicht gestellt (sog. Voluntary Disclosure Program).[185]

In der weiteren Entwicklung spielte vor allem der Foreign Corrupt Practices Act (FCPA) von 1977 eine Rolle. Er verlangt unter anderem, dass Unternehmen effektive Compliance-Programme einrichten. Dazu zählt auch, dass Verstöße im Unternehmen umfassend untersucht werden. In der Praxis führt dies häufig dazu, dass eine umfangreiche interne Untersuchung und eine uneingeschränkte Kooperation mit den US-Behörden stattfindet. Der Ausgangspunkt solcher Untersuchungen ist der Nachweis effektiver Compliance-Programme. Daher gehen FCPA-Untersuchungen über den jeweiligen Einzelfall hinaus und sollen möglichst auch bislang unentdeckte Verstöße aufdecken. Der FCPA ist für an der US-Börse gelistete Unternehmen anwendbar, darüber hinaus aber auch für Unternehmen, die Handlungen zur Förderung von Bestechungszahlungen in den USA vornehmen oder eine Verknüpfung zu den USA haben, wie bspw. Überweisungen über amerikanische Konten.[186]

Insbesondere im Rahmen der USSG wirkt sich die Durchführung von Internal Investigations als Bestandteil von Compliance-Programmen oftmals strafmildernd aus. Gemäß § 8 C.2.5 (g) USSG kann die unternehmensinterne Aufklärung von Verdachtsfällen bei der Strafbemessung strafmildernd berücksichtigt werden, vgl. S. 5.[187] Zwar existiert in den USA keine rechtliche Pflicht zur Durchführung interner Untersuchungen, doch besteht in der Regel eine Art faktischer Zwang.[188]

Auch im Rahmen des UK Bribery Act wird für die Festsetzung der Strafe bzw. der Strafhöhe regelmäßig die Kooperation des Unternehmens sowie dessen Mitwirkung an der Aufklärung der Angelegenheit berücksichtigt.[189]

Dabei ist jedoch unbedingt zu berücksichtigen, dass interne Ermittlungen in dem hier beschriebenen Sinne von den Untersuchungen, die auf Veranlassung der SEC durchgeführt werden, zu unterscheiden sind. Während sich interne Ermittlungen ausschließlich am Unternehmensinteresse orientieren, dient die „SEC-Untersuchung" vor allem dem Aufklärungsinteresse der Börsenaufsicht.[190] Daher

---

185 *Wewerka*, Internal Investigations, S. 45; *Behrens*, RIW 2009, 22, 24.

186 *Taschke*, NZWiSt 2012, 89, 91.

187 *v. Rosen*, Internal Investigations bei Compliance-Verstößen, S. 16; zum US-amerikanischen Hintergrund: *Wewerka*, Internal Investigations, S. 43 ff.; *Wagner*, CCZ 2009, 8 ff.

188 *Behrens*, RIW 2009, 22, 33; *Knauer/Buhlmann*, AnwBl 2010, 387, 388.

189 *Kappel/Lagodny*, StV 2012, 695, 697.

190 *Minoggio*, in: Wirtschaftsstrafrecht in der Praxis, Kap. 15 Rn. 10 f.

besteht auch keine Verpflichtung, auf Grund eines konkreten Straftatverdachts die gesamte Organisation auf Verstöße hin zu untersuchen.[191]Somit geht es im Folgenden allein um nationale Sachverhalte, nicht hingegen um sog. Cross Border Investigations unter Beteiligung der SEC und des Department of Justice (DOJ).

III. Zielsetzung

Im Rahmen einer internen Untersuchung geht es vor allem um die Aufklärung strafrechtlicher Verdachtsfälle und anderer möglicher Rechtsverletzungen.[192] Erklärtes Ziel der Untersuchungen ist in der Regel die Selbstentlastung des Unternehmens an sich. Insoweit wird auch vom „Selbstreinigungsgebot von Unternehmen“[193] gesprochen.[194] Häufig erhofft sich das Unternehmen zudem durch die rückhaltlose Aufklärung das Vertrauen der Öffentlichkeit, Kunden und Geschäftspartner zurück zu gewinnen, zu wahren oder zu stärken.[195] Da für den Fall, dass eine Untersuchung von Verdachtsfällen unterbeleibt, für die Unternehmensleitung und ggf. den Compliance-Officer, die Gefahr droht, selbst wegen der Verletzung von Aufsichtspflichten zu haften, werden interne Ermittlungen auch zur Minimierung dieses Risikos durchgeführt.[196] Darüber hinaus geht es um die Aufdeckung von Lücken und Fehlern in der Unternehmensorganisation[197] und dem Compliance-System.[198] Auf Grundlage der Erkenntnisse können Missstände beseitigt und Verbesserungsmaßnahmen ergriffen werden.[199]

Interne Untersuchungen spielen aber auch im Kampf gegen die Kriminalität innerhalb des Unternehmens eine wichtige Rolle, denn oft wirkt nicht die Härte einer Sanktion abschreckend, sondern vielmehr die Wahrscheinlichkeit der

---

191 *Knauer*, ZWH 2012, 81, 82.

192 *Dann*, AnwBl 2009, 84; *v. Rosen*, Internal Investigations bei Compliance-Verstößen, S. 65; *Behrens*, RIW 2009, 22, 29.

193 *Wehnert*, in: Verhandlungen 67. DJT 2008, L 157; *Knauer*, ZWH 2012, 41, 46.

194 *Knauer/Buhlmann*, AnwBl 2010, 387, 388; *Knauer*, in: Verhandlungen 67. DJT 2008, L 159.

195 *Salvenmoser/Schreier*, in: Handbuch Wirtschaftsstrafrecht, 15. Teil Rn. 16.

196 *Hartwig*, in: Moosmayer/Hartwig, Interne Untersuchungen, S. 7, 9; *Moosmayer*, Compliance, S. 95 f.

197 *Knierim*, StV 2009, 324, 329; *Hartwig*, in: Moosmayer/Hartwig, Interne Untersuchungen, S. 7, 9; vgl. auch: *v. Hehn/Hartung*, DB 2006, 1909, 1913.

198 *v. Rosen*, Internal Investigations bei Compliance-Verstößen, S. 15, 70.

199 *v. Hehn/Hartung*, DB 2006, 1909, 1911; *Kustor*, in: Unternehmensinterne Untersuchungen, S. 13, 14 und S. 27, 46; *Salvenmoser/Schreier*, in: Handbuch Wirtschaftsstrafrecht, 15. Teil Rn. 16; *Hartwig*, in: Moosmayer/Hartwig, Interne Untersuchungen, S. 7, 9.

Entdeckung und Sanktionierung. Effektiv ist also vor allem die Unausweichlichkeit der Sanktionierung.[200] Zielführend ist somit eine Kombination aus einer Erhöhung der Entdeckungswahrscheinlichkeit und einer konsequenten Sanktionierung.[201] Damit stellen interne Untersuchungen auch einen Beitrag zur Prävention dar, denn den Mitarbeitern wird verdeutlicht, dass die Unternehmensleitung Hinweisen auf Fehlverhalten auch tatsächlich nachgeht.[202] Erforderlich ist aber darüber hinaus, dass ggf. rasch und entschieden reagiert wird und die notwendigen (arbeitsrechtlichen) Konsequenzen gegenüber dem entsprechenden Mitarbeiter getroffen werden. Nur so wird deutlich, dass es die Unternehmensleitung mit dem Compliance-Programm auch tatsächlich ernst meint und es sich dabei nicht bloß um den sprichwörtlichen „zahnlosen Tiger“ handelt.[203]

Die von PwC 2009 durchgeführte Studie ergab, dass 66 % der Unternehmen auf einen Compliance-Verstoß mit einer Zero-Tolerance-Policy reagieren. Dies bedeutet keinesfalls, dass in jedem Fall eine Strafanzeige gestellt wird. Vielmehr versteht man darunter die angemessene Sanktionierung eines jeden Regelverstoßes. 69 % der befragten Unternehmen sehen als Reaktion auf Non-Compliance grundsätzlich das Stellen einer Strafanzeige vor. Tatsächlich gestellt wurde sie aber letztlich nur in 56 % der berichteten Fälle.[204] *Buchert* gibt jedoch zu bedenken, dass im Falle von strafrechtlich relevanten Vorfällen im Unternehmen nur das Stellen einer Strafanzeige (selbst wenn dazu regelmäßig keine Pflicht besteht[205]) eine glaubwürdige Zero-Toleranz-Philosophie darstellt.[206]

---

200 *Brückner*, BB Special 4/2010, 21, 22.

201 *Kempf*, in: Münchener Anwaltshandbuch Verteidigung in Wirtschafts- und Steuerstrafsachen, § 10 Rn. 77 (1. Auflage); vgl. auch: *Bussmann/Matschke*, CCZ 2009, 132, 135, die sich auf Grund der Erhöhung des Entdeckungsrisikos für Hinweisgebersysteme aussprechen.

202 *Moosmayer*, Compliance, S. 96; *Hartwig*, in: Moosmayer/Hartwig, Interne Untersuchungen, S. 7, 9; *Reeb*, Internal Investigations, S. 4; vgl. auch: *Momsen/Grützner*, DB 2011, 1792, für die die präventive Zielsetzung im Vordergrund steht.

203 *Moosmayer*, Compliance, S. 102; im Ergebnis auch: *Bissels/Lützeler*, BB 2012, 189, 193; *Reichert*, ZIS 2011, 113, 117.

204 PwC-Studie 2010, 28 f., Abb. 14.

205 *Minoggio*, Firmenverteidigung, Rn. 1254 (Ausnahme § 138 StGB); vgl. auch: *Minoggio*, Firmenverteidigung, Rn. 1299 ff., wonach eine Strafanzeige u.U. aber sinnvoll sein kann; dazu: *Gercke/Richter*, in: Gercke/Kraft/Richter, Arbeitsstrafrecht, Kap. 4 Rn. 117 ff.

206 *Buchert*, CCZ 2008, 148, 150; die PwC-Studie ergab, dass in Unternehmen, die eine zero-tolerance-policy vorsehen, eine Strafanzeige in 65 % der Fälle gestellt wurde, PwC-Studie 2010, 29.

IV. Auslöser für Internal Investigations

Eine abschließende Aufzählung aller denkbaren Auslöser für Internal Investigations ist kaum möglich. Daher soll hier lediglich auf eine Auswahl möglicher Auslöser eingegangen werden.[207]

Als Auslöser für die Durchführung unternehmensinterner Untersuchungen kommen verschiedene Konstellationen in Betracht. Zumindest in Großunternehmen bilden häufig transnationale staatliche Ermittlungen, vor allem solche der SEC, den Hauptanlass für die Aufnahme interner Untersuchungen.[208] Abgesehen davon kann die Unternehmensleitung über die Reporting-Systeme Kenntnis von einem möglichen Regelverstoß im Unternehmen erlangen. Mitarbeiter und teils auch Externe, wie Lieferanten und Kunden[209], können Unregelmäßigkeiten entweder bei einer sog. Whistleblowing-Hotline oder bei einem Ombudsmann melden.[210] Die Möglichkeit einer internen Meldung von Verdachtsfällen erhöht die Chance, dass das Unternehmen als erstes von dem Verdacht erfährt und den Sachverhalt sowie den öffentlichen Umgang damit selber steuern kann.[211]

1. Hinweisgebersystem: Whistleblowing-Hotline

Eine geläufige Definition des Whistleblowings[212] lautet: "*...the disclosure by organization members (former or current) of illegal, immoral, or illegitimate practices*

207 Einen Überblick bieten: *v. Rosen*, Internal Investigations bei Compliance-Verstößen, S. 44 ff.; *Kustor*, in: Unternehmensinterne Untersuchungen, S. 13, 15 f.

208 *Gerst*, CCZ 2012, 1 f.

209 Für die Öffnung des Hinweisgebersystems auch für Externe: *Wisskirchen/Glaser*, in: Soziale Marktwirtschaft, S. 209; *Hülsberg/Engels*, ZWH 2011, 14, 17; PwC-Studie 2010, 31 f.; allerdings sind die Hinweisgebersysteme nur bei 27 % der deutschen Großunternehmen auch für Externe zugänglich, PwC-Studie 2010, Abb. 16; zu den Vor- und Nachteilen vgl. *Schemmel/Ruhmannseder/Witzigmann*, Hinweisgebersysteme, Kap. 5 Rn. 67 f.

210 *v. Rosen*, Internal Investigations bei Compliance-Verstößen, S. 44. Mittlerweile verfügen 34 % der deutschen Großunternehmen über ein Hinweisgebersystem, PwC-Studie 2010, 31; dabei ist in 62 % der Unternehmen eine Hotline eingerichtet, in 89 % handelt es sich um einen internen Ansprechpartner aus der Rechtsabteilung und nur in 37 % um einen Externen (Ombudsmann), PwC-Studie 2010, Abb. 16; ähnliche Werte erzielte auch die KPMG-Studie: Hotline – 71 %, externer Ombudsmann – 54 %, E-Mail-Postfach – 58 %; *Hülsberg/Engels*, ZWH 2011, 14, 17.

211 *Bock*, Criminal Compliance, S. 735.

212 Grds. wird zwischen internem (Meldung an unternehmenseigene oder durch dieses eingesetzte Stelle) und externem (Benachrichtigung der Öffentlichkeit, Presse, Strafverfolgungsbehörde) Whistleblowing unterschieden, *Bock*, Criminal Compliance,

under the control of their employers, to persons or organizations that may be able to effect action."[213]

Somit muss es sich bei demjenigen, der einen Verstoß meldet, um ein Mitglied der Organisation, also des Unternehmens, handeln. Er muss entweder unmittelbar selbst in das Organisationsgeschehen eingebunden sein (insbesondere Mitarbeiter) oder aber mit der Organisation in einer Verbindung stehen (bspw. Lieferanten oder Kunden). Er muss illegale, unmoralische oder illegitime Aktivitäten, die sich in der Organisation ereignen, mitteilen. Diese müssen gegenüber einer Person oder Stelle offenbart werden, die die fragliche Aktivität beeinflussen, den Verdachtsfall also untersuchen und ggf. unterbinden kann. Dabei kann es sich sowohl um eine unternehmensinterne als auch externe Stelle handeln.[214]

Elektronische Hinweisgebersysteme geben Mitarbeitern und ggf. Dritten die Möglichkeit via Telefon, Fax, E-Mail, Website oder Post Missstände anonym[215] zu äußern.[216] Die Bearbeitung der eingehenden Hinweise erfolgt in der Regel durch speziell ausgebildete Mitarbeiter.[217] In der Praxis zählt eine Whistleblowing-Hotline mittlerweile zu den „Kernelementen einer Compliance Organisation".[218] Dies mag wohl vor allem daran liegen, dass die Erfahrungen

---

S. 732; so auch: *Pietrek*, Die strafrechtliche Verantwortlichkeit des Betriebsinhabers, S. 118; *Kort*, in: Bitburger Gespräche, S. 45, 64; *Schemmel/Ruhmannseder/Witzigmann*, Hinweisgebersysteme, Kap. 1 Rn. 89 ff.; *Schmolke*, RIW 2012, 224, 226.

213 *Near/Miceli*, in: Journal of Business Ethics 1985, 1, 4.

214 *Berndt/Hoppler*, BB 2005, 2623, 2624 f.; *Briegel*, Einrichtung und Ausgestaltung unternehmensinterner Whistleblowing-Systeme, 14 ff.; vgl. auch: *Schmolke*, RIW 2012, 224, 226; *Fritz*, in: Corporate Compliance und Arbeitsrecht, S. 111 ff.; *v. Rosen*, Internal Investigations bei Compliance-Verstößen, S. 100: für Einsetzung eines Dritten, da die Bereitschaft der Mitarbeiter, Hinweise zu geben, dadurch erhöht werde; **a.A.**: *Pietrek*, Die strafrechtliche Verantwortlichkeit des Betriebsinhabers, S. 118 f.: interner Meldeweg, da niedrigere Hemmschwelle bestehe und keine Verzögerungen zu befürchten seien.

215 Vgl.: *Neundorf*, in: Corporate Compliance, § 30 Rn. 32, der Gründe nennt, die gegen eine anonyme Meldung sprächen; *Schemmel/Ruhmannseder/Witzigmann*, Hinweisgebersysteme, Kap. 5 Rn. 73 ff., die Vor- und Nachteilen aufzählen; *Maschmann*, in: Soziale Marktwirtschaft, S. 184, 195: „Problematisch sind anonyme Meldungen, die lediglich in Ausnahmefällen akzeptiert werden sollten.".

216 *Annuscheit*, compliancemagazin v. 2.4.2009; vgl. auch: *Buchert/Jacob-Hofbauer*, in: Internal Investigations, Kap. 8 Rn. 20 ff.

217 *Wybitul*, ZD 2011, 118, 120.

218 *Kremer/Klahold*, in: Handbuch Managerhaftung, § 21 Rn. 57; vgl. auch: *Minoggio*, Firmenverteidigung, Rn. 1196: mittlerweile eher „E-Mail-Line".

mit einem Hinweisgebersystem sehr gut sind.[219] Gerade auch die Befürchtung, bei Einführung eines solchen Systems komme es vermehrt zu Denunziationen, hat sich in der Praxis nicht bewahrheitet. Die Hälfte der von PwC befragten Unternehmen berichteten über keinerlei derartige Vorfälle.[220] Bedenklicher erscheint die Situation, in der für den Hinweisgeber nicht erkennbar ist, wo eine entsprechende Hotline aufgeschaltet ist, denn dies führt in der Regel dazu, dass kein Vertrauen in das System besteht und die Möglichkeit der Verdachtsäußerung seltener in Anspruch genommen wird.[221]

2. *Hinweisgebersystem: Ombudsmann*

Der Ombudsmann ist zumeist ein organisationsfremder Ansprechpartner[222], in aller Regel ein externer Rechtsanwalt, der Mitarbeitern und Dritten als Anlaufstelle für Hinweise und Beschwerden dient.[223] Zwischen Ombudsmann und dem ihn beauftragenden Unternehmen besteht ein normales Mandatsverhältnis. Allerdings verzichtet das Unternehmen auf seine Ansprüche auf Auskunftserteilung und Herausgabe von Unterlagen und sonstigen Informationen. Damit der Hinweisgeber bestmöglich geschützt ist, erklärt das Unternehmen zudem, den Ombudsmann nicht von seiner anwaltlichen Schweigepflicht zu entbinden. Zwischen dem Ombudsmann und dem Hinweisgeber selbst besteht hingegen kein anwaltliches Rechtsverhältnis. Er ist nur Gesprächspartner, nicht aber Interessenvertreter zugunsten des Informanten.[224] *Buchert* spricht insoweit von einem Vertrag mit Schutzwirkung für Dritte, eben dem Hinweisgeber.[225] Dennoch bindet sich der Ombudsmann dahingehend, weder den Sachverhalt noch den Namen des Hinweisgebers ohne dessen Genehmigung dem Unternehmen zu übermitteln. Nachdem der Ombudsmann den Sachverhalt vollständig erfasst hat, nimmt

219 *Hülsberg/Engels*, ZWH 2011, 14, 18: In der KPMG-Studie schätzten 88 % der Befragten das Hinweisgebersystem als hilfreich oder sehr hilfreich ein.

220 PwC-Studie 2010, 35.

221 *Buchert*, CCZ 2008, 148; *Maschmann*, in: Soziale Marktwirtschaft, S. 184, 195.

222 *Pies/Sass/Meyer zu Schwabedissen*, Prävention von Wirtschaftskriminalität, S. 194; für einen externen Ombudsmann: *Buchert*, CCZ 2008, 148; *Keul/Wulf*, ZWH 2011, 50; *Hild*, AnwBl 2010, 641.

223 *v. Rosen*, Internal Investigations bei Compliance-Verstößen, S. 44; *Keul/Wulf*, ZWH 2011, 50, 51; *Moosmayer*, Compliance, S. 58; *Gropp-Stadler/Wolfgramm*, in: Moosmayer/Hartwig, Interne Untersuchungen, S. 15, 16; *Wybitul*, ZD 2011, 118, 120.

224 *Keul/Wulf*, ZWH 2011, 50, 52; *Moosmayer*, Compliance, S. 58, spricht hingegen von „faktisch … zwei Mandanten"; vgl. auch: *Wybitul*, ZD 2011, 118, 120.

225 *Buchert*, CCZ 2008, 148, 150; so auch: *Bock*, Criminal Compliance, S. 740.

er eine strafrechtliche Bewertung vor. Mit der anschließenden Weitergabe der Informationen an das Unternehmen ist seine Tätigkeit im Wesentlichen abgeschlossen.[226] Nachforschungen und Ermittlungen zählen grundsätzlich nicht zum Aufgabenbereich des Ombudsmannes.[227]

Der zentrale Punkt für den Erfolg und die Akzeptanz des Ombudsmannes ist die Garantie, dass der Hinweisgeber absolute Vertraulichkeit genießt. Der Ombudsmann vermag ihn aber nur zu schützen, wenn er auch als Zeuge in einem etwaigen Prozess nicht zur Aussage, oder genauer: nicht zur Preisgabe der Identität des Hinweisgebers, gezwungen werden kann. Erforderlich ist insoweit die Möglichkeit, sich auf ein entsprechendes Zeugnisverweigerungsrecht berufen zu können. Der externe Rechtsanwalt, der als Ombudsmann für ein Unternehmen tätig wird, kann sich auf § 53 Abs. 1 S. 1 Nr. 3 StPO, § 43a Abs. 2 BRAO berufen. Andere Personen im Unternehmen oder Außenstehende ohne entsprechendes berufliches Privileg können sich hingegen auf kein Zeugnisverweigerungsrecht berufen. Die absolute Vertraulichkeit des Hinweisgebers kann also nur der als Ombudsmann fungierende externe Rechtsanwalt bieten. Hierin ist der entscheidende Vorteil eines externen Ombudsmannes zu sehen.[228] Der Vorteil gegenüber anderen Hinweisgebersystemen besteht darin, dass eine persönliche Anlaufstelle und damit die Möglichkeit zur Besprechung des relevanten Sachverhaltes besteht. Auf der anderen Seite hat der Ombudsmann jedoch nur einen beschränkten Wirkungskreis, da sich ausländische Hinweisgeber eher selten an einen Ombudsmann in Deutschland wenden werden.[229]

3. *Kronzeugenregelung und Co.*

Eine derart diskrete Verdachtsmeldung stellt sicherlich den Optimalfall[230] für das Unternehmen dar, doch sind Verstöße und Verdächtigungen immer wieder auch der Presse zu entnehmen. Zum anderen werden Compliance-Verstöße auch auf

---

226 *Hild*, AnwBl 2010, 641 f. zum Ombudsmann der Deutschen Bahn AG; ausführlich zum anwaltlichen Ombudsmann: *Keul/Wulf*, ZWH 2011, 50 ff.; *Buchert*, CCZ 2008, 148 ff.

227 *Buchert*, CCZ 2008, 148, 149; *Kremer/Klahold*, in: Handbuch Managerhaftung, § 21 Rn. 60.

228 *Buchert*, CCZ 2008, 148; für einen externen Ombudsmann: *Keul/Wulf*, ZWH 2011, 50; *Hild*, AnwBl 2010, 641.

229 *Moosmayer*, in: Moosmayer/Hartwig, Interne Untersuchungen, S. 127, 136; zur Zusammenarbeit des Ombudsmannes mit Hinweisgebern und Unternehmen vgl. *Buchert/Jacob-Hofbauer*, in: Internal Investigations, Kap. 8 Rn. 46 ff.

230 *Dann*, AnwBl 2009, 84, 85.

Grund gesetzlicher „Kronzeugenregelungen“ wie bspw. § 46b StGB[231] bekannt. Dabei wird Mitarbeitern, die ihr Wissen gegenüber den Ermittlungsbehörden offenbaren, eine Strafmilderung nach § 49 Abs. 1 StGB zugesagt, was naturgemäß die Bereitschaft zur Aussage erhöht.[232] Dies bedeutet für die Unternehmenspraxis, dass keine Alternative zur Aufklärung und Beendigung von Compliance-Vorfällen besteht, da jeder Mitarbeiter, der von korruptionsrelevanten oder ähnlichen Vorfällen im Unternehmen Kenntnis hat, ein Risiko für das Unternehmen darstellt. Letztlich kann somit nur eine interne Aufklärung vor dem unkalkulierbaren Risiko staatlicher Ermittlungen schützen.[233]

Denkbar ist auch die Aufnahme von internen Untersuchungen aus Anlass gesetzlicher (z.B. § 10 Allgemeine Verwaltungsvorschrift für die Betriebsprüfung – Betriebsprüfungsordnung / BpO 2000) oder unternehmensinterner Meldepflichten und arbeitsgerichtlicher Verfahren.[234] Auch die BaFin kann zumindest faktisch von einem Unternehmen verlangen, umfassende Sachverhaltsermittlungen vorzunehmen, vgl. § 44 Abs. 1 S. 1 KWG.[235]

V. Durchführung: intern vs. extern

Die interne Untersuchung kann entweder „in house“, also durch ein Team unternehmensangehöriger Personen (Revision, Syndikus, Compliance-Abteilung), oder aber durch externe Dienstleister, wie Anwälte, Unternehmensberater und/oder Wirtschaftsprüfer, durchgeführt werden.[236]

Die Durchführung durch Externe hat vor allem den Vorteil, dass die Unabhängigkeit der Untersuchung – und die Unvoreingenommenheit der

---

231 *v. Rosen,* Internal Investigations bei Compliance-Verstößen, S. 72 f.; *Gropp-Stadler/Wolfgramm*, in: Moosmayer/Hartwig, Interne Untersuchungen, S. 15, 21 f.; dazu auch: *Dann*, CCZ 2010, 30 ff.; *Sahan/Berndt*, BB 2010, 647 ff., S. 651: „Dadurch wird jeder Mitarbeiter, der von korruptionsrelevanten Vorfällen im Unternehmen Kenntnis hat, zu einem unkalkulierbaren Risiko für das Unternehmen.“; zustimmend: *Knauer*, ZWH 2012, 41, 48.

232 Vgl.: *v. Rosen,* Internal Investigations bei Compliance-Verstößen, S. 44.

233 *Sahan/Berndt*, BB 2010, 647, 652.

234 *v. Rosen,* Internal Investigations bei Compliance-Verstößen, S. 45 f.

235 *Wewerka*, Internal Investigations, S. 19; *Behrens*, RIW 2009, 22, 29 f.

236 *Wisskirchen/Glaser*, in: Soziale Marktwirtschaft, S. 209, 211; zur Zusammenstellung des externen Ermittlerteams: *Minoggio*, in: Wirtschaftsstrafrecht in der Praxis, Kap. 15 Rn. 35 ff.; eine Aufzählung möglicher externer Ermittler findet sich bei *Böhmer*, in: Bay, Handbuch Internal Investigations, Kap. 2 Rn. 7 ff.

Ermittler[237] – gewährleistet ist, da externe Anwälte weder gesellschaftsinternen Machtstrukturen unterliegen noch Auswirkungen der Ermittlungsergebnisse auf ihre berufliche Stellung im Unternehmen fürchten müssen,[238] denn eine Verwicklung in bestehende Unregelmäßigkeiten ist – zumindest grundsätzlich – ausgeschlossen.[239] Dies trägt sowohl zur Glaubwürdigkeit als auch zur Ernsthaftigkeit der Untersuchung und ihrer Ergebnisse bei.[240] Auch von Seiten der Belegschaft wird es in der Regel positiv aufgefasst, wenn Untersuchungen von Externen durchgeführt werden, da es als Signal verstanden wird, dass das Unternehmen nichts vertuschen möchte.[241] Vor allem wird der Einsatz externer Ermittler auch am ehesten dem Interesse des Unternehmens an einer umfänglichen Aufklärung entsprechen.[242] Unternehmensangehörigen hingegen wird häufig die fehlende Distanz zu dem Sachverhalt und den beschuldigten Personen vorgeworfen.[243] Bei der Durchführung der internen Untersuchung durch Externe werden zudem belastbarere Ergebnisse[244] und eine höhere Außenwirkung erzielt.[245] Außerdem kennen Anwälte den rechtlichen Rahmen der Untersuchung und können deren Ergebnisse rechtlich beurteilen.[246] Für die Durchführung der internen Untersuchungen von externen Ermittlern spricht zudem, dass sie in aller Regel bereits Erfahrungen im Projektmanagement

---

237 *Wisskirchen/Glaser*, DB 2011, 1392, 1394; *Wisskirchen/Glaser*, in: Soziale Marktwirtschaft, S. 209, 211.

238 *v. Hehn/Hartung*, DB 2006, 1909, 1913; vgl. auch: *v. Rosen*, Internal Investigations bei Compliance-Verstößen, S. 53; *Minoggio*, in: Wirtschaftsstrafrecht in der Praxis, Kap. 15 Rn. 18 ff.; *Knauer*, ZWH 2012, 81, 83.

239 *Behrens*, RIW 2009, 22, 32; *Lomas/Kramer*, Corporate Internal Investigations, Rn. 6.77: Die externen Ermittler sollten selbstverständlich nicht selber in irgendeiner Art und Weise in die Vorwürfe verstrickt sein.

240 *Kustor*, in: Unternehmensinterne Untersuchungen, S. 27, 36; *Brückner*, BB Special 4/2010, 21, 24.

241 *Wisskirchen/Glaser*, DB 2011, 1392, 1394.

242 *Stuefer*, JSt 2011, 184.

243 *Brückner*, BB Special 4/2010, 21, 23; *Spehl/Gruetzner*, in: Corporate Internal Investigations, § 6 Rn. 17.

244 *v. Hehn*, Börsen-Zeitung Nr. 221, 15; in diese Richtung auch: *Minoggio*, in: Wirtschaftsstrafrecht in der Praxis, Kap. 15 Rn. 21.

245 *Momsen*, ZIS 2011, 508, 511; *Behrens*, RIW 2009, 22, 33; *Wewerka*, Internal Investigations, S. 34.

246 *Mengel/Ullrich*, NZA 2006, 240 f.; *v. Rosen*, Internal Investigations bei Compliance-Verstößen, S. 53; *Brückner*, BB Special 4/2010, 21, 23; *Lomas/Kramer*, Corporate Internal Investigations, Rn. 6.74; *Spehl/Gruetzner*, in: Corporate Internal Investigations, § 6 Rn. 18.

haben und so besser in der Lage sind, die neue Situation zu überblicken.[247] Zwar verursacht die Einschaltung externer Berater erhebliche Kosten, doch kann so sichergestellt werden, dass die eigene Rechts- bzw. Compliance-Abteilung nicht dauerhaft lahmgelegt wird.[248]

Eine Reihe von strafbewehrten und berufsrechtlichen Verschwiegenheitspflichten sowie Zeugnisverweigerungs- und Schweigerechte und der damit verbundene Beschlagnahmeschutz (vgl. § 203 Abs. 1 Nr. 3 StGB; § 43a Abs. 2 BRAO, § 2 BORA; § 53 Abs. 1 S. 1 Nr. 3 StPO; § 97 Abs. 1 StPO; § 43 Abs. 1 WPO)[249] gewährleisten zudem, dass die Vertraulichkeit der Untersuchung bei der Einschaltung externer Ermittler gewahrt bleibt.[250] *Mark* weist darauf hin, dass mit der zum 1. Februar 2011 in Kraft getretenen Änderung des § 160a StPO Aufzeichnungen im Rahmen interner Untersuchungen, die sich bei einem externen Rechtsanwalt befinden, vor einer Beschlagnahme „absolut geschützt" seien.[251] Dies spricht dafür, die Ermittlungen von externen Anwälten durchführen zu lassen, um der Gefahr der Beschlagnahme zu begegnen.[252]

---

247 *Kustor*, in: Unternehmensinterne Untersuchungen, S. 27, 35; *Lomas/Kramer*, Corporate Internal Investigations, Rn. 6.74; *Spehl/Gruetzner*, in: Corporate Internal Investigations, § 6 Rn. 18.

248 *Dann*, AnwBl 2009, 84, 86; *v. Rosen*, Internal Investigations bei Compliance-Verstößen, S. 52 f.

249 Dazu: *Salvenmoser/Schreier*, in: Handbuch Wirtschaftsstrafrecht, 15. Teil Rn. 181 ff. (Zeugnisverweigerungsrecht) und Rn. 187 ff. (Beschlagnahmeverbot).

250 *Klengel/Mückenberger*, CCZ 2009, 81, 87; *v. Hehn/Hartung*, DB 2006, 1909, 1912; *Brückner*, BB Special 4/2010, 21, 24; *Lampert*, BB 2002, 2237, 2242; vgl. auch: *Behrens*, RIW 2009, 22, 32; *Kahlenberg/Schwinn*, CCZ 2012, 81, 84; *Minoggio*, in: Wirtschaftsstrafrecht in der Praxis, Kap. 15 Rn. 26 ff.; *Engelhart*, Sanktionierung von Unternehmen und Compliance, S. 762; allerdings hat das LG Hamburg, NJW 2011, 942 ein Beschlagnahmeverbot abgelehnt; anders das LG Mannheim, wistra 2012, 400, 407.

251 *Mark*, ZWH 2012, 311, 313; vgl. auch: LG Mannheim, wistra 2012, 400, 407: Beschlagnahmeverbot gem. § 97 Abs. 1 S. 1 Nr. 3 StPO hinsichtlich des internen Untersuchungsberichts (und der Interviewprotokolle), soweit diese sich im Gewahrsamsbereich der Rechtsanwälte befinden; *v. Saucken*, WiJ 2013, 30, 32: Beschlagnahmeverbot unabhängig vom Aufbewahrungsort; *Engelhart*, Sanktionierung von Unternehmen und Compliance, S. 763 geht auf Grund des § 160 Abs. 5 StPO weiterhin von der Gefahr einer Beschlagnahme aus; *Sahan*, in: Criminal Compliance vor den Aufgaben der Zukunft, S. 133 ff.; *Haefcke*, CCZ 2014, 39, 40 ff.; **a.A.**: *Wimmer*, WiJ 2013, 102, 103.

252 *Mark*, ZWH 2012, 311, 313; *Böhmer*, in: Bay, Handbuch Internal Investigations, Kap. 2 Rn. 1; *Spehl/Gruetzner*, in: Corporate Internal Investigations, § 6 Rn. 18.

Führen hingegen eigene Mitarbeiter die Untersuchung durch, können die von ihnen im Rahmen der Internal Investigation angefertigten Unterlagen jedenfalls beschlagnahmt werden.[253] Für eine unternehmenseigene Untersuchung kann hingegen sprechen, dass Interne eine bessere Kenntnis der Strukturen und Abläufe im Unternehmen haben.[254]

Ggf. kann es sinnvoll sein, eine Kanzlei mit der Durchführung der internen Ermittlungen zu beauftragen, die bisher in keine firmenrechtlichen Angelegenheiten involviert war. Hintergrund ist, dass eine lange Zusammenarbeit zwischen Führungsebene und Kanzlei unter Umständen dazu führt (oder zumindest vermuten lässt), dass die Ermittler weniger gewillt sind, Verfehlungen eben dieser Führungsebene aufzudecken.[255]

Letztlich müssen die Vorteile der Einschaltung externer Ermittler mit den höheren Kosten abgewogen werden. Dabei sollten die Kosten allerdings nicht außer Verhältnis zum Untersuchungsgegenstand und den daraus drohenden Schäden stehen.[256] Als Faustregel gilt: Je gravierender der Verstoß, desto schwerer wiegen die Argumente für die Einschaltung externer Ermittler.[257] Bei minderschweren Rechtsverstößen wird es sich hingegen anbieten, diese durch unternehmensangehörige Personen aufklären zu lassen. Dagegen ist eine Beauftragung Externer angezeigt, wenn es um strafrechtlich relevante Vorfälle, eine komplexe rechtliche Problematik, eine Vielzahl involvierter Personen oder um ein erhebliches Haftungsrisiko geht.[258]

Eine von KPMG durchgeführte Studie ergab, dass 83 % der befragten Unternehmen bei der Untersuchung von Verdachtsfällen die interne Revision und 71 % die Compliance-Abteilung beteiligen. Dagegen werden Externe nur bei 25 % der Unternehmen mit der Aufklärung beauftragt.[259]

---

253 *Wimmer*, WiJ 2013, 102, 104.

254 *v. Rosen*, Internal Investigations bei Compliance-Verstößen, S. 52; *Wisskirchen/Glaser*, in: Soziale Marktwirtschaft, S. 209, 211; *Kustor*, in: Unternehmensinterne Untersuchungen, S. 27, 35; *Bock*, ZIS 2009, 68, 80; *Wisskirchen/Glaser*, DB 2011, 1392, 1394; *Minoggio*, in: Wirtschaftsstrafrecht in der Praxis, Kap. 15 Rn. 23; *Spehl/Gruetzner*, in: Corporate Internal Investigations, § 6 Rn. 17.

255 *Lomas/Kramer*, Corporate Internal Investigations, Rn. 6.78; *Minoggio*, in: Wirtschaftsstrafrecht in der Praxis, Kap. 15 Rn. 29 f.

256 *Wisskirchen/Glaser*, DB 2011, 1392, 1394.

257 *Kustor*, in: Unternehmensinterne Untersuchungen, S. 27, 35; *Wisskirchen/Glaser*, DB 2011, 1392, 1394; *Minoggio*, in: Wirtschaftsstrafrecht in der Praxis, Kap. 15 Rn. 23, 27; im Ergebnis auch: *Knauer*, ZWH 2012, 81, 83; *Golombek*, WiJ 2012, 162, 168.

258 *Wisskirchen/Glaser*, in: Soziale Marktwirtschaft, S. 209, 211.

259 *Hülsberg/Engels*, ZWH 2011, 14, Abb. 4.

VI. Vor- und Nachteile einer internen Untersuchung

Bevor sich ein Unternehmen zur Durchführung einer internen Untersuchung entschließt, sollten die Vor- und Nachteile, die eine Ermittlung im Unternehmen mit sich bringt, gegeneinander abgewogen werden. Vorweggenommen werden kann, dass die Kosten der Durchführung einer internen Untersuchung kalkulierbar sind, während die Risiken nicht untersuchter Verdachtsfälle hingegen nur schwer abschätzbar sind.[260]

1. Vorteile

In Deutschland gewinnen interne Ermittlungen immer mehr an Relevanz,[261] was insbesondere an den damit verbundenen Vorteilen liegen dürfte. Ein Unternehmen hat häufig ein Interesse daran, zunächst ohne Beteiligung der staatlichen Strafverfolgungsbehörden eigene Untersuchungen anzustellen, um Beweismaterial zu sichern, den möglichen Täter zu identifizieren und unbeeinträchtigt von der Einflussnahme der Behörden seine straf-, zivil- und arbeitsrechtlichen Handlungsoptionen auszuloten. Meist wird erhofft, so wirtschaftliche Verluste und Imageschäden zu minimieren oder gar zu vermeiden.[262] Die Vorteile für die Unternehmen sind somit enorm: Negative Presse wird verhindert, das Image gepflegt,[263] unter Umständen gelingt sogar die Selbstentlastung durch die Ermittlung einer Einzelperson als „schwarzes Schaf".[264] Zudem können die gewonnenen Erkenntnisse positiv für die Zukunft genutzt werden, sodass ein erneuter Compliance-Verstoß möglichst vermieden werden kann.[265]

Diese „Selbstreinigung" führt unter anderem dazu, dass das Unternehmen die für die Teilnahme an öffentlichen Ausschreibungen nötige Zuverlässigkeit wiederherstellt und damit möglicher Vertragspartner öffentlicher Auftraggeber

---

260 *Kustor*, in: Unternehmensinterne Untersuchungen, S. 13, 25.

261 *Behrens*, RIW 2009, 22 ff.; *Knauer/Buhlmann*, AnwBl 2010, 387, 388; *Schuster*, ZIS 2010, 68 (v.a. Aufklärung von Korruptions-, Untreue- und Betrugsvorwürfen).

262 *Klengel/Mückenberger*, CCZ 2009, 81.

263 *Knauer/Buhlmann*, AnwBl 2010, 387, 388; *Hamm*, NJW 2010, 1332; *v. Hehn*, Börsen-Zeitung Nr. 221, 15; vgl. auch: *Momsen*, ZIS 2011, 508, 511.

264 *Knauer/Buhlmann*, AnwBl 2010, 387, 388; so auch: *Theile*, StV 2011, 381, 382; vgl. auch: *Sahan/Berndt*, BB 2010, 647, 651, wonach die interne Untersuchung den Umfang eines etwaigen späteren Ermittlungsverfahrens im Hinblick auf den Kreis der Beschuldigten und den Betrag der verfahrensgegenständlichen Zuwendungen reduzieren kann.

265 *Dann*, AnwBl 2009, 84, 85; *v. Rosen*, Internal Investigations bei Compliance-Verstößen, S. 15, 70; *Kustor*, in: Unternehmensinterne Untersuchungen, S. 13, 14 und S. 27, 46.

bleibt.[266] Grundsätzlich setzt eine Selbstreinigung voraus, dass das Unternehmen (1) bei der Aufklärung des Sachverhalts aktiv Hilfe leistet und mit den Strafverfolgungsbehörden zusammenarbeitet, (2) einen eventuell entstandenen Schaden wiedergutmacht[267], (3) sich unverzüglich und vollständig von den betroffenen Unternehmensangehörigen trennt und (4) organisatorische und strukturelle Konsequenzen zieht, also Präventivmaßnahmen implementiert, die Verfehlungen in Zukunft ausschließen.[268]

Im Verwaltungsrecht kann die Durchführung von internen Untersuchungen im Rahmen des der Behörde zustehenden Ermessens Berücksichtigung finden. Zum einen besteht bei der Auswahl der konkreten Ermittlungsmaßnahme ein Ermessensspielraum. Zwar gilt grundsätzlich der Amtsermittlungsgrundsatz, doch schließt dieser die Einbeziehung privater Ermittlungsergebnisse nicht aus. Zum anderen besteht auch bei der Frage der Erforderlichkeit eines staatlichen Eingriffs ein Ermessensspielraum. Da die Verwaltungsbehörde zumindest im Grundsatz präventiv tätig wird und das Unternehmen durch die Kooperation bei der Aufklärung den Willen zeigt, sich in der Zukunft regelkonform zu verhalten, wirkt sich die Durchführung interner Untersuchungen regelmäßig sanktionsmildernd aus. Gerade bei der Beurteilung der Zuverlässigkeit kann sich dabei die Kooperation mit den Behörden positiv auswirken.[269] Die Durchführung einer Internal Investigation kann somit auch in Deutschland zu einer Milderung oder Vermeidung der Sanktionierung führen.[270]

---

266 Ausführlich: *Dreher/Hoffmann*, NZBau 2012, 265 ff.; *Prieß*, CCZ 2008, 67 ff.; *Dann*, AnwBl 2009, 84 f.; *v. Rosen*, Internal Investigations bei Compliance-Verstößen, S. 37; *Moosmayer*, Compliance, S. 15 mit Verweis auf ständige Rspr. seit OLG Frankfurt a.M., WPR 1997, 203; OLG Brandenburg, NZBau 2008, 277, 279; zu den Grenzen der Vereinbarkeit der Selbstreinigung mit Amnestievereinbarungen: *Breßler/Kuhnke/Schulz/Stein*, NZG 2009, 721, 726 f.

267 Vgl. aber auch *Dreher/Hoffmann*, NZBau 2012, 265, 269 ff.

268 *Prieß*, CCZ 2008, 67; *Ohrtmann*, NZBau 2007, 278, 280; *Breßler/Kuhnke/Schulz/Stein*, NZG 2009, 721, 726; *Prieß/Stein*, NZBau 2008, 230; *Rödiger*, Strafverfolgung von Unternehmen, S. 81; *Wehnert*, in: FS BRAK, S. 175, 178; *Annuß/Pelz*, BB Special 4/2010, 14, 18; vgl. auch: OLG Düsseldorf, NZBau 2003, 578, 580; Gemeinsamer Runderlass „Ausschluss von Bewerbern und Bietern wegen schwerer Verfehlungen, die ihre Zuverlässigkeit infrage stellen", Staatsanzeiger für das Land Hessen – 27. Dezember 2010, Nr. 52, S. 2831, 2832, Nr. 6.

269 *Behrens*, RIW 2009, 22, 30 f.

270 *Behrens*, RIW 2009, 22, 30 f.; *Wewerka*, Internal Investigations, S. 30.

Zwar existiert hierzulande derzeit[271] kein Unternehmensstrafrecht[272] als solches, doch können auch in Deutschland Sanktionen gegen Unternehmen verhängt werden.[273] In Betracht kommt zunächst eine nach § 30 OWiG (insbesondere in Verbindung mit § 130 OWiG als Anknüpfungstat[274]) verhängte Geldbuße – bestehend aus Ahndungs- und Abschöpfungsteil, § 30 Abs. 3 i.V.m. § 17 Abs. 4 OWiG[275], vgl. S. 11 ff. Anknüpfungspunkt ist dabei das Fehlverhalten natürlicher Personen, die für das Unternehmen gehandelt haben.[276] Eine vollumfängliche Kooperation, die mittlerweile zum „Standardrepertoire eines geschickten Krisenmanagement" zähle[277], und teilweise auch die Entlassung der für den Compliance-Verstoß verantwortlichen Mitarbeiter,[278] wirkt sich bei der Bemessung der Geldbuße in der Regel strafmildernd aus.[279] Einfallstor dafür ist das

---

271 Das Land Nordrhein-Westfalen hat am 14.11.2013 einen „Entwurf eines Gesetzes zur Einführung der strafrechtlichen Verantwortlichkeit von Unternehmen und sonstigen Verbänden" vorgelegt, abrufbar unter: https://dico-ev.de/fileadmin/PDF/PDF_Intranet_2013/Unternehmensstrafrecht/2013-10-15_Entwurf_zum_Unternehmensstrafrecht.pdf; vgl. dazu: DAV, Stellungnahme-Nr. 54/2013; *Rübenstahl/Tsambikakis*, ZWH 2014, 8 ff.; *Görtz*, WiJ 2014, 8 ff.; *Schünemann*, ZIS 2014, 1 ff.; *Hoven*, ZIS 2014, 19 ff.

272 Zu der darüber geführten Diskussion vgl.: *Leipold*, ZRP 2013, 34 ff.; *Kutschaty*, ZRP 2013, 74 f.; *Kutschaty*, DRiZ 2013, 16 f.; *Wessing*, ZWH 2012, 301 ff.; *Vogel*, StV 2012, 427 ff.; *Kudlich*, in: Compliance und Strafrecht, S. 209 ff.; *Trüg*, wistra 2010, 241 ff.; *Trüg*, StraFo 2011, 471 ff.

273 Eine ausführliche Darstellung möglicher Sanktionen gegen Unternehmen findet sich bei *Rödiger*, Strafverfolgung von Unternehmen, S. 47 ff.; eine lesenswerte Schilderung der Entwicklung der Verfolgung von Wirtschaftsstrafsachen in Deutschland findet sich bei *Taschke*, NZWiSt 2012, 9 ff., 41 ff., 89 ff.

274 *Trüg*, ZWH 2011, 6, 8; *Wilsing*, in: Handbuch Managerhaftung, § 27 Rn. 10; *Bock*, Criminal Compliance, S. 265; *v. Rosen*, Internal Investigations bei Compliance-Verstößen, S. 91; *Rödiger*, Strafverfolgung von Unternehmen, S. 64; *Wewerka*, Internal Investigations, S. 26.

275 *Trüg*, ZWH 2011, 6, 9; *Wilsing*, in: Handbuch Managerhaftung, § 27 Rn. 16; *Achenbach*, NZWiSt 2012, 321, 322 f.

276 *Wilsing*, in: Handbuch Managerhaftung, § 27 Rn. 6; zur Haftung von Unternehmen, Unternehmensleitung und des Aufsichtsrates: *Moosmayer*, Compliance, S. 11 ff.

277 *Hamm*, NJW 2010, 1332, 1334; kritisch zum Thema: *Hamm*, in: FS Richter II, S. 179 ff.

278 *v. Rosen*, Internal Investigations bei Compliance-Verstößen, S. 102; *Schaefer/Baumann*, NJW 2011, 3601, 3604; zu den mit einer Kündigung verbundenen Problemen: *v. Rosen*, Internal Investigations bei Compliance-Verstößen, S. 102 ff.

279 *Behrens*, RIW 2009, 22, 30 f.; BRAK, Stellungnahme-Nr. 35/2010, S. 5; vgl. auch: *Knauer/Buhlmann*, AnwBl 2010, 387, 388; *Momsen*, ZIS 2011, 508, 511; *Sidhu/v.*

im Rahmen des Ordnungswidrigkeitenrechts geltende Opportunitätsprinzip[280]. Eine Garantie für die Sanktionsprivilegierung – vergleichbar mit den in den USA geltenden USSG,[281] vgl. S. 5 – besteht in Deutschland aber nicht.[282] Darüber hinaus kann auch bei einem Unternehmen der Verfall nach §§ 73 ff. StGB oder § 29a OWiG angeordnet werden, um die rechtswidrige Bereicherung wieder abzuschöpfen.[283]

In der Praxis hat sich zudem gezeigt, dass Staatsanwaltschaften in der Regel zu erheblichen Zugeständnissen bereit sind, wenn das Unternehmen (insbesondere vor der Einleitung eines entsprechenden Ermittlungsverfahrens) interne Ermittlungen vornimmt und den Sachverhalt von sich aus aufklärt.[284] Im Bußgeldbescheid der Staatsanwaltschaft München I gegen die Siemens AG heißt es bspw.: „Zugunsten der Siemens AG konnte erheblich mildernd berücksichtigt werden,

---

Saucken/Ruhmannseder, NJW 2011, 881, 882; *Annuß/Pelz*, BB Special 4/2010, 14, 19; *Reeb*, Internal Investigations, S. 46: Berücksichtigung der Durchführung interner Ermittlungen als „positives Nachtatverhalten"; so auch: *Wewerka*, Internal Investigations, S. 30; *OStAin Wimmer* weist jedoch darauf hin, dass die Möglichkeit zur Beeinflussung der Geldbuße begrenzt sei, da jedenfalls der Gewinn abzuschöpfen ist – ungeachtet des Wohlverhaltens der Unternehmen, vgl. Tagungsbericht von *Piel*, WiJ 2013, 55, 59; anders aber *Knauer*, ZWH 2012, 41, 44 f., wonach auch die Gewinnabschöpfung „Verhandlungen mit der Staatsanwaltschaft zugänglich" sei.

280 *Reeb*, Internal Investigations, S. 47, Geltung bei Verfahrenseinleitung und Sanktionsbemessung; *Rödiger*, Strafverfolgung von Unternehmen, S. 71; *Wewerka*, Internal Investigations, S. 30.

281 *Ringleb*, in: Ringleb/Kremer/Lutter/v. Werder, Kommentar zum DCGK, Rn. 619: „rechtlich erstreitbare Rabatte".

282 *Behrens*, RIW 2009, 22, 31; *Wewerka*, Internal Investigations, S. 34 f.; vgl. auch: *Knauer/Buhlmann*, AnwBl 2010, 387, wonach die Sanktionsmilderung bereits an sich in den USA einen erheblich weiteren Umfang hat als in Deutschland; *v. Rosen*, Internal Investigations bei Compliance-Verstößen, S. 73, wonach sich das Unternehmen auf den hinter § 46b StGB stehenden Rechtsgedanken berufen könne; *Gercke/Richter*, in: Gercke/Kraft/Richter, Arbeitsstrafrecht, Kap. 4 Rn. 108 weisen darauf hin, dass interne Ermittlungen teilweise jedoch von Seiten der Strafverfolgungsbehörden kritisch gesehen werden.

283 *Trüg*, ZWH 2011, 6, 10; *Sidhu/v. Saucken/Ruhmannseder*, NJW 2011, 881, 882; vgl. auch: *v. Rosen*, Internal Investigations bei Compliance-Verstößen, S. 43; ausführlich zur Vermögensabschöpfung bei Unternehmen: *Rödiger*, Strafverfolgung von Unternehmen, S. 48 ff., maßgeblich sind § 73 Abs. 3 StGB/§ 29a Abs. 2 OWiG bzw. § 75 StGB, die Verfall bzw. Einziehung ggü. dem Unternehmen ermöglichen.

284 *Sahan/Berndt*, BB 2010, 647, 650; vgl. auch: *Gerst*, CCZ 2012, 1, 2.

dass sie während den Ermittlungen in außergewöhnlich großem Umfang mit den Ermittlungsbehörden kooperiert hat und ihnen jede Unterstützung bei der Aufklärung der Vorwürfe gewährt hat.“[285]

Das sich an die interne Untersuchung anschließende Ermittlungsverfahren findet dann häufig in einem „kontrollierten und begrenzten Rahmen“ statt und lässt sich unter Umständen ohne jede Öffentlichkeit beenden. Ermittlungsmaßnahmen der Staatsanwaltschaft würden nicht nur den Geschäftsablauf und den Betriebsfrieden in erheblichem Umfang beeinträchtigen, sondern darüber hinaus eine negative Öffentlichkeitswirkung entfalten, die erhebliche mittelbare Schäden verursachen kann. Im Falle der freiwilligen Preisgabe der internen Ermittlungsergebnisse wäre die Anordnung oder Durchführung von Zwangsmaßnahmen wie Durchsuchungen oder gar Verhaftungen jedoch regelmäßig unverhältnismäßig.[286] Teilweise wird eine öffentlichkeitswirksame interne Aufarbeitung der Missstände sogar für ein Unternehmen genutzt, da Compliance und der Umgang mit Non-Compliance zu einem bedeutenden Faktor der Außendarstellung von Unternehmen geworden ist.[287]

2. *Nachteile*

Die Durchführung einer internen Untersuchung bringt aber nicht nur Vorteile, sondern auch Nachteile mit sich.Insbesondere der personelle und finanzielle Aufwand einer internen Untersuchung, der ein erhebliches Ausmaß annehmen kann, ist auf der „Kosten-Seite“ zu berücksichtigen. Siemens bspw. soll nahezu 700 Millionen Euro für die Durchführung der Internal Investigations gezahlt haben.[288] Wichtig ist daher, den Ermittlungsgegenstand und -umfang zu Beginn der Internal Investigation zu begrenzen,[289] um zu verhindern, dass die Kosten außer Verhältnis zu dem durch die Ermittlungen erzielten Erkenntniswert stehen.[290] Dabei darf der finanzielle Aufwand jedoch nicht isoliert betrachtet werden. Die Kosten bleiben typischerweise deutlich hinter dem zurück, was bei einer durch externe Ermittlungen ausgelösten Krisenbewältigung an finanziellen Einbußen

---

285 Bußgeldbescheid der StA München I gegen die Siemens AG, S. 12, abrufbar unter: http://www.siemens.com/press/pool/de/events/2008-12-PK/MucStaats.pdf.
286 *Sahan/Berndt*, BB 2010, 647, 651; *Sahan*, in: Compliance und Strafrecht, S. 171, 178.
287 *Gerst*, CCZ 2012, 1, 2.
288 *Wastl/Litzka/Pusch*, NStZ 2009, 68, 69 Fn. 12.
289 *Knauer*, ZWH 2012, 81, 82.
290 *Wehnert*, StraFo 2012, 253, 254.

entsteht[291] – zumindest wenn der Untersuchungsgegenstand sinnvoll begrenzt ist.

Zu berücksichtigen ist aber auch, dass durch die Durchführung interner Ermittlungen wesentlich weitreichendere Rechtsverletzungen aufgedeckt werden können, als es bei einer Ermittlung durch die staatlichen Strafverfolgungsbehörden möglich wäre. Deren Ermittlungstätigkeit ist gemäß § 152 Abs. 2 StPO an das Vorliegen eines Anfangsverdachts geknüpft.[292] Unter Umständen könnte es den staatlichen Ermittlungsbehörden ohne die Mithilfe des Unternehmens also gar nicht gelingen, eine im Unternehmen begangene Straftat aufzudecken. In diesem Fall würde die Durchführung der internen Ermittlung letztlich die Grundlage für die Verurteilung bilden. Daraus darf allerdings nicht der Schluss gezogen werden, dass die Nichtaufklärung den „besseren" Weg darstellen würde. Es handelt sich dabei jedoch um ein bestehendes Risiko der internen Ermittlungen.[293]

Häufig lösen interne Untersuchungen zudem erhebliche Unruhen und Unsicherheiten im Unternehmen aus,[294] da die externen Ermittler als „Ankläger" wahrgenommen werden können. Zudem kann die systematische Durchsuchung sämtlicher Unterlagen bedrohlich wirken. Gerade bei der Durchsuchung auch privat genutzter Computer können Mitarbeiter schnell alarmiert werden.[295] Dadurch kann zum einen das Vertrauensverhältnis zu den Mitarbeitern geschädigt und zum anderen das Arbeitsklima beeinträchtigt werden. Zudem droht bei Durchführung interner Untersuchungen immer auch das „Durchsickern" von Informationen an Presse und Staatsanwaltschaft.[296]

Jede interne Untersuchung birgt zudem die Gefahr (erneuter) Straffälligkeit. Grenze muss also stets das strafrechtlich Zulässige sein.[297] Insoweit spricht man auch von „Compliance der Compliance" bzw. der Compliance der Internal

291 *Sahan/Berndt*, BB 2010, 647, 651; *Sahan*, in: Compliance und Strafrecht, S. 171, 174 f.

292 *Annuß/Pelz*, BB Special 4/2010, 14, 19; im Ergebnis auch: *Nestler*, in: Internal Investigations, Kap. 1 Rn. 49.

293 *v. Rosen*, Internal Investigations bei Compliance-Verstößen, S. 71; *Minoggio*, in: Wirtschaftsstrafrecht in der Praxis, Kap. 15 Rn. 6 f.: Beschränkung des Ermittlungsgegenstandes.

294 *v. Hehn/Hartung*, DB 2006, 1909, 1913; *Kustor*, in: Unternehmensinterne Untersuchungen, S. 13, 24.

295 *v. Hehn/Hartung*, DB 2006, 1909, 1913.

296 *v. Rosen*, Internal Investigations bei Compliance-Verstößen, S. 49 f.

297 *v. Rosen*, Internal Investigations bei Compliance-Verstößen, S. 82 ff.; zu den Strafbarkeitsrisiken siehe S. 123 ff.

Investigations.[298] Bei der Aufklärung der Rechtsverstöße dürfen also keine (weiteren) Rechtsverstöße begangen werden.[299] Da die interne Untersuchung typischerweise auch zur Wiederherstellung der Rechtstreue und Reputation des Unternehmens dient, wären Rechtsverstöße bei der Untersuchung auch insoweit „kontraproduktiv".[300]

VII. Rechtliche Gebotenheit[301]

Zunächst ist festzuhalten, dass eine – wenn auch nur in Einzelfällen – konkrete, strafbewehrte Handlungspflicht zu unternehmensinternen Untersuchungen zur Aufklärung von Verdachtsfällen besteht, sofern etwa mangelhafte und daher gefährliche Produkte vermarktet wurden oder Anzeichen für Rechtsverstöße von Mitarbeitern vorliegen und daraus eine Garantenstellung aus Ingerenz zu begründen ist.[302]

1. Spezialgesetzliche Regelungen

§ 25a Abs. 1 KWG legt Kredit- und Finanzdienstleistungsinstituten zwar besondere Organisationspflichten zur Risikokontrolle und -überwachung auf, beinhaltet aber keine allgemeine Pflicht zur Durchführung unternehmensinterner Untersuchungen.[303] § 25c Abs. 3 S. 1 KWG normiert jedoch die Pflicht zur Untersuchung von Sachverhalten, die „zweifelhaft und ungewöhnlich" sind. Begründet ein Sachverhalt den Verdacht der Geldwäsche, Terrorismusfinanzierung oder sonstiger strafbarer Handlungen, die zu einer Gefährdung des Vermögens des Instituts führen können, ist dieser vom Unternehmen aufzuklären.[304]

§ 33 Abs. 1 S. 2 Nr. 1 WpHG normiert eine ausdrückliche Pflicht zur Errichtung einer dauerhaften und wirksamen Compliance-Funktion, enthält aber keine Pflicht zur unternehmensinternen Aufklärung von Straftaten.[305]

---

298 *Brückner*, BB Special 4/2010, 21, 26.

299 *Sieg*, in: FS Buchner, S. 859, 861.

300 *Mengel/Ullrich*, NZA 2006, 240, 241.

301 Es erfolgt keine abschließende Aufzählung der denkbaren Anknüpfungspunkte; ausführlich dazu: *v. Rosen*, Internal Investigations bei Compliance-Verstößen, S. 18 ff., S. 31 ff. für Anhaltspunkte im deutschen Recht.

302 *Schaefer/Baumann*, NJW 2011, 3601, 3603 f.

303 *Behrens*, RIW 2009, 22, 29; *Reeb*, Internal Investigations, S. 25.

304 Vgl.: *Golombek*, WiJ 2012, 162, 169 f.; *Knauer*, ZWH 2012, 41, 45.

305 *Reeb*, Internal Investigations, S. 25.

2. *Allgemeine Rechtspflicht?*[306]

Allerdings wird im gesellschaftsrechtlichen Bereich[307] über eine Rechtspflicht zur Durchführung unternehmensinterner Untersuchungen diskutiert. Anknüpfungspunkte sind hierbei unter anderem § 91 Abs. 2 AktG und § 111 Abs. 1 AktG. Allerdings ist umstritten, was unter „geeigneten Maßnahmen", die der Vorstand gemäß § 91 Abs. 2 AktG zu treffen hat, zu verstehen ist[308] und ob darunter möglicherweise auch die Durchführung von Internal Investigations fällt.[309] Einigkeit dürfte zumindest darüber bestehen, dass die Vorstandsmitglieder Hinweisen auf Gesetzesverstöße unverzüglich nachgehen müssen.[310] Eine Pflicht zur Einschaltung externer Ermittler besteht dabei allerdings nur im Einzelfall.[311]

Eine vergleichbare Diskussion wird für die vom Aufsichtsrat geforderte Überwachung der Geschäftsführung nach § 111 Abs. 1 AktG geführt. Die Beurteilung dieser Frage fällt ähnlich aus: Eine Verpflichtung zu eigenen Ermittlungen „am

---

306 Dazu: *Knauer*, ZWH 2012, 41, 44 ff.

307 Ausführlich zur aktienrechtlichen Pflicht zur Durchführung einer Internal Investigation: *Wagner*, CCZ 2009, 8, 12 ff.; zur Rechtslage in Österreich: *Horvath*, in: Unternehmensinterne Untersuchungen, S. 51 ff.

308 *v. Hehn/Hartung*, DB 2006, 1909, 1910; *Behrens*, RIW 2009, 22, 29; *Preußner/Becker*, NZG 2002, 846; *Fleischer*, AG 2003, 291, 298; einzelfallabhängig: *Spindler*, in: MüKo AktG, § 91 Rn. 24; *v. Rosen*, Internal Investigations bei Compliance-Verstößen, S. 31.

309 *v. Hehn/Hartung*, DB 2006, 1909, 1910; *Behrens*, RIW 2009, 22, 29; *Böhmer*, in: Bay, Handbuch Internal Investigations, Kap. 2 Rn. 3; einzelfallabhängig: *v. Rosen*, Internal Investigations bei Compliance-Verstößen, S. 32 f.; ablehnend: *Reeb*, Internal Investigations, S. 25; *Wagner*, CCZ 2009, 8, 12, dem § 91 Abs. 2 AktG als Ansatzpunkt für eine Pflicht zur Durchführung interner Untersuchungen „wenig geeignet" erscheint, da es allein um die Einrichtung eines Überwachungssystems gehe, nicht aber um einzelfallbezogene Ermittlungspflichten, stattdessen § 76 Abs. 1 AktG / § 93 Abs. 1. S. 1 AktG.

310 *Fleischer*, AG 2003, 291, 294; *v. Rosen*, Internal Investigations bei Compliance-Verstößen, S. 32; *Rödiger*, Strafverfolgung von Unternehmen, S. 25 f.; *Behrens*, RIW 2009, 22, 29; *Fleischer*, in: Spindler/Stilz, AktG, § 91 Rn. 55; *Knauer*, ZWH 2012, 41, 47; *Reichert*, ZIS 2011, 113, 117; *Momsen*, in: Criminal Compliance vor den Aufgaben der Zukunft, S. 47, 50.

311 *Behrens*, RIW 2009, 22, 29; *v. Rosen*, Internal Investigations bei Compliance-Verstößen, S. 32 f.; *Fleischer*, in: Spindler/Stilz, AktG, § 91 Rn. 55; *Nestler*, in: Internal Investigations, Kap. 1 Rn. 12; *Knauer*, ZWH 2012, 41, 47; *Golombek*, WiJ 2012, 162, 166; vgl. auch: *v. Hehn/Hartung*, DB 2006, 1909, 1910; *Reichert*, ZIS 2011, 113, 117 f.; *Momsen*, in: Criminal Compliance vor den Aufgaben der Zukunft, S. 47, 52 ff.

Vorstand vorbei" besteht nur in Ausnahmefällen und bei Vorliegen eines „Anfangsverdachts" für gesetzeswidriges Verhalten des Vorstandes.[312]

Als weiterer Anknüpfungspunkt für eine Rechtspflicht zur Durchführung interner Untersuchungen wird § 130 Abs. 1 S. 1 OWiG diskutiert. Danach handelt ordnungswidrig, „wer als Inhaber eines Betriebes oder Unternehmens vorsätzlich oder fahrlässig die Aufsichtsmaßnahmen unterlässt, die erforderlich sind, um in dem Betrieb oder Unternehmen Zuwiderhandlungen gegen Pflichten zu verhindern, die den Inhaber treffen und deren Verletzung mit Strafe oder Geldbuße bedroht ist, ..., wenn eine solche Zuwiderhandlung begangen wird, die durch gehörige Aufsicht verhindert oder wesentlich erschwert worden wäre." Ob und in welchen Konstellationen darunter gerade die Sachverhaltsaufklärung in Form der Durchführung von unternehmensinternen Untersuchungen fällt, ist auch hier eine Frage des Einzelfalles. Dabei kommt es maßgeblich vor allem darauf an, ob andere, gleichwertige Alternativen der Sachverhaltsaufklärung zur Verfügung stehen. Nur wenn diese keinen vergleichbaren Aufklärungserfolg versprechen, sei eine Internal Investigation zwingend.[313] Somit muss die Unternehmensleitung den Hinweisen zwar nachgehen, hinsichtlich des „Wie" der Sachverhaltsaufklärung besteht jedoch ein Ermessens- und Gestaltungsspielraum, sodass zwischen den verschiedenen Möglichkeiten der Aufklärung gewählt werden kann.[314] Reagiert das Unternehmen auf einen Verdachtsfall jedoch mit einer eigenen Untersuchung, so geht es jedenfalls sicher, sich im Rahmen des § 130 OWiG keinen Vorwurf machen lassen zu müssen.[315]

---

312 *Brandi*, ZIP 2000, 173, 175; *Pahlke*, NJW 2002, 1680, 1687; *v. Hehn/Hartung*, DB 2006, 1909, 1910; vgl. auch: *Behrens*, RIW 2009, 22, 29 Fn. 46; *v. Rosen*, Internal Investigations bei Compliance-Verstößen, S. 33 f.; im Ergebnis auch: *Wagner*, CCZ 2009, 8, 15.

313 *Wagner*, CCZ 2009, 8, 14, 16; *Rödiger*, Strafverfolgung von Unternehmen, S. 26 f.; im Ergebnis auch: Böhm, Non-Compliance und Arbeitsrecht, S. 89 f.; *Moosmayer*, in: Moosmayer/Hartwig, Interne Untersuchungen, S. 1, 2, der in § 130 OWiG eine Rechtspflicht der Unternehmensleitung sieht, Hinweisen auf Verstöße nachzugehen und eine Untersuchung durchzuführen, wobei „Intensität und Ressourceneinsatz durchaus unterschiedlich[en]" ausfallen kann; *Grützner/Leisch*, DB 2012, 787, 791 f. nehmen zwar eine Pflicht zur Aufklärung an, machen jedoch zwei Einschränkungen: (1) Pflicht besteht nur im Falle eines strafprozessualen Anfangsverdachts, (2) Einschaltung staatlicher Ermittlungsbehörden ist ausreichend.

314 *Hartwig*, in: Moosmayer/Hartwig, Interne Untersuchungen, S. 7, 8 f.; *Winter*, Vorstandorganisation und Compliance, S. 41; *Fleischer*, in: Spindler/Stilz, AktG, § 91 Rn. 55; *Reichert*, ZIS 2011, 113, 117 f.

315 *v. Rosen*, Internal Investigations bei Compliance-Verstößen, S. 92, vgl. auch S. 41 ff.; so wohl auch *Grunewald*, NZG 2013, 841, 842.

Festzuhalten bleibt somit, dass grundsätzlich keine allgemeine gesetzliche Pflicht zur Durchführung von unternehmensinternen Ermittlungen besteht.[316]

VIII. Ablauf[317]

1. *Untersuchungsmaßnahmen*

Die Durchführung einer internen Untersuchung beginnt in aller Regel mit der Durchsicht des Daten- und Urkundenbestands.[318] Dazu zählen die physischen und elektronischen Dokumente sowie der E-Mail-Verkehr.[319] Dabei werden Daten unter der „Zuhilfenahme forensischer Software auf bestimmte Parameter hin gefiltert."[320] Insbesondere die Kontrolle der E-Mail-Korrespondenz der Mitarbeiter, das sog. „E-Mail-Screening"[321], wirft zahlreiche, vor allem datenschutzrechtliche Probleme auf,[322] vgl. S. 123 ff.

Nach der konzernweiten Sichtung der Unterlagen werden die Mitarbeiter mit den gefundenen Beweismitteln im Rahmen sog. „Interviews" konfrontiert,[323] vgl. S. 232 ff. Darin ist eine der wichtigsten Quellen der Informationsgewinnung

---

316 *Rödiger*, Strafverfolgung von Unternehmen, S. 25; *Böhm*, Non-Compliance und Arbeitsrecht, S. 88 f.; *Wewerka*, Internal Investigations, S. 29.

317 Zum Ablauf der Internal Investigations: *Kustor*, in: Unternehmensinterne Untersuchungen, S. 27 ff.; *Bührer*, in: Moosmayer/Hartwig, Interne Untersuchungen, S. 101, 110 ff.; *Wisskirchen/Glaser*, DB 2011, 1392 ff.; *v. Rosen*, Internal Investigations bei Compliance-Verstößen, S. 48 ff.; *Mair/Müller/Rapberger*, in: Handbuch Compliance, S. 447, 461 ff.; bei Beteiligung von US-Behörden: *Wybitul*, BB 2009, 606, 609 ff.; einen Überblick über mögliche Maßnahmen bieten *Klengel/Mückenberger*, CCZ 2009, 81, 82 ff.; beachte auch § 4d Abs. 5 BDSG: Bei interner Untersuchung muss i.d.R. eine Vorabkontrolle durch den betrieblichen Datenschutzbeauftragten stattfinden, *Thoma*, in: Moosmayer/Hartwig, Interne Untersuchungen, S. 81, 92; so auch: *Panzer*, Mitarbeiterkontrolle und neue Medien, S. 163 f.; *Wybitul*, ZD 2011, 69, 74 (E-Mail-Screening).

318 *Jahn*, StV 2009, 41, 42; *Knauer/Buhlmann*, AnwBl 2010, 387; *Reeb*, Internal Investigations, S. 4, 78.

319 *v. Rosen*, Internal Investigations bei Compliance-Verstößen, S. 58 f.

320 *Reeb*, Internal Investigations, S. 4, 78.

321 *Müller-Bonanni*, AnwBl 2010, 651, 654.

322 Ausführlich z.B.: *Hegewald*, in: Münchener Anwaltshandbuch IT-Recht, Teil 8 Rn. 70 ff.; *Maschmann*, in: Corporate Compliance und Arbeitsrecht, S. 149, 160 ff.

323 *Jahn*, StV 2009, 41, 42; *Knauer/Buhlmann*, AnwBl 2010, 387; *Reeb*, Internal Investigations, S. 4, 78; zu den sich daraus ergebenden Gefahren hinsichtlich der Kronzeugenregelung des § 46b StGB: *Dann*, CCZ 2010, 30, 33 f.

zu sehen.[324] Allerdings ist es für die internen Ermittler nicht leicht, an das Wissen zu gelangen, da die Mitarbeiter Sanktionen fürchten. Um die „Mauer des Schweigens"[325] zu durchbrechen, kommt die Vereinbarung einer sog. Amnestie in Betracht, die einen Anreiz zur Mitteilung bieten soll.[326] Überspitzt dargestellt bedeute dies im Ergebnis für den Arbeitnehmer nichts anderes als: „Entweder Du kooperierst vollständig, oder Du erhältst eine Verdachtskündigung!"[327] Dabei ist der Interessenkonflikt zwischen dem Unternehmen und den von den Untersuchungen betroffenen Mitarbeitern „geradezu strukturell angelegt".[328] Die Interessen der betroffenen Mitarbeiter stehen denjenigen des Unternehmens „diametral entgegen".[329]

2. *Verdeckte Untersuchung*

In der Regel wird Unternehmen geraten, die internen Untersuchungen zunächst verdeckt durchzuführen, damit möglichst umfangreiche Informationen zum Verdachtsfall erlangt und der bzw. die potentiellen Täter individualisiert werden können, bevor sie Verdunkelungshandlungen vornehmen können.[330] Zur Sicherung des Untersuchungserfolgs muss daher der Kreis der Eingeweihten möglichst klein gehalten werden. Auf der anderen Seite ist es jedoch auch wichtig durch offene Kommunikation der Belegschaft den Untersuchungsprozess transparent zu machen, um deren Vertrauen zu gewinnen. Letztlich steht damit jede interne Untersuchung in einem Spannungsverhältnis zwischen Transparenz auf der einen und Vertraulichkeit auf der anderen Seite.[331]

Grundsätzlich ist jedoch gemäß § 33 BDSG erforderlich, dass der betroffene Mitarbeiter über den Vorgang benachrichtigt wird, wobei die Unterrichtung

324 *Brückner*, BB Special 4/2010, 21, 26.

325 *Göpfert/Merten/Siegrist*, NJW 2008, 1703, 1704; *Breßler/Kuhnke/Schulz/Stein*, NZG 2009, 721, 722; *v. Rosen*, Internal Investigations bei Compliance-Verstößen, S. 98.

326 Ausführlich: *Breßler/Kuhnke/Schulz/Stein*, NZG 2009, 721 ff.; *Annuß/Pelz*, BB Special 4/2010, 14 ff.

327 *Momsen*, ZIS 2011, 508, 515; siehe auch: *Knauer/Buhlmann*, AnwBl 2010, 387, 388: „nicht ohne zynischen Witz".

328 *Gerst*, CCZ 2012, 1.

329 *Gerst*, CCZ 2012, 1, 2; *Knauer*, ZWH 2012, 81, 84 hinsichtlich Interviews.

330 *Klengel/Mückenberger*, CCZ 2009, 81, 82 f.; *Brückner*, BB Special 4/2010, 21, 23; *Schuster*, ZIS 2010, 68, 74 f so wohl auch: *Wisskirchen/Glaser*, DB 2011, 1392, 1395; *Vogt*, NJOZ 2009, 4206, 4215; *Minoggio*, Firmenverteidigung, Rn. 1279; vgl. aber auch: *Nestler*, in: Internal Investigations, Kap. 1 Rn. 52.

331 *Moosmayer*, in: Moosmayer/Hartwig, Interne Untersuchungen, S. 1, 4.

solange aufgeschoben werden kann, wie sie die Aufklärung gefährden würde, § 33 Abs. 2 Nr. 7 BDSG.[332]

3. *Beteiligung des Betriebsrates*[333]

Bei der Durchführung einer unternehmensinternen Untersuchung ist darauf zu achten, dass dem Betriebsrat in bestimmten Konstellationen ein Mitbestimmungsrecht zusteht. Hinsichtlich des „Ob" der Durchführung der internen Untersuchung an sich hat er jedoch kein Mitbestimmungsrecht.[334]

Gemäß § 87 Abs. 1 Nr. 6 BetrVG steht dem Betriebsrat ein Mitbestimmungsrecht zu, soweit es um die „Einführung und Anwendung von technischen Einrichtungen, die dazu bestimmt sind, das Verhalten oder die Leistung der Arbeitnehmer zu überwachen" geht. Damit soll der Arbeitnehmer in Hinblick auf sein Persönlichkeitsrecht vor den besonderen Gefahren, die sich aus dem Einsatz technischer Einrichtungen ergeben, geschützt werden.[335] Das Mitbestimmungsrecht dient vor allem als präventiver Schutz, um unzulässige Eingriffe möglichst zu vermeiden. Dem Betriebsrat steht eine aktive Mitgestaltungsmöglichkeit zu, im Rahmen derer er das Recht hat, die Grenze zwischen zulässigem und unzulässigem Handeln festzulegen.[336] Missachtet der Arbeitgeber das Mitbestimmungsrecht des Betriebsrates, sind nach der Theorie der Wirksamkeitsvoraussetzung einseitig den Arbeitnehmer belastende Maßnahmen unwirksam.[337] Der Arbeitnehmer hat Weisungen, die unter Verletzung des Mitbestimmungsrechts ergehen, somit nicht zu beachten.[338]

---

332 *Kort*, in: Bitburger Gespräche, S. 45, 60; *Kort*, DB 2011, 651, 654; *Kock/Francke*, NZA 2009, 646, 650; vgl. auch: *Hanau/Hoeren*, Private Internetnutzung durch Arbeitnehmer, S. 75 f.: Von der Benachrichtigung des Arbeitnehmers kann abgesehen werden, wenn davon auszugehen ist, dass durch die Internetnutzung Straftaten begangen werden.

333 Ausführlich dazu: *Thüsing*, Arbeitnehmerdatenschutz und Compliance, Rn. 535 ff.; *Wybitul/Böhm*, RdA 2011, 362 ff.

334 *Moosmayer*, in: Moosmayer/Hartwig, Interne Untersuchungen, S. 127, 132 f.; *Wewerka*, Internal Investigations, S. 144; *Mengel*, in: Internal Investigations, Kap. 13 Rn. 54; *Spehl/Gruetzner*, in: Corporate Internal Investigations, § 6 Rn. 95; ausführlich zur Beteiligung des Betriebsrates im Rahmen interner Ermittlungen: *Böhm*, Non-Compliance und Arbeitsrecht, S. 98 ff.

335 *Thüsing*, Arbeitnehmerdatenschutz und Compliance, Rn. 536; BAGE 80, 366, 379.

336 *Thüsing*, Arbeitnehmerdatenschutz und Compliance, Rn. 538.

337 *Kania*, Erfurter Kommentar Arbeitsrecht, § 87 BetrVG Rn. 136.

338 Vgl. nur: BAG, NZA-RR 2008, 469, 471; BAG, NZA 2012, 1234, 1236; *Werner*, in: Beck'OK Arbeitsrecht, § 87 BetrVG Rn. 1; *Panzer*, Mitarbeiterkontrolle und neue Medien, S. 305; **a.A.**: *Richardi*, in: Richardi, BetrVG, § 87 Rn. 104 ff.

Dabei ist – anders als der Wortlaut der Norm („dazu bestimmt") vermuten lässt – nicht notwendig, dass der Arbeitgeber die technische Einrichtung tatsächlich dazu nutzen will, eine Verhaltens- oder Leistungskontrolle durchzuführen. Nach ständiger Rechtsprechung des BAG ist vielmehr allein maßgeblich, ob die entsprechende technische Kontrolle objektiv zur Überwachung des Verhaltens oder der Leistung geeignet ist.[339] Letztlich besteht somit immer dann ein Mitbestimmungsrecht des Betriebsrates, wenn eine entsprechende Überwachung objektiv möglich ist.[340] Dabei ist unerheblich, ob die Überwachung durch den Arbeitgeber selbst erfolgt oder von einem Dritten durchgeführt wird.[341]

Bei der Kontrolle privater Dokumente kann darüber hinaus ein Mitbestimmungsrecht des Betriebsrates nach § 87 Abs. 1 Nr. 1 BetrVG bestehen, sofern von der Kontrolle auch das Ordnungsverhalten der Arbeitnehmer betroffen ist. Davon ist bspw. auszugehen, wenn mit der Untersuchungsmaßnahme zugleich eine Prüfung der Einhaltung der Regelungen zur Privatnutzung bspw. der E-Mail-Funktion verbunden ist.[342]

Zu berücksichtigen ist zudem das Informationsrecht des Betriebsrates gemäß § 80 Abs. 2 S. 1 BetrVG. Bei der Auswertung von Mitarbeiterdaten ergibt sich das Informationsrecht aus § 80 Abs. 1 Nr. 1, Abs. 2 BetrVG. In diesem Zusammenhang steht dem Betriebsrat das Recht zu, darüber zu wachen, dass die Bestimmungen zum Datenschutz gewahrt werden.[343]

4. *Einschaltung der Strafverfolgungsbehörden*

Die Einschaltung der Strafverfolgungsbehörden stellt für das Unternehmen ggf. ein probates Mittel dar, um die (Mit-)Verantwortung für in seinem Interesse begangene Straftaten „auszublenden" und stattdessen vielmehr die (strafrechtliche) Verantwortung des einzelnen Mitarbeiters in den Vordergrund zu rücken. In der Wahrnehmung der Öffentlichkeit wird das Unternehmen nicht länger als „Täter", sondern vielmehr als „Opfer" einer personalen Fehlleistung eines einzelnen

---

339 BAGE 44, 285, 312; BAGE 109, 235, 241 f.; *Kania*, Erfurter Kommentar Arbeitsrecht, § 87 BetrVG Rn. 55; *Werner*, in: Beck'OK Arbeitsrecht, § 87 BetrVG Rn. 92; *Thüsing*, Arbeitnehmerdatenschutz und Compliance, Rn. 561.

340 *Oberwetter*, NZA 2008, 609, 612.

341 *Thüsing*, Arbeitnehmerdatenschutz und Compliance, Rn. 551.

342 *Wewerka*, Internal Investigations, S. 143; *Wisskirchen/Glaser*, in: Soziale Marktwirtschaft, S. 209, 218.

343 *Weiße*, in: Moosmayer/Hartwig, Interne Untersuchungen, S. 41, 46; *Göpfert/Merten/Siegrist*, NJW 2008, 1703, 1708; vgl. auch: *Vogt*, NJOZ 2009, 4206, 4219.

Mitarbeiters wahrgenommen.[344] Damit wird zudem intern und extern verdeutlicht, dass Fehlverhalten von Unternehmensseite nicht geduldet wird und das Unternehmen Interesse an einer umfänglichen Aufklärung hat.[345] Die Strafverfolgungsbehörden verfügen zudem über weitergehende Aufklärungsmöglichkeiten und Zwangsmaßnahmen.[346] Nicht zuletzt kann eine frühe Hinzuziehung die Grundlage für eine „vertrauensvolle Zusammenarbeit" bilden.[347] Eine frühzeitige Signalisierung der Kooperationsbereitschaft ist zudem Grundlage einer zügigen Aufklärung der Verdachtsfälle, sodass der (Reputations-)Schaden für das Unternehmen begrenzt wird.[348]

Auf der anderen Seite birgt die Einschaltung der Staatsanwaltschaft aber auch die Gefahr, durch öffentlichkeitswirksame Maßnahmen, wie bspw. Durchsuchungen, einen Imageschaden zu erleiden.[349] Letztlich müssen im konkreten Einzelfall die Chancen und Risiken der Einschaltung der Strafverfolgungsbehörden abgewogen werden, um entscheiden zu können, ob und ggf. in welchem Umfang eine Kooperation der Unternehmensleitung mit der Staatsanwaltschaft im Unternehmensinteresse liegt und zweckmäßig ist.[350]

5. *Verhältnis zu staatsanwaltschaftlichen Ermittlungen*

Die internen Untersuchungen finden häufig vor – insofern spricht man auch von internen Vorermittlungen – oder parallel zu staatlichen Ermittlungen statt.[351] Dabei ist es wichtig schon zu Beginn einer internen Ermittlung das Verhältnis zu bereits stattfindenden oder doch zumindest potentiellen staatlichen Ermittlungen zu klären. Insoweit muss ggf. eine Abstimmung mit den staatlichen Ermittlungsbehörden stattfinden, was insbesondere im Hinblick auf

---

344 *Theile*, StV 2011, 381, 382.

345 *Klengel/Mückenberger*, CCZ 2009, 81, 87; *Schürrle/Olbers*, CCZ 2010, 178, 182.

346 *Klengel/Mückenberger*, CCZ 2009, 81, 87.

347 *Klengel/Mückenberger*, CCZ 2009, 81, 87; *Schürrle/Olbers*, CCZ 2010, 178, 182.

348 *Schürrle/Olbers*, CCZ 2010, 178, 182.

349 *Klengel/Mückenberger*, CCZ 2009, 81, 87; dazu auch: *Gropp-Stadler/Wolfgramm*, in: Moosmayer/Hartwig, Interne Untersuchungen, S. 15, 32.

350 BRAK, Stellungnahme-Nr. 35/2010, S. 6; *Momsen*, in: Criminal Compliance vor den Aufgaben der Zukunft, S. 47, 61 ff.

351 *Momsen*, ZIS 2011, 508; *v. Rosen*, Internal Investigations bei Compliance-Verstößen, S. 83: Bei laufenden Ermittlungsverfahren sollten unternehmensinterne Ermittlungen stets mit der StA abgesprochen sein, um den Vorwurf der Behinderung der Ermittlungen und ggf. der Strafvereitelung zu verhindern; zur Zulässigkeit privater Ermittlungen: S. 50 ff.

Mitarbeiterinterviews sowie die Auswertung von Unterlagen in elektronischer und Papierform von Nöten ist. Ggf. muss daher auf Verlangen der Behörde die unternehmensinterne Untersuchung eingestellt und der Vorrang staatlicher Ermittlungen hingenommen werden, um den Vorwurf der Behinderung der Ermittlungen, § 164 StPO, oder gar der Strafvereitelung, § 258 StGB, erst gar nicht entstehen zu lassen.[352]

Lauter werden aber auch die Stimmen, die zunehmend eine Verlagerung der Sachverhaltserforschung von den Strafverfolgungsbehörden auf private Ermittler beklagen und vor einer zumindest faktischen Privatisierung der Strafverfolgung warnen.[353] Da die Staatsanwaltschaft immer häufiger mit der Erwartung einer internen Ermittlung an das Unternehmen herantrete, spiele auch sie bei dieser Entwicklung eine entscheidende Rolle[354] – obwohl Behörden in

---

352 *Moosmayer*, in: Moosmayer/Hartwig, Interne Untersuchungen, S. 1, 2; *Gropp-Stadler/Wolfgramm*, in: Moosmayer/Hartwig, Interne Untersuchungen, S. 15, 33 f.; im Ergebnis auch: *v. Rosen*, Internal Investigations bei Compliance-Verstößen, S. 83; ausführlich zum Verhältnis interner Untersuchungen und staatlicher Ermittlungen: *Gropp-Stadler/Wolfgramm*, in: Moosmayer/Hartwig, Interne Untersuchungen, S. 15 ff., insbesondere S. 25 ff.

353 Vgl.: *Wastl/Litzka/Pusch*, NStZ 2009, 68, 70; *Wastl*, ZRP 2011, 57 f.; *Benz/Klindt*, BB 2010, 2977, 2979; *Leipold*, NJW-Spezial 2006, 375; *Leipold*, NJW-Spezial 2011, 56; *v. Rosen*, BB 2009, 230; *Dann/Schmidt*, NJW 2009, 1851; *Wehnert*, StraFo 2012, 253, 255; *Fritz*, CCZ 2011, 156, 156; *Jahn*, AnwBl 2013, 207; *Hamm*, NJW 2010, 1332 spricht von „eilfertig vorauseilendem Gehorsam gegenüber den Strafverfolgungsbehörden" und einer „geradezu aufgedrängten Hilfe bei der Ermittlung"; *Wehnert*, in: FS BRAK, S. 175, 184: „Unternehmen in der Sorge um ihre Existenz ... sich zum Erfüllungsgehilfen der Staatsanwaltschaft machen"; vgl. auch: *Reeb*, Internal Investigations, S. 48; *Wewerka*, Internal Investigations, S. 198 ff. zur Gefahr des „Outsourcings" von Ermittlungstätigkeit; *Lammer*, in: Verhandlungen 67. DJT 2008, L 125, 127.

354 *Benz/Klindt*, BB 2010, 2977, 2979; *Gropp-Stadler/Wolfgramm*, in: Moosmayer/Hartwig, Interne Untersuchungen, S. 15, 27; *Schneider*, NZG 2010, 1201, 1202; vgl. auch: *Leipold*, NJW-Spezial 2006, 375; *Moosmayer*, in: Moosmayer/Hartwig, Interne Untersuchungen, S. 127, 134; *Wehnert*, StraFo 2012, 253, 255; *Wewerka*, Internal Investigations, S. 329, wonach die Ermittlungsbehörden erwarten, dass ihnen sämtliche im Rahmen der internen Ermittlung gesammelten Beweise zur Verfügung gestellt werden; kritisch auch: *Hamm*, NJW 2010, 1332, 1335, der von einer „Art Totalaufklärung" spricht, die mittlerweile auch von der StA nutzbar gemacht werde; *Hamm*, in: FS Richter II, S. 179 ff.; *Jahn*, StV 2009, 41, 42 und *Wastl/Litzka/Pusch*, NStZ 2009, 68, 69: In der Praxis würden die Erkenntnisse in der Regel informell und unaufgefordert den Ermittlungsbehörden zur Verfügung gestellt werden; es sei auch auf die Ausführungen bei *Rödiger*, Strafverfolgung von Unternehmen,

unternehmensinternen Untersuchungen auch die Gefahr der Trübung von Beweisquellen sehen.[355] In der Praxis komme es zudem vor, dass einem Unternehmen bereits dann mangelnde Kooperationsbereitschaft von der Staatsanwaltschaft vorgeworfen wird, wenn Mitarbeitern, die als Zeugen vernommen werden sollen, ein Rechtsbeistand zur Seite gestellt wird oder das Unternehmen sich weigert, Unterlagen herauszugeben, die mit dem Tatvorwurf in keinem Zusammenhang stehen.[356] Festzuhalten ist aber, dass eine gesetzliche Pflicht des Unternehmens zur Kooperation nicht besteht.[357]

IX. Anwendbares Recht

Unabhängig davon, wer die interne Untersuchung durchführt, besteht für die privaten Ermittler jedenfalls keine Bindung an eine Verfahrensordnung.[358] Die Strafprozessordnung (StPO) ist nicht anwendbar, da deren Normadressaten nur die staatlichen Strafverfolgungsbehörden, nicht aber private Ermittler sind.[359] Sonderrechte oder Zwangsmittel[360], wie sie staatlichen Strafverfolgungsbehörden zustehen, sind für private Untersuchungen daher nicht vorhanden.[361]

S. 234 hingewiesen, die von *OStA Hildegard Bäumler-Hösl* (Leiterin der Ermittlungen der StA München I im Falle der Siemens-Korruptionsaffäre) die Auskunft erhalten hat, dass die StA lediglich ausgewählte Unterlagen angefordert habe, wie bspw. den gefilterten E-Mail-Verkehr von Mitarbeitern aus einem bestimmten Zeitraum oder Kalenderauswertungen. Diese seien zum Teil durch die internen Ermittler zusammengestellt worden. Darüber hinaus habe es hingegen kaum Zusammenarbeit mit ihnen gegeben (ausgenommen Koordinationsgespräche); vgl. aber auch*Böhm*, Non-Compliance und Arbeitsrecht, S. 92 hinsichtlich der Zurverfügungstellung der Ergebnisse interner Ermittlungen: „entsprechende Forderungen deutscher Strafverfolgungs- und Verwaltungsbehörden keine gängige Praxis".

355 *Kempf*, in: Münchener Anwaltshandbuch Verteidigung in Wirtschafts- und Steuerstrafsachen, § 10 Rn. 79 (1. Auflage); vgl. auch: *Tuschke*, NZWiSt 2012, 89, 92, der auf Grund des § 258 StGB davon ausgeht, dass die Besorgnis, das Unternehmen werde nicht alles vorlegen, in der Regel unbegründet ist.

356 *v. Rosen*, Internal Investigations bei Compliance-Verstößen, S. 69.

357 *Gropp-Stadler/Wolfgramm*, in: Moosmayer/Hartwig, Interne Untersuchungen, S. 15, 30.

358 *Knierim*, StV 2009, 324, 325; vgl. auch: *Momsen*, ZIS 2011, 508, 511; *Theile*, StV 2011, 381; *Hamm*, NJW 2010, 1332, 1335 spricht insoweit von einem „zweifelhaften „Vorzug" gegenüber den Strafverfolgungsbehörden".

359 *Rödiger*, Strafverfolgung von Unternehmen, S. 247; *Renners*, Private Investigation und Arbeitsrecht, S. 42.

360 *Bittmann/Molkenbur*, wistra 2009, 373, 374.

361 *Salvenmoser/Schreier*, in: Handbuch Wirtschaftsrecht, 15. Teil Rn. 41.

Das Strafrecht gilt hingegen für jedermann und beansprucht somit auch gegenüber privaten Ermittlern Geltung. Arbeitgeber und externe Ermittler laufen daher Gefahr sich strafbar zu machen, wenn sie im Rahmen der unternehmensinternen Ermittlungen die rechtlich vorgeschriebenen Grenzen überschreiten.[362]

Rechtliche Grenzen der privaten Ermittlungstätigkeit finden sich darüber hinaus insbesondere im BDSG, im Arbeitsrecht und im Betriebsverfassungsgesetz (BetrVG).[363] Auch das allgemeine Persönlichkeitsrecht aus Art. 2 Abs. 1 i.V.m. Art. 1 Abs. 1 GG setzt der privaten Ermittlungstätigkeit Grenzen,[364] da es nicht nur von staatlichen Akteuren bei einer Überwachungsmaßnahme zu beachten ist, sondern auch von Privatpersonen.[365]

Die privaten Ermittler sind somit zwar nicht an die Vorgaben der StPO gebunden, für sie gelten aber vor allem das Arbeits- und Datenschutzrecht[366] sowie das materielle Straf- und Ordnungswidrigkeitenrecht.[367]

D. Zulässigkeit privater Ermittlungen[368]

I. Allgemeines

Anders als bei staatsanwaltschaftlich geführten Ermittlungen handelt es sich bei internen Untersuchungen um eine private Ermittlungstätigkeit, da sowohl das Unternehmen als auch die von ihm mit der Untersuchung beauftragten externen Ermittler Personen des Privatrechts sind.[369] Die Untersuchungsmaßnahmen werden innerhalb privatrechtlicher Beziehungen durchgeführt.[370]

An dieser Stelle ist deutlich darauf hinzuweisen, dass es sich bei den hier zu beurteilenden internen Untersuchungen um eigeninitiativ vom Unternehmen

---

362 *Salvenmoser/Schreier*, in: Handbuch Wirtschaftsrecht, 15. Teil Rn. 41.

363 *Rödiger*, Strafverfolgung von Unternehmen, S. 247 f.

364 *Renners*, Private Investigation und Arbeitsrecht, S. 70.

365 *Maschmann*, in: Corporate Compliance und Arbeitsrecht, S. 149, 150; vgl. S. 79 f.

366 *Moosmayer*, in: Moosmayer/Hartwig, Interne Untersuchungen, S. 1, 3; *Gropp-Stadler/Wolfgramm*, in: Moosmayer/Hartwig, Interne Untersuchungen, S. 15, 20; *Rödiger*, Strafverfolgung von Unternehmen, S. 257; *Schuster*, ZIS 2010, 68 f.

367 Vgl. etwa: *Schuster*, ZIS 2010, 68 f.; *Gropp-Stadler/Wolfgramm*, in: Moosmayer/Hartwig, Interne Untersuchungen, S. 15, 20.

368 Dazu ausführlich: *Reeb*, Internal Investigations, S. 28 ff.; *Renners*, Private Investigation und Arbeitsrecht, S. 25 ff.; *Wewerka*, Internal Investigations, S. 111 ff.; kritisch: *Kirmes*, WiJ 2013, 150 ff.

369 *Rödiger*, Strafverfolgung von Unternehmen, S. 235.

370 *Rödiger*, Strafverfolgung von Unternehmen, S. 236, zu der (zu verneinenden) Frage der Zurechenbarkeit der privaten Beweisbeschaffung zum Staat S. 236 ff.

durchgeführte Ermittlungen handelt. Davon ist der Fall zu unterscheiden, in dem staatliche Ermittlungsbehörden bewusst und planmäßig Privatpersonen für ihre Ermittlungstätigkeit einschalten, um die restriktiven Vorschriften der StPO zu umgehen.[371]

II. Grundsätzliche Zulässigkeit privater Ermittlungen

Zunächst stellt sich daher die Frage, ob private Ermittlungen überhaupt zulässig sind. In der Strafprozessordnung findet sich dazu keine konkrete Norm, die sich klar für oder gegen die Zulässigkeit privater Untersuchungen ausspricht.[372]

1. Keine Überschneidung mit staatlichen Ermittlungen

Dennoch herrscht grundsätzlich Einigkeit darüber, dass private Untersuchungen, die sich mit amtlichen Ermittlungen nicht überschneiden können, statthaft sind. Darunter fallen zum einen solche Ermittlungen, die anstelle der Erstattung einer Strafanzeige durchgeführt werden. In diesem Falle gibt es noch gar kein Strafverfahren und auch keine Strafverfolgungsbehörde, die tätig wird. Zulässig sind zudem private Untersuchungen, die vor dem Beginn staatlicher Ermittlungen liegen, bspw. durchgeführt werden, um festzustellen, ob eine Anzeige gemäß § 158 StPO sinnvoll ist. Zu denken ist auch an den Fall, dass die Strafverfolgungsbehörden eigene Ermittlungen ablehnen, einstellen oder bereits beendet haben.[373]

2. Untersuchungen parallel zu staatlichen Ermittlungen

Schwieriger ist die Situation zu beurteilen, wenn private Untersuchungen und staatliche Ermittlungen parallel zueinander stattfinden.

Die StPO selbst enthält an keiner Stelle ein ausdrückliches Verbot privater Ermittlungen.[374] Dennoch wird teilweise davon ausgegangen, dass zumindest private Ermittlungen des durch eine Straftat Verletzten, die planmäßig und professionell durchgeführt werden, im Falle parallel stattfindender staatlicher

---

371 *Renners*, Private Investigation und Arbeitsrecht, S. 19; ausführlich zu der Abgrenzung staatlicher und privater Ermittlungen: *Reeb*, Internal Investigations, S. 6 ff., danach sind Internal Investigations nach deutschem Recht privater Natur, S. 25 f.

372 *Reeb*, Internal Investigations, S. 33; *Rödiger*, Strafverfolgung von Unternehmen, S. 244 f.

373 *Salvenmoser/Schreier*, in: Handbuch Wirtschaftsstrafrecht, 15. Teil Rn. 23; *Knierim*, in: FS Volk, S. 247, 258; im Ergebnis auch: *Minoggio*, Firmenverteidigung, Rn. 1268.

374 *Salvenmoser/Schreier*, in: Handbuch Wirtschaftsrecht, 15. Teil Rn. 25.

Ermittlungen unzulässig sind.[375] Soweit hierfür auf § 164 StPO verwiesen wird, der das Verbot der Behinderung staatlicher Ermittlungstätigkeit beinhaltet, kann dies nicht überzeugen. Denn § 164 StPO steht der Zulässigkeit privater Ermittlungen nicht entgegen, da private Ermittler nicht per se als Störer zu qualifizieren sind und die staatliche Ermittlungstätigkeit behindern.[376]

Erstgenannter Ansicht ist zwar zuzugeben, dass die Staatsanwaltschaft „Herrin des Ermittlungsverfahrens" ist und als solche die Ermittlungen leitet. Zu bedenken ist jedoch, dass dies nur gegenüber der Polizei und den Gerichten gilt. Eine darüber hinausgehende Geltung im Außenverhältnis gegenüber Privatpersonen besteht hingegen nicht.[377]

Auch das Offizialprinzip, das in § 152 Abs. 1 StPO seinen Niederschlag gefunden hat, steht privaten Untersuchungen nicht entgegen, obwohl seine Existenz zumindest grundsätzlich gegen ein privates Ermittlungsrecht spricht[378]. Der Offizialgrundsatz gilt allerdings keinesfalls ausnahmslos, vielmehr wird er an zahlreichen Stellen durchbrochen. Hingewiesen sei nur auf das Privatklageverfahren nach §§ 374–394 StPO, und die Antragsdelikte, bei denen die Entscheidung über die Strafverfolgung beim Verletzten liegt.[379]

Für die Zulässigkeit privater Ermittlungen sprechen zudem rein praktische Erwägungen. Anders als die staatlichen Strafverfolgungsbehörden sind Private bei ihren Untersuchungen nicht an die StPO gebunden. Zwar stehen ihnen nicht die Mittel zur zwangsweisen Durchsetzung einzelner Maßnahmen zur Verfügung, doch sind sie bspw. auch nicht an die Ländergrenzen gebunden. Dort stoßen staatliche Ermittlungen regelmäßig – zumindest vorübergehend – an ihre Grenzen, da sie auf Rechtshilfeersuchen angewiesen sind. Teilweise wird in privaten

---

375 *Mende*, Grenzen privater Ermittlungen durch den Verletzten einer Straftat, S. 155.

376 *Wewerka*, Internal Investigations, S. 145; *Renners*, Private Investigation und Arbeitsrecht, S. 31 f.

377 *Salvenmoser/Schreier*, in: Handbuch Wirtschaftsrecht, 15. Teil Rn. 25; *Renners*, Private Investigation und Arbeitsrecht, S. 30 f.; *Krey*, Zur Problematik privater Ermittlungen des durch eine Straftat Verletzten, S. 32 f.

378 *Reeb*, Internal Investigations, S. 36.

379 *Salvenmoser/Schreier*, in: Handbuch Wirtschaftsrecht, 15. Teil Rn. 26 f.; *Wewerka*, Internal Investigations, S. 114; im Ergebnis auch: *Renners*, Private Investigation und Arbeitsrecht, S. 30; *Reeb*, Internal Investigations, S. 36 ff., der allerdings von einem „Ermittlungsvorrang der Strafverfolgungsbehörden" ausgeht, S. 40; vgl. auch: *Jahn*, StV 2009, 41, 45 f.: „Private Ermittlungstätigkeit … erst dann unzulässig, wenn sie ein Ausmaß annimmt, welches das aus dem Legalitätsprinzip fließende Ermittlungsmonopol der Staatsanwaltschaft ernsthaft herausfordert".

Ermittlungen daher eine sinnvolle Ergänzung zu den staatlichen Ermittlungen gesehen, zumal die Strafverfolgungsbehörden ohnehin überlastet seien.[380]

Bisher hat sich der Gesetzgeber nicht konkret zur Frage der Zulässigkeit privater Ermittlungen geäußert. Mit der Einführung des § 32 Abs. 1 S. 2 BDSG, der eine Regelung zur Aufklärung eines Straftatverdachts im Beschäftigungsverhältnis enthält, hat er jedoch zumindest gezeigt, dass er von der grundsätzlichen Zulässigkeit privater Untersuchungen ausgeht. Anderenfalls hätte die Regelung keinen Anwendungsbereich, da das BDSG sich offenkundig nicht an Staatsanwaltschaft und Polizei richtet, sondern vielmehr an Privatpersonen.[381]

Die grundsätzliche Zulässigkeit privater Untersuchungen zeigt sich auch in zahlreichen höchstrichterlichen Entscheidungen. Im Jahre 2000 hat der BGH bspw. ausdrücklich klargestellt, dass der Verteidiger zur Durchführung privater Ermittlungen berechtigt ist.[382]

3. *Ergebnis*

Private Untersuchungen sind – auch wenn sie parallel zu staatlichen Ermittlungen stattfinden – zumindest grundsätzlich zulässig.[383] Ggf. muss jedoch auf Verlangen der Behörde die unternehmensinterne Untersuchung eingestellt und der Vorrang staatlicher Ermittlungen hingenommen werden, um den Vorwurf der Behinderung der Ermittlungen, § 164 StPO, oder gar der Strafvereitelung, § 258 StGB, erst gar nicht entstehen zu lassen.

III. Besondere Konstellation der internen Ermittlungen[384]

Im Rahmen der Diskussion zur grundsätzlichen Zulässigkeit privater Untersuchungen ist der Fokus vor allem auf die privaten Ermittlungen von Verletzten und Beschuldigten bzw. Strafverteidigern gerichtet. Bei unternehmensinternen Untersuchungen handelt es sich jedoch weder in erster Linie um die Ermittlungen eines durch eine Straftat Verletzten noch um die Ermittlungen eines

---

380 *Salvenmoser/Schreier*, in: Handbuch Wirtschaftsrecht, 15. Teil Rn. 33 ff.

381 *Salvenmoser/Schreier*, in: Handbuch Wirtschaftsrecht, 15. Teil Rn. 38; im Ergebnis auch: *Reeb*, Internal Investigations, S. 39 f.

382 BGHSt 46, 1, 4.

383 Vgl. nur: *Eckhardt*, Private Ermittlungsbeiträge im Rahmen der staatlichen Strafverfolgung, S. 7 f.; *Esser*, in: L/R, EMRK/IPBPR, Art. 6 EMRK Rn. 909; *Minoggio*, Firmenverteidigung, Rn. 1268; *Jahn*, StV 2009 41, 43; *Bittmann/Molkenbur*, wistra 2009, 373, 374.

384 Kritisch: *Kirmes*, WiJ 2013, 150, 153 ff.

Strafverteidigers. Die internen Untersuchungen stellen vielmehr umfangreiche, systematische Ermittlungen meist externer Rechtsanwälte mit dem Ziel der Entlastung des sie beauftragenden Unternehmens dar. Die Aufklärung des Sachverhaltes ist dabei in aller Regel mit der Beschaffung von belastenden Beweisen gegen Mitarbeiter verbunden.[385]

Dennoch sind auch derartige private Ermittlungen zulässig. Die Strafverfolgung von Unternehmensmitarbeitern stellt tatsächlich nur einen Zweck der unternehmensinternen Untersuchung dar. Daneben geht es vor allem um die Verhinderung (weiterer) Schäden für das Unternehmen, die Feststellung zivilrechtlicher Ansprüche gegen die Beteiligten und die Selbstreinigung zur Verhinderung einer Auftragssperre. In diesen Bereichen muss das Unternehmen zur privaten Ermittlung des Sachverhaltes berechtigt sein. Eine Trennung der Untersuchung nach den verschiedenen Zwecken ist nicht möglich, sodass eine rein strafrechtliche Beurteilung der Situation der Realität nicht gerecht würde.[386]

Zudem ist das Unternehmen auf Grund gesellschaftsrechtlicher Vorschriften dazu verpflichtet, Rechtsverstößen nachzugehen.[387] Für die AG sind insoweit §§ 76 Abs. 1, 93 Abs. 1 AktG maßgeblich. Daraus lässt sich das Recht des Vorstands ableiten, Hinweisen auf Gesetzesverstößen nachzugehen und diese umfassend aufzuklären.[388] Zudem ergibt sich aus der Überwachungspflicht des Aufsichtsrates gemäß § 111 Abs. 1 AktG die Pflicht zur Aufklärung und mithin das Recht zur Durchführung interner Ermittlungen, sofern einzelne Vorstandsmitglieder selbst verdächtig sind[389] oder der Vorstand seiner Pflicht zur Sachverhaltsaufklärung nicht nachkommt.[390] Ganz ähnlich gestaltet sich auch die Situation bei der GmbH. Dort ist der Geschäftsführer gemäß § 43 Abs. 1 GmbH verpflichtet, Hinweisen auf Gesetzesverstöße zu folgen und den Sachverhalt aufzuklären. Daneben ist auch die Gesellschafterversammlung berechtigt, zur Überwachung des Geschäftsführers interne Ermittlungen durchzuführen.[391] Wenn somit aber eine Pflicht zur Sachverhaltsaufklärung besteht, kann die Erfüllung dieser Pflicht nicht strafprozessual unzulässig sein, nur weil dabei auch

385 *Wewerka*, Internal Investigations, S. 119 f.

386 *Rödiger*, Strafverfolgung von Unternehmen, S. 246 f.

387 *Rödiger*, Strafverfolgung von Unternehmen, S. 247.

388 *Wewerka*, Internal Investigations, S. 125; *Behrens*, RIW 2009, 22, 29; *Fleischer*, in: Spindler/Stilz, AktG, § 77 Rn. 52; *Wagner*, CCZ 2009, 8, 13.

389 *Wewerka*, Internal Investigations, S. 128; *Wagner*, CCZ 2009, 8, 15; vgl. auch: BGHZ 135, 244, 252 (ARAG/Garmenbeck).

390 *Wewerka*, Internal Investigations, S. 128; *Wagner*, CCZ 2009, 8, 15.

391 *Wewerka*, Internal Investigations, S. 129 f.

Beweise gegen Mitarbeiter erlangt werden können, die im Strafverfahren gegen sie verwendet werden könnten.[392]

Zwar ist auch im Arbeitsverhältnis die Zulässigkeit der privaten Ermittlungstätigkeit nicht gesetzlich geregelt, sodass eine erhebliche Rechtsunsicherheit besteht.[393] Unter bestimmten Umständen ist jedoch eine Verdachtskündigung zulässig, sodass als milderes Mittel erst recht die private Ermittlung zur Aufklärung des Verdachts möglich sein muss.[394] Eine Verdachtskündigung ist sogar nur dann wirksam, wenn der Arbeitgeber sich zumindest bemüht hat, den Sachverhalt aufzuklären.[395]

Zu berücksichtigen ist auch, dass Unternehmen häufig nicht nur im Fokus deutscher Strafverfolgungsbehörden stehen, sondern auch Beschuldigte ausländischer Strafverfahren sind. Dort muss das Unternehmen die Möglichkeit haben, sich effektiv verteidigen zu können.[396]

Somit sind auch die unternehmensinternen Untersuchungen grundsätzlich zulässig – unabhängig davon, ob sie vor, neben oder nach der Tätigkeit der staatlichen Strafverfolgungsbehörden durchgeführt werden.[397]

---

392 *Rödiger*, Strafverfolgung von Unternehmen, S. 247; vgl. auch: *Minoggio*, Firmenverteidigung, Rn. 1268, der von einem „Zwang zur Sachverhaltsaufklärung“ spricht.

393 *Renners*, Private Investigation und Arbeitsrecht, S. 24.

394 *Renners*, Private Investigation und Arbeitsrecht, S. 114; in diese Richtung auch: *Wewerka*, Internal Investigations, S. 126 f.

395 Vgl. nur: *Berkowsky*, in: Münchener Handbuch zum Arbeitsrecht, § 119 Rn. 9.

396 *Rödiger*, Strafverfolgung von Unternehmen, S. 247.

397 *Minoggio*, Firmenverteidigung, Rn. 1268; *Gercke/Richter*, in: Gercke/Kraft/Richter, Arbeitsstrafrecht, Kap. 4 Rn. 103.

Kapitel 2 – Beschäftigtendatenschutzrecht

A. Aktuelle Gesetzeslage und geplante Gesetzesänderung

Bisher existiert in Deutschland weder eine einheitliche Regelung noch ein Gesetz, das den Beschäftigtendatenschutz umfassend regelt. Wenngleich immer wieder die Notwendigkeit eines solchen Gesetzes betont wurde[398], ist es dem Gesetzgeber bisher nicht gelungen ein einheitliches Gesetz speziell zum Arbeitnehmerdatenschutzrecht zu erlassen. Dies bedeutet allerdings nicht, dass der Schutz der Arbeitnehmerdaten derzeit nicht geregelt ist. Sie sind sehr wohl vor unzulässigen Eingriffen geschützt, doch muss – je nach Konstellation – auf eine Vielzahl verschiedener Regelungen zurückgegriffen werden.

Zunächst muss der Arbeitgeber das Persönlichkeitsrecht der Arbeitnehmer schon auf Grund seiner Fürsorgepflicht ihnen gegenüber wahren. Zudem lässt sich aus dem allgemeinen Persönlichkeitsrecht das Recht am gesprochenen und geschriebenen Wort[399] und das Recht am eigenen Bild[400] ableiten. Diese Rechte genießen nicht nur Verfassungsrang, sondern sind auch strafrechtlich durch die §§ 201, 201a, 202 StGB vor Eingriffen geschützt.[401] Daneben gibt es eine Vielzahl von Gesetzen, die den Schutz der Arbeitnehmerdaten regeln. Die maßgeblichen Normen finden sich im TKG, im Telemediengesetz (TMG), im BDSG und in den Landesdatenschutzgesetzen.[402]

---

398 *Oberwetter*, NZA 2008, 609; z.B.: *Grobys*, BB 2003, 682 f.; *Barton*, CR 2003, 839, 840 Fn. 6, 844; *Beckschulze/Henkel*, DB 2001, 1491, 1506; *de Wolf*, NZA 2010, 1206, 1211; *Hoss*, Internet- und E-Mail-Überwachung, S. 28; *Maschmann*, in: FS Hromadka, S. 233, 238 f.; *Däubler*, Gläserne Belegschaften?, Rn. 344; Däubler, Internet und Arbeitsrecht, Rn. 242; *Renners*, Private Investigation und Arbeitsrecht, S. 45; *Lindemann/Simon*, BB 2001, 1950; *Wybitul*, ZD 2013, 99, 99 f.; vgl. auch: *Kern*, in: Bitburger Gespräche, S. 117 (Zusammenfassung der Podiumsdiskussion); **a.A.**: *Fleck*, BB 2003, 306 ff., die resümiert, S. 310: „Da sich somit alle datenschutzrechtlichen Fragestellungen im Arbeitsverhältnis mit den bisherigen Regelungen lösen lassen, brauchen wir ein gesondertes Arbeitnehmerdatenschutzgesetz nicht.".

399 Etwa BVerfGE 34, 238, 246 (Tonbandaufnahme).

400 Etwa BVerfGE 101, 361, 381 (Caroline von Monaco II).

401 *Oberwetter*, NZA 2008, 609.

402 *Kömpf/Kunz*, NZA 2007, 1341.

In der Vergangenheit wurde immer wieder der Versuch unternommen, das Beschäftigtendatenschutzrecht zu reformieren, zu vereinfachen und zu vereinheitlichen. In den vergangenen Jahren haben die SPD-Fraktion[403], die Fraktion Bündnis 90/Die Grünen[404] und die Bundesregierung[405] Entwürfe für ein Gesetz zur Regelung des Beschäftigtendatenschutzes vorgelegt.

Der Entwurf der Bundesregierung sieht kein eigenes Beschäftigtendatenschutzgesetz vor, sondern vielmehr Änderungen bzw. Ergänzungen des BDSG. Er soll vor allem eine Verbesserung des Arbeitnehmerdatenschutzes bringen, gleichzeitig aber auch den Arbeitgebern die Grundlage für die Durchführung von Compliance-Verfahren bieten. Angestrebt ist ein gerechter Ausgleich zwischen dem Persönlichkeitsrecht des Arbeitnehmers auf der einen und dem Kontrollinteresse des Arbeitgebers auf der anderen Seite. Der Gesetzentwurf soll dabei durch klare gesetzliche Regelungen für beide Seiten Rechtssicherheit bringen.[406]

Im Januar 2013 hieß es überraschend, die Koalition wolle das Beschäftigungsdatenschutzgesetz möglichst schnell verabschieden. Nachdem jedoch von allen Seiten heftige Kritik am Vorhaben der Regierung geäußert wurde, nahm diese Ende Januar die für den 1. Februar 2013 geplante Abstimmung des Bundestages über den Gesetzesentwurf wieder von der Tagesordnung. Nunmehr sollten weitere Gespräche mit allen Beteiligten geführt werden.[407]

Der innenpolitische Sprecher der Unionsfraktion im Bundestag, Hans-Peter Uhl (CSU), erklärte am 26.2.2013, dass eine Regelung des Beschäftigtendatenschutzes nunmehr auf die nächste Legislaturperiode verschoben sei.[408] Mit dem Ende der Legislaturperiode gelten die Gesetzesentwürfe jedoch automatisch als erledigt, sog. sachliche Diskontinuität, vgl. § 125 S. 1 GOBT. Sollte die Regelung des Beschäftigtendatenschutzes in der neuen Legislaturperiode also weiter verfolgt werden, müsste die Gesetzesvorlage erneut in den Bundestag eingebracht werden.[409]

---

403 BT-Drs. 17/69.

404 BT-Drs. 17/4853.

405 BT-Drs. 17/4230.

406 BT-Drs. 17/4230, S. 1.

407 *Krempl/Wilkens*, in: heise online v. 29.1.2013; beck-aktuell Gesetzgebung zum Beschäftigtendatenschutz; guter Überblick bei *Wybitul*, ZD 2013, 99 ff.

408 dpa-Meldung v. 26.2.2013.

409 Vgl.: *Brocker*, Beck'OK GG, Art. 39 Rn. 5 f.

B. Bundesdatenschutzgesetz – BDSG

Das BDSG soll „den Einzelnen davor schützen, dass er durch den Umgang mit seinen personenbezogenen Daten in seinem Persönlichkeitsrecht beeinträchtigt wird“, § 1 Abs. 1 BDSG.

I. Anwendungsbereich

1. Sachlicher Anwendungsbereich

Gemäß § 1 Abs. 2 BDSG gilt das BDSG für die Erhebung, Verarbeitung und Nutzung personenbezogener Daten durch bestimmte, abschließend aufgezählte öffentliche und nicht-öffentliche Stellen. Dabei ist jedoch das Prinzip der Subsidiarität des BDSG[410] gemäß § 1 Abs. 3 S. 1 BDSG zu berücksichtigen, wonach bereichsspezifische Datenschutzregelungen den allgemeinen Bestimmungen des BDSG vorgehen[411].

Voraussetzung für die Anwendbarkeit des BDSG ist, dass es sich bei den entsprechenden Daten um solche mit Personenbezug handelt. Gemäß § 3 Abs. 1 BDSG sind personenbezogene Daten „Einzelangaben über persönliche oder sachliche Verhältnisse einer bestimmten oder bestimmbaren natürlichen Person (Betroffener).“ Somit stellen jedenfalls Name, Anschrift, Telefonnummer, E-Mail-Adresse und ähnliches personenbezogene Daten dar.[412] Auch vertragliche oder sonstige Beziehungen zu Dritten sind als „sachliche Verhältnisse“ geschützt.[413] Dabei ist es bereits ausreichend, dass sich die Identität der Person mittelbar unter der Zuhilfenahme von Zusatzwissen feststellen lässt, bspw. an Hand des Kürzels eines Mitarbeiters.[414]

Weitere Voraussetzung der Anwendbarkeit des BDSG ist, dass es sich um die Erhebung, Verarbeitung oder Nutzung von entsprechenden Daten handelt. Gemäß § 3 Abs. 3 BDSG ist Erheben „das Beschaffen von Daten über den Betroffenen.“ Teilweise wird für den Fall, dass Daten lediglich ausgewertet, also aus vorhandenen Daten neue Daten regeneriert werden, ein „Erheben“ verneint.[415]

---

410 *Kümpers*, Einsatz elektronischer Informations- und Kommunikationssysteme am Arbeitsplatz, S. 161; *Renners*, Private Investigation und Arbeitsrecht, S. 48: „Auffanggesetz“.

411 *Renners*, Private Investigation und Arbeitsrecht, S. 187.

412 *Schild*, in: Beck'OK Datenschutzrecht, § 3 BDSG Rn. 9; *Gola/Schomerus*, BDSG, § 3 Rn. 3.

413 *Gola/Schomerus*, BDSG, § 3 Rn. 7.

414 *Renners*, Private Investigation und Arbeitsrecht, S. 46; vgl. auch: BAGE 52, 88, 100.

415 *Thüsing*, Arbeitnehmerdatenschutz und Compliance, Rn. 252.

Andere hingegen bejahen das Erheben i.S.d. § 3 Abs. 3 BDSG, sofern durch den Abgleich verschiedener Datenmengen neue Daten über den Betroffenen beschafft werden.[416] Unter Verarbeitung versteht man gemäß § 3 Abs. 4 S. 1 BDSG „das Speichern, Verändern, Übermitteln, Sperren und Löschen personenbezogener Daten.“ Satz 2 schlüsselt diese fünf Begriffe weiter auf. Absatz 5 definiert das Nutzen als „jede Verwendung personenbezogener Daten, soweit es sich nicht um Verarbeitung handelt.“

2. *Persönlicher Anwendungsbereich*

Der persönliche Anwendungsbereich ist gemäß § 1 Abs. 2 BDSG auf die Erhebung, Verarbeitung und Nutzung personenbezogener Daten durch öffentliche Stellen sowie (Nr. 3) „nicht-öffentliche Stellen, soweit sie die Daten unter Einsatz von Datenverarbeitungsanlagen verarbeiten, nutzen oder dafür erheben oder die Daten in oder aus nicht automatisierten Dateien verarbeiten, nutzen oder dafür erheben, es sei denn, die Erhebung, Verarbeitung oder Nutzung der Daten erfolgt ausschließlich für persönliche oder familiäre Tätigkeiten“, begrenzt.

Das BDSG gilt somit auch für private Unternehmen[417] und Arbeitgeber[418], vgl. § 2 Abs. 4 S. 1 BDSG, sodass es grundsätzlich auch bei den unternehmensinternen Ermittlungen Anwendung finden kann, sofern es sich dabei um die Erhebung, Verarbeitung oder Nutzung personenbezogener Daten handelt.

Dabei ist jedoch zu beachten, dass das BDSG bei nicht-öffentlichen Stellen nur Anwendung finden kann, sofern die Datenverarbeitung unter Einsatz von Datenverarbeitungsanlagen erfolgt oder eine Verarbeitung von Daten in oder aus nicht automatisierten Dateien stattfindet. Die nicht automatisierte Verarbeitung von Daten ist somit grundsätzlich nur einbezogen, wenn sie einen „Dateibezug“ aufweist.[419] Dies gilt jedoch nicht ausnahmslos. Die Sondervorschrift des § 32 BDSG, die die Datenerhebung, -verarbeitung und -nutzung im Rahmen von Beschäftigungsverhältnissen regelt – und eine maßgebliche Rolle im Rahmen unternehmensinterner Untersuchungen einnimmt –, gilt gemäß § 32 Abs. 2 BDSG unabhängig von der Verarbeitungsform.[420]

---

416 *Riesenhuber*, in: Beck'OK Datenschutzrecht, § 32 BDSG Rn. 124.

417 *Kreitner*, in: Personalbuch 2013, Internet-/Telefonnutzung, Rn. 7; *Mengel*, BB 2004, 2014, 2015; *Hanau/Hoeren*, Private Internetnutzung durch Arbeitnehmer, S. 45.

418 *Däubler*, Gläserne Belegschaften?, Rn. 39; *Rath/Karner*, K&R 2007, 446, 450.

419 *Dammann*, in: Simitis, BDSG, § 1 Rn. 143; *Gusy*, in: Beck'OK Datenschutzrecht, § 1 BDSG Rn. 74.

420 *Dammann*, in: Simitis, BDSG, § 1 Rn. 138; *Gola/Schomerus*, BDSG, § 32 Rn. 7; vgl. auch: *Deutsch/Diller*, DB 2009, 1462 f., die § 32 Abs. 2 BDSG auf Grund des

3. *Landesdatenschutzgesetze*

Einzelne Landesdatenschutzgesetze enthalten besondere Vorschriften über den Datenschutz bei Dienst- und Arbeitsverhältnissen. Sie gelten allerdings nur für die öffentlichen Stellen der Bundesländer, der Gemeinden und Landkreise und sind somit in ihrem Geltungsbereich begrenzt. Insoweit gehen sie jedoch der Vorschrift des § 32 BDSG vor.[421]

Festzuhalten bleibt, dass das BDSG für den Umgang mit personenbezogenen Daten durch Private (§ 1 Abs. 2 Nr. 3 BDSG) und durch öffentliche Stellen des Bundes (§ 1 Abs. 2 Nr. 1 BDSG) gilt. Hinsichtlich des Umganges durch öffentliche Stellen der Länder besteht hingegen ein Vorrang für das jeweilige Landesrecht (§ 1 Abs. 2 Nr. 2 BDSG).[422] Im Rahmen unternehmensinterner Untersuchungen spielen die Landesdatenschutzgesetze somit jedoch grundsätzlich keine Rolle.

II. Grundsätze des BDSG

1. *§ 3a BDSG – Grundsatz der Datenvermeidung und -sparsamkeit*

Der Grundsatz der Datenvermeidung und -sparsamkeit gemäß § 3a S. 1 BDSG besagt, dass die Erhebung, Verarbeitung und Nutzung personenbezogener Daten und die Auswahl und Gestaltung von Datenverarbeitungssystemen an dem Ziel auszurichten sind, so wenig personenbezogene Daten wie möglich zu erheben, zu verarbeiten oder zu nutzen. Gemäß § 3a S. 2 BDSG sind personenbezogene Daten zu anonymisieren oder zu pseudonymisieren, soweit dies der Verwendungszweck zulässt und keinen unverhältnismäßigen Aufwand erfordert.

Übertragen auf die Konstellation der internen Ermittlungen bedeutet dies, dass der Arbeitgeber seine Datenverarbeitungsverfahren so gestalten soll, dass nicht mehr Informationen, als für den angestrebten Zweck erforderlich, über einen Arbeitnehmer erhoben und verwendet werden (Beschränkung der Zeiträume und Personen[423]). Bei § 3a BDSG handelt es sich jedoch lediglich um eine Zielvorgabe. Die Aufsichtsbehörde hat keine Möglichkeit, diese Vorgaben mit Sanktionen durchzusetzen.[424] § 3a BDSG gibt keine konkreten Verhaltensweisen

unterschiedlichen Gefährdungspotentials automatisierter und nichtautomatisierter Verarbeitung für verfehlt halten.

421 *Seifert*, in: Simitis, BDSG, § 32 Rn. 19.

422 *Heghmanns*, in: Handbuch Wirtschaftsstrafrecht, 6. Teil, 1. Kap. Rn. 85.

423 *Wybitul*, in: Internal Investigations, Kap. 11 Rn. 17.

424 *Gliss/Kramer*, Arbeitnehmerdatenschutz, S. 47; *Scholz*, in: Simitis, BDSG, § 3a Rn. 27.

vor, sondern macht lediglich Angaben hinsichtlich bestimmter Ziele, die an sich verbindlich sind. Hinsichtlich der Maßnahmen zur Verwirklichung dieser Ziele steht den Adressaten jedoch ein Auswahlermessen zu.[425]

2. § 4 Abs. 2 S. 1 BDSG – Grundsatz der Direkterhebung

Gemäß § 4 Abs. 2 S. 1 BDSG sind personenbezogene Daten grundsätzlich beim Betroffenen zu erheben. Lediglich in Ausnahmefällen – vgl. die Aufzählung in Satz 2 – dürfen sie ohne seine Mitwirkung erhoben werden.

Daten werden ohne die Mitwirkung des Betroffenen erhoben, wenn sie bei einem Dritten erhoben werden.[426] Anders ist dies bei sog. „Daten mit Doppelbezug", also Daten, die sowohl den unmittelbar Betroffenen als auch den Dritten betreffen. Hier liegt keine Datenerhebung bei Dritten vor, da die Mitwirkung eines Betroffenen genügt.[427] Um eine Erhebung von Daten ohne Mitwirkung des Betroffenen handelt es sich auch, wenn die Daten zwar beim Betroffenen erhoben werden, dieser davon aber nichts bemerkt. Dies ist bspw. bei der planvoll verdeckten Datenerhebung der Fall.[428]

Im Rahmen interner Untersuchungen sind die Daten somit grundsätzlich bei dem Verdächtigen selbst zu erheben.[429] Sofern eine Ermittlungsmaßnahme auf § 32 Abs. 1 S. 2 BDSG gestützt werden kann, ist zu berücksichtigen, dass insoweit nicht nur eine Erlaubnisnorm i.S.d. § 4 Abs. 1 BDSG vorliegt, sondern zugleich auch die spezielle Erlaubnis i.S.d. § 4 Abs. 2 S. 2 Nr. 1 BDSG, Daten ohne die Mitwirkung des Betroffenen zu erheben.[430] Abgesehen davon kommt bei internen Untersuchungen eine Ausnahme nach § 4 Abs. 2 S. 2 Nr. 2 lit. a Alt. 2 BDSG in Betracht.[431] Die Zulässigkeit der Maßnahme richtet sich in diesem Falle nach den Voraussetzungen der Erlaubnisnorm und (zusätzlich) des

---

425 *Scholz*, in: Simitis, BDSG, § 3a Rn. 28 f.

426 *Bäcker*, in: Beck'OK Datenschutzrecht, § 4 BDSG Rn. 29.

427 *Schemmel/Ruhmannseder/Witzigmann*, Hinweisgebersysteme, Kap. 6 Rn. 92, Fn. 192; *Gola/Schomerus*, BDSG, § 4 Rn. 20; **a.A.**: Bäcker, in: Beck'OK Datenschutzrecht, § 4 BDSG Rn. 30.

428 *Bäcker*, in: Beck'OK Datenschutzrecht, § 4 BDSG Rn. 29; *Spindler/Nink*, in: Spindler/Schuster, Recht der elektronischen Medien, § 4 Rn. 6; *Schemmel/Ruhmannseder/Witzigmann*, Hinweisgebersysteme, Kap. 6 Rn. 92.

429 *Lelley*, Compliance im Arbeitsrecht, Rn. 538.

430 *Riesenhuber*, in: Beck'OK Datenschutzrecht, § 32 BDSG Rn. 117; so wohl auch: *Gola/Klug*, NJW 2010, 2483, 2485 f.

431 *Lelley*, Compliance im Arbeitsrecht, Rn. 538; *Vogel/Glas*, DB 2009, 1747, 1750; *Kienast*, in: Deutsch-Amerikanische Korruptionsverfahren, § 8 Rn. 51.

§ 4 Abs. 2 S. 2 BDSG.[432] Danach dürfen personenbezogene Daten ohne die Mitwirkung des Betroffenen erhoben werden, wenn „der Geschäftszweck eine Erhebung bei anderen Personen oder Stellen erforderlich macht". Davon ist nicht nur die Datenerhebung bei Dritten, sondern auch die heimliche Datenerhebung erfasst.[433] Sofern die Daten bei einem Dritten erhoben werden, um die Tat aufklären zu können, oder die Untersuchungsmaßnahme ohne Kenntnis des betroffenen Mitarbeiters erfolgt, um den Ermittlungserfolg nicht zu gefährden, sind die Voraussetzungen in der Regel erfüllt.[434]

Zusätzlich erfordert § 4 Abs. 2 S. 2 Nr. 2 BDSG, dass keine Anhaltspunkte dafür bestehen, dass überwiegende schutzwürdige Interessen des Betroffenen beeinträchtigt werden. Hier muss eine Abwägung der gegenläufigen Interessen stattfinden, wobei die Interessen des Arbeitgebers an der Erhebung ohne Mitwirkung die schutzwürdigen Interessen des betroffenen Mitarbeiters überwiegen müssen. Nur dann ist die Erhebung ohne die Mitwirkung des Betroffenen ausnahmsweise zulässig.[435] Dabei kann die Art der Datenerhebung, die Person oder Stelle, bei der die Daten erhoben werden, oder die zu befürchtenden beruflichen Nachteile eine Beeinträchtigung der Interessen des Betroffenen begründen.[436] Zwar muss der betroffene Arbeitnehmer unter Umständen arbeitsrechtliche Sanktionen (für sein strafrechtliches Verhalten) fürchten, der Arbeitgeber hat aber ein berechtigtes Interesse daran, die Verdachtsfälle möglichst schnell und umfassend aufzuklären, um so die Folgen für das Unternehmen möglichst gering zu halten. Das Arbeitgeberinteresse an der Aufklärung überwiegt daher regelmäßig das Interesse der betroffenen Arbeitnehmer.

Sofern die Datenerhebung ausnahmsweise ohne die Mitwirkung des Betroffenen stattfindet, gebietet es der Transparenzgrundsatz, dass der Arbeitnehmer nachträglich über den Vorgang benachrichtigt wird, maßgeblich ist insoweit § 33 BDSG.[437] Allerdings kann die nachträglich Unterrichtung der betroffenen Mitarbeiter nach § 33 Abs. 2 Nr. 7 lit. b BDSG solange aufgeschoben werden, wie sie die Aufklärung gefährden würde.[438]

---

432 *Schemmel/Ruhmannseder/Witzigmann*, Hinweisgebersysteme, Kap. 6 Rn. 90 und Fn. 188.

433 *Bäcker*, in: Beck'OK Datenschutzrecht, § 4 BDSG Rn. 40.

434 Vgl.: *Vogel/Glas*, DB 2009, 1747, 1750.

435 *Sokol*, in: Simitis, BDSG, § 4 Rn. 37.

436 *Sokol*, in: Simitis, BDSG, § 4 Rn. 36.

437 *Sokol*, in: Simitis, BDSG, § 4 Rn. 38.

438 *Kort*, in: Bitburger Gespräche, S. 45, 60; *Kort*, DB 2011, 651, 654; *Kock/Francke*, NZA 2009, 646, 650; vgl. auch: *Hanau/Hoeren*, Private Internetnutzung durch

3. *§ 4 Abs. 1 BDSG – Verbot mit Erlaubnisvorbehalt*

Gemäß§ 4 Abs. 1 BDSG ist die Erhebung, Verarbeitung und Nutzung personenbezogener Daten „nur zulässig, soweit dieses Gesetz oder eine andere Rechtsvorschrift dies erlaubt oder anordnet oder der Betroffene eingewilligt hat." Das BDSG stellt die Erhebung, Verarbeitung und Nutzung personenbezogener Daten damit unter ein Verbot mit Erlaubnisvorbehalt.[439]

Der Arbeitgeber muss seine Ermittlungsmaßnahmen daher grundsätzlich auf eine entsprechende Erlaubnisnorm stützen können, sofern personenbezogene Daten betroffen sind. Werden von einer Untersuchungsmaßnahme sowohl Beschäftigte als auch unternehmensfremde Personen (Lieferanten, Geschäftspartner) betroffen, ist eine Rechtfertigung der Maßnahme hinsichtlich der eigenen Beschäftigten auf § 32 Abs. 1 BDSG und hinsichtlich der Unternehmensfremden auf § 28 Abs. 1 S. 1 Nr. 2 BDSG zu stützen.[440]

III. Erlaubnisnormen

Als Erlaubnisnorm kommt neben der Einwilligung und der Betriebsvereinbarung insbesondere § 32 Abs. 1 S. 2 BDSG in Betracht.

1. *Einwilligung*

Eine Einwilligung[441] des konkret betroffenen Arbeitnehmers einzuholen wäre zwar theoretisch möglich, jedoch wohl wenig sinnvoll, da in aller Regel die internen Ermittlungen zumindest zunächst geheim erfolgen, um eine anderenfalls

---

Arbeitnehmer, S. 75 f.: Von der Benachrichtigung des Arbeitnehmers kann abgesehen werden, wenn davon auszugehen ist, dass durch die Internetnutzung Straftaten begangen werden.

439 *Kratz/Gubbels*, NZA 2009, 652, 653; *Mengel*, BB 2004, 2014, 2015; *Raffler/Hellich*, NZA 1997, 862, 864; *Thoma*, in: Moosmayer/Hartwig, Interne Untersuchungen, S. 81, 82; *Renners*, Private Investigation und Arbeitsrecht, S. 47; *Winter*, Vorstandorganisation und Compliance, S. 90; *Reeb*, Internal Investigations, S. 68; *Kümpers*, Einsatz elektronischer Informations- und Kommunikationssysteme am Arbeitsplatz, S. 163; *Hoss*, Internet- und E-Mail-Überwachung, S. 36; *Mansdörfer*, ZWH 2011, 81, 82; *Gola*, Datenschutz am Arbeitsplatz, Rn. 189.

440 *Wybitul*, in: Internal Investigations, Kap. 11 Rn. 67.

441 Ausführlich dazu: *Thüsing*, Arbeitnehmerdatenschutz und Compliance, Rn. 117 ff.; *Gola*, Datenschutz am Arbeitsplatz, S. 157 ff.; insbesondere die gem. § 4a Abs. 1 S. 1 BDSG erforderliche Freiwilligkeit der Einwilligung wird im Rahmen des Arbeitsverhältnisses häufig bezweifelt, vgl. dazu nur: *Däubler*, Gläserne Belegschaften?, Rn. 150 ff.

bestehende Verdunkelungsgefahr zu vermeiden,[442] vgl. S. 50 f. Zudem werden die an einer Tat beteiligten Mitarbeiter in der Regel in keine Kontrolle sämtlicher E-Mails, Telefonate und Unterlagen einwilligen.

2. *Betriebsvereinbarung*

Weitgehende Einigkeit besteht darüber, dass die Betriebsvereinbarung[443] eine andere Rechtsvorschrift i.S.d. § 4 Abs. 1 BDSG darstellt.[444] Begründet wird dies mit § 77 Abs. 4 S. 1 BetrVG, wonach Betriebsvereinbarungen „unmittelbar und zwingend" gelten.[445] Einigkeit besteht auch insoweit, dass die Betriebsvereinbarung zugunsten der Arbeitnehmer vom BDSG abweichen und Konkretisierungen vornehmen darf.

Nach wie vor umstritten ist jedoch, ob eine Betriebsvereinbarung auch zuungunsten der Arbeitnehmer von den Vorschriften des BDSG abweichen darf. Das BAG hat dies in einem Beschluss vom 27.5.1986 ausdrücklich bejaht. Dort heißt es:[446]

> *„Sind damit Tarifverträge und Betriebsvereinbarungen andere Rechtsvorschriften im Sinne von § 3 Satz 1 Nr. 1 BDSG, so folgt daraus, daß diese hinsichtlich ihres zulässigen Inhaltes nicht an den Vorschriften des Bundesdatenschutzgesetzes zu messen sind. Sie können den Datenschutz der Arbeitnehmer auch abweichend vom Bundesdatenschutzgesetz regeln. Sie sind nicht darauf beschränkt, nur unbestimmte Rechtsbegriffe des Bundesdatenschutzgesetzes unter Berücksichtigung der betrieblichen Besonderheiten näher zu konkretisieren oder den Datenschutz der Arbeitnehmer zu verstärken. Der Datenschutz nach dem Bundesdatenschutzgesetz ist gegenüber den genannten anderen Rechtsvorschriften nicht unabdingbarer Mindeststandard, der durch Tarifverträge oder Betriebsvereinbarungen*

---

442 *Behling*, BB 2010, 892, 895.

443 *Kania*, in: Erfurter Kommentar Arbeitsrecht, § 77 BetrVG Rn. 4: Betriebsvereinbarung ist privatrechtlicher Normenvertrag zw. Arbeitgeber und Betriebsrat für die von ihm repräsentierte Belegschaft zur Regelung der betrieblichen und betriebsverfassungsrechtlichen Ordnung und über Inhalt, Abschluss und Beendigung von Arbeitsverhältnissen.

444 Vgl. nur: BAGE 52, 88, 102; *Franzen*, in: Erfurter Kommentar Arbeitsrecht, § 4 BDSG Rn. 2; *Gola/Schomerus*, BDSG, § 4 Rn. 7; *Ems*, BDSG-Novelle 2009, S. 13; *Renners*, Private Investigation und Arbeitsrecht, S. 47; *Thoma*, in: Moosmayer/Hartwig, Interne Untersuchungen, S. 81, 85; *Wybitul*, ZD 2011, 69, 73; *Deiters*, ZD 2012, 109, 112; *Thüsing*, Arbeitnehmerdatenschutz und Compliance, Rn. 102; *Heinson*, BB 2010, 3084, 3085; **a.A.**: *Ernst*, NZA 2002, 585, 588.

445 *Thoma*, in: Moosmayer/Hartwig, Interne Untersuchungen, S. 81, 85; *Gola/Schomerus*, BDSG, § 4 Rn. 10.

446 BAGE 52, 88, 103.

nur zugunsten der Arbeitnehmer verbessert werden könnte. Eine mögliche Verbesserung des Arbeitnehmerdatenschutzes durch Tarifverträge oder Betriebsvereinbarungen hätte keiner ausdrücklichen gesetzlichen Regelung bedurft, sich vielmehr schon aus dem Günstigkeitsprinzip ergeben. Soweit in der Literatur geltend gemacht wird, durch Tarifvertrag oder Betriebsvereinbarung dürfe der Datenschutz der Arbeitnehmer nicht verschlechtert werden (...), vermag der Senat dem daher nicht zu folgen. Daraus folgt jedoch nicht, daß datenschutzrechtliche Regelungen in Tarifverträgen oder Betriebsvereinbarungen einen beliebigen Inhalt haben können. Sie müssen sich im Rahmen der Regelungsautonomie der Tarifvertragsparteien bzw. der Betriebspartner halten und die für diese Autonomie geltenden, sich aus grundgesetzlichen Wertungen, zwingendem Gesetzesrecht und den allgemeinen Grundsätzen des Arbeitsrechts ergebenden Beschränkungen beachten (vgl....)."

Diese Auffassung hat in der Literatur jedoch erhebliche Kritik erfahren. Vielfach wird vertreten, dass in einer Betriebsvereinbarung nicht zuungunsten der Arbeitnehmer von den Voraussetzungen des BDSG abgewichen werden dürfe. Zulässig sei vielmehr nur die Konkretisierung der Vorgaben des BDSG und die Anhebung des Schutzniveaus.[447] Teilweise wird argumentiert, dass der Grundrechtsträger (informationelle Selbstbestimmung) die Beschäftigten selbst sind, nicht jedoch der Betriebsrat. Es sei daher nicht einzusehen, weshalb dieser mit dem Unternehmen gemeinsam in die Grundrechte der Beschäftigten eingreifen dürfen soll.[448]

Auf der anderen Seite soll der betriebliche Datenschutz gerade vom Betriebsrat wahrgenommen werden (vgl. §§ 75 Abs. 2, 80 Abs. 1 Nr. 1, 87 Abs. 1 Nr. 6 BetrVG), sodass diesem ein entsprechender Spielraum – auch für Abweichung zuungunsten des Arbeitnehmers – zur Verfügung stehen muss.[449] Die Betriebsvereinbarung unterliegt jedoch den Beschränkungen des § 75 Abs. 2 BetrVG, sodass jedenfalls die Wahrung des Persönlichkeitsrechts der Mitarbeiter sichergestellt sein muss.[450] Im Übrigen darf aber von den Vorgaben des BDSG

447 *Mansdörfer*, ZWH 2011, 81, 84; *v. Steinau-Steinrück/Glanz*, NJW-Spezial 2008, 402, 403; *Sokol*, in: Simitis, BDSG, § 4 Rn. 17; *Simitis*, in: Simitis, BDSG, § 2 Rn. 160; *Brandt*, DuD 2010, 213, 215.

448 *Thoma*, in: Moosmayer/Hartwig, Interne Untersuchungen, S. 81, 86.

449 *Kümpers*, Einsatz elektronischer Informations- und Kommunikationssysteme am Arbeitsplatz, S. 208; im Ergebnis auch: *Franzen*, in: Erfurter Kommentar Arbeitsrecht, § 4 BDSG Rn. 2; *Bäcker*, in: Beck'OK Datenschutzrecht, § 4 BDSG Rn. 15; *Thüsing*, Arbeitnehmerdatenschutz und Compliance, Rn. 105; *Kümpers*, Einsatz elektronischer Informations- und Kommunikationssysteme am Arbeitsplatz, S. 208; *Balke/Müller*, DB 1997, 326, 329.

450 *Hoppe*, Private Nutzung betrieblicher Informations- und Kommunikationsmittel, S. 121; *Pröpper/Römermann*, MMR 2008, 514, 515; *Maschmann*, in: Corporate

auch zuungunsten der Mitarbeiter abgewichen werden.[451] Auf Grund des § 75 Abs. 2 BetrVG sind wesentliche Unterschreitungen des Schutzniveaus des BDSG jedoch per se ausgeschlossen.[452]

Der Rechtsstreit ist damit wohl vor allem rechtsdogmatischer Natur, da kaum Fälle denkbar sind, die gegenüber den Bewertungen des BDSG zu wesentlich anderen Ergebnissen führen.[453]

3. *§ 32 BDSG – Datenerhebung, -verarbeitung und -nutzung für Zwecke des Beschäftigungsverhältnisses*

Die am 1.9.2009 in Kraft getretene Vorschrift des § 32 BDSG enthält eine spezielle Norm für die Datenerhebung, -verarbeitung und -nutzung für Zwecke des Beschäftigungsverhältnisses. Sie ist damit die „zentrale Norm des Arbeitnehmerdatenschutzes“.[454] Im Rahmen der unternehmensinternen Ermittlungen ist vor allem § 32 Abs. 1 S. 2 BDSG von Bedeutung.

a. Voraussetzungen des § 32 Abs. 1 S. 2 BDSG

Gemäß § 32 Abs. 1 S. 2 BDSG dürfen personenbezogene Daten eines Beschäftigten, vgl. § 3 Abs. 11 BDSG, nur dann zur Aufdeckung von Straftaten erhoben, verarbeitet oder genutzt werden, wenn tatsächliche Anhaltspunkte den Verdacht begründen, dass der Betroffene eine Straftat begangen hat. Weitere Voraussetzung ist, dass „die Erhebung, Verarbeitung oder Nutzung zur Aufdeckung erforderlich ist und das schutzwürdige Interesse des Beschäftigten an dem Ausschluss der Erhebung, Verarbeitung oder Nutzung nicht überwiegt, insbesondere Art und Ausmaß im Hinblick auf den Anlass nicht unverhältnismäßig sind.“

Compliance und Arbeitsrecht, S. 149, 153; *Höld*, Die Überwachung von Arbeitnehmern, S. 127; *Gola*, Datenschutz am Arbeitsplatz, Rn. 440; *Renners*, Private Investigation und Arbeitsrecht, S. 47; *Gola/Schomerus*, BDSG, § 4 Rn. 10.

451 *Hoppe*, Private Nutzung betrieblicher Informations- und Kommunikationsmittel, S. 121; *Renners*, Private Investigation und Arbeitsrecht, S. 47.

452 *Brandt*, DuD 2010, 213, 215; *Gola/Schomerus*, BDSG, § 4 Rn. 10: „kaum denkbar“; vgl. auch: *Kort*, in: Bitburger Gespräche, S. 45, 70, wonach Modifikationen erlaubt sind, wesentliche Unterschreitungen hingegen nicht. „Die Crux besteht darin, Modifikationen von solchen wesentlichen Unterschreitungen abzugrenzen.“.

453 *Höld*, Die Überwachung von Arbeitnehmern, S. 127; vgl. auch: *Gola/Schomerus*, BDSG, § 4 Rn. 10; *Gola*, Datenschutz am Arbeitsplatz, Rn. 441.

454 *Hegewald*, in: Münchener Anwaltshandbuch IT-Recht, Teil 8 Rn. 76; so auch: *Reeb*, Internal Investigations, S. 70; *Mansdörfer*, ZWH 2011, 81, 83; Wybitul, BB 2010, 1085; *Thüsing*, Arbeitnehmerdatenschutz und Compliance, Rn. 254.

aa. Straftat

§ 32 Abs. 1 S. 2 BDSG kann nur zur Aufdeckung von Straftaten, also Verbrechen oder Vergehen gemäß § 12 StGB[455], herangezogen werden. Andere Regelverstöße werden nicht erfasst.[456] Für Ermittlungsmaßnahmen hinsichtlich der Verstöße, die keine Straftat darstellen (Bsp.: Ordnungswidrigkeit, Verletzung des Arbeitsvertrages oder interner Richtlinien[457]), muss auf § 32 Abs. 1 S. 1 bzw. § 28 Abs. 1 S. 1 Nr. 2 BDSG[458] zurückgegriffen werden.[459]

bb. Im Beschäftigungsverhältnis

Weitere Voraussetzung ist, dass sich der Verdacht auf eine Straftat bezieht, die einen gewissen Bezug zum Beschäftigungsverhältnis aufweist. Dabei kann es sich entweder um eine Tat handeln, die mit der Erfüllung der Arbeitsleistung direkt im Zusammenhang steht, oder aber nur bei Gelegenheit der Beschäftigung begangen wurde.[460] Ein hinreichender Bezug ist jedenfalls dann anzunehmen, wenn die Aufklärung der vermuteten Straftat auch Auswirkungen auf das Unternehmen hat.[461] Aufklärungsmaßnahmen des Arbeitgebers, die sich auf Straftaten

---

455 *Seifert*, in: Simitis, BDSG, § 32 Rn. 102; *Riesenhuber*, in: Beck'OK Datenschutzrecht, § 32 BDSG Rn. 118.

456 *Wybitul*, Handbuch Datenschutz im Unternehmen, Rn. 202; *Mölter*, Überwachung und Informationsbeschaffung des Arbeitgebers, S. 98; **a.A.**: *Kempermann*, ZD 2012, 12, 15 Fn. 31.

457 *Wybitul*, Handbuch Datenschutz im Unternehmen, Rn. 202.

458 *Wank*, in: Erfurter Kommentar Arbeitsrecht, § 32 BDSG Rn. 29 (12. Auflage).

459 *Wybitul*, in: Internal Investigations, Kap. 11 Rn. 69; *Spehl/Gruetzner*, in: Corporate Internal Investigations, § 6 Rn. 38; *Behling*, BB 2010, 892, 895; *Wybitul*, Handbuch Datenschutz im Unternehmen, Rn. 200; *Reeb*, Internal Investigations, S. 71; *Kort*, in: Bitburger Gespräche, S. 45, 48; *Schumacher/Fausten*, in: Handbuch Internet.Arbeitsrecht, § 1 Rn. 38; *Schemmel/Ruhmannseder/Witzigmann*, Hinweisgebersysteme, Kap. 6 Rn. 74; *Gola/Schomerus*, BDSG, § 32 Rn. 29 weisen jedoch darauf hin, dass die „Verfolgung von Ordnungswidrigkeiten nicht großzügiger gestattet, aber durch § 32 S. 2 auch nicht verboten" ist; *Schmidl*, in: Corporate Compliance, § 29, Rn. 300 erachtet es für sinnvoll, wenn bereits vorsorglich die Voraussetzungen des § 32 Abs. 1 S. 2 BDGS beachtet werden, für den Fall, dass sich später herausstellt, dass es sich doch um eine Straftat handelt.

460 *Wybitul*, Handbuch Datenschutz im Unternehmen, Rn. 201; *Wybitul*, in: Internal Investigations, Kap. 11 Rn. 78; *Deutsch/Diller*, DB 2009, 1462, 1464; im Ergebnis auch: *Rübenstahl/Debus*, NZWiSt 2012, 129, 136; *Franzen*, in: Erfurter Kommentar Arbeitsrecht, § 32 BDSG Rn. 30; vgl. auch: *Reeb*, Internal Investigations, S. 72, der einen engen inhaltlichen Zusammenhang fordert.

461 *Wybitul*, Handbuch Datenschutz im Unternehmen, Rn. 201, 205, Bsp.: Untreue, Betrug, Unterschlagung zulasten des Unternehmens, schwere Kartellverstöße, Verlust

beziehen, die der Beschäftigte in seinem privaten Bereich begangen hat, können hingegen grundsätzlich nicht auf § 32 Abs. 1 S. 2 BDSG gestützt werden.[462]

Teilweise wird gefordert, dass es sich um eine gegen das Unternehmen gerichtete Straftat handelt. Anderenfalls seien derartige Ermittlungen *Sache des Staates*, dem nach § 28 Abs. 2 Nr. 2 BDSG Hilfe geleistet werden könne.[463] Diese Einschränkung kann jedoch nicht überzeugen. Der Wortlaut des § 32 Abs. 1 S. 2 BDSG fordert lediglich eine im Beschäftigungsverhältnis begangene Straftat. Nicht gefordert wird hingegen, dass sich diese darüber hinaus gegen das Unternehmen richtet. In der Gesetzesbegründung werden als Beispiel für Straftaten i.S.d. § 32 Abs. 1 S. 2 BDSG zudem Diebstahl und Korruption genannt.[464] Korruptionsdelikte richten sich jedoch nicht unbedingt gegen das Unternehmen, sondern werden häufig sogar im – vermeintlichen – Unternehmensinteresse begangen. Daher kann es nicht überzeugen, dass sich die Tat gegen das Unternehmen richten muss. § 32 Abs. 1 S. 2 BDSG berechtigt den Arbeitgeber daher grundsätzlich zu Untersuchungsmaßnahmen von Verdachtsfällen einer jeden Straftat, sofern sie einen gewissen Bezug zum Beschäftigungsverhältnis aufweist.[465]

cc. Tatsächliche Anhaltspunkte

Gemäß § 32 Abs. 1 S. 2 BDSG ist zudem erforderlich, dass tatsächliche Anhaltspunkte den Verdacht begründen, dass eine Straftat begangen wurde. Welchen Anforderungen diese Anhaltspunkte genügen müssen, wird nicht einheitlich beurteilt. Teilweise wird vertreten, dass keine überhöhten Anforderungen gestellt werden dürfen. Daher genüge bereits ein Anfangsverdacht.[466] Es müssten also

---

der Fahrerlaubnis wegen Trunkenheit am Steuer eines angestellten Kraftfahrers, Bestechungszahlungen; *Wybitul*, in: Internal Investigations, Kap. 11 Rn. 78.

462 *Seifert*, in: Simitis, BDSG, § 32 Rn. 102.

463 *Gola/Schomerus*, BDSG, § 32 Rn. 30.

464 BT-Drs. 16/13657, S. 21.

465 Im Ergebnis: *Seifert*, in: Simitis, BDSG, § 32 Rn. 102.

466 *Thüsing*, Arbeitnehmerdatenschutz und Compliance, Rn. 261; *Reeb*, Internal Investigations, S. 72 f.; *Riesenhuber*, in: Beck'OK Datenschutzrecht, § 32 BDSG Rn. 118; *Erfurth*, NJOZ 2009, 2914, 2920; *Rübenstahl/Debus*, NZWiSt 2012, 129, 136; vgl. auch: *Salvenmoser/Schreier*, in: Handbuch Wirtschaftsstrafrecht, 15. Teil Rn. 180, die hingegen davon ausgehen, dass „tatsächliche Anhaltspunkte" unterhalb der Schwelle liegen, bei der die StA ein Ermittlungsverfahren einzuleiten hat, mithin ein Weniger ggü. dem Anfangsverdacht i.S.d. § 152 StPO darstellen; so auch: *Salvenmoser/Hauschka*, NJW 2010, 331, 333; *Behling*, BB 2010, 892, 895 lässt den sich aus der juristischen Laiensphäre der Geschäftsleitung aufdrängenden konkreten Verdacht einer Straftat genügen.

zureichende Hinweise auf eine bereits begangene Straftat[467] bestehen.[468] Andere sprechen von „gesicherte(n) Hinweise(n)."[469] Teilweise wird aber auch ein dem dringenden Tatverdacht entsprechender Verdachtsgrad gefordert.[470] Letztlich müssen jedenfalls Tatsachen vorliegen, die zwar nicht den Straftatbestand erfüllen, dafür aber zumindest Indizien sind.[471] Unabhängig davon, ob man einen dringenden Tatverdacht fordert oder einen Anfangsverdacht ausreichen lässt, ist eine Aufklärung der Straftat ohne konkreten Verdacht[472], sondern vielmehr auf Grundlage eines Generalverdachts jedenfalls unzulässig.[473]

Wichtig ist, dass sich der Verdacht „auf einzelne bestimmte oder bestimmbare Beschäftigte oder Gruppen von Beschäftigten"[474] bezieht. Letztlich muss also zumindest ein konkreter Anhaltspunkt dafür bestehen, dass ein bestimmter Arbeitnehmer eine Straftat begangen hat.[475] Breit gefächerte Ermittlungsmaßnahmen wie massenhafte Datenscreenings sind somit praktisch unzulässig, da sie regelmäßig den Personenkreis möglicher Verdächtiger erst konkretisieren sollen.[476]

Der Unternehmer darf somit nicht auf Grund eines Generalverdachts sämtliche E-Mails, Telefonate und Unterlagen aller Mitarbeiter kontrollieren. Sofern bei unternehmensinternen Ermittlungen der Verdacht hingegen bspw. auf Grund eines (anonymen) Hinweises eines „Whistleblowers" erlangt wurde,

---

467 *Wybitul*, Handbuch Datenschutz im Unternehmen, Rn. 200.

468 *Thüsing*, Arbeitnehmerdatenschutz und Compliance, Rn. 261.

469 *Ambs*, in: Erbs/Kohlhaas, § 32 BDSG S. 142.

470 *Wedde*, in: DKWW, BDSG § 32 Rn. 127: „mit hoher Wahrscheinlichkeit eine Straftat vorliegt".

471 *Gola/Schomerus*, BDSG, § 32 Rn. 26; *Reeb*, Internal Investigations, S. 72; *Knauer*, ZWH 2012, 81, 87 f.

472 Nach *Wybitul*, Handbuch Datenschutz im Unternehmen, Rn. 203 und *Schemmel/Ruhmannseder/Witzigmann*, Hinweisgebersysteme, Kap. 6 Rn. 77 kann die Maßnahme auf § 32 Abs. 1 S. 1 BDSG gestützt werden, wenn nur abstrakte Indizien darauf hindeuten, dass im Unternehmen eine Straftat begangen wurde, es aber an Hinweisen auf einen bestimmten Mitarbeiter mangelt.

473 *Reeb*, Internal Investigations, S. 73; *Däubler*, Gläserne Belegschaften?, Rn. 427c; *Mansdörfer*, ZWH 2011, 81, 83; *Mölter*, Überwachung und Informationsbeschaffung des Arbeitgebers, S. 98.

474 *Wybitul*, Handbuch Datenschutz im Unternehmen, Rn. 203; so auch: *Thoma*, in: Moosmayer/Hartwig, Interne Untersuchungen, S. 81, 88; *Heinson*, BB 2010, 3084, 3087; *Riesenhuber*, in: Beck'OK Datenschutzrecht, § 32 BDSG Rn. 117; *Gola/Schomerus*, BDSG, § 32 Rn. 28.

475 *Wybitul*, Handbuch Datenschutz im Unternehmen, Rn. 203.

476 *Mansdörfer*, ZWH 2011, 81, 83.

dürfte in der Regel der erforderliche Anfangsverdacht vorliegen, sodass sich die Datenerhebung insoweit grundsätzlich auf § 32 Abs. 1 S. 2 BDSG stützen lässt.[477]

dd. Dokumentation

Eine Besonderheit des § 32 Abs. 1 S. 2 BDSG besteht darin, dass dem Arbeitgeber ausdrücklich eine Dokumentationspflicht auferlegt ist.[478] Sie ist Rechtmäßigkeitsvoraussetzung.[479] Danach muss der konkrete Tatverdacht aktenkundig gemacht werden. Der Arbeitgeber muss also den Schaden, den Kreis der Verdächtigen und die Indizien, die die überwachten Personen verdächtig machen, schriftlich oder elektronisch festhalten.[480] Dieser Dokumentationspflicht kommt eine gewisse Beweisfunktion zu, denn sie dient auch dem Nachweis der Berechtigung gegenüber dem Betroffenen. Dies gilt insbesondere für den Fall, dass sich die Maßnahme als unberechtigt herausstellt.[481]

ee. Maßnahme beim Betroffenen

In § 32 Abs. 1 S. 2 BDSG heißt es: „Verdacht …, dass der Betroffene im Beschäftigungsverhältnis eine Straftat begangen hat, …“. Laut *Thüsing* müssen sich die Hinweise jedoch nicht auf die konkrete Person beziehen, deren Daten betroffen sind. Vielmehr reiche es aus, „dass allgemeine Anzeichen für Missbrauch bestehen, nicht dass gerade die Person, deren Daten nun erhoben oder genutzt werden, missbräuchlich gehandelt hat.“[482] Überwiegend wird hingegen zu Recht davon ausgegangen, dass § 32 Abs. 1 S. 2 BDSG den Arbeitgeber nur zur Erhebung von personenbezogenen Daten des Beschäftigten berechtigt, der im Verdacht steht, eine Straftat begangen zu haben.[483]

---

477 Vgl. *v. Rosen*, Internal Investigations bei Compliance-Verstößen, S. 105; vgl. aber *Müller-Bonanni*, AnwBl 2010, 651, 654: Im Rahmen interner Untersuchungen ist das Vorliegen einer Straftat in aller Regel unklar. Sicher ist oftmals weder, dass eine Pflichtverletzung begangen wurde noch welcher Arbeitnehmer diese begangen haben soll.

478 *Gola/Schomerus*, BDSG, § 32 Rn. 28.

479 *Riesenhuber*, in: Beck'OK Datenschutzrecht, § 32 BDSG Rn. 119; vgl. aber: *Diedrich*, CR 2013, 408, 410 in Hinblick auf das EU-Datenschutzrecht.

480 *Franzen*, in: Erfurter Kommentar Arbeitsrecht, § 32 BDSG Rn. 32; *Rübenstahl/Debus*, NZWiSt 2012, 129, 136.

481 *Gola/Schomerus*, BDSG, § 32 Rn. 28.

482 *Thüsing*, Arbeitnehmerdatenschutz und Compliance, Rn. 65.

483 *Riesenhuber*, in: Beck'OK Datenschutzrecht, § 32 BDSG Rn. 117; *Schemmel/Ruhmannseder/Witzigmann*, Hinweisgebersysteme, Kap. 6 Rn. 73; so wohl auch: *Müller-*

Der Arbeitgeber ist zudem grundsätzlich nur zur Datenerhebung beim Verdächtigen selbst berechtigt.[484] Der Grundsatz der Direkterhebung beansprucht auch im Rahmen des § 32 Abs. 1 BDSG Geltung. Ausnahmen davon können aber unter den zusätzlichen Voraussetzungen des § 4 Abs. 2 S. 2 BDSG zulässig sein,[485] vgl. S. 68 ff. Insoweit ist zu berücksichtigen, dass § 32 Abs. 1 S. 2 BDSG nicht nur Erlaubnisnorm i.S.d. § 4 Abs. 1 BDSG ist, sondern zugleich auch die spezielle Erlaubnis i.S.d. § 4 Abs. 2 S. 2 Nr. 1 BDSG enthält, Daten ohne Mitwirkung des Betroffenen zu erheben.[486]

ff. Zur Aufdeckung der Tat erforderlich

§ 32 Abs. 1 S. 2 BDSG setzt zudem voraus, dass die Maßnahme zur Aufdeckung der Straftat erforderlich ist. Dies ist zu bejahen, wenn die berechtigten Interessen des Unternehmens auf andere Weise nicht oder nicht angemessen gewahrt werden können.[487] Maßgeblich für die vorzunehmende Interessenabwägung ist der Grundsatz der Verhältnismäßigkeit.[488]

gg. Verhältnismäßigkeit der Kontrolle

Die Verhältnismäßigkeitsprüfung orientiert sich an den aus dem Verfassungsrecht bekannten Prinzipien der praktischen Konkordanz.[489] Die Maßnahme muss zunächst einen legitimen Zweck verfolgen, geeignet und erforderlich sein. Zuletzt ist im Rahmen der Angemessenheit eine umfangreiche Interessenabwägung vorzunehmen.

Bonanni, AnwBl 2010, 651, 654; *Gola/Schomerus*, BDSG, § 32 Rn. 28; *Brink/Schmidt*, MMR 2010, 592, 594; *Vogel/Glas*, DB 2009, 1747, 1750.

484 *Schemmel/Ruhmannseder/Witzigmann*, Hinweisgebersysteme, Kap. 6 Rn. 90; *Lelley*, Compliance im Arbeitsrecht, Rn. 535.

485 *Gola/Schomerus*, BDSG, § 32 Rn. 30a; *Schemmel/Ruhmannseder/Witzigmann*, Hinweisgebersysteme, Kap. 6 Rn. 90.

486 *Riesenhuber*, in: Beck'OK Datenschutzrecht, § 32 BDSG Rn. 117; so wohl auch: *Gola/Klug*, NJW 2010, 2483, 2485 f.

487 *Wybitul*, BB 2009, 1582, 1583.

488 *Wybitul*, BB 2010, 1085, 1086; *Mölter*, Überwachung und Informationsbeschaffung des Arbeitgebers, S. 97.

489 *Renners*, Private Investigation und Arbeitsrecht, S. 106.

(I) Legitimer Zweck[490]

Zunächst muss die Maßnahme einen legitimen Zweck verfolgen. Da die Aufdeckung von Straftaten jedoch bereits explizit in § 32 Abs. 1 S. 2 BDSG genannt wird, ist sie als Anlass zur Datenverwendung oder -erhebung anerkannt.[491]

(II) Geeignetheit

Geeignet ist eine Maßnahme, wenn mit ihrer Hilfe der legitime Zweck gefördert werden kann.[492] Die Maßnahme muss also objektiv geeignet sein, die konkret vermutete Straftat aufzuklären.[493]

(III) Erforderlichkeit

Die Maßnahme muss zudem erforderlich sein. Das Ziel darf nicht auch mit einem weniger schwerwiegenden Eingriff in die Rechte des Betroffenen erreicht werden können. Dabei muss allerdings nicht auf weniger wirksame Mittel zurückgegriffen werden.[494] Grundsätzlich gilt, dass eine offene Ermittlung einen weniger schwerwiegenden Eingriff darstellt als eine heimliche.[495]

(IV) Angemessenheit

Im Rahmen der Angemessenheit hat eine umfangreiche Abwägung der sich gegenüberstehenden Interessen stattzufinden.

(1) Interessen des Arbeitnehmers

Im Rahmen der Interessenabwägung spielt auf Seiten der betroffenen Arbeitnehmer insbesondere das (zivilrechtliche[496]) allgemeine Persönlichkeitsrecht,

---

490 Im Rahmen der Verhältnismäßigkeitsprüfung des § 32 Abs. 1 S. 2 BDSG auch geprüft von: *Thüsing*, Arbeitnehmerdatenschutz und Compliance, Rn. 264; *Mölter*, Überwachung und Informationsbeschaffung des Arbeitgebers, S. 98; *Fülbier/Splittgerber*, NJW 2012, 1995, 2000, *Schemmel/Ruhmannseder/Witzigmann*, Hinweisgebersysteme, Kap. 6 Rn. 98; *Rübenstahl/Debus*, NZWiSt 2012, 129, 136.

491 *Thüsing*, Arbeitnehmerdatenschutz und Compliance, Rn. 264; *Mölter*, Überwachung und Informationsbeschaffung des Arbeitgebers, S. 99; im Ergebnis auch: *Hanau/Hoeren*, Private Internetnutzung durch Arbeitnehmer, S. 62.

492 *Wybitul*, BB 2010, 1085, 1086.

493 *Wybitul*, Handbuch Datenschutz im Unternehmen, Rn. 205.

494 *Wybitul*, BB 2010, 1085, 1086; *Thüsing*, Arbeitnehmerdatenschutz und Compliance, Rn. 266.

495 *Wybitul*, in: Internal Investigations, Kap. 11 Rn. 82.

496 *Reeb*, Internal Investigations, S. 58 f.: Eigenständiges Institut des einfachen Rechts, da „die Grundrechte keine unmittelbare Drittwirkung zwischen Privatpersonen

Art. 2 Abs. 1 i.V.m. Art. 1 Abs. 1 GG, eine bedeutende Rolle,[497] das auch im Arbeitsverhältnis Geltung beansprucht.[498]

Teilweise wird dies mit der unmittelbaren Drittwirkung der Grundrechte begründet.[499] Dagegen spricht allerdings bereits, dass damit das Problem, dass sich die Grundrechte auf das Staat-Bürger-Verhältnis beziehen, Art. 1 Abs. 3 GG, sich im Arbeitsverhältnis aber zwei Grundrechtsträger gegenüberstehen (Bürger-Bürger-Verhältnis), nicht beseitigt werden kann.[500] Das BVerfG geht daher vielmehr von einer mittelbaren Drittwirkung der Grundrechte aus. Danach strahlen die Grundrechte in das Privatrecht aus.[501] Im Beschluss des BVerfG vom 23.4.1986 heißt es dazu: „*... das Grundgesetz (hat) in seinem Grundrechtsabschnitt zugleich Elemente objektiver Ordnung aufgerichtet [hat], die als verfassungsrechtliche Grundentscheidung für alle Bereiche des Rechts Geltung haben, mithin auch das Privatrecht beeinflussen... Hier wirkt der Rechtsgehalt der Grundrechte über das Medium der das einzelne Rechtsgebiet unmittelbar beherrschenden Vorschriften, insbesondere der Generalklauseln und sonstigen auslegungsfähigen und ausfüllungsbedürftigen Begriffe, die im Sinne dieses Rechtsgehalts ausgelegt werden müssen, auf dieses Rechtsgebiet ein (... sog. Ausstrahlungs- oder mittelbare Drittwirkung der Grundrechte).*“[502]

Das allgemeine Persönlichkeitsrecht ist somit auf Grund der mittelbaren Drittwirkung auch im Zivilrecht zu beachten. Zwar ist es nicht ohne Weiteres auf das Verhältnis Privater übertragbar, doch ist es bei der Auslegung zivilrechtlicher Normen, Generalklauseln und unbestimmter Rechtsbegriffe heranzuziehen.[503] Das allgemeine Persönlichkeitsrecht ist grundsätzlich bei jeder Maßnahme zur

---

entfalten.“ Hinsichtlich Inhalt und Reichweite entspricht es jedoch dem verfassungsrechtlichen Persönlichkeitsrecht; dazu auch: *Kümpers*, Einsatz elektronischer Informations- und Kommunikationssysteme am Arbeitsplatz, S. 132 ff.; *Renners*, Private Investigation und Arbeitsrecht, S. 59 ff.

497 *Wybitul*, BB 2010, 1085, 1087; *Thüsing*, Arbeitnehmerdatenschutz und Compliance, Rn. 66.

498 Zur Geltung der Grundrechte im Arbeitsverhältnis: *Richardi*, in: Münchener Handbuch Arbeitsrecht, § 12.

499 *Nipperday*, RdA 1950, 121 ff.

500 *Richardi*, in: Münchener Handbuch Arbeitsrecht, § 12 Rn. 9.

501 BVerfGE 73, 261, 269; BVerfGE 7, 198, 205: „objektive Wertordnung“, „verfassungsrechtliche Grundentscheidung für alle Bereiche des Rechts“.

502 BVerfGE 73, 261, 269.

503 *Kümpers*, Einsatz elektronischer Informations- und Kommunikationssysteme am Arbeitsplatz, S. 125.

Informationsbeschaffung beeinträchtigt. Daher bedarf es stets einer Rechtfertigung dieses Eingriffes.[504]

Besondere Relevanz hat in diesem Zusammenhang das sich aus dem allgemeinen Persönlichkeitsrecht ergebende Recht auf informationelle Selbstbestimmung, das den Schutz aller persönlichen Daten umfasst,[505] d.h. die „Befugnis des Einzelnen, grundsätzlich selbst zu entscheiden, wann und innerhalb welcher Grenzen persönliche Lebenssachverhalte offenbart werden."[506]

(2) Interessen des Arbeitgebers

Die Interessen des Arbeitgebers sind vor allem betrieblicher Art.[507] Im Fokus stehen die Einhaltung der Compliancepflichten[508] und die Aufklärung von Straftaten.[509] Ihm wird es vor allem darum gehen, die möglichen Folgen eines Rechtsverstoßes im Unternehmen so gering wie möglich zu halten.

Eine Rolle spielen aber auch Art. 12 GG und Art. 14 GG.[510] Der Arbeitgeber hat ein Interesse am Schutz des eingerichteten und ausgeübten Gewerbebetriebs (Schutz von Geschäftsgeheimnissen).[511]

(3) Interessenabwägung

Im Rahmen der Angemessenheit hat eine umfassende Interessenabwägung zu erfolgen. Dabei stehen sich das Aufklärungsinteresse des Arbeitgebers auf der einen und das Persönlichkeitsrecht des betroffenen Arbeitnehmers auf der anderen Seite gegenüber.[512] Um festzustellen, welche Interessen höher zu bewerten

---

504 *Reeb*, Internal Investigations, S. 60 f.

505 *Mengel*, BB 2004, 2014, 2016.

506 BVerfGE 65, 1, 42.

507 *Weißnicht*, MMR 2003, 448, 450.

508 *Behling*, BB 2010, 892; *Reeb*, Internal Investigations, S. 63.

509 *Haußmann/Krets*, NZA 2005, 259, 260; *Wybitul*, Handbuch Datenschutz im Unternehmen, Rn. 207.

510 *Thüsing*, Arbeitnehmerdatenschutz und Compliance, Rn. 318; *Lelley*, Internet am Arbeitsplatz, Rn. 74.

511 *Mengel*, BB 2004, 2014, 2016; ein Interesse des Arbeitgebers am Schutz des eingerichteten und ausgeübten Gewerbebetriebes sehen auch: *Schmidt*, BB 2009, 1295, 1299; *Altenburg/v. Reinersdorff/Leister*, MMR 2005, 135, 136; *Stögmüller*, CR 2008, 435, 437.

512 *Franzen*, in: Erfurter Kommentar Arbeitsrecht, § 32 BDSG Rn. 32; *Hanau/Hoeren*, Private Internetnutzung durch Arbeitnehmer, S. 63; *Wybitul*, BB 2010, 1085, 1086 f.

sind, ist eine Gesamtabwägung der Intensität des Eingriffs und des Gewichts der ihn rechtfertigenden Gründe durchzuführen.[513]

Gemäß § 32 Abs. 1 S. 2 BDSG dürfen insbesondere Art und Ausmaß im Hinblick auf den Anlass der Maßnahme nicht unverhältnismäßig sein. Dabei spielen zum einen insbesondere Art und Schwere der (vermuteten) Straftat und zum anderen die Dringlichkeit des Tatverdachts eine wichtige Rolle.[514] Berücksichtigung findet darüber hinaus, welche (objektiven) Tatsachen den Verdacht begründen.[515] Für die Beurteilung der Schwere des Eingriffes ist zu berücksichtigen, wie viele Arbeitnehmer von der Ermittlungsmaßnahme betroffen sind, wie schwer die einzelnen Eingriffe wiegen[516] und wie groß die Zahl der (unschuldig) überwachten Beschäftigten ist.[517] Eine Rolle spielt auch die Dauer der Maßnahme.[518] Letztlich hat stets eine Abwägung aller maßgeblichen Umstände des Einzelfalles stattzufinden.[519] Grundsätzlich gilt jedoch: „Je schwerer eine Straftat wiegt und je konkreter die tatsächlichen Anhaltspunkte auf einen bestimmten Beschäftigten hindeuten, desto intensiver darf das Unternehmen zur Aufklärung der Verdachtsmomente in die Persönlichkeitsrechte des Betroffenen eingreifen."[520]

Das BVerfG[521] hat in einem Beschluss zum öffentlich-rechtlichen Bereich Regeln zur Gewichtung der widerstreitenden Interessen aufgestellt: (1) Die

---

513 *Wybitul*, BB 2010, 1085, 1087; *Wybitul*, Handbuch Datenschutz im Unternehmen, Rn. 207; *Renners*, Private Investigation und Arbeitsrecht, S. 108.

514 *Wybitul*, Handbuch Datenschutz im Unternehmen, Rn. 207; *Thüsing*, Arbeitnehmerdatenschutz und Compliance, Rn. 66; *Seifert*, in: Simitis, BDSG, § 32 Rn. 106; *Mölter*, Überwachung und Informationsbeschaffung des Arbeitgebers, S. 100; vgl. auch: BT-Drs. 16/13657, S. 21.

515 *Reeb*, Internal Investigations, S. 64.

516 *Wybitul*, Handbuch Datenschutz im Unternehmen, Rn. 207; *Wybitul*, BB 2010, 1085, 1087; *Beckschulze*, DB 2009, 2097, 2098.

517 *Rübenstahl/Debus*, NZWiSt 2012, 129, 136; *Franzen*, in: Erfurter Kommentar Arbeitsrecht, § 32 BDSG Rn. 32.

518 *Schmidt*, BB 2009, 1295, 1299; *Wybitul*, BB 2010, 1085, 1087; *Beckschulze*, DB 2009, 2097, 2098.

519 *Wybitul*, Handbuch Datenschutz im Unternehmen, Rn. 207.

520 *Wybitul*, Handbuch Datenschutz im Unternehmen, Rn. 207; so auch: *Wybitul*, in: Internal Investigations, Kap. 11 Rn. 83; *Ems*, BDSG-Novelle 2009, S. 54; *Renners*, Private Investigation und Arbeitsrecht, S. 108; *Salvenmoser/Schreier*, in: Handbuch Wirtschaftsstrafrecht, 15. Teil Rn. 56; *Gola/Schomerus*, BDSG, § 32 Rn. 27; im Ergebnis auch: *Leutheusser-Schnarrenberger*, in: Bitburger Gespräche, S. 33, 41; *Däubler*, Internet und Arbeitsrecht, Rn. 248.

521 BVerfGE 115, 320.

Heimlichkeit der Maßnahme erhöht die Intensität des Eingriffs. (2) Berücksichtigung finden muss auch, welche Konsequenzen sich für den Betroffenen ergeben können. Diese Entscheidung kann zwar nicht eins zu eins für das Beschäftigungsverhältnis übernommen werden, da es im Rahmen eines privatrechtlichen Verhältnisses an dem Über- und Unterordnungsverhältnis zwischen Staat und Bürger fehlt, doch gibt die Entscheidung Anhaltspunkte für die Gewichtung der Interessen auch im privatrechtlichen Bereich.[522]

(4) Einschränkung?

Teilweise wird vertreten, dass eine unternehmensinterne Ermittlungsmaßnahme grundsätzlich nur zulässig sei, sofern staatliche Strafverfolgungsbehörden eine entsprechende Handlung rechtmäßig durchführen könnten.[523] Dies entspreche auch der Rechtsprechung des BAG[524] zu internen Ermittlungsmaßnahmen.[525] Daher könne eine Ermittlungsmaßnahme erst bei Fällen mittlerer Kriminalität zulässig durchgeführt werden. Dies stehe auch im Einklang mit der Gesetzesbegründung, die Straftaten wie Korruption und Diebstahl[526] als Beispiel für den Anwendungsbereich des § 32 Abs. 1 S. 2 BDSG anführt.[527]

Der Gesetzeswortlaut bietet allerdings weder Anhaltspunkte dafür, dass Voraussetzung der Untersuchungsmaßnahme ist, dass die Taten der mittleren Kriminalität zuzurechnen sind noch, dass die staatlichen Ermittlungsbehörden zu einer entsprechenden Maßnahme berechtigt sein müssten. Im Rahmen der Verhältnismäßigkeitsprüfung wird jedoch die Schwere der Straftat berücksichtigt, sodass bei leichteren Taten weniger eingriffsintensive Maßnahmen ergriffen werden dürfen als bei schweren Straftaten. Dass Aufklärungsmaßnahmen generell erst bei Straftaten der mittleren Kriminalität ergriffen werden dürfen, kann daher nicht überzeugen.

---

522 *Thüsing*, NZA 2009, 865, 868.

523 *Behling*, BB 2010, 892, 895; *Scheben/Klos/Geschonneck*, CCZ 2012, 13, 15; *Däubler*, Gläserne Belegschaften?, Rn. 427d: „Dem Arbeitgeber mehr Ermittlungsrechte als der Staatsanwaltschaft einzuräumen, vermag nicht einzuleuchten…".

524 z.B.: BAGE 111, 173, 188 f. (Videoüberwachung von Arbeitnehmern).

525 *Scheben/Klos/Geschonneck*, CCZ 2012, 13, 15; *Behling*, BB 2010, 892, 895.

526 BT-Drs. 16/13657 S. 21.

527 *Scheben/Klos/Geschonneck*, CCZ 2012, 13, 15; *Behling*, BB 2010, 892, 895; **a.A.**: *Eisele*, Compliance und Datenschutzstrafrecht, S. 81: „wobei es nicht unbedingt darauf ankommt, dass diese (Straftat) mindestens der „mittleren Kriminalität" zuzuordnen ist."

b. Voraussetzungen des § 32 Abs. 1 S. 1 BDSG

Zwar lassen sich die verschiedenen Ermittlungsmaßnahmen im Rahmen interner Untersuchungen in der Regel auf § 32 Abs. 1 S. 2 BDSG stützen, doch gewinnt § 32 Abs. 1 S. 1 BDSG vor allem im Zusammenhang mit der Aufklärung von Verdachtsfällen hinsichtlich der Begehung von Ordnungswidrigkeiten an Relevanz, da diese nicht von § 32 Abs. 1 S. 2 BDSG erfasst werden, vgl. S. 74 Teilweise werden zudem Maßnahmen zur Sachverhaltsaufklärung, die sich nicht gegen einen bereits konkretisierten Kreis von Beschäftigten richten, auf § 32 Abs. 1 S. 1 BDSG gestützt.[528]

Gemäß § 32 Abs. 1 S. 1 BDSG dürfen personenbezogene Daten eines Beschäftigten für Zwecke des Beschäftigungsverhältnisses erhoben, verarbeitet oder genutzt werden, wenn dies für die Entscheidung über die Begründung, Durchführung oder Beendigung eines Beschäftigungsverhältnisses erforderlich ist. Zu der Durchführung des Beschäftigungsverhältnisses zählt auch die Wahrnehmung der Arbeitgeberrechte, wie bspw. die Leistungs- und Verhaltenskontrolle, sodass der Arbeitgeber bspw. auch das Verhalten der Arbeitnehmer bei der E-Mail-Nutzung überprüfen darf. Nach dem Wortlaut der Norm muss im Rahmen des § 32 Abs. 1 S. 1 BDSG die Maßnahme lediglich „erforderlich“ sein, sodass man annehmen könnte, die schutzwürdigen Interessen des Betroffenen seien nicht zu berücksichtigen.[529] Die herrschende Meinung geht jedoch davon aus, dass auch hier die Verhältnismäßigkeit anhand einer umfassenden Interessenabwägung zu beurteilen ist.[530]

4. § 28 BDSG – Datenerhebung und -speicherung für eigene Geschäftszwecke

Im Rahmen unternehmensinterner Untersuchungen steht vor allem § 32 BDSG im Mittelpunkt. Hinsichtlich der personenbezogenen Daten (unternehmensfremder[531]) Dritter, die bei der Durchführung einer Maßnahme mitbetroffen

528 *Wybitul*, in: Internal Investigations, Kap. 11 Rn. 69; *Knauer*, ZWH 2012, 81, 88; **a.A.**: *Kienast*, in: Deutsch-Amerikanische Korruptionsverfahren, § 8 Rn. 52; *Pohle*, in: Deutsch-Amerikanische Korruptionsverfahren, § 9 Rn. 19.

529 *Schumacher/Fausten*, in: Handbuch Internet.Arbeitsrecht, § 1 Rn. 38.

530 *Wybitul*, in: Internal Investigations, Kap. 11 Rn. 71; *Thüsing*, Arbeitnehmerdatenschutz und Compliance, Rn. 268; *Franzen*, in: Erfurter Kommentar Arbeitsrecht, § 32 BDSG Rn. 7; *Schumacher/Fausten*, in: Handbuch Internet.Arbeitsrecht, § 1 Rn. 38.

531 *Wybitul*, in: Internal Investigations, Kap. 11 Rn. 66; *Pohle*, in: Deutsch-Amerikanische Korruptionsverfahren, § 9 Rn. 25.

sind, ist jedoch § 28 Abs. 1 S. 1 Nr. 2 BDSG maßgeblich, der ebenfalls eine Abwägung der entgegenstehenden Interessen fordert.[532] Teilweise wird auch die Datenerhebung bei anderen Arbeitnehmern, die selber nicht verdächtig sind, auf diese Norm gestützt.[533] Darüber hinaus wird § 28 Abs. 1 S. 1 Nr. 2 BDSG teilweise auch im Zusammenhang mit der Aufklärung von Verdachtsfällen hinsichtlich der Begehung von Ordnungswidrigkeiten als richtige Rechtsgrundlage angesehen, vgl. S. 85. Die Norm ist auch nach der Einführung des § 32 BDSG noch im Bereich der Beschäftigungsverhältnisse anwendbar, da laut der Gesetzesbegründung nur § 28 Abs. 1 S. 1 Nr. 1 BDSG von § 32 BDSG verdrängt wird.[534] Zu berücksichtigen ist, dass § 28 BDSG nur bei der automatisierten Datenverarbeitung anwendbar ist, vgl. § 27 Abs. 1 S. 1 Nr. 1 BDSG.

Gemäß § 28 Abs. 1 S. 1 Nr. 2 BDSG ist der Umgang mit personenbezogenen Daten als Mittel für die Erfüllung eigener Geschäftszwecke zulässig, „soweit es zur Wahrung berechtigter Interessen der verantwortlichen Stelle erforderlich ist und kein Grund zu der Annahme besteht, dass das schutzwürdige Interesse des Betroffenen an dem Ausschluss der Verarbeitung oder Nutzung überwiegt".

Zu den berechtigten Interessen der verantwortlichen Stelle, also des Arbeitgebers bzw. Unternehmens, zählt die Verfolgung jedes Interesses, das von der Rechtsordnung gebilligt wird.[535] Beachtung finden müssen darüber hinaus das Erforderlichkeitsprinzip und die vorzunehmende umfassende Interessenabwägung. Dabei sind auf Seiten des Unternehmens die wirtschaftlichen Interessen und das Aufklärungsinteresse[536] zu berücksichtigen, auf Seiten des Betroffenen das allgemeine Persönlichkeitsrecht. Die Zulässigkeit einer konkreten Maßnahme lässt sich also nicht pauschal, sondern nur im Einzelfall beurteilen.[537]

Die Formulierung „kein Grund zu der Annahme besteht, dass..." macht deutlich, dass die Maßnahme im Regelfall zulässig ist, sofern sich im Rahmen einer

532 *Heinson*, BB 2010, 3084, 3085 zum elektronischen Datenabgleich; *Kempermann*, ZD 2012, 12, 15 zur E-Mail-Kontrolle; *Renners*, Private Investigation und Arbeitsrecht, S. 186 zur Telefonkontrolle.

533 *Lelley*, Compliance im Arbeitsrecht, Rn. 535, 537; *Vogel/Glas*, DB 2009, 1747, 1750; *Fülbier/Splittgerber*, NJW 2012, 1995, 1997; wohl auch: *Kort*, DB 2011, 651, 655; **a.A.**: *Kienast*, in: Deutsch-Amerikanische Korruptionsverfahren, § 8 Rn. 52.

534 BT-Drs. 16/13657, S. 34 f.

535 *Gola/Schomerus*, BDSG, § 28 Rn. 24; vgl. auch: *Scheben/Klos/Geschonneck*, CCZ 2012, 13, 15 f., die zur Bestimmung der berechtigten Interessen § 28 Abs. 6 Nr. 3 BDSG heranziehen.

536 *Kempermann*, ZD 2012, 12, 15.

537 *Scheben/Klos/Geschonneck*, CCZ 2012, 13, 15 f.

pauschalen Prüfung keine Anhaltspunkte dafür ergeben, dass das Persönlichkeitsrecht des Betroffenen in außerordentlich drastischer Weise verletzt werden könnte.[538]

5. Zusammenfassung

Im Rahmen der Durchführung unternehmensinterner Ermittlungen kommt dem § 32 Abs. 1 S. 2 BDSG zentrale Bedeutung zu. Die Zulässigkeit einzelner Untersuchungsmaßnahmen muss vor allem an Hand seiner Voraussetzungen beurteilt werden. § 32 Abs. 1 S. 2 BDSG findet bei Maßnahmen Anwendung, die zur Aufklärung von Verdachtsfällen einer im Zusammenhang mit dem Beschäftigungsverhältnis begangenen Straftat beim Verdächtigen ergriffen werden. Daneben kann aber auch § 32 Abs. 1 S. 1 BDSG bzw. § 28 Abs. 1 S. 1 Nr. 2 BDSG an Bedeutung gewinnen. Auf diese Normen muss zurückgegriffen werden, wenn es sich um Ermittlungsmaßnahmen handelt, die der Aufklärung von Ordnungswidrigkeiten dienen. § 28 Abs. 1 S. 1 Nr. 2 BDSG ist darüber hinaus hinsichtlich der personenbezogenen Daten Dritter, die bei der Durchführung einer Maßnahme mitbetroffen sind, maßgeblich.

IV. Auftragsdatenverarbeitung – § 11 BDSG[539]

1. Allgemeines

Regelmäßig werden externe Ermittler mit der Durchführung der unternehmensinternen Untersuchung beauftragt. Sofern dafür personenbezogene Daten der Mitarbeiter an sie weitergegeben werden, ist zu berücksichtigen, dass auch die Weitergabe von Daten grundsätzlich eines Erlaubnistatbestandes bedarf.[540] Eine Ausnahmeregelung findet sich jedoch in § 11 BDSG, Fall der sog. Auftragsdatenverarbeitung, wonach personenbezogene Daten durch den Arbeitgeber an Drittunternehmen rechtlich so weitergegeben werden, als ob das Drittunternehmen eine Abteilung des eigenen Unternehmens wäre. Obwohl also tatsächlich eine Weitergabe und Speicherung beim Drittunternehmen erfolgt, ordnet das BDSG diese Weitergabe nicht als Übermittlung ein. Die Speicherung gilt als eine

538 *Scheben/Klos/Geschonneck*, CCZ 2012, 13, 15 f.; so auch: *Gola/Schomerus*, BDSG, § 28 Rn. 28.

539 Gem. § 43 Abs. 1 Nr. 2b BDSG ist ein Verstoß gegen § 11 Abs. 2 S. 2 und S. 4 BDSG bußgeldbewehrt.

540 *Gliss/Kramer*, Arbeitnehmerdatenschutz, S. 42.

Speicherung des Arbeitgebers.[541] Bei der Auftragsdatenverarbeitung ist der Auftragnehmer also nicht Dritter, vgl. § 3 Abs. 8 S. 3 BDSG, sodass die Übermittlung der Daten zulässig ist, sofern die Voraussetzungen nach § 11 BDSG vorliegen.[542]

§ 11 BDSG stellt jedoch kein eigenes Recht zur Erhebung von Daten durch den Auftragnehmer dar, sondern vielmehr nur eine Aufgabenübertragung.[543] Für die Zulässigkeit der Datenerhebung und -speicherung (durch den Auftragnehmer) wird auf die Person des Arbeitgebers als verantwortliche Stelle abgestellt. Im Ergebnis kommt es also wiederum darauf an, ob im Einzelfall in seinem Verhältnis zu den betroffenen Arbeitnehmern die Voraussetzungen der jeweiligen Erlaubnisnorm vorliegen.[544] Bei der Auftragsdatenverarbeitung bedient sich der Auftraggeber des Auftragnehmers, der für ihn weisungsabhängig personenbezogene Daten erhebt, verarbeitet oder nutzt, womit dem Auftragnehmer lediglich eine Hilfs- bzw. Unterstützungsfunktion zukommt.[545]

2. *Abgrenzung zur Funktionsübertragung*

Abzugrenzen ist die Auftragsdatenverarbeitung von der Funktionsübertragung. Anders als bei der Auftragsdatenverarbeitung, bei der der Auftragnehmer abhängig von den Vorgaben des Auftraggebers tätig wird, handelt es sich bei der Funktionsübertragung nicht lediglich um eine Hilfstätigkeit oder Unterstützungsfunktion.[546] Bei der Funktionsübertragung handelt es sich vielmehr um eine Dienstleistung, die über die rein technische Bereitstellung der Datenverarbeitungsanlage hinausgeht, da zusätzliche materiell vertragliche Leistungen mit Hilfe der Daten erbracht werden.[547] Es werden also nicht nur Teile der automatisierten Datenverarbeitung, sondern die gesamte Aufgabe, der diese Arbeitnehmerdatenverarbeitung dient, an das Drittunternehmen übertragen.[548]

Bei der Funktionsübertragung ist der Auftragnehmer Dritter i.S.d. BDSG, sodass sich die Zulässigkeit der Datenverwendung nach § 4 Abs. 1 BDSG bemisst.[549] Die Weitergabe der Daten an das Drittunternehmen bedarf daher eines

541 *Gliss/Kramer*, Arbeitnehmerdatenschutz, S. 43.
542 *Kirsch*, Datenschutz in Unternehmen, S. 65.
543 *Kirsch*, Datenschutz in Unternehmen, S. 64.
544 *Löwisch*, DB 2009, 2782, 2786; *Kirsch*, Datenschutz in Unternehmen, S. 64.
545 *Kirsch*, Datenschutz in Unternehmen, S. 64 f.
546 *Kirsch*, Datenschutz in Unternehmen, S. 65; *Gliss/Kramer*, Arbeitnehmerdatenschutz, S. 45; *Thüsing*, Arbeitnehmerdatenschutz und Compliance, Rn. 417 f.
547 *Thüsing*, Arbeitnehmerdatenschutz und Compliance, Rn. 418, 420.
548 *Gliss/Kramer*, Arbeitnehmerdatenschutz, S. 45.
549 *Kirsch*, Datenschutz in Unternehmen, S. 65; *Wellhöner/Byers*, BB 2009, 2310, 2314.

Erlaubnistatbestandes,[550] da es sich insoweit um eine Übermittlung von Daten i.S.d. § 3 Abs. 4 S. 2 Nr. 3 BDSG handelt.[551]

Daneben ist selbstverständlich auch für die Untersuchungsmaßnahme an sich ein Erlaubnistatbestand erforderlich. Das Drittunternehmen hat dabei zu berücksichtigen, dass es allein die Interessen des Auftraggebers wahrnimmt. Personenbezogene Daten dürfen also vom Drittunternehmen nur so verarbeitet werden, wie es für die Erledigung der übertragenen Aufgabe erforderlich ist und der Wahrnehmung der berechtigten Interessen des Auftraggebers dient. Sofern im Rahmen der Erlaubnisnorm eine Abwägung der Interessen vorzunehmen ist, sind die Interessen des Auftraggebers auf der einen und die Interessen des Betroffenen auf der anderen Seite gegeneinander abzuwägen.[552]

3. *Einordnung der externen Ermittler*

Fraglich ist, ob im Falle des Einsatzes externer Ermittler, die die Untersuchung für den Arbeitgeber durchführen, lediglich eine Auftragsdatenverarbeitung oder vielmehr schon eine Funktionsübertragung vorliegt. Dabei ist zu berücksichtigen, dass die Einordnung keinesfalls allgemeingültig vorgenommen werden kann, da sie vielmehr von den konkreten Umständen des jeweiligen Einzelfalles abhängt.[553]

Festgehalten werden kann jedoch, dass Voraussetzung für das Vorliegen einer Auftragsdatenverarbeitung ist, dass die externen Ermittler als Auftragnehmer i.S.d. § 11 BDSG einzuordnen sind. Darunter sind Personen und Stellen zu verstehen, die Daten im Auftrag verarbeiten, nutzen oder erheben. Dabei handelt es sich in aller Regel um Service-Unternehmen, die als „verlängerter Arm der immer noch verantwortlichen Stelle tätig werden."[554] Die externen Ermittler nehmen allerdings häufig in nennenswertem Maße eigene Fachkunde in Anspruch. In der Regel ist ihr Auftrag nicht primär auf den Umgang mit personenbezogenen Daten gerichtet. Dies stellt vielmehr nur ein notwendiges Mittel zum Zweck dar, die geschuldete Leistung – also die Aufklärung der Verdachtsfälle – zu erbringen. Insofern liegt keine Auftragsdatenverarbeitung vor, da die Daten zum Zweck der

550 *Thüsing*, Arbeitnehmerdatenschutz und Compliance, Rn. 417; *Kirsch*, Datenschutz in Unternehmen, S. 65; *Wellhöner/Byers*, BB 2009, 2310, 2314.

551 *Spindler/Nink*, in: Spindler/Schuster, Recht der elektronischen Medien, § 11 BDSG Rn. 10.

552 Landesbeauftragte für den Datenschutz Baden-Württemberg, Auftragsdatenverarbeitung und Funktionsübertragung, S. 4.

553 Vgl.: *Vogel/Glas*, DB 2009, 1747, 1748.

554 *Thüsing*, Arbeitnehmerdatenschutz und Compliance, Rn. 414.

Erbringung einer eigenen, meist weisungsfreien, beratenden oder entscheidenden Tätigkeit übermittelt werden.[555] Führen die externen Ermittler die unternehmensinterne Untersuchung oder Teilbereiche der Untersuchung selbstständig durch, sind sie also allgemein mit der Aufklärung eines bestimmten Sachverhaltes beauftragt, ist ihnen ein eigener Entscheidungsspielraum eingeräumt, sodass grundsätzlich vom Vorliegen einer Funktionsübertragung auszugehen ist.[556]

Soweit vom Vorliegen einer Funktionsübertragung ausgegangen wird, bedarf die Übermittlung der personenbezogenen Daten durch den Arbeitgeber eines gesonderten Erlaubnistatbestandes.[557] Überwiegend wird die Datenübermittlung an externe Ermittler auf § 28 Abs. 2 Nr. 2 lit. b BDSG gestützt,[558] der laut Gesetzesbegründung neben § 32 Abs. 1 S. 2 BDSG anwendbar ist.[559] Danach ist die Übermittlung von personenbezogenen Daten zur Verfolgung von Straftaten zulässig, sofern kein Grund zu der Annahme besteht, dass der Betroffene ein schutzwürdiges Interesse am Ausschluss der Übermittlung hat. Überzeugender ist jedoch, für die Datenübermittlung an (in Deutschland) ansässige private Ermittler auch insoweit grundsätzlich § 32 Abs. 1 S. 2 BDSG als maßgeblich anzusehen. Die Übermittlung von Daten mitbetroffener Dritter, wie Kunden- und Lieferanten, ist hingegen auf § 28 Abs. 1 S. 1 Nr. 2 BDSG zu stützen.[560]

Sofern hinsichtlich der Beauftragung der externen Ermittler vom Vorliegen einer Funktionsübertragung ausgegangen werden kann, ist für die Zulässigkeit der eigentlichen Untersuchungsmaßnahme (des Drittunternehmens) vor allem § 32 BDSG maßgeblich, wobei im Rahmen der vorzunehmenden Abwägung auf die Interessen des Arbeitgebers abzustellen ist.

555 *Thoma*, in: Moosmayer/Hartwig, Interne Untersuchungen, S. 81, 91; vgl. auch: *Spindler/Nink*, in: Spindler/Schuster, Recht der elektronischen Medien, § 11 BDSG Rn. 11; Landesbeauftragte für den Datenschutz Baden-Württemberg, Auftragsdatenverarbeitung und Funktionsübertragung, S. 4.

556 *Vogel/Glas*, DB 2009, 1747, 1748; im Ergebnis auch: *Kienast*, in: Deutsch-Amerikanische Korruptionsverfahren, § 8 Rn. 54.

557 *Thoma*, in: Moosmayer/Hartwig, Interne Untersuchungen, S. 81, 91; *Vogel/Glas*, DB 2009, 1747, 1748.

558 *Kort*, in: Bitburger Gespräche, S. 45, 61; *Kort*, DB 2011, 651, 654; *Vogel/Glas*, DB 2009, 1747, 1751.

559 BT-Drs. 16/13657, S. 34 f.

560 *Pohle*, in: Deutsch-Amerikanische Korruptionsverfahren, § 9 Rn. 39 f.

C. Telekommunikationsgesetz – TKG

Zweck des TKG ist es, „durch technologieneutrale Regulierung den Wettbewerb im Bereich der Telekommunikation und leistungsfähige Telekommunikationsinfrastrukturen zu fördern und flächendeckend angemessene und ausreichende Dienstleistungen zu gewährleisten", § 1 TKG. Ein Ziel der Regulierung ist dabei „die Wahrung der Nutzer-, insbesondere der Verbraucherinteressen auf dem Gebiet der Telekommunikation und die Wahrung des Fernmeldegeheimnisses", § 2 Abs. 2 Nr. 1 TKG.

I. Anwendungsbereich

Zur Beurteilung der Zulässigkeit der Datenerhebung hinsichtlich der Nutzung von Telekommunikationsdiensten durch den Arbeitnehmer müssen sowohl das TKG als auch das BDSG Berücksichtigung finden, wobei die Vorschriften des TKG Vorrang vor den Normen des BDSG haben, § 1 Abs. 3 S. 1 BDSG.[561] Dies gilt allerdings nur, sofern das TKG auch tatsächlich einschlägig ist.[562] Enthält es zu bestimmten Sachverhalten keine spezielle Regelung, muss auf die Vorschriften des BDSG zurückgegriffen werden.[563]

1. Anwendungsbereich des TKG

Der sachliche Anwendungsbereich des TKG ergibt sich aus § 1 TKG. Danach findet das Gesetz im Bereich der Telekommunikation Anwendung. Gemäß der Legaldefinition in § 3 Nr. 22 TKG versteht man darunter den „technische(n) Vorgang des Aussendens, Übermittelns und Empfangens von Signalen mittels Telekommunikationsanlagen". Dabei handelt es sich gemäß § 3 Nr. 23 TKG um „technische Einrichtungen oder Systeme, die als Nachrichten identifizierbare elektromagnetische oder optische Signale senden, übertragen, vermitteln, empfangen, steuern oder kontrollieren können." Somit beschreibt Telekommunikation den technischen Vorgang des Informationsaustausches durch Transport mit Hilfe technischer Mittel, nicht aber die einzelnen Inhalte

561 *Ambs*, in: Erbs/Kohlhaas, § 1 BDSG Rn. 17; *Thüsing*, Arbeitnehmerdatenschutz und Compliance, Rn. 200; *Hegewald*, in: Münchener Anwaltshandbuch IT-Recht, Teil 8 Rn. 71.

562 *Löwisch*, DB 2009, 2782, 2783.

563 *Weißnicht*, MMR 2003, 448, 450; *Heghmanns*, in: Handbuch Wirtschaftsstrafrecht, 6. Teil, 1. Kap. Rn. 87.

der verarbeiteten Nachrichten selbst.[564] Unter den Begriff der Telekommunikation fallen somit bspw. Telefon, Telefax, Internet sowie E-Mail.[565]

2. Anwendungsbereich des Fernmeldegeheimnisses

Im Rahmen unternehmensinterner Untersuchungen kommt der Frage, ob der Arbeitgeber bei seinen Ermittlungen an das Fernmeldegeheimnis gebunden ist, zentrale Bedeutung zu. Sollte dies der Fall sein, so würde er seine Untersuchungsmaßnahmen an den engen Voraussetzungen der §§ 88 ff. TKG messen lassen müssen. Dem Arbeitgeber würde zudem im Falle der Verletzung des Fernmeldegeheimnisses eine Bestrafung gemäß § 206 StGB drohen.

Dem Fernmeldegeheimnis unterliegen gemäß § 88 Abs. 1 S. 1 TKG der Inhalt und die näheren Umstände der Telekommunikation, „insbesondere die Tatsache, ob jemand an einem Telekommunikationsvorgang beteiligt ist oder war." Umfasst sind dabei auch die näheren Umstände erfolgloser Verbindungsversuche, § 88 Abs. 1 S. 2 TKG. Die näheren Umstände umfassen insbesondere die äußeren Verbindungsdaten, also Beginn, Dauer und Ende der Verbindung, Sender, Empfänger und Datenumfang.[566]

§ 88 Abs. 2 S. 1 TKG bestimmt, dass jeder Dienstanbieter zur Wahrung des Fernmeldegeheimnisses verpflichtet ist. Einem Dienstanbieter ist es somit „untersagt, sich oder anderen über das für die geschäftsmäßige Erbringung der Telekommunikationsdienste einschließlich des Schutzes ihrer technischen Systeme erforderliche Maß hinaus Kenntnis vom Inhalt oder den näheren Umständen der Telekommunikation zu verschaffen", § 88 Abs. 3 S. 1 TKG.

Für die Anwendbarkeit des Fernmeldegeheimnisses kommt es damit maßgeblich auf die Stellung als Dienstanbieter an. § 3 Nr. 6 TKG enthält die Legaldefinition. Danach ist Dienstanbieter jeder, der ganz oder teilweise geschäftsmäßig Telekommunikationsdienste erbringt oder an der Erbringung mitwirkt. Die beiden zentralen Begriffe der Geschäftsmäßigkeit und des Telekommunikationsdienstes sind ebenfalls legaldefiniert. Gemäß § 3 Nr. 24 TKG versteht man unter dem Begriff der Telekommunikationsdienste „in der Regel gegen Entgelt erbrachte Dienste, die ganz oder überwiegend in der Übertragung von Signalen über Telekommunikationsnetze bestehen, einschließlich Übertragungsdienste in Rundfunknetzen". Das geschäftsmäßige Erbringen von Telekommunikationsdiensten wird gemäß § 3 Nr. 10 TKG als „das nachhaltige

564 Vgl. nur: *Cornils*, in Beck TKG, § 1 Rn. 7.

565 *Renners*, Private Investigation und Arbeitsrecht, S. 48.

566 BVerfGE 115, 166, 183; *Renners*, Private Investigation und Arbeitsrecht, S. 220.

Angebot von Telekommunikation für Dritte mit oder ohne Gewinnerzielungsabsicht“ definiert.

II. Arbeitgeber als Dienstanbieter: Abgrenzung BDSG – TKG

Ob der Arbeitgeber als Dienstanbieter i.S.d. TKG einzuordnen ist und damit die Normen des TKG auf die Datenerhebung im Rahmen der internen Ermittlungen Anwendung finden, hängt entscheidend von der innerbetrieblichen Regelung der privaten Nutzung der Telekommunikationsanlagen ab.

Da der Arbeitgeber Eigentümer der Betriebsmittel ist[567] und die private Nutzung für ihn eine Vielzahl von Risiken birgt, unter anderem wird die Arbeitszeit regelmäßig auch für private Zwecke genutzt, zudem können bei der Internetnutzung Viren und Trojaner ein Sicherheitsrisiko für den Betrieb darstellen, unterliegt das Ausmaß und die Art der Nutzung grundsätzlich seinem Direktionsrecht gemäß § 106 GewO.[568] Der Arbeitgeber kann somit über das „Ob“ und den Umfang der privaten Nutzung der Telekommunikationseinrichtungen frei disponieren.[569]

1. Dienstliche Nutzung

Im Falle der dienstlichen Nutzung der Telekommunikationsanlagen durch den Arbeitnehmer kommt – unabhängig von der Ausgestaltung der innerbetrieblichen Regelung der privaten Nutzung – das BDSG zur Anwendung. Der Arbeitgeber ist in diesem Falle nicht als Dienstanbieter i.S.d. § 3 Nr. 6 TKG einzuordnen.[570] In dieser Konstellation liegt weder ein Angebot des Arbeitgebers noch eine Annahme durch den Arbeitnehmer vor. Es fehlt an der „geschäftsmäßigen“ Erbringung der Telekommunikationsdienste, die gemäß § 3 Nr. 6 TKG für die Einordnung als Dienstanbieter Voraussetzung ist.[571] Der Arbeitnehmer

---

567 *Holzner*, ZRP 2011, 12.

568 *Salvenmoser/Schreier*, in: Handbuch Wirtschaftsstrafrecht, 15. Teil Rn. 114; so auch: *Oberwetter*, NZA 2008, 609, 610 f.; *Dickmann*, NZA 2003, 1009; *Weißnicht*, MMR 2003, 448; *Holzner*, ZRP 2011, 12, 13 lässt diese Argumente für ein Verbot aber nicht gelten.

569 *Hanau/Hoeren*, Private Internetnutzung durch Arbeitnehmer, S. 20.

570 *Mengel*, BB 2004, 2014, 2016; *Beckschulze/Henkel*, DB 2001, 1491, 1496; *Wolf/Mulert*, BB 2008, 442, 445; *Schuster*, ZIS 2010, 68, 72.

571 *Däubler*, Gläserne Belegschaften?, Rn. 337; im Ergebnis auch: *Löwisch*, DB 2009, 2782.

ist kein Dritter i.S.d. § 3 Nr. 10 TKG,[572] er nutzt vielmehr als Handlungsgehilfe des Arbeitgebers die diesem eigenen Kommunikationssysteme.[573]

Von einer dienstlichen Nutzung ist bei jedem Gebrauch der Kommunikationsmittel auszugehen, der zum überwiegenden Teil im Zusammenhang mit der vertraglichen Tätigkeit bzw. den Aufgaben des Mitarbeiters steht oder durch diese veranlasst ist.[574] Ein privater Gebrauch liegt hingegen vor, wenn kein derartiger Zusammenhang besteht.[575] Zu der dienstlichen Nutzung zählt zudem die dienstlich veranlasste private Nutzung: „Wenn der Arbeitnehmer aufgrund seiner vorgeschriebenen Anwesenheitszeiten im Betrieb seine Kommunikationspartner außerhalb seiner Arbeitszeit nicht oder nicht mehr mit der gebotenen zeitlichen Nähe zu einem für ihn bedeutsamen Anlass oder Ereignis erreichen kann."[576] Als Beispiel dafür wird die Vereinbarung eines Arzttermins oder die Mitteilung einer dienstlichen Verzögerung der Heimfahrt angeführt.[577]

2. *Verbotene private Nutzung*

a. Grundsatz

Weitgehende Einigkeit besteht darüber, dass der Arbeitgeber auch für den Fall der verbotenen privaten Nutzung nicht als Anbieter von Telekommunikationsdiensten zu qualifizieren ist.[578] Daran ändert sich grundsätzlich auch nichts, wenn der Arbeitnehmer das Verbot missachtet und private E-Mails

---

572 *Winter*, Vorstandorganisation und Compliance, S. 93; *de Wolf*, NZA 2010, 1206, 1208; *Wolf/Mulert*, BB 2008, 442, 445.

573 *Schmidt*, BB 2009, 1295, 1297.

574 *Bloesinger*, BB 2007, 2177; im Ergebnis auch: *Dickmann*, NZA 2003, 1009; *Ernst*, NZA 2002, 585, 588; *Weißnicht*, MMR 2003, 448; *Rath/Karner*, K&R 2007, 446, 449; *Hanau/Hoeren*, Private Internetnutzung durch Arbeitnehmer, S. 19.

575 *Bloesinger*, BB 2007, 2177; im Ergebnis auch: *Dickmann*, NZA 2003, 1009, 1010; *Hanau/Hoeren*, Private Internetnutzung durch Arbeitnehmer, S. 19; *Rath/Karner*, K&R 2007, 446, 449.

576 *Bloesinger*, BB 2007, 2177.

577 *Bloesinger*, BB 2007, 2177; *Ernst*, NZA 2002, 585, 588; *Weißnicht*, MMR 2003, 448; *Hanau/Hoeren*, Private Internetnutzung durch Arbeitnehmer, S. 20; *Rath/Karner*, K&R 2007, 446, 449.

578 So etwa: *Seffer/Schneider*, ITRB 2007, 264, 265; *Hoppe/Braun*, MMR 2010, 80; *Barton*, NZA 2006, 460, 462; *Mölter*, Überwachung und Informationsbeschaffung des Arbeitgebers, S. 76; *Kümpers*, Einsatz elektronischer Informations- und Kommunikationssysteme am Arbeitsplatz, S. 149; *Hanau/Hoeren*, Private Internetnutzung durch Arbeitnehmer, S. 45.

schreibt oder Anrufe tätigt.[579] Zur Begründung wird auf den § 3 Nr. 10 TKG verwiesen, der in der Zusammenschau mit § 3 Nr. 6 TKG für die Einordnung als Dienstanbieter voraussetzt, dass die Telekommunikationsdienste an einen Dritten erbracht werden. Der Arbeitnehmer ist aber, sofern er die Telekommunikationseinrichtungen nur dienstlich nutzt, kein Dritter. Arbeitgeber und Arbeitnehmer treffen im Falle der verbotenen privaten Nutzung gerade nicht als Anbieter und Kunde aufeinander. Der Arbeitnehmer ist vielmehr auf Grund des Arbeitsverhältnisses zur (dienstlichen) Nutzung der Telekommunikationseinrichtungen verpflichtet.[580] Nutzt er die Telekommunikationsanlagen darüber hinaus – vertragswidrig – auch privat, kann dies für den Arbeitgeber nicht zur Einordnung als Dienstanbieter führen.

Das TKG findet somit keine Anwendung. Der Datenschutz richtet sich im Falle der verbotenen privaten Nutzung daher grundsätzlich allein nach den Regelungen des BDSG.[581] Im Rahmen interner Untersuchungen findet damit auf entsprechende Kontrollen nicht das TKG, sondern vielmehr das BDSG Anwendung.

b. Duldung trotz Verbotes[582]

Fraglich ist allerdings, ob etwas anderes gilt, wenn trotz des Verbotes die Telekommunikationsanlagen tatsächlich auch zu privaten Zwecken genutzt werden und der Arbeitgeber dies duldet.

Teilweise wird vertreten, dass die Duldung der privaten Nutzung einer Erlaubnis gleichstehe und daher das TKG Anwendung finden müsse.[583]

Dabei wird allerdings verkannt, dass es sich bei der privaten Nutzung, die entgegen des arbeitsvertraglichen Verbotes erfolgt, grundsätzlich um eine (fortgesetzte) Vertragsverletzung[584] handelt. Nur wenn die Duldung der privaten

---

579 *Eisele*, ZIS 2012, 402, 403; *Kömpf/Kunz*, NZA 2007, 1341, 1345.

580 *Thüsing*, Arbeitnehmerdatenschutz und Compliance, Rn. 209 ff.; *Kümpers*, Einsatz elektronischer Informations- und Kommunikationssysteme am Arbeitsplatz, S. 149; *Weißnicht*, MMR 2003, 448, 450; *Däubler*, Internet und Arbeitsrecht, Rn. 235; *Mölter*, Überwachung und Informationsbeschaffung des Arbeitgebers, S. 76.

581 *Hassemer/Witzel*, ITRB 2006, 139, 141.

582 Ausführlich zur Duldung und betrieblichen Übung: *Thüsing*, Arbeitnehmerdatenschutz und Compliance, Rn. 212 ff.; *Kirsch*, Datenschutz in Unternehmen, S. 99 ff.

583 *Barton*, NZA 2006, 460, 461.

584 So auch: BAGE 115, 195; *Bloesinger*, BB 2007, 2177, 2182: „jede unerlaubte Privatnutzung als eine Verletzung von arbeitsvertraglichen Nebenpflichten anzusehen, … Erfolgt die unerlaubte Privatnutzung während der Arbeitszeit, liegt darüber

Nutzung durch den Arbeitgeber zu einer Vertragsänderung führen würde, könnte etwas anderes gelten. Dies ist aber zu verneinen. Allein aus der Duldung der vertragswidrigen privaten Nutzung an sich kann der Arbeitnehmer somit keinerlei Rechte ableiten.[585] Er kann redlicherweise auch nicht von einem entsprechenden Geschäftswillen des Arbeitgebers ausgehen.[586] Die Widerrechtlichkeit der privaten Nutzung der Telekommunikationsanlagen durch den Arbeitnehmer bleibt vielmehr – trotz der Duldung – bestehen.[587] Somit bleibt es im Falle der geduldeten vertragswidrigen privaten Nutzung bei der Anwendbarkeit des BDSG, da der Arbeitgeber allein auf Grund der Duldung nicht zum Anbieter von Telekommunikationsdiensten wird. Es fehlt an einem nachhaltigen Anbieten von Telekommunikation i.S.d. § 3 Nr. 10 TKG.[588]

c. Betriebliche Übung

Die Duldung der privaten Nutzung der Telekommunikationsanlagen könnte aber zu der Entstehung einer betrieblichen Übung führen, auf Grund derer der Arbeitnehmer zur privaten Nutzung berechtigt sein könnte. „Die betriebliche Übung ist ein gleichförmiges und wiederholtes Verhalten des Arbeitgebers, das geeignet ist, vertragliche Ansprüche auf eine Leistung zu begründen, wenn die Leistungsempfänger aus dem Verhalten des Arbeitgebers schließen dürfen, ihnen werde die Leistung auch künftig gewährt."[589]

---

hinaus eine Verletzung der Hauptleistungspflicht vor, ..."; *Hoppe*, Private Nutzung betrieblicher Informations- und Kommunikationsmittel, S. 69: „verbotene Eigenmacht".

585 *Thüsing*, Arbeitnehmerdatenschutz und Compliance, Rn. 212; im Ergebnis auch: ArbG Düsseldorf, Urt. v. 29.10.2007 – 3 Ca 1455/07, Tz. 40 (juris); ArbG Hannover, NZA-RR 2005, 420, 422: „Gebrauchsdiebstahl"; ebenso: *Hoppe*, Private Nutzung betrieblicher Informations- und Kommunikationsmittel, S. 57 f., der eine Konkretisierung des Arbeitsverhältnisses allein auf Grund der Duldung ablehnt; *v. Rosen*, Internal Investigations bei Compliance-Verstößen, S. 84; *Bloesinger*, BB 2007, 2177, 2178, der vom Vorliegen einer „Besitzstörung" ausgeht.

586 *Müller-Bonanni*, AnwBl 2010, 651, 654.

587 *Bloesinger*, BB 2007, 2177, 2178.

588 *Müller-Bonanni*, AnwBl 2010, 651, 654.

589 BAG, NZA 2012, 37, 41 Rn. 43.

aa. Anspruch aus betrieblicher Übung

Teilweise wird daher angenommen, dass dem Arbeitnehmer bei anhaltender Duldung[590] der privaten Nutzung auch ein entsprechender Anspruch zustünde.[591]

bb. Argumente gegen die Entstehung einer betrieblichen Übung

Dem wird jedoch entgegengehalten, dass insoweit der allgemeine Grundsatz Geltung beanspruche, wonach ein Schweigen im Rechtsverkehr ohne das Hinzutreten besonderer Umstände keinerlei rechtliche Folgen hat. Der bloßen Untätigkeit des Arbeitgebers könne daher gerade kein konkludenter Erklärungswert zukommen.[592]

Unabhängig davon muss beachtet werden, dass eine tatsächliche Duldung durch den Arbeitgeber nur besteht, wenn dieser überhaupt von der

---

590 Der zur Entstehung einer betrieblichen Übung erforderliche Zeitraum wird auf 6 bis 12 Monate bestimmt: *Dickmann*, NZA 2003, 1009, 1010; *Hanau/Hoeren*, Private Internetnutzung durch Arbeitnehmer, S. 22 Fn. 62; *Beckschulze/Henkel*, DB 2001, 1491, 1492; mind. 6 Monate: *Ernst*, NZA 2002, 585, 586; *Rath/Karner*, K&R 2007, 446, 449; *Gliss/Kramer*, Arbeitnehmerdatenschutz, S. 76; mind. ein Jahr: *Kramer*, NZA 2004, 457, 459; vgl. aber auch: *Schmidt*, BB 2009, 1295, 1297 und wohl auch *Koch*, NZA 2008, 911, 912 sehen in der daraus folgenden Rechtsunsicherheit Argument gegen Annahme einer betrieblichen Übung; so wohl auch: *Mengel*, BB 2004, 1445, 1447, die keine Möglichkeit der Bestimmung der „dritten Gewährung" sieht und allenfalls aus allgemeinen Grundsätzen des Vertrauensschutzes, „frühestens nach einigen Jahren" Anspruch bejaht.

591 *Barton*, NZA 2006, 460, 461; *Feldmann*, NZA 2008, 1398; *Gola*, Datenschutz am Arbeitsplatz, Rn. 246; *Kirsch*, Datenschutz in Unternehmen, S. 101; *v. Steinau-Steinrück/Glanz*, NJW-Spezial 2008, 402; *Rath/Karner*, K&R 2007, 446, 449; *Fleischmann*, NZA 2008, 1397; *Kreitner*, in: Personalbuch 2013, Internet-/Telefonnutzung, Rn. 4; *Scheben/Klos/Geschonneck*, CCZ 2012, 13, 16 Fn. 18: „bloße Duldung kann einer Erlaubnis gleichzustellen sein"; *Barton*, CR 2003, 839, 840; *Lindemann/Simon*, BB 2001, 1950, 1953: „kraft Betriebsüblichkeit"; **a.A.**: *Bloesinger*, BB 2007, 2177, 2180; *Thüsing*, Arbeitnehmerdatenschutz und Compliance, Rn. 215; *Koch*, NZA 2008, 911 ff.; *Mengel*, BB 2004, 2014, 2015; *Mengel*, BB 2004, 1445, 1446 f.; *Lelley*, Internet am Arbeitsplatz, Rn. 32; *Eisele*, Compliance und Datenschutzstrafrecht, S. 34 f.; *Beckschulze*, DB 2009, 2097; *Löwisch*, DB 2009, 2782, 2783; *Fülbier/Splittgerber*, NJW 2012, 1995, 1998; *Maschmann*, NZA 2008, 613, 614; *Schmidt*, BB 2009, 1295, 1297; *Riesenhuber*, in: Beck'OK Datenschutzrecht, § 32 BDSG Rn. 147; wohl auch: *Mölter*, Überwachung und Informationsbeschaffung des Arbeitgebers, S. 79.

592 *Hoppe*, Private Nutzung betrieblicher Informations- und Kommunikationsmittel, S. 62; *Beckschulze*, DB 2003, 2777, 2779; *Schumacher/Fausten*, in: Handbuch Internet.Arbeitsrecht, § 1 Rn. 13.

(vertragswidrigen) privaten Nutzung weiß. Dies wird aber regelmäßig nicht der Fall sein. Selbst wenn der Arbeitgeber von der privaten Nutzung wissen sollte, so ist ihm doch zumindest das Ausmaß der Nutzung nur selten bekannt. Dies wäre aber Voraussetzung für die Annahme eines schutzwürdigen Vertrauens des Arbeitnehmers.[593] Die Schwierigkeiten bei der Bestimmung des Anspruchsumfanges sprechen somit gegen die Entstehung einer betrieblichen Übung. Völlig unklar ist nämlich, wie der Anspruch des Arbeitnehmers auf private Nutzung der Telekommunikationseinrichtungen in zeitlicher und inhaltlicher Hinsicht ausgestaltet sein soll.[594] Von Seiten des Arbeitgebers liegt nämlich nur ein Vertrags(änderungs)angebot vor, wenn es den notwendigen Mindestinhalt des Vertrages enthält und der Arbeitnehmer auf das Angebot nur mit einem „Ja" zu antworten braucht. Dieser allgemeine vertragsrechtliche Grundsatz beansprucht auch bei der Entstehung einer betrieblichen Übung Geltung. Bei einer bloßen – wenn auch anhaltenden – Duldung der privaten Nutzung liegt ein entsprechend bestimmtes Angebot des Arbeitgebers allerdings nicht vor.[595]

Und selbst für den Fall, dass der Arbeitgeber über Art und Ausmaß der privaten Nutzung tatsächlich Kenntnis hat, kann nichts anderes gelten[596]. Bei der Annahme der Entstehung einer betrieblichen Übung auf Grund der Duldung wird nämlich außer Acht gelassen, dass eine ausdrückliche, entgegenstehende Regelung im Arbeitsvertrag enthalten ist, die den Willen des Arbeitgebers unmissverständlich zum Ausdruck bringt.[597] Hat der Arbeitgeber seine Vorstellungen

593 *Bloesinger*, BB 2007, 2177, 2180; *Fülbier/Splittgerber*, NJW 2012, 1995, 1998; im Ergebnis auch: *Beckschulze*, DB 2003, 2777, 2778 f.; *Beckschulze*, DB 2007, 1526; *Kramer*, NZA 2004, 457, 460 geht hingegen davon aus, dass „der Kenntnisumfang des Arbeitgebers die Grenze der Betriebsübung" bildet, der Arbeitnehmer also einen Anspruch auf private Nutzung habe, soweit der Arbeitgeber davon Kenntnis hat oder haben kann; auch *Kratz/Gubbels*, NZA 2009, 652 f. lassen dieses Argument nicht gelten.

594 *Hoppe*, Private Nutzung betrieblicher Informations- und Kommunikationsmittel, S. 67.

595 *Bloesinger*, BB 2007, 2177, 2179 f.; anders *Koch*, NZA 2008, 911 f., der die Möglichkeit eines Vertragsangebotes auch in der bloßen Duldung von arbeitnehmerseitigen Handlungen sieht, letztlich aber wegen einer anderenfalls (bei Annahme einer betrieblichen Übung wäre der Arbeitgeber an das TKG gebunden) bestehenden Verletzung des Fernmeldegeheimnisses zu dem Ergebnis kommt, dass der Arbeitnehmer nach Treu und Glauben nicht auf einen Duldungswillen des Arbeitgebers schließen darf.

596 **A.A.**: *Hanau/Hoeren*, Private Internetnutzung durch Arbeitnehmer, S. 26.

597 *Thüsing*, Arbeitnehmerdatenschutz und Compliance, Rn. 215; *Wybitul*, Handbuch Datenschutz im Unternehmen, Rn. 194; *Fülbier/Splittgerber*, NJW 2012, 1995, 1998.

hinsichtlich der privaten Nutzung ausdrücklich in einer Regelung zum Ausdruck gebracht, „bleibt kein Raum für eine … Betriebsübung."[598] Daher erweckt der Arbeitgeber nicht den Eindruck, dass das von ihm zunächst verbotene Verhalten nun doch erlaubt ist und er darüber hinaus dem Arbeitnehmer einen rechtlichen Anspruch auf das (vertragswidrige) Verhalten gewähren möchte.[599]

Darüber hinaus muss berücksichtigt werden, dass der Arbeitnehmer nicht schützwürdig ist, wenn er missbräuchlich die Telekommunikationsanlagen des Arbeitgebers privat nutzt. Es ist nicht einzusehen, warum er mit der Entstehung einer betrieblichen Übung auch noch „für die Zukunft belohnt werden soll, obwohl er gegen eindeutige arbeitsvertragliche Pflichten verstößt."[600]

Nicht zuletzt handelt es sich bei der Duldung der privaten Nutzung der Telekommunikationseinrichtungen um eine bloße Annehmlichkeit, bei der das BAG die Bindung des Arbeitgebers aus betrieblicher Übung grundsätzlich verneint.[601] Denn die Rechtsfigur der betrieblichen Übung wurde im Hinblick auf Konstellationen geschaffen, „in denen aktiv finanzielle Leistungen wie Altersversorgung oder Gratifikationen gewährt werden."[602] Eine Übertragung auf die hier vorliegende Konstellation muss daher ausscheiden, da es gerade nicht um eine finanzielle Leistung des Arbeitgebers, sondern vielmehr nur um die Duldung einer Handlung des Arbeitnehmers geht.[603] Dagegen wird jedoch eingewandt,

---

598 *Hoppe*, Private Nutzung betrieblicher Informations- und Kommunikationsmittel, S. 70; so auch: *Hegewald*, in: Münchener Anwaltshandbuch IT-Recht, Teil 8 Rn. 62; *Thüsing*, Arbeitnehmerdatenschutz und Compliance, Rn. 215; *Fülbier/Splittgerber*, NJW 2012, 1995, 1998; *Beckschulze*, DB 2003, 2777, 2778, der auch für den Fall, dass keine arbeitsrechtlichen Konsequenzen gezogen werden, weitere Umstände zur Begründung einer betrieblichen Übung fordert; *Beckschulze*, DB 2007, 1526, 1527; **a.A.**: *Rath/Karner*, K&R 2007, 446, 449, die die Kontrolle der Einhaltung des Nutzungsverbotes bzw. der Regelung generell für notwendig halten; ausdrücklich anders: *Beckschulze*, DB 2003, 2777, 2778: „Der Arbeitgeber kann nicht verpflichtet werden, die Einhaltung dieses Verbots ständig zu überwachen".

599 *Wybitul*, Handbuch Datenschutz im Unternehmen, Rn. 194; *Kort*, in: Bitburger Gespräche, S. 45, 55: „kein Vertrauen in die Beibehaltung dieser Praxis".

600 *Mölter*, Überwachung und Informationsbeschaffung des Arbeitgebers, S. 79.

601 Vgl. z.B.: BAG, NZA 1998, 423, 424; *Thüsing*, Arbeitnehmerdatenschutz und Compliance, Rn. 217.

602 *Schmidt*, BB 2009, 1295, 1297, der zwar die betriebliche Übung in der Konstellation der nicht geregelten privaten Internetnutzung bespricht, das Argument greift aber ebenso im Falle der verbotenen privaten Nutzung.

603 *Schmidt*, BB 2009, 1295, 1297; *Mengel*, BB 2004, 1445, 1446 f.; *Hoppe*, Private Nutzung betrieblicher Informations- und Kommunikationsmittel, S. 65; **a.A.**: *Fleischmann*, NZA 2008, 1397; *Kort*, in: Bitburger Gespräche, S. 45, 54 f.

dass dem Arbeitnehmer die Kosten der Nutzung ansonsten für seinen Privatanschluss anfielen, letztlich also doch ein geldwerter Vorteil bestehe.[604] Dabei wird allerdings verkannt, dass der Arbeitgeber eine private Nutzung allenfalls für den Zeitraum gestatten kann, in dem sich der Arbeitnehmer im Betrieb aufhält. In aller Regel werden Arbeitnehmer daher auch im Falle der gestatteten privaten Nutzung einen Privatanschluss haben. In Zeiten der flatrate fallen die Kosten dabei unabhängig von der tatsächlichen Dauer und dem Umfang der Nutzung an.

cc. Ergebnis

Abschließend ist somit festzustellen, dass hinsichtlich der geduldeten, aber vertragswidrigen privaten Nutzung der Telekommunikationseinrichtungen kein Anspruch auf die private Nutzung auf Grund einer entsprechenden betrieblichen Übung entsteht. Der Arbeitnehmer ist somit trotz der Duldung nicht berechtigt die Telekommunikationsanlagen für private Zwecke zu nutzen. Es bleibt damit bei der Anwendbarkeit des BDSG. Das TKG findet somit – trotz der Duldung der privaten Nutzung – keine Anwendung.[605]

Möchte der Arbeitgeber die Zulässigkeit der privaten Nutzung allerdings sicher ausschließen und der Gefahr entgehen, als Anbieter von Telekommunikationsdiensten eingeordnet zu werden – wovon auszugehen ist, da er keinerlei Vorteile davon hätte –, so ist ihm aus Gründen der Rechtssicherheit zu empfehlen, die private Nutzung des Internets nicht nur ausdrücklich zu untersagen,[606] sondern darüber hinaus die Einhaltung des Verbotes in Abständen stichprobenartig zu kontrollieren[607] (§ 28 Abs. 1 S. 1 Nr. 2 BDSG), Verstöße zu sanktionieren und diese keinesfalls zu dulden.[608] Denn in der Praxis ist bis zur abschließenden Klärung durch die höchstrichterliche Rechtsprechung mit der Geltendmachung von Ansprüchen aus betrieblicher Übung zu rechnen.[609]

d. Ergebnis für den Fall der verbotenen privaten Nutzung

Bei der verbotenen privaten Nutzung der Telekommunikationseinrichtungen durch den Arbeitnehmer ist der Arbeitgeber nach der hier vertretenen

---

604 *Kirsch*, Datenschutz in Unternehmen, S. 100; *Winter*, Vorstandorganisation und Compliance, S. 94.

605 *Thüsing*, Arbeitnehmerdatenschutz und Compliance, Rn. 219.

606 *Vietmeyer/Byers*, MMR 2010, 807, 808.

607 *Gola*, Datenschutz am Arbeitsplatz, Rn. 248.

608 So letztlich *Möller*, ITRB 2005, 142, 143; *Gola*, Datenschutz am Arbeitsplatz, Rn. 248.

609 *Mengel*, BB 2004, 2014, 2015; zu den Möglichkeiten die Entstehung einer betrieblichen Übung zu verhindern: *Kirsch*, Datenschutz in Unternehmen, S. 103 ff.

Auffassung kein Dienstanbieter i.S.d. TKG. Im Rahmen der unternehmensinternen Untersuchungen finden somit nicht die spezielleren Vorschriften des TKG, sondern vielmehr die Regelungen des BDSG Anwendung.

3. *Gestattete private Nutzung*[610]

Fraglich ist, ob der Arbeitgeber im Falle der gestatteten privaten Nutzung hingegen als Anbieter von Telekommunikationsdiensten zu qualifizieren und als solcher an die Vorschriften des TKG gebunden ist.

Die Gestattung der privaten Nutzung der Telekommunikationseinrichtungen kann entweder ausdrücklich in betrieblichen Einheitsregelungen, Betriebsvereinbarungen[611] oder im Arbeitsvertrag selbst erfolgen.[612] Daneben kommt aber auch eine konkludente Gestattung, etwa durch die Aufstellung eines PCs mit Internetzugang im Aufenthaltsraum oder die unkommentierte Vergabe einer dienstlichen und einer privaten E-Mail-Adresse, in Betracht.[613]

a. Rechtsprechung

Innerhalb der Rechtsprechung ist hinsichtlich der Frage der Einordnung des Arbeitgebers als Dienstanbieter i.S.d. TKG bisher keine klare Linie erkennbar. Höchstrichterliche Rechtsprechung existiert nicht. Das ArbG Hannover hat den Arbeitgeber im Falle der erlaubten privaten Internetnutzung als Anbieter qualifiziert.[614] Das LAG Niedersachen hat sich hingegen gegen die Anwendbarkeit des TKG auf den Arbeitgeber ausgesprochen[615] – ebenso das LAG Berlin-Brandenburg mit einem pauschalen Verweis auf die (angeblich[616]) herrschende

---

610 Ausführlich zur Frage der Anwendbarkeit des TKG: *Thüsing*, Arbeitnehmerdatenschutz und Compliance, Rn. 220 ff.; *Schuster*, CR 2014, 21 ff.

611 Dazu: *Lindemann/Simon*, BB 2001, 1950, 1954 ff.

612 *Mengel*, BB 2004, 1445, 1446; auch: *Gercke*, in: Gercke/Kraft/Richter, Arbeitsstrafrecht, Kap. 2 Rn. 1145; *Kramer*, NZA 2004, 457, 458; *Dickmann*, NZA 2003, 1009, 1010; *Ernst*, NZA 2002, 585; *Hanau/Hoeren*, Private Internetnutzung durch Arbeitnehmer, S. 21; *Beckschulze*, DB 2003, 2777; *Lindemann/Simon*, BB 2001, 1950, 1953.

613 *Hoppe*, Private Nutzung betrieblicher Informations- und Kommunikationsmittel, S. 57.

614 ArbG Hannover, NZA-RR 2005, 420, 421.

615 LAG Niedersachsen, NZA-RR 2010, 406, 408 (Konstellation: keine ausdrückliche Regelung aber Duldung).

616 *Wybitul*, ZD 2011, 69, 73: „eine detailliertere Begründung (wäre) zweckmäßig gewesen".

Auffassung.[617] Auch das VG Karlsruhe lehnt die Einordnung des Arbeitgebers als Dienstanbieter ab.[618]

b. Die bisher h.M.: Argumente für die Anwendbarkeit des TKG

Die (wohl noch[619]) herrschende Meinung ordnet den Arbeitgeber, der die private Nutzung gestattet, als Anbieter von Telekommunikationsdiensten ein.[620] Der Arbeitgeber befinde sich im Falle der erlaubten privaten Nutzung der Telekommunikationseinrichtungen in einer „Doppelrolle": Zum einen sei er Arbeitgeber des Mitarbeiters, zum anderen (im Falle der privaten Nutzung) dessen Anbieter von Telekommunikationsdiensten.[621]

---

617 LAG Berlin-Brandenburg, BB 2011, 2298, 2300; zustimmend: *Fülbier/Splittgerber*, NJW 2012, 1995, 1996; *Mückenberger/Müller*, BB 2011, 2302 merken an: „Die bislang wohl vorherrschend vertretene, ... Auffassung ... ist mit dieser Entscheidung obsolet"; **a.A.**: *Jandt*, K&R 2011, 631 f.; ausdrücklich offen gelassen hat diese Frage VGH Kassel, NJW 2009, 2470, 2471; ebenso die Vorinstanz: VG Frankfurt a.M., WM 2009, 948, 950.

618 VG Karlsruhe, Urt. v. 27.5.2013 – 2 K 3249/2, Tz. 65 (juris).

619 So bspw.: *Wybitul*, Handbuch Datenschutz im Unternehmen, Rn. 195; *Wybitul*, BB 2011, 2241; *Wybitul*, ZD 2011, 69, 71; *Kort*, DB 2011, 2092; *Bissels/Lützeler*, BB 2012, 189, 191; *Deiters*, ZD 2012, 109, 110; vgl. aber auch *Rübenstahl/Debus*, NZWiSt 2012, 129, 132, die davon ausgehen, dass diese Ansicht nicht mehr maßgeblich sei.

620 ArbG Hannover, NZA-RR 2005, 420, 421; *Schuster*, in: Internal Investigations, Kap. 11 Rn. 133; *de Wolf*, NZA 2010, 1206, 1208; *Pohle*, in: Deutsch-Amerikanische Korruptionsverfahren, § 9 Rn. 48; *Salvenmoser/Schreier*, in: Handbuch Wirtschaftsstrafrecht, 15. Teil Rn. 118; *Fischer*, ZD 2012, 265 ff.; *Kreitner*, in: Personalbuch 2013, Internet-/Telefonnutzung, Rn. 7; *Mölter*, Überwachung und Informationsbeschaffung des Arbeitgebers, S. 83; *Hoppe/Braun*, MMR 2010, 80, 81; *Däubler*, Internet und Arbeitsrecht, Rn. 236; *Däubler*, Gläserne Belegschaften?, Rn. 338; *Polenz*, in: Computerrechts-Handbuch, Telekommunikation und Telemedien, Teil 13, Kap. 7 Rn. 25; *Kirsch*, Datenschutz in Unternehmen, S. 109; *Winter*, Vorstandorganisation und Compliance, S. 94; *Panzer-Heemeier*, DuD 2012, 48, 50; *Schmidt*, BB 2009, 1295, 1297; *Schmidl*, in: Corporate Compliance, § 29 Rn. 262; *Linck*, in: Schaub, Arbeitsrechtshandbuch, § 53 Rn. 20/21; *Gola*, Datenschutz am Arbeitsplatz, Rn. 152; *Hoppe*, Private Nutzung betrieblicher Informations- und Kommunikationsmittel, S. 132; *Tiedemann*, MMR 2010, 641; *Tiedemann*, ZD 2011, 45, 46; *Hanau/Hoeren*, Private Internetnutzung durch Arbeitnehmer, S. 42; *Vietmeyer/Byers*, MMR 2010, 807, 808 gehen zwar von der derzeitigen Anwendbarkeit des TKG aus, sprechen sich aber gleichzeitig dafür aus, dass der Gesetzgeber von der Anwendbarkeit des TKG im Arbeitsverhältnis absehen sollte, S. 810.

621 *Koch*, NZA 2008, 911, 912.

Zur Begründung dieser Ansicht berufen sich die Vertreter auf unterschiedliche Argumente.

aa. Wortlaut

Die herrschende Meinung beruft sich auf den Wortlaut der § 88 Abs. 2, § 3 Nr. 6, 10 TKG. Gestattet der Arbeitgeber die private Nutzung der Telekommunikationseinrichtungen, so richte er ein Angebot an die Öffentlichkeit. Die Arbeitnehmer seien daher als Dritte i.S.d. § 3 Nr. 10 TKG zu qualifizieren.[622] Dass der Arbeitgeber regelmäßig kein Entgelt für die private Nutzung verlangt, spreche nicht gegen seine Einordnung als Anbieter, da es auf eine Gewinnerzielungsabsicht gerade nicht ankommt, § 3 Nr. 10 TKG.[623]

Gegen dieses Argument wird jedoch eingewandt, dass § 3 Nr. 10 TKG von einem „nachhaltige(n) Angebot von Telekommunikation" spricht. Davon sei auszugehen, wenn das Angebot auf eine gewisse Dauer angelegt und nicht auf den Einzelfall begrenzt ist[624]. Ist es dem Arbeitnehmer also nur in Ausnahmefällen (gelegentliche Nutzung[625]) gestattet, das Internet auch für private Zwecke zu nutzen, so könne von keinem nachhaltigen Angebot von Seiten des Arbeitgebers ausgegangen werden.[626]

Der Regelfall wird allerdings sein, dass der Arbeitnehmer vor allem das Internet nicht nur in Ausnahmefällen nutzen darf, sondern – wenn auch zeitlich begrenzt – grundsätzlich zur (angemessenen) privaten Nutzung berechtigt ist. Das Argument der Gegenauffassung greift in der Praxis also nur selten durch.

---

622 *Kreitner*, in: Personalbuch 2013, Internet-/Telefonnutzung, Rn. 7; *Nolte/Becker*, BB Special 5/2008, 23, 24; im Ergebnis auch: *Schmidt*, BB 2009, 1295, 1297; *Tiedemann*, ZD 2011, 45, 46; *Mengel*, BB 2004, 2014, 2017; Däubler, Internet und Arbeitsrecht, Rn. 236; *Sassenberg/Lammer*, DuD 2008, 461, 462; Kömpf/*Kunz*, NZA 2007, 1341, 1345: „Anbieter-Nutzer-Verhältnis"; *Kratz/Gubbels*, NZA 2009, 652, 654: „Vertragsverhältnis als „Service-Provider"; **a.A.**: *Schimmelpfennig/Wenning*, DB 2006, 2290, 2294.

623 *Schmidt*, BB 2009, 1295, 1297; *Mölter*, Überwachung und Informationsbeschaffung des Arbeitgebers, S. 83; im Ergebnis auch: *Polenz*, in: Computerrechts-Handbuch, Telekommunikation und Telemedien, Teil 13, Kap. 7 Rn. 25; *Hanau/Hoeren*, Private Internetnutzung durch Arbeitnehmer, S. 42; vgl. auch: BT-Drs. 13/3609, S. 53.

624 *Linck*, in: Schaub, Arbeitsrechtshandbuch, § 53 Rn. 20/21.

625 *Seffer/Schneider*, ITRB 2007, 264, 266.

626 *Schimmelpfennig/Wenning*, DB 2006, 2290, 2292; *Seffer/Schneider*, ITRB 2007, 264, 266.

bb. Arbeitnehmer als Dritter

Für die Anwendbarkeit des TKG ist es erforderlich, dass der Arbeitnehmer als Dritter i.S.d. § 3 Nr. 10 TKG qualifiziert werden kann. Die herrschende Meinung argumentiert, dass der Arbeitgeber dem Arbeitnehmer im Falle der gestatteten privaten Nutzung der Telekommunikationseinrichtungen wie ein externer Anbieter gegenüber trete, sodass der Arbeitnehmer Dritter i.S.d. § 3 Nr. 10 TKG sei.[627] Es liege die typische Situation eines Angebotes vor, in der der Arbeitnehmer dieses entweder annehmen oder ablehnen könne.[628] Die logische Konsequenz sei, dass der Arbeitgeber die gesetzlichen Regeln des Marktes, also auch die Vorschriften des TKG, berücksichtigen müsse.[629]

Dagegen wird allerdings eingewandt, dass der Arbeitgeber kein Interesse daran habe, dass der Arbeitnehmer die Telekommunikationsanlagen privat nutzt. Zudem erfolge die Inanspruchnahme (des Internets) meist unentgeltlich und sei daher grundsätzlich nicht mit den „Funktionsprinzipien des Marktes“ vereinbar. Dieses Argument verliere zwar im Hinblick auf § 3 Nr. 10 TKG, der für die geschäftsmäßige Erbringung keine Entgeltlichkeit fordert, an Gewicht. Dennoch könne die Einordnung des Arbeitnehmers als Dritter nicht überzeugen, da sich zumindest feststellen ließe, dass der Wortlaut hinsichtlich der Qualifizierung als Dritter nicht eindeutig ist.[630]

Gegen das Argument der herrschenden Meinung spreche aber zumindest der Wortsinn des „Dritten“.[631] Das TKG selbst enthält keine Definition für den Begriff, sodass auf das BDSG ergänzend zugegriffen werden könne, das eine entsprechende Begriffsbestimmung enthält.[632] „Dritter“ i.S.d. BDSG ist gemäß § 3 Abs. 8 S. 2 BDSG „jede Person oder Stelle außerhalb der verantwortlichen Stelle.“ Da der Arbeitnehmer aber gerade keine unternehmensfremde Person ist,

---

627 Im Ergebnis: *Gola*, MMR 1999, 322, 324: „Mitarbeiter dann nicht mehr als Teil des Unternehmens“; *Altenburg/v. Reinersdorff/Leister*, MMR 2005, 135, 136; *Kratz/Gubbels*, NZA 2009, 652, 654; *Mengel*, BB 2004, 2014, 2017; *Gola*, MMR 1999, 322, 324; *Vietmeyer/Byers*, MMR 2010, 807, 808; *Salvenmoser/Schreier*, in: Handbuch Wirtschaftsstrafrecht, 15. Teil Rn. 126: „außerhalb des dienstlichen Weisungsbereichs“.

628 *Däubler*, Gläserne Belegschaften?, Rn. 338; im Ergebnis auch: *Gola*, Datenschutz am Arbeitsplatz, Rn. 152.

629 Diese Konsequenz zieht zumindest *Thüsing*, Arbeitnehmerdatenschutz und Compliance, Rn. 231.

630 *Thüsing*, Arbeitnehmerdatenschutz und Compliance, Rn. 231.

631 *Thüsing*, Arbeitnehmerdatenschutz und Compliance, Rn. 231, der zur Bestimmung auf den Sphärengedanken des § 123 Abs. 2 BGB zurückgreifen will.

632 *Wybitul*, ZD 2011, 69, 71.

könne er auch nicht als Dritter i.S.d. § 3 Nr. 10 TKG eingeordnet werden.[633] Der Wortsinn spreche daher schon gegen die Anwendbarkeit des TKG.

cc. Gesetzgebungsgeschichte

Als Argument für die Anwendbarkeit des TKG verweist die herrschende Meinung auch auf die Gesetzgebungsgeschichte des TKG. Nach der Regierungsbegründung zu § 82 Abs. 2 TKG a.F. (entspricht mit kleinen Änderungen dem § 88 Abs. 2 TKG) unterliegen bspw. Nebenstellenanlagen in Hotels, Krankenhäusern, Betrieben und Behörden sowie Corporate Networks[634] dem Fernmeldegeheimnis. Der Gesetzgeber habe damit deutlich machen wollen, dass auch das Verhältnis zwischen Arbeitgeber und Arbeitnehmer in den Anwendungsbereich des TKG fallen kann.[635] Allein die Tatsache, dass der Arbeitnehmer nicht ausdrücklich als Betroffener benannt wurde, „reicht nicht, um die herrschende Meinung auszuhebeln."[636]

Gegen dieses Argument wird allerdings eingewandt, dass die Aufzählung in erster Linie der Abgrenzung der geschäftsmäßigen von der gewerblichen Leistung von Telekommunikationsdiensten diene.[637]Auch das Verständnis des Begriffes „Nebenstelle" spreche gegen die herrschende Meinung, da die aufgezählten Anlagen (Hotel, Krankenhaus) typischerweise nicht von Angestellten, sondern von Gästen bzw. Patienten genutzt werden. Die Mitarbeiter nutzen die Geräte in ihren Büros, bei denen nicht von einer „Nebenstelle" gesprochen werden könne.[638]

---

633 *Wybitul*, Handbuch Datenschutz im Unternehmen, Rn. 196; *Wybitul*, BB 2011, 2241; *Wybitul*, ZD 2011, 69, 71 f.; im Ergebnis aus: *Deiters*, ZD 2012, 109, 110; *Scheben/ Klos/Geschonneck*, CCZ 2012, 13, 16; *Rübenstahl/Debus*, NZWiSt 2012, 129, 133; **a.A.**: *Fischer*, ZD 2012, 265, 266.

634 BT-Drs. 13/3609, S. 53; *Kümpers*, Einsatz elektronischer Informations- und Kommunikationssysteme am Arbeitsplatz, S. 158: Corporate Networks = geschlossene Benutzergruppen.

635 Im Ergebnis: *Hoppe*, Private Nutzung betrieblicher Informations- und Kommunikationsmittel, S. 132 spricht insoweit von dem „eindeutigen gesetzgeberischen Willen[s]"; so auch: *Panzer-Heemeier*, DuD 2012, 48, 50; **a.A.**: *Scheben/Klos*, CCZ 2013, 88, 90.

636 *de Wolf*, NZA 2010, 1206, 1208.

637 *Thüsing*, Arbeitnehmerdatenschutz und Compliance, Rn. 233; *Schimmelpfennig/ Wenning*, DB 2006, 2290, 2293; *Löwisch*, DB 2009, 2782 f. verweist darauf, dass der Wille des Gesetzgebers als Auslegungsmaßstab unter dem Vorbehalt stünde, dass dieser alle Konsequenzen bedacht hat. „Davon kann keine Rede sein.".

638 *Thüsing*, Arbeitnehmerdatenschutz und Compliance, Rn. 234.

Dabei wird allerdings verkannt, dass die Aufzählung mit dem Zusatz „soweit sie den Beschäftigten zur privaten Nutzung zur Verfügung gestellt sind" erfolgt.[639] Das von der herrschenden Meinung angeführte Argument kann also zumindest nicht unter Verweis auf den Begriff der Nebenstelle abgelehnt werden.

dd. Zweck des TKG

Die herrschende Meinung sieht zudem den Zweck des TKG auf ihrer Seite. Er gebiete es, das TKG auf den Arbeitgeber anzuwenden, da dieser an der Erbringung der Telekommunikationsdienste mitwirke.[640] Gestattet der Arbeitgeber die private Nutzung der Telekommunikationsanlagen, so würden private Telekommunikationsdaten in seinen Machtbereich gelangen. Damit müsse der Arbeitgeber aber auch deren Schutz nach den Vorgaben des TKG gewährleisten.[641]

ee. Beschluss des OLG Karlsruhe vom 10.1.2005

Teilweise verweist die herrschende Meinung zur Begründung ihrer Ansicht zusätzlich auf den Beschluss des OLG Karlsruhe[642] vom 10.1.2005.[643] Dieses entschied im Falle einer Universität, die die von dem Postfach eines wissenschaftlichen Mitarbeiters ausgehenden E-Mails unterbunden hatte, dass die Strafverfolgung nicht daran scheitere, dass die Universität kein Unternehmen i.S.d. § 206 StGB sei.[644] Zum Teil wird daraus geschlossen, dass die Universität (als Arbeitgeber) auch als Anbieter von Telekommunikationsdienstleistungen i.S.d. TKG gelte.[645]

Dieses Argument kann jedoch nicht überzeugen, da es in dem vom OLG Karlsruhe zu entscheidenden Fall gar nicht um die Anwendbarkeit des TKG auf den Arbeitgeber geht.[646] Vielmehr ist das OLG Karlsruhe nur der Auffassung, dass im Falle eines öffentlich-rechtlichen Arbeitgebers, der auch

---

639 BT-Drs. 13/3609, S. 53; daraus zieht *Däubler*, Gläserne Belegschaften?, Rn. 339 ein Argument für die herrschende Meinung; so auch: *Mölter*, Überwachung und Informationsbeschaffung des Arbeitgebers, S. 84; *Pohle*, in: Deutsch-Amerikanische Korruptionsverfahren, § 9 Rn. 48.

640 *Büttgen*, in: Scheurle/Mayen, TKG, § 91 Rn. 15; *Däubler*, Gläserne Belegschaften?, Rn. 338; *Mengel*, BB 2004, 2014, 2017.

641 *Schmidt*, BB 2009, 1295, 1297.

642 OLG Karlsruhe, MMR 2005, 178 ff.

643 *Preuß*, ZD 2012, 543.

644 OLG Karlsruhe, MMR 2005, 178, 179.

645 Vgl.: *Hassemer/Witzel*, ITRB 2006, 139, 140.

646 *de Wolf*, NZA 2010, 1206, 1208; *Wybitul*, ZD 2011, 69, 72; *Rübenstahl/Debus*, NZWiSt 2012, 129, 133; *Scheben/Klos*, CCZ 2013, 88, 89.

Außenstehenden (privaten) Zugang zu seinen Telekommunikationsanlagen gewährt, dieser als Dienstanbieter einzuordnen ist.[647] Dies ist mit der Überlassung zu privaten Zwecken (nur) der Mitarbeiter jedoch nicht identisch. Den Beschluss für die herrschende Meinung heranzuziehen ist daher „schlichtweg falsch".[648]

Vielmehr beruft sich die Gegenansicht selbst zur Begründung ihrer Auffassung auf den Beschluss des OLG Karlsruhe. Aus der Entscheidung könne abgeleitet werden, dass die Gestattung der privaten Nutzung für Mitarbeiter allein nicht für die Einordnung als Dienstanbieter i.S.d. TKG genüge.[649]

c. Argumente gegen die Anwendbarkeit des TKG

Die Gegenansicht, die sich zunehmend mehr Anhänger erfreut, lehnt die Anwendbarkeit der TKG auf den Arbeitgeber ab.[650]

aa. Wortlaut – üblicherweise gegen Entgelt erbracht

Auch die Gegenansicht stützt sich auf ein Wortlaut-Argument. Gegen die Anwendbarkeit des TKG auf den Arbeitgeber spreche, dass gemäß § 3 Nr. 24 TKG „„Telekommunikationsdienste" in der Regel gegen Entgelt erbrachte Dienste,…" sind. Der Arbeitgeber aber stellt seinen Angestellten die private Internetnutzung

---

647 OLG Karlsruhe, MMR 2005, 178, 180.

648 *Thüsing*, Arbeitnehmerdatenschutz und Compliance, Rn. 224; so auch: *Mölter*, Überwachung und Informationsbeschaffung des Arbeitgebers, S. 79 f.; *Rübenstahl/Debus*, NZWiSt 2012, 129, 133; *Barton*, jurisPR-StrafR 14/2012 Anm. 1.

649 *Rübenstahl/Debus*, NZWiSt 2012, 129, 133.

650 LAG Berlin-Brandenburg, BB 2011, 2298, 2300; LAG Niedersachsen, NZA-RR 2010, 406, 408; *Schuster*, CR 2014, 21; Scheben/*Klos*, CCZ 2013, 88, 90; *Thüsing*, Arbeitnehmerdatenschutz und Compliance, Rn. 226; *Barton*, jurisPR-StrafR 14/2012 Anm. 1; *Fülbier/Splittgerber*, NJW 2012, 1995, 1999; *Rübenstahl/Debus*, NZWiSt 2012, 129, 132 f.; *Deiters*, ZD 2012, 109, 110; *Haußmann/Krets*, NZA 2005, 259, 260; *Löwisch*, DB 2009, 2782 f.; *Wybitul*, BB 2011, 2241; *Schimmelpfennig/Wenning*, DB 2006, 2290, 2292 ff.; *Eisele*, Compliance und Datenschutzstrafrecht, S. 32; *Herrmann/Soiné*, NJW 2011, 2922, 2927; *Lelley*, Compliance im Arbeitsrecht, Rn. 428; *Seffer/Schneider*, ITRB 2007, 264, 265 f.; *Bissels/Lützeler*, BB 2012, 189, 191; *Kort*, DB 2011, 2092; *Kort*, in: Bitburger Gespräche, S. 45, 76; *Kort*, DB 2011, 651, 654; *Barton*, CR 2003, 839, 843; *Grobys*, BB 2003, 682, 683; vgl. auch: *Vietmeyer/Beyers*, MMR 2010, 807, 810, wonach der Gesetzgeber von der Anwendbarkeit des TKG im Arbeitsverhältnis absehen sollte; Antrag der SPD-Fraktion, BT-Drs. 17/7176, S. 4.

regelmäßig kostenlos zur Verfügung. Somit spreche der Wortlaut des § 88 Abs. 2 S. 1 i.V.m. § 3 Nr. 6, 24 TKG gegen die Anwendbarkeit.[651]

Gegen dieses Argument wendet *de Wolf* ein, dass es im Internet eine Vielzahl von Geschäftsangeboten gebe, die nicht gegen Entgelt erbracht werden, dennoch aber geschäftlicher Art seien, da sie sich bspw. durch Werbeeinnahmen tragen. Als weiteres Beispiel nennt er Cafés, die ihren Gästen eine kostenlose WLAN-Verbindung anbieten. Die Formulierung des Gesetzgebers („in der Regel“) sei daher im Hinblick auf die Vielzahl unterschiedlicher Konstellationen gewählt worden[652] und biete eine flexible Handhabung. Sei aber der Cafébetreiber an das TKG gebunden, so sei kein Grund ersichtlich, den Arbeitgeber nicht in den Anwendungsbereich fallen zu lassen.[653] Außerdem setze § 3 Nr. 10 TKG nur die Nachhaltigkeit voraus, nicht aber eine Gewinnerzielungsabsicht. Somit sei auch bei einer kostenlosen Nutzung des Internets das TKG anwendbar.[654]

Teilweise wird grundsätzlich bemängelt, dass der Wortlaut des Gesetzes in sich schlicht widersprüchlich sei.[655] § 88 TKG setzt eine geschäftsmäßige Telekommunikationsdienstleistung voraus. Gemäß § 3 Nr. 10 TKG ist für die Geschäftsmäßigkeit eine Gewinnerzielungsabsicht aber unerheblich. Ein „Telekommunikationsdienst“ hingegen soll in der Regel ein gegen Entgelt erbrachter Dienst sein, § 3 Nr. 24 TKG. Welche der Normen den Vorrang hat, erklärt das Gesetz jedoch nicht. Sieht man nun den Arbeitgeber, der zumindest die private Nutzung des Internets regelmäßig unentgeltlich zulässt, stets als Anbieter von Telekommunikationsdiensten an, so werde der § 3 Nr. 24 TKG „überdehnt“[656]. Denn der dort normierte Grundsatz der entgeltlichen Erbringung der Telekommunikationsdienste würde in sein Gegenteil verkehrt.[657] Der Ausnahmefall würde zur Regel.[658]

---

651 *Scheben/Klos/Geschonneck*, CCZ 2012, 13, 16; *Scheben/Klos*, CCZ 2013, 88, 90; *Wybitul*, Handbuch Datenschutz im Unternehmen, Rn. 196; *Wybitul*, BB 2011, 2241; *Löwisch*, DB 2009, 2782.

652 Vgl.: BT-Drs. 13/3609, S. 53.

653 *de Wolf*, NZA 2010, 1206, 1208; vgl. auch: *Fischer*, ZD 2012, 265, 266 f.

654 *Koch*, NZA 2008, 911, 913; *Ernst*, NZA 2002, 585, 587.

655 *Thüsing*, Arbeitnehmerdatenschutz und Compliance, Rn. 228; etwas zurückhaltender *Haußmann/Krets*, NZA 2005, 259, 260, die den Wortlaut für nicht hilfreich halten.

656 *Thüsing*, Arbeitnehmerdatenschutz und Compliance, Rn. 229; im Ergebnis auch: *Wybitul*, Handbuch Datenschutz im Unternehmen, Rn. 196.

657 *Thüsing*, Arbeitnehmerdatenschutz und Compliance, Rn. 229; *Schimmelpfennig/Wenning*, DB 2006, 2290, 2292 f.; **a.A.**: *Mölter*, Überwachung und Informationsbeschaffung des Arbeitgebers, S. 83.

658 *Schimmelpfennig/Wenning*, DB 2006, 2290, 2293.

Man muss jedoch bedenken, dass das TKG nicht speziell auf das Beschäftigungsverhältnis abgestimmt ist. Die Umkehr des Regel-Ausnahme-Verhältnisses ist also nicht allgemein, sondern lediglich im Bereich des Arbeitsrechts festzustellen.

bb. Rechtsfolgen der Anwendbarkeit
Ein Argument gegen die Anwendbarkeit des TKG wird auch in den damit verbundenen Rechtsfolgen gesehen.

(I) Strafbarkeitsrisiko nach § 206 StGB
Beachtung finden müsse das aus der Anwendbarkeit des TKG folgende Strafbarkeitsrisiko des Arbeitgebers nach § 206 StGB im Falle der Verletzung des Fernmeldegeheimnisses. Eine Bestrafung sei hinsichtlich des strafrechtlichen Bestimmtheitsgrundsatzes aus Art. 103 Abs. 2 GG problematisch, da es selbst für Fachleute „kaum noch möglich (sei), eine klare Aussage zu treffen, was erlaubt ist und was verboten."[659]

(II) Einsichtsrecht des Arbeitgebers
Zu berücksichtigen sei zudem, dass der Arbeitgeber im Falle der Anwendbarkeit des TKG nur auf eindeutig dienstliche Korrespondenz zugreifen könne, da der Zugriff auf private E-Mails einen Verstoß gegen § 88 TKG darstelle. Eine strikte Trennung von privaten und dienstlichen E-Mails sei in der Praxis jedoch nicht durchsetzbar bzw. stark mitarbeiterabhängig, sodass es in der Folge zu einer „Infizierung" der dienstlichen E-Mails durch die private Korrespondenz komme.[660] Der Arbeitgeber wäre daher nicht mehr berechtigt „seine eigene Post"[661] zu lesen, da selbst der Zugriff auf dienstliche E-Mail-Korrespondenz nicht mehr uneingeschränkt möglich wäre.[662] Die Kontrollmöglichkeiten des Arbeitgebers wären somit auf Grund der Vorgaben des TKG und der strafrechtlichen Grenze des § 206 StGB jedenfalls stark eingeschränkt.[663]

---

659 *Wybitul*, Handbuch Datenschutz im Unternehmen, Rn. 196.
660 *Thüsing*, Arbeitnehmerdatenschutz und Compliance, Rn. 237.
661 *Thüsing*, Arbeitnehmerdatenschutz und Compliance, Rn. 237.
662 *Thüsing*, Arbeitnehmerdatenschutz und Compliance, Rn. 237; *Barton*, jurisPR-StrafR 14/2012 Anm. 1: „abstruse[n] Situation".
663 *Eisele*, Compliance und Datenschutzstrafrecht, S. 31 f.

(III) Interessenabwägung

Daran anknüpfend beruft sich die Gegenansicht auf das Verfassungsrecht und den dort im Rahmen der praktischen Konkordanz vorzunehmenden Ausgleich der gegenläufigen Interessen.[664] Auf die Konstellation der privaten Nutzung des Internets durch den Arbeitnehmer übertragen fiele die Interessenabwägung regelmäßig zugunsten des Arbeitgebers aus. Im Rahmen der Abwägung stünden sich das allgemeine Persönlichkeitsrecht des Arbeitnehmers und die betrieblichen Interessen des Arbeitgebers gegenüber. Um seine Interessen wahren zu können, müsse der Arbeitgeber die E-Mail-Korrespondenz überwachen und ggf. private und dienstliche E-Mails trennen. Der Arbeitnehmer könne seine Interessen hingegen wahren, indem er schlicht auf private E-Mail-Korrespondenz verzichtet. Damit fiele die Abwägung des schutzwürdigen Vertrauens – wie sie in der Regierungsbegründung gefordert wird[665] – zugunsten des Arbeitgebers aus.[666] Denn es stelle einen unverhältnismäßigen Eingriff in seine Rechte dar, wenn der Arbeitnehmer durch die private Nutzung seiner E-Mail-Funktion das Zugriffsrecht des Arbeitgebers (willkürlich) einschränken könne.[667]

(IV) Fehlende Systematik der Gesetze – Dokumentationspflicht

Als weiteres Argument führt die Gegenansicht auf, dass die Einordnung des Arbeitgebers als Anbieter von Telekommunikationsdiensten mit der Systematik der Gesetze nicht zu vereinbaren sei. Die mit der Einordnung als Dienstanbieter verbundenen Rechtsfolgen ließen sich nicht mit anderen Rechtsvorschriften vereinbaren. Es sei daher davon auszugehen, dass der Gesetzgeber nicht gewollt habe, dass der Arbeitgeber regelmäßig in den Anwendungsbereich des TKG fällt.[668]

Die fehlende Systematik des Gesetzes zeige sich bei der handelsrechtlichen Dokumentationspflicht gemäß § 257 Abs. 1 Nr. 2, 3 HGB (ebenso: § 147 Abs. 1 Nr. 2, 3 AO). Danach ist der Unternehmer verpflichtet, empfangene und versandte Handelsbriefe aufzubewahren. Eine Aufbewahrung sei jedoch nur möglich, wenn der Arbeitgeber auf die E-Mails zugreifen und zwischen dienstlichen und privaten unterscheiden kann, da er beurteilen können muss, ob es sich um einen Handelsbrief handelt und ihn mithin eine Aufbewahrungspflicht trifft. Sofern eine E-Mail aber tatsächlich (auch) private Inhalte hat, widerspräche der

---

664 *Thüsing*, Arbeitnehmerdatenschutz und Compliance, Rn. 238.

665 BT-Drs. 13/3609, S. 53.

666 *Thüsing*, Arbeitnehmerdatenschutz und Compliance, Rn. 242.

667 *Thüsing*, Arbeitnehmerdatenschutz und Compliance, Rn. 238; *Schimmelpfennig/Wenning*, DB 2006, 2290, 2294.

668 *Thüsing*, Arbeitnehmerdatenschutz und Compliance, Rn. 235.

Zugriff des Arbeitgebers – sofern man mit der herrschenden Ansicht von der Anwendbarkeit des TKG ausgeht – dem § 88 TKG. Der Unternehmer müsste sich letztlich zwischen der Verletzung des TKG oder des HGB entscheiden.[669] Er komme entweder seiner Aufbewahrungspflicht gemäß § 257 Abs. 1 Nr. 2, 3 HGB nicht nach oder aber er verletze bei (versehentlicher) Öffnung privater E-Mails das Fernmeldegeheimnis aus § 88 Abs. 3 S. 1 TKG.

Dem wird entgegnet, dass diese Argumente zwar schwer wiegen, jedoch zur Ablehnung der herrschenden Meinung nicht ausreichen würden, da es zur Vermeidung dieser Konflikte „lediglich einer sorgfältigen Gesetzgebung bedurft hätte". Zudem stellten sich diese Probleme nur, wenn sich Mitarbeiter nicht daran halten, private und geschäftliche E-Mails deutlich voneinander zu trennen.[670] Für den Arbeitgeber stelle es jedoch keinen besonderen Aufwand dar, eine separate Mail-Adresse einzurichten.[671] Bei Bestehen separater E-Mail-Accounts könne der Arbeitgeber die dienstlichen E-Mails zulässig einsehen und somit auch seiner Dokumentationspflicht vollumfänglich nachkommen. Nutzt der Arbeitnehmer die dienstliche Adresse für private Kommunikation – der Arbeitgeber verstieße bei Öffnen der privaten E-Mail eigentlich gegen § 88 TKG –, sei der Arbeitnehmer jedoch nicht schutzbedürftig, da er auf eine separate Mail-Adresse ausweichen oder ganz auf private Nutzung verzichten könne.[672]

cc. Teleologie – Förderung des Wettbewerbs

Auch die Gegenansicht beruft sich auf § 1 TKG. Nach ihrer Auffassung soll nach dem Willen des Gesetzgebers[673] das TKG in erster Linie den Wettbewerb im Bereich der Telekommunikation regeln.[674] Es mache keinen Sinn den Arbeitgeber

---

669 *Thüsing*, Arbeitnehmerdatenschutz und Compliance, Rn. 236; diesen Konflikt sehen auch: *Barton*, jurisPR-StrafR 14/2012 Anm. 1; *Hoppe/Braun*, MMR 2010, 80, 83; *Schimmelpfennig/Wenning*, DB 2006, 2290, 2291; *Rath*, AnwBl 2010, 660, 661 f.; *Rath/Karner*, K&R 2007, 446, 447; *Seffer/Schneider*, ITRB 2007, 264, 266; *Beckschulze*, DB 2009, 2097, 2103, der jedoch wohl von der Anwendbarkeit des § 88 TKG ausgeht und dazu resümiert: „Eine Archivierung der E-Mails nach gesetzlichen Vorschriften (HGB, AO) ist m.E. auch bei privater Nutzung ohne ausdrückliche Regelung gestattet.".

670 *de Wolf*, NZA 2010, 1206, 1208.

671 *Mölter*, Überwachung und Informationsbeschaffung des Arbeitgebers, S. 86.

672 *Mölter*, Überwachung und Informationsbeschaffung des Arbeitgebers, S. 85 f.

673 BT-Drs. 13/3609, S. 33 f., 36; BT-Drs. 15/2316, S. 55 f.

674 *Seffer/Schneider*, ITRB 2007, 264, 266; *Schimmelpfennig/Wenning*, DB 2006, 2290, 2293; *Barton*, CR 2003, 839, 843; *Scheben/Klos*, CCZ 2013, 88, 90; *Löwisch*, DB 2009, 2782: „passt auch nicht zum Gesetzeszweck des TKG"; *Fülbier/Splittgerber*, NJW

in den Anwendungsbereich des TKG einzubeziehen, da die Gestattung der privaten Nutzung der Telekommunikationsanlagen durch den Arbeitgeber diesen Zweck sichtlich nicht fördern könne.[675] Zudem nehme der Arbeitgeber schon gar nicht am Wettbewerb teil.[676] Er könne, anders als andere Wettbewerber, seinen Mitarbeitern nur anbieten, die Telekommunikationseinrichtungen während der Arbeitszeit auch privat nutzen zu dürfen, sodass er gar nicht konkurrenzfähig sei. Daher sei es „schlicht unhaltbar“[677], den Arbeitgeber als Anbieter von Telekommunikationsdiensten zu qualifizieren.[678] Zudem biete der Arbeitgeber die Telekommunikationsdienste seinen Arbeitnehmern regelmäßig unentgeltlich an. Die Anwendung eines wettbewerbsrechtlichen Gesetzes im Bereich dieser freiwilligen Zusatzleistung sei daher „offensichtlich widersinnig.“[679] Der Arbeitgeber wolle in keinem Wettbewerb stehen. Er trete schon gar nicht in Konkurrenz mit anderen Anbietern. Vielmehr reiche er nur die (für ihn kostenpflichtigen) Dienste seines Anbieters unentgeltlich an seine Mitarbeiter weiter.[680] Bei Anwendbarkeit des TKG würde somit der Arbeitgeber, der freiwillig Zusatzleistungen erbringt, dafür bestraft.[681]

Dem wird von Vertretern der herrschenden Meinung wiederum entgegen gehalten, dass der Schutz des Wettbewerbs nur das vorrangige Ziel des TKG bilde, nicht aber das einzige. Denn neben dem Schutz des Wettbewerbs ginge es auch um die Überwachung der Nutzerrechte und die Wahrung des

---

2012, 1995, 1999, wonach das TKG schlicht nicht „passt“; *Haußmann/Krets*, NZA 2005, 259, 264: „vollkommen zweckwidrig“.

675 So letztlich *Hanau/Hoeren*, Private Internetnutzung durch Arbeitnehmer, S. 42.

676 *Haußmann/Krets*, NZA 2005, 259, 260; *Seffer/Schneider*, ITRB 2007, 264, 266; *Schimmelpfennig/Wenning*, DB 2006, 2290, 2294; *Fülbier/Splittgerber*, NJW 2012, 1995, 1999; so wohl auch: *Barton*, CR 2003, 839, 843.

677 *Thüsing*, Arbeitnehmerdatenschutz und Compliance, Rn. 230.

678 *Thüsing*, Arbeitnehmerdatenschutz und Compliance, Rn. 230; *Barton*, CR 2003, 839, 843 hält die Einbeziehung des Arbeitgebers vor den Hintergrund des § 1 TKG für „mehr als fraglich“.

679 *Thüsing*, Arbeitnehmerdatenschutz und Compliance, Rn. 241.

680 *Thüsing*, Arbeitnehmerdatenschutz und Compliance, Rn. 241: Er sieht darin einen unechten Vertrag zugunsten Dritter. Der Arbeitgeber als Gläubiger, der dem Arbeitnehmer als Dritten im Innenverhältnis die Dienste des Schuldners (Anbieter von Telekommunikationsdiensten) unentgeltlich zuwendet. Wenn der Arbeitnehmer sich ggü. dem Arbeitgeber auf das TKG berufen könnte, „entspräche dies einem Nacherfüllungsanspruch des Dritten gegen den Gläubiger, obwohl im Valutaverhältnis eine Schenkung vorliegt.“.

681 *Thüsing*, Arbeitnehmerdatenschutz und Compliance, Rn. 241.

Fernmeldegeheimnisses, § 1 i.V.m. § 2 Abs. 2 Nr. 1 TKG. Dies werde auch durch den Wortlaut des § 3 Nr. 10 TKG gestützt, der nicht auf das Vorliegen einer Gewinnerzielungsabsicht abstellt, sondern explizit auch Anbieter ohne Gewinnerzielungsabsicht in den Anwendungsbereich des TKG einbezieht. Eine ausschließlich wettbewerbsorientierte Auslegung des TKG sei damit nicht vereinbar, da gerade die Gewinnerzielungsabsicht „naturgemäß ein wesentlicher Bestandteil des Wettbewerbs" sei.[682]

dd. Weitere Argumente

Die Gegenansicht bringt weiter vor, dass das TKG auf das Verhältnis Kunde – Anbieter zugeschnitten sei, nicht aber auf die Beziehung zwischen Arbeitnehmer und Arbeitgeber, die in der betrieblichen Organisation zusammenarbeiten. Denn der Arbeitnehmer habe sich gerade nicht im Rahmen eines Telekommunikationsdienstvertrages für den Arbeitgeber als Anbieter entschieden. Er sei vielmehr „aufgrund der Weisung des Arbeitgebers zur Nutzung der betrieblichen IT-Systeme berechtigt und verpflichtet."[683]

Zudem sei das BDSG, das auf den angemessenen Ausgleich der tangierten Grundrechte ausgerichtet ist, sehr viel eher dazu geeignet, eine sachgerechte Lösung herbeizuführen als die „starren Regelungen des TKG."[684] Außerdem wird auf das natürliche Sprachverständnis verwiesen, das nicht zur Einordnung des Arbeitgebers als Dienstanbieter passe.[685]

d. Stellungnahme

Der Einordnung des Arbeitgebers als Dienstanbieter i.S.d. TKG kommt hinsichtlich der Zulässigkeit interner Ermittlungsmaßnahmen erhebliche Bedeutung zu. Sie zählt gleichzeitig aber auch zu den zentralen, ungelösten Fragen des Arbeitnehmerdatenschutzes. Zwei starke Ansichten stehen sich gegenüber, ohne dass

---

682 *Kratz/Gubbels*, NZA 2009, 652, 655.

683 *Wybitul*, Handbuch Datenschutz im Unternehmen, Rn. 196, der allerdings auf *Thüsing*, Arbeitnehmerdatenschutz und Compliance, Rn. 210 f. verweist, in denen dieser jedoch nur von tatsächlich dienstlicher Nutzung der Telekommunikationseinrichtungen spricht.

684 *Wybitul*, Handbuch Datenschutz im Unternehmen, Rn. 196; *Wybitul*, ZD 2011, 69, 73; in diese Richtung auch: *Deiters*, ZD 2012, 109, 110; *Haußmann/Krets*, NZA 2005, 259, 261, die sich für Interessenabwägung aussprechen, die aber gerade im Rahmen des § 88 TKG nicht vorgesehen ist.

685 *Hanau/Hoeren*, Private Internetnutzung durch Arbeitnehmer, S. 41 f.

sich der Gesetzgeber oder die höchstrichterliche Rechtsprechung bisher explizit mit dieser Problematik auseinander gesetzt haben.

Den Ausgangspunkt der Diskussion bildet der Wortlaut der einschlägigen Normen. Dieser ist jedoch widersprüchlich oder doch zumindest nicht eindeutig, vgl. § 3 Nr. 10, 24 TKG. Daher muss auf weitere Aspekte zurückgegriffen werden. Beide Ansichten können sich auf gewichtige Argumente berufen, schwerer wiegen jedoch letztlich die Argumente der „Mindermeinung".

Insbesondere die mit der Einordnung des Arbeitgebers als Dienstanbieter verbundenen Rechtsfolgen sprechen gegen die Anwendbarkeit des TKG. Dass der Arbeitgeber im Falle der freiwilligen Gestattung der privaten Nutzung an die strengen Vorschriften des TKG gebunden sein soll, vermag nicht zu überzeugen. Der Arbeitgeber muss berechtigt sein, die dienstliche Korrespondenz seiner Mitarbeiter zu kontrollieren – ohne dabei stets dem Strafbarkeitsrisiko des § 206 StGB ausgesetzt zu sein. Die Anwendbarkeit des TKG würde dazu führen, dass der Arbeitgeber bei der Wahrnehmung seiner berechtigten Interessen übermäßig benachteiligt würde, indem er bei versehentlicher Kontrolle privater E-Mails gegen das Fernmeldegeheimnis aus § 88 TKG verstößt. Die E-Mail hat den Geschäftsbrief in weiten Bereichen abgelöst, sodass der Arbeitgeber – gefahrlos – auf sie zugreifen können muss. Anderenfalls hätte er keine Möglichkeit die Geschehnisse im Unternehmen zu überblicken. Der Arbeitnehmer kann zudem seine Interessen wahren, indem er auf private Korrespondenz am Arbeitsplatz verzichtet oder einen separaten E-Mail-Account nutzt.

Darüber hinaus ist das TKG ersichtlich nicht auf das Verhältnis Arbeitnehmer – Arbeitgeber abgestimmt. Es dient vielmehr vornehmlich der Regelung wettbewerbsrechtlicher Fragestellungen. Den Arbeitgeber daran zu messen, erscheint widersinnig.

Somit ist – entgegen der wohl noch herrschenden Ansicht – davon auszugehen, dass der Arbeitgeber auch im Falle der gestatteten privaten Nutzung der Telekommunikationseinrichtungen nicht als Dienstanbieter i.S.d. TKG zu qualifizieren ist. Das BDSG, das auch in dieser Konstellation Anwendung finden muss, bietet die Möglichkeit eines angemessenen Interessensausgleichs. Der Arbeitnehmer steht hier keinesfalls schutzlos dar.

e. Ergebnis für den Fall der gestatteten privaten Nutzung

Mit der hier vertretenen Ansicht findet auch im Falle der gestatteten privaten Nutzung der Telekommunikationseinrichtungen nicht das TKG, sondern vielmehr das BDSG Anwendung.

4. *Keine Regelung hinsichtlich der privaten Nutzung: Duldung und betriebliche Übung*

Sofern allerdings keinerlei Regelungen hinsichtlich der privaten Nutzung der Telekommunikationseinrichtungen existieren, ist umstritten, ob der Arbeitnehmer dennoch zur privaten Nutzung berechtigt ist.

a. Sozialadäquanz

Teilweise wird vertreten, dass der Arbeitnehmer, sofern kein entsprechendes ausdrückliches Verbot besteht, zur privaten (Internet-)Nutzung berechtigt sei, da die Gestattung einer angemessenen Privatnutzung eine im Arbeitsleben sozialtypische Erscheinung darstelle.[686]

Dies kann jedoch nicht überzeugen. Die Sozialadäquanz der privaten Nutzung ist nicht begründbar.[687] Vielmehr ist davon auszugehen, dass bei fehlender ausdrücklicher Gestattung eine private Nutzung grundsätzlich nicht erlaubt ist.[688]

b. Duldung

Die private Nutzung wird jedoch regelmäßig durch den Arbeitgeber geduldet. Teilweise wird diese Duldung der Erlaubnis der privaten Internetnutzung gleichgestellt, mit der Folge, dass der Arbeitgeber als Anbieter von Telekommunikationsdiensten gilt und an die Vorschriften des TKG gebunden ist.[689]

Aus der Duldung an sich kann jedoch kein Recht des Arbeitnehmers auf die private Nutzung der Telekommunikationsanlagen folgen.[690] Dazu bedürfte es

---

686 LAG Köln, Urt. v. 11.2.2005 – 4 Sa 1018/04, Tz. 50 (juris); LAG Rheinland-Pfalz, NZA-RR 2005, 303, 306; ebenso: *Möller*, ITRB 2005, 142, 143; **a.A.**: ArbG Hannover, NZA-RR 2005, 420, 422, wonach die Entscheidung des LAG Rheinland-Pfalz, grds. von einer Erlaubnis der privaten Nutzung auszugehen, solange der Arbeitgeber sie nicht ausdrücklich verbietet, „nicht nachvollziehbar" sei.

687 *Kramer*, NZA 2006, 194, 196; *Linck*, in: Schaub, Arbeitsrechtshandbuch, § 127 Rn. 96; *Lansnicker*, BB 2007, 2184.

688 BAGE 115, 195, 200 ff.; zustimmend: *Panzer-Heemeier*, DuD 2012, 48, 49; *Linck*, in: Schaub, Arbeitsrechtshandbuch, § 53 Rn. 18; *Kramer*, NZA 2006, 194, 196; so auch: *Beckschulze*, DB 2003, 2777; *Seffer/Schneider*, ITRB 2007, 264, 265; *Altenburg/v. Reinersdorff/Leister*, MMR 2005, 135; *Dann/Gastell*, NJW 2008, 2945, 2947.

689 *Nolte/Becker*, BB Special 5/2008, 23, 24; im Ergebnis auch: *Tiedemann*, MMR 2010, 641, 642; *Linck*, in: Schaub, Arbeitsrechtshandbuch, § 53 Rn. 18.

690 *Polenz*, in: Computerrechts-Handbuch, Telekommunikation und Telemedien, Teil 13, Kap. 7 Rn. 24; *Waltermann*, NZA 2007, 529, 532; *Bloesinger*, BB 2007, 2177, 2179 f.; *Schmidt*, BB 2009, 1295, 1297; *Seffer/Schneider*, ITRB 2007, 264, 265.

eines entsprechenden Ergänzungsangebotes des Arbeitgebers, das jedoch nicht allein in der Duldung gesehen werden kann.[691]

c. Betriebliche Übung

Der Arbeitnehmer könnte aber auf Grund einer betrieblichen Übung zur privaten Nutzung der Telekommunikationseinrichtungen berechtigt sein. Die Diskussion ist hier eine ähnliche wie in der obigen Konstellation der vertraglich verbotenen, aber tatsächlich geduldeten Privatnutzung (vgl. S. 95 ff.). Ein gewichtiger Unterschied liegt aber darin, dass die private Nutzung hier nicht ausdrücklich verboten, sondern schlicht nicht geregelt ist.

Dennoch wird auch in dieser Konstellation dem Entstehen einer betrieblichen Übung eine Reihe von Argumenten entgegengehalten. Zum einen greift auch hier das Argument, dass es sich bei der privaten Nutzung lediglich um eine bloße Annehmlichkeit handelt[692], bei der für die Entstehung einer betrieblichen Übung nach Maßgabe des BAG kein Raum besteht. Zum anderen verletzt der Arbeitnehmer auch in dem Falle, dass die private Nutzung nicht geregelt ist, seine vertragliche Hauptleistungspflicht[693], wenn er sich während der Arbeitszeit privaten Belangen widmet. Vor diesem Hintergrund kann kaum angenommen werden, dass der Arbeitgeber, der die private Nutzung der Telekommunikationsanlagen duldet, sich für die Zukunft vertraglich binden möchte.[694] Gegen die Entstehung einer betrieblichen Übung spricht auch in dieser Konstellation, dass

---

691 *Bloesinger*, BB 2007, 2177, 2179 f.

692 *Schmidt*, BB 2009, 1295, 1297: Rechtsfigur der betrieblichen Übung ist nicht auf Situationen übertragbar, in denen nur das Dulden von Handlungen der Arbeitnehmer vorliegt.

693 So auch: *Tiedemann*, MMR 2010, 641; *Waltermann*, NZA 2007, 529, 531; *Lansnicker*, BB 2007, 2184 (hinsichtlich des Surfens im Internet); *Altenburg/v. Reinersdorff/Leister*, MMR 2005, 135, 138; BAGE 115, 195, 204: „Deshalb muss es jedem Arbeitnehmer klar sein, dass er mit einer exzessiven Nutzung des Internets während der Arbeitszeit seine arbeitsvertraglichen Haupt- und Nebenpflichten erheblich verletzt.“; wohl auch: *Kramer*, NZA 2004, 457, 460.

694 *Waltermann*, NZA 2007, 529, 530 f.; im Ergebnis auch: *Schmidt*, BB 2009, 1295, 1297; *Bloesinger*, BB 2007, 2177, 2178; *Koch*, NZA 2008, 911 f., 914; *Mengel*, BB 2004, 2014, 2015; **a.A.**: *Fleischmann*, NZA 2008, 1397; *Dickmann*, NZA 2003, 1009, 1010; *Salvenmoser/Schreier*, in: Handbuch Wirtschaftsstrafrecht, 15. Teil Rn. 122; *Barton*, NZA 2006, 460, 461; *Altenburg/v. Reinersdorff/Leister*, MMR 2005, 135; *Lindemann/Simon*, BB 2001, 1950, 1953; *Hanau/Hoeren*, Private Internetnutzung durch Arbeitnehmer, S. 22; *Beckenschulze/Henkel*, DB 2001, 1491, 1492; *Möller*, ITRB 2005, 142, 143.

der bloßen Untätigkeit des Arbeitgebers kein Erklärungswert zukommt und der Anspruchsumfang nicht bestimmbar ist.[695]

Außerdem könne eine betriebliche Übung nicht entstehen, wenn der Arbeitgeber infolgedessen durch sein Verhalten eine gesetzliche Regelung verletzen würde. Gegen die Entstehung einer betrieblichen Übung spreche daher auch, dass der Arbeitgeber im Falle der (damit) gestatteten privaten Nutzung die Anforderungen der §§ 88 ff. TKG beachten müsse – so zumindest die herrschende Meinung, vgl. S. 101 ff. Dadurch würden ursprünglich nach BDSG zulässige Eingriffe rechtswidrig. Der Arbeitgeber hätte mit haftungs- und strafrechtlichen Sanktionen zu rechnen. Sofern der Arbeitgeber also die für die Einhaltung der §§ 88 ff. TKG erforderlichen Vorkehrungen nicht trifft, könne ein Arbeitnehmer nicht von einer Gestattung der privaten Nutzung ausgehen.[696]

Im Ergebnis überwiegen somit auch im Falle der nicht geregelten privaten Nutzung der Telekommunikationsanlagen die Argumente, die gegen das Entstehen einer betrieblichen Übung sprechen. Somit finden die Vorschriften des BDSG Anwendung.

5. *Zusammenfassung und Ergebnis*

Im Falle der dienstlichen Nutzung der Telekommunikationsanlagen durch den Arbeitnehmer kommt es – unabhängig von der Ausgestaltung der innerbetrieblichen Regelung der privaten Nutzung – zur Anwendung des BDSG, da der Arbeitgeber nicht Dienstanbieter i.S.d. § 3 Nr. 6 TKG ist. Weitgehende Einigkeit besteht auch darüber, dass der Arbeitgeber für den Fall der verbotenen privaten Nutzung nicht als Anbieter von Telekommunikationsdiensten zu qualifizieren ist. Daran ändert sich grundsätzlich auch nichts, wenn der Arbeitnehmer das Verbot missachtet und private E-Mails schreibt oder Anrufe tätigt. Teilweise wird jedoch angenommen, dem Arbeitnehmer könne auf Grund einer betrieblichen Übung ein Anspruch auf private Nutzung zustehen, was mit der hier vertretenen Ansicht aber abzulehnen ist.

Umstritten ist jedoch, ob der Arbeitgeber im Falle der gestatteten privaten Nutzung als Anbieter von Telekommunikationsdiensten zu qualifizieren ist. Zwei starke Ansichten stehen sich gegenüber, ohne dass sich bisher der Gesetzgeber oder die höchstrichterliche Rechtsprechung explizit mit dieser Problematik auseinander gesetzt haben.

---

695 *Hoppe*, Private Nutzung betrieblicher Informations- und Kommunikationsmittel, S. 62, 67.

696 *Schmidt*, BB 2009, 1295, 1297; *Koch*, NZA 2008, 911, 913 f.

Da der Wortlaut der Normen widersprüchlich oder doch zumindest nicht eindeutig ist, vgl. § 3 Nr. 10, 24 TKG, muss auf weitere Aspekte zurückgegriffen werden. Dabei sprechen insbesondere die mit der Einordnung des Arbeitgebers als Dienstanbieter verbundenen Rechtsfolgen gegen die Anwendbarkeit des TKG. Der Arbeitgeber muss berechtigt sein, die dienstliche Korrespondenz seiner Mitarbeiter zu kontrollieren – ohne dabei stets dem Strafbarkeitsrisiko des § 206 StGB ausgesetzt zu sein. Der Arbeitnehmer kann zudem seine Interessen wahren, indem er auf private Nutzung der Telekommunikationseinrichtungen am Arbeitsplatz verzichtet. Darüber hinaus ist das TKG ersichtlich nicht auf das Verhältnis Arbeitnehmer – Arbeitgeber abgestimmt. Es dient vielmehr vornehmlich der Regelung wettbewerbsrechtlicher Fragestellungen. Den Arbeitgeber daran zu messen erscheint widersinnig. Mit der hier vertretenen Meinung ist daher davon auszugehen, dass der Arbeitgeber auch im Falle der gestatteten privaten Nutzung der Telekommunikationseinrichtungen nicht als Dienstanbieter i.S.d. TKG zu qualifizieren ist. Das BDSG, das auch in dieser Konstellation Anwendung finden muss, bietet die Möglichkeit eines angemessenen Interessensausgleichs.

Dennoch ist eine Auseinandersetzung mit der wohl noch herrschenden Meinung erforderlich, die von der Anwendbarkeit des TKG auf den Arbeitgeber ausgeht, da in diesem Bereich eine große Rechtsunsicherheit besteht. Im Folgenden wird daher die Rechtmäßigkeit der relevanten Maßnahmen sowohl nach den Vorschriften des BDSG als auch des TKG untersucht.

An dieser Stelle ist festzuhalten, dass es wünschenswert wäre, dass der Gesetzgeber eine ausdrückliche Regelung hinsichtlich der Anwendbarkeit des TKG auf den Arbeitgeber schafft.[697] In der jetzigen Situation ist grundsätzlich jedem Unternehmen zu empfehlen, eine ausdrückliche Nutzungsregelung zu treffen. Dabei kann größtmögliche Rechtssicherheit für den Arbeitgeber gegenwärtig nur durch ein striktes Verbot der privaten Nutzung erzielt werden.[698] Dazu wird jedoch eingewandt, dass ein pauschales Verbot der privaten Internet-Nutzung durch Arbeitnehmer „unpraktisch und auch unrealistisch" sei.[699]

---

697 *Panzer-Heemeier*, DuD 2012, 48, 53; *Scheben/Klos/Geschonneck*, CCZ 2012, 13, 17; die SPD-Fraktion spricht sich dafür aus, den Arbeitgeber im Falle der gestatteten privaten Nutzung nicht als Dienstanbieter i.S.d. TKG zu beurteilen, BT-Drs. 17/7176, S. 4.

698 *Panzer-Heemeier*, DuD 2012, 48, 53; *Wybitul*, ZD 2011, 69, 73; *Vietmeyer/Byers*, MMR 2010, 807, 811; *Altenburg/v. Reinersdorff/Leister*, MMR 2005, 135, 139: „...ist aus rechtlicher Sicht ein absolutes Verbot der privaten Nutzung anzuraten".

699 Datenschutzgruppe, Arbeitsdokument v. 29.5.2002, S. 26.

D. Telemediengesetz – TMG

Im Bereich des (Beschäftigten-)Datenschutzes ist neben dem BDSG und dem TKG auch das TMG von Relevanz. Im vierten Abschnitt des Gesetzes finden sich die Vorschriften zum Datenschutz. Es ist jedoch fraglich, ob diese im Bereich der internen Ermittlungen überhaupt zur Anwendung gelangen.

I. Anwendungsbereich des TMG allgemein

1. Sachlicher Anwendungsbereich

Gemäß § 1 Abs. 1 S. 1 TMG gilt das TMG für „alle elektronischen Informations- und Kommunikationsdienste, soweit sie nicht Telekommunikationsdienste nach § 3 Nr. 24 des Telekommunikationsgesetzes, die ganz in der Übertragung von Signalen über Telekommunikationsnetze bestehen, telekommunikationsgestützte Dienste nach § 3 Nr. 25 des Telekommunikationsgesetzes oder Rundfunk nach § 2 des Rundfunkstaatsvertrages sind (Telemedien)."

Im Zusammenhang mit den unternehmensinternen Untersuchungen ist insbesondere die Abgrenzung des TMG zum TKG bedeutsam, da die datenschutzrechtlichen Vorschriften des TMG nur bedingt neben dem TKG Anwendung finden. Die Anwendbarkeit des TMG ist ausgeschlossen, soweit Telekommunikationsdienste nach § 3 Nr. 24 TKG, die ganz in der Übertragung von Signalen über Telekommunikationsnetze bestehen, betroffen sind.[700] Nicht in den Anwendungsbereich des TMG fällt daher die klassische Daten- und Sprachübertragung, wie bspw. das Telefon. Insoweit handelt es sich um einen „reinen" Telekommunikationsdienst, der die Anwendbarkeit des TMG ausschließt.[701]

Schwieriger ist die Einordnung der unterschiedlichen E-Mail-Dienste. E-Mail-Dienste, die sich allein auf die Signalübermittlung beschränken, sind als reine Telekommunikationsdienste (= reine Transportfunktion[702]) einzuordnen und als solche vom Anwendungsbereich des TMG ausgeschlossen. Web-Mail-Dienste, die einen über das Internet erreichbaren Dienst zum Schreiben, Lesen und Verwalten der Nachrichten mittels eines vom Anbieter bereitgestellten

---

700 *Kirsch*, Datenschutz in Unternehmen, S. 113.

701 *Holznagel/Ricke*, in: Spindler/Schuster, Recht der elektronischen Medien, § 1 TMG Rn. 5.

702 *Gercke*, in: Praxishandbuch Internetstrafrecht, Rn. 574.

Systems ermöglichen, zählen hingegen nicht zu den reinen Telekommunikationsdiensten, sodass grundsätzlich das TMG zur Anwendung kommt.[703]

2. *Persönlicher Anwendungsbereich*

Der persönliche Anwendungsbereich des TMG ergibt sich aus § 1 Abs. 1 S. 2 TMG. Danach gilt das TMG „für alle Anbieter einschließlich der öffentlichen Stellen unabhängig davon, ob für die Nutzung ein Entgelt erhoben wird." Eine Definition für den Begriff des Dienstanbieters findet sich in § 2 S. 1 Nr. 1 TMG. Danach ist „jede natürliche oder juristische Person, die eigene oder fremde Telemedien zur Nutzung bereithält oder den Zugang zur Nutzung vermittelt..." Dienstanbieter i.S.d. TMG.

Mit der herrschenden Meinung ist der Arbeitgeber im Falle der erlaubten privaten Nutzung der E-Mail-Funktion Dienstanbieter, da er den Arbeitnehmern den Zugang zur Nutzung von Telemedien ermöglicht, § 2 Nr. 1 TMG.[704]

II. Anwendbarkeit der Datenschutzvorschriften des TMG

Im vierten Abschnitt des TMG befinden sich die Vorschriften zum Datenschutz, die im Falle der Erhebung und Verwertung personenbezogener Daten der Nutzer von Telemedien berücksichtigt werden müssen. Fraglich ist, ob sich auch der Arbeitgeber bei der Durchführung der internen Untersuchungen an diesen Vorschriften messen lassen muss.

Gemäß § 11 Abs. 1 Nr. 1 TMG gelten diese Vorschriften jedoch „nicht für die Erhebung und Verwendung personenbezogener Daten der Nutzer von Telemedien, soweit die Bereitstellung solcher Dienste (Nr. 1) im Dienst- und Arbeitsverhältnis zu ausschließlich beruflichen oder dienstlichen Zwecken ... erfolgt." Die Datenschutzvorschriften des TMG sind somit nur für den Bereich der zulässigen Privatnutzung anwendbar.[705]

---

703 *Kirsch*, Datenschutz in Unternehmen, S. 114; *Kümpers*, Einsatz elektronischer Informations- und Kommunikationssysteme am Arbeitsplatz, S. 147; *Holznagel/Ricke*, in: Spindler/Schuster, Recht der elektronischen Medien, § 1 TMG Rn. 7; *Sassenberg/Lammer*, DuD 2008, 461, 464.

704 *Lelley*, Compliance im Arbeitsrecht, Rn. 424; im Ergebnis auch: *Rath/Karner*, K&R 2007, 446, 450; *Hoppe*, Private Nutzung betrieblicher Informations- und Kommunikationsmittel, S. 132; *Gola*, Datenschutz am Arbeitsplatz, Rn. 232.

705 *Kümpers*, Einsatz elektronischer Informations- und Kommunikationssysteme am Arbeitsplatz, S. 151; *Beckschulze*, DB 2007, 1526, 1529; im Ergebnis auch: *Linck*, in: Schaub, Arbeitsrechtshandbuch, § 53 Rn. 19; *Panzer-Heemeier*, DuD 2012, 48, 51.

Eine weitere Einschränkung der Anwendbarkeit der Datenschutzvorschriften findet sich in § 11 Abs. 3 TMG. Danach finden bei Telemedien, die überwiegend in der Übertragung von Signalen über Telekommunikationsnetze bestehen, nur die § 15 Abs. 8 und § 16 Abs. 2 Nr. 4 TMG Anwendung.

Web-Mail-Dienste, bei denen das TMG grundsätzlich Anwendung findet (siehe oben S. 118 f.), dienen überwiegend der Signalübertragung (überwiegende Telekommunikationsdienste: neben der Telekommunikationsleistung werden inhaltsbezogene Dienstleistungen angeboten[706]), sodass gemäß § 11 Abs. 3 TMG die datenschutzrechtlichen Vorschriften des TMG nur bedingt Anwendung finden.[707] Die verbleibenden Datenschutznormen spielen bei der E-Mail-Kontrolle jedoch praktisch keine Rolle, sodass sich die Zulässigkeit letztlich nach den Vorschriften des TKG – bzw. mit der hier vertretenen Ansicht nach den Vorschriften des BDSG –richtet.[708]

III. Ergebnis

Das TMG spielt im Rahmen der unternehmensinternen Untersuchungen somit letztlich keine Rolle. Das TMG wird daher bei der Beurteilung der Zulässigkeit der einzelnen Untersuchungsmaßnahmen nicht berücksichtigt.

E. Zusammenfassung

Bisher existiert in Deutschland weder eine einheitliche Regelung noch ein Gesetz, das den Beschäftigtendatenschutz umfassend regelt. Es besteht jedoch eine Vielzahl von Normen, die den Schutz der Arbeitnehmerdaten betreffen. Die maßgeblichen Vorschriften finden sich im TKG, TMG und BDSG sowie in den Landesdatenschutzgesetzen. Im Rahmen der internen Untersuchungen spielen aber vor allem das BDSG und das TKG eine Rolle. Dabei ist zu berücksichtigen, dass die Vorschriften des TKG auf Grund des § 1 Abs. 3 S. 1 BDSG (Prinzip der Subsidiarität des BDSG) Vorrang vor den Normen des BDSG haben.

Das BDSG soll „den Einzelnen davor schützen, dass er durch den Umgang mit seinen personenbezogenen Daten in seinem Persönlichkeitsrecht beeinträchtigt wird", § 1 Abs. 1 BDSG. Das BDSG gilt auch für private Unternehmen und

---

706 *Gercke*, in: Praxishandbuch Internetstrafrecht, Rn. 574.

707 *Kirsch*, Datenschutz in Unternehmen, S. 114; im Ergebnis auch: *Fülbier/Splittgerber*, NJW 2012, 1995, 2000; *Gola*, Datenschutz am Arbeitsplatz, Rn. 232.

708 *Hoss*, Internet- und E-Mail-Überwachung, S. 86; im Ergebnis auch: *Hoppe*, Private Nutzung betrieblicher Informations- und Kommunikationsmittel, S. 132; vgl. auch: *Kirsch*, Datenschutz in Unternehmen, S. 114; *Rath/Karner*, K&R 2007, 446, 451.

Arbeitgeber, vgl. § 2 Abs. 4 S. 1 BDSG, sodass es grundsätzlich bei den unternehmensinternen Ermittlungen Anwendung finden kann.

Die am 1.9.2009 in Kraft getretene Vorschrift des § 32 BDSG enthält eine spezielle Norm für die Datenerhebung, -verarbeitung und -nutzung für Zwecke des Beschäftigungsverhältnisses. Sie ist damit zentrale Norm des Arbeitnehmerdatenschutzes. Im Rahmen der unternehmensinternen Ermittlungen ist vor allem § 32 Abs. 1 S. 2 BDSG von Bedeutung. Danach dürfen personenbezogene Daten eines Beschäftigtendurch den Arbeitgeber nur dann zur Aufdeckung von Straftaten erhoben, verarbeitet oder genutzt werden, wenn tatsächliche Anhaltspunkte den Verdacht begründen, dass der Betroffene eine Straftat begangen hat, „die Erhebung, Verarbeitung oder Nutzung zur Aufdeckung erforderlich ist und das schutzwürdige Interesse des Beschäftigten an dem Ausschluss der Erhebung, Verarbeitung oder Nutzung nicht überwiegt, insbesondere Art und Ausmaß im Hinblick auf den Anlass nicht unverhältnismäßig sind." Wichtig ist dabei, dass sich der Verdacht auf eine Straftat bezieht, die einen gewissen Bezug zum Beschäftigungsverhältnis aufweist und sich auf einzelne bestimmte oder bestimmbare Beschäftigte oder Gruppen von Beschäftigten bezieht. § 32 Abs. 1 S. 2 BDSG setzt zudem voraus, dass die Maßnahme zur Aufdeckung der Straftat erforderlich ist. Maßgeblich für die vorzunehmende Interessenabwägung ist der Grundsatz der Verhältnismäßigkeit.

Hinsichtlich der personenbezogenen Daten (unternehmensfremder) Dritter, die bei der Durchführung einer Maßnahme mitbetroffen sind, ist hingegen § 28 Abs. 1 S. 1 Nr. 2 BDSG maßgeblich, der ebenfalls eine Abwägung der entgegenstehenden Interessen fordert.

Gemäß § 1 Abs. 3 S. 1 BDSG sind jedoch grundsätzlich vorrangig die Vorschriften des TKG zu befolgen, sofern dieses tatsächlich einschlägig ist. Zweck des TKG ist es, „durch technologieneutrale Regulierung den Wettbewerb im Bereich der Telekommunikation und leistungsfähige Telekommunikationsinfrastrukturen zu fördern und flächendeckend angemessene und ausreichende Dienstleistungen zu gewährleisten", § 1 TKG. Ein Ziel der Regulierung ist dabei „die Wahrung der Nutzer-, insbesondere der Verbraucherinteressen auf dem Gebiet der Telekommunikation und die Wahrung des Fernmeldegeheimnisses", § 2 Abs. 2 Nr. 1 TKG. Unter Telekommunikation ist der technische Vorgang des Informationsaustausches durch Transport mit Hilfe technischer Mittel, nicht aber die einzelnen Inhalte der verarbeiteten Nachrichten selbst zu verstehen. Darunter fallen somit bspw. Telefon, Telefax, Internet sowie E-Mail.

Im Rahmen unternehmensinterner Untersuchungen kommt der Frage, ob der Arbeitgeber bei seinen Ermittlungen an das Fernmeldegeheimnis gebunden ist, zentrale Bedeutung zu. Sollte dies der Fall sein, so würde er seine Ermittlungen an den engen Voraussetzungen der §§ 88 ff. TKG messen lassen müssen.

Ob der Arbeitgeber als Dienstanbieter i.S.d. TKG einzuordnen ist und damit die Normen des TKG auf die Datenerhebung im Rahmen der internen Ermittlungen Anwendung finden, hängt entscheidend von der innerbetrieblichen Regelung der privaten Nutzung der Telekommunikationsanlagen ab.

Im Falle der dienstlichen Nutzung der Telekommunikationsmittel ist man sich weitgehend einig, dass der Arbeitgeber nicht als Dienstanbieter i.S.d. TKG einzuordnen ist, sodass nicht das TKG, sondern vielmehr das BDSG zur Anwendung kommt. Zu diesem Ergebnis gelangt man auch bei der verbotenen und der nicht geregelten privaten Nutzung. In beiden Konstellationen kann weder auf Grund der Duldung an sich noch auf Grund einer daraus entstehenden betrieblichen Übung ein Anspruch des Arbeitnehmers auf private Nutzung der Telekommunikationseinrichtungen hergeleitet werden. Stark umstritten ist hingegen die Anwendbarkeit des TKG im Rahmen der gestatteten privaten Nutzung. Nach der hier vertretenen Auffassung überzeugen jedoch die Argumente gegen die Anwendbarkeit des TKG, insbesondere der Verweis auf die mit der Einordnung des Arbeitgebers als Dienstanbieter verbundenen Rechtsfolgen und die Tatsache, dass das TKG ersichtlich nicht auf das Verhältnis Arbeitnehmer – Arbeitgeber abgestimmt ist. Der Arbeitgeber kann daher nicht als Dienstanbieter eingeordnet werden, sodass auch hier die Vorschriften des BDSG Anwendung finden müssen.

Zusammenfassend lässt sich somit festhalten, dass mit der hier vertretenen Meinung letztlich in allen Konstellationen das BDSG zur Anwendung gelangt. Im Rahmen der unternehmensinternen Untersuchungen richtet sich die Zulässigkeit der Ermittlungsmaßnahmen, die sich auf die Kontrolle der Nutzung der Telekommunikationseinrichtungen beziehen, somit nach den Vorschriften des BDSG.

Kapitel 3 – Strafbarkeitsrisiken einzelner Ermittlungsmaßnahmen

Im folgenden Kapitel werden die typischen Ermittlungsmaßnahmen, die im Rahmen einer unternehmensinternen Untersuchung zur Aufklärung eines Straftatverdachts durchgeführt werden, einzeln vorgestellt und auf ihre Zulässigkeit hin überprüft. Im Anschluss daran erfolgt die Darstellung der jeweiligen Strafbarkeitsrisiken, die mit der Durchführung der Maßnahme für den Arbeitgeber und die internen Ermittler verbunden sind. Dabei kann jedoch nicht auf alle denkbaren Ermittlungsmaßnahmen eingegangen werden, sodass hier nur die typischen, regelmäßig zu ergreifenden Maßnahmen dargestellt werden. Die Reihenfolge der Darstellung der einzelnen Untersuchungsmaßnahmen orientiert sich dabei an der zeitlichen Abfolge, in der sie im Rahmen einer internen Ermittlung typischerweise ergriffen werden. Häufig überschneiden sich jedoch die einzelnen Maßnahmen oder werden mitunter auch (in Teilen) wiederholt.

A. E-Mail-Screening

I. Allgemeines

Der „papierlose Arbeitsplatz“ ist in vielen Bereichen des Arbeitslebens längst zum Alltag geworden. Daher finden sich die Spuren, die Mitarbeiter bei der Begehung einer Straftat im Unternehmen hinterlassen, zunehmend auf den Computersystemen[709] des Betriebes. Dabei lassen sich die Hinweise auf Straftaten sowohl in gespeicherten Geschäftsbriefen und -berichten, Protokollen und Vereinbarungen als auch in der Korrespondenz der Mitarbeiter via Inter- und Intranet finden. Von besonderer Bedeutung ist dabei aber vor allem die E-Mail-Korrespondenz der Mitarbeiter.[710] Ihre Tätigkeit lässt sich meist schon allein an Hand der E-Mails vollständig rekonstruieren,[711] denn die E-Mail hat in weiten

709 Über 95 % aller Dokumente eines Unternehmens liegen als elektronische Daten vor, KPMG, Evidence and Disclosure Management (EDM) – Effektives Dokumentenmanagement in Risikosituationen, S. 1.

710 *Schuster*, ZIS 2010, 68.

711 *Burtscher*, in: Unternehmensinterne Untersuchungen, S. 89, 95; *Hanau/Hoeren*, Private Internetnutzung durch Arbeitnehmer, S. 14: „Jede Benutzung des Internets hinterlässt

Teilen der Geschäftswelt die Kommunikation per Brief und Fax verdrängt.[712] Das sog. E-Mail-Screening, also die systematische Kontrolle und Durchsicht aller ein- und ausgehenden E-Mails der Mitarbeiter in Hinblick auf einen bestimmten Verdachtsmoment,[713] verspricht daher, neben der Durchführung von sich in der Regel daran anschließenden Mitarbeiterbefragungen und der Auswertung geschäftlicher Unterlagen, den größten Untersuchungserfolg.[714] Durch die Auswertung von Verbindungsdaten aber vor allem auch die Inhaltskontrolle der E-Mails hoffen die internen Ermittler sowohl Erkenntnisse über die Tat an sich als auch über die Täter bzw. Beteiligten zu erlangen.[715] Das unternehmerische Interesse an der E-Mail-Korrespondenz seiner Mitarbeiter ist dementsprechend groß, steht dabei aber stets im Konflikt mit den Interessen der betroffenen Arbeitnehmer.[716]

Das Unternehmen und die von ihm engagierten privaten Ermittler haben hinsichtlich der E-Mail-Korrespondenz der Mitarbeiter wesentlich leichteren Zugriff auf die Informationen als die staatlichen Ermittlungsbehörden. Die Verlockung, die Daten für die unternehmensinterne Untersuchung zu nutzen, ist daher enorm groß. Groß ist aber auch die Gefahr, sich wegen der Durchführung eines E-Mail-Screenings selber strafbar zu machen. Die Normen des StGB, insbesondere die § 202a StGB und ggf. § 206 StGB, setzen dieser, für das Unternehmen so aussichtsreichen, Ermittlungsmaßnahme relativ enge Grenzen.[717] Damit einher geht die Gefahr, dass anstelle des mit den internen Ermittlungen bezweckten positiven Signals gegenüber der Öffentlichkeit und den staatlichen Ermittlern durch den illegalen Zugriff auf die E-Mail-Korrespondenz der Mitarbeiter „ein Negativeffekt oder gar ein mit einem Reputationsverlust einhergehender „Überwachungsskandal“ eintritt.“[718]

Spuren… Über die gezielte Auswertung … kann das Arbeitnehmerverhalten prinzipiell bis ins Detail nachvollzogen und überwacht werden.“.

712 *Tiedemann*, ZD 2011, 45.

713 In diesem Sinne etwa: *Schmidl*, in: Corporate Compliance, § 29, Rn. 295; *Müller-Bonanni*, AnwBl 2010, 651, 654 definiert das E-Mail-Screening als „die inhaltliche Überprüfung von E-Mail-Korrespondenz“.

714 *Schürrle/Olbers*, CCZ 2010, 178, 179: „besonders effektiv“; *Mückenberger/Müller*, BB 2011, 2302: „oftmals die ergiebigste Informationsquelle“.

715 *Dann/Gastell*, NJW 2008, 2945.

716 *Burtscher*, in: Unternehmensinterne Untersuchungen, S. 89, 95.

717 *Dann/Gastell*, NJW 2008, 2945.

718 *Mückenberger/Müller*, BB 2011, 2302.

Die nachstehenden Ausführungen beziehen sich nur auf elektronisch gespeicherte E-Mails. Die Kontrolle ausgedruckter E-Mails richtet sich nach den gleichen Regularien, wie sie bei „normalen“ Dokumenten in Papierform gelten[719], vgl. S. 215 ff.

II. Ablauf

1. Durchführung

Grundsätzlich gilt, dass die Kontrolle des E-Mail-Verkehrs entweder durch den individuell-manuellen Zugriff des Arbeitgebers auf einzelne E-Mail-Accounts seiner Mitarbeiter oder aber durch den Einsatz von Überwachungssoftware erfolgen kann.[720] Dabei ist jedoch zu berücksichtigen, dass die manuelle Durchsicht sämtlicher E-Mails eines Mitarbeiters in der Regel einen unverhältnismäßigen Eingriff in das Persönlichkeitsrecht des Mitarbeiters darstellt. Grundsätzlich zulässig ist hingegen, die E-Mail-Korrespondenz eines Mitarbeiters zunächst mithilfe einer Software automatisch nach bestimmten Suchkriterien zu durchsuchen und anschließend die Treffer manuell zu kontrollieren.[721]

Die technische Seite des Einsatzes einer Software zur Überwachung der E-Mail-Korrespondenz bereitet den Ermittlern keinerlei Schwierigkeiten.[722] Die benötigten Daten befinden sich meist auf einem zentralen Server. Von ihnen wird eine Kopie gefertigt, die regelmäßig Gegenstand der Untersuchung ist. Die Datensätze lassen sich dann mit Hilfe spezieller Softwareprogramme hinsichtlich bestimmter Inhalte, Namen, E-Mail-Adressen oder Stichworten filtern.[723]

2. Beteiligung des Betriebsrates

Sofern nicht bereits bei Einführung des E-Mail-Systems eine Regelung hinsichtlich der technischen Kontrollmöglichkeiten des Arbeitgebers getroffen wurde, steht dem Betriebsrat in Hinblick auf die Durchführung des E-Mail-Screenings

---

719 *Bissels/Lützeler*, BB 2012, 189, 191.

720 *Wolf/Mulert*, BB 2008, 442; *Mengel*, BB 2004, 2014, 2015; dazu ausführlich: *Hanau/Hoeren*, Private Internetnutzung durch Arbeitnehmer, S. 14 ff.

721 *Vogel/Glas*, DB 2009, 1747, 1754.

722 *Salvenmoser/Schreier*, in: Handbuch Wirtschaftsstrafrecht, 15. Teil Rn. 116; dazu: *Hanau/Hoeren*, Private Internetnutzung durch Arbeitnehmer, S. 17 f.; *Beckschulze/Henkel*, DB 2001, 1491, 1500 f.; zum Schutz von Geschäftsgeheimnissen: *Rabl/Hartwig*, in: Moosmayer/Hartwig, Interne Untersuchungen, S. 117, 125 f.

723 *Schuster*, ZIS 2010, 68; *Reeb*, Internal Investigations, S. 78 f.

grundsätzlich ein Mitbestimmungsrecht gemäß § 87 Abs. 1 Nr. 6 BetrVG zu.[724] Der Abschluss einer Betriebsvereinbarung kann sich in der Praxis anbieten, damit nicht jede einzelne Maßnahme auf Mitbestimmungspflichtigkeit zu prüfen und ggf. mit dem Betriebsrat abzustimmen ist.[725]

III. Grundsätzliches zur Rechtmäßigkeit des E-Mail-Screenings

Hinsichtlich der Frage der Kontrollbefugnis des Arbeitsgebers spielt die arbeitsvertragliche bzw. innerbetriebliche Regelung der privaten Internetnutzung eine maßgebliche Rolle, denn mit der wohl noch herrschenden Meinung ist der Arbeitgeber im Falle der gestatteten privaten Nutzung als Anbieter von Telekommunikationsdiensten i.S.d. TKG zu qualifizieren. Zu differenzieren ist zudem zwischen der dienstlichen und der privaten E-Mail-Korrespondenz[726] und der Kontrolle der Nutzungsdaten und des Inhaltes. Die Nutzungsdaten umfassen die „äußeren Daten", also etwa die Angabe über Absender und Empfänger, Zeitpunkt und Dauer der Verbindung. Diese Daten werden in sog. „logfiles" gespeichert. Inhaltsdaten umfassen die Informationen, die sich aus der E-Mail selbst ergeben.[727]

Festzuhalten ist, dass den Kontrollmöglichkeiten des Arbeitgebers, jedenfalls – unabhängig davon, wie die Regelung im Unternehmen ausfällt – durch das allgemeine Persönlichkeitsrecht des Arbeitnehmers gemäß Art. 2 Abs. 1 GG i.V.m. Art. 1 Abs. 1 GG, das über die zivilrechtlichen Generalklauseln auch Geltung im Arbeitsverhältnis beansprucht[728], Grenzen gesetzt sind.[729]

Sowohl das BDSG als auch das TKG enthalten Bußgeld- und Strafvorschriften für den unzulässigen Umgang mit Daten, §§ 43 f. BDSG, §§ 148 f. TKG.

---

724 *Salvenmoser/Schreier*, in: Handbuch Wirtschaftsstrafrecht, 15. Teil Rn. 130; *v. Rosen*, Internal Investigations bei Compliance-Verstößen, S. 107; *Weiße*, in: Moosmayer/Hartwig, Interne Untersuchungen, S. 41, 45; dazu auch: *Wolf/Mulert*, BB 2008, 442, 444 f.; *Böhm*, Non-Compliance und Arbeitsrecht, S. 111 ff.; vgl. § 32 Abs. 3 BDSG, der klarstellt, dass die Beteiligungsrecht der Interessenvertretungen der Beschäftigten unberührt bleiben; beachte auch § 119 Abs. 1 Nr. 2 BetrVG, wonach die Behinderung oder Störung des Betriebsrates eine Straftat darstellen kann, dazu S. 311 f.

725 *Weiße*, in: Moosmayer/Hartwig, Interne Untersuchungen, S. 41, 46.

726 *Bissels/Lützeler*, BB 2012, 189, 191; *Klengel/Mückenberger*, CCZ 2009, 81, 83; *Mengel*, BB 2004, 1445.

727 *Salvenmoser/Schreier*, in: Handbuch Wirtschaftsstrafrecht, 15. Teil Rn. 117.

728 *Mengel*, BB 2004, 2014, 2015; *Joussen*, NZA-Beilage 2011, 35, 36: „Einfallstore (sind) der § 106 GewO, § 242 BGB und § 75 II BetrVG"; im Ergebnis auch: *Hanau/Hoeren*, Private Internetnutzung durch Arbeitnehmer, S. 60.

729 *Kreitner*, in: Personalbuch 2013, Internet-/Telefonnutzung, Rn. 9 f.; *Lindemann/Simon*, BB 2001, 1950; *Haußmann/Krets*, NZA 2005, 259, 260.

Der Kontrolle der E-Mail-Korrespondenz sind auch durch das StGB Grenzen gesetzt. In Betracht kommen insbesondere § 202a StGB (Ausspähen von Daten) und § 206 StGB (Verletzung des Post- oder Fernmeldegeheimnisses), wobei § 206 StGB voraussetzt, dass der Arbeitgeber Inhaber eines Unternehmens ist, das geschäftsmäßig Kommunikationsdienste erbringt. Inwieweit eine Kontrolle durch den Arbeitgeber zulässig ist und wo das Strafrecht dieser Untersuchungsmaßnahme Grenzen setzt, hängt daher maßgeblich von der internen Regelung der privaten Internetnutzung ab.[730]

In einem ersten Schritt werden die Grenzen der Zulässigkeit der Logfile-Kontrolle dargestellt. Sodann werden die Grenzen der Inhaltskontrolle untersucht, denen im Rahmen einer internen Untersuchung eine wesentlich größere Bedeutung zukommt. Die Rechtmäßigkeit der Untersuchungsmaßnahme des Arbeitgebers wird dabei sowohl an den Vorgaben des BDSG als auch – hilfsweise – an den Vorschriften des TKG gemessen.

IV. Kontrolle von E-Mail-Logfiles

1. *Begriff*

E-Mail-Logfiles sind Protokolldateien, die Informationen über im E-Mail-Verkehr genutzte Verbindungen enthalten. Gespeichert wird, wer, wann, mit wem kommuniziert hat, wie lange und mit welchem Server eine Verbindung bestanden hat und welche Daten übertragen worden sind.[731] Letztlich geht es dabei um die Nutzungsdaten.[732]

Im Rahmen der internen Ermittlungen wird es in der Regel auf den Inhalt der E-Mails ankommen, allein die Logfiles sind wenig hilfreich. Daher erfolgt an dieser Stelle lediglich ein Überblick über die Kontrollmöglichkeiten des Arbeitgebers.[733]

2. *Rechtmäßigkeit nach § 32 Abs. 1 S. 2 BDSG*

E-Mail-Logfiles geben Auskunft darüber, wer an wen eine E-Mail welcher Größe zu welcher Zeit gesendet hat. Da die gewonnenen Daten dem einzelnen

730 Ausführlich z.B.: *Hegewald*, in: Münchener Anwaltshandbuch IT-Recht, Teil 8 Rn. 70 ff.; *Maschmann*, in: Corporate Compliance und Arbeitsrecht, S. 149, 160 ff.

731 *Thüsing*, Arbeitnehmerdatenschutz und Compliance, Rn. 198; *Beckschulze/Henkel*, DB 2001, 1491, 1493; *Lindemann/Simon*, BB 2001, 1950, 1951.

732 *Salvenmoser/Schreier*, in: Handbuch Wirtschaftsstrafrecht, 15. Teil Rn. 117.

733 Ausführlich zur Kontrolle der Logfiles: *Thüsing*, Arbeitnehmerdatenschutz und Compliance, Rn. 247 ff.

Arbeitnehmer zuzuordnen sind, handelt es sich um personenbezogene Daten i.S.d. § 3 Abs. 1 BDSG.[734] Bei der Kontrolle der logfiles handelt es sich zudem um eine Nutzung i.S.d. § 3 Abs. 5 BDSG,[735] sodass gemäß § 4 Abs. 1 BDSG eine Rechtfertigung der Maßnahme erforderlich ist.

Sofern E-Mail-Logfiles des verdächtigen Mitarbeiters ausgewertet werden, ist hinsichtlich der Rechtmäßigkeit der Kontrolle § 32 Abs. 1 S. 2 BDSG maßgeblich. Damit kommt es entscheidend auf den Ausgang der Interessenabwägung an. Auch die Kontrolle von Verbindungsdaten stellt einen Eingriff in das allgemeine Persönlichkeitsrecht dar, da die Daten Rückschlüsse auf die Persönlichkeitssphäre des Arbeitnehmers zulassen.[736] Der Arbeitnehmer kann sich daher insbesondere auf sein Recht auf informationelle Selbstbestimmung[737] berufen, der Arbeitgeber auf sein Aufklärungsinteresse. Die Gewichtung der Interessen hängt vor allem davon ab, ob dienstliche oder private E-Mails betroffen sind.

a. Dienstliche E-Mail

Soweit die Kontrolle lediglich dienstliche E-Mails betrifft, ist davon auszugehen, dass die betrieblichen Interessen des Arbeitgebers überwiegen, da lediglich eine geringe Beeinträchtigung der Privatsphäre vorliegt.[738] Die Überprüfung der Verbindungsdaten bei dienstlicher Nutzung ist somit grundsätzlich zulässig.[739] Darüber hinaus kann der Arbeitgeber zulässige Kontrollen auch hinsichtlich der (vollständigen) E-Mail-Adressen durchführen,[740] da die Adressen meist ohnehin

---

734 *Thüsing*, Arbeitnehmerdatenschutz und Compliance, Rn. 249 ff.; *Biegel*, Überwachung von Arbeitnehmern, S. 97.

735 *Thüsing*, Arbeitnehmerdatenschutz und Compliance, Rn. 253.

736 *Höld*, Die Überwachung von Arbeitnehmern, S. 201.

737 *Mölter*, Überwachung und Informationsbeschaffung des Arbeitgebers, S. 227.

738 *Mölter*, Überwachung und Informationsbeschaffung des Arbeitgebers, S. 227.

739 *Mölter*, Überwachung und Informationsbeschaffung des Arbeitgebers, S. 227; *Mengel*, BB 2004, 2014, 2016; *Wuttke*, Straftäter im Betrieb, S. 183; *Wolf/Mulert*, BB 2008, 442, 447; *Hanau/Hoeren*, Private Internetnutzung durch Arbeitnehmer, S. 53; Höld, Die Überwachung von Arbeitnehmern, S. 201; *Weißnicht*, MMR 2003, 448, 451.

740 *Mengel*, BB 2004, 2014, 2016; *Wuttke*, Straftäter im Betrieb, S. 184; *Altenburg/v. Reinersdorff/Leister*, MMR 2005, 135, 136; *Mölter*, Überwachung und Informationsbeschaffung des Arbeitgebers, S. 227; *Gola*, Datenschutz am Arbeitsplatz, Rn. 368; *Wolf/Mulert*, BB 2008, 442, 443; *Hoss*, Internet- und E-Mail-Überwachung, S. 82; *Schmidt*, BB 2009, 1295, 1299; *Barton*, NZA 2006, 460, 462 f.; *Lindemann/Simon*, BB 2001, 1950, 1952; *Däubler*, Gläserne Belegschaften?, Rn. 354; *Hanau/Hoeren*, Private Internetnutzung durch Arbeitnehmer, S. 65 f.; *Hoppe*, Private Nutzung betrieblicher Informations- und Kommunikationsmittel, S. 125.

vom Arbeitgeber selbst stammen und dieser auf Grund seines Direktionsrechts die Zieladresse dienstlicher Mails vom Arbeitnehmer erfragen kann.[741] Zudem ist zur Aufklärung des Straftatverdachts insbesondere relevant, mit wem der Arbeitnehmer Kontakt hatte.

b. Private E-Mail

Auch bei der gestatteten privaten Nutzung besteht bei den Logfiles nur ein geringer Persönlichkeitsbezug, da es nur um die Datenmenge, den Zeitpunkt und die E-Mail-Adressen geht, nicht aber um den Inhalt der E-Mail.[742] Damit ist die Kontrolle in der Regel zulässig.[743] Teilweise wird vertreten, dass die Kontrolle der E-Mail-Adressen jedoch ausgenommen sei.[744]

3. *Rechtmäßigkeit nach TKG*

Die Anwendbarkeit des BDSG ist nicht unumstritten, vielmehr nimmt die wohl noch herrschende Meinung im Falle der gestatteten privaten Nutzung der Telekommunikationsanlagen an, dass der Arbeitgeber als Anbieter von Telekommunikationsdiensten i.S.d. TKG zu qualifizieren ist, vgl. S. 101 ff. Die Rechtmäßigkeit der Logfile-Kontrolle muss daher (hilfsweise) auch nach den Vorschriften des TKG beurteilt werden.

a. Eingriff in das Fernmeldegeheimnis

Gemäß § 88 Abs. 1 TKG sind auch die näheren Umstände der Telekommunikation sowie erfolglose Verbindungsversuche durch das Fernmeldegeheimnis geschützt. Die Überwachung der Verbindungsdaten fällt somit in den sachlichen Schutzbereich des Fernmeldegeheimnisses, da die Daten typischerweise unmittelbar im Zusammenhang mit dem Eingang oder Ausgang der E-Mail erstellt werden und nicht erst nach Beendigung des Übertragungsvorganges.[745] Die Kontrolle der Verkehrsdaten stellt somit einen Eingriff in das Fernmeldegeheimnis dar,[746] der einer Rechtfertigung bedarf.

---

741 *Mölter*, Überwachung und Informationsbeschaffung des Arbeitgebers, S. 227.

742 *Thüsing*, Arbeitnehmerdatenschutz und Compliance, Rn. 283.

743 *Thüsing*, Arbeitnehmerdatenschutz und Compliance, Rn. 278 ff.; *Beckschulze/Henkel*, DB 2001, 1491, 1494: „wenn ein entsprechender Anlass vorliegt".

744 *Wolf/Mulert*, BB 2008, 442, 444; *Däubler*, Internet und Arbeitsrecht, Rn. 276: „keine Befugnis, die angewählte Adresse zu speichern"; **a.A.**: *Mölter*, Überwachung und Informationsbeschaffung des Arbeitgebers, S. 227.

745 *Mölter*, Überwachung und Informationsbeschaffung des Arbeitgebers, S. 221.

746 *Gola/Wronka*, Handbuch Arbeitnehmerdatenschutz, Rn. 1188.

b. Rechtfertigungsgründe des TKG

In Betracht kommen könnte eine Rechtfertigung nach § 88 Abs. 3 S. 3 i.V.m. §§ 91 ff. TKG. Da die private Nutzung in der Regel jedoch unentgeltlich erfolgt, scheiden §§ 97, 99 TKG von vornherein aus.[747] Auch § 101 TKG, der eine Regelung für bedrohende und belästigende Anrufe enthält, passt nicht auf den Fall interner Ermittlungen. § 100 Abs. 1 TKG scheidet ebenfalls aus, da die Speicherung nicht zur Ermöglichung von Wartungsarbeiten erfolgt, sondern vielmehr zur Informationsbeschaffung.[748]

In § 100 Abs. 3 TKG findet sich ein weiterer Rechtfertigungsgrund, der sich allerdings lediglich auf das Aufdecken und die Unterbindung von Leistungserschleichung und sonstiger rechtswidriger Inanspruchnahme der Telekommunikationsnetze und -dienste bezieht. Im Rahmen des § 100 Abs. 3 S. 1 TKG a. F. wurde noch diskutiert, ob die „rechtswidrige Inanspruchnahme" auch den Fall der unternehmensinternen Untersuchungen zur Klärung strafrechtlicher Verdachtsfälle umfasst. Teilweise wurden darunter unternehmensschädigende Straftaten,[749] Drohanrufe oder die Belästigung Dritter[750] verstanden, sodass Ermittlungshandlungen zur Aufdeckung von Straftaten gegen das Unternehmen umfasst wären.[751] Andere verstanden darunter die Verletzung telekommunikationsrechtlicher Vorschriften und Rechte Dritter, die zur telekommunikationsrechtlichen Nutzung befugt sind.[752] Typischerweise fielen darunter Fälle der rechtswidrigen Umgehung einer Gebührenerfassung der Telekommunikation,[753] sodass eine Rechtfertigung der Logfile-Kontrolle im Rahmen unternehmensinterner Ermittlungen damit ausscheiden würde.

---

747 *Mölter*, Überwachung und Informationsbeschaffung des Arbeitgebers, S. 222.

748 *Thüsing*, Arbeitnehmerdatenschutz und Compliance, Rn. 307 f.; zur Kontrolle der Verbindungsdaten allgemein: *Mengel*, BB 2004, 2014, 2018 f.

749 *Kargl*, in: NK StGB, § 206 Rn. 49; *Lenckner/Eisele*, in: S/S, § 206 Rn. 13; wohl auch: *Vietmeyer/Byers*, MMR 2010, 807, 808; **a.A.**: *Thüsing*, Arbeitnehmerdatenschutz und Compliance, Rn. 310.

750 *Wittern*, in: Beck TKG, § 100 Rn. 10 (3. Auflage).

751 *Kargl*, in: NK StGB, § 206 Rn. 49; *Lenckner/Eisele*, in: S/S, § 206 Rn. 13.

752 *Kannenberg*, in: Scheurle/Mayen, TKG, § 100 Rn. 26.

753 *Wittern*, in: Beck TKG, § 100 Rn. 10 (3. Auflage); *Thüsing*, Arbeitnehmerdatenschutz und Compliance, Rn. 310: „vor allem die Fälle der wirtschaftlichen Schädigung des Dienstanbieters durch Leistungsmissbrauch" und Rn. 327: „missbräuchliche[n] Nutzung … im Sinne einer Leistungserschleichung".

Mit dem Gesetz zur Änderung telekommunikationsrechtlicher Regelungen vom 3.5.2012[754] ist dieser Streit jedoch hinfällig geworden, da der Gesetzgeber zugunsten letzterer Ansicht den § 100 Abs. 3 S. 1 TKG ergänzt hat, der nunmehr folgenden Wortlaut hat: „Wenn zu dokumentierende tatsächliche Anhaltspunkte für die rechtswidrige Inanspruchnahme eines Telekommunikationsnetzes oder -dienstes vorliegen, insbesondere für eine Leistungserschleichung oder einen Betrug, darf der Dienstanbieter zur Sicherung seines Entgeltanspruchs die Bestandsdaten und Verkehrsdaten verwenden, die erforderlich sind, um die rechtswidrige Inanspruchnahme des Telekommunikationsnetzes oder -dienstes aufzudecken und zu unterbinden."

Die Änderung dient laut der Gesetzesbegründung der Klarstellung des Verwendungszwecks der erhobenen Daten und zudem dazu, „eine Schädigung der Netzbetreiber und TK-Anbieter durch Missbrauch zu verhindern."[755] Der Gesetzgeber hat somit verdeutlicht, dass die rechtswidrige Inanspruchnahme nicht jede unternehmensschädigende Straftat umfasst, sondern vielmehr nur Leistungserschleichung, Betrug und ähnliches erfassen soll. Eine Rechtfertigung der Logfile-Kontrolle kann daher im Rahmen einer typischen internen Ermittlung, die der Aufklärung von strafrechtlichen Verdachtsfällen dient, auch nicht auf § 100 Abs. 3 S. 1 TKG gestützt werden.[756]

c. Zwischenergebnis

Damit bietet das TKG keine Rechtfertigung für die Kontrolle privater E-Mail-Verbindungsdaten zum Zwecke der Aufklärung von Verdachtsfällen. Die Kontrolle der privaten E-Mail-Logfiles bei der gestatteten privaten Internetnutzung ist bei Anwendung des TKG damit grundsätzlich rechtswidrig.[757]

Dabei ist zu berücksichtigen, dass im Falle der sog. Mischnutzung (private und dienstliche Mails können nicht getrennt werden) die privaten E-Mails die gesamte Kommunikation „infizieren". Das TKG verbietet dann grundsätzlich die Kontrolle der Verbindungsdaten sämtlicher – auch dienstlicher – E-Mails.[758]

---

754 BGBl. 2012, Teil 1 Nr. 19, S. 958.

755 BT-Drs. 17/5707, S. 80.

756 Schon *Dann/Gastell*, NJW 2008, 2945, 2946 und *Eisele*, Compliance und Datenschutzstrafrecht, S. 48 gingen davon aus, dass der Gesetzgeber keine generalklauselartige Erlaubnisnorm für Mitarbeiterkontrollen schaffen wollte.

757 Im Ergebnis: *Thüsing*, Arbeitnehmerdatenschutz und Compliance, Rn. 311; *Lindemann/Simon*, BB 2001, 1950, 1953.

758 *v. Rosen*, Internal Investigations bei Compliance-Verstößen, S. 83; vgl. zu dem Problemkreis der Mischnutzung unten S. 151 ff.

d. Ausnahme: Straftatverdacht?

Teilweise wird allerdings vertreten, dass die Protokollierung der Verkehrsdaten bei Verdacht auf eine strafrechtlich relevante Nutzung ausnahmsweise erfolgen dürfe.[759] Dagegen wird jedoch eingewandt, dass die Überwachung der Verbindungsdaten der privaten E-Mail-Korrespondenz mangels einer entsprechenden Rechtsgrundlage nicht zulässig sei. Die Verbindungsdaten privater E-Mails dürften also weder erfasst noch gespeichert werden.[760]

Da § 88 Abs. 3 S. 3 TKG ausdrücklich bestimmt, dass eine Verwendung der Daten nur zulässig ist, soweit das TKG oder eine andere gesetzliche Vorschrift dies vorsieht und sich dabei ausdrücklich auf Telekommunikationsvorgänge bezieht, vermag es nicht zu überzeugen, im Falle des Straftatverdachts eine Ausnahme zuzulassen. Das Gesetz enthält dafür keinerlei Anhaltspunkte. Mit der Bestimmung des § 88 Abs. 3 S. 4 TKG, wonach lediglich § 138 StGB (Nichtanzeige geplanter Straftaten) Vorrang hat, ist es nicht vereinbar, dass darüber hinaus eine eigenständige Aufklärung von in der Vergangenheit liegenden Straftaten zulässig sein soll.[761]

4. Ergebnis

Sofern man mit der hier vertretenen Ansicht von der Anwendbarkeit des BDSG ausgeht, ist der Arbeitgeber gemäß § 32 Abs. 1 S. 2 BDSG grundsätzlich zur Kontrolle der dienstlichen und privaten E-Mail-Logfiles berechtigt. Geht man mit der herrschenden Meinung im Falle der gestatteten privaten Nutzung jedoch von der Anwendbarkeit des TKG aus, so ist der Arbeitgeber im Rahmen interner Untersuchungen grundsätzlich nicht zur Kontrolle privater E-Mail-Logfiles berechtigt.

---

759 *Ems*, BDSG-Novelle 2009, S. 57; *Hoppe*, Private Nutzung betrieblicher Informations- und Kommunikationsmittel, S. 136; *v. Steinau-Steinrück/Glanz*, NJW-Spezial 2008, 402, 403; *Wellhöner/Byers*, BB 2009, 2310, 2311; *Beckschulze*, DB 2003, 2777, 2780; *Schmidt*, BB 2009, 1295, 1296; ArbG Hannover, NZA-RR 2005, 420, 422: "Darüber hinaus wird ein Kontroll- und Überwachungsrecht des Arbeitgebers aus § 85 III TKG (a.F. entspricht § 88 Abs. 3 TKG n.F.) abgeleitet, wenn ein faktischer *Verdacht für einen Missbrauch* vorliegt und der Verhältnismäßigkeitsgrundsatz gewahrt ist".

760 *Wolf/Mulert*, BB 2008, 442, 445.

761 Vgl.: *Bock*, in: Beck TKG, § 88 Rn. 47.

V. Inhaltskontrolle – Rechtmäßigkeit nach BDSG

Das BDSG findet bei der verbotenen privaten Internetnutzung Anwendung und nach der hier vertretenen Auffassung auch im Falle der erlaubten oder nicht geregelten privaten Nutzung, vgl. S. 93 ff. Dies gilt auch hinsichtlich dienstlicher E-Mails, ohne dass es insoweit auf die innerbetriebliche Regelung ankäme, da der Arbeitgeber selbst im Falle der erlaubten privaten Internetnutzung nicht als Dienstanbieter zu qualifizieren ist.[762] Grundsätzlich gilt somit, dass sowohl hinsichtlich der Kontrolle der Verbindungsdaten als auch der Inhaltskotrolle der ein- und ausgehenden E-Mails durch den Arbeitgeber die Vorschriften des BDSG Anwendung finden.[763] Danach hat stets eine Abwägung der sich entgegenstehenden Interessen des Arbeitnehmers und -gebers zu erfolgen. Die vom Arbeitgeber durchgeführte Maßnahme muss damit sowohl erforderlich als auch verhältnismäßig sein.[764] Daneben muss das allgemeine Persönlichkeitsrecht des Arbeitnehmers, insbesondere in der Ausprägung des Rechts auf informationelle Selbstbestimmung, Berücksichtigung finden.[765]

1. Erforderlichkeit einer Rechtfertigung

Den Ausgangspunkt der Beurteilung der Zulässigkeit des E-Mail-Screenings bildet § 4 Abs. 1 BDSG. Danach ist die „Erhebung, Verarbeitung und Nutzung personenbezogener Daten [sind] nur zulässig, soweit dieses Gesetz oder eine andere Rechtsvorschrift dies erlaubt oder anordnet oder der Betroffene eingewilligt hat." Das E-Mail-Screening bedarf demnach einer Rechtfertigung, sofern es sich dabei um die Erhebung, Verarbeitung oder Nutzung personenbezogener Daten handelt.

Die in den technischen Protokollen der EDV-Systeme gespeicherten Spuren einer jeden E-Mail ermöglichen die Identifizierung des jeweiligen Nutzers, sodass es sich um personenbezogene Daten i.S.d. § 3 Abs. 1 BDSG handelt.[766] Darunter fallen die Verbindungsdaten einer E-Mail ebenso wie die Inhalte,[767]

762 *Mengel*, BB 2004, 2014, 2016.

763 *Hegewald*, in: Münchener Anwaltshandbuch IT-Recht, Teil 8 Rn. 74 ff.; *Müller-Bonanni*, AnwBl 2010, 651, 654; *Salvenmoser/Schreier*, in: Handbuch Wirtschaftsstrafrecht, 15. Teil Rn. 123.

764 *Salvenmoser/Schreier*, in: Handbuch Wirtschaftsstrafrecht, 15. Teil Rn. 123.

765 *Rath/Karner*, K&R 2007, 446, 449; im Ergebnis auch: *Mengel*, BB 2004, 2014, 2015; *Ernst*, NZA 2002, 585, 588; *Lindemann/Simon*, BB 2001, 1950, 1951.

766 *Beckschulze/Henkel*, DB 2001, 1491, 1492 f.

767 *Mengel*, BB 2004, 2014, 2015 f.; *Wolf/Mulert*, BB 2008, 442, 446; *Vogel/Glas*, DB 2009, 1747, 1754; *Raffler/Hellich*, NZA 1997, 862, 864; *Lindemann/Simon*, BB 2001, 1950,

also die übertragenen Informationen und Nachrichten an sich.[768] Beim E-Mail-Screening sind somit personenbezogene Daten betroffen.[769]

Außerdem müsste es sich beim E-Mail-Screening um die Erhebung, Verarbeitung oder Nutzung solcher Daten handeln. Da sich der Arbeitgeber im Rahmen des E-Mail-Screenings Daten von Beschäftigten verschafft und diese zur Aufklärung der Verdachtsfälle verwendet, handelt es sich dabei jedenfalls um die Nutzung personenbezogener Daten i.S.d. § 3 Abs. 5 BDSG.[770] Umstritten ist, ob es sich darüber hinaus auch um ein Erheben von Daten i.S.d. § 3 Abs. 3 BDSG handelt, vgl. S. 65 f. Sofern man dafür ausreichen lässt, dass durch den Abgleich verschiedener Datenmengen neue Daten beschafft werden,[771] handelt es sich beim E-Mail-Screening um das Erheben von Daten. Somit bedarf es gemäß § 4 Abs. 1 BDSG einer Rechtfertigung der Maßnahme.

2. *Rechtfertigung nach § 32 Abs. 1 S. 2 BDSG*

a. Voraussetzungen des § 32 Abs. 1 S. 2 BDSG

Beim E-Mail-Screening im Rahmen unternehmensinterner Ermittlungen kommt es insbesondere auf den § 32 Abs. 1 S. 2 BDSG an. Danach dürfen personenbezogene Daten eines Beschäftigten nur dann zur Aufdeckung von Straftaten erhoben, verarbeitet oder genutzt werden, wenn tatsächliche Anhaltspunkte den Verdacht begründen, dass der Betroffene eine Straftat begangen hat. Weitere Voraussetzung ist, dass „die Erhebung, Verarbeitung oder Nutzung zur Aufdeckung erforderlich ist und das schutzwürdige Interesse des Beschäftigten an dem Ausschluss der Erhebung, Verarbeitung oder Nutzung nicht überwiegt, insbesondere Art und Ausmaß im Hinblick auf den Anlass nicht unverhältnismäßig sind."

Sofern ein Anfangsverdacht besteht und sich die Kontrolle auf E-Mails des Verdächtigen bezieht (anderenfalls sind die zusätzlichen Voraussetzungen des § 4 Abs. 2 S. 2 BDSG zu beachten), um eine Straftat des Beschäftigten, die er

---

1951; *Renners*, Private Investigation und Arbeitsrecht, S. 215; *Wisskirchen/Glaser*, DB 2011, 1447, 1450.

768 *Beckschulze/Henkel*, DB 2001, 1491, 1493.

769 *Thüsing*, Arbeitnehmerdatenschutz und Compliance, Rn. 325; *Biegel*, Überwachung von Arbeitnehmern, S. 97; im Ergebnis auch: *Reichold*, in: Münchener Handbuch zum Arbeitsrecht, § 86 Rn. 12; Datenschutzgruppe, Arbeitsdokument v. 29.5.2002, S. 22.

770 *Riesenhuber*, in: Beck'OK Datenschutzrecht, § 32 BDSG Rn. 125; vgl. auch: *Biegel*, Überwachung von Arbeitnehmern, S. 97, der von einer Verarbeitung i.S.d. § 3 Abs. 4 BDSG ausgeht.

771 *Riesenhuber*, in: Beck'OK Datenschutzrecht, § 32 BDSG Rn. 124.

im Rahmen des Beschäftigungsverhältnisses begangen haben soll, aufzudecken, kann die Maßnahme auf § 32 Abs. 1 S. 2 BDSG gestützt werden.

Ausführungen zu den einzelnen Voraussetzungen des § 32 Abs. 1 S. 2 BDSG finden sich auf S. 64 ff.

b. Verhältnismäßigkeit

Sofern die sonstigen Voraussetzungen des § 32 Abs. 1 S. 2 BDSG vorliegen, kommt es für die Zulässigkeit des E-Mail-Screenings maßgeblich auf die Verhältnismäßigkeit der Kontrolle an.

aa. Geeignetheit

Das E-Mail-Screening stellt regelmäßig nur *eine* Maßnahme im Rahmen der unternehmensinternen Untersuchungen dar. Die tatsächliche Aufklärung des Verdachts kann häufig erst durch sich anschließende Maßnahmen, insbesondere durch Mitarbeiterbefragungen, erfolgen. Allerdings ist bereits dann von der Geeignetheit der Maßnahme auszugehen, wenn die Auswertung der E-Mails einen Teil eines mehrgliedrigen Aufklärungsprozesses darstellt.[772] Das E-Mail-Screening stellt also eine geeignete Maßnahme zur Aufklärung des Verdachts dar.

bb. Erforderlichkeit

Zudem müsste das E-Mail-Screening erforderlich sei. Das legitime Ziel, also die Aufdeckung von Straftaten eines Arbeitnehmers, dürfte nicht bereits mit einem weniger schwerwiegenden Eingriff in das allgemeine Persönlichkeitsrecht erreicht werden können. Dabei muss allerdings nicht auf weniger wirksame Mittel zurückgegriffen werden.[773]

Als Alternative käme höchstens die Befragung der Mitarbeiter in Betracht. Diese Maßnahme wäre aber nicht nur langwieriger und kostenintensiver, sondern darüber hinaus wäre auch weder die Vollständigkeit noch die Richtigkeit der Angaben überprüfbar.[774] Auch die vorherige Information der betroffenen

---

772 *Thüsing*, Arbeitnehmerdatenschutz und Compliance, Rn. 265.

773 *Wybitul*, BB 2010, 1085, 1086; *Thüsing*, Arbeitnehmerdatenschutz und Compliance, Rn. 266.

774 *Thüsing*, Arbeitnehmerdatenschutz und Compliance, Rn. 267; im Ergebnis auch: *Rübenstahl/Debus*, NZWiSt 2012, 129, 136; *Schmidl*, in: Corporate Compliance, § 29, Rn. 300a: „…, ist gut denkbar, dass vergleichbar aufschlussreiche Maßnahmen mit geringerer Eingriffswirkung für die betroffenen Mitarbeiter nicht ersichtlich sind.".

Arbeitnehmer kann grundsätzlich nicht verlangt werden, da stets zu befürchten ist, dass relevante Daten gelöscht werden.[775]

In Fällen, in denen bereits anhand der Verbindungsdaten der erforderliche Nachweis für die Tat oder die Tatbeteiligung erbracht werden kann, ist eine Kontrolle des Inhaltes nicht erforderlich und damit unzulässig.[776] Allerdings wird es im Rahmen interner Ermittlungen regelmäßig vor allem auf den Inhalt der E-Mail ankommen, sodass diese Einschränkung bei unternehmensinternen Untersuchungen kaum Relevanz haben wird.

cc. Angemessenheit

Im Rahmen der Verhältnismäßigkeitsprüfung kommt es für die Zulässigkeit des E-Mail-Screenings vor allem auf die Angemessenheit der Maßnahme an. Dabei findet eine umfassende Abwägung der sich gegenüberstehenden Interessen statt.

(I) Interessen des Arbeitnehmers

Auf Seiten des Arbeitnehmers steht vor allem das Recht auf informationelle Selbstbestimmung, vgl. S. 81.[777] Da die Selbstbestimmung durch den dienstlichen Inhalt einer E-Mail nicht ausgeschlossen wird, spielt das Recht auf informationelle Selbstbestimmung sowohl im dienstlichen als auch im privaten Bereich der E-Mail-Kommunikation eine Rolle.[778]

Darüber hinaus ist in Betracht zu ziehen, ob das allgemeine Persönlichkeitsrecht auch in seiner Ausprägung[779] als Recht auf Gewährleistung der Vertraulichkeit und Integrität informationstechnischer Systeme berücksichtigt werden muss.[780] Es schützt „das Interesse des Nutzers, dass die von einem vom

---

775 *Fülbier/Splittgerber*, NJW 2012, 1995, 2000; vgl. aber LAG Berlin-Brandenburg, BB 2011, 2298, 2302, das für konkreten Fall die vorherige Kontaktierung berücksichtigt hat.

776 *Kratz/Gubbels*, NZA 2009, 652, 654; *Fülbier/Splittgerber*, NJW 2012, 1995, 2000.

777 *Thüsing*, Arbeitnehmerdatenschutz und Compliance, Rn. 271; *Mengel*, BB 2004, 2014, 2016; *Altenburg/v. Reinersdorff/Leister*, MMR 2005, 135.

778 *Wolf/Mulert*, BB 2008, 442; im Ergebnis auch: *Stögmüller*, CR 2008, 435, 437; *Lelley*, Compliance im Arbeitsrecht, Rn. 431; *Haußmann/Krets*, NZA 2005, 259, 260.

779 BVerfGE 120, 274, 302; *Böhm*, Non-Compliance und Arbeitsrecht, S. 170.

780 VGH Kassel, NJW 2009, 2470, 2472; LAG Niedersachsen, MMR 2010, 639, 640; *Roßnagel/Schnabel*, NJW 2008, 3534, 3538; *Thüsing*, Arbeitnehmerdatenschutz und Compliance, Rn. 271; *Nolte/Becker*, CR 2009, 126, 128; *Beckschulze*, DB 2009, 2097, 2098; zum neuen IT-Grundrecht allgemein: *Stögmüller*, CR 2008, 435 ff.; *Kutscha*, DuD 2012, 391 ff.; *Roßnagel/Schnabel*, NJW 2008, 3534 ff.; zum „Ursprung“: BVerfGE 120, 274.

Schutzbereich erfassten informationstechnischen System erzeugten, verarbeiteten und gespeicherten Daten vertraulich bleiben."[781] Der Schutz ist jedoch beschränkt auf IT-Systeme, „die allein oder in ihren technischen Vernetzungen personenbezogene Daten des Betroffenen in einem Umfang und in einer Vielfalt enthalten können, dass ein Zugriff auf das System es ermöglicht, einen Einblick in wesentliche Teile der Lebensgestaltung einer Person zu gewinnen oder gar ein aussagekräftiges Bild der Persönlichkeit zu erhalten".[782] Weitere Voraussetzung des „IT-Grundrechts" ist, dass der Betroffene die IT-Systeme „als eigene nutzt und deshalb den Umständen nach davon ausgehen darf, dass er allein ... über das informationstechnische System selbstbestimmt verfügt."[783]

Die Kontrollen des Arbeitgebers finden nicht auf den privaten Computern der Arbeitnehmer statt, sondern vielmehr an von ihm zur Verfügung gestellten Betriebsmitteln. Die Privatsphäre des einzelnen Arbeitnehmers ist somit weniger stark gefährdet. Daher bleibt es fraglich, ob das „neue IT-Grundrecht" im Arbeitsrecht von wesentlicher Bedeutung sein wird.[784] Im Bereich des E-Mail-Screenings hat es jedenfalls wenig Relevanz.[785]

(II) Interessen des Arbeitgebers

Dem Arbeitgeber geht es vor allem um die Aufklärung der Verdachtsfälle, vgl. S. 137.

(III) Interessenabwägung

Bei der Durchführung des E-Mail-Screenings kommt es grundsätzlich – auch bei der Überwachung dienstlicher E-Mails[786] – zu einer Kollision des allgemeinen Persönlichkeitsrechts des Arbeitnehmers mit den Interessen des Arbeitgebers. Im Rahmen einer einzelfallbezogenen Güterabwägung ist zu ermitteln, welches Interesse den Vorrang verdient. Als Faustformel für die Interessenabwägung

781 BVerfGE 120, 274, 314.

782 BVerfGE 120, 274, 314.

783 BVerfGE 120, 274, 315.

784 *Reichold*, in: Münchener Handbuch zum Arbeitsrecht, § 88 Rn. 4; im Ergebnis auch: *Lelley*, Compliance im Arbeitsrecht, Rn. 421, wonach die Nutzung der IT-Systeme am Arbeitsplatz als eigene „schon sehr fraglich" ist.

785 *Fülbier/Splittgerber*, NJW 2012, 1995, 1997, Rn. 25; im Ergebnis: *Rath/Karner*, K&R 2010, 469, 472; **a.A.**: *Rübenstahl/Debus*, NZWiSt 2012, 129, 136.

786 *Mölter*, Überwachung und Informationsbeschaffung des Arbeitgebers, S. 188.

gilt „…, dass die einen Eingriff rechtfertigenden Gründe umso gewichtiger sein müssen, je stärker in die Persönlichkeitssphäre eingegriffen wird."[787]

Die Gewichtung der gegenläufigen Interessen des Unternehmers und der Arbeitnehmer hängt zum einen maßgeblich von der Einordnung der E-Mail-Korrespondenz als dienstlich oder privat und zum anderen von der innerbetrieblichen Regelung der privaten Internetnutzung ab.

(1) Dienstliche E-Mails

Zunächst wird die Verhältnismäßigkeit der Inhaltskontrolle dienstlicher E-Mails untersucht.

(a) Vergleichbarkeit der E-Mail mit herkömmlichen Kommunikationsmitteln

Dabei kommt es maßgeblich darauf an, ob die E-Mail-Kommunikation mit einem Telefonat oder aber mit dem traditionellen Schriftverkehr vergleichbar ist. Danach richtet sich, welche der von der Rechtsprechung entwickelten Maßstäbe auf das E-Mail-Screening übertragen werden können.[788] Die Abgrenzung ist von großer Bedeutung, da eine inhaltliche Kontrolle dienstlicher Briefe allgemein als zulässig anerkannt ist. Die Kontrolle von Telefonaten wird hingegen wesentlich strenger gehandhabt.[789]

(aa) Vergleichbarkeit der E-Mail mit dem Telefonat

Teilweise wird vertreten, dass die E-Mail mit einem Telefonat vergleichbar sei.[790] Argumentiert wird, dass die Reaktionszeiten bei der Kommunikation per E-Mail und Telefon ähnlich kurz seien, es sich häufig also um spontane Reaktionen handele.[791] Es wird zudem darauf hingewiesen, dass unter Umständen bei beiden Kommunikationswegen auch ironische oder spöttische Aussagen über den Arbeitgeber normal seien.[792]

---

787 *Däubler*, Gläserne Belegschaften?, Rn. 350.

788 *Thüsing*, Arbeitnehmerdatenschutz und Compliance, Rn. 319.

789 *Wolf/Mulert*, BB 2008, 442, 443; vgl. dazu S. 321, 330.

790 *Däubler*, Gläserne Belegschaften?, Rn. 351; *Liedtke*, in: Computerrechts-Handbuch, Computerleistungen als Gegenstand des Arbeitsvertrages, Teil 7, Kap. 2 Rn. 62c; *Reichold*, in: Münchener Handbuch zum Arbeitsrecht, § 86 Rn. 12; *Vehslage*, AnwBl 2001, 145, 147; *Franzen*, in: Erfurter Kommentar Arbeitsrecht, § 32 BDSG Rn. 25; *Ernst*, NZA 2002, 585, 589; *Däubler*, Internet und Arbeitsrecht, Rn. 249; *Raffler/Hellich*, NZA 1997, 862, 863.

791 *Däubler*, Gläserne Belegschaften?, Rn. 351; Däubler, Internet und Arbeitsrecht, Rn. 249.

792 *Ernst*, NZA 2002, 585, 589: „unkonventionelle oder ironische Äußerungen".

Wäre die E-Mail tatsächlich mit einem Telefonat vergleichbar, so wären die Kontrollmöglichkeiten des Arbeitgebers stark eingeschränkt. Eine Inhaltskontrolle ohne vorheriges Einverständnis der betroffenen Arbeitnehmer wäre dann grundsätzlich nicht möglich.[793] Lediglich bei dem begründeten Verdacht, dass der Inhalt der E-Mail einen Straftatbestand erfüllt, wird eine Ausnahme zugelassen.[794]

(bb) Vergleichbarkeit der E-Mail mit dem Postverkehr

Andere sprechen sich hingegen für die Vergleichbarkeit der E-Mail mit dem Postverkehr aus.[795] Die Argumente beziehen sich grundsätzlich darauf, dass die E-Mail-Korrespondenz dem Postverkehr näher stünde als der Telefonkommunikation, da sie gerade die Charakteristika des Postverkehrs aufweise.[796] Maßgeblich sei, dass die Kommunikation per E-Mail in keinem Fall mündlich erfolgt. Gerade dies sei aber für ein Telefonat charakteristisch. Die besondere Schutzbedürftigkeit der Gesprächsteilnehmer beim Telefon beruhe gerade auf der

---

793 *Thüsing*, Arbeitnehmerdatenschutz und Compliance, Rn. 319.

794 *Balke/Müller*, DB 1997, 326, 328; *Ernst*, NZA 2002, 585, 590; *Raffler/Hellich*, NZA 1997, 862, 863; *Däubler*, Gläserne Belegschaften?, Rn. 351; *Däubler*, Internet und Arbeitsrecht, Rn. 249a; vgl. auch: *Vehslage*, AnwBl 2001, 145, 148.

795 *Thüsing*, Arbeitnehmerdatenschutz und Compliance, Rn. 321; *Hegewald*, in: Münchener Anwaltshandbuch IT-Recht, Teil 8 Rn. 79; *Mölter*, Überwachung und Informationsbeschaffung des Arbeitgebers, S. 192; Datenschutzgruppe, Arbeitsdokument v. 29.5.2002, S. 21; *Kömpf/Kunz*, NZA 2007, 1341, 1344; *Grosjean*, DB 2003, 2650, 2652; *Gola*, Datenschutz am Arbeitsplatz, Rn. 380; *Hoss*, Internet- und E-Mail-Überwachung, S. 81; *Altenburg/v. Reinersdorff/Leister*, MMR 2005, 135, 136; *Hoppe*, Private Nutzung betrieblicher Informations- und Kommunikationsmittel, S. 127; *Kort*, DB 2011, 651, 654; *Lelley*, Compliance im Arbeitsrecht, Rn. 436; *Jofer/Wegerich*, K&R 2002, 235, 237; *Schürrle/Olbers*, CCZ 2010, 178, 181; *Wuttke*, Straftäter im Betrieb, S. 185; *Nolte/Becker*, CR 2009, 126, 127; *Maschmann*, in: Corporate Compliance und Arbeitsrecht, S. 149, 161; *Renners*, Private Investigation und Arbeitsrecht, S. 217; *Gola*, MMR 1999, 322, 326; *Hanau/Hoeren*, Private Internetnutzung durch Arbeitnehmer, S. 54; *Salvenmoser/Schreier*, in: Handbuch Wirtschaftsstrafrecht, 15. Teil Rn. 123; *Beckschulze/Henkel*, DB 2001, 1491, 1492; *Beckschulze*, DB 2003, 2777, 2779; *Schmidt*, BB 2009, 1295, 1299; *Kreitner*, in: Personalbuch 2013, Internet-/Telefonnutzung, Rn. 9; *Wolf/Mulert*, BB 2008, 442, 443; *Mengel*, BB 2004, 2014, 2017; *Schumacher/Fausten*, in: Handbuch Internet.Arbeitsrecht, § 1 Rn. 40; *Oberwetter*, NJW 2011, 417, 419; *Lindemann/Simon*, BB 2001, 1950, 1952: „wie eine in herkömmlicher Papierform geführte Akte".

796 *Salvenmoser/Schreier*, in: Handbuch Wirtschaftsstrafrecht, 15. Teil Rn. 123; **a.A.**: *Balke/Müller*, DB 1997, 326.

Flüchtigkeit des gesprochenen Wortes, was im Falle der E-Mail-Korrespondenz aber nicht vorliege.[797]

Des Weiteren wird darauf hingewiesen, dass sowohl bei der Kommunikation per E-Mail als auch per Brief eine Fixierung des Gedankeninhaltes stattfindet.[798] Auf Grund der Schriftlichkeit der E-Mail könnten Absender und Empfänger von vornherein weniger darauf vertrauen, dass der Inhalt nur dem Empfänger bekannt wird.[799]

Die Vergleichbarkeit zeige sich zudem insbesondere bei ausgedruckten E-Mails.[800] Dabei wird auf die Gemeinsamkeit der Verwendung von Schriftzeichen abgestellt, wohingegen der Tatsache des elektronischen Versendens keine Bedeutung zukomme.[801] Der Zugang einer E-Mail richte sich zudem nach dem Zugang von Willenserklärungen unter Abwesenden, § 130 Abs. 1 S. 1 BGB.[802] Außerdem erfordert das Kundtun in beiden Fällen den Schritt des Absendens.[803] Nicht zu vernachlässigen ist auch der Gedanke, dass die E-Mail mittlerweile regelmäßig den klassischen Geschäftsbrief ersetzt hat.[804] Zudem ist die

---

797 *Wolf/Mulert*, BB 2008, 442, 443; *Altenburg/v. Reinersdorff/Leister*, MMR 2005, 135, 136; *Mengel*, BB 2004, 2014, 2017; *Hoppe*, Private Nutzung betrieblicher Informations- und Kommunikationsmittel, S. 127; *Jofer/Wegerich*, K&R 2002, 235, 237; *Beckschulze*, DB 2003, 2777, 2779; im Ergebnis auch: *Kömpf/Kunz*, NZA 2007, 1341, 1344; *Gola*, MMR 1999, 322, 326.

798 *Salvenmoser/Schreier*, in: Handbuch Wirtschaftsstrafrecht, 15. Teil Rn. 123; *Beckschulze/Henkel*, DB 2001, 1491, 1492; *Hoppe*, Private Nutzung betrieblicher Informations- und Kommunikationsmittel, S. 55.

799 *Mengel*, BB 2004, 2014, 2017; *Barton*, NZA 2006, 460, 463; *Thüsing*, Arbeitnehmerdatenschutz und Compliance, Rn. 321; *Wuttke*, Straftäter im Betrieb, S. 185; *Jofer/Wegerich*, K&R 2002, 235, 237; *Gola*, Datenschutz am Arbeitsplatz, Rn. 380; **a.A.**: *Ernst*, NZA 2002, 585, 590.

800 *Mengel*, BB 2004, 2014, 2017; *Thüsing*, Arbeitnehmerdatenschutz und Compliance, Rn. 321; *Mölter*, Überwachung und Informationsbeschaffung des Arbeitgebers, S. 192.

801 *Höld*, Die Überwachung von Arbeitnehmern, S. 197.

802 *Wolf/Mulert*, BB 2008, 442, 443; *Beckschulze/Henkel*, DB 2001, 1491, 1492; *Hoss*, Internet- und E-Mail-Überwachung, S. 81; *Hoppe*, Private Nutzung betrieblicher Informations- und Kommunikationsmittel, S. 127.

803 *Salvenmoser/Schreier*, in: Handbuch Wirtschaftsstrafrecht, 15. Teil Rn. 123; *Beckschulze*, DB 2003, 2777, 2779; *Höld*, Die Überwachung von Arbeitnehmern, S. 197; *Hoss*, Internet- und E-Mail-Überwachung, S. 81; *Schumacher/Fausten*, in: Handbuch Internet.Arbeitsrecht, § 1 Rn. 40.

804 *Salvenmoser/Schreier*, in: Handbuch Wirtschaftsstrafrecht, 15. Teil Rn. 123; *Lelley*, Compliance im Arbeitsrecht, Rn. 436; *Hoss*, Internet- und E-Mail-Überwachung,

E-Mail als Handelsbrief i.S.d. § 257 HGB anerkannt.[805] Verwiesen wird auch auf § 126b BGB.[806] Danach ersetze die Textform die Schriftform. Da eine E-Mail den Anforderungen der Textform entspricht, vergleiche der Gesetzgeber[807] E-Mails eher mit einem Brief als mit einem Telefonat.[808]

All dies spreche letztlich für die Anwendung der Grundsätze, die von der Rechtsprechung für die Postkontrolle entwickelt wurden. Anderenfalls könnte der Arbeitgeber seine eigenen „Briefe" nicht mehr lesen, da die E-Mail gerade diese ersetzt hat.[809]

(cc) Stellungnahme

Insgesamt überzeugen die Argumente, die für die Vergleichbarkeit der E-Mail mit dem Postverkehr sprechen. Insbesondere der Hinweis auf die im Vergleich zum Telefonat fehlende Mündlichkeit der Kommunikation kann überzeugen, da gerade darin die Schutzbedürftigkeit der Gesprächsteilnehmer begründet ist. Zudem findet sowohl bei der E-Mail- als auch bei der Briefkorrespondenz eine Fixierung des Gedankeninhaltes statt, die dazu führt, dass die Beteiligten von vornherein befürchten müssen, dass der Inhalt nicht nur ihnen bekannt wird. Überzeugen kann letztlich auch der Hinweis darauf, dass die Kommunikation via E-Mail den Postverkehr in großen Teilen ersetzt hat.

(b) Kontrollrechte des Arbeitgebers

Im Ergebnis sind demnach die Grundsätze der Briefkontrolle auf das Screening dienstlicher E-Mails übertragbar. Der Arbeitgeber darf also in demselben Umfang Kenntnis von der dienstlichen E-Mail-Korrespondenz nehmen, wie er es auch bei geschäftlichem Briefverkehr machen dürfte.[810] Eine Unterscheidung

---

S. 81; *Beckschulze/Henkel*, DB 2001, 1491, 1492; *Mölter*, Überwachung und Informationsbeschaffung des Arbeitgebers, S. 193.

805 *Lelley*, Compliance im Arbeitsrecht, Rn. 436; *Wellhöner/Byers*, BB 2009, 2310, 2311.

806 *Thüsing*, Arbeitnehmerdatenschutz und Compliance, Rn. 321; *Hoss*, Internet- und E-Mail-Überwachung, S. 81; *Beckschulze*, DB 2003, 2777, 2779; *Wellhöner/Byers*, BB 2009, 2310, 2311; *Schumacher/Fausten*, in: Handbuch Internet.Arbeitsrecht, § 1 Rn. 40.

807 BT-Drs. 14/4987, S. 19.

808 *Thüsing*, Arbeitnehmerdatenschutz und Compliance, Rn. 321.

809 *Thüsing*, Arbeitnehmerdatenschutz und Compliance, Rn. 321; *Mölter*, Überwachung und Informationsbeschaffung des Arbeitgebers, S. 193.

810 *Salvenmoser/Schreier*, in: Handbuch Wirtschaftsstrafrecht, 15. Teil Rn. 123; *Beckschulze*, DB 2003, 2777, 2779; *Grosjean*, DB 2003, 2650, 2652; *Jofer/Wegerich*, K&R 2002, 235, 237; *Lindemann/Simon*, BB 2001, 1950, 1952; *Beckschulze/Henkel*, DB

erfolgt weder nach betriebsinternen und -externen E-Mails[811] noch nach ein- und ausgehenden E-Mails.[812]

Dies bedeutet, dass dienstliche E-Mails und solche, die äußerlich nicht als privat erkennbar sind, ohne Weiteres vom Arbeitgeber kontrolliert werden dürfen.[813] Bei dienstlichen E-Mails darf somit grundsätzlich auch eine Inhaltskontrolle stattfinden.[814] Die Grenze verläuft allerdings dort, wo anlassunabhängig eine lückenlose Überwachung sämtlicher ein- und ausgehender E-Mails erfolgt.[815] Eine solche Totalüberwachung stellt einen unzulässigen Eingriff in das allgemeine Persönlichkeitsrecht des betroffenen Arbeitnehmers dar.[816]

Sofern die Privatnutzung untersagt ist, kann der Arbeitgeber von dem dienstlichen Charakter einer E-Mail ausgehen, es sei denn, sie ist als „persönlich / vertraulich" gekennzeichnet. Dies entspricht der Handhabe beim Postverkehr. Auch dort ist der Namenszusatz eines Mitarbeiters grundsätzlich unbeachtlich und ändert nichts an der Einordnung als dienstliche Post.[817] Daran ändert sich auch nichts, wenn die E-Mail unter einer Firmenadresse an einen bestimmten Mitarbeiter gesendet wird (XYZ@unternehmen.de).[818] Dem Absender steht kein

---

2001, 1491, 1494; *Schürrle/Olbers*, CCZ 2010, 178, 181; *Gola*, Datenschutz am Arbeitsplatz, Rn. 380; *Lelley*, Compliance im Arbeitsrecht, Rn. 437; *Wellhöner/Byers*, BB 2009, 2310, 2311; *Oberwetter*, NZA 2008, 609, 611; *Kömpf/Kunz*, NZA 2007, 1341, 1344.

811 *Salvenmoser/Schreier*, in: Handbuch Wirtschaftsstrafrecht, 15. Teil Rn. 123; *Lindemann/Simon*, BB 2001, 1950, 1952; *Höld*, Die Überwachung von Arbeitnehmern, S. 197.

812 *Gola*, Datenschutz am Arbeitsplatz, Rn. 383.

813 *Thüsing*, Arbeitnehmerdatenschutz und Compliance, Rn. 322; *Hoss*, Internet- und E-Mail-Überwachung, S. 83; *Mengel*, BB 2004, 2014, 2017; *Schürrle/Olbers*, CCZ 2010, 178, 181.

814 *Beckschulze/Henkel*, DB 2001, 1491, 1494; *Kirsch*, Datenschutz in Unternehmen, S. 108.

815 *Thüsing*, Arbeitnehmerdatenschutz und Compliance, Rn. 322; *Hassemer/Witzel*, ITRB 2006, 139, 141; *Hanau/Hoeren*, Private Internetnutzung durch Arbeitnehmer, S. 61; *Lelley*, Compliance im Arbeitsrecht, Rn. 430; *Fülbier/Splittgerber*, NJW 2012, 1995, 1997; *Hoss*, Internet- und E-Mail-Überwachung, S. 82; *Maschmann*, in: Corporate Compliance und Arbeitsrecht, S. 149, 162; *Kirsch*, Datenschutz in Unternehmen, S. 50, 109; *Wellhöner/Byers*, BB 2009, 2310, 2311.

816 *Wellhöner/Byers*, BB 2009, 2310, 2311.

817 *Maschmann*, in: FS Hromadka, S. 233, 251; *Schumacher/Fausten*, in: Handbuch Internet.Arbeitsrecht, § 1 Rn. 42.

818 *Schumacher/Fausten*, in: Handbuch Internet.Arbeitsrecht, § 1 Rn. 42; **a.A.**: *Ernst*, NZA 2002, 585, 589.

Vertrauensschutz dahingehend zu, dass seine private E-Mail ausschließlich von dem Empfänger zur Kenntnis genommen wird, da es unterschiedliche betriebliche Gepflogenheiten gibt.[819] Der Namenszusatz dient allein der schnellen Zuordnung an den zuständigen Mitarbeiter.[820]

Hat eine E-Mail nicht nur dienstlichen, sondern auch privaten Inhalt (Bsp.: in einer dienstliche Mail erkundigt sich ein Geschäftspartner nach dem letzten Urlaub), so ist der Arbeitgeber dennoch zur Kontrolle berechtigt, denn die Kommunikationspartner messen einer etwaigen Kontrolle offensichtlich keine besondere Bedeutung bei. Ihm muss ein Kontrollrecht zustehen, da er sich nur so umfassend informieren kann und in der Lage ist, den Betrieb zu führen.[821]

Dieses Ergebnis entspricht auch der Einordnung der E-Mail als Teil der Arbeitsleistung und der Unternehmenskommunikation, die als solche dem Unternehmen bzw. dem Arbeitgeber als Dienstherren zusteht.[822]

(2) Private E-Mails

Bereits die Kenntnisnahme des Inhaltes einer privaten E-Mail stellt einen Eingriff in das Recht auf informationelle Selbstbestimmung dar, sofern keine Zustimmung des betroffenen Arbeitnehmers besteht.[823] Da der Arbeitgeber grundsätzlich kein berechtigtes dienstliches Interesse an den privaten E-Mails seiner Arbeitnehmer hat, überwiegen die Interessen der betroffenen Arbeitnehmer. Die Inhaltskontrolle privater E-Mails ist daher grundsätzlich nicht erlaubt.[824]

---

819 *Gola*, Datenschutz am Arbeitsplatz, Rn. 384; *Hoss*, Internet- und E-Mail-Überwachung, S. 83; *Maschmann*, in: FS Hromadka, S. 233, 251; **a.A.**: *Ernst*, NZA 2002, 585, 590.

820 *Maschmann*, in: FS Hromadka, S. 233, 251; *Beckschulze*, DB 2003, 2777, 2779; vgl. auch: *Renners*, Private Investigation und Arbeitsrecht, S. 176; **a.A.**: *Ernst*, NZA 2002, 585, 589.

821 *Höld*, Die Überwachung von Arbeitnehmern, S. 199.

822 *Gola*, Datenschutz am Arbeitsplatz, Rn. 380; *Salvenmoser/Schreier*, in: Handbuch Wirtschaftsstrafrecht, 15. Teil Rn. 123; *Oberwetter*, NZA 2008, 609, 611; *Wolf/Mulert*, BB 2008, 442, 443, 446; *Mengel*, BB 2004, 2014, 2017; *Mengel/Ullrich*, NZA 2006, 240, 242; *Hanau/Hoeren*, Private Internetnutzung durch Arbeitnehmer, S. 53 f.; *Weißnicht*, MMR 2003, 448, 451.

823 *Böhm*, Non-Compliance und Arbeitsrecht, S. 170 nimmt zudem einen Verstoß gegen das „IT-Grundrecht“ an.

824 *Mölter*, Überwachung und Informationsbeschaffung des Arbeitgebers, S. 194; *Höld*, Die Überwachung von Arbeitnehmern, S. 200.

Inwieweit der Arbeitgeber ausnahmsweise doch zur Kontrolle der privaten E-Mails berechtigt ist, hängt dabei maßgeblich von der innerbetrieblichen Regelung der privaten Internetnutzung ab.

(a) Verbotene private Nutzung

Sofern sich der Arbeitnehmer im Falle der verbotenen privaten Nutzung an die Vereinbarung hält, sind all seine E-Mails dienstlicher Natur. Diese darf der Arbeitgeber grundsätzlich einsehen, vgl. S. 138 ff. Fraglich ist jedoch, ob der Arbeitgeber die privaten E-Mails, die der Arbeitnehmer unzulässigerweise schreibt oder empfängt, kontrollieren darf.

Dabei ist zu berücksichtigen, dass im Falle der verbotenen privaten Nutzung, dem Arbeitnehmer für die E-Mail-Nutzung kein privater Bereich eingeräumt wurde.[825] Teilweise wird daher argumentiert, dass sich der Arbeitnehmer auf keine schutzwürdigen Interessen berufen könne, sodass die Kontrollrechte des Arbeitgebers auch hinsichtlich privaterE-Mails „besonders weitreichend"[826] seien. Eine Berufung des Arbeitnehmers auf sein Persönlichkeitsrecht sei gar rechtsmissbräuchlich.[827] Er wisse vorher von den Zugriffsrechten des Arbeitgebers und könne sich darauf einstellen,[828] da der Arbeitgeber die dienstlichen E-Mails – und andere dürften nicht existieren – einsehen darf.

Festgehalten werden kann, dass die Beeinträchtigung des allgemeinen Persönlichkeitsrechts des Arbeitnehmers in dieser Konstellation jedenfalls verhältnismäßig gering ausfällt, da ihm die private Nutzung verboten ist. Im Rahmen der Interessenabwägung ist auch zu berücksichtigen, dass die Privatnutzung in

---

825 *Thüsing*, Arbeitnehmerdatenschutz und Compliance, Rn. 272.

826 *Hanau/Hoeren*, Private Internetnutzung durch Arbeitnehmer, S. 61; *Schumacher/Fausten*, in: Handbuch Internet.Arbeitsrecht, § 1 Rn. 39.

827 *Hanau/Hoeren*, Private Internetnutzung durch Arbeitnehmer, S. 61; *Höld*, Die Überwachung von Arbeitnehmern, S. 195; *Schumacher/Fausten*, in: Handbuch Internet. Arbeitsrecht, § 1 Rn. 39; *Seffer/Schneider*, ITRB 2007, 264: Bei verbotener privater Nutzung liege schon kein Eingriff in das allgemeine Persönlichkeitsrecht vor; *Jofer/Wegerich*, K&R 2002, 235, 238: allgemeines Persönlichkeitsrecht nicht tangiert; *Biegel*, Überwachung von Arbeitnehmern, S. 94, wonach unbefugt produzierte private Informationen keinen grundrechtlichen Schutz genießen und (S. 96) daher unbeschränkt kontrolliert werden dürfen; im Ergebnis auch: *Mölter*, Überwachung und Informationsbeschaffung des Arbeitgebers, S. 194; **a.A.**: Kömpf/Kunz, NZA 2007, 1341, 1345.

828 *Jofer/Wegerich*, K&R 2002, 235, 238.

diesem Falle eine arbeitsvertragliche Pflichtverletzung darstellt.[829] Zugunsten des Arbeitgebers gelte daher grundsätzlich ein großzügiger Maßstab.[830]

(aa) Charakter der E-Mail nicht erkennbar

Die Kontrolle des Inhaltes privater E-Mails muss grundsätzlich zulässig sein, wenn zwischen privaten und dienstlichen E-Mails kein Unterscheidungsvermerk besteht. In diesem Fall darf der Arbeitgeber – analog zum klassischen Postverkehr – davon ausgehen, dass die E-Mail beruflicher Natur ist und er sie daher kontrollieren darf.[831] Für das Kontrollrecht spricht zudem, dass es eigentlich gar nicht zu einer privaten Nutzung kommen darf. Der Arbeitgeber muss das Verbot der privaten Nutzung kontrollieren dürfen, um nicht zuletzt die Entstehung einer betrieblichen Übung zu verhindern.[832]

Wird allerdings versehentlich eine private E-Mail geöffnet, so muss der Arbeitgeber sie schließen, sobald er den privaten Charakter der E-Mail erkannt hat.[833]

(bb) Charakter der E-Mail erkennbar

Umstritten ist, ob der Arbeitgeber private E-Mails auch kontrollieren darf, wenn sie durch einen Vermerk „privat / persönlich" gekennzeichnet sind. In diesem Fall ist der private Charakter der E-Mail für ihn erkennbar.

Teilweise wird vertreten, dass der Arbeitgeber dennoch zur Kontrolle berechtigt sei.[834] Da der Arbeitnehmer mit der Kenntnisnahme durch den Arbeitgeber

---

829 *Kratz/Gubbels*, NZA 2009, 652, 654; *Hanau/Hoeren*, Private Internetnutzung durch Arbeitnehmer, S. 61.

830 *Thüsing*, Arbeitnehmerdatenschutz und Compliance, Rn. 319; so wohl auch: *Kratz/Gubbels*, NZA 2009, 652, 654.

831 *Kratz/Gubbels*, NZA 2009, 652, 654; *Beckschulze*, DB 2003, 2777, 2780; *Hoppe*, Private Nutzung betrieblicher Informations- und Kommunikationsmittel, S. 129; wohl auch: *Nolte/Becker*, BB Special 5/2008, 23, 24.

832 *Kirsch*, Datenschutz in Unternehmen, S. 108 f.

833 *Seffer/Schneider*, ITRB 2007, 264; *Gola*, Datenschutz am Arbeitsplatz, Rn. 385; *Hoss*, Internet- und E-Mail-Überwachung, S. 84 geht von einem Kontrollrecht bis zu dem Punkt aus, an dem erkannt wird, dass es sich um eine private E-Mail handelt; im Ergebnis auch: *Wisskirchen/Glaser*, in: Soziale Marktwirtschaft, S. 209, 218.

834 *Kratz/Gubbels*, NZA 2009, 652, 654; *Seffer/Schneider*, ITRB 2007, 264, 265: Bei E-Mails (an Organmitglieder), die als „persönlich/vertraulich" gekennzeichnet sind, handelt es sich regelmäßig um keinen privaten Inhalt, vielmehr enthielten „solche Nachrichten oft sensible geschäftliche Inhalte". Daher sei zumindest das Öffnen zur Bestimmung des Inhaltes zulässig; **a.A.**: *Renners*, Private Investigation und

rechnen müsse, unterfielen die privaten E-Mails des Arbeitnehmers, die auf dem Rechner des Arbeitgebers gespeichert sind, nicht mehr dem Schutz der Intim- oder Privatsphäre.[835] Der Eingriff des Arbeitgebers in diesen Bereich sei vielmehr nur am deutlich geringer geschützten Bereich der Sozialsphäre zu messen.[836] Somit sei grundsätzlich von einem Überwiegen der arbeitgeberseitigen Interessen auszugehen. Die Inhaltskontrolle der privaten E-Mails sei somit im Regelfall zulässig.[837]

Überwiegend wird hingegen die Auffassung vertreten, dass, sofern der private Charakter der E-Mail eindeutig erkennbar ist, grundsätzlich keine Inhaltskontrolle erfolgen darf.[838] Die Interessenabwägung falle regelmäßig zugunsten des Arbeitnehmers aus, der sich auf sein allgemeines Persönlichkeitsrecht berufen könne.[839]

(cc) Sonderfall: Straftatverdacht

Im Rahmen der internen Ermittlungen geht es allerdings gerade um die Aufklärung von Verdachtsfällen. Im Rahmen des § 32 Abs. 1 S. 2 BDSG ist jedoch zu berücksichtigen, dass das Vorliegen eines Straftatverdachts allein nicht ausreichen kann, um jeden Umgang mit personenbezogenen Daten zu rechtfertigen. § 32 Abs. 1 S. 2 BDSG setzt bereits das Bestehen eines Verdachts voraus, fordert darüber hinaus jedoch zusätzlich eine Interessenabwägung. Die Kontrolle

---

Arbeitsrecht, S. 218; *Maschmann*, in: Corporate Compliance und Arbeitsrecht, S. 149, 162; *Ernst*, NZA 2002, 585, 589; *Barton*, NZA 2006, 460, 463; ArbG Hannover, NJW 2001, 3500, 3502: Dem Arbeitgeber steht allenfalls hinsichtlich der Datenbestände des Arbeitnehmers, die als privat gekennzeichnet sind, kein Zugriffsrecht zu; *Salvenmoser/Schreier*, in: Handbuch Wirtschaftsstrafrecht, 15. Teil Rn. 124: Verhältnismäßigkeitsprüfung.

835 ArbG Frankfurt a.M., NZA 2002, 1093, 1095 f.; *Kratz/Gubbels*, NZA 2009, 652, 654; **a.A.**: *Mölter*, Überwachung und Informationsbeschaffung des Arbeitgebers, S. 188; wohl auch: *Schmidt*, BB 2009, 1295, 1299.

836 *Kratz/Gubbels*, NZA 2009, 652, 654.

837 *Kratz/Gubbels*, NZA 2009, 652, 654; **a.A.**: *Seffer/Schneider*, ITRB 2007, 264.

838 *Hoppe*, Private Nutzung betrieblicher Informations- und Kommunikationsmittel, S. 128; *Salvenmoser/Schreier*, in: Handbuch Wirtschaftsstrafrecht, 15. Teil Rn. 124; *Hoss*, Internet- und E-Mail-Überwachung, S. 84; *Wellhöner/Byers*, BB 2009, 2310, 2311 f.; *Grosjean*, DB 2003, 2650, 2652; *Maschmann*, FS Hromadka, 233, 251; im Ergebnis auch: *Seffer/Schneider*, ITRB 2007, 264; wohl auch: *Beckschulze*, DB 2003, 2777, 2779.

839 Im Ergebnis: *Salvenmoser/Schreier*, in: Handbuch Wirtschaftsstrafrecht, 15. Teil Rn. 124; *Grosjean*, DB 2003, 2650, 2652 f.

privater E-Mails kann daher nicht allein auf Grund eines Straftatverdachts zulässig sein. Vielmehr muss eine Verhältnismäßigkeitsprüfung stattfinden, bei der die Dringlichkeit des Verdachts und die Schwere der Straftat auf der einen und die Beeinträchtigung des Persönlichkeitsrechts des betroffenen Arbeitnehmers auf der anderen Seite Berücksichtigung finden müssen.

Unabhängig davon, ob der private Charakter der E-Mail erkennbar ist, ist zugunsten des Arbeitgebers zu berücksichtigen, dass die Kontrolle der E-Mail-Korrespondenz gerade zum Zwecke der Aufklärung eines Straftatverdachts erfolgt, sodass er ausnahmsweise auch zur Inhaltskontrolle der privaten E-Mails berechtigt sein kann.[840] Um das Persönlichkeitsrecht des Arbeitnehmers ausreichend zu berücksichtigen, ist jedoch erforderlich, dass es sich um einen auf Tatsachen beruhenden Verdacht bzw. um einen dringenden Verdacht handelt.[841] Teilweise wird zusätzlich gefordert, dass es sich um eine schwere Straftat, wie bspw. Industriespionage oder Korruption, handelt und der Sachverhalt nicht auf andere Weise aufgeklärt werden kann.[842]

Eine Einschränkung ist freilich dahingehend vorzunehmen, dass rein private E-Mails, die in keinerlei Zusammenhang zum Untersuchungsgegenstand stehen, nicht vom Arbeitgeber gelesen werden dürfen.[843]

(dd) Ergebnis für den Fall der verbotenen privaten Nutzung

Ist die private Nutzung der E-Mail-Funktion untersagt, ist der Arbeitgeber zumindest im Falle der Aufklärung eines Straftatverdachts grundsätzlich berechtigt, auch die privaten E-Mails des Arbeitnehmers zu kontrollieren, sofern die Verhältnismäßigkeitsprüfung zu seinen Gunsten ausfällt.

---

840 Im Ergebnis: *Löwisch*, DB 2009, 2782, 2784; *Beckschulze*, DB 2007, 1526, 1528; *Grosjean*, DB 2003, 2650, 2652; *Beckschulze/Henkel*, DB 2001, 1491, 1494; *Wolf/Mulert*, BB 2008, 442, 444; *Höld*, Die Überwachung von Arbeitnehmern, S. 200; *Panzer*, Mitarbeiterkontrolle und neue Medien, S. 281; *Kömpf/Kunz*, NZA 2007, 1341, 1345 unter Berufung auf BAG, NZA 1996, 218; im Ergebnis auch: LAG Hamm, DuD 2013, 50.

841 *Höld*, Die Überwachung von Arbeitnehmern, S. 200: „auf objektiven Tatsachen basierende(r) Verdacht"; *Wolf/Mulert*, BB 2008, 442, 444 und *Beckschulze/Henkel*, DB 2001, 1491, 1494 sprechen von einem begründeten Verdacht; im Ergebnis auch: *Hoppe*, Private Nutzung betrieblicher Informations- und Kommunikationsmittel, S. 128 für den Fall erkennbar privater E-Mails.

842 *Hoppe*, Private Nutzung betrieblicher Informations- und Kommunikationsmittel, S. 128 für den Fall erkennbar privater E-Mails; *Hanau/Hoeren*, Private Internetnutzung durch Arbeitnehmer, S. 64.

843 Vgl.: *Mengel*, Compliance und Arbeitsrecht, Kap. 4 Rn. 16.

(b) Erlaubte private Nutzung

Zwar wendet die herrschende Meinung im Falle der erlaubten privaten Nutzung das TKG an, doch ist mit der hier vertretenen Auffassung von der Anwendbarkeit des BDSG auszugehen.

(aa) Grundsatz

Gegenüber obiger Konstellation der verbotenen privaten Nutzung tritt das Arbeitnehmerinteresse hier deutlich mehr in den Vordergrund.[844] Entscheidender Unterschied ist, dass das Versenden und Empfangen privater E-Mails hier keine Pflichtverletzung darstellt. Mit seiner Erlaubnis hat der Arbeitgeber dem Arbeitnehmer „Freiräume der Privatheit“[845] geschaffen, die er bei der Kontrolle privater E-Mails missachten würde.[846] Private E-Mails darf der Arbeitgeber daher zum Schutze der Persönlichkeitssphäre des Arbeitnehmers grundsätzlich schon nicht öffnen.[847] Im Falle des versehentlichen Öffnens muss die E-Mail unverzüglich geschlossen werden.[848]

(bb) Mischnutzung

Bei der erlaubten privaten Nutzung ergibt sich das Problem, dass die private und dienstliche Nutzung häufig über dieselbe E-Mail-Adresse stattfindet, die E-Mails aber nicht ohne Weiteres voneinander getrennt werden können, sog. „Mischnutzung“[849]. Der Arbeitgeber kann die dienstlichen E-Mails nicht auswerten, da er befürchten muss, unzulässigerweise private E-Mails zu öffnen und zu lesen, was einen Verstoß gegen das allgemeine Persönlichkeitsrecht des betroffenen Arbeitnehmers zur Folge hätte.[850]

Fraglich ist, welche Kontrollrechte dem Arbeitgeber in dieser Konstellation zustehen. Die Tatsache, dass private mit dienstlichen E-Mails vermischt sind, könnte bewirken, dass der Arbeitgeber auf Grund der Gefahr, gegen das

844 Vgl.: *Schumacher/Fausten*, in: Handbuch Internet.Arbeitsrecht, § 1 Rn. 45.

845 *Thüsing*, Arbeitnehmerdatenschutz und Compliance, Rn. 276.

846 *Thüsing*, Arbeitnehmerdatenschutz und Compliance, Rn. 276.

847 *Hanau/Hoeren*, Private Internetnutzung durch Arbeitnehmer, S. 54; im Ergebnis auch: *Schmidt*, BB 2009, 1295, 1299; *Seffer/Schneider*, ITRB 2007, 264; *Jofer/Wegerich*, K&R 2002, 235, 238; *Biegel*, Überwachung von Arbeitnehmern, S. 96.

848 *Seffer/Schneider*, ITRB 2007, 264; *Beckschulze/Henkel*, DB 2001, 1491, 1494 (Ausnahme: begründeter Verdacht von Straftaten).

849 *Hegewald*, in: Münchener Anwaltshandbuch IT-Recht, Teil 8 Rn. 90.

850 *Böhm*, Non-Compliance und Arbeitsrecht, S. 171 f.; *Koch*, NZA 2008, 911, 913; **a.A.**: wohl *Sieg*, FS Buchner, S. 859, 862.

allgemeine Persönlichkeitsrecht zu verstoßen, gar keine E-Mails mehr – auch nicht die dienstlichen – kontrollieren darf.

Dabei ist jedoch zu berücksichtigen, dass den Arbeitnehmer eine Pflicht zur Trennung von dienstlichen und privaten Dokumenten trifft. Dabei geht es um das nachträgliche Separieren, um dem Arbeitgeber den Zugriff und die Auswertung der dienstlichen Unterlagen zu ermöglichen. Dies kann der Arbeitgeber schon deshalb verlangen, da er auch die Möglichkeit hätte, die private Nutzung des Internets gänzlich zu untersagen.[851]

Sofern der Arbeitnehmer seine Mitwirkung vollständig verweigert, ist es dem Arbeitgeber ausnahmsweise erlaubt, die E-Mails eigenmächtig zu öffnen und auf ihren dienstlichen Inhalt hin zu überprüfen.[852] Zwar liegt dennoch ein Eingriff in das allgemeine Persönlichkeitsrecht des Arbeitnehmers vor, das Informationsinteresse des Arbeitgebers überwiegt in diesen Fällen jedoch, da er eine Möglichkeit haben muss, zumindest die dienstlichen E-Mails zu kontrollieren. Die pflichtwidrige Weigerung des Arbeitnehmers die Dokumente zu trennen macht die Eingriffshandlung des Arbeitgebers erst erforderlich.[853] Zu berücksichtigen ist jedoch, dass das eigenmächtige Sichten der E-Mails durch den Arbeitgeber nur zulässig ist, um den dienstlichen oder privaten Inhalt einer E-Mail zweifelsfrei feststellen zu können. Sobald eine E-Mail als privat erkannt ist, muss sie geschlossen werden.[854]

(cc) Sonderfall: Straftatverdacht

Im Falle des E-Mail-Screenings geht es jedoch um die Kontrolle der E-Mail-Korrespondenz eines einer Straftat verdächtigen Mitarbeiters. Der Arbeitgeber hat also ein schützenswertes Interesse an der Aufklärung der Verdachtsfälle. Im Vergleich zur obigen Konstellation der verbotenen privaten Nutzung wiegt hier das allgemeine Persönlichkeitsrecht des betroffenen Arbeitnehmers jedoch schwerer. Sofern die private Nutzung der E-Mail-Funktion erlaubt ist, besteht das

---

851 *Böhm*, Non-Compliance und Arbeitsrecht, S. 171; vgl. auch: Böhm, Non-Compliance und Arbeitsrecht, S. 172: Bei der Anweisung zur Trennung dienstlicher und privater E-Mails ist das Ordnungsverhalten der Mitarbeiter im Betrieb betroffen, sodass bei kollektiven Sachverhalten der Betriebsrat gem. § 87 Abs. 1 Nr. 1 BetrVG Mitbestimmungsrecht hat.

852 *Böhm*, Non-Compliance und Arbeitsrecht, S. 172; *Göpfert/Merten/Siegrist*, NJW 2008, 1703, 1705.

853 *Böhm*, Non-Compliance und Arbeitsrecht, S. 172.

854 *Böhm*, Non-Compliance und Arbeitsrecht, S. 172; im Ergebnis auch: *Hanau/Hoeren*, Private Internetnutzung durch Arbeitnehmer, S. 54.

Kontrollrecht des Arbeitgebers somit allenfalls für den Fall, dass ein dringender Verdacht auf eine schwerwiegende Straftat gegen den betroffenen Arbeitnehmer besteht,[855] der nicht auf andere Weise aufgeklärt werden kann.[856] In der Literatur wird hingegen mehrheitlich ein konkreter Verdacht einer Straftat als ausreichend angesehen.[857] Auch hier muss der Arbeitgeber die E-Mail sofort schließen, wenn sich der Inhalt als rein privater Natur herausstellt, ohne das ein Bezug zum Verdachtsfall besteht.[858]

(dd) Ergebnis für den Fall der gestatteten privaten Nutzung

Im Falle der gestatteten privaten Nutzung ist der Eingriff in das allgemeine Persönlichkeitsrecht des betroffenen Arbeitnehmers schwerer, sodass auf Seiten des Arbeitgebers neben dem grundsätzlich bestehenden Aufklärungsinteresse weitere Aspekte hinzutreten müssen. Das Kontrollrecht steht daher unter dem Vorbehalt eines dringenden Tatverdachts auf eine schwere Straftat.

(3) Ausnahme: Besondere Berufsgruppen

Eine Ausnahme von der Zulässigkeit der Inhaltskontrolle (und auch der Kontrolle der äußeren Verbindungsdaten[859]) gilt hinsichtlich solcher dienstlicher und privater E-Mails von in § 203 StGB genannten Berufsgruppen. Dem § 203 StGB liegt die Wertung zugrunde, dass die Kommunikation zwischen den Mitgliedern der aufgezählten Berufsgruppen und ihren Patienten, Mandanten etc. eine besondere Vertraulichkeit erfordert und der Gegenüber auch einen Anspruch auf Wahrung dieser Vertraulichkeit hat. Zu den von § 203 StGB geschützten Geheimnissen zählt bereits die Tatsache, dass jemand die Beratung oder Behandlung

---

855 *Hanau/Hoeren*, Private Internetnutzung durch Arbeitnehmer, S. 64: „schwerer Verdacht auf Industriespionage oder Ähnliches"; so auch: *Schumacher/Fausten*, in: Handbuch Internet.Arbeitsrecht, § 1 Rn. 45; vgl. auch: *Höld*, Die Überwachung von Arbeitnehmern, S. 200, der einen auf objektiven Tatsachen basierenden Verdacht fordert.

856 *Biegel*, Überwachung von Arbeitnehmern, S. 96; *Schumacher/Fausten*, in: Handbuch Internet.Arbeitsrecht, § 1 Rn. 45; *Hanau/Hoeren*, Private Internetnutzung durch Arbeitnehmer, S. 64; im Ergebnis auch: LAG Hamm, DuD 2013, 50.

857 *Beckschulze*, DB 2007, 1526, 1528; *Biegel*, Überwachung von Arbeitnehmern, S. 96 f.; so wohl auch: *Wolf/Mulert*, BB 2008, 442, 444; *Beckschulze/Henkel*, DB 2001, 1491, 1494; *Löwisch*, DB 2009, 2782, 2784; *Grosjean*, DB 2003, 2650, 2652; *Panzer*, Mitarbeiterkontrolle und neue Medien, S. 281; im Ergebnis auch: LAG Hamm, DuD 2013, 50.

858 Vgl.: *Mengel*, Compliance und Arbeitsrecht, Kap. 4 Rn. 16.

859 *Hoss*, Internet- und E-Mail-Überwachung, S. 88.

einer dort genannten Berufsgruppe in Anspruch nimmt. Der Angehörige der Berufsgruppe muss dieses Geheimnis auch gegenüber seinem Arbeitgeber wahren. Der Arbeitgeber ist daher auf Grund seiner Fürsorgepflicht gehalten, alles zu unterlassen, was den Mitarbeiter in einen Konflikt mit seiner Geheimhaltungspflicht bringen kann,[860] sodass er insoweit grundsätzlich nicht zu einer Kontrolle der E-Mails berechtigt ist[861].

Die Kommunikation mit anderen Personen als mit Patienten etc. unterliegt jedoch den allgemeinen Grundsätzen, sofern beide Bereiche getrennt voneinander sind.[862] Ist dies nicht der Fall, so sind die Sonderregelungen für das Berufsgeheimnis auf sämtliche E-Mails anzuwenden.[863]

Dasselbe gilt hinsichtlich der E-Mail-Korrespondenz der Betriebsräte. In diesem Zusammenhang wird auf § 78 S. 1 BetrVG verwiesen, wonach die Mitglieder des Betriebsrates in der Ausübung ihrer Tätigkeit nicht gestört oder behindert werden dürfen. Die Überwachung stellt jedoch eine Einschränkung der Handlungs- und Entscheidungsfreiheit des Betriebsrates und somit eine Störung seiner Arbeit dar.[864] Zudem wäre der Betriebsrat in seiner Funktion als Vertrauensorgan der Mitarbeiter beeinträchtigt und das Vertrauen der Mitarbeiter in eine vertrauliche Kommunikation geschädigt.[865]

3. *Zusammenfassung*

Bei der im Rahmen des § 32 Abs. 1 S. 2 BDSG stattfindenden Interessenabwägung ist auf Seiten des Arbeitgebers vor allem dessen Aufklärungsinteresse, auf Seiten des Arbeitnehmers das allgemeine Persönlichkeitsrecht zu beachten. Die

860 BAGE 54, 67, Tz. 35 f.

861 BAGE 54, 67 (angestellter Psychologe); *Salvenmoser/Schreier*, in: Handbuch Wirtschaftsstrafrecht, 15. Teil Rn. 125; *Beckschulze/Henkel*, DB 2001, 1491, 1495; *Hoss*, Internet- und E-Mail-Überwachung, S. 87; *Maschmann*, in: Corporate Compliance und Arbeitsrecht, S. 149, 162: „Entsprechendes gilt für den E-Mail-Verkehr von Betriebsräten"; *Ernst*, NZA 2002, 585, 590: „Geheimnisträger[n] wie dem Betriebsrat … Betriebsarzt bzw. -psychologen"; generell zur E-Mail-Kontrolle von Angehörigen bestimmter Berufe und Arbeitnehmern mit Sonderstatus: *Raffler/Hellich*, NZA 1997, 862, 866 f.; *Hoss*, Internet- und E-Mail-Überwachung, S. 87 ff.; *Däubler*, Internet und Arbeitsrecht, Rn. 263 ff.

862 *Däubler*, Internet und Arbeitsrecht, Rn. 264; *Hoss*, Internet- und E-Mail-Überwachung, S. 90.

863 *Hoss*, Internet- und E-Mail-Überwachung, S. 90.

864 *Hoss*, Internet- und E-Mail-Überwachung, S. 89.

865 *Hoss*, Internet- und E-Mail-Überwachung, S. 90.

Gewichtung der Interessen hängt dabei maßgeblich von der dienstlichen oder privaten Natur der E-Mail und der innerbetrieblichen Regelung der privaten Nutzung der E-Mail-Funktion ab.

Zusammenfassend lässt sich feststellen, dass der Arbeitgeber im Falle eines konkreten Straftatverdachts jedenfalls – nach den Vorschriften des BDSG – zu einer Inhaltskontrolle der dienstlichen E-Mails berechtigt ist. Ausnahmsweise ist er auch befugt, private E-Mails des entsprechenden Arbeitnehmers zu kontrollieren, wenn ein dringender Verdacht auf eine schwere Straftat besteht. Dabei ist allerdings zu berücksichtigen, dass rein private E-Mails, die keinen Bezug zum Straftatverdacht aufweisen, nicht vom Arbeitgeber gelesen werden dürfen.

VI. Inhaltskontrolle – Rechtmäßigkeit nach TKG

Da die noch herrschende Meinung im Falle der gestatteten privaten Nutzung der Telekommunikationsanlagen von der Anwendbarkeit des TKG ausgeht[866], ist eine Darstellung der Rechtmäßigkeit des E-Mail-Screenings nach dessen Vorschriften unerlässlich. Der Arbeitgeber muss stets damit rechnen, dass das E-Mail-Screening nach den Maßstäben des TKG beurteilt wird.[867] In diesem Zusammenhang gewinnt auch § 206 StGB an Bedeutung, da der Arbeitgeber nunmehr als Täter in Betracht kommt.[868]

1. Dienstliche E-Mails

Dienstliche E-Mails können grundsätzlich, unabhängig von den innerbetrieblichen Regelungen der privaten Internetnutzung, sowohl vom Arbeitgeber als auch von den internen Ermittlern eingesehen werden. Dabei sind nicht die Vorschriften des TKG, sondern vielmehr die Vorschriften des BDSG zu berücksichtigen,[869] da der Arbeitgeber bei der dienstlichen Nutzung gerade nicht Anbieter von Telekommunikationsdiensten i.S.d. TKG ist.[870] Die Kontrollrechte beziehen sich sowohl auf die Verbindungsdaten als auch auf den Inhalt der geschäftlichen E-Mail Korrespondenz.[871]

---

866 Siehe S. 101 ff.

867 So auch: *Thüsing*, Arbeitnehmerdatenschutz und Compliance, Rn. 286: „hilfsweise“.

868 *Dann/Gastell*, NJW 2008, 2945 f.; *v. Rosen*, Internal Investigations bei Compliance-Verstößen, S. 83; *Klengel/Mückenberger*, CCZ 2009, 81, 83.

869 *Bissels/Lützeler*, BB 2012, 189, 191; *Wisskirchen/Glaser*, DB 2011, 1447, 1450.

870 *Mengel*, BB 2004, 2014, 2016; *Beckschulze/Henkel*, DB 2001, 1491, 1496; *Wisskirchen/Glaser*, DB 2011, 1447, 1450; *Lindemann/Simon*, BB 2001, 1950, 1951; vgl. S. 92 f.

871 *Bissels/Lützeler*, BB 2012, 189, 191; vgl. S. 128 f., 152 f.

Auch nach der herrschenden Meinung sind die Vorschriften des TKG somit nur hinsichtlich der privaten E-Mails des Arbeitnehmers anwendbar, vgl. S. 92 f.

2. Private E-Mails

Sofern der Arbeitgeber die private Nutzung der Telekommunikationsanlagen gestattet hat, ist die Kontrolle der privaten E-Mails nach der herrschenden Meinung an den Maßstäben des TKG zu messen. Hinsichtlich der Rechtmäßigkeit des E-Mail-Screenings ist dabei insbesondere das Fernmeldegeheimnis aus § 88 TKG relevant.

a. Fernmeldegeheimnis[872]

aa. Schutzbereich

(I) Persönlicher Schutzbereich

Der persönliche Schutzbereich des § 88 Abs. 1 TKG erfasst unter anderem natürliche Personen. Arbeitnehmer sind als natürliche Personen vom persönlichen Schutzbereich des Fernmeldegeheimnisses erfasst. Geschützt ist darüber hinaus auch der Empfänger der E-Mail.[873]

(II) Sachlicher Schutzbereich

Gemäß § 88 Abs. 1 TKG sind sowohl der Inhalt als auch die näheren Umstände der Telekommunikation vom Fernmeldegeheimnis umfasst. Der Inhalt der Telekommunikation erfasst den Inhalt jeder Art individueller Nachrichtenübermittlung. Dazu zählen neben dem Fernsprecher, Telefax und SMS auch E-Mails.[874]

Der Inhalt einer (privaten) E-Mail fällt demnach in den Schutzbereich des Fernmeldegeheimnisses.

bb. Reichweite des Fernmeldegeheimnisses

Als problematisch erweist sich hingegen die Reichweite des Fernmeldegeheimnisses. Außerhalb des Schutzes des Fernmeldegeheimnisses finden nicht dic

---

872 *Däubler*, Gläserne Belegschaften?, Rn. 332: „In § 88 ist das traditionelle „Fernmeldegeheimnis" geregelt, das man heute besser als „Telekommunikationsgeheimnis" bezeichnen würde."

873 *Thüsing*, Arbeitnehmerdatenschutz und Compliance, Rn. 287; *Mölter*, Überwachung und Informationsbeschaffung des Arbeitgebers, S. 86; im Ergebnis auch: *Bock*, in: Beck TKG, § 88 Rn. 19.

874 *Lenckner/Eisele*, in: S/S, § 206 Rn. 6a.

Vorschriften des TKG, sondern vielmehr die Normen des BDSG – hier konkret § 32 Abs. 1 S. 2 BDSG – Anwendung.[875]

(I) Während des Übertragungsvorganges

Sofern private E-Mails während des Übertragungsvorganges abgefangen und kopiert werden, um sie anschließend (sei es auch nach Beendigung des Telekommunikationsvorganges) an andere Personen weiterzuleiten, ist das Telekommunikationsgeheimnis in jedem Falle tangiert.[876]

(II) Speicherung auf lokalem Endgerät

Sofern eine E-Mail (nur) auf dem lokalen Endgerät gespeichert ist, fällt sie nicht in den Schutzbereich des Fernmeldegeheimnisses.[877] Dieses greift nicht mehr, wenn die Nachricht beim Arbeitnehmer angekommen und der Kommunikationsübertragungsvorgang beendet ist[878] – unabhängig davon, ob die E-Mail bereits gelesen ist oder nicht.[879] Die spezifischen Gefahren einer räumlich distanzierten Kommunikation, vor denen das Fernmeldegeheimnis schützen soll, bestehen dann nicht mehr.[880]

(III) Speicherung auf dem Server

Das Herunterladen der E-Mails auf den Arbeits-PC ist im Unternehmen aber eher ungewöhnlich. In der Regel werden die E-Mails vielmehr auf dem E-Mail-Server belassen.[881] Fraglich ist, ob die E-Mail in dieser Situation, in der sie auf dem Mailserver des Arbeitgebers „ruht", noch vom Fernmeldegeheimnis geschützt ist.

Zu berücksichtigen ist, dass diese Problematik sich nur für den Fall ergibt, dass der Arbeitgeber auf den E-Mail-Server an sich zurückgreift. Sofern er die E-Mails auf dem lokalen Endgerät seiner Mitarbeiter kontrolliert, ist es unerheblich,

---

875 *Hoppe/Braun*, MMR 2010, 80, 81; vgl. aber auch *Thüsing*, Arbeitnehmerdatenschutz und Compliance, Rn. 296 ff.

876 *Schuster*, ZIS 2010, 68, 72; *Reeb*, Internal Investigations, S. 90.

877 *Behling*, BB 2010, 892, 893; *Rübenstahl/Debus*, NZWiSt 2012, 129, 133; *Reeb*, Internal Investigations, S. 90; *Scheben/Klos/Geschonneck*, CCZ 2012, 13, 16; vgl. auch: LAG Berlin-Brandenburg, BB 2011, 2298, 2300.

878 BVerfGE 115, 166, 184; VG Frankfurt a.M., WM 2009, 948, 950.

879 *Hoppe*, Private Nutzung betrieblicher Informations- und Kommunikationsmittel, S. 116.

880 *Rübenstahl/Debus*, NZWiSt 2012, 129, 134; BVerfGE 115, 166, 184; BVerfGE 120, 274, 308.

881 *Scheben/Klos/Geschonneck*, CCZ 2012, 13, 16; *Schuster*, ZIS 2010, 68, 72.

ob sie zudem auf dem Server gespeichert werden, denn der Arbeitnehmer hatte jedenfalls die Möglichkeit die E-Mails auf seinem Arbeitscomputer zu löschen und sie damit dem Zugriff des Arbeitgebers zu entziehen. Der Schutz des Fernmeldegeheimnisses greift jedenfalls nicht mehr.[882]

Die Erforderlichkeit eines Zugriffs auf den E-Mail-Server kann sich jedoch bspw. ergeben, wenn der Mitarbeiter lediglich mobile Endgeräte (Notebook, Blackberry o.ä.) nutzt, die für den Arbeitgeber nicht ohne Weiteres erreichbar sind oder wenn der Zugriff auf vorhandene Endgeräte unterbleiben muss, da anderenfalls die interne Ermittlung publik und der Untersuchungserfolg dadurch gefährdet wird.[883]

(1) BVerfGE 124, 43

Gewissermaßen den Ausgangspunkt der Diskussion bildet ein Beschluss des BVerfG[884] vom 16.6.2009 zur Sicherstellung und Beschlagnahme von E-Mails auf dem Server des Mailproviders durch staatliche Ermittlungsbehörden. Danach endet der Schutz des Fernmeldegeheimnisses aus Art. 10 GG in dem Moment, in dem die E-Mail bei dem Empfänger angekommen und der Übertragungsvorgang damit beendet ist.[885] „Das Fernmeldegeheimnis knüpft an das Kommunikationsmedium an und will jenen Gefahren für die Vertraulichkeit begegnen, die sich gerade aus der Verwendung dieses Mediums ergeben, das einem staatlichen Zugriff leichter ausgesetzt ist als die direkte Kommunikation unter Anwesenden (vgl. …). Die auf dem Mailserver des Providers vorhandenen E-Mails sind nicht im Herrschaftsbereich des Kommunikationsteilnehmers, sondern des Providers gespeichert.“[886] Dieser kann also jederzeit auf die E-Mails zugreifen. „Der Kommunikationsteilnehmer hat keine technische Möglichkeit, die Weitergabe der E-Mails durch den Provider zu verhindern. Dieser technisch bedingte Mangel an Beherrschbarkeit begründet die besondere Schutzbedürftigkeit durch das Fernmeldegeheimnis.“[887]

---

882 *Tiedemann*, MMR 2010, 641, 642; im Ergebnis auch: *Nolte/Becker*, CR 2009, 126, 128.

883 *Behling*, BB 2010, 892, 893.

884 BVerfGE 124, 43; *Mölter*, Überwachung und Informationsbeschaffung des Arbeitgebers, S. 184 bezeichnet BVerfGE 115, 166, 186 f. als Ausgangspunkt.

885 BVerfGE 124, 43, 54; BVerfGE 115, 166, 184; BVerfGE 120, 274, 307 f.

886 BVerfGE 124, 43, 54 f.

887 BVerfGE 124, 43, 55; vgl. auch: LG Hamburg, MMR 2008, 186; zustimmend: *Gaede*, StV 2009, 96, 97.

Festzuhalten ist somit, dass nach dem Beschluss des BVerfG auf dem Server gespeicherte E-Mails auf Grund der mangelnden Beherrschbarkeit vom Fernmeldegeheimnis des Art. 10 GG geschützt sind.

(2) Übertragbarkeit

Fraglich ist, ob dieser Beschluss des BVerfG auf die Kontrolle von Mitarbeiter-E-Mails auf dem Server im Rahmen (privater) unternehmensinterner Untersuchungen übertragen werden kann.

(a) Kein Schutz durch das Fernmeldegeheimnis[888]

Teilweise wird vertreten, dass der Beschluss des BVerfG auf die Konstellation der internen Untersuchung nicht übertragbar sei, da Private nicht Normadressaten der Grundrechte sind. Für Durchsuchungen des Arbeitgebers könnten daher andere Maßstäbe gelten.[889] Das BVerfG hat ausdrücklich klargestellt, dass Art. 10 GG nicht dem technischen Begriff der Telekommunikation i.S.d. TKG folge.[890] Verstehe man den Telekommunikationsvorgang des § 88 TKG aber in einem solch technischen Sinn, so dürfte dies nur das Senden, Übermitteln und Empfangen von Nachrichten umfassen, vgl. § 3 Nr. 22 TKG. Maßnahmen, die sich auf gespeicherte E-Mails beziehen, die bereits versandt und empfangen wurden, würden das Fernmeldegeheimnis des § 88 TKG dann gar nicht berühren. Auf Servern lagernde E-Mails unterfielen damit zwar möglicherweise dem Schutz des Art. 10 GG, nicht aber dem Fernmeldegeheimnis i.S.d. § 88 TKG. Das Fernmeldegeheimnis stünde damit der Kontrolle der E-Mails auf dem Server nicht entgegen.[891] Dass Art. 10 Abs. 1 GG im Verhältnis Bürger – Staat weiter reicht, als § 88 Abs. 3 TKG im Verhältnis Privater untereinander, stelle keinen Wertungswiderspruch dar, sondern sei vielmehr durch die gesetzgeberische Gestaltungsfreiheit gedeckt.[892]

---

888 BGH, NJW 2009, 1828; LAG Berlin-Brandenburg, BB 2011, 2298, 2300; *Panzer-Heemeier*, DuD 2012, 48, 52; *Wewerka*, Internal Investigations, S. 138; *Scheben/Klos*, CCZ 2013, 88, 89; im Ergebnis auch: *Bruns*, in: KK StPO, § 100a Rn. 18; *Graf*, in: Beck'OK StPO, § 100a Rn. 28; vgl. auch: LG Braunschweig, Beschl. v. 12.4.2006 – 6 Qs 88/06 Tz 12, wonach die endgültige Speicherung der E-Mail beim Provider mit der Speicherung auf dem eigenen Endgerät „ohne weiteres vergleichbar" sei.

889 *Scheben/Klos/Geschonneck*, CCZ 2012, 13, 17; *Behling*, BB 2010, 892, 894.

890 BVerfGE 124, 43, 55 f.

891 *Scheben/Klos/Geschonneck*, CCZ 2012, 13, 17; *Behling*, BB 2010, 892, 894.

892 *Behling*, BB 2010, 892, 894 f.

Auch das LAG Niedersachsen[893] und das LAG Berlin-Brandenburg[894], die zwar schon die Einordnung des Arbeitgebers als Dienstanbieter ablehnen, scheinen davon auszugehen, dass – die Anwendbarkeit des TKG vorausgesetzt – das Fernmeldegeheimnis nicht greift, wenn E-Mails auf dem Server ruhen.[895]

Die Zulässigkeit der Kontrolle von auf dem Server ruhenden E-Mails sei daher nicht an Hand des TKG zu beurteilen, sondern vielmehr nach den Maßstäben des BDSG.[896]

(b) Schutz durch dasFernmeldegeheimnis[897]

Andere gehen zwar davon aus, dass der Übertragungsvorgang bei auf dem Server „ruhenden" E-Mails bereits beendet sei. Ihnen zufolge kommt es jedoch nicht allein darauf an. Vielmehr spiele (dem BVerfG folgend[898]) auch die Frage der Beherrschbarkeit eine maßgebliche Rolle. Gerade der Mangel an Beherrschbarkeit begründe nämlich die Schutzbedürftigkeit durch das Fernmeldegeheimnis

---

893 LAG Niedersachsen, NZA-RR 2010, 406, 408.

894 LAG Berlin-Brandenburg, BB 2011, 2298, 2300.

895 LAG Niedersachsen, NZA-RR 2010, 406, 408 und LAG Berlin-Brandenburg, BB 2011, 2298, 2300 sprechen von in zentral gesicherten Verzeichnissen des Systems gespeicherten E-Mails; so auch: VGH Kassel, NJW 2009, 2470, Ls. (wegen dieser erheblichen Einschränkung des Anwendungsbereiches des TKG von *Grobys/v. Steinau-Steinrück*, NJW-Spezial 2009, 483, 484 als „Meilenstein" bezeichnet); ebenso die Vorinstanz: VG Frankfurt a.M., WM 2009, 948, 950 f.

896 *Scheben/Klos/Geschonneck*, CCZ 2012, 13, 17; *Behling*, BB 2010, 892, 896; *Vogel/Glas*, DB 2009, 1747, 1753.

897 LG Hanau, NJW 1999, 3647; LG Hamburg, MMR 2008, 186; *Eisele*, Compliance und Datenschutzstrafrecht, S. 42; *Barton*, CR 2003, 839, 843; *Hoppe/Braun*, MMR 2010, 80, 81; *Vietmeyer/Byers*, MMR 2010, 807, 810; *Maschmann*, in: FS Hromadka, S. 233, 252; *Schlegel*, HRRS 2007, 44, 48; *Schuster*, in: Internal Investigations, Kap. 11 Rn. 136; *Pohle*, in: Deutsch-Amerikanische Korruptionsverfahren, § 9 Rn. 49; *Schuster*, ZIS 2010, 68, 72; so wohl auch: *de Wolf*, NZA 2010, 1206, 1209.

898 BVerfGE 124, 43, 54 f.

(BVerfGE 124, 43, 55).[899] Dass für nichtstaatliche Eingriffe etwas anderes gelten solle, sei nicht ersichtlich.[900]

Das Ruhen einer E-Mail auf dem Server könne aber mit einer Speicherung auf der Festplatte nicht gleichgesetzt werden.[901] Im Falle der Speicherung auf dem Server sei die E-Mail nicht im Herrschaftsbereich des Kommunikationsteilnehmers, also des Arbeitnehmers, sondern vielmehr des Providers gespeichert. Der Nutzer kann seine E-Mails nur auf dem Bildschirm lesbar machen, wenn er eine Internetverbindung zum Mailserver des Providers herstellt. Selbst eine Zugangssicherung, bspw. in Form eines Passwortes, kann den Zugriff Dritter nicht verhindern, denn der Provider ist weiterhin in der Lage, jederzeit auf sämtliche auf dem Mailserver gespeicherte E-Mails zuzugreifen. Gerade dieser technisch bedingte Mangel an Beherrschbarkeit begründe die besondere Schutzbedürftigkeit durch das Fernmeldegeheimnis.[902] Der Sinn und Zweck des TKG gebieten es, auch auf dem E-Mail-Server gespeicherte E-Mails durch das Fernmeldegeheimnis zu schützen.[903] Solange sich die E-Mail jedenfalls noch auf dem Server befindet, spiele es keine Rolle, ob der Nutzer diese bereits gelesen hat.[904]

Im Ergebnis sei das Fernmeldegeheimnis betroffen, solange der Arbeitnehmer einen Zugriff des Arbeitgebers auf seine E-Mails nicht verhindern kann.[905]

---

899 *Hoppe/Braun*, MMR 2010, 80, 81; *Schuster*, ZIS 2010, 68, 72; *Schuster*, in: Internal Investigations, Kap. 11 Rn. 136; so wohl auch: *Schmidl*, in: Corporate Compliance, § 29 Rn. 267c, 267h, der allerdings das Speichern der E-Mail im Herrschaftsbereich als Voraussetzung für einen abgeschlossenen Telekommunikationsvorgang ansieht. Allerdings soll der Schutz des Fernmeldegeheimnisses im Rahmen des Arbeitsverhältnisses wohl nicht mehr greifen, nachdem der Arbeitnehmer von der E-Mail Kenntnis genommen hat, die E-Mail also angekommen ist und er sie weder gelöscht noch verschoben hat, Rn. 267i.

900 *Schuster*, ZIS 2010, 68, 72; *Schuster*, in: Internal Investigations, Kap. 11 Rn. 136.

901 *Schuster*, ZIS 2010, 68, 72.

902 *Gercke*, in: Gercke/Kraft/Richter, Arbeitsstrafrecht, Kap. 2 Rn. 1150 unter Berufung auf BVerfGE 124, 43, 55; *Schuster*, ZIS 2010, 68, 72; im Ergebnis auch: *Eisele*, Compliance und Datenschutzstrafrecht, S. 42 f.

903 *Haußmann/Krets*, NZA 2005, 259, 261; im Ergebnis auch: *Barton*, CR 2003, 839, 843, wonach Sinn und Zweck des Fernmeldegeheimnisses es gebiete, die einem Telekommunikationsvorgang vor- bzw. nachgeordneten Zustände zu umfassen.

904 *Schuster*, ZIS 2010, 68, 72 unter Berufung auf BVerfGE 124, 43, 56; *Gaede*, StV 2009, 96, 97 f.; **a.A.**: *Nolte/Becker*, CR 2009, 126, 127.

905 *Hoppe/Braun*, MMR 2010, 80, 82.

(c) Stellungnahme

Im Hinblick auf den Beschluss des BVerfG vom 16.6.2009 ist davon auszugehen, dass eine auf dem Server gespeicherte E-Mail grundsätzlich dem Fernmeldegeheimnis unterliegt. Die vom BVerfG als entscheidendes Kriterium angesehene Frage nach der Beherrschbarkeit muss auch im Rahmen Arbeitnehmer - Arbeitgeber maßgeblich sein. Gerade aus der mangelnden Beherrschbarkeit ergibt sich die Schutzbedürftigkeit, die nicht nur im Verhältnis Bürger - Staat, sondern auch im Verhältnis Privater untereinander dazu führen muss, dass die auf dem Server ruhende E-Mail vom Fernmeldegeheimnis gegen Zugriffe geschützt wird.

(d) Fallgruppen

Folgt man der hier vertretenen Ansicht, so ist grundsätzlich davon auszugehen, dass eine auf dem Server ruhende E-Mail vom Fernmeldegeheimnis geschützt ist. In der Praxis werden jedoch verschiedene Verfahren zum Abrufen von E-Mails genutzt. Der Schutz durch das Fernmeldegeheimnis ist dabei abhängig vom jeweils eingesetzten E-Mail-System.[906]

(aa) POP3-Verfahren[907]

Bei dem sog. POP3-Verfahren werden die E-Mails vom Mail-Server des Arbeitgebers zunächst empfangen und für den Arbeitnehmer bis zum endgültigen Abruf vorgehalten. Ruft der Arbeitnehmer seine E-Mails ab, werden sie auf seinem lokalen Datenspeicher hinterlegt. Ob anschließend eine serverseitige Löschung der E-Mails stattfindet, hängt von der Konfiguration der Client-Server-Anwendung ab.[908]

Sofern keine Löschung der abgerufenen E-Mail erfolgt, bleibt die E-Mail auf dem E-Mail-Server hinterlegt. Sie bleibt im Herrschaftsbereich des Providers und damit außerhalb der für den Arbeitnehmer beherrschbaren Sphäre.[909] Die E-Mails des Arbeitnehmers auf dem Server sind in dieser Konstellation durch das Fernmeldegeheimnis geschützt.

Erfolgt hingegen beim Abruf vom Server eine automatische Löschung der E-Mail, so ist die E-Mail nicht mehr durch das Fernmeldegeheimnis geschützt,

906 *Hoppe/Braun*, MMR 2010, 80, 82.

907 *Schlegel*, HRRS 2007, 44, 46 Fn. 14: POP3 bedeutet Post Office Protocol Version 3.

908 *Hoppe/Braun*, MMR 2010, 80, 82; *Reeb*, Internal Investigations, S. 91.

909 *Hoppe/Braun*, MMR 2010, 80, 82; *Reeb*, Internal Investigations, S. 92; auch: BVerfGE 124, 43, 56.

da sie sich nunmehr allein auf dem Rechner des Arbeitnehmers befindet. Die Rechtmäßigkeit des Zugriffs richtet sich nach dem BDSG.[910]

(bb) IMAP-Verfahren[911]

Das sog. IMAP-Verfahren gilt als meist verbreitete E-Mail-Technik. Hierbei verbleiben die E-Mails nach dem Abruf stets auf dem Mailserver. Der Empfänger einer E-Mail hat allerdings die Möglichkeit, die Löschung auf dem Server zu bewirken.[912]

Teilweise wird vertreten, dass für den Fall, dass der Arbeitnehmer die E-Mail nach dem Öffnen auf dem Server belässt, das Fernmeldegeheimnis ende, da er sie bewusst im Herrschaftsbereich des Arbeitgebers belasse. Anders als während des Übertragungsvorganges habe der Arbeitnehmer hier die Möglichkeit den Zugriff des Arbeitgebers zu verhindern (Verschieben oder Löschen der E-Mail auf dem Server). Die E-Mail sei daher nicht mehr vom Fernmeldegeheimnis geschützt.[913] Die Speicherung auf dem Server diene nur der Archivierung, nicht aber der Aufrechterhaltung des Übertragungsvorganges.[914]

Andere[915] gehen hingegen davon aus, dass das Fernmeldegeheimnis weiter bestehen bleibt. Es ende nur, sofern der Arbeitnehmer die E-Mail (etwa durch Verschieben) in den Herrschaftsbereich des Arbeitgebers bringe.[916] Dies entspricht

---

910 *Hoppe/Braun*, MMR 2010, 80, 82; *Nolte/Becker*, CR 2009, 126, 127; im Ergebnis auch: *Reeb*, Internal Investigations, S. 92; so wohl auch: *Behling*, BB 2010, 892, 893.

911 IMAP bedeutet Internet Message Access Protocol, vgl. *Schlegel*, HRRS 2007, 44, 46 Fn. 15; *Behling*, BB 2010, 892, 893.

912 *Hoppe/Braun*, MMR 2010, 80, 82; *Nolte/Becker*, CR 2009, 126, 127; *Reeb*, Internal Investigations, S. 92.

913 VGH Kassel, NJW 2009, 2470, 2471; zustimmend: *Mölter*, Überwachung und Informationsbeschaffung des Arbeitgebers, S. 187; *Rübenstahl/Debus*, NZWiSt 2012, 129, 134; ebenso die Vorinstanz: VG Frankfurt a.M., WM 2009, 948, 950 f.; *Schöttler*, jurisPR-ITR 4/2009 Anm. 2; *Nolte/Becker*, CR 2009, 126, 127; im Ergebnis auch: *Vogel/Glas*, DB 2009, 1747, 1753; *Beckschulze*, DB 2009, 2097, 2098; so wohl auch: *Eisele*, ZIS 2012, 402, 404; *Tiedemann*, MMR 2010, 641, 642, der sich dabei auf die Entscheidung des BVerfG beruft (BVerfGE 124, 43); **a.A.**: *Gaede*, StV 2009, 96, 97; *Schlegel*, HRRS 2007, 44, 49, wonach das Kriterium des vorherigen E-Mail-Abrufs zur Bestimmung der Beendigung des Übertragungsvorganges nicht geeignet ist.

914 *v. Rosen*, Internal Investigations bei Compliance-Verstößen, S. 85; *Nolte/Becker*, CR 2009, 126, 128.

915 Laut *Eisele*, ZIS 2012, 402, 404 die herrschende Ansicht.

916 *Hoppe/Braun*, MMR 2010, 80, 82; so wohl auch: *Vietmeyer/Byers*, MMR 2010, 807, 809; vgl. auch: *Schlegel*, HRRS 2007, 44, 49, wonach E-Mails, solange sie sich beim Provider befinden, dem Fernmeldegeheimnis unterliegen.

auch dem Beschluss des BVerfG: „Die spezifische Gefährdungslage und der Zweck der Freiheitsverbürgung von Art. 10 Abs. 1 GG bestehen auch dann weiter, wenn die E-Mails nach Kenntnisnahme beim Provider gespeichert bleiben.“[917]

(cc) Sicherungskopien

Häufig werden täglich Sicherungskopien von sämtlichen auf dem betrieblichen Server befindlichen E-Mails angefertigt. Diese E-Mails sind (wohl) weiterhin vom Fernmeldegeheimnis geschützt.[918]

cc. Zwischenergebnis

Festzuhalten bleibt, dass derzeit hinsichtlich der Reichweite des Fernmeldegeheimnisses erhebliche Unsicherheiten für den Arbeitgeber bestehen.[919] Teilweise wird ihm daher im Hinblick auf die nach § 206 StGB drohende Strafbarkeit geraten, vorsichtshalber von der Anwendbarkeit des § 88 TKG auszugehen.[920]

Fest steht jedoch zum einen, dass das Fernmeldegeheimnis greift, solange der Übertragungsvorgang andauert und zum anderen, dass es nicht (mehr) greift, sobald die E-Mail (nur) auf dem Endgerät gespeichert ist. Umstritten ist hingegen, ob auf dem Server gespeicherte E-Mails durch das Fernmeldegeheimnis geschützt sind. Mit der hier vertretenen Auffassung ist im Hinblick auf den Beschluss des BVerfG vom 16.6.2009 davon auszugehen, dass auf dem Server ruhende E-Mails vom Fernmeldegeheimnis umfasst sind. Die mangelnde Beherrschbarkeit, die gerade die Schutzbedürftigkeit durch das Fernmeldegeheimnis begründet, besteht auch in dieser Konstellation.

b. Eingriff

Sofern der Arbeitgeber während des Übermittlungsvorganges oder – nach hier vertretener Auffassung – auf auf dem Server gespeicherte private E-Mails des Arbeitnehmers zugreift, stellt das E-Mail-Screening einen Eingriff in das Fernmeldegeheimnis dar.[921]

---

917 BVerfGE 124, 43, 56.

918 *Hoppe/Braun*, MMR 2010, 80, 82; so wohl auch: *Schmidl*, in: Corporate Compliance, § 29 Rn. 267g; vgl. auch: *Nolte/Becker*, CR 2009, 126, 128: Schutz des Fernmeldegeheimnisses höchstens hinsichtlich der E-Mails, die vom Empfänger noch nicht zur Kenntnisgenommen worden sind; *Schöttler*, jurisPR-ITR 4/2009 Anm. 2 weist darauf hin, dass das Fernmeldegeheimnis dann aber „nie mehr enden würde“.

919 *Gercke*, in: Gercke/Kraft/Richter, Arbeitsstrafrecht, Kap. 2 Rn. 1151.

920 *Haußmann/Krets*, NZA 2005, 259, 261.

921 Vgl. *Thüsing*, Arbeitnehmerdatenschutz und Compliance, Rn. 325.

c. Rechtfertigung

Anders als die im Rahmen des BDSG maßgebliche Norm des § 32 BDSG ist § 88 TKG keiner Abwägung der widerstreitenden Arbeitnehmer- und Arbeitgeberinteressen zugänglich.[922] Für die Rechtfertigung eines Eingriffes in das Fernmeldegeheimnis ist § 88 Abs. 3 S. 3 TKG maßgeblich. Danach ist „eine Verwendung dieser Kenntnisse für andere Zwecke, insbesondere die Weitergabe an andere, [ist] nur zulässig, soweit dieses Gesetz oder eine andere gesetzliche Vorschrift dies vorsieht und sich dabei ausdrücklich auf Telekommunikationsvorgänge bezieht."

aa. Besondere Rechtfertigungsgründe des TKG

Zunächst könnten die besonderen telekommunikationsrechtlichen Rechtfertigungsgründe in Betracht kommen.

(I) § 88 Abs. 3 S. 3 TKG i.V.m. §§ 91 ff. TKG

§§ 91 ff. TKG erfassen nur Verbindungs- bzw. Verkehrsdaten i.S.d. § 3 Nr. 30 TKG, sodass eine Rechtfertigung nach diesen Vorschriften von vornherein ausscheiden muss.[923]

(II) § 88 Abs. 3 S. 3 TKG i.V.m. § 32 Abs. 1 S. 2 BDSG

Teilweise wird eine Rechtfertigung des Eingriffes über § 88 Abs. 3 S. 3 TKG i.V.m. § 32 Abs. 1 S. 2 BDSG, bei der § 32 BDSG als Rechtfertigungsgrund im Rahmen des Anwendungsbereiches des TKG fungiert, für möglich gehalten.[924] Da sich die Bestimmungen des § 32 BDSG jedoch nicht ausdrücklich auf Telekommunikationsvorgänge beziehen, scheidet eine Rechtfertigung aus.[925]

---

922 *Hassemer/Witzel*, ITRB 2006, 139, 141; **a.A.**: offenbar *Salvenmoser/Schreier*, in: Handbuch Wirtschaftsstrafrecht, 15. Teil Rn. 127, die bei konkretem Verdacht eines schweren Vergehens unter Wahrung des Verhältnismäßigkeitsgrundsatzes von der Zulässigkeit der Inhaltskontrolle ausgehen.

923 *Thüsing*, Arbeitnehmerdatenschutz und Compliance, Rn. 326.

924 *Rübenstahl/Debus*, NZWiSt 2012, 129, 135; *Polenz*, in: Computerrechts-Handbuch, Telekommunikation und Telemedien, Teil 13, Kap. 7 Rn. 25; *Brockhaus*, in: Internal Investigations, Kap. 26 Rn. 63 (iRd § 206 StGB); so wohl auch: *Hoppe/Braun*, MMR 2010, 80, 81; **a.A.**:*Kratz/Gubbels*, NZA 2009, 652, 654; *Schuster*, in: Internal Investigations, Kap. 11 Rn. 139.

925 *Eisele*, Compliance und Datenschutzstrafrecht, S. 45; *Pohle*, in: Deutsch-Amerikanische Korruptionsverfahren, § 9 Rn. 50; im Ergebnis auch: *Barton*, jurisPR-StrafR 15/2012 Anm. 1; **a.A.**: *Rübenstahl/Debus*, NZWiSt 2012, 129, 135.

(III) § 88 Abs. 3 S. 4 TKG

Der Rechtfertigungsgrund des § 88 Abs. 3 S. 4 TKG, wonach die Anzeigepflicht nach § 138 StGB Vorrang genießt, gilt nur für *bevorstehende* in § 138 StGB explizit genannte Katalogtaten. Bei internen Untersuchungen handelt es sich jedoch meist um die Aufklärung mutmaßlicher bereits begangener Straftaten. Zudem handelt es sich regelmäßig nicht um solche Katalogtaten. Eine Rechtfertigung des E-Mail-Screenings über den § 88 Abs. 3 S. 4 TKG kann deshalb nur im Ausnahmefall erfolgen.[926] Gestattet und gefordert ist letztlich nur eine Weitergabe von Zufallserkenntnissen.[927]

(IV) Zwischenergebnis

Die telekommunikationsspezifischen Rechtfertigungsgründe greifen nicht, sodass eine Inhaltskontrolle der E-Mails danach unzulässig bleibt.[928]

bb. Allgemeine strafrechtliche Rechtfertigungsgründe

(I) Anwendbarkeit

Eine Rechtfertigung des Eingriffes in das Fernmeldegeheimnis könnte aber über die allgemeinen strafrechtlichen Rechtfertigungsgründe möglich sein. Allerdings ist umstritten, ob diese im Rahmen des Fernmeldegeheimnisses überhaupt Geltung beanspruchen können. Grund für diesen Streit ist der § 88 Abs. 3 S. 3 TKG. Voraussetzung ist danach, dass es sich um eine gesetzlich normierte Ausnahme handelt, die sich ausdrücklich auf Telekommunikationsvorgänge bezieht.[929]

Teilweise wird vertreten, dass die allgemeinen Rechtfertigungsgründe der § 32 und § 34 StGB dennoch in absoluten Ausnahmefällen anwendbar sind.[930] Auch *Behling* sieht zumindest in der Unanwendbarkeit des § 34 StGB im Falle der internen Ermittlung zur Straftataufklärung einen Widerspruch: Die Geschäftsleitung könne nicht einerseits zur Aufklärung und Unterbindung von Straftaten

---

926 *Klengel/Mückenberger*, CCZ 2009, 81, 84; *Schuster*, ZIS 2010, 68, 74 f.; im Ergebnis auch: *Klesczewski*, in: Berliner Kommentar TKG, § 88 Rn. 36; zu § 88 Abs. 3 S. 4 TKG auch: *Gercke*, in: Gercke/Kraft/Richter, Arbeitsstrafrecht, Kap. 2 Rn. 1159 ff.

927 *Mölter*, Überwachung und Informationsbeschaffung des Arbeitgebers, S. 90; *Klesczewski*, in: Berliner Kommentar TKG, § 88 Rn. 36.

928 *Behling*, BB 2010, 892, 893.

929 *Schuster*, ZIS 2010, 68, 75; vgl. auch: BT-Drs. 13/3609, S. 53.

930 OLG Karlsruhe, MMR 2005, 178, 180: „wenn besondere Fallgestaltungen vorliegen, die den Rahmen der §§ …, 88 Abs. 3 S. 3 n.F. (TKG) sprengen"; *Härting*, CR 2007, 311, 315; *Schmidl*, in: Corporate Compliance, § 29 Rn. 299; *Barton*, NZA 2006, 460, 462; *Altvater*, in: LK StGB, § 206 Rn. 80; *Zerres*, in: Scheurle/Mayen, TKG, § 88 Rn. 29.

verpflichtet sein, andererseits aber auf telekommunikationsspezifische Rechtfertigungsgründe beschränkt sein. Diese würden schließlich in den seltensten Fällen der unternehmensinternen Ermittlungen eingreifen.[931] Daher bestehe eine Pflichtenkollision, bei der sich die Handlungspflicht aus §§ 9, 30, 130 OWiG und § 13 StGB (Aufklärung und Verhinderung von Straftaten) auf der einen und die Unterlassungspflicht aus § 88 Abs. 3 TKG bzw. § 206 StGB (keine Kontrolle von E-Mail-Inhalten) auf der anderen Seite gegenüberstünden. Diese Kollision sei – bei unterstellter Gleichwertigkeit der Pflichten – über § 34 StGB zu lösen.[932]

Für andere Autoren ist eine Berufung auf die allgemeinen Rechtfertigungsgründe hingegen – zu Recht – stets unzulässig.[933] Dafür spricht zum einen der Gesetzeswortlaut und zum anderen die Begründung des Gesetzgebers[934] hinsichtlich des § 82 Abs. 3 S. 3 TKG a.F., der wortgleich mit § 88 Abs. 3 S. 3 TKG ist. In der Begründung heißt es: „*... die Befugnisnorm für den Eingriff muß so gestaltet sein, daß der Wille des Gesetzgebers, das Fernmeldegeheimnis zurücktreten zu lassen, deutlich wird. ... Ausgegrenzt werden sollen jedoch solche Normen, die Auskunftspflichten in allgemeiner Form regeln, ohne besonders auf Telekommunikationsvorgänge Bezug zu nehmen. Hierdurch wird gewährleistet, daß diese Ausnahmen vom Fernmeldegeheimnis auf einer bewußten Abwägung des Gesetzgebers beruhen und als solche deutliche erkennbar sind.*“[935]

---

931 *Behling*, BB 2010, 892, 893; vgl. auch: *Bock*, in: Beck TKG, § 88 TKG Rn. 45, der sich ebenfalls für die Anwendbarkeit des § 34 StGB ausspricht.

932 *Behling*, BB 2010, 892, 893 f., zu der sich anschließenden Interessenabwägung S. 894, mit dem Ergebnis, dass die Inhaltskontrolle erlaubt ist, sofern ein über den bloßen Anfangsverdacht hinausgehender Tatverdacht einer Straftat vorliegt.

933 *Altenhain*, in: MüKo StGB, § 206 Rn. 71; *Eisele*, Compliance und Datenschutzstrafrecht, S. 44 f.; *Eisele*, ZIS 2012, 402, 404; *Mölter*, Überwachung und Informationsbeschaffung des Arbeitgebers, S. 92; *Kargl*, in: NK StGB, § 206 Rn. 47; *Lenckner/Eisele*, in: S/S, § 206 Rn. 14; *Fischer*, § 206 Rn. 9; *v. Rosen*, Internal Investigations bei Compliance-Verstößen, S. 83 f.; *Thüsing*, Arbeitnehmerdatenschutz und Compliance, Rn. 328, 311; *Lackner/Kühl*, § 206 Rn. 15; *Lenckner/Eisele*, in: S/S, § 206 Rn. 14; *Klesczewski*, in: Berliner Kommentar TKG, § 88 Rn. 28; *Renners*, Private Investigation und Arbeitsrecht, S. 196; *Cornelius/Tschoepe*, K&R 2005, 269, 270 f. betonen, dass dies nur im Anwendungsbereich des § 88 Abs. 3 S. 3 TKG gelte, also „wenn es gerade um die Verschaffung und Verwendung der Kenntnisse vom Inhalt und den nähren Umständen ... der Telekommunikation geht.“ Eine Konstellation, in der es jedoch nicht darum geht, sei in der Praxis andererseits aber „schwer vorstellbar.“, S. 271.

934 *Kargl*, in: NK StGB, § 206 Rn. 47; *Altenhain*, in: MüKo StGB, § 206 Rn. 71.

935 BT-Drs. 13/3609, S. 53.

Dass in § 88 Abs. 3 S. 4 TKG ausdrücklich der Vorrang des § 138 StGB geregelt ist, nicht jedoch auf die §§ 32, 34 StGB verwiesen wird, spricht ebenfalls gegen die Geltung der allgemeinen Rechtfertigungsgründe.[936]

(II) Hilfsweise: Bejahung der Anwendbarkeit

Selbst mit der ersten Ansicht ergibt sich jedoch letztlich nichts anderes, da die Voraussetzungen der Rechtfertigungsgründe nach § 32 bzw. § 34 StGB nicht gegeben sind.[937]

Eine Rechtfertigung wegen Notwehr gemäß§ 32 StGB würde daran scheitern, dass regelmäßig kein gegenwärtiger rechtswidriger Angriff mehr auf Unternehmensinteressen vorliegt.[938]

Auch der rechtfertigende Notstand gemäß § 34 StGB muss letztlich als Rechtfertigungsgrund ausscheiden. Die Voraussetzungen der gegenwärtigen Gefahr und der Güterabwägung, die zu einem deutlichen Überwiegen der Interessen des Handelnden ausfallen muss, sind kaum erfüllbar.[939] Darüber hinaus ist im Rahmen des § 34 StGB erforderlich, dass staatliche Hilfe nicht rechtzeitig erreichbar ist. Die Selbsthilfe ist zudem ausgeschlossen, wenn ein spezielles staatliches Verfahren existiert. Ein solches besteht für die Telekommunikationsüberwachung zum Zwecke der Straftataufklärung in den §§ 100a ff. StPO.[940]

Der Streit hinsichtlich der Anwendbarkeit der allgemeinen strafrechtlichen Rechtfertigungsgründe verliert somit erheblich an Bedeutung, da selbst bei Bejahung der Anwendbarkeit eine Rechtfertigung des Eingriffes ohnehin regelmäßig nicht gelingen kann.

---

936 *Thüsing*, Arbeitnehmerdatenschutz und Compliance, Rn. 316; *Mölter*, Überwachung und Informationsbeschaffung des Arbeitgebers, S. 92; vgl. aber *Barton*, CR 2003, 839, 844: „Dies führt zu dem fragwürdigen Ergebnis, dass eine Benachrichtigung seitens des Arbeitgebers nicht mehr gerechtfertigt werden kann, sofern die Kontrolle einer E-Mail auf Delikte schließen lässt, die nicht vom Katalog des § 138 StGB erfasst sind." Bsp.: Geheimnisverrat; so auch: *Lenckner/Eisele*, in: S/S, § 206 Rn. 14.

937 *Reeb*, Internal Investigations, S. 93; *Gercke*, in: Gercke/Kraft/Richter, Arbeitsstrafrecht, Kap. 2 Rn. 1157; *Schuster*, in: Internal Investigations, Kap. 11 Rn. 138.

938 *Schuster*, ZIS 2010, 68, 75; *Schuster*, in: Internal Investigations, Kap. 11 Rn. 138; *Salvenmoser/Schreier*, in: Handbuch Wirtschaftsstrafrecht, 15. Teil Rn. 44.

939 *Dann/Gastell*, NJW 2008, 2945, 2946; Rechtfertigung scheitert regelmäßig an der Gegenwärtigkeit, *Salvenmoser/Schreier*, in: Handbuch Wirtschaftsstrafrecht, 15. Teil Rn. 44.

940 *Dann/Gastell*, NJW 2008, 2945, 2946; *Gercke*, in: Gercke/Kraft/Richter, Arbeitsstrafrecht, Kap. 2 Rn. 1157.

(III) Einwilligung

Als weiterer Rechtfertigungsgrund kommt die Einwilligung in Betracht – unabhängig vom Streit der Anwendbarkeit allgemeiner Rechtfertigungsgründe im Rahmen des § 88 TKG.

In der heutigen Zeit ist der Arbeitnehmer nicht auf die Inanspruchnahme der betrieblichen Kommunikationsmittel zu privaten Zwecken angewiesen, sodass eine Einwilligung von Seiten des betroffenen Arbeitnehmers in die Kontrolle seiner E-Mail-Korrespondenz jedenfalls freiwillig erfolgen würde.[941] Fraglich ist jedoch, ob allein die Einwilligung des betroffenen Arbeitnehmers ausreicht oder ob nicht vielmehr auch die Einwilligung des Kommunikationspartners erforderlich ist, sog. doppeltes Zustimmungserfordernis.

(1) Doppeltes Zustimmungserfordernis[942]

Teilweise wird vertreten, dass jeder der betroffenen Nutzer in die Kontrolle einwilligen muss, da die Zustimmung nur eines Nutzers keine Auswirkungen auf die Rechte des anderen habe.[943] Die Einwilligung habe damit grundsätzlich nur Bedeutung, sofern sie von allen an dem konkreten Fernmeldeverkehr Beteiligten erteilt wurde.[944] Als weiteres Argument wird auf den Beschluss des BVerfG zur Fangschaltung verwiesen. Danach genügt allein die Zustimmung des Anschlussinhabers nicht, um einen Eingriff in das Fernmeldegeheimnis des Art. 10 GG verneinen zu können.[945]

Dementsprechend würde im Falle des E-Mail-Screenings nur die Einwilligung des betroffenen Arbeitnehmers nicht ausreichen, um den Eingriff in das Fernmeldegeheimnis des § 88 TKG zu rechtfertigen.

---

941 *Gola/Wronka*, Handbuch Arbeitnehmerdatenschutz, Rn. 1190.

942 Für doppeltes Zustimmungserfordernis: *Bock*, in: Beck TKG, § 88 Rn. 44; *Eckhardt*, in: Spindler/Schuster, Recht der elektronischen Medien, § 88 TKG Rn. 15; *Reeb*, Internal Investigations, S. 94; *Schimmelpfennig/Wenning*, DB 2006, 2290, 2292; *Zerres*, in: Scheurle/Mayen, TKG, § 88 Rn. 15; im Ergebnis auch: *Lenckner/Eisele*, in: S/S, § 206 Rn. 12; *Altenhain*, in: MüKo StGB, § 206 Rn. 44; *Kargl*, in: NK StGB, § 206, Rn. 45; *Dann/Gastell*, NJW 2008, 2945, 2946; *Altenhain*, in: MüKo StGB, § 206 Rn. 44; *Altvater*, in: LK StGB, § 206 Rn. 84.

943 Im Ergebnis: *Altenhain*, in: MüKo StGB, § 206 Rn. 44; *Schuster*, ZIS 2010, 68, 74; *Kargl*, in: NK StGB, § 206, Rn. 45.

944 Im Ergebnis: *Lenckner/Eisele*, in: S/S, § 206 Rn. 12; OLG Karlsruhe, MMR 2005, 178, 180 zum Einverständnis im Rahmen des § 206 StGB.

945 BVerfGE 85, 386, 399.

(2) Kein doppeltes Zustimmungserfordernis

Andere entgegnen, dass der Beschluss des BVerfG vom 25.3.1992 sich auf Telefonate bezieht, sich die E-Mail davon aber maßgeblich unterscheide. Dem Arbeitgeber müsse es ebenso wie beim Briefverkehr möglich sein, eine E-Mail auch ohne Zustimmung des anderen Kommunikationspartners zu kontrollieren.[946] Gegen das doppelte Zustimmungserfordernis spreche darüber hinaus, dass im Verhältnis der Telekommunikationspartner untereinander das Fernmeldegeheimnis keine Geltung beansprucht.[947] Der Mitarbeiter könne seinem Arbeitgeber schließlich auch einfach Einblick in all seine E-Mails gewähren oder ihm gar eine Kopie überlassen.[948] Dem Kommunikationspartner sei diese Möglichkeit auf Grund der schriftlichen Fixierung der E-Mail bewusst.[949] Handelt es sich zudem um eine E-Mail-Adresse des Unternehmens (XYZ@Unternehmen.de), könne er sich ohnehin nicht sicher sein, dass nur ein bestimmter Mitarbeiter Zugriffsrechte hat. Zu denken ist bspw. nur an die gängigen Fälle der Urlaubs- oder Krankenvertretung.[950] Darüber hinaus kann er sich schon nicht darauf verlassen, dass der Arbeitgeber überhaupt die private Nutzung erlaubt hat und daher an § 88 TKG gebunden ist.[951] Ist also der Mitarbeiter mit der Durchsicht der E-Mails einverstanden, so spreche – mangels Schutzwürdigkeit des Absenders – vieles dafür, von einem doppelten Zustimmungserfordernis abzusehen und allein die Einwilligung des betroffenen Arbeitnehmers genügen zu lassen.[952]

---

946 *Haußmann/Krets*, NZA 2005, 259, 261.

947 *Schuster*, ZIS 2010, 68, 74; *Schuster*, in: Internal Investigations, Kap. 11 Rn. 137; **a.A.**:*Lenckner/Eisele*, in: S/S, § 206 Rn. 12 lassen dieses Argument nicht gelten.

948 *Schuster*, ZIS 2010, 68, 74; *Schuster*, in: Internal Investigations, Kap. 11 Rn. 137; *Eisele*, Compliance und Datenschutzstrafrecht, S. 49; **a.A.**:*Lenckner/Eisele*, in: S/S, § 206 Rn. 12 lassen dieses Argument nicht gelten.

949 *Schuster*, ZIS 2010, 68, 74; *Schuster*, in: Internal Investigations, Kap. 11 Rn. 137.

950 *Schuster*, ZIS 2010, 68, 74; *Schuster*, in: Internal Investigations, Kap. 11 Rn. 137; *Seffer/Schneider*, ITRB 2007, 264, 266; *Eisele*, Compliance und Datenschutzstrafrecht, S. 49; *Beckschulze*, DB 2003, 2777, 2780; *Haußmann/Krets*, NZA 2005, 259, 261, die in diesem Falle von einem „konkludenten Verzicht auf die Wahrung des Telekommunikationsgeheimnisses" ausgehen; *Höld*, Die Überwachung von Arbeitnehmern, S. 198: Vergleich mit „zu Händen an" bei Geschäftsbriefen; **a.A.**: *Däubler*, Internet und Arbeitsrecht, Rn. 249.

951 *Schuster*, in: Internal Investigations, Kap. 11 Rn. 137.

952 Im Ergebnis: *Schuster*, ZIS 2010, 68, 74; *Schuster*, in: Internal Investigations, Kap. 11 Rn. 137; *Eisele*, Compliance und Datenschutzstrafrecht, S. 49; *Heidrich*, MMR 2005, 181, 182; *Seffer/Schneider*, ITRB 2007, 264, 266; *Kempermann*, ZD 2012, 12, 14.

(3) Stellungnahme

Beide Ansichten berufen sich auf gewichtige Argumente. Unter Hinweis auf die mangelnde Schutzbedürftigkeit des Absenders und die berechtigten Interessen des Arbeitgebers ist aber zumindest im Falle der Versendung einer E-Mail an eine Firmenadresse letztere Ansicht überzeugender.

Unabhängig davon, ob man von einem doppelten Zustimmungserfordernis ausgeht oder nicht, scheint es im Rahmen unternehmensinterner Ermittlungen jedoch unwahrscheinlich, dass ein verdächtiger Mitarbeiter in die Kontrolle seiner privaten E-Mail-Korrespondenz einwilligt. In der hier zu beurteilenden Konstellation wird sich daher das Problem in aller Regel schon gar nicht stellen.

(IV) Mutmaßliche Einwilligung

In Betracht kommen könnte grundsätzlich auch eine Rechtfertigung über die mutmaßliche Einwilligung.[953] Diese setzt voraus, dass die Zustimmung des Betroffenen nicht oder nicht rechtzeitig eingeholt werden kann, eine Würdigung aller Umstände aber die Annahme erlaubt, dass er, sofern man ihn fragen könnte, zustimmen würde.[954]

Im Rahmen der Internal Investigations scheidet eine Rechtfertigung über die Figur der mutmaßlichen Einwilligung allerdings regelmäßig aus, da der Betroffene kein Interesse an der Kontrolle seiner E-Mails hat.[955] Hat der Arbeitnehmer die E-Mail-Funktion nämlich bereits inkriminierend verwendet, so würde er der Kontrolle wohl eher ungern zustimmen.[956]

cc. Betriebsvereinbarung

Nach der herrschenden Meinung ist eine Betriebsvereinbarung keine andere gesetzliche Vorschrift i.S.d. § 88 Abs. 3 S. 3 TKG und somit auch nicht als Grundlage zur Durchbrechung des Fernmeldegeheimnisses geeignet.[957] Eine

---

953 *Lenckner/Eisele*, in: S/S, § 206 Rn. 14; **a.A.**:*Altenhain*, in: MüKo StGB, § 206 Rn. 71: Rechtfertigung über mutmaßliche Einwilligung ausgeschlossen.

954 *Krey/Esser*, Strafrecht AT, Rn. 677.

955 *Schuster*, ZIS 2010, 68, 74 Fn. 63; *Eisele*, Compliance und Datenschutzstrafrecht, S. 50.

956 *Schuster*, ZIS 2010, 68, 74 Fn. 63; *Barton*, CR 2003, 839, 844.

957 *Gola/Wronka*, Handbuch Arbeitnehmerdatenschutz, Rn. 1193; *Gola*, Datenschutz am Arbeitsplatz, Rn. 431; *Hoppe*, Private Nutzung betrieblicher Informations- und Kommunikationsmittel, S. 140; *Hoppe/Braun*, MMR 2010, 80, 84; *Kümpers*, Einsatz elektronischer Informations- und Kommunikationssysteme am Arbeitsplatz, S. 208; *Panzer-Heemeier*, DuD 2012, 48, 50; *Mengel*, BB 2004, 2014, 2021; vgl. auch: BT-Drs. 13/3609, S. 53; **a.A.**: *Thüsing*, Arbeitnehmerdatenschutz und Compliance, Rn. 108 ff.; *Beckschulze*, DB 2003, 2777, 2785; *Deiters*, ZD 2012, 109, 112 f.

Rechtfertigung unter Berufung auf eine entsprechende Betriebsvereinbarung scheidet damit grundsätzlich aus.

dd. Ausnahme: Straftatverdacht?

Grundsätzlich ist festzuhalten, dass der Arbeitgeber im Falle des Eingreifens des Fernmeldegeheimnisses keine Möglichkeit hat in zulässiger Weise private (und im Falle der Mischnutzung auch dienstliche) E-Mails seiner Mitarbeiter zu kontrollieren. Allerdings könnte – wie im Rahmen des BDSG – bei Vorliegen eines Straftatverdachts eine Ausnahme bestehen.

Überwiegend wird davon ausgegangen, dass beim Bestehen konkreter Verdachtsmomente bezüglich einer (erheblichen[958]) Straftat die Kontrollrechte des Arbeitgebers über die gesetzlichen Grenzen hinausgehen.[959] Dabei seien jedoch „sehr strenge Maßstäbe" anzulegen.[960] Das Kontrollrecht unterliege dabei besonderen Auflagen: Es müsse sich nicht nur auf konkrete Einzelfälle beschränken, sondern auch insgesamt verhältnismäßig sein. E-Mails, die rein privaten Inhalts sind, der nicht zur Aufklärung beiträgt, seien also sofort wieder zu schließen.[961]

Dieses – durchaus interessengerechte – Ergebnis lässt sich allerdings mit der jetzigen Gesetzesfassung nicht vereinbaren, denn einen Erlaubnistatbestand i.S.d. § 88 Abs. 3 S. 3 TKG gibt es nicht.[962] Daher ist eine Ausnahme vom

958 *Mengel*, Compliance und Arbeitsrecht, Kap. 4 Rn. 16; *Mengel/Ullrich*, NZA 2006, 240, 242; *Lindemann/Simon*, BB 2001, 1950, 1953 Fn. 28; so wohl auch: *Salvenmoser/Schreier*, in: Handbuch Wirtschaftsstrafrecht, 15. Teil Rn. 127.

959 ArbG Hannover, NZA-RR 2005, 420, 422; *Schmidt*, BB 2009, 1295, 1296; *Maschmann*, in: Corporate Compliance und Arbeitsrecht, S. 149, 164; *Bissels/Lützeler*, BB 2012, 189, 191; *Altenburg/v. Reinersdorff/Leister*, MMR 2005, 135, 137; *Hoppe*, Private Nutzung betrieblicher Informations- und Kommunikationsmittel, S. 138; *Vietmeyer/Byers*, MMR 2010, 807, 809; *Wellhöner/Byers*, BB 2009, 2310; *Wolf/Mulert*, BB 2008, 442, 446; *Mengel*, BB 2004, 2014, 2019; *Mengel*, Compliance und Arbeitsrecht, Kap. 4 Rn. 16: „Ausnahmetatbestand"; *Grosjean*, DB 2003, 2650, 2652; *Link*, NZA 2009, 457, 460 f.; *Kömpf/Kunz*, NZA 2007, 1341, 1345; *Beckschulze*, DB 2007, 1526, 1528; *Beckschulze/Henkel*, DB 2001, 1491, 1494; *Stögmüller*, CR 2008, 435, 437; *Panzer*, Mitarbeiterkontrolle und neue Medien, S. 281 f.; *Wisskirchen/Glaser*, DB 2011, 1447, 1451; *Oberwetter*, NZA 2008, 609, 611 lässt zwar auch diese Ausnahme zu, macht aber deutlich, dass der Arbeitgeber dennoch „nicht in jedem Fall zur Öffnung aller privaten E-Mails" berechtigt ist.

960 *Wellhöner/Byers*, BB 2009, 2310.

961 *Bissels/Lützeler*, BB 2012, 189, 191; *Mengel*, Compliance und Arbeitsrecht, Kap. 4 Rn. 16.

962 *Hoppe/Braun*, MMR 2010, 80, 81; im Ergebnis auch: *Wybitul*, ZD 2011, 69, 71; *Renners*, Private Investigation und Arbeitsrecht, S. 196; wohl auch: *Vogel/Glas*, DB

grundsätzlichen Verbot der Inhaltskontrolle „nicht schlüssig begründbar".[963] Dafür spricht auch, dass eine Missbrauchskontrolle im Rahmen des TKG ausdrücklich auf Verkehrsdaten beschränkt ist, vgl. §§ 91 ff. TKG.[964]

d. Ergebnis

Als Ergebnis bleibt festzuhalten, dass der Arbeitgeber bei der erlaubten privaten Nutzung die privaten E-Mails des Arbeitnehmers nach den Maßgaben des TKG nicht kontrollieren darf.[965]

3. *Mischnutzung*

Bei der erlaubten privaten Nutzung des Internets ist der Arbeitnehmer berechtigt, private E-Mails zu verfassen und zu empfangen. Die private und dienstliche Nutzung findet dabei häufig über dieselbe E-Mail-Adresse statt, sodass private und dienstliche E-Mails nicht ohne Weiteres voneinander getrennt werden können, sog. „Mischnutzung"[966]. Im Falle der erlaubten privaten Nutzung sollte daher grundsätzlich eine Trennung der dienstlichen und der privaten Kommunikation vorgenommen werden, etwa durch die Einrichtung eines getrennten, privaten E-Mail-Accounts.[967] Lassen sich so private und dienstliche E-Mails

---

2009, 1747, 1753; *Spehl/Gruetzner*, in: Corporate Internal Investigations, § 6 Rn. 50; vgl. aber auch ArbG Hannover, NZA-RR 2005, 420, 422, das direkt aus Abs. 3 ein Kontroll- und Überwachungsrecht des Arbeitgebers ableitet, wenn ein faktischer Verdacht für einen Missbrauch vorliegt und der Verhältnismäßigkeitsgrundsatz gewahrt ist.

963 *Kirsch*, Datenschutz in Unternehmen, S. 120; so auch: *Hoppe/Braun*, MMR 2010, 80, 81.

964 *Kirsch*, Datenschutz in Unternehmen, S. 120.

965 *Thüsing*, Arbeitnehmerdatenschutz und Compliance, Rn. 328; *Gola/Wronka*, Handbuch Arbeitnehmerdatenschutz, Rn. 1188; *Weißnicht*, MMR 2003, 448, 449; *Hanau/Hoeren*, Private Internetnutzung durch Arbeitnehmer, S. 47; *Mölter*, Überwachung und Informationsbeschaffung des Arbeitgebers, S. 214; *Göpfert/Merten/Siegrist*, NJW 2008, 1703, 1705.

966 *Hegewald*, in: Münchener Anwaltshandbuch IT-Recht, Teil 8 Rn. 90.

967 *Koch*, NZA 2008, 911, 913; *Hegewald*, in: Münchener Anwaltshandbuch IT-Recht, Teil 8 Rn. 93; *Hoppe*, Private Nutzung betrieblicher Informations- und Kommunikationsmittel, S. 137; *Beckschulze*, DB 2003, 2777, 2779; *Beckschulze/Henkel*, DB 2001, 1491, 1494; *Rath/Karner*, K&R 2007, 446, 452 schlagen u.a. vor, die Mitarbeiter zu verpflichten, ihre privaten E-Mails innerhalb einer bestimmten Frist in einen separaten Ordner zu verschieben oder zu löschen; *v. Rosen*, Internal Investigations bei Compliance-Verstößen, S. 85 sprechen sich ebenfalls für jegliche Vorkehrung

voneinander trennen, ist eine Kontrolle der rein dienstlichen E-Mails ohne Weiteres zulässig.[968]

Nimmt der Arbeitnehmer hingegen keine Trennung der privaten und der betrieblichen Kommunikation vor, so strahlt das Fernmeldegeheimnis auf die betriebliche Kommunikation aus. Dienstliche E-Mails sind dann wie private zu behandeln.[969] Die private Nutzung „infiziert"[970] die E-Mail-Nutzung insgesamt, sodass sämtliche E-Mails nach den für die privaten E-Mails geltenden Regeln zu behandeln sind.[971] Grundsätzlich ist damit selbst ein Zugriff auf dienstliche E-Mails unzulässig.[972] In der Konsequenz unterliegen somit sämtliche E-Mails auch dem Schutz des § 206 StGB.[973]

Möglich ist jedoch ein Ausweichen auf das kooperative Separieren[974] der E-Mails. Dabei trifft den Arbeitnehmer eine Verpflichtung zur Trennung privater und dienstlicher E-Mails, vgl. S. 149. Weigert sich der Arbeitnehmer, so ist dies im Falle eines versehentlichen Öffnens einer privaten E-Mail zu Gunsten des Arbeitgebers zu berücksichtigen, sofern dieser vom dienstlichen Charakter der

---

aus, die die Trennung privater und geschäftliche E-Mails ermöglicht; ebenso: *Tiedemann*, ZD 2011, 45, 46.

968 *Wisskirchen/Glaser*, DB 2011, 1447, 1450; *Beckschulze*, DB 2003, 2777, 2779; *Schürrle/Olbers*, CCZ 2010, 178, 181.

969 *Koch*, NZA 2008, 911, 913; *Linck*, in: Schaub, Arbeitsrechtshandbuch, § 53 Rn. 20/21: „jede Nutzung (ist) als privat anzusehen"; im Ergebnis auch: *Hoss*, Internet- und E-Mail-Überwachung, S. 86; *Wellhöner/Byers*, BB 2009, 2310; *Gola/Wronka*, Handbuch Arbeitnehmerdatenschutz, Rn. 1148.

970 *Salvenmoser/Schreier*, in: Handbuch Wirtschaftsstrafrecht, 15. Teil Rn. 126; *Schimmelpfennig/Wenning*, DB 2006, 2290, 2291; *Nolte/Becker*, BB Special 5/2008, 23, 25; *Schmidl*, in: Corporate Compliance, § 29 Rn. 295.

971 *Salvenmoser/Schreier*, in: Handbuch Wirtschaftsstrafrecht, 15. Teil Rn. 126; *Kümpers*, Einsatz elektronischer Informations- und Kommunikationssysteme am Arbeitsplatz, S. 192; *Müller-Bonanni*, AnwBl 2010, 651, 654.

972 *Panzer-Heemeier*, DuD 2012, 48, 51; *Vietmeyer/Byers*, MMR 2010, 807, 809; *Hegewald*, in: Münchener Anwaltshandbuch IT-Recht, Teil 8 Rn. 90; *Mengel*, BB 2004, 2014, 2018 f. (hinsichtlich der Verbindungsdaten, dann wohl erst recht auch hinsichtlich des Inhalts); *Vietmeyer/Byers*, MMR 2010, 807, 809; *Koch*, NZA 2008, 911, 913; *Lindemann/Simon*, BB 2001, 1950, 1953; **a.A.**: wohl *Sieg*, FS Buchner, S. 859, 862.

973 *Gercke*, in: Gercke/Kraft/Richter, Arbeitsstrafrecht, Kap. 2 Rn. 1147.

974 Vgl. dazu auch: *Nolte/Becker*, CR 2009, 126, 127.

E-Mail ausgehen durfte.[975] Sobald der Arbeitgeber aber den privaten Charakter der E-Mail erkennt, darf er sie grundsätzlich nicht weiterlesen.[976]

Teilweise wird vertreten, dass die Kontrolle privater E-Mails zwar grundsätzlich verboten sei, sich der Arbeitnehmer aber selbst aus dem Bereich des TKG begebe, wenn er seine privaten E-Mails nicht als solche kennzeichne.[977] Damit verstoße er gegen seine Treuepflicht zur Kennzeichnung, sodass der Arbeitgeber unter Beachtung der Vorschriften des BDSG zur Kontrolle berechtigt sei.[978] Als weiteres Argument wird zudem auch in diesem Zusammenhang auf die Aufbewahrungspflichten der § 257 HGB und § 147 AO hingewiesen.[979]

Andere gehen davon aus, dass der Arbeitgeber zumindest bei dem konkreten Verdacht einer Straftat in Einzelfällen und in verhältnismäßiger Weise dienstliche E-Mails, auch im Falle der erlaubten privaten Nutzung (bzw. Mischnutzung), kontrollieren darf. Verhältnismäßig sei danach eine Kontrolle, bei der offensichtlich private E-Mails nicht geöffnet werden bzw. spätestens nach versehentlichem Öffnen unmittelbar nach Erkennen der Privatheit wieder geschlossen oder gelöscht werden.[980]

4. *Ergebnis*

Sofern man mit der herrschenden Meinung im Falle der gestatteten privaten Nutzung der E-Mail-Funktion von der Anwendbarkeit des TKG ausgeht, stellt die Kontrolle der privaten E-Mail-Korrespondenz durch den Arbeitgeber einen Eingriff in das Fernmeldegeheimnis dar. Dieses greift sowohl hinsichtlich privater E-Mails, die sich im Übertragungsvorgang befinden als auch – mit der hier vertretenen Ansicht – hinsichtlich privater E-Mails, die auf dem Server ruhen.

---

975 *Mengel*, Compliance und Arbeitsrecht, Kap. 4 Rn. 16; *Bissels/Lützeler*, BB 2012, 189, 191; *Göpfert/Merten/Siegrist*, NJW 2008, 1703, 1705; *Böhm*, Non-Compliance und Arbeitsrecht, S. 172.

976 *Böhm*, Non-Compliance und Arbeitsrecht, S. 172; *Beckschulze/Henkel*, DB 2001, 1491, 1494.

977 ArbG Hannover, NZA-RR 2005, 420, 421 f.; *Kratz/Gubbels*, NZA 2009, 652, 655; *Lelley*, Compliance im Arbeitsrecht, Rn. 440.

978 *Kratz/Gubbels*, NZA 2009, 652, 655; im Ergebnis auch: *Lelley*, Compliance im Arbeitsrecht, Rn. 440; wohl auch: *Böhm*, Non-Compliance und Arbeitsrecht, S. 172.

979 *Kratz/Gubbels*, NZA 2009, 652, 655.

980 *Wisskirchen/Glaser*, DB 2011, 1447, 1451; *Wisskirchen/Glaser*, in: Soziale Marktwirtschaft, S. 209, 218; in diese Richtung auch: *Wuttke*, Straftäter im Betrieb, S. 188, die in Bezug auf dienstliche E-Mails eine Kenntnisnahme in „notstandsähnlicher Lage" gestattet; *Salvenmoser/Schreier*, in: Handbuch Wirtschaftsstrafrecht, 15. Teil Rn. 127.

Sofern man davon ausgeht, dass der Eingriff nicht unter Verweis auf das Bestehen eines Straftatverdachts gerechtfertigt ist, kommt eine Rechtfertigung nicht in Betracht. Im Ergebnis ist die Kontrolle privater E-Mails durch den Arbeitgeber somit rechtswidrig.

Selbst wenn der Arbeitgeber die private Nutzung des Internets gestattet, gelten für die Kontrolle der dienstlichen E-Mails die Vorschriften des BDSG. Eine Ausnahme wird jedoch für den Fall der sog. Mischnutzung gemacht, bei der dienstliche und private E-Mails nicht getrennt werden können. In diesem Fall „infiziert" die private Nutzung die dienstliche E-Mail-Korrespondenz. In der Folge sind somit auch für die Kontrolle der dienstlichen E-Mails die Regelungen zur Kontrolle privater E-Mails anzuwenden.

VII. Strafbarkeitsrisiken

Für den Arbeitgeber und die internen Ermittler ist von besonderer Bedeutung, ob ihnen im Rahmen des E-Mail-Screening ein Strafbarkeitsrisiko droht. Dabei ist zum einen auf die relevanten Straftatbestände des StGB einzugehen und zum anderen auf die §§ 43 f. BDSG und §§ 148 f. TKG, die ebenfalls Bußgeld- und Strafnormen enthalten.

1. Strafbarkeitsrisiken nach StGB

a. § 206 StGB – Verletzung des Post- oder Fernmeldegeheimnisses

Dem E-Mail-Screening des Arbeitgebers könnte im Falle der erlaubten privaten Internetnutzung mit dem § 206 StGB eine Grenze gesetzt sein. § 206 StGB enthält eine Reihe verschiedener Strafbarkeitstatbestände. Im Rahmen einer internen Untersuchung kommen insbesondere die Tatbestände des § 206 Abs. 1, Abs. 2 Nr. 1 und Nr. 2 StGB in Betracht.

Gemäß § 206 Abs. 1 StGB ist strafbar, wer unbefugt einer anderen Person eine Mitteilung über Tatsachen macht, die dem Post- oder Fernmeldegeheimnis unterliegen und die ihm als Inhaber oder Beschäftigtem eines Unternehmens bekannt geworden sind, das geschäftsmäßig Post- oder Telekommunikationsdienste erbringt. Gemäß § 206 Abs. 2 Nr. 1 StGB macht sich zudem strafbar, wer unbefugt verschlossene Sendungen öffnet oder sich von deren Inhalt unter Anwendung technischer Mittel Kenntnis verschafft, die einem Unternehmen i.S.d. § 206 Abs. 1 StGB zur Übermittlung anvertraut worden sind. Ebenso ist im § 206 Abs. 2 Nr. 2 StGB das Unterdrücken von zur Übermittlung anvertrauten Sendungen unter Strafe gestellt.

aa. Rechtsgut

Von § 206 Abs. 1 und Abs. 2 Nr. 1 StGB wird das individuelle Geheimhaltungsinteresse geschützt.[981] § 206 Abs. 2 Nr. 2 StGB schützt das individuelle Beförderungsinteresse.[982] Darüber hinaus ist auch das kollektive Rechtsgut der Sicherheit und Zuverlässigkeit des Postverkehrs und der Telekommunikation von § 206 StGB geschützt.[983]

bb. Tatbestand

(I) Tauglicher Täter

Gemäß § 206 StGB kann sich grundsätzlich nur der Inhaber oder ein Beschäftigter eines Unternehmens, das geschäftsmäßig Post- oder Telekommunikationsdienste erbringt, wegen einer Verletzung des Post- oder Fernmeldegeheimnisses strafbar machen. Erweitert wird dieser Personenkreis durch die in § 206 Abs. 3 StGB abschließend aufgezählten Personen. Bei der Vorschrift des § 206 StGB handelt es sich somit um ein Sonderdelikt[984].

Als Inhaber wird eine natürliche Person bezeichnet, die allein oder gemeinsam mit anderen aus eigenem Recht über die sachlichen und personellen Betriebsmittel verfügt und über die Erbringung der Telekommunikationsleistung entscheiden kann.[985] Der Begriff des Beschäftigten umfasst alle in einem privatrechtlichen entgeltlichen Dienstverhältnis stehenden Mitarbeiter.[986]

Der Arbeitgeber oder seine Angestellten können unter diesen Personenkreis fallen, sofern es sich um ein entsprechendes Unternehmen handelt.

---

981 *Kargl*, in: NK StGB, § 206 Rn. 2; *Gercke*, in: Praxishandbuch Internetstrafrecht, Rn. 153; *Reeb*, Internal Investigations, S. 85; *Hoppe*, Private Nutzung betrieblicher Informations- und Kommunikationsmittel, S. 181.

982 *Gercke*, in: Praxishandbuch Internetstrafrecht, Rn. 153.

983 *Altvater*, in: LK StGB, § 206 Rn. 7; *Fischer*, § 206 Rn. 1; *Lackner/Kühl*, § 206 Rn. 1; *Lenckner/Eisele*, in: S/S, § 206 Rn. 2; *Weidemann*, in: Beck'OK StGB, § 206 Rn. 2; *Eisele*, Compliance und Datenschutzstrafrecht, S. 27; *Mölter*, Überwachung und Informationsbeschaffung des Arbeitgebers, S. 198; *Gercke*, in: Gercke/Kraft/Richter, Arbeitsstrafrecht, Kap. 2 Rn. 1141; *Gercke*, in: Praxishandbuch Internetstrafrecht, Rn. 153; **a.A.**: *Reeb*, Internal Investigations, S. 86; *Altenhain*, in: MüKo StGB, § 206 Rn. 2; *Kargl*, in: NK StGB, § 206 Rn. 3.

984 *Altenhain*, in: MüKo StGB, § 206 Rn. 4; *Gercke*, in: Praxishandbuch Internetstrafrecht, Rn. 153; *Reeb*, Internal Investigations, S. 87; *Schuster*, in: Internal Investigations, Kap. 11 Rn. 135.

985 *Eisele*, Compliance und Datenschutzstrafrecht, S. 37; so auch: *Rübenstahl/Debus*, NZWiSt 2012, 129, 132; *Altvater*, in: LK StGB, § 206 Rn. 14.

986 *Rübenstahl/Debus*, NZWiSt 2012, 129, 132.

Externe Ermittler hingegen fallen nicht unter den Täterkreis des § 206 StGB. Sie sind offensichtlich nicht als Inhaber einzuordnen. Auch eine Qualifizierung als Beschäftigter scheidet aus, da sie zu dem Unternehmen in keinem dauerhaften Beschäftigungsverhältnis stehen. Das vorübergehende Tätigwerden im Rahmen von internen Untersuchungen reicht nicht aus. Die Alternativen des Absatzes 3 passen ebenfalls nicht auf den externen, privaten Ermittler. Man könnte an Stelle dessen an den § 206 Abs. 4 StGB denken, doch sind die privaten Ermittler keine Amtsträger, sodass sie als Täter des § 206 StGB ausscheiden.[987] In Betracht kommt aber eine (akzessorische) Strafbarkeit als Teilnehmer, die allerdings naturgemäß die Strafbarkeit des Inhabers oder eines Beschäftigten als Täter voraussetzt.[988]

(II) Unternehmen, das geschäftsmäßig Post- oder Telekommunikationsdienste erbringt

Im Rahmen des § 206 StGB ist erforderlich, dass es sich um ein Unternehmen handelt, das geschäftsmäßig Post- oder Telekommunikationsdienste erbringt.

Anders als der Wortlaut der Norm vermuten lässt, ist der Tatbestand keinesfalls auf die Deutsche Post, die Telekom oder deren Konkurrenzunternehmen beschränkt. Der Unternehmensbegriff[989] des § 206 StGB ist sehr viel weiter. Erfasst ist jede Betätigung im geschäftlichen Verkehr, die nicht ausschließlich hoheitlich erfolgt oder auf eine private Tätigkeit beschränkt ist.[990] Die Tatbestandsmerkmale können grundsätzlich parallel zu den Begrifflichkeiten des § 88 TKG ausgelegt werden.[991]

Das Unternehmen muss die Telekommunikationsdienste geschäftsmäßig i.S.d.§ 3 Nr. 10 TKG erbringen. Erforderlich ist danach, dass es diese Leistungen nachhaltig erbringt. Damit muss die Tätigkeit auf eine gewisse Dauer angelegt sein. Auf eine Gewinnerzielungsabsicht kommt es hingegen nicht an. Das Anbieten und Erbringen muss sich zudem an Dritte richten.[992] Es ist allerdings

---

987 *Schuster*, ZIS 2010, 68, 71; im Ergebnis auch: *Reeb*, Internal Investigations, S. 89.

988 *Schuster*, ZIS 2010, 68, 71; *Schuster*, in: Internal Investigations, Kap. 11 Rn. 135; *Rübenstahl/Debus*, NZWiSt 2012, 129, 132; *Reeb*, Internal Investigations, S. 89.

989 *Eisele*, Compliance und Datenschutzstrafrecht, S. 30: Die Auslegung des Unternehmensbegriffs orientiert sich an den Vorschriften der §§ 88 Abs. 2 i.V.m. 3 Nr. 6 TKG.

990 OLG Karlsruhe, MMR 2005, 178, 180; *Altenhain*, in: MüKo StGB, § 206 Rn. 11.

991 *Hoppe*, Private Nutzung betrieblicher Informations- und Kommunikationsmittel, S. 181; *Barton*, CR 2003, 839, 843: „zur Auslegung … heranzuziehen".

992 *Dann/Gastell*, NJW 2008, 2945, 2946; *Klengel/Mückenberger*, CCZ 2009, 81, 83 Fn. 42; *Schuster*, ZIS 2010, 68, 70; vgl. dazu auch oben S. 102.

unschädlich, wenn die Dienste nur für einen begrenzten Personenkreis erbracht werden sollen.[993]

Mit der herrschenden Meinung sind Mitarbeiter Dritte, wenn der Arbeitgeber ihnen die private Nutzung der Telekommunikationseinrichtungen gestattet. Keine Rolle spielt dabei, ob sich die Erlaubnis auf interne oder externe (private) Korrespondenz bezieht.[994] Dabei muss aber unbedingt berücksichtigt werden, dass der Mitarbeiter nur Dritter i.S.d. § 3 Nr. 10 TKG ist, soweit er die Telekommunikationseinrichtungen auch tatsächlich zu privaten Zwecken nutzt.[995] Ist dem Arbeitnehmer die Privatnutzung nicht oder nur in Ausnahmefällen gestattet, so handelt es sich bei ihm nicht um einen „Dritten". Eine Anwendung des § 206 StGB kommt in diesen Konstellationen auch deshalb nicht in Betracht. Vielmehr gelten dann die Vorschriften des BDSG.[996]

Der Arbeitgeber, der seinen Mitarbeitern die Möglichkeit gibt, das Internet auch für private Zwecke zu nutzen, ist somit Inhaber eines Unternehmens, das geschäftsmäßig Post- oder Telekommunikationsdienste erbringt.[997]

(III) Tatsachen, die dem Post- oder Fernmeldegeheimnis unterliegen

Gemäß § 206 Abs. 5 S. 2 StGB unterliegen dem Fernmeldegeheimnis sowohl der Inhalt als auch die näheren Umstände der Telekommunikation. Umfasst sind gemäß § 206 Abs. 5 S. 3 StGB auch die näheren Umstände erfolgloser Verbindungsversuche. § 206 Abs. 5 S. 2, 3 StGB sind dem § 88 Abs. 1 TKG nachgebildet,[998] daher kann auch insoweit auf die Definitionen des TKG zurückgegriffen werden.[999]

Sofern der Arbeitgeber während des Übertragungsvorganges auf die privaten Mitarbeiter-E-Mails zugreift, ist das Fernmeldegeheimnis jedenfalls betroffen. Greift er hingegen auf die auf dem Endgerät bereits gespeicherte E-Mail zu, unterliegt diese nicht mehr dem Fernmeldegeheimnis, sodass insoweit eine Strafbarkeit nach § 206 StGB ausscheidet. Umstritten ist, ob das Fernmeldegeheimnis betroffen ist, wenn die E-Mail auf dem Server ruht. Mit der hier vertretenen

993 *Schuster*, ZIS 2010, 68, 70; *Fischer*, § 206 Rn. 2.

994 *Dann/Gastell*, NJW 2008, 2945, 2946; *Altenhain*, in: MüKo StGB, § 206 Rn. 17; im Ergebnis auch: *Klengel/Mückenberger*, CCZ 2009, 81, 83 Fn. 42; *Salvenmoser/Schreier*, in: Handbuch Wirtschaftsstrafrecht, 15. Teil Rn. 126.

995 *Schuster*, ZIS 2010, 68, 71.

996 *Dann/Gastell*, NJW 2008, 2945, 2946.

997 *Lenckner/Eisele*, in: S/S, § 206 Rn. 8.

998 *Lenckner/Eisele*, in: S/S, § 206 Rn. 6a.

999 *Rübenstahl/Debus*, NZWiSt 2012, 129, 133.

Auffassung ist im Hinblick auf den Beschluss des BVerfG vom 16.6.2009 davon auszugehen, dass auch bei einem Zugriff auf E-Mails, die auf dem Server ruhen, ein Eingriff in das Fernmeldegeheimnis vorliegt.[1000]

Letztlich droht dem Arbeitgeber damit eine Strafbarkeit nach § 206 StGB, sofern er auf E-Mails zugreift, die sich im Übertragungsvorgang oder auf dem Server befinden.

(IV) Tathandlung

(1) Abs. 1: Weitergabe von geschützten Informationen

Der Arbeitgeber macht sich nach § 206 Abs. 1 StGB strafbar, wenn er unbefugt einer anderen Person eine Mitteilung über Tatsachen macht, die dem Fernmeldegeheimnis unterliegen und die ihm als Inhaber eines entsprechenden Unternehmens bekannt geworden sind.

(a) Mitteilung an eine andere Person

Mitteilen beschreibt jedes Handeln, das zur Kenntniserlangung durch Dritte führt.[1001] Diese Voraussetzung fehlt bei dem reinen Durchsehen oder Protokollieren dienstlicher und privater E-Mails.[1002] Erstellt der Arbeitgeber aber bspw. eine Kopie sämtlicher E-Mail-Korrespondenz, die anschließend an externe Ermittler zur Untersuchung übergeben wird, macht er eine Mitteilung an eine andere Person.[1003] Die vorübergehende Überlassung der E-Mails oder das Gewähren von Zugang zu ihnen kann ebenfalls als „Mitteilung" verstanden werden.[1004] Ausreichend ist, dass die Tatsachen dem anderen auf Grund der Handlung zugänglich werden.[1005]

„Andere Person" i.S.d. § 206 Abs. 1 StGB ist auch der eigene Mitarbeiter, der im gewöhnlichen Geschäftsgang keine Kenntnis von der E-Mail erlangt hätte.[1006]

1000 Siehe oben S. 154 ff.; so auch: *Schuster*, in: Internal Investigations, Kap. 11 Rn. 136.

1001 *Schuster*, ZIS 2010, 68, 73; *Weidemann*, in: Beck'OK StGB, § 206 Rn. 13.

1002 *Schuster*, ZIS 2010, 68, 73; *Hoppe*, Private Nutzung betrieblicher Informations- und Kommunikationsmittel, S. 182, 192; *Barton*, CR 2003, 839, 843; *Altenburg/v. Reinersdorff/Leister*, MMR 2005, 135, 138; *Wellhöner/Byers*, BB 2009, 2310, 2311; *Eisele*, ZIS 2012, 402, 403.

1003 *Schuster*, ZIS 2010, 68, 73; *Schuster*, in: Internal Investigations, Kap. 11 Rn. 136; *Reeb*, Internal Investigations, S. 92; *Eisele*, Compliance und Datenschutzstrafrecht, S. 38.

1004 *Schuster*, ZIS 2010, 68, 73; *Reeb*, Internal Investigations, S. 92.

1005 *Gercke*, in: Praxishandbuch Internetstrafrecht, Rn. 155.

1006 *Schuster*, ZIS 2010, 68, 71; *Schuster*, in: Internal Investigations, Kap. 11 Rn. 136; *Eisele*, Compliance und Datenschutzstrafrecht, S. 38; *Gercke*, in: Gercke/Kraft/Richter, Arbeitsstrafrecht, Kap. 2 Rn. 1149; *Barton*, CR 2003, 839, 843 (Bsp.: Geschäftsleitung, die vom Administrator informiert wird).

Solange die E-Mails hingegen nur von den zuständigen Mitarbeitern, wie etwa dem Systemadministrator oder dem technischen Personal – sofern sie ohnehin durch technische Abläufe bedingt mit dem Kommunikationsverkehr befasst sind[1007], überwacht bzw. kontrolliert werden, ohne dass dabei Informationen an Dritte weitergegeben werden, scheidet eine Strafbarkeit nach § 206 Abs. 1 StGB aus.[1008]

Auch die Weitergabe an Strafverfolgungsbehörden oder Gerichte stellt eine Mitteilung an eine andere Person dar.[1009] Ihre Eingriffsbefugnisse sind erst im Rahmen der Rechtfertigung von Bedeutung.[1010]

(b) Dem Täter bekannt geworden

Voraussetzung des § 206 Abs. 1 StGB ist zudem, dass es sich um Tatsachen handelt, die dem Täter in seiner Eigenschaft „als Inhaber oder Beschäftigtem eines Unternehmens bekanntgeworden sind".

Davon ist auszugehen, wenn die Kenntnisnahme in einem funktionalen Zusammenhang mit der ausgeübten Funktion oder Position erfolgt.[1011] Dem Täter werden in der Eigenschaft als Inhaber daher regelmäßig alle Tatsachen bekannt, die der Betreffende im Betrieb erfährt. Bei Beschäftigten muss hingegen differenziert werden. Nur wenn die Kenntnis auf der konkreten telekommunikationsspezifischen Tätigkeit beruht oder zumindest in einem funktionalen Zusammenhang dazu steht, ist dem Beschäftigten in dieser Funktion die Tatsache bekannt geworden. Nicht von § 206 Abs. 1 StGB umfasst sind damit Fälle, in denen eigenmächtig besondere Sicherungsvorkehrungen überwunden werden. Der Beschäftigte steht hier vielmehr einem außenstehenden Dritten gleich, der Kenntnis von den Tatsachen erlangt.[1012]

1007 *Eisele*, Compliance und Datenschutzstrafrecht, S. 38 f.

1008 *Eisele*, Compliance und Datenschutzstrafrecht, S. 38; *Altenburg/v. Reinersdorff/Leister*, MMR 2005, 135, 138; *Hoss*, Internet- und E-Mail-Überwachung, S. 105.

1009 *Eisele*, ZIS 2012, 402, 403; *Eisele*, Compliance und Datenschutzstrafrecht, S. 38; *Schuster*, ZIS 2010, 68, 72; *Schuster*, in: Internal Investigations, Kap. 11 Rn. 136; *Gercke*, in: Gercke/Kraft/Richter, Arbeitsstrafrecht, Kap. 2 Rn. 1149; *Hoppe*, Private Nutzung betrieblicher Informations- und Kommunikationsmittel, S. 182; *Barton*, CR 2003, 839, 843.

1010 *Schuster*, ZIS 2010, 68, 72; vgl. auch *Schuster*, ZIS 2010, 68, 74 und *Schuster*, in: Internal Investigations, Kap. 11 Rn. 139: Weiterleitung von E-Mails an Strafverfolgungsbehörden ist bei Vorliegen eines Beschlusses gem. §§ 100a, 100b StPO nicht rechtswidrig.

1011 *Weidemann*, in: Beck'OK StGB, § 206 Rn. 12; *Lackner/Kühl*, § 206 Rn. 7.

1012 *Eisele*, Compliance und Datenschutzstrafrecht, S. 39.

Fraglich ist allerdings, wann dem Arbeitgeber die weitergegebenen Tatsachen selbst auch bekannt geworden sind. Selbst wird er regelmäßig keine tatsächliche Kenntnis vom Inhalt sämtlicher E-Mails haben. Aus der Sicht des Nutzers macht es jedoch keinen Unterschied, ob der Arbeitgeber die E-Mails vorher gelesen hat (was angesichts der Vielzahl der E-Mails regelmäßig nicht stattfinden wird).[1013] In jedem Falle wird durch die Weitergabe sein Geheimhaltungsinteresse beeinträchtigt.[1014] Auch im Hinblick auf den Gesetzeszweck genügt es, dass der Täter die Mitteilung an einen Dritten mit dem Wissen macht, dass es sich um Tatsachen handelt, die dem Fernmeldegeheimnis unterliegen.[1015]

(c) Zwischenergebnis

Gibt der Arbeitgeber die gesamte E-Mail-Korrespondenz zu Untersuchungszwecken an externe Ermittler weiter und enthält diese nicht nur dienstliche, sondern auch private E-Mails, so handelt er tatbestandsmäßig i.S.d. § 206 Abs. 1 StGB. Der externe Ermittler selbst macht sich als Empfänger der Daten regelmäßig gemäß § 27 StGB wegen Beihilfe strafbar.[1016]

(2) Abs. 2 Nr. 1: Ausforschung von Informationen

Gemäß § 206 Abs. 2 Nr. 1 StGB macht sich strafbar, wer unbefugt verschlossene Sendungen öffnet oder sich von deren Inhalt unter Anwendung technischer Mittel Kenntnis verschafft, die einem Unternehmen i.S.d. § 206 Abs. 1 StGB zur Übermittlung anvertraut worden sind.

Es stellt sich schon die Frage, ob eine E-Mail eine Sendung i.S.d. § 206 Abs. 2 Nr. 1 StGB ist. Das OLG Karlsruhe[1017] hat dies zumindest im Zusammenhang mit dem § 206 Abs. 2 Nr. 2 StGB bejaht, sofern die private E-Mail ohne Erlaubnis angehalten und unterdrückt wird.[1018] Die Mehrzahl der Autoren definiert die Sendung allerdings als körperlichen Gegenstand.[1019] Dies trifft auf

---

1013 *Eisele*, Compliance und Datenschutzstrafrecht, S. 40.

1014 *Schuster*, ZIS 2010, 68, 73.

1015 *Lenckner/Eisele*, in: S/S, § 206 Rn. 10; *Lackner/Kühl*, § 206 Rn. 7; *Altvater*, in: LK StGB, § 206 Rn. 28; *Eisele*, Compliance und Datenschutzstrafrecht, S. 40; im Ergebnis auch: *Schuster*, ZIS 2010, 68, 73 f.; **a.A.**: *Kargl*, in: NK StGB, § 206 Rn. 21.

1016 *Schuster*, ZIS 2010, 68, 74.

1017 OLG Karlsruhe, MMR 2005, 178, 180: Argument: Tatbestand nicht auf verschlossene Sendungen beschränkt – anders als bei § 206 Abs. 2 Nr. 1 StGB.

1018 Zustimmend: *Lenckner/Eisele*, in: S/S, § 206 Rn. 17, 20; *Fischer*, § 206 Rn. 13; **a.A.**: *Kargl*, in: NK StGB, § 206 Rn. 31.

1019 *Weidemann*, in: Beck'OK StGB, § 206 Rn. 14; *Kargl*, in: NK StGB, § 206 Rn. 25; *Lackner/Kühl*, § 206 Rn. 8; *Hoppe*, Private Nutzung betrieblicher Informations- und

die E-Mail nicht zu, sodass davon auszugehen ist, dass die E-Mail nicht als „Sendung" i.S.d. § 206 Abs. 2 Nr. 1 StGB anzusehen ist.[1020]

Selbst wenn man der ersten Ansicht folgt, so kann nur ein körperlicher Gegenstand verschlossen sein. Somit scheidet eine Strafbarkeit nach § 206 Abs. 2 Nr. 1 StGB jedenfalls aus.[1021]

(3) Abs. 2 Nr. 2: Unterdrücken von Informationen

§ 206 Abs. 2 Nr. 2 StGB stellt das Unterdrücken von zur Übermittlung anvertrauten Sendungen unter Strafe.

Selbst wenn man die E-Mail als Sendung i.S.d. § 206 Abs. 2 Nr. 2 StGB ansieht[1022], kommt eine Strafbarkeit wegen des E-Mail-Screenings im Rahmen interner Ermittlungen regelmäßig nicht in Betracht. Eine Sendung wird unterdrückt, wenn in den technischen Vorgang des Aussendens, Übermittelns und Empfangens von Nachrichten mittels Telekommunikationsanlagen eingegriffen wird und die Nachricht ihr Ziel nicht oder nur unvollständig erreicht.[1023] Beim E-Mail-Screening werden die E-Mails jedoch lediglich kontrolliert.

(4) Zwischenergebnis

Festzuhalten ist, dass der Arbeitgeber bei Durchführung eines E-Mail-Screenings in aller Regel nur die Tathandlung des § 206 Abs. 1 StGB begeht.

Kommunikationsmittel, S. 184; *Behling*, BB 2010, 892, 895; *Mölter*, Überwachung und Informationsbeschaffung des Arbeitgebers, S. 204.

1020 *Lenckner/Eisele*, in: S/S, § 206 Rn. 17; *Altenburg/v. Reinersdorff/Leister*, MMR 2005, 135, 138; im Ergebnis auch: *Gola*, Datenschutz am Arbeitsplatz, Rn. 156.

1021 *Schuster*, ZIS 2010, 68, 73; *Lenckner/Eisele*, in: S/S, § 206 Rn. 17; *Behling*, BB 2010, 892, 895; *Gercke*, in: Gercke/Kraft/Richter, Arbeitsstrafrecht, Kap. 2 Rn. 1153; *Hoppe*, Private Nutzung betrieblicher Informations- und Kommunikationsmittel, S. 184; *Barton*, CR 2003, 839, 844.

1022 *Fischer*, § 206 Rn. 13, 15; *Lenckner/Eisele*, in: S/S, § 206 Rn. 17, 20; *Eisele*, Compliance und Datenschutzstrafrecht, S. 41; *Hoppe*, Private Nutzung betrieblicher Informations- und Kommunikationsmittel, S. 185; OLG Karlsruhe, MMR 2005, 178, 180; **a.A.**: *Kargl*, in: NK StGB, § 206 Rn. 31.

1023 OLG Karlsruhe, MMR 2005, 178, 180; *Lenckner/Eisele*, in: S/S, § 206 Rn. 20; *Fischer*, § 206 Rn. 15; *Eisele*, Compliance und Datenschutzstrafrecht, S. 41.

(V) Unbefugt

Gemäß § 206 Abs. 1 StGB ist strafbar, wer „unbefugt" die Mitteilung an eine andere Person macht. Die deliktsspezifische Einordnung dieses Merkmales ist umstritten.[1024]

(1) Hinweis auf Rechtswidrigkeit

Teilweise wird darin nur der allgemeine Hinweis auf das Deliktsmerkmal der Rechtswidrigkeit gesehen.[1025] Dabei wird auf das von § 206 StGB geschützte Rechtsgut verwiesen, das nicht nur Individualinteressen, sondern vielmehr auch das öffentliche Interesse der Allgemeinheit an der Sicherheit und Zuverlässigkeit des Post- und Telekommunikationsverkehrs umfasst, vgl. S. 174. Aus diesem Grund sei bereits die Tatbestandverwirklichung als Interessenverlust zu bewerten. Eine Befugnis könne daher nur rechtfertigend, nicht aber tatbestandsausschließend wirken.[1026] Das Merkmal sei vom Gesetzgeber eingeführt worden, da nicht nur die Einwilligung, sondern häufig auch spezielle Rechtfertigungsgründe und gesetzliche Erlaubnisnormen zur Straflosigkeit des Täters führen würden.[1027]

(2) Doppelfunktion

Andere gehen hingegen von einer „Doppelfunktion"[1028] des Merkmales aus. Die Befugnis könne sowohl die Tatbestandsmäßigkeit als auch die Rechtswidrigkeit der Handlung ausschließen. Das tatbestandsausschließende Einverständnis komme in Betracht, wenn die Befugnis von dem in seinem Recht auf Geheimhaltung betroffenen Nutzer erteilt wird; die Rechtswidrigkeit entfiele bei dem Eingreifen von Rechtfertigungsgründen.[1029] Das Mitteilen an einen Dritten erfolgt danach unbefugt, wenn es ohne Zustimmung des Betroffenen erfolgt und auch kein Recht zur Mitteilung besteht.[1030]

1024 *Reeb*, Internal Investigations, S. 94: „Die formale Differenzierung zwischen dem tatbestandsausschließenden Einverständnis und der rechtfertigenden Einwilligung hat bei genauer Betrachtung keine materiellen Konsequenzen.".

1025 *Lackner/Kühl*, § 206 Rn. 15; *Kargl*, in: NK StGB, § 206 Rn. 44; *Fischer*, § 206 Rn. 9.

1026 *Lackner/Kühl*, § 206 Rn. 15.

1027 *Kargl*, in: NK StGB, § 206 Rn. 44.

1028 OLG Karlsruhe, MMR 2005, 178, 180; *Gercke*, in: Praxishandbuch Internetstrafrecht, Rn. 155; *Lenckner/Eisele*, in: S/S, § 206 Rn. 11.

1029 *Altenhain*, in: MüKo StGB, § 206 Rn. 43; *Lenckner/Eisele*, in: S/S, § 206 Rn. 11; im Ergebnis auch: *Sauer*, K&R 2008, 399, 401; *Hoppe*, Private Nutzung betrieblicher Informations- und Kommunikationsmittel, S. 182; so wohl auch: *Barton*, CR 2003, 839, 843 f.

1030 *Lenckner/Eisele*, in: S/S, § 206 Rn. 11.

(3) Einverständnis

Sofern man davon ausgeht, dass sich das Merkmal „unbefugt" (auch) auf den Tatbestand bezieht, kommt das tatbestandsausschließend wirkende Einverständnis in Betracht. Dieses kann entweder für den konkreten Einzelfall oder generell z.B. durch Vertrag zwischen dem Nutzer und dem Unternehmen – hier: Arbeitnehmer und Arbeitgeber – erteilt werden.[1031] Umstritten ist, ob im Rahmen des Einverständnisses ein sog. doppeltes Zustimmungserfordernis besteht. Mit der hier vertretenen Ansicht ist dies zumindest für den Fall der Kontrolle von E-Mails einer Firmenadresse abzulehnen, siehe oben S. 167. Dieses Problem wird sich in der Praxis der internen Ermittlungen jedoch kaum stellen, da regelmäßig schon der betroffene Arbeitnehmer der Kontrolle nicht zustimmen wird.

(VI) Subjektiver Tatbestand

§ 206 Abs. 1 StGB lässt im subjektiven Tatbestand dolus eventualis ausreichen.[1032]

Gemäß § 16 Abs. 1 S. 1 StGB handelt jedoch ohne Vorsatz, wer bei Begehung der Tat einen Umstand nicht kennt, der zum gesetzlichen Tatbestand gehört. Ein Irrtum über das Einverständnis des Arbeitnehmers oder über den dienstlichen Charakter der E-Mail lässt somit den Vorsatz entfallen.[1033]

Ein Tatbestandsirrtum kommt darüber hinaus in Betracht, wenn der Arbeitgeber davon ausgeht, dass er nicht als Dienstanbieter einzuordnen ist und die E-Mails der Mitarbeiter nicht dem Fernmeldegeheimnis unterliegen. Hierbei handelt es sich um sog. normative Tatbestandsmerkmale, bei denen der Täter neben den tatsächlichen Umständen auch den rechtlichen Sinngehalt erfassen muss. Dabei muss jedoch beachtet werden, dass bei einem Unternehmen, das bspw. über eine eigene Rechtsabteilung verfügt, ein Tatbestandsirrtum in aller Regel zu verneinen ist, da die Problematik um die Einordnung des Arbeitgebers als Dienstanbieter „zumindest ansatzweise bekannt ist".[1034] Zu demselben Ergebnis gelangt man, wenn der Arbeitgeber zur Durchführung der internen Untersuchungen juristisch geschulte externe Ermittler einsetzt. Es muss aber auch berücksichtigt werden, dass es stets darauf ankommt, was der Täter weiß,

---

1031 *Altenhain*, in: MüKo StGB, § 206 Rn. 44.

1032 *Lenckner/Eisele*, in: S/S, § 206 Rn. 37; *Weidemann*, in: Beck'OK StGB, § 206 Rn. 24; *Eisele*, Compliance und Datenschutzstrafrecht, S. 43; *Gercke*, in: Praxishandbuch Internetstrafrecht, Rn. 158.

1033 *Eisele*, Compliance und Datenschutzstrafrecht, S. 43.

1034 *Barton*, jurisPR-StrafR 14/2012 Anm. 1; so auch: *Preuß*, ZD 2012, 543, 544.

nicht was er wissen müsste, sodass im Einzelfall nach der Kenntnis des Täters gefragt werden muss[1035].

cc. Rechtswidrigkeit
Im Rahmen der Rechtswidrigkeit ist sowohl an spezielle telekommunikationsrechtliche als auch an allgemeine Rechtfertigungsgründe zu denken.[1036] Sofern man das Merkmal „unbefugt" als Hinweis auf die Rechtswidrigkeit ansieht, handelt der Täter unbefugt, wenn keine Einwilligung[1037] des Betroffenen vorliegt und auch kein anderer Rechtfertigungsgrund verwirklicht ist.[1038]

Die für die im Rahmen des § 206 StGB maßgebliche Norm ist § 88 Abs. 3 TKG, dessen Auslegung in § 206 Abs. 1 StGB „hineinzulesen"[1039] ist. Dementsprechend wird auch im Rahmen des § 206 StGB gefordert, dass als Rechtfertigungsgründe nur solche gesetzlichen Vorschriften in Betracht kommen, die sich nach ihrem Wortlaut ausdrücklich auf Telekommunikationsvorgänge beziehen.[1040]

(I) Besondere Rechtfertigungsgründe des TKG
Hier gilt das oben im Zusammenhang mit der Rechtfertigung eines Eingriffes in das Fernmeldegeheimnis Gesagte entsprechend, sodass eine Rechtfertigung durch die besonderen Rechtfertigungsgründe des TKG im Ergebnis auch im Rahmen des § 206 StGB ausscheidet, vgl. S. 130 f., 162 f. Insbesondere kann der Verdacht einer Straftat den Verstoß gegen § 206 StGB in aller Regel nicht rechtfertigen, vgl. § 88 Abs. 3 S. 4 TKG i.V.m. § 138 StGB.[1041]

1035 *Preuß*, ZD 2012, 543, 544.

1036 Vgl.: *Gola*, Datenschutz am Arbeitsplatz, Rn. 429.

1037 Siehe oben S. 166 ff.; vgl. auch: *Hoppe*, Private Nutzung betrieblicher Informations- und Kommunikationsmittel, S. 183 und *Barton*, CR 2003, 839, 844 weisen darauf hin, dass insoweit rechtspolitisch bedenkliche Ergebnisse drohen, da Arbeitgeber, die in eine Einwilligungserklärung ihrer Mitarbeiter nicht ausdrücklich auch die Weitergabe von Daten an Strafverfolgungsbehörden in Verdachtsfällen einbeziehen, Gefahr laufen, sich gem. § 206 StGB strafbar zu machen, wenn sie Daten weitergeben, die auf die Begehung von Delikten schließen lassen, die nicht von § 138 StGB erfasst sind.

1038 *Dann/Gastell*, NJW 2008, 2945, 2946.

1039 *Hoppe*, Private Nutzung betrieblicher Informations- und Kommunikationsmittel, S. 182; *Barton*, CR 2003, 839, 844.

1040 *Altenhain*, in: MüKo StGB, § 206 Rn. 70; *Lenckner/Eisele*, in: S/S, § 206 Rn. 13; *Dann/Gastell*, NJW 2008, 2945, 2946.

1041 Vgl.: *v. Rosen*, Internal Investigations bei Compliance-Verstößen, S. 83 f.; *Lenckner/Eisele*, in: S/S, § 206 Rn. 14, die dies allerdings bei gravierenden (nicht im

(II) Allgemeine strafrechtliche Rechtfertigungsgründe[1042]

Teilweise wird vertreten, dass im Rahmen des § 206 StGB die allgemeinen strafrechtlichen Rechtfertigungsgründe Anwendung finden müssten.[1043] Auch das OLG Karlsruhe geht davon aus, dass in „besonderen Fallgestaltungen“, die den Rahmen der normierten besonderen Rechtfertigungsgründe des TKG „sprengen“, auf die allgemeinen Rechtfertigungsgründe zurückgegriffen werden dürfe.[1044]

Diese Ansicht kann allerdings nicht überzeugen.[1045] Schon die Regierungsbegründung zu § 88 Abs. 3 TKG betonte, dass Normen, die Auskunftspflichten in allgemeiner Form regeln, also keinen Bezug auf die Telekommunikation nehmen, dadurch ausgegrenzt werden sollen.[1046] Vgl. dazu auch S. 163 f.

dd. Schuld

Angesicht der höchst umstrittenen Frage der Einordnung des Arbeitgebers als Dienstanbieter i.S.d. TKG könnte an das Vorliegen eines (unvermeidbaren) Verbotsirrtums gedacht werden.[1047] Gemäß § 17 S. 1 StGB handelt ohne Schuld,

---

§ 138 StGB-Katalog enthaltenen) Straftaten für „rechtspolitisch fragwürdig“ halten.

1042 Vgl. auch: *Barton*, jurisPR-StrafR 15/2012 Anm. 1, der die Annahme eines Irrtums diskutiert, wenn der Arbeitgeber von der Anwendbarkeit der Rechtfertigungsgründe ausgeht.

1043 *Zerres*, in: Scheurle/Mayen TKG, § 88 Rn. 29; *Altvater*, in: LK StGB, § 206 Rn. 80; *Fischer*, § 206 Rn. 9; *Rübenstahl/Debus*, NZWiSt 2012, 129, 135; so wohl auch: *Reeb*, Internal Investigations, S. 93; *Sauer*, K&R 2008, 399, 402 hinsichtlich § 34 StGB zumindest bei Einsatz von Spamfiltern; *Schmidl*, in: Corporate Compliance, § 29 Rn. 269 hinsichtlich der Löschung virenbehafteter E-Mails, 299; so wohl auch: *Barton*, NZA 2006, 460, 462, wonach weitere „besondere Fallgestaltungen“ i.S.d. OLG Karlsruhe im Falle des Geheimnisverrates und bei Urheberrechtsverstößen vorliegen könnten.

1044 OLG Karlsruhe, MMR 2005, 178, 180: Bsp.: Herausfiltern virenbehafteter E-Mails (S. 181); zustimmend: *Rübenstahl/Debus*, NZWiSt 2012, 129, 135; *Altvater*, in: LK StGB, § 206 Rn. 80; wohl auch: *Heidrich*, MMR 2005, 181, 182.

1045 *Lenckner/Eisele*, in: S/S, § 206 Rn. 14; *Altenhain*, in: MüKo StGB, § 206 Rn. 71; *Lackner/Kühl*, § 206 Rn. 15; *Kargl*, in: NK StGB, § 206 Rn. 47; *v. Rosen*, Internal Investigations bei Compliance-Verstößen, S. 83 f.; *Hoss*, Internet- und E-Mail-Überwachung, S. 106; *Sassenberg/Lammer*, DuD 2008, 461, 463; *Klesczewski*, in: Berliner Kommentar TKG, § 88 Rn. 28.

1046 BT-Drs. 13/3609, S. 53.

1047 Ausführlich zu dieser Frage: *Barton*, jurisPR-StrafR 14/2012 Anm. 1; *Preuß*, ZD 2012, 543 ff.

wem bei Begehung der Tat die Einsicht fehlt, Unrecht zu tun und dieser Irrtum unvermeidbar ist. Nimmt der Arbeitgeber die Auswertung der E-Mails selber vor und weiß er nicht, dass diese (möglicherweise) dem Fernmeldegeheimnis unterliegen, da er davon ausgeht, kein Dienstanbieter i.S.d. TKG zu sein, so unterliegt er einem Irrtum.

Fraglich ist allerdings, ob der Irrtum tatsächlich unvermeidbar ist. Dafür ist maßgeblich, ob der Täter bei gehöriger Gewissensanstrengung die Unrechtmäßigkeit seiner Handlung erkennen kann.[1048] Daneben ist er zur Erkundigung über die Rechtslage bei einer zur Auskunft verlässlichen Person verpflichtet.[1049] Der Täter darf sich darüber hinaus grundsätzlich auch auf für ihn günstige Urteile verlassen,[1050] sofern diese weder überholt noch aufgehoben oder für Laien offensichtlich unzutreffend sind.[1051] Dabei darf er die Urteilsgründe als „kompetente Belehrung" ansehen und muss ohne konkreten Anlass die im Urteil geschilderte Rechtslage nicht in Zweifel ziehen.[1052] Der Arbeitgeber könnte sich somit grundsätzlich darauf berufen, er habe seiner Entscheidung zur Durchführung der E-Mail-Kontrolle die Urteile des LAG Berlin-Brandenburg und Niedersachsen[1053] zu Grunde gelegt, die beide die Dienstanbietereigenschaft des Arbeitgebers verneinen. Somit kann der Arbeitgeber grundsätzlich einem unvermeidbaren Verbotsirrtum unterliegen, der gemäß § 17 StGB zur Straflosigkeit führt.[1054]

Sofern die unternehmensinterne Untersuchung von rechtskundigen Ermittlern durchgeführt wird, scheidet eine Berufung auf § 17 StGB hingegen grundsätzlich aus.

ee. Ergebnis

Bei der verbotenen privaten Internetnutzung ist der Arbeitgeber jedenfalls nicht als Anbieter von Telekommunikationsdiensten einzuordnen. Eine Strafbarkeit nach § 206 StGB scheidet daher von vornherein aus, da er insoweit schon nicht

1048 BGHSt 2, 194, 201; *Heuchemer*, in: Beck'OK StGB, § 17 Rn. 35.

1049 *Preuß*, ZD 2012, 543, 545.

1050 *Barton*, jurisPR-StrafR 14/2012 Anm. 1; vgl. auch: OLG Bremen, NJW 1960, 163, 164; OLG Stuttgart, NJW 1967, 122; dazu: *Joecks*, in: MüKo StGB, § 17 Rn. 49 ff.; *Neumann*, in: NK StGB, § 17 Rn. 68 ff.

1051 *Fischer*, § 17 Rn. 9; *Preuß*, ZD 2012, 543, 545.

1052 *Barton*, jurisPR-StrafR 14/2012 Anm. 1; so auch: OLG Düsseldorf, Urt. v. 8.7.1986 – 2 Ss 190/86 – 100/86 III (juris).

1053 LAG Berlin-Brandenburg, BB 2011, 2298; LAG Niedersachsen, NZA-RR 2010, 406.

1054 *Preuß*, ZD 2012, 543, 545; *Barton*, jurisPR-StrafR 14/2012 Anm. 1, allerdings mit der Einschränkung, dass kontrollierte E-Mail dienstlicher Natur ist; **a.A.**: *Heidrich/Tschoepe*, MMR 2004, 75, 79; vgl. auch EuGH, NJW 2013, 3083.

dem potentiellen Täterkreis angehört.[1055] Sofern man der hier vertretenen Ansicht folgt, ist der Arbeitgeber auch im Falle der gestatteten privaten Internetnutzung nicht als Dienstanbieter anzusehen. Im Hinblick auf § 206 StGB ist insoweit die Kontrolle und Weitergabe von E-Mails grundsätzlich unbedenklich.

Beim E-Mail-Screening ist jedoch Vorsicht geboten, wenn der Arbeitnehmer zur privaten Nutzung berechtigt ist, da die herrschende Meinung trotz Kritik weiterhin von der Anwendbarkeit des TKG ausgeht. Im Ergebnis droht dem Arbeitgeber, der die private Nutzung des Internets gestattet, eine Strafbarkeit nach § 206 Abs. 1 StGB, wenn er Inhalts- oder Verbindungsdaten von privaten E-Mails[1056], die sich auf dem Übertragungsweg oder auf dem Server des Unternehmens befinden, an Dritte, wie bspw. die externen Ermittler, weitergibt. Eine Rechtfertigung scheidet im Rahmen unternehmensinterner Ermittlungen regelmäßig aus. Die Inhaltskontrolle von E-Mail-Korrespondenz der Mitarbeiter birgt somit ein erhebliches strafrechtliches Risiko.[1057]

Der externe Ermittler fällt schon nicht in den Täterkreis des § 206 StGB, sodass ihm allenfalls eine Bestrafung als Teilnehmer droht.

Dem Arbeitgeber, der auf die Minimierung strafrechtlicher Risiken bedacht ist, ist daher zu raten, die private Internetnutzung vollständig und ausdrücklich zu untersagen. Eine Strafbarkeit aus § 206 StGB scheidet dann von vornherein aus.[1058] Er sollte auch von einer sanktionslosen Duldung der privaten Nutzung Abstand nehmen, um nicht auf Grund einer betrieblichen Übung als Dienstanbieter i.S.d. TKG eingeordnet zu werden und als solcher in dem Täterkreis des

---

1055 *v. Rosen,* Internal Investigations bei Compliance-Verstößen, S. 83; *Dann/Gastell,* NJW 2008, 2945, 2946.

1056 Grds. unterliegen nur die privaten E-Mails dem Fernmeldegeheimnis, da der Arbeitgeber bei dienstlicher Nutzung schon nicht als Anbieter einzuordnen ist. Eine Ausnahme ergibt sich jedoch bei der sog. Mischnutzung. Können private und dienstliche E-Mails nicht ohne Weiteres voneinander getrennt werden, „infiziert" die private Nutzung die E-Mail-Korrespondenz insgesamt, sodass auch hinsichtlich der dienstlichen E-Mails das Fernmeldegeheimnis zu berücksichtigen ist. Siehe dazu S. 170 ff.

1057 *Gercke,* in: Gercke/Kraft/Richter, Arbeitsstrafrecht, Kap. 2 Rn. 1165.

1058 *Gercke,* in: Gercke/Kraft/Richter, Arbeitsstrafrecht, Kap. 2 Rn. 1146; *v. Rosen,* Internal Investigations bei Compliance-Verstößen, S. 85; *Dann/Gastell,* NJW 2008, 2945, 2947; vgl. aber auch: Datenschutzgruppe, Arbeitsdokument v. 29.5.2002, S. 26: „pauschales Verbot der privaten Internet-Nutzung durch Arbeitnehmer (ist) unpraktisch und auch etwas unrealistisch".

§ 206 StGB zu fallen. *Schuster* rät, im Zweifelsfall auf entsprechende Ermittlungsmaßnahmen zu verzichten.[1059]

b. § 202 StGB – Verletzung des Briefgeheimnisses

Eine Strafbarkeit des Arbeitgebers und der privaten Ermittler gemäß § 202 StGB scheidet bei der Durchsicht der Mitarbeiter-E-Mails von vornherein aus, da elektronisch gespeicherte Daten kein taugliches Tatobjekt sind.[1060] Auch die Kontrolle ausgedruckter E-Mails ist nicht nach § 202 StGB strafbar, da es nunmehr an dem Merkmal des Verschlossenseins mangelt, weil der Inhalt von Dritten unmittelbar wahrgenommen werden kann.[1061] Anders ist zu urteilen, wenn eine ausgedruckte E-Mail in einem verschlossenen Umschlag liegt.[1062]

c. § 202a StGB – Ausspähen von Daten

Bei Durchführung eines E-Mail-Screenings kommt zudem eine Strafbarkeit des Arbeitgebers und der privaten Ermittler wegen Ausspähens von Daten in Betracht. Gemäß § 202a Abs. 1 StGB ist strafbar, wer unbefugt sich oder einem anderen Zugang zu Daten, die nicht für ihn bestimmt und gegen unberechtigten Zugang besonders gesichert sind, unter Überwindung der Zugangssicherung verschafft.

aa. Geschützes Rechtsgut[1063]

Die herrschende Meinung sieht das formelle Geheimhaltungsinteresse als geschütztes Rechtsgut des § 202a StGB an, sodass keine Einschränkung des Schutzbereiches auf inhaltlicher Ebene erfolgt.[1064] Als Rechtsgutsträger wird der „Herr

---

1059 *Schuster*, ZIS 2010, 68, 75; so auch: *Hassemer/Witzel*, ITRB 2006, 139, 142.

1060 *Beckschulze/Henkel*, DB 2001, 1491, 1494; *Weidemann*, in: Beck'OK StGB, § 202 Rn. 5; *Gola*, Datenschutz am Arbeitsplatz, Rn. 60; *Renners*, Private Investigation und Arbeitsrecht, S. 214; *Altenburg/v. Reinersdorff/Leister*, MMR 2005, 135, 138; *Barton*, CR 2003, 839, 841; *Mölter*, Überwachung und Informationsbeschaffung des Arbeitgebers, S. 150; *Panzer*, Mitarbeiterkontrolle und neue Medien, S. 312; *Biegel*, Überwachung von Arbeitnehmern, S. 98.

1061 *Hoppe*, Private Nutzung betrieblicher Informations- und Kommunikationsmittel, S. 171; *Barton*, CR 2003, 839, 841; *Gola*, Datenschutz am Arbeitsplatz, Rn. 60.

1062 *Eisele*, Compliance und Datenschutzstrafrecht, S. 24.

1063 Ausführlich zur Bestimmung des Rechtsguts: *Reeb*, Internal Investigations, S. 79 ff.

1064 *Kargl*, in: NK StGB, § 202a Rn. 3; *Lenckner/Eisele*, in: S/S § 202a Rn. 1; *Eisele*, Compliance und Datenschutzstrafrecht, S. 51; *Eisele*, ZIS 2012, 402, 405; *Gercke*, in: Praxishandbuch Internetstrafrecht, Rn. 90; **a.A.**: *Heghmanns*, in: Handbuch Wirtschaftsstrafrecht, 6. Teil, 1. Kap. Rn. 22: „Beschränkung auf eine materiell begründbare

der Information“[1065] angesehen, also entweder derjenige, der das Datum erstellt hat (sog. Skribent), oder aber der, dem die Speicherung zuzurechnen ist.[1066]

bb. Objektiver Tatbestand

(I) Daten

Grundsätzlich versteht man unter Daten Informationen, „die in einer für eine Datenverarbeitungsanlage erkennbaren Form codiert sind, unabhängig davon, ob und in welcher Form sie verarbeitet werden.“[1067] Dieser weite Datenbegriff wird im Rahmen des § 202a StGB allerdings auf Daten beschränkt, die elektronisch, magnetisch oder sonst nicht unmittelbar wahrnehmbar gespeichert sind oder übermittelt werden, § 202a Abs. 2 StGB.[1068] Daten sind gespeichert, wenn sie zum Zweck ihrer Weiterverwendung auf einem Datenträger erfasst, aufgenommen oder aufbewahrt sind.[1069] Übermitteln umfasst jedes Weiterleiten von Daten – sowohl innerhalb des Netzwerkes als auch über Fernmeldewege.[1070]

Die E-Mail fällt somit unter den Datenbegriff des § 202a StGB.[1071]

Ausschließungs- und Verfügungsbefugnis des Datenbesitzers“; so auch: *Rübenstahl/Debus*, NZWiSt 2012, 129 f.

1065 *Reeb*, Internal Investigations, S. 82; *Rübenstahl/Debus*, NZWiSt 2012, 129: „Herr der Daten“.

1066 *Reeb*, Internal Investigations, S. 82; im Ergebnis wohl auch: *Mölter*, Überwachung und Informationsbeschaffung des Arbeitgebers, S. 166.

1067 *Weidemann*, Beck'OK StGB, § 202a Rn. 3; vgl. auch: *Heghmanns*, in: Handbuch Wirtschaftsstrafrecht, 6. Teil, 1. Kap. Rn. 23 ff., der nur Daten, „die Informationen enthalten, an deren ausschließlicher Nutzung oder Kenntnis der Datenbesitzer ein legitimes Interesse haben kann“ (Rn. 24), als geschützt ansieht; **a.A.**: *Kargl*, in: NK StGB, § 202a Rn. 4a.

1068 *Kargl*, in: NK StGB, § 202a Rn. 4; *Gercke*, in: Praxishandbuch Internetstrafrecht, Rn. 92; *Mölter*, Überwachung und Informationsbeschaffung des Arbeitgebers, S. 154, 157; *Heghmanns*, in: Handbuch Wirtschaftsstrafrecht, 6. Teil, 1. Kap. Rn. 26.

1069 *Kargl*, in: NK StGB, § 202a Rn. 6; *Gercke*, in: Gercke/Kraft/Richter, Arbeitsstrafrecht, Kap. 2 Rn. 1175.

1070 *Gercke*, in: Gercke/Kraft/Richter, Arbeitsstrafrecht, Kap. 2 Rn. 1175.

1071 *Reeb*, Internal Investigations, S. 83; *Gercke*, in: Gercke/Kraft/Richter, Arbeitsstrafrecht, Kap. 2 Rn. 1174; *Hoppe*, Private Nutzung betrieblicher Informations- und Kommunikationsmittel, S. 172; *Schuster*, in: Internal Investigations, Kap. 11 Rn. 127; *Schuster*, ZIS 2010, 68, 69; *Barton*, CR 2003, 839, 841; *Mölter*, Überwachung und Informationsbeschaffung des Arbeitgebers, S. 159 f.; *Rübenstahl/Debus*, NZWiSt 2012, 129, 130.

(II) Nicht für den Täter bestimmt
Eine Strafbarkeit nach § 202a StGB droht nur, wenn es sich um Daten handelt, die nicht für den Ausspähenden bestimmt sind. Maßgeblich kommt es insoweit auf den Willen des Verfügungsberechtigten an.[1072] Die Berechtigung richtet sich nicht nach den Eigentumsverhältnissen,[1073] sodass die Tatsache, dass sich die E-Mails in aller Regel auf Datenträgern des Unternehmens befinden, keine Rolle spielt.[1074]

Für wen die Daten bestimmt sind, richtet sich nach dem Verfügungswillen des legitimen Datenbesitzers[1075] bzw. der Zweckbestimmung des Berechtigten.[1076] Täter kann danach nur sein, wer nach dem Willen des Berechtigten zum Tatzeitpunkt keinen Zugang zu den Daten erhalten sollte.[1077] Bei übermittelten Daten ist zunächst nur die übermittelnde Stelle Berechtigter, nach dem Erhalt der Daten auch der Datenempfänger.[1078]

Hinsichtlich der Frage, ob eine E-Mail für den Arbeitgeber bestimmt ist, bietet sich eine Differenzierung nach privater und dienstlicher Korrespondenz an.

(1) Dienstliche E-Mails
Dienstliche E-Mails werden zwar vom Arbeitnehmer selbst erstellt, doch unterliegt er dabei den Weisungen des Arbeitgebers. Das Schreiben der E-Mail erfolgt also auf seine Veranlassung hin, sodass der Arbeitgeber als eigentlicher Urheber

---

1072 *Weidemann*, in: Beck'OK StGB, § 202a Rn. 7; *Graf*, in: MüKo StGB, § 202a Rn. 19; *Lackner/Kühl*, StGB, § 202a Rn. 3; *Lenckner/Eisele*, in: S/S, § 202a Rn. 6; *Kargl*, in: NK StGB, § 202a Rn. 7; *Eisele*, Compliance und Datenschutzstrafrecht, S. 53.

1073 *Weidemann*, in: Beck'OK StGB, § 202a Rn. 8; *Graf*, in: MüKo StGB, § 202a Rn. 19; *Kargl*, in: NK StGB, § 202a Rn. 7; *Schuster*, ZIS 2010, 68, 69; *Schuster*, in: Internal Investigations, Kap. 11 Rn. 128; Rübenstahl/Debus, NZWiSt 2012, 129 f.

1074 *Eisele*, Compliance und Datenschutzstrafrecht, S. 51; *Weißgerber*, NZA 2003, 1005, 1007; *Mölter*, Überwachung und Informationsbeschaffung des Arbeitgebers, S. 163.

1075 *Heghmanns*, in: Handbuch Wirtschaftsstrafrecht, 6. Teil, 1. Kap. Rn. 28.

1076 *Dann/Gastell*, NJW 2008, 2945, 2947.

1077 *Gercke*, in: Praxishandbuch Internetstrafrecht, Rn. 93; *Mölter*, Überwachung und Informationsbeschaffung des Arbeitgebers, S. 160; *Rübenstahl/Debus*, NZWiSt 2012, 129, 130.

1078 *Graf*, in: MüKo StGB, § 202a Rn. 19; *Kargl*, in: NK StGB, § 202a Rn. 7; *Lenckner/Eisele*, in: S/S, § 202a Rn. 6; *Rübenstahl/Debus*, NZWiSt 2012, 129, 130.

anzusehen ist.[1079] Hinsichtlich dienstlicher E-Mails besteht somit grundsätzlich eine Verfügungsberechtigung des Arbeitgebers.[1080]

Die dienstlichen E-Mails sind hingegen grundsätzlich nicht für die internen Ermittler bestimmt. Der Arbeitgeber, der private Ermittler mit der Durchführung eines E-Mail-Screenings beauftragt, willigt jedoch in den Zugang zu den dienstlichen E-Mails ein, sodass diese letztlich doch (auch) für die internen Ermittler bestimmt sind.[1081]

Allerdings kann dies grundsätzlich nur für ausgehende dienstliche E-Mails gelten. Für eingehende E-Mails, die für den Empfänger auf dem Server zum Abruf bereit stehen, ist umstritten, für wen sie bestimmt sind. Teilweise wird vertreten, dass auch eingehende dienstliche E-Mails grundsätzlich für den Arbeitgeber bestimmt sind.[1082] Andere stellen hingegen allein auf den Willen des Absenders ab und verweisen darauf, dass auch in geschäftlichen E-Mails außerbetriebliche Informationen ausgetauscht werden.[1083] Grundsätzlich muss der Absender jedoch davon ausgehen, dass dienstliche E-Mails auch vom Arbeitgeber gelesen werden. Enthält die E-Mail auch private Inhalte, ist der Absender insoweit nicht schutzwürdig, siehe oben S. 142 f. Ist die E-Mail hingegen mit einem ausdrücklichen Vermerk als „persönlich" gekennzeichnet, ist sie nicht für den Arbeitgeber bestimmt.

1079 LAG Berlin-Brandenburg, BB 2011, 2298, 2301; *Schuster*, ZIS 2010, 68, 69; *Schuster*, in: Internal Investigations, Kap. 11 Rn. 129; *Reeb*, Internal Investigations, S. 83; *Rübenstahl/Debus*, NZWiSt 2012, 129, 130; *Eisele*, ZIS 2012, 402, 405; *Eisele*, Compliance und Datenschutzstrafrecht, S. 53; *Panzer*, Mitarbeiterkontrolle und neue Medien, S. 313; **a.A.**: *Mölter*, Überwachung und Informationsbeschaffung des Arbeitgebers, S. 167.

1080 LAG Berlin-Brandenburg, BB 2011, 2298, 2301; *Schuster*, ZIS 2010, 68, 69; *Reeb*, Internal Investigations, S. 83; *Eisele*, Compliance und Datenschutzstrafrecht, S. 53; *Rübenstahl/Debus*, NZWiSt 2012, 129, 130; *Wybitul*, ZD 2011, 69, 70; im Ergebnis: *Biegel*, Überwachung von Arbeitnehmern, S. 100; **a.A.**: wohl *Mölter*, Überwachung und Informationsbeschaffung des Arbeitgebers, S. 206 f., 370, wonach allein der Wille des Arbeitnehmers maßgeblich sei.

1081 Im Ergebnis: *Kargl*, in: NK StGB, § 202a Rn. 16; *Lenckner/Eisele*, in: S/S, § 202 Rn. 11; *Mölter*, Überwachung und Informationsbeschaffung des Arbeitgebers, S. 183; *Eisele*, Compliance und Datenschutzstrafrecht, S. 56; *Weidenmann*, in: Beck'OK StGB, § 202a Rn. 18.

1082 LAG Berlin-Brandenburg, BB 2011, 2298, 2301; *Eisele*, ZIS 2012, 402, 405; *Eisele*, Compliance und Datenschutzstrafrecht, S. 53.

1083 *Graf*, in: MüKo StGB, § 202a Rn. 22.

Die Kontrolle dienstlicher E-Mails ist also in Hinblick auf § 202a StGB möglich.[1084]

(2) Private E-Mails

Private E-Mails sind hingegen nicht zur Kenntnis des Arbeitgebers bestimmt. Verfügungsberechtigt ist grundsätzlich allein der Mitarbeiter.[1085] Die Kontrolle privater Dateien kann somit nach § 202a StGB strafbar sein. Dabei muss zwischen zwei Konstellationen unterschieden werden:

(a) Gestattete private Nutzung

Ist die private Nutzung gestattet ist der Arbeitgeber nicht verfügungsberechtigt, sodass eine Strafbarkeit nach § 202a Abs. 1 StGB grundsätzlich in Betracht kommt.

(b) Verbotene private Nutzung

Ist die private Nutzung hingegen untersagt, ist umstritten, ob der Arbeitgeber verfügungsbefugt ist.

Teilweise wird vertreten, dass dem Arbeitgeber hinsichtlich dieser Dateien die Verfügungsberechtigung fehle, da sie allein vom Arbeitnehmer erstellt wurden. Die Tatsache, dass die private Nutzung der Computer untersagt ist, ändere nichts daran, da das weisungswidrige Verhalten keinerlei Einfluss auf die Urheberschaft habe.[1086] Eine Strafbarkeit wird damit selbst dann angenommen, wenn der Arbeitgeber die private Nutzung des Computers arbeitsvertraglich untersagt hat.[1087]

1084 *Reeb*, Internal Investigations, S. 83; *Schuster*, ZIS 2010, 68, 69; Rübenstahl/Debus, NZWiSt 2012, 129, 131; im Ergebnis auch: *Gola*, Datenschutz am Arbeitsplatz, Rn. 65.

1085 *Salvenmoser/Schreier*, in: Handbuch Wirtschaftsstrafrecht, 15. Teil Rn. 83; *Eisele*, Compliance und Datenschutzstrafrecht, S. 53; *Weißgerber*, NZA 2003, 1005, 1008; *Biegel*, Überwachung von Arbeitnehmern, S. 100.

1086 *Schuster*, ZIS 2010, 68, 70; *Schuster*, in: Internal Investigations, Kap. 11 Rn. 130; *Reeb*, Internal Investigations, S. 83; *Eisele*, Compliance und Datenschutzstrafrecht, S. 52; *Eisele*, ZIS 2012, 402, 405; *Gercke*, in: Gercke/Kraft/Richter, Arbeitsstrafrecht, Kap. 2 Rn. 1176; *Hoppe*, Private Nutzung betrieblicher Informations- und Kommunikationsmittel, S. 173; *Weißgerber*, NZA 2003, 1005, 1008; *Mölter*, Überwachung und Informationsbeschaffung des Arbeitgebers, S. 161; vgl. aber auch ArbG Frankfurt a.M., MMR 2004, 829, 830.

1087 So: *Reeb*, Internal Investigations, S. 84; *Schuster*, in: Internal Investigations, Kap. 11 Rn. 130; *Weißgerber*, NZA 2003, 1005, 1008.

Andere hingegen verneinen für diesen Fall die Strafbarkeit des Arbeitgebers bzw. des Ermittlers aus § 202a Abs. 1 StGB mit dem Argument, dass der Arbeitgeber lediglich seine Kontrollrechte hinsichtlich seines Besitzes und Eigentums wahre.[1088]

Gegen letztere Ansicht spricht jedoch, dass eine Beschränkung der Strafbarkeit auf den Fall der gestatteten privaten Nutzung nicht in der Norm angelegt ist. Dies lässt sich auch nicht im Wege der Auslegung begründen. Die Eigenschaft als Rechtsgutsträger bezieht sich nicht nur auf zulässigerweise erstellte (private) Dateien.[1089]

(c) Ergebnis

Somit ist der Arbeitgeber nicht nur im Falle der gestatteten privaten Nutzung des Internets, sondern auch bei untersagter privater Nutzung hinsichtlich privater E-Mails nicht verfügungsbefugt. Eine Strafbarkeit nach § 202a StGB kommt somit im Ergebnis bei der Kontrolle privater E-Mail-Korrespondenz unabhängig von der innerbetrieblichen Regelung in Betracht.

Bei eigehenden E-Mails muss für den Arbeitgeber jedoch auf Grund äußerer Umstände erkennbar sein, dass diese einzig zur Kenntnis des Arbeitnehmers bestimmt sind. Nur dann ist der Arbeitgeber als Empfänger ausgeschlossen. Ist hingegen kein eindeutig privater Bezug gegeben, verschafft sich der Arbeitgeber jedenfalls nicht unbefugt Kenntnis.[1090] Er muss die entsprechende E-Mail jedoch unverzüglich schließen.

(III) Zugangsverschaffung

Strafbarkeitsvoraussetzung ist des Weiteren die Zugangsverschaffung unter Überwindung einer besonderen Sicherung.

„Zugang" beschreibt jede technische und physische Einwirkungsmöglichkeit auf Datenspeicher sowie den physischen Zugang zum System und Sicherungsbereich.[1091] Ein Zugangsverschaffen ist anzunehmen, wenn der Täter die

---

1088 *Salvenmoser/Schreier*, in: Handbuch Wirtschaftsstrafrecht, 15. Teil Rn. 112; *Klengel/Mückenberger*, CCZ 2009, 81, 85; *Beckschulze*, DB 2003, 2777, 2783; so wohl auch *Spehl/Momsen/Grützner*, CCZ 2014, 2, 4.

1089 *Reeb*, Internal Investigations, S. 84; *Hoppe*, Private Nutzung betrieblicher Informations- und Kommunikationsmittel, S. 173.

1090 *Hoppe*, Private Nutzung betrieblicher Informations- und Kommunikationsmittel, S. 172 f.; auch: *Jofer/Wegerich*, K&R 2002, 235, 239.

1091 *Gercke*, in: Gercke/Kraft/Richter, Arbeitsstrafrecht, Kap. 2 Rn. 1177; *Mölter*, Überwachung und Informationsbeschaffung des Arbeitgebers, S. 169; *Fischer*, § 202a

allein dem Schutz vor Zugriffen von außen. Dafür spricht, dass der Arbeitgeber in aller Regel über ein „Ober-Passwort" verfügt, mit dem er auf die personalisierten Laufwerke zugreifen kann. In Krankheitsfällen oder urlaubsbedingter Abwesenheit des Arbeitnehmers kann er zudem die Weisung erteilen, ihm das Passwort mitzuteilen.[1119]

Selbst wenn der Arbeitnehmer seinen betrieblichen E-Mail-Account mit einem selbst gewählten Passwort schützt, besteht keine besondere Zugangssicherung gegenüber dem Arbeitgeber.[1120] Denn die Verwendung eines Passworts dient nicht dazu, dem Arbeitnehmer die private Nutzung der EDV-Anlage für seine Zwecke zu ermöglichen, sondern allein der Befolgung des § 9 BDSG.[1121]

Grundsätzlich stellt jedoch das Passwort zum personalisierten, virtuellen Laufwerk des Arbeitnehmers eine besondere Zugangssicherung gegenüber dem internen Ermittler dar. Die Kontrolle privater E-Mails des Arbeitnehmers durch die privaten Ermittler wäre daher grundsätzlich nach § 202a StGB strafbar. Der Arbeitgeber autorisiert jedoch den Zugriff der privaten Ermittler. Sofern der Arbeitgeber zulässigerweise auf private E-Mails des Arbeitnehmers zugreifen kann, ist dies daher im Ergebnis auch den privaten Ermittlern möglich. Letztlich kann es keinen Unterschied machen, ob der Arbeitgeber selbst die E-Mails einsieht oder aber Dritte für die Kontrolle einsetzt.

(c) Ergebnis – besondere Zugangssicherung

Hinsichtlich privater E-Mails, die sich lediglich auf einem passwortgeschützten personalisierten virtuellen Laufwerk befinden, besteht gegenüber dem Arbeitgeber keine besondere Zugangssicherung. Kontrolliert er aber private E-Mails auf besonders kennwortgeschützten privaten E-Mail-Accounts, kommt eine Strafbarkeit nach § 202a StGB in Betracht, da insoweit das Passwort auch gegenüber dem Arbeitgeber eine besondere Zugangssicherung darstellt.[1122]

1119 *Schuster*, in: Internal Investigations, Kap. 11 Rn. 130; *Barton*, CR 2003, 839, 842; *Schuster*, ZIS 2010, 68, 70; *Rübenstahl/Debus*, NZWiSt 2012, 129, 131; **a.A.**: *Weißgerber*, NZA 2003, 1005, 1008; *Mölter*, Überwachung und Informationsbeschaffung des Arbeitgebers, S. 180 f., der eine Lösung über die Rechtfertigungsebene vorzieht.

1120 *Wybitul*, ZD 2011, 69, 70.

1121 LAG Hamm, DuD 2004, 633, 634; zustimmend: *Wybitul*, ZD 2011, 69, 70; vgl. auch: LAG Köln, NZA-RR 2004, 527, 528.

1122 Im Ergebnis: *Schuster*, ZIS 2010, 68, 70; *Hoppe*, Private Nutzung betrieblicher Informations- und Kommunikationsmittel, S. 178, 180; *Rübenstahl/Debus*, NZWiSt 2012, 129, 131; *Barton*, CR 2003, 839, 842; *Gola*, Datenschutz am Arbeitsplatz, Rn. 67 f.

Bei der Mischnutzung (private und geschäftliche E-Mail-Korrespondenz wird über einen E-Mail-Account abgewickelt) fehlt es somit grundsätzlich an einer besonderen Zugangssicherung, da dem Passwort in dieser Konstellation gerade keine besondere Sicherungsfunktion gegenüber dem Arbeitgeber zukommt.[1123] Letztlich stellt das Passwort nur für den Fall, dass der Arbeitnehmer über einen separaten ausschließlich zur privaten Nutzung bestimmten E-Mail-Account verfügt, eine besondere Zugangssicherung gegenüber dem Arbeitgeber dar.[1124]

Sind private Dateien oder das Laufwerk an sich passwortgeschützt, stellt dies eine besondere Zugangssicherung gegenüber den privaten Ermittlern dar. Sofern jedoch der Arbeitgeber zulässigerweise auf die E-Mails zugreifen kann, kann er den Zugriff der internen Ermittler autorisieren, sodass auch ihnen keine Strafbarkeit nach § 202a Abs. 1 StGB droht.

cc. Subjektiver Tatbestand

In subjektiver Hinsicht genügt ein Handeln mit dolus eventualis. Ein Tatbestandsirrtum liegt vor, wenn der Arbeitgeber glaubt, es handelt sich um eine geschäftliche E-Mail, die dementsprechend für ihn bestimmt ist.[1125]

dd. Rechtswidrigkeit

Im Rahmen des § 202a StGB wird „unbefugt" überwiegend als Hinweis auf die Rechtswidrigkeit verstanden.[1126] Willigt der betroffene Arbeitnehmer in die

---

1123 *Gercke*, in: Gercke/Kraft/Richter, Arbeitsstrafrecht, Kap. 2 Rn. 1179; *Barton*, CR 2003, 839, 842.

1124 *Gercke*, in: Gercke/Kraft/Richter, Arbeitsstrafrecht, Kap. 2 Rn. 1179; *Barton*, CR 2003, 839, 842, 844; so wohl auch: *Hoss*, Internet- und E-Mail-Überwachung, S. 104; **a.A.**: *Altenburg/v. Reinersdorff/Leister*, MMR 2005, 135, 138 halten das für „zweifelhaft", sofern der Arbeitgeber ein berechtigtes Interesse an der Kontrolle der E-Mails hat, Bsp.: Verdacht von Geheimnisverrat.

1125 *Eisele*, Compliance und Datenschutzstrafrecht, S. 56; im Ergebnis auch: *Weidenmann*, in: Beck'OK StGB, § 202a Rn. 19; *Graf*, in: MüKo StGB, § 202a Rn. 71 f.; *Kargl*, in: NK StGB, § 202a Rn. 15.

1126 *Kargl*, in: NK StGB, § 202a Rn. 16; *Lenckner/Eisele*, in: S/S, § 202 Rn. 11; *Eisele*, Compliance und Datenschutzstrafrecht, S. 56; *Panzer*, Mitarbeiterkontrolle und neue Medien, S. 312; *Gercke*, in: Gercke/Kraft/Richter, Arbeitsstrafrecht, Kap. 2 Rn. 1181; *Heghmanns*, in: Handbuch Wirtschaftsstrafrecht, 6. Teil, 1. Kap. Rn. 39; *Mölter*, Überwachung und Informationsbeschaffung des Arbeitgebers, S. 183; **a.A.**: *Graf*, in: MüKo StGB, § 202a Rn. 58, 62: „doppelfunktionelle Bedeutung".

Kenntnisnahme durch den Arbeitgeber ein, so sind damit in aller Regel die Daten schon für diesen bestimmt, sodass bereits der Tatbestand entfällt.[1127]

(I) Rechtfertigungsgründe: Allgemein

In Hinblick auf den Grundsatz der Einheit der Rechtsordnung kommen neben den allgemeinen Rechtfertigungsgründen auch gesetzliche Erlaubnistatbestände in Betracht, die außerhalb des StGB geregelt sind,[1128] namentlich Erlaubnisnormen des BDSG und des TKG. Sofern während eines Telekommunikationsvorganges auf die E-Mail zugegriffen wird und (nach herrschender Meinung) das TKG Anwendung findet, ist dabei § 88 Abs. 3 S. 3 TKG zu berücksichtigen.[1129] Insoweit scheiden die allgemeinen Rechtfertigungsgründe aus.[1130]

(II) Rechtfertigung nach § 32 Abs. 1 S. 2 BDSG

Grundsätzlich können außerstrafrechtliche Normen als Rechtfertigungsgrund innerhalb des Strafrechts in Betracht kommen. Vor allem unter dem Gesichtspunkt der Rechtseinheit lässt sich schwerlich eine Strafbarkeit auf einem Verhalten begründen, das außerhalb des Strafrechts erlaubt ist, da dies zu einem Widerspruch der Rechtsordnungen führen würde.[1131] Fraglich ist, ob dementsprechend eine Rechtfertigung nach § 32 Abs. 1 S. 2 BDSG im Rahmen des § 202a StGB in Betracht kommt.

Teilweise wird dies verneint. Es müsse stets im Einzelfall untersucht werden, ob das erlaubte Verhalten sich auf den gesamten Straftatbestand bezieht oder ob dieser gegenüber der Erlaubnisnorm zusätzliche Merkmale vorsieht.[1132] Danach gestatte § 32 Abs. 1 S. 2 BDSG zwar in Ausnahmefällen den Zugriff auf E-Mails, legitimiert aber nicht gleichzeitig auch die Überwindung einer

---

1127 Im Ergebnis: *Kargl*, in: NK StGB, § 202a Rn. 16; *Lenckner/Eisele*, in: S/S, § 202 Rn. 11; *Weidenmann*, in: Beck'OK StGB, § 202a Rn. 18; *Mölter*, Überwachung und Informationsbeschaffung des Arbeitgebers, S. 183; *Eisele*, Compliance und Datenschutzstrafrecht, S. 56; **a.A.**: *Gercke*, in: Gercke/Kraft/Richter, Arbeitsstrafrecht, Kap. 2 Rn. 1181.

1128 *Mölter*, Überwachung und Informationsbeschaffung des Arbeitgebers, S. 183; *Rübenstahl/Debus*, NZWiSt 2012, 129, 135; vgl. auch: *Biegel*, Überwachung von Arbeitnehmern, S. 103.

1129 *Eisele*, Compliance und Datenschutzstrafrecht, S. 56; *Eisele*, ZIS 2012, 402, 406; *Mölter*, Überwachung und Informationsbeschaffung des Arbeitgebers, S. 212.

1130 *Mölter*, Überwachung und Informationsbeschaffung des Arbeitgebers, S. 212.

1131 *Eisele*, Compliance und Datenschutzstrafrecht, S. 77; *Rübenstahl/Debus*, NZWiSt 2012, 129, 135.

1132 *Eisele*, Compliance und Datenschutzstrafrecht, S. 78.

Zugangssicherung.[1133] Der Arbeitgeber, der sich im Rahmen des BDSG noch auf den § 32 Abs. 1 S. 2 BDSG berufen konnte, sei dieser Weg somit im Rahmen des § 202a StGB verwehrt, da der Straftatbestand über die Erlaubnisnorm hinausgehe, indem er nur das Zugangsverschaffen unter Überwindung einer besonderen Zugangssicherung unter Strafe stellt. Die Überwindung der Zugangssicherung aber sei von § 32 Abs. 1 S. 2 BDSG gerade nicht umfasst.[1134]

Dagegen wird jedoch zu Recht eingewandt, dass der Gesetzgeber mit § 32 Abs. 1 S. 2 BDSG gerade einen Erlaubnistatbestand für unternehmensinterne Ermittlungen des Arbeitgebers bei Vorliegen eines Straftatverdachts schaffen wollte. Die Vorschrift wäre „praxisuntauglich", wenn sich die Erlaubnis nicht auch auf tatbestandsmäßige Handlungen i.S.d. § 202a Abs. 1 StGB erstreckt – insbesondere in Hinblick darauf, dass Untersuchungsmaßnahmen im Rahmen einer internen Ermittlung typischerweise § 202a StGB tangieren. Daher ist davon auszugehen, dass der Gesetzgeber eine allgemeine Erlaubnisnorm für datenschutzrechtlich relevante Maßnahmen schaffen wollte. Dafür spricht auch der Wortlaut der Norm, der eine Ermittlungsmaßahme unter den Voraussetzungen des § 32 Abs. 1 S. 2 BDSG generell erlaubt („Zur Aufdeckung von Straftaten *dürfen* personenbezogene Daten eines Beschäftigten nur dann erhoben, verarbeitet oder genutzt werden, wenn…") und sich nicht auf Verbotstatbestände des BDSG beschränkt.[1135] Letztlich ist somit davon auszugehen, dass im Rahmen des § 202a Abs. 1 StGB § 32 Abs. 1 S. 2 BDSG als Rechtfertigungsgrund in Betracht kommt. Liegen dessen Voraussetzungen für ein „Ausspähen" von Daten vor, handelt der Arbeitgeber nicht rechtswidrig.

ee) Ergebnis

Der Arbeitgeber macht sich nicht gemäß § 202a Abs. 1 StGB wegen Ausspähens von Daten strafbar, wenn sich die Kontrolle ausschließlich auf dienstliche E-Mails bezieht, da diese schon für ihn bestimmt sind. Zwar sind dienstliche Daten grundsätzlich nicht für die internen Ermittler bestimmt, doch kann der Arbeitgeber in den Zugang einwilligen, soweit er verfügungsberechtigt ist. Hinsichtlich der Kontrolle dienstlicher E-Mails droht daher auch den privaten Ermittlern kein Strafbarkeitsrisiko nach § 202a StGB.

Auch die Kontrolle privater E-Mails ist nicht in jedem Falle strafbar, obwohl diese grundsätzlich nicht für den Arbeitgeber bestimmt sind. Maßgeblich ist

1133 *Eisele*, Compliance und Datenschutzstrafrecht, S. 80.

1134 Vgl.: *Eisele*, Compliance und Datenschutzstrafrecht, S. 78, 80.

1135 *Rübenstahl/Debus*, NZWiSt 2012, 129, 135; *Brockhaus*, in: Internal Investigations, Kap. 26 Rn. 63.

vielmehr, ob eine besondere Zugangssicherung besteht, die auch gegenüber dem Arbeitgeber wirkt. Sofern nur für das Heimverzeichnis ein Passwortschutz besteht, gilt dieser dem Arbeitgeber gegenüber nicht als besondere Zugangssicherung. Kontrolliert der Arbeitgeber hingegen private E-Mails, die sich in einem gesondert gesicherten, privaten E-Mail-Account befinden, macht er sich gemäß § 202a Abs. 1 StGB strafbar. Ist die Kontrolle der privaten E-Mails jedoch ausnahmsweise nach § 32 Abs. 1 S. 2 BDSG zulässig, ist die Tat gerechtfertigt.

Sofern der Arbeitgeber zulässigerweise private E-Mails kontrollieren kann, kann er den Zugriff der internen Ermittler autorisieren, sodass auch ihnen keine Strafbarkeit nach § 202a Abs. 1 StGB droht.

Die Tat wird gemäß § 205 Abs. 1 S. 2 StGB grundsätzlich nur auf Antrag verfolgt, es sei denn es besteht ein besonderes öffentliches Verfolgungsinteresse.

d. § 202b StGB – Abfangen von Daten[1136]

Gemäß § 202b StGB ist strafbar, wer unbefugt sich oder einem anderen unter Anwendung von technischen Mitteln nicht für ihn bestimmte Daten aus einer nichtöffentlichen Datenübermittlung oder aus der elektromagnetischen Abstrahlung einer Datenverarbeitungsanlage verschafft.

aa. Objektiver Tatbestand

(I) Daten

Der Datenbegriff im Rahmen des § 202b StGB entspricht § 202a StGB, vgl. S. 188. E-Mails fallen grundsätzlich darunter.

(II) Nicht für den Täter bestimmt

Hinsichtlich der Verfügungsberechtigung bzw. der Frage, ob Daten für den Täter bestimmt sind, kann auf die Ausführungen zu § 202a StGB verwiesen werden,[1137] vgl. S. 189 ff. Danach sind dienstliche E-Mails grundsätzlich für den Arbeitgeber bestimmt. Private E-Mails sind hingegen – unabhängig von der Zulässigkeit der privaten Nutzung – nicht für ihn bestimmt.

(III) Nichtöffentliche Datenübermittlung (Alt. 1)

(1) Datenübermittlung

In Hinblick auf die Kontrolle der E-Mail-Korrespondenz ist nur die erste Variante, die nicht öffentliche Datenübermittlung, von Relevanz.

1136 Ausführlich dazu: *Kusnik*, MMR 2011, 720 ff.

1137 *Eisele*, ZIS 2012, 402, 406.

Unter Datenübermittlung versteht man sämtliche Formen der elektronischen Datenübermittlung. Dazu zählt auch die Übertragung via E-Mail.[1138] Darüber hinaus ist jedoch erforderlich, dass sich die Daten im Zeitpunkt der Tathandlung im Übermittlungsvorgang befinden. Somit ist der Zugriff auf bereits auf dem Rechner gespeicherte E-Mails jedenfalls nicht nach § 202b StGB strafbar.[1139]

Umstritten ist die Beurteilung eines Zugriffes auf E-Mails, die auf dem Server „ruhen". Teilweise wird für noch ungelesene E-Mails, die auf dem Server, nicht aber auf dem Endgerät gespeichert sind, eine noch andauernde Datenübertragung verneint.[1140] *Kusnik* verweist darauf, dass die E-Mail nicht mehr vom Server des Providers weitergeleitet wird, sondern vielmehr dort vom Empfänger abgerufen werden kann. Daher handele es sich nicht um eine bloße Zwischenspeicherung, sondern um einen bereits beendeten Übertragungsvorgang.[1141] Andere gehen hingegen davon aus, dass es sich in dieser Konstellation sehr wohl um einen Übertragungsvorgang handelt.[1142] Überzeugend erscheint letztlich aber die Argumentation von *Graf*, der betont, „dass zwischengespeicherte Daten aktuell gerade nicht übermittelt werden und daher solche Daten nicht von § 202b erfasst sind."[1143] Auf dem Server gespeicherte E-Mails sind demnach nicht von § 202b StGB geschützt.

(2) Nichtöffentlichkeit

Nichtöffentlich ist die Datenübermittlung, wenn sie sich nach Zielsetzung des Übermittelnden nicht an die Allgemeinheit, sondern vielmehr nur an einen

1138 *Weidemann*, in: Beck'OK StGB, § 202b Rn. 5; *Eisele*, in: S/S, § 202b Rn. 3; *Eisele*, Compliance und Datenschutzstrafrecht, S. 57; BT-Drs. 16/3565, S. 11.

1139 *Eisele*, Compliance und Datenschutzstrafrecht, S. 57; *Eisele*, ZIS 2012, 402, 406; *Kusnik*, MMR 2011, 720, 721; *Gola*, Datenschutz am Arbeitsplatz, Rn. 70.

1140 *Kusnik*, MMR 2011, 720, 721; *Gola*, Datenschutz am Arbeitsplatz, Rn. 70.

1141 *Kusnik*, MMR 2011, 720, 721.

1142 *Schumann*, NStZ 2007, 675, 677; *Eisele*, in: S/S, § 202b Rn. 3; *Eisele*, Compliance und Datenschutzstrafrecht, S. 57 f.; so wohl auch: *Weidemann*, in: Beck'OK StGB, § 202b Rn. 5; vgl. auch: *Eisele*, ZIS 2012, 402, 406, der von der herrschenden Meinung spricht.

1143 *Graf*, in: MüKo StGB, § 202b Rn. 9; so auch: *Hilgendorf*, in: LK StGB, § 202b Rn. 8.

begrenzen Adressatenkreis richtet.[1144] Das ist bei fremden E-Mails jedenfalls der Fall.[1145]

(IV) Verschaffen
Tathandlung des § 202b StGB ist das Verschaffen der Daten für sich oder einen anderen unter Anwendung von technischen Mitteln. Darunter versteht man den Erwerb der Verfügungsmacht über die Daten, bspw. durch Kenntnisnahme, Umleiten auf den eigenen Rechner oder Speicherung einer Kopie.[1146] Ausreichend ist auch, wenn nur der Dritte die Herrschaft über die Daten erhält oder Kenntnis erlangt.[1147] Das bloße Zugangsverschaffen ohne Kenntnisnahme genügt hingegen nicht.[1148]

(V) Technische Mittel
Die Datenverschaffung erfüllt jedoch nur den Tatbestand, sofern sie unter Anwendung technischer Mittel erfolgt. Technische Mittel können Vorrichtungen zur Erfassung und Aufzeichnung drahtloser Kommunikation, Software, Codes oder Passwörter sein.[1149]

bb. Subjektiver Tatbestand
§ 202b StGB lässt bedingten Vorsatz genügen.[1150]

1144 *Eisele*, Compliance und Datenschutzstrafrecht, S. 58; *Eisele*, ZIS 2012, 402, 406; *Graf*, in: MüKo StGB, § 202b Rn. 10; *Weidemann*, in: Beck'OK StGB, § 202b Rn. 6; anders *Kusnik*, MMR 2011, 720, 723 f.: „Die Nichtöffentlichkeit sollte nicht subjektiv geprägt, sondern objektiv erkennbar sein.", S. 724, sie stellt dabei auf den Aufwand ab, den der Täter betreiben muss, um die Daten abzufangen.

1145 *Weidemann*, in: Beck'OK StGB, § 202b Rn. 6; *Kusnik*, MMR 2011, 720, 724; *Mölter*, Überwachung und Informationsbeschaffung des Arbeitgebers, S. 216.

1146 *Graf*, in: MüKo StGB, § 202b Rn. 16; *Mölter*, Überwachung und Informationsbeschaffung des Arbeitgebers, S. 217; *Hilgendorf*, in: LK StGB, § 202b Rn. 13; *Kargl*, in: NK StGB, § 202b Rn. 6; im Ergebnis auch: *Eisele*, ZIS 2012, 402, 406; *Weidemann*, in: Beck'OK StGB, § 202b Rn. 9.

1147 *Graf*, in: MüKo StGB, § 202b Rn. 17.

1148 *Eisele*, Compliance und Datenschutzstrafrecht, S. 58; *Kargl*, in: NK StGB, § 202b Rn. 6.

1149 BT-Drs. 16/3656, S. 11; *Weidemann*, in: Beck'OK StGB, § 202b Rn. 10; *Graf*, in: MüKo StGB, § 202b Rn. 18; *Eisele*, in: S/S, § 202b Rn. 8; *Kargl*, in: NK StGB, § 202b Rn. 7.

1150 *Graf*, in: MüKo StGB, § 202b Rn. 22; *Weidemann*, in: Beck'OK StGB, § 202b Rn. 12.

cc. *Rechtswidrigkeit*

„Unbefugt" ist im Rahmen des § 202b StGB als Hinweis auf die Rechtswidrigkeit zu verstehen.[1151] Ist der betroffene Arbeitnehmer mit der Kenntnisnahme durch den Arbeitgeber einverstanden, so sind damit in aller Regel die Daten schon für diesen bestimmt, sodass bereits der Tatbestand entfällt.[1152]

Die Rechtswidrigkeit entfällt nicht nur bei Eingreifen der allgemeinen Rechtfertigungsgründe, sondern auch beim Vorliegen einer Befugnis des BDSG bzw. des TKG (Einheit der Rechtsordnung).[1153] Sofern sich der Arbeitgeber also auf eine Erlaubnisnorm des BDSG bzw. TKG berufen kann, macht er sich nicht nach § 202b StGB strafbar.

dd. *Ergebnis*

Nur ein Abfangen der privaten E-Mails während des Übertragungsvorganges, nicht aber auf dem Rechner oder Server, erfüllt den Tatbestand des § 202b StGB. Ist das Abfangen jedoch nach § 32 Abs. 1 S. 2 BDSG zulässig, ist die Tat gerechtfertigt.

Im Rahmen des § 202b StGB sind zwei weitere Dinge zu berücksichtigen: Zum einen enthält § 202b StGB eine Subsidiaritätsklausel, wonach die Strafbarkeit entfällt, wenn die Tat in einer anderen Vorschrift mit schwerer Strafe bedroht ist – zu denken ist insbesondere an §§ 201, 202a StGB. Zum anderen ist das (relative) Strafantragserfordernis nach § 205 Abs. 1 S. 2 StGB zu berücksichtigen.

e. § 202c StGB – Vorbereiten des Ausspähens und Abfangens von Daten

Gemäß § 202c Abs. 1 StGB macht sich strafbar, wer eine Straftat nach § 202a oder § 202b StGB vorbereitet, indem er Passwörter oder sonstige Sicherungscodes, die den Zugang zu Daten ermöglichen (Nr. 1), oder Computerprogramme, deren Zweck die Begehung einer solchen Tat ist (Nr. 2), herstellt, sich oder einem anderen verschafft, verkauft, einem anderen überlässt, verbreitet oder sonst zugänglich macht.

Dabei handelt es sich demnach um ein Vorbereitungsdelikt, das vor allem an Bedeutung gewinnt, wenn § 202a oder § 202b StGB nicht vollendet sind oder die Teilnahme mangels Haupttat ausscheidet.[1154] Auf Konkurrenzebene tritt § 202c StGB hinter § 202a und § 202b StGB zurück.[1155]

1151 *Eisele*, in: S/S, § 202b Rn. 10; *Kargl*, in: NK StGB, § 202b Rn. 8; *Lackner/Kühl*,§ 202b Rn. 5; **a.A.**: *Graf*, in: MüKo StGB, § 202b Rn. 19: „doppelfunktionelle Bedeutung".

1152 *Kargl*, in: NK StGB, § 202b Rn. 8; *Eisele*, in: S/S, § 202b Rn. 10.

1153 Vgl. S. 199.

1154 *Eisele*, Compliance und Datenschutzstrafrecht, S. 60; BT-Drs. 16/3656, S. 12.

1155 Vgl. nur: *Lackner/Kühl*, § 202c Rn. 7; *Kargl*, in: NK StGB, § 202c Rn. 16.

Tatgegenstände sind Passwörter oder sonstige Sicherungscodes, die ein Ausspähen bzw. Abfangen von Daten nach §§ 202a, 202b StGB ermöglichen. In Betracht kommen ferner Computerprogramme, die nach Art und Weise ihres Aufbaus für die Nutzung zu illegalen Zwecken angelegt sind. Darunter fallen vor allem sog. Hacker-Tools.[1156] Ein Programm, dessen Zweck nicht eindeutig kriminell ist, sondern das vielmehr erst durch eine missbräuchliche Verwendung zum Tatwerkzeug wird, sog. dual use tool, erfüllt den Tatbestand nicht.[1157]

Im Zusammenhang mit der Kontrolle der Arbeitnehmer-E-Mails ist – wenn überhaupt – das Verschaffen von Passwörtern relevant, um E-Mails, die eine besondere Zugangssicherung haben, kontrollieren zu können (§ 202a StGB). Das Verschaffen von entsprechenden Computerprogrammen, die eindeutig einem kriminellen Zweck dienen, erscheint hingegen eher unwahrscheinlich.

f. § 201 StGB – Verletzung der Vertraulichkeit des Wortes

Auf Grund der schriftlichen Fixierung ist die E-Mail nicht flüchtig wie das gesprochene Wort. Die Vertraulichkeit des gesprochenen Wortes, die das Gesetz schützen soll, besteht daher bei der E-Mail-Korrespondenz gerade nicht.[1158] Eine Strafbarkeit nach § 201 StGB scheidet aus.

g. § 303a StGB – Datenveränderung

§ 303a Abs. 1 StGB stellt das rechtswidrige Löschen, Unterdrücken, Unbrauchbarmachen oder Verändern von Daten unter Strafe.

Das Ausspähen oder Kopieren von Daten wird nicht von § 303a StGB erfasst, da der Täter hier nicht in die Unversehrtheit der Daten eingreift.[1159] Im Rahmen des „typischen" E-Mail-Screenings, bei dem der Arbeitgeber lediglich eine Kopie der E-Mails anfertigt und diese anschließend kontrolliert, droht demnach keine Strafbarkeit nach § 303a Abs. 1 StGB.

1156 *Weidemann*, in: Beck'OK StGB, § 202c Rn. 6; *Eisele*, Compliance und Datenschutzstrafrecht, S. 60; BT-Drs. 16/3656, S. 12.

1157 BVerfG, CR 2009, 673; BT-Drs. 16/3656, S. 19; *Eisele*, in: S/S, § 202c Rn. 4; wohl auch: *Weidemann*, in: Beck'OK StGB, § 202c Rn. 7.1 f.

1158 *Maschmann*, in: Corporate Compliance und Arbeitsrecht, S. 149, 161; *Mölter*, Überwachung und Informationsbeschaffung des Arbeitgebers, S. 150; *Biegel*, Überwachung von Arbeitnehmern, S. 98.

1159 *Eisele*, Compliance und Datenschutzstrafrecht, S. 66 f.

2. Strafbarkeitsrisiken nach BDSG

Sofern mit der hier vertretenen Ansicht in sämtlichen Konstellationen das BDSG Anwendung findet – mit der herrschenden Meinung für den Fall der verbotenen privaten Nutzung und dienstlicher E-Mails –, müssen der Arbeitgeber und die privaten Ermittler auch die im Rahmen des BDSG bestehenden Strafbarkeitsrisiken berücksichtigen. § 43 BDSG normiert einen Ordnungswidrigkeiten- und § 44 BDSG einen Straftatbestand.

Teilweise werden die personenbezogenen Daten an sich als geschütztes Rechtsgut der §§ 43, 44 BDSG angesehen.[1160] Andere sehen im allgemeinen Persönlichkeitsrecht des Betroffenen in Form des Rechts auf informationelle Selbstbestimmung das geschützte Rechtsgut.[1161]

a. § 43 BDSG - Bußgeldvorschriften

Verstoßen der Arbeitgeber oder die durch ihn engagierten privaten Ermittler im Rahmen der internen Untersuchung gegen das in § 4 Abs. 1 BDSG enthaltene Verbot mit Erlaubnisvorbehalt, droht eine Sanktionierung auf Grund der Verwirklichung der in § 43 Abs. 2 BDSG aufgeführten Tatbestände.[1162]

Im Zusammenhang mit den unternehmensinternen Ermittlungen kommt insbesondere der Bußgeldtatbestand des § 43 Abs. 2 Nr. 1 BDSG in Betracht. Danach handelt ordnungswidrig – bzw. unter den zusätzlichen Voraussetzungen des § 44 Abs. 1 BDSG strafbar – wer „unbefugt personenbezogene Daten, die nicht allgemein zugänglich sind, erhebt oder verarbeitet".

aa. Tatbestand

(I) Täter

Der Täterkreis ist nicht auf die Normadressaten des BDSG beschränkt. Vielmehr kann jedermann, der die Tathandlung verwirklicht, Täter des § 43 Abs. 2 BDSG (ebenso wie des § 44 Abs. 1 BDSG[1163]) sein.[1164]

1160 *Gola/Wronka*, Handbuch Arbeitnehmerdatenschutz, Rn. 1387; *Gola/Schomerus*, BDSG, § 44 Rn. 4; *Ambs*, in Erbs/Kohlhaas, § 43 BDSG Rn. 17.

1161 *Reeb*, Internal Investigations, S. 68 f.; *Heghmanns*, in: Handbuch Wirtschaftsstrafrecht, 6. Teil, 1. Kap. Rn. 88.

1162 *Reeb*, Internal Investigations, S. 68; *Gola/Schomerus*, BDSG, § 43 Rn. 16.

1163 *Ehmann*, in: Simitis, BDSG, § 43 Rn. 22; *Wybitul*, Handbuch Datenschutz im Unternehmen, Rn. 334.

1164 *Gola/Schomerus*, BDSG, § 43 Rn. 17; selbstverständlich fällt der Betroffene hinsichtlich seiner eigenen Daten nicht in den Täterkreis, *Ehmann*, in: Simitis, BDSG, § 43 Rn. 22.

Nach § 43 Abs. 2 Nr. 1 BDSG können damit sowohl der Arbeitgeber als auch der private Ermittler sanktioniert werden.

(II) Tatobjekt

Tatobjekt im Rahmen des § 43 Abs. 2 Nr. 1 BDSG sind personenbezogene Daten, die nicht allgemein zugänglich sind.

Beim E-Mail-Screening sind personenbezogene Daten i.S.d. § 3 Abs. 1 BDSG betroffen, vgl. S. 127 f. Das Tatbestandsmerkmal „nicht allgemein zugänglich" bezieht sich nicht auf die Daten selbst, sondern vielmehr auf die dargestellte Information über den Betroffenen.[1165] Allgemein zugänglich sind Informationen, „über die sich eine unbeschränkt große Anzahl von Personen ohne besondere Sachkunde und ohne besondere Anstrengung unterrichten kann."[1166]

Beim E-Mail-Screening geht es vor allem um die Inhaltsdaten der E-Mail-Korrespondenz. Über diese Daten kann sich jedoch nur unterrichten, wer mittels des nötigen Know-how an den E-Mail-Account der Mitarbeiter gelangt. Die Daten sind somit nicht allgemein zugänglich.

(III) Tathandlung

Tathandlung des § 43 Abs. 2 Nr. 1 BDSG ist das Erheben oder Verarbeiten der entsprechenden Daten. Im Rahmen des E-Mail-Screenings werden personenbezogene Daten erhoben und verarbeitet[1167], vgl. S. 128.

Ordnungswidrig handelt jedoch nur, wer die Daten unbefugt erhebt oder verarbeitet. Was unbefugt bzw. befugt ist, ergibt sich aus den einzelnen Vorschriften des materiellen Datenschutzrechts.[1168] Unbefugt ist damit ein Handeln, das weder durch das BDSG noch durch andere Rechtsvorschriften erlaubt ist.[1169] Fraglich ist allerdings, ob „unbefugt" Tatbestandsmerkmal oder Hinweis auf die geforderte Rechtswidrigkeit ist. Teilweise wird es im Rahmen des § 43 Abs. 2 Nr. 1 BDSG als Tatbestandsmerkmal angesehen,[1170] sodass eine Befugnis schon die Tatbestandsmäßigkeit des Handelns ausschließen würde.

Sofern das E-Mail-Screening nicht auf eine Erlaubnisnorm gestützt werden kann, droht für den Arbeitgeber bzw. den privaten Ermittler eine Sanktionierung

---

1165 *Reeb*, Internal Investigations, S. 69; *Ehmann*, in: Simitis, BDSG, § 43 Rn. 54.

1166 *Reeb*, Internal Investigations, S. 69; so auch: *Ambs*, in Erbs/Kohlhaas, § 43 BDSG Rn. 17; *Ehmann*, in: Simitis, BDSG, § 43 Rn. 54.

1167 *Biegel*, Überwachung von Arbeitnehmern, S. 97.

1168 *Heghmanns*, in: Handbuch Wirtschaftsstrafrecht, 6. Teil, 1. Kap. Rn. 96.

1169 *Wybitul*, Handbuch Datenschutz im Unternehmen, Rn. 335.

1170 *Heghmanns*, in: Handbuch Wirtschaftsstrafrecht, 6. Teil, 1. Kap. Rn. 95.

nach § 43 Abs. 2 Nr. 1 BDSG. Im Rahmen der unternehmensinternen Ermittlungen ist insofern vor allem § 32 Abs. 1 S. 2 BDSG maßgeblich. Der Arbeitgeber ist danach im Falle des Bestehens eines Straftatverdachts gegen einen bestimmten Mitarbeiter jedenfalls berechtigt, Inhalts- und Verbindungsdaten *dienstlicher* E-Mails zu kontrollieren. Hinsichtlich der Inhaltskontrolle *privater* E-Mails ist im Rahmen der Verhältnismäßigkeitsprüfung im Einzelfall zu entscheiden, wessen Interessen im konkreten Fall überwiegen, vgl. S. 144 ff., 148 ff.

(IV) Subjektiver Tatbestand
§ 43 Abs. 2 Nr. 1 BDSG lässt Vorsatz oder Fahrlässigkeit ausreichen.

bb. Rechtswidrigkeit
Teilweise wird das Merkmal „unbefugt" auch als Hinweis auf die Rechtswidrigkeit verstanden. Entsprechend § 4 Abs. 1 BDSG, wonach der Umgang mit Daten nach dem BDSG nur zulässig ist, wenn er auf eine Ermächtigungsnorm gestützt werden kann oder aber die Einwilligung des Betroffenen vorliegt, sei die Befugnis Rechtfertigungsgrund.[1171] Das oben im Rahmen der Tathandlung Gesagte gilt hier entsprechend. Im Ergebnis macht es daher keinen Unterschied, ob das Merkmal „unbefugt" im Tatbestand oder in der Rechtswidrigkeit geprüft wird. Sofern sich der Arbeitgeber bzw. der interne Ermittler hinsichtlich der E-Mail-Kontrolle auf § 32 Abs. 1 S. 2 BDSG – oder eine andere Erlaubnisnorm – berufen kann, droht ihm keine Sanktionierung nach § 43 Abs. 2 Nr. 1 BDSG.

cc. Ergebnis
Der Arbeitgeber oder der private Ermittler, der im Rahmen des E-Mail-Screenings gegen § 32 Abs. 1 S. 2 BDSG verstößt, begeht eine Ordnungswidrigkeit gemäß § 43 Abs. 2 Nr. 1 BDSG.

Es droht eine Geldbuße bis zu 300.000 Euro, § 43 Abs. 3 S. 1 BDSG, die den wirtschaftlichen Vorteil, den der Täter aus der Ordnungswidrigkeit gezogen hat, übersteigen soll. Reichen die in Satz 1 genannten Beträge hierfür nicht aus, können sie überschritten werden, § 43 Abs. 3 S. 2, 3 BDSG. Das Bußgeld ist also so zu bemessen, dass es „hinlänglich abschreckend"[1172] wirkt. Die Praxis hat gezeigt,

---

1171 *Reeb*, Internal Investigations, S. 70; *Gola/Schomerus*, BDSG, § 43 Rn. 26.
1172 *Gola/Schomerus*, BDSG, § 43 Rn. 29.

dass die Datenschutzbehörden den weiten Rahmen bereits voll ausgeschöpft haben, vgl. Bußgeld gegen die Deutsche Bahn[1173].[1174]

b. § 44 BDSG – Strafvorschriften

Bei § 44 BDSG handelt es sich um einen sog. unechten Mischtatbestand. Der Straftatbestand des § 44 Abs. 1 BDSG setzt sich aus der vorsätzlichen Verletzung der materiellen Datenschutzbestimmungen des § 43 Abs. 2 BDSG und der Absicht, sich oder einen anderen zu bereichern oder einen anderen zu schädigen oder der Handlung gegen Entgelt zusammen.[1175]

aa. Alt. 1: gegen Entgelt

Gemäß § 44 Abs. 1 BDSG macht sich strafbar, wer eine Tathandlung des § 43 Abs. 2 BDSG gegen Entgelt begeht. Dabei handelt es sich um ein zusätzliches objektives Tatbestandsmerkmal. Unter Entgelt versteht man gemäß § 11 Abs. 1 Nr. 9 StGB „jede in einem Vermögensvorteil bestehende Gegenleistung.“ Es muss ein synallagmatisches Verhältnis zwischen der Begehung der Tat und dem Entgelt bestehen. Dafür genügt eine Vereinbarung.[1176] Unerheblich ist, ob das Entgelt tatsächlich gezahlt wird.[1177]

Der beauftragte private Ermittler wird für die Durchführung der Ermittlungen entlohnt, dabei handelt es sich um ein Entgelt i.S.d. § 44 Abs. 1 BDSG.[1178] Zu beachten ist jedoch, dass weitere Voraussetzung der Strafbarkeit ist, dass er vorsätzlich eine Handlung des § 43 Abs. 2 BDSG begangen hat.

1173 Gegen die Deutsche Bahn wurde wegen massenhafter Abgleichung von Mitarbeiterdaten und E-Mail-Kontrollen ein Bußgeld in Höhe von 1,1 Millionen Euro verhängt, vgl. *Eisele*, Compliance und Datenschutzstrafrecht, S. 15 f.

1174 *Maschmann*, NZA-Beilage 2012, 50, 57; zu der Ahndungspraxis allgemein: *Ehmann*, in: Simitis, BDSG, § 43 Rn. 79 ff., § 44 Rn. 4.

1175 *Reeb*, Internal Investigations, S. 68; *Ambs*, in Erbs/Kohlhaas, § 43 BDSG Rn. 3, § 44 BDSG Rn. 1; *Ehmann*, in: Simitis, BDSG, § 43 Rn. 3.

1176 *Eisele*, Compliance und Datenschutzstrafrecht, S. 102; *Wybitul*, Handbuch Datenschutz im Unternehmen, Rn. 337.

1177 *Heghmanns*, in: Handbuch Wirtschaftsstrafrecht, 6. Teil, 1. Kap. Rn. 107; *Ehmann*, in: Simitis, BDSG, § 44 Rn. 5; *Gola/Wronka*, Handbuch Arbeitnehmerdatenschutz, Rn. 1388: „Ob damit eine Bereicherung angestrebt oder erreicht wird, ist bedeutungslos.“.

1178 Vgl.: BGH, NJW 2013, 2530, 2533; BGH, NJW 2013, 401, 402; LG Lüneburg, NJW 2011, 2225; *Wybitul*, ZD-Aktuell 2011, 13, 14; vgl. auch: *Ernst*, NJW 2011, 2227, der insoweit von Bereicherungsabsicht ausgeht.

Für den Arbeitgeber besteht somit die Gefahr, sich wegen Mittäterschaft, Anstiftung oder Beihilfe strafbar zu machen.[1179]

bb. Alt. 2: Bereicherungsabsicht

Gemäß § 44 Abs. 1 BDSG ist zudem derjenige strafbar, der in der Absicht handelt, sich oder einen anderen zu bereichern. Die Bereicherungsabsicht liegt vor, wenn es dem Täter darum geht, den wirtschaftlichen Wert seines Vermögens zu mehren.[1180] Sie erfordert ein Handeln mit dolus directus 1. Grades.[1181]

Ernst sieht die Bereicherungsabsicht der privaten Ermittler in deren Honorarabrechnung.[1182]

cc. Alt. 3: Schädigungsabsicht

Als dritte Alternative nennt § 44 Abs. 1 BDSG die Absicht, einen anderen zu schädigen. Vom Vorliegen einer Schädigungsabsicht ist auszugehen, wenn es dem Täter bei seiner Handlung gerade um die Schädigung eines anderen, also die Zufügung eines beabsichtigten Nachteils, ging. Erforderlich ist insoweit dolus directus 1. Grades.[1183] Der beabsichtigte Schaden muss über den mit der Verwirklichung des Grunddelikts nach § 43 Abs. 2 BDSG notwendig verbundenen Nachteil hinausgehen. Denn anderenfalls wäre jede vorsätzlich begangene Ordnungswidrigkeit nach § 43 Abs. 2 BDSG eine Straftat gemäß § 44 Abs. 1 BDSG.[1184]

Der Arbeitgeber oder der private Ermittler, der ein E-Mail-Screening durchführt, tut dies nicht, um einen Dritten zu schädigen.[1185] Im Fokus steht vielmehr die Aufklärung der Verdachtsfälle.

dd. Ergebnis

Sofern die privaten Ermittler bei Durchführung des E-Mail-Screenings vorsätzlich die Grenzen des § 32 Abs. 1 S. 2 BDSG überschreiten, droht ihnen eine Strafbarkeit nach § 44 Abs. 1 BDSG, da sie für ihr Vorgehen Entgelt erhalten bzw. mit Bereicherungsabsicht handeln. Somit kann sich auch der Arbeitgeber strafbar

1179 *Wybitul*, ZD-Aktuell 2011, 13, 14.
1180 *Eisele*, Compliance und Datenschutzstrafrecht, S. 103.
1181 *Wybitul*, Handbuch Datenschutz im Unternehmen, Rn. 340.
1182 *Ernst*, NJW 2011, 2227.
1183 *Wybitul*, Handbuch Datenschutz im Unternehmen, Rn. 343.
1184 *Wybitul*, Handbuch Datenschutz im Unternehmen, Rn. 344.
1185 Im Ergebnis: *Kümpers*, Einsatz elektronischer Informations- und Kommunikationssysteme am Arbeitsplatz, S. 216.

machen, vgl. § 14 OWiG. Gemäß § 44 Abs. 2 BDSG wird die Tat jedoch nur auf Antrag verfolgt.

3. *Strafbarkeitsrisiken nach TKG*

Sofern man mit der herrschenden Meinung im Falle der gestatteten privaten Nutzung der Telekommunikationseinrichtungen von der Anwendbarkeit des TKG ausgeht, sind die §§ 148 f. TKG zu berücksichtigen.

Im Zusammenhang mit der Durchführung eines E-Mail-Screenings kommt vor allem § 148 Abs. 1 Nr. 1 TKG in Betracht. Danach macht sich strafbar, wer entgegen § 89 S. 1 oder S. 2 TKG eine Nachricht abhört oder den Inhalt einer Nachricht oder die Tatsache ihres Empfangs einem anderen mitteilt.

Von der Vorschrift werden alle Nachrichten erfasst, sowohl mündliche als auch schriftliche,[1186] sodass auch E-Mails in den Schutzbereich fallen.[1187] Sofern ein leitungsungebundener Eingriff, also ein Abhören durch den Empfang von Funkwellen, gefordert wird,[1188] ist dies bspw. bei der Nutzung von WLAN durch den Arbeitnehmer der Fall. Der Arbeitgeber hört dann mittels einer Funkanlage ab.[1189]

Gemäß § 89 S. 1 TKG ist das Abhören einer Nachricht mit einer Funkanlage nur zulässig, wenn die Nachricht für den Betreiber der Funkanlage, Funkamateure, die Allgemeinheit oder einen unbestimmten Personenkreis bestimmt ist. Satz 2 bestimmt, dass der Inhalt anderer als in Satz 1 genannter Nachrichten sowie die Tatsache ihres Empfangs anderen nicht mitgeteilt werden darf. Als Betreiber gilt derjenige, der die rechtliche und tatsächliche Kontrolle über die Anlage hat.[1190] In Hinblick auf das E-Mail-Screening ist dies regelmäßig der Arbeitgeber, der die Betriebsmittel zur Verfügung stellt und über deren Gebrauch entscheiden kann.[1191] Hinsichtlich des Abhörens ist nicht unbedingt eine akustische Kommunikation erforderlich. Vielmehr kann auch eine E-Mail abgehört werden.[1192] Letztlich macht sich der Arbeitgeber strafbar, sofern die „abgehörte"

1186 *Bock*, in: Beck TKG, § 89 Rn. 5; *Eisele*, Compliance und Datenschutzstrafrecht, S. 62.

1187 *Altenhain*, in: MüKo StGB, § 148 TKG Rn. 9; *Eisele*, Compliance und Datenschutzstrafrecht, S. 62.

1188 *Altenhain*, in: MüKo StGB, § 148 TKG Rn. 29.

1189 *Eisele*, Compliance und Datenschutzstrafrecht, S. 62.

1190 *Altenhain*, in: MüKo StGB, § 148 TKG Rn. 15; *Eisele*, Compliance und Datenschutzstrafrecht, S. 62 f.

1191 *Eisele*, Compliance und Datenschutzstrafrecht, S. 63.

1192 *Eisele*, Compliance und Datenschutzstrafrecht, S. 63; im Ergebnis auch: *Altenhain*, in: MüKo StGB, § 148 TKG Rn. 24; **a.A.**: *Klesczewski*, in: Berliner Kommentar TKG, § 89 Rn. 12.

E-Mail nicht für ihn bestimmt war. Maßgeblich sind insoweit dieselben Kriterien wie bei § 202a StGB,[1193] sodass dienstliche E-Mails abgehört werden dürfen, private hingegen nicht, vgl. S. 189 ff.

Der externe Ermittler ist hingegen nicht Betreiber der Funkanlage, sodass er nicht in den Täterkreis des § 148 Abs. 1 Nr. 1 TKG fällt. Er kann sich allenfalls als Teilnehmer strafbar machen.

4. *Ergebnis*

Bei der Durchführung des E-Mail-Screenings drohen dem Arbeitgeber und dem privaten Ermittler eine Reihe von Strafbarkeitsrisiken. Festgehalten werden kann, dass die Strafbarkeit u.a. vom konkreten Zeitpunkt des Zugriffs auf die E-Mails und die Einordnung des Arbeitgebers als Dienstanbieter i.S.d. TKG abhängt. Ein weiterer maßgeblicher Faktor für die Strafbarkeit ist, ob es sich um eine dienstliche oder eine private E-Mail handelt.

a. Kontrolle dienstlicher E-Mails

Zusammenfassend kann festgestellt werden, dass ein Zugriff auf dienstliche E-Mails zumindest grundsätzlich ohne Strafbarkeitsrisiko erfolgen kann – unabhängig davon, zu welchem Zeitpunkt auf die E-Mails zugegriffen wird. Werden dabei jedoch die Grenzen des § 32 Abs. 1 S. 2 BDSG überschritten, so droht die Sanktionierung nach § 44 Abs. 1 BDSG i.V.m.§ 43 Abs. 2 Nr. 1 BDSG. Lediglich im Falle einer Mischnutzung, bei der private E-Mails dienstliche „infizieren", kann darüber hinaus eine Strafbarkeit nach § 206 Abs. 1 StGB drohen – vorausgesetzt, man hält das TKG mit der herrschenden Meinung im Falle der gestatteten privaten Nutzung für anwendbar.

b. Kontrolle privater E-Mails

Die Kontrolle privater E-Mails birgt hingegen ein höheres Strafbarkeitsrisiko. Sofern auf E-Mails zugegriffen wird, die sich auf einem privaten, gesondert gesicherten E-Mail-Account befinden, läuft der Arbeitgeber Gefahr, sich nach § 202a Abs. 1 StGB strafbar zu machen, wenn die Tat nicht nach § 32 Abs. 1 S. 2 BDSG gerechtfertigt ist. Wird während des Übertragungsvorganges auf eine private E-Mail zugegriffen, droht zudem eine Bestrafung nach § 206 Abs. 1 StGB (die Anwendbarkeit des TKG vorausgesetzt) und § 202b StGB. Auch der Zugriff auf eine private E-Mail, die auf dem Server „ruht", birgt ein Strafbarkeitsrisiko nach § 206 StGB. Eine Sanktionierung droht zudem nach

1193 *Eisele*, Compliance und Datenschutzstrafrecht, S. 63.

§§ 44, 43 BDSG, sofern die Tat nicht auf § 32 Abs. 1 S. 2 BDSG gestützt werden kann, sowie nach § 148 TKG, sofern man von der Anwendbarkeit des TKG ausgeht.

Wird für die Kontrolle aber auf private E-Mails zurückgegriffen, die auf dem Rechner gespeichert sind, verringert sich das Strafbarkeitsrisiko erheblich. Der Arbeitgeber läuft „nur" Gefahr nach § 44 Abs. 1 BDSG i.V.m.§ 43 Abs. 2 BDSG sanktioniert zu werden und sich gemäß § 202a Abs. 1 StGB strafbar zu machen, wobei jedoch nur ein Zugriff auf einen privaten, besonders gesicherten E-Mail-Account strafbewehrt ist.

c. Strafbarkeit des privaten Ermittlers

Grundsätzlich ist der private Ermittler denselben Strafbarkeitsrisiken ausgesetzt wie der Arbeitgeber. Es ist jedoch zu beachten, dass sich der private Ermittler im Rahmen des § 206 StGB und des § 148 TKG nicht als Täter, sondern vielmehr nur als Teilnehmer strafbar machen kann.

VIII. Zusammenfassung

Im Rahmen einer unternehmensinternen Untersuchung spielt das E-Mail-Screening, also die systematische Kontrolle und Durchsicht aller ein- und ausgehenden E-Mails der Mitarbeiter im Hinblick auf einen bestimmten Verdachtsmoment, meist eine ganz zentrale Rolle, da sie großen Untersuchungserfolg verspricht. Dabei ist zu bedenken, dass dem Betriebsrat hinsichtlich der Durchführung des E-Mail-Screenings grundsätzlich ein Mitbestimmungsrecht gemäß § 87 Abs. 1 Nr. 6 BetrVG zusteht.

Im Hinblick auf die Zulässigkeit des E-Mail-Screenings kommt es maßgeblich darauf an, ob der Arbeitgeber nur die Logfiles oder auch den Inhalt der E-Mails kontrollieren möchte. Von Bedeutung ist ferner, ob es sich um dienstliche oder private E-Mails handelt und ob der Arbeitgeber die private Nutzung der E-Mail-Funktion gestattet hat. Davon hängt – zumindest mit der herrschenden Meinung – ab, ob er als Dienstanbieter i.S.d. TKG gilt und sich die Zulässigkeit der E-Mail-Kontrolle nach den Vorschriften des TKG richtet.

Sofern der Arbeitgeber zur Aufklärung des Straftatverdachts lediglich die Logfiles, also die Protokolldateien der E-Mails, kontrollieren möchte, ist er dazu grundsätzlich berechtigt, wenn man mit der hier vertretenen Ansicht von der Anwendbarkeit des BDSG ausgeht. Das Kontrollrecht bezieht sich nicht nur auf die dienstlichen, sondern auch auf die privaten E-Mail-Logfiles. Geht man hingegen mit der herrschenden Meinung im Falle der gestatteten privaten Nutzung von der Anwendbarkeit des TKG aus, so ist der Arbeitgeber grundsätzlich nicht zur Kontrolle privater E-Mail-Logfiles berechtigt. Dabei kann es im Hinblick auf § 88 Abs. 3 S. 3 TKG auch nicht überzeugen, ihm ausnahmsweise im Falle des Straftatverdachts ein weitergehendes Kontrollrecht zuzugestehen.

Hinsichtlich der Inhaltskontrolle gelten insgesamt strengere Maßstäbe, da der Bezug zum allgemeinen Persönlichkeitsrecht des Arbeitnehmers hier grundsätzlich wesentlich größer und der Arbeitnehmer insofern schutzbedürftiger ist. Sofern man von der Anwendbarkeit des BDSG ausgeht, steht § 32 Abs. 1 S. 2 BDSG im Mittelpunkt. Zusammenfassend lässt sich feststellen, dass der Arbeitgeber danach jedenfalls zu einer Inhaltskontrolle der dienstlichen E-Mails berechtigt ist. Ausnahmsweise ist er auch befugt, private E-Mails des entsprechenden Arbeitnehmers zu kontrollieren, wenn ein dringender Verdacht auf eine schwere Straftat besteht. Rein private E-Mails, die keinen Bezug zum Straftatverdacht aufweisen, dürfen jedoch nicht vom Arbeitgeber gelesen werden.

Sofern man mit der herrschenden Meinung im Falle der gestatteten privaten Nutzung der E-Mail-Funktion von der Anwendbarkeit des TKG ausgeht, stellt die Kontrolle der privaten E-Mail-Korrespondenz durch den Arbeitgeber einen Eingriff in das Fernmeldegeheimnis dar. Dieses greift jedenfalls hinsichtlich privater E-Mails, die sich im Übertragungsvorgang befinden. Mit der hier vertretenen Ansicht ist im Hinblick auf den Beschluss des BVerfG (BVerfGE 124, 43) und die auf der mangelnden Beherrschbarkeit beruhenden Schutzbedürftigkeit davon auszugehen, dass darüber hinaus grundsätzlich auch eine auf dem Server gespeicherte E-Mail dem Fernmeldegeheimnis unterliegt. Sofern man davon ausgeht, dass der Eingriff nicht unter Verweis auf das Bestehen eines Straftatverdachts gerechtfertigt ist, kommt eine Rechtfertigung des Eingriffes insgesamt nicht in Betracht. Im Ergebnis ist die Kontrolle privater E-Mails durch den Arbeitgeber somit rechtswidrig.

Dabei ist jedoch zu berücksichtigen, dass sich die Kontrolle der dienstlichen E-Mails selbst für den Fall, dass der Arbeitgeber die private Nutzung des Internets gestattet, nach den Vorschriften des BDSG richtet. Eine Ausnahme wird jedoch für den Fall der sog. Mischnutzung gemacht. In diesem Fall „infiziert" die private Nutzung die dienstliche E-Mail-Korrespondenz, sodass sämtliche E-Mails wie private zu behandeln sind.

Bei der Durchführung des E-Mail-Screenings drohen dem Arbeitgeber und dem privaten Ermittler eine Reihe von Strafbarkeitsrisiken. Dem Arbeitgeber droht eine Strafbarkeit nach § 202a Abs. 1 StGB wegen des Ausspähens von Daten, nach § 202b StGB wegen des Abfangens von Daten und ggf. nach § 202c Abs. 1 StGB als Vorbereitungsdelikt zu §§ 202a, 202b StGB. Darüber hinaus droht das Risiko nach § 44 Abs. 1 BDSG i.V.m.§ 43 Abs. 2 Nr. 1 BDSG bestraft zu werden, sofern der Umgang mit den Daten nicht auf eine Befugnisnorm, insbesondere § 32 Abs. 1 S. 2 BDSG, gestützt werden kann. Geht man mit der herrschenden Meinung im Falle der gestatteten privaten Nutzung von der Anwendbarkeit des TKG aus, droht auch eine Strafbarkeit nach § 206 Abs. 1 StGB wegen Verletzung des Fernmeldegeheimnisses und § 148 Abs. 1 Nr. 1 TKG wegen Verstoßes gegen § 89 TKG. Dabei ist zu berücksichtigen, dass sich der private Ermittler im Rahmen des § 206 StGB und des § 148 TKG jedoch nicht als Täter, sondern vielmehr nur als Teilnehmer strafbar machen kann.

B. Auswertung von Dokumenten, Dateien und Personalakten

Zu Beginn[1194] einer jeden internen Untersuchung steht – neben der Kontrolle der E-Mail-Korrespondenz – die Auswertung der vorhandenen Dateien, Dokumente und Akten. In Geschäftsbriefen, Kalkulationen, Rechnungen und Verträgen lassen sich häufig Anhaltspunkte auf die Tat und den Täter finden.[1195] Fraglich ist jedoch, inwieweit ein solches Vorgehen des Arbeitgebers bzw. der internen Ermittler zulässig ist oder ob gar Strafbarkeitsrisiken drohen.

Dabei ist zu berücksichtigen, dass dem Betriebsrat ein Informationsrecht zustehen kann.[1196] Bei der Durchsicht von Dokumenten in Papierform werden in aller Regel keine technischen Einrichtungen zur Kontrolle eingesetzt, sodass grundsätzlich zumindest kein Mitbestimmungsrecht des Betriebsrates nach § 87 Abs. 1 Nr. 6 BetrVG besteht.[1197] Anders kann dies freilich bei der Kontrolle von Dateien sein.

I. Verwertung von Unterlagen in Papierform

1. *Zulässigkeit nach Datenschutzrecht*

Abweichend vom allgemeinen Datenschutzrecht gilt die Vorschrift des § 32 Abs. 1 BDSG gemäß § 32 Abs. 2 BDSG auch für nicht automatisiert verarbeitete Daten, also auch für Dokumente in Papierform,[1198] vgl. S. 66. Die Kontrolle von

1194 *Bührer*, in: Moosmayer/Hartwig, Interne Untersuchungen, S. 101, 113, der darin eine Vorbereitung der Befragung sieht.

1195 Im Ergebnis: *Klengel/Mückenberger*, CCZ 2009, 81, 83.

1196 *Wewerka*, Internal Investigations, S. 141; vgl. zur Beteiligung des Betriebsrates bei der Auswertung von Dokumenten: *Böhm*, Non-Compliance und Arbeitsrecht, S. 110 ff.

1197 *Wewerka*, Internal Investigations, S. 142.

1198 *Mengel*, in: Internal Investigations, Kap. 13 Rn. 7; im Ergebnis auch: *Bissels/Lützeler*, BB 2012, 189, 190.

Dokumenten und Akten in Papierform ist somit im Rahmen interner Ermittlungen zur Aufklärung strafrechtlicher Verdachtsfälle an § 32 Abs. 1 S. 2 BDSG zu messen.[1199] Voraussetzung eines Kontrollrechts des Arbeitgebers ist danach, dass gegen den betroffenen Arbeitnehmer ein konkreter Verdacht einer Straftat besteht und die Maßnahme verhältnismäßig ist, vgl. S. 73 ff.

a. Dienstliche Dokumente

Bei der Kontrolle eines vom Arbeitnehmer erstellten dienstlichen Dokuments wird sein Persönlichkeitsrecht – wenn auch nur geringfügig – beeinträchtigt,[1200] sofern auf Grund der Kontrolle eine Aussage über das Kommunikations- und Arbeitsverhalten und die Arbeitsleistung des Arbeitnehmers möglich ist.[1201] Grundsätzlich überwiegen jedoch die schutzwürdigen Interessen des Arbeitgebers, sodass er zur Kontrolle der dienstlichen Unterlagen berechtigt ist.[1202] Die Grenze verläuft erst dort, wo er einen dauernden Überwachungsdruck aufbaut – hier gewinnt das Persönlichkeitsrecht des Mitarbeiters wieder an Bedeutung. Diese Grenze ist bei internen Ermittlungen zur Aufklärung von Verdachtsfällen in aller Regel jedoch nicht erreicht, da sie anlassbezogen sind, dem Gegenstand nach begrenzt und sich zudem regelmäßig auf Sachverhalte der Vergangenheit beziehen.[1203] Dienstliche Dokumente in Papierform kann der Arbeitgeber daher grundsätzlich uneingeschränkt einsehen oder durch Dritte kontrollieren lassen.[1204]

Darüber hinaus ist zu berücksichtigen, dass der Arbeitnehmer, der die Dokumente erstellt hat, lediglich Besitzdiener gemäß § 855 BGB ist. Er kann daher die Einsichtnahme und Herausgabe der Dokumente nicht verweigern.[1205]

1199 *Vogel/Glas*, DB 2009, 1747, 1752.

1200 *Mölter*, Überwachung und Informationsbeschaffung des Arbeitgebers, S. 241; **a.A.**: wohl *Mengel*, Compliance und Arbeitsrecht, Kap. 4 Rn. 7; *Mengel/Ulrich*, NZA 2006, 240, 241.

1201 *Mölter*, Überwachung und Informationsbeschaffung des Arbeitgebers, S. 242.

1202 *Mölter*, Überwachung und Informationsbeschaffung des Arbeitgebers, S. 242 f.; *Wisskirchen/Glaser*, DB 2011, 1447, 1450; *Mengel*, in: Internal Investigations, Kap. 13 Rn. 9.

1203 *Mengel*, in: Internal Investigations, Kap. 13 Rn. 9.

1204 *Mengel*, Compliance und Arbeitsrecht, Kap. 4 Rn. 7; *Mengel*, in: Internal Investigations, Kap. 13 Rn. 8; *Klengel/Mückenberger*, CCZ 2009, 81, 85; *Bissels/Lützeler*, BB 2012, 189, 190; *Mengel/Ulrich*, NZA 2006, 240, 241; *Göpfert/Merten/Siegrist*, NJW 2008, 1703, 1705; *Sieg*, in: FS Buchner, S. 859, 861; *Fritz/Nolden*, CCZ 2010, 170, 171; *Salvenmoser/Schreier*, in: Handbuch Wirtschaftsstrafrecht, 15. Teil Rn. 170.

1205 *Bissels/Lützeler*, BB 2012, 189, 190; *Wuttke*, Straftäter im Betrieb, S. 161; Göpfert/Merten/Siegrist, NJW 2008, 1703, 1705; *Fritz/Nolden*, CCZ 2010, 170, 171; *Böhm*,

Sollte er dies dennoch tun, hat der Arbeitgeber einen Herausgabeanspruch aus § 861 Abs. 1 BGB, da der Arbeitnehmer verbotene Eigenmacht ausübt.[1206] Eine Herausgabepflicht besteht zudem nach §§ 667, 675 Abs. 1 BGB.[1207] Dienstliche Unterlagen stehen im Eigentum des Arbeitgebers, sodass diesem auch ein Herausgabeanspruch gemäß § 985 BGB zusteht.[1208]

b. Private Dokumente

Private Unterlagen des Arbeitnehmers, die dieser am Arbeitsplatz aufbewahrt, darf der Unternehmer hingegen grundsätzlich nicht kontrollieren.[1209] Die vorzunehmende Interessenabwägung fällt grundsätzlich zu Gunsten des Arbeitnehmers aus. Dementsprechend ist er auch nicht verpflichtet, diese Dokumente an den Arbeitgeber herauszugeben.[1210]

Teilweise wird davon jedoch eine Ausnahme für den Fall zugelassen, dass ein konkreter Verdacht einer Straftat besteht.[1211] Der Arbeitgeber könne in dieser Konstellation private Dokumente ausnahmsweise herausverlangen, da seine Interessen überwiegen. Voraussetzung dafür sei jedoch, dass die Herausgabe und die Kenntnisnahme des Dokumenteninhaltes die einzige Möglichkeit ist, die Straftat aufzuklären. Die Kenntnisnahme sei hingegen stets wegen Unverhältnismäßigkeit untersagt, wenn der Inhalt der unantastbaren Intimsphäre zuzuordnen ist.[1212]

Einen jeden Straftatverdacht für das Bestehen eines Kontrollrechts des Arbeitgebers genügen zu lassen, kann nicht überzeugen. Das Bestehen eines

---

Non-Compliance und Arbeitsrecht, S. 166; *Mengel*, Compliance und Arbeitsrecht, Kap. 4 Rn. 7; *Mengel/Ulrich*, NZA 2006, 240, 241; *Wisskirchen/Glaser*, in: Soziale Marktwirtschaft, S. 209, 216; *Wisskirchen/Glaser*, DB 2011, 1447, 1450.

1206 *Wuttke*, Straftäter im Betrieb, S. 162.

1207 *Böhm*, Non-Compliance und Arbeitsrecht, S. 165; *Fritz/Nolden*, CCZ 2010, 170, 171; *Wuttke*, Straftäter im Betrieb, S. 162; *Göpfert/Merten/Siegrist*, NJW 2008, 1703, 1705; vgl. auch: BAG, NZA 2012, 501, wonach der Herausgabeanspruch auch nach Beendigung des Arbeitsverhältnisses fortbesteht.

1208 *Fritz/Nolden*, CCZ 2010, 170, 171.

1209 *Mengel*, in: Internal Investigations, Kap. 13 Rn. 13; *Göpfert/Merten/Siegrist*, NJW 2008, 1703, 1705; *Wisskirchen/Glaser*, in: Soziale Marktwirtschaft, S. 209, 216; *Wisskirchen/Glaser*, DB 2011, 1447, 1450; *Sieg*, in: FS Buchner, S. 859, 862.

1210 *Wuttke*, Straftäter im Betrieb, S. 162; *Böhm*, Non-Compliance und Arbeitsrecht, S. 169; im Ergebnis auch: *Sieg*, in: FS Buchner, S. 859, 862.

1211 *Wisskirchen/Glaser*, in: Soziale Marktwirtschaft, S. 209, 216; *Wuttke*, Straftäter im Betrieb, S. 162; *Mengel/Ullrich*, NZA 2006, 240, 241.

1212 *Wuttke*, Straftäter im Betrieb, S. 162; vgl. auch: BVerfGE 80, 367 (Tagebuch).

Straftatverdachts ist bereits Zulässigkeitsvoraussetzung des § 32 Abs. 1 S. 2 BDSG. Lediglich in Fällen, in denen ein konkreter Verdacht auf eine schwere Straftat vorliegt, kann im Einzelfall die Kontrolle privater Dokumente zulässig sein. Dokumente, die ersichtlich in keinem Zusammenhang mit der Untersuchung stehen, dürfen jedoch nicht kontrolliert werden[1213].

2. Strafbarkeitsrisiken

a. § 202 StGB – Verletzung des Briefgeheimnisses

Bei der Auswertung von Dokumenten in Papierform kommt vor allem eine Strafbarkeit nach § 202 Abs. 1 Nr. 1 StGB und § 202 Abs. 2 StGB in Betracht. Danach ist strafbar, wer unbefugt einen verschlossenen Brief oder ein anderes verschlossenes Schriftstück, das nicht zu seiner Kenntnis bestimmt ist, öffnet (Abs. 1 Nr. 1) oder sich vom Inhalt des Schriftstücks, das durch ein verschlossenes Behältnis gegen Kenntnisnahme besonders gesichert ist, Kenntnis verschafft, nachdem er dazu das Behältnis geöffnet hat (Abs. 2). Gemäß § 202 Abs. 3 StGB steht eine Abbildung einem Schriftstück gleich.

aa. Objektiver Tatbestand

(I) Tatobjekt

(1) Verschlossenes Schriftstück – § 202 Abs. 1 Nr. 1 StGB

Unter einem Schriftstück versteht man jeden Träger von Schriftzeichen, die einen gedanklichen Inhalt ergeben.[1214] Verschlossen ist es, wenn es mit einer Vorkehrung versehen ist, die einer Kenntnisnahme ein Hindernis bereitet.[1215] Erforderlich ist, dass der Verschluss gerade dazu angebracht wurde, um andere von der Kenntnisnahme auszuschließen und darüber hinaus objektiv geeignet ist, die Kenntnisnahme wenigstens zu erschweren.[1216]

Sofern sich ein Dokument in Papierform, wobei es sich jedenfalls um ein Schriftstück handelt, bspw. in einem zugeklebten Umschlag[1217] befindet, handelt es sich um ein taugliches Tatobjekt i.S.d. § 202 Abs. 1 Nr. 1 StGB.

1213 Vgl.: *Mengel*, Compliance und Arbeitsrecht, Kap. 4 Rn. 16.

1214 Vgl. nur: *Lackner/Kühl*, § 202 Rn. 2; *Weidemann*, in: Beck'OK StGB, § 202 Rn. 3; *Kargl*, in: NK StGB, § 202 Rn. 3.

1215 Vgl. nur: *Lackner/Kühl*, § 202 Rn. 2; *Kargl*, in: NK StGB, § 202 Rn. 7.

1216 *Mölter*, Überwachung und Informationsbeschaffung des Arbeitgebers, S. 233.

1217 *Weidemann*, in: Beck'OK StGB, § 202 Rn. 6.1; *Mölter*, Überwachung und Informationsbeschaffung des Arbeitgebers, S. 233.

(2) Verschlossenes Behältnis – § 202 Abs. 2 StGB
Auch im Rahmen des § 202 Abs. 2 StGB muss ein Schriftstück vorliegen. Dieses muss durch ein verschlossenes Behältnis gegen Kenntnisnahme besonders gesichert sein. Ein Behältnis ist ein umschlossener Raum, der zur Wahrung und Sicherung von Sachen dient, jedoch nicht dazu bestimmt ist, von Menschen betreten zu werden.[1218]

Ein taugliches Tatobjekt stellt damit auch ein Dokument dar, das bspw. in einem verschlossenen Schreibtisch, in der verschlossenen Schreibtischschublade oder im verschlossenen Aktenschrank aufbewahrt wird.[1219] Die Tatsache, dass sich das Dokument in einem verschlossenen Büro befindet, genügt hingegen für sich genommen nicht.[1220]

(II) Nicht zu seiner Kenntnis bestimmt
Das Schriftstück darf im Zeitpunkt der Tathandlung nicht zur Kenntnis des Täters bestimmt sein.

Nach der formellen Theorie ist stets der Wille desjenigen maßgeblich, der den Gegenstand verschlossen hat.[1221] Die Vertreter der materiellen Theorie stellen hingegen auf das „Recht am gedanklichen Inhalt eines Schriftstückes" ab.[1222]

Im Rahmen des § 202 Abs. 2 StGB ist grundsätzlich nur der Wille des Verschließenden maßgeblich.[1223] Öffnet aber der zur Kenntnisnahme Berechtigte den Verschluss, scheidet schon der Tatbestand aus, da die Berechtigung nicht dadurch entfallen kann, dass ein Dritter das Dokument wegschließt.[1224]

1218 *Kargl*, in: NK StGB, § 202 Rn. 8; *Mölter*, Überwachung und Informationsbeschaffung des Arbeitgebers, S. 234.

1219 *Lenckner/Eisele*, in: S/S, § 202 Rn. 18; vgl. auch: *Dann/Gastell*, NJW 2008, 2945, 2947.

1220 *Lenckner/Eisele*, in: S/S, § 202 Rn. 18; *Kargl*, in: NK StGB, § 202 Rn. 8.

1221 *Schünemann*, in: LK StGB, § 202 Rn. 24; *Mölter*, Überwachung und Informationsbeschaffung des Arbeitgebers, S. 236; nur für Abs. 2: *Weidemann*, in: Beck'OK StGB, § 202 Rn. 10; *Kargl*, in: NK StGB, § 202 Rn. 9.

1222 *Lenckner/Eisele*, in: S/S, § 202 Rn. 8; *Eisele*, Compliance und Datenschutzstrafrecht, S. 25; im Ergebnis wohl auch: *Graf*, in: MüKo StGB, § 202 Rn. 2, 19: „Schriftgeheimnis".

1223 *Weidemann*, in: Beck'OK StGB, § 202 Rn. 10; *Graf*, in: MüKo StGB, § 202 Rn. 19.

1224 *Graf*, in: MüKo StGB, § 202 Rn. 19.

(1) Dienstliche Dokumente

Selbst wenn dienstliche Dokumente durch den Arbeitnehmer verschlossen werden, sind sie doch zur Kenntnis des Arbeitgebers bestimmt.[1225] Die Dokumente gehören der vertraglich geschuldeten Leistung an und stehen daher grundsätzlich dem Arbeitgeber zu. Für die internen Ermittler sind die Dokumente hingegen nicht bestimmt. Der Arbeitgeber kann jedoch als Berechtigter in die Öffnung der Dokumente einwilligen, sodass auch die internen Ermittler bei Öffnung dienstlicher Dokumente straflos bleiben.[1226]

Selbst wenn man davon ausgeht, dass dienstliche Dokumente nicht zur Kenntnis des Arbeitgebers bestimmt sind, gelangt man in aller Regel zum selben Ergebnis. Bei der Kontrolle dienstlicher Dokumente handelt der Arbeitgeber jedenfalls nicht unbefugt, also nicht rechtswidrig, solange er sein Handeln auf einen Erlaubnistatbestand des BDSG, im Zusammenhang mit internen Ermittlungen insbesondere auf § 32 Abs. 1 S. 2 BDSG, stützen kann.[1227]

Im Ergebnis kann der Arbeitgeber dienstliche Dokumente jedenfalls straflos einsehen.

(2) Private Dokumente

Private Dokumente, die der Arbeitnehmer verschlossen am Arbeitsplatz aufbewahrt, sind jedenfalls – sowohl nach der formellen als nach der materiellen Theorie – nicht zur Kenntnis des Arbeitgebers bestimmt.

(III) Tathandlungen

(1) Öffnen – § 202 Abs. 1 Nr. 1 StGB

Tathandlung im Rahmen des § 202 Abs. 1 Nr. 1 StGB ist das Öffnen des entsprechenden Schriftstückes. Der Täter muss dafür das durch den Verschluss geschaffene Hindernis auf irgendeine Art und Weise beseitigen und den Inhalt zur Kenntnis nehmen können.[1228] Auf die tatsächliche Kenntnisnahme kommt es dabei hingegen nicht an.[1229]

1225 *Schuster*, in: Internal Investigations, Kap. 11 Rn. 124; **a.A.**: *Mölter*, Überwachung und Informationsbeschaffung des Arbeitgebers, S. 237.

1226 Vgl.: *Graf*, in: MüKo StGB, § 202 Rn. 37; *Weidemann*, in: Beck'OK StGB, § 202 Rn. 23.

1227 Vgl.: *Mölter*, Überwachung und Informationsbeschaffung des Arbeitgebers, S. 241 ff.

1228 Vgl. nur: *Kargl*, in: NK StGB, § 202 Rn. 12.

1229 Vgl. nur: *Weidemann*, in: Beck'OK StGB, § 202 Rn. 11; *Kargl*, in: NK StGB, § 202 Rn. 12; *Eisele*, Compliance und Datenschutzstrafrecht, S. 24.

Sofern der Arbeitgeber bzw. die privaten Ermittler den Umschlag, in dem sich ein entsprechendes Dokument befindet, öffnen, begehen sie eine Tathandlung i.S.d. § 202 Abs. 1 Nr. 1 StGB.

(2) Kenntnisverschaffen vom Inhalt nach Öffnen – § 202 Abs. 2 StGB

Tathandlung des § 202 Abs. 2 StGB ist das Kenntnisverschaffen nach Öffnen des verschlossenen Behältnisses (zweiaktiges Delikt). Erforderlich ist dabei, dass das Behältnis gerade zur Verschaffung der Kenntnis geöffnet wurde.[1230] Der Täter verschafft sich Kenntnis, wenn er zumindest einen Teil des Inhaltes visuell wahrnimmt.[1231]

Bricht der Arbeitgeber bspw. die verschlossene Schreibtischschublade auf, um an die darin aufbewahrten Unterlagen zu gelangen, und kontrolliert diese anschließend, so handelt er tatbestandsmäßig.

bb. Subjektiver Tatbestand

Im Rahmen des § 202 Abs. 1 Nr. 1 StGB ist dolus eventualis ausreichend.[1232]

Bei § 202 Abs. 2 StGB ist erforderlich, dass der Täter das Behältnis sowohl vorsätzlich öffnet, als auch vorsätzlich von dem Schriftstück Kenntnis erlangt. Dabei muss er bereits beim Öffnen mit der Absicht gehandelt haben, das Behältnis gerade zum Zwecke der Kenntnisnahme zu öffnen. Dafür spricht insbesondere der Wortlaut des § 202 Abs. 2 StGB: „vom Inhalt eines Schriftstücks, …, Kenntnis verschafft, nachdem er *dazu* das Behältnis geöffnet hat.“[1233]

cc. Rechtswidrigkeit

„Unbefugt“ wird überwiegend als Hinweis auf die Rechtswidrigkeit verstanden.[1234] Das Einverständnis des Berechtigten zum Öffnen schließt bereits die

---

1230 *Weidemann*, in: Beck'OK StGB, § 202 Rn. 14; *Mölter*, Überwachung und Informationsbeschaffung des Arbeitgebers, S. 240 f.

1231 *Weidemann*, in: Beck'OK StGB, § 202 Rn. 13.

1232 *Weidemann*, in: Beck'OK StGB, § 202 Rn. 16; *Lackner/Kühl*, § 202 Rn. 6; Eisele, Compliance und Datenschutzstrafrecht, S. 26.

1233 *Weidemann*, in: Beck'OK StGB, § 202 Rn. 18; *Kargl*, in: NK StGB, § 202 Rn. 18.

1234 *Mölter*, Überwachung und Informationsbeschaffung des Arbeitgebers, S. 241; *Eisele*, Compliance und Datenschutzstrafrecht, S. 26; *Lenckner/Eisele*, in: S/S, § 202 Rn. 12; im Ergebnis auch: *Lackner/Kühl*, StGB, § 202 Rn. 7; vgl. auch: *Graf*, in: MüKo StGB, § 202 Rn. 27: „doppelfunktionelle Bedeutung“.

Tatbestandsmäßigkeit des Handels aus, da damit regelmäßig die Bestimmung zur Kenntnisnahme verbunden ist.[1235]

In Betracht kommt vor allem eine Rechtfertigung an Hand der Normen des BDSG[1236]. Eine Rechtfertigung kann grundsätzlich aber auch aus den allgemeinen Rechtfertigungsgründen folgen.[1237] Diese scheiden jedoch regelmäßig aus. Der im Rahmen des § 32 StGB erforderliche gegenwärtige Angriff liegt in der Konstellation der internen Ermittlungen regelmäßig nicht vor.[1238] § 34 StGB lässt zwar eine gegenwärtige Gefahr genügen, die jedoch nicht anders abwendbar sein darf. Auch diese Voraussetzungen sind in aller Regel nicht erfüllt.[1239]

Letztlich kommt daher im Rahmen der unternehmensinternen Ermittlungen vor allem eine Rechtfertigung nach § 32 Abs. 1 S. 2 BDSG in Betracht. Sofern der Arbeitgeber danach zur Kontrolle der entsprechenden Dokumente berechtigt war, handelt er nicht rechtswidrig.

dd. Ergebnis

Ein Strafbarkeitsrisiko nach § 202 StGB droht nur für den Fall, dass der Arbeitgeber oder die internen Ermittler private Dokumente des Arbeitnehmers kontrollieren, die verschlossen oder in einem verschlossenen Behältnis aufbewahrt sind, ohne dass sie dazu ausnahmsweise nach § 32 Abs. 1 S. 2 BDSG berechtigt sind.

Eine Tat nach § 202 StGB wird gemäß § 205 Abs. 1 S. 1 StGB nur auf Antrag verfolgt.

b. §§ 43, 44 BDSG – Bußgeld- und Strafvorschiften

Werden bei der Kontrolle von Unterlagen in Papierform die Grenzen des jeweiligen Erlaubnistatbestandes des BDSG – insbesondere die Voraussetzungen des § 32 Abs. 1 S. 2 BDSG – überschritten, droht dem Arbeitgeber bzw. den internen Ermittlern eine Sanktionierung nach § 44 Abs. 1 BDSG i.V.m.§ 43 Abs. 2 Nr. 1 BDSG. Zu den Voraussetzungen siehe S. 206 ff.

1235 *Lackner/Kühl*, StGB, § 202 Rn. 7; *Lenckner/Eisele*, in: S/S, § 202 Rn. 12; *Graf*, in: MüKo StGB, § 202 Rn. 28; *Kargl*, in: NK StGB, § 202 Rn. 19; *Mölter*, Überwachung und Informationsbeschaffung des Arbeitgebers, S. 241.

1236 Das TKG ist schon nicht einschlägig, da das Fernmeldegeheimnis gar nicht betroffen ist.

1237 *Mölter*, Überwachung und Informationsbeschaffung des Arbeitgebers, S. 241.

1238 *Mölter*, Überwachung und Informationsbeschaffung des Arbeitgebers, S. 241, 111 f.

1239 Vgl.: *Mölter*, Überwachung und Informationsbeschaffung des Arbeitgebers, S. 241, 117 f.

II. Einsichtnahme in Dateien – Kontrolle von Akten und Unterlagen in elektronischer Form

Häufig werden sich Hinweise auf die Tat auch in den auf unternehmenseigenen Computern gespeicherten Dateien[1240] finden lassen. Fraglich ist allerdings, ob der Arbeitgeber bzw. die von ihm beauftragten Ermittler darauf in zulässiger Weise zugreifen können.[1241]

Bei der Kontrolle von Akten und Unterlagen in elektronischer Form ist § 87 Abs. 1 Nr. 6 BetrVG zu berücksichtigen. Danach hat der Betriebsrat ein Mitbestimmungsrecht, sofern bei der Durchsicht der Dateien technische Einrichtungen genutzt werden, die dazu bestimmt sind, das Verhalten oder die Leistung der Arbeitnehmer zu überwachen, siehe S. 51 f. Abgesehen davon hat der Betriebsrat jedenfalls ein Informationsrecht gemäß § 80 Abs. 1 Nr. 1 BetrVG.[1242]

1. Zulässigkeit nach Datenschutzrecht

Auch bei der Auswertung elektronischer Dokumente sind die datenschutzrechtlichen Vorschriften zu beachten. Die Vorschriften des BDSG – insbesondere § 32 Abs. 1 S. 2 BDSG – stehen dabei, soweit personenbezogene Daten i.S.d. § 3 Abs. 1 BDSG betroffen sind, im Vordergrund.[1243]

a. Dienstliche Dateien

Hinsichtlich der Kontrolle dienstlicher Dateien besteht regelmäßig kein überwiegendes schutzwürdiges Interesse des Beschäftigten. Grundsätzlich steht dem Arbeitgeber daher auch für elektronisch gespeicherte dienstliche Akten und Dokumente ein unbeschränktes Einsichtsrecht zu. Die materielle Form der Unterlagen (Speicherung in elektronischer oder Papierform) ändert nichts an dem dienstlichen Charakter.[1244]

Der Arbeitnehmer ist dementsprechend auch hinsichtlich dienstlicher Dateien in elektronischer Form zur Herausgabe nach §§ 667, 675 Abs. 1 BGB

1240 Auch E-Mails zählen zu den relevanten Dateien, die Rechtmäßigkeit der E-Mail-Kontrolle wird jedoch gesondert behandelt, siehe S. 123 ff.

1241 *Salvenmoser/Schreier*, in: Handbuch Wirtschaftsstrafrecht, 15. Teil Rn. 108.

1242 *Wewerka*, Internal Investigations, S. 141.

1243 *Mengel*, Compliance und Arbeitsrecht, Kap. 4 Rn. 8; *Mengel/Ulrich*, NZA 2006, 240, 241.

1244 *Mengel*, Compliance und Arbeitsrecht, Kap. 4 Rn. 8; *Mengel/Ulrich*, NZA 2006, 240, 241; im Ergebnis auch: *Bissels/Lützeler*, BB 2012, 189, 190; *Wisskirchen/Glaser*, DB 2011, 1447, 1450; *Grosjean*, DB 2003, 2650, 2652.

verpflichtet. Der Übergabe steht dabei die Ermöglichung des unmittelbaren und uneingeschränkten Zugriffs auf die Datei gleich.[1245] Sofern es sich um ein elektronisches, dienstliches Dokument handelt, das sich nicht auf die Arbeitsaufgabe des Mitarbeiters bezieht und sich auf einem privaten Speichermedium des Arbeitnehmers befindet, kann sich ein Herausgabeanspruch des Arbeitgebers aus §§ 611, 241 Abs. 2 BGB ergeben.[1246]

Das LAG Hamm hat 2004 entschieden, dass allein die Zurverfügungstellung eines Rechners, der lediglich unter Verwendung eines Passwortes in Betrieb genommen werden kann, welches der Arbeitnehmer selbst bestimmt, nicht zur Folge hat, dass die auf dem Server bzw. der Festplatte gespeicherten Dateien dessen „private" Dateien sind. Dem Arbeitgeber ist in diesen Fällen nicht verwehrt, aus begründetem Anlass auch ohne Einverständnis des Arbeitnehmers auf die Dateien zuzugreifen.[1247] Dies hat zur Folge, dass selbst für den Fall, dass der Arbeitgeber dem Mitarbeiter einen passwortgeschützten Bereich auf seinem Dienstcomputer zugewiesen hat, das Einsichtsrecht des Arbeitgebers nicht per se ausgeschlossen ist, da die Vergabe des Passwortes regelmäßig allein der Datensicherheit dient. Der Arbeitnehmer kann daher nicht darauf vertrauen, dass der Unternehmer seine Zugriffsrechte auf den entsprechenden Bereich beschränken möchte und dem Arbeitnehmer einen persönlichen Freiraum einräumt.[1248]

Ebenso ist mit Dateien zu verfahren, die erst unter Anwendung spezieller Hard- und Software wieder lesbar gemacht werden können.[1249]

b. Private Dateien

Private Dateien des Mitarbeiters darf der Arbeitgeber hingegen grundsätzlich nicht einsehen, vgl. S. 143.

Ausnahmsweise kann die Kontrolle privater Dateien im Einzelfall zulässig sein, wenn ein konkreter Verdacht auf eine schwere Straftat vorliegt. Dokumente,

---

1245 *Böhm*, Non-Compliance und Arbeitsrecht, S. 165; Besitzdienerschaft scheidet mangels Sachqualität bei elektronischen Dateien aus, sodass kein entsprechender Anspruch auf Herausgabe besteht, etwas anderes ergibt sich jedoch hinsichtlich des Datenträgers auf dem die elektronische Datei gespeichert ist, *Böhm*, Non-Compliance und Arbeitsrecht, S. 166.

1246 *Böhm*, Non-Compliance und Arbeitsrecht, S. 166 ff., dort findet sich auch eine Aufzählung der genauen Voraussetzungen.

1247 LAG Hamm, DuD 2004, 633, 634 f.

1248 *Mengel*, Compliance und Arbeitsrecht, Kap. 4 Rn. 8; *Gliss/Kramer*, Arbeitnehmerdatenschutz, S. 77; **a.A.**: *Weißgerber*, NZA 2003, 1005, 1006.

1249 *Salvenmoser/Schreier*, in: Handbuch Wirtschaftsstrafrecht, 15. Teil Rn. 113.

die ersichtlich in keinem Zusammenhang mit der Untersuchung stehen, dürfen jedoch nicht kontrolliert werden,[1250] vgl. S. 147, 150.

c. Gemischte Dateien

Für die Praxis hat insbesondere die Frage Relevanz, ob und inwieweit eine Kontrolle der Dateien zulässig ist, wenn dienstliche und private Dokumente äußerlich nicht ohne Weiteres unterschieden werden können. Maßgeblich ist insoweit die innerbetriebliche Regelung der privaten Nutzung der dienstlichen Einrichtungen.

Ist dem Arbeitnehmer die Privatnutzung untersagt, darf der Arbeitgeber im Grundsatz davon ausgehen, dass der Arbeitnehmer keine privaten Dokumente auf dem Dienstrechner gespeichert hat. Er muss somit keine besonderen Vorkehrungen treffen, um eventuell doch vorhandene private Dateien vor der Auswertung zu schützen,[1251] sodass sich die Prüfung nach den Maßstäben der Kontrolle rein dienstlicher Daten richtet.[1252] Eine dabei – aus Versehen – geöffnete private Datei darf er jedoch grundsätzlich nicht kontrollieren.

Ist die private Nutzung gestattet, muss der Arbeitgeber die aus dem Persönlichkeitsrecht des Arbeitnehmers resultierenden Rechte wahren,[1253] sodass eine Kontrolle grundsätzlich unterbleiben muss, wenn der Arbeitgeber nicht sicher ist, ausschließlich auf dienstliche Dateien zuzugreifen.

Im Rahmen interner Untersuchungen erfolgt die Kontrolle jedoch auf Grund eines Straftatverdachts. Das Aufklärungsinteresse des Arbeitgebers muss mit dem allgemeinen Persönlichkeitsrecht des Arbeitnehmers abgewogen werden. Dabei ist zu berücksichtigen, dass die Beeinträchtigung des Persönlichkeitsrechts im Falle der gestatteten privaten Nutzung grundsätzlich schwerer wiegt als bei der verbotenen Nutzung. Grundsätzlich kann jedoch festgehalten werden, dass zumindest in Fällen, in denen ein konkreter Verdacht auf eine schwere Straftat besteht, die Interessen des Arbeitgebers überwiegen. Er ist daher berechtigt, dienstliche wie private Dateien zu kontrollieren. Eine private Datei, die einen rein privaten Charakter hat, muss jedoch unverzüglich geschlossen werden.

1250 Vgl.: *Mengel*, Compliance und Arbeitsrecht, Kap. 4 Rn. 16.

1251 *Mengel*, Compliance und Arbeitsrecht, Kap. 4 Rn. 10; *Mengel/Ulrich*, NZA 2006, 240, 241 f.; *Mengel*, in: Internal Investigations, Kap. 13 Rn. 19.

1252 *Mengel*, in: Internal Investigations, Kap. 13 Rn. 19.

1253 *Mengel*, Compliance und Arbeitsrecht, Kap. 4 Rn. 10; *Mengel/Ulrich*, NZA 2006, 240, 241.

d. Ergebnis

Sofern rein dienstliche oder private Dateien bestehen, gelten dieselben Grundsätze wie bei den Dokumenten in Papierform.[1254] Dienstliche Dokumente dürfen danach grundsätzlich kontrolliert werden, private Dateien hingegen nur im Falle eines konkreten Verdachts auf eine schwere Straftat. Auch eine Kontrolle gemischter Dateien kann jedenfalls bei Straftatverdacht erfolgen. Rein private Dateien, die in keinem Zusammenhang zum Untersuchungsgegenstand stehen, darf der Arbeitgeber hingegen nicht kontrollieren.

2. Strafbarkeitsrisiken

a. § 202a StGB – Ausspähen von Daten[1255]

Bei der Kontrolle von Computerdateien droht sowohl dem Arbeitgeber als auch dem privaten Ermittler eine Strafbarkeit aus § 202a StGB. Gemäß Absatz 1 ist danach strafbar, wer unbefugt sich oder einem anderen Zugang zu Daten, die nicht für ihn bestimmt und gegen unberechtigten Zugang besonders gesichert sind, unter Überwindung der Zugangssicherung verschafft.

aa. Objektiver Tatbestand

(I) Daten

Elektronisch gespeicherte Unterlagen und Dokumente fallen unter den Datenbegriff des § 202a StGB,[1256] siehe S. 188.

(II) Nicht für den Täter bestimmt

Täter kann nur sein, wer nach dem Willen des Berechtigten zum Tatzeitpunkt keinen Zugang zu den Daten erhalten soll.[1257] Für die Verfügungsberechtigung ist die Urheberschaft der Datei maßgeblich.[1258] Verfügungsberechtigt ist demnach grundsätzlich derjenige, der die Daten erstellt und abgespeichert hat.[1259]

1254 *Mengel*, in: Internal Investigations, Kap. 13 Rn. 16.

1255 Eine ausführliche Darstellung der Tatbestandsmerkmale findet sich auf S. 166 ff.

1256 *Schuster*, in: Internal Investigations, Kap. 11 Rn. 127.

1257 *Gercke*, in: Praxishandbuch Internetstrafrecht, Rn. 93; *Mölter*, Überwachung und Informationsbeschaffung des Arbeitgebers, S. 160; *Rübenstahl/Debus*, NZWiSt 2012, 129, 130.

1258 *Gercke*, in: Gercke/Kraft/Richter, Arbeitsstrafrecht, Kap. 2 Rn. 1176.

1259 *Graf*, in: MüKo StGB, § 202a Rn. 19; *Weidemann*, in: Beck'OK StGB, § 202a Rn. 8; *Schuster*, in: Internal Investigations, Kap. 11 Rn. 128; *Schuster*, ZIS 2010, 68, 69; vgl. auch: *Weißgerber*, NZA 2003, 1005, 1008, der auf die „förderliche Beteiligung an der Speicherung, Erstellung und Bearbeitung von Daten oder der Zusammenstellung von

Diesbezüglich ist eine Differenzierung unter dem Gesichtspunkt private – dienstliche Dateien angezeigt, vgl. S. 189 ff.

(1) Dienstliche Dateien

Die dienstliche Datei wird zwar vom Arbeitnehmer selbst erstellt, doch unterliegt er dabei den Weisungen des Arbeitgebers. Das Erstellen der Datei erfolgt also auf seine Veranlassung hin, sodass der Arbeitgeber als eigentlicher Urheber der Datei gilt. Somit ist er (auch) verfügungsberechtigt.[1260] Grundsätzlich dürfen dienstliche Unterlagen in elektronischer Form daher uneingeschränkt durch den Arbeitgeber eingesehen werden.[1261] Er kann somit auch das tatbestandsausschließende Einverständnis zur Kontrolle der Daten durch die internen Ermittler erteilen.[1262]

(2) Private Dateien

Häufig sind neben den dienstlichen auch private Dateien auf den firmeneigenen Datenträgern gespeichert. Die Kontrolle privater Dateien kann nach § 202a StGB strafbar sein.[1263] Dabei muss zwischen zwei Konstellationen unterschieden werden:

Ist die private Nutzung gestattet, ist der Arbeitgeber nicht verfügungsberechtigt, sodass eine Strafbarkeit nach § 202a StGB in Betracht kommt.

Ist die private Nutzung hingegen untersagt, ist umstritten, ob der Arbeitgeber verfügungsbefugt ist. Überzeugen kann letztlich jedoch nur die Ansicht, die davon ausgeht, dass der Arbeitnehmer unabhängig von der Regelung der privaten Nutzung hinsichtlich privater Dateien allein verfügungsberechtigt ist, da die Weisungswidrigkeit des Verhaltens keinen Einfluss auf die Urheberschaft hat.[1264] Dem Arbeitgeber fehlt hingegen die Verfügungsberechtigung, sodass eine

---

Datensammlungen“ abstellt, „durch die beim Beteiligten ein berechtigtes Interesse rechtlicher, wirtschaftlicher oder ideeller Art an den Daten entsteht“; **a.A.**: Mölter, Überwachung und Informationsbeschaffung des Arbeitgebers, S. 160, 163 ff.

1260 *Schuster*, ZIS 2010, 68, 69; *Schuster*, in: Internal Investigations, Kap. 11 Rn. 129; *Roeb*, Internal Investigations, S. 83; *Eisele*, ZIS 2012, 402, 405; *Eisele*, Compliance und Datenschutzstrafrecht, S. 53; im Ergebnis auch: Rübenstahl/Debus, NZWiSt 2012, 129, 130; **a.A.**: *Mölter*, Überwachung und Informationsbeschaffung des Arbeitgebers, S. 167.

1261 *Bissels/Lützeler*, BB 2012, 189, 190; *Göpfert/Merten/Siegrist*, NJW 2008, 1703, 1705; *Sieg*, in: FS Buchner, S. 859, 861; *Schürrle/Olbers*, CCZ 2010, 178, 181.

1262 *Schuster*, in: Internal Investigations, Kap. 11 Rn. 129.

1263 *Schuster*, ZIS 2010, 68, 70; *Rübenstahl/Debus*, NZWiSt 2012, 129, 130.

1264 **A.A.**: wohl *Spehl/Momsen/Grützner*, CCZ 2014, 2, 4.

Strafbarkeit nach § 202a StGB im Ergebnis bei der Kontrolle privater Dateien unabhängig von der innerbetrieblichen Regelung in Betracht kommt.

(III) Zugangsverschaffung

Strafbarkeitsvoraussetzung ist des Weiteren die Zugangsverschaffung unter Überwindung der besonderen Sicherung.

Der Arbeitgeber bzw. der Ermittler verschaffen sich bspw. durch das Kopieren des Datenbestands auf einen eigenen Datenträger,[1265] die Inbesitznahme des Datenmediums (Rechner, Festplatte), die Entgegennahme von Dateien, die auf dem Server gespeichert sind, oder durch die sich anschließende Analyse Zugang.[1266]

(IV) Besondere Zugangssicherung

Allein das Zugangsverschaffen zu den privaten Dateien genügt zur Verwirklichung des Straftatbestandes nicht. Vielmehr ist erforderlich, dass der Täter dabei eine besondere Zugangssicherung überwindet.

Kontrolliert der Arbeitgeber im Rahmen der Internal Investigation einzelne kennwortgeschützte private Dateien, macht er sich gemäß § 202a StGB wegen des Ausspähens von Daten strafbar, denn das Kennwort soll den ungehinderten Zugriff auf die Datei verhindern und macht zudem das Geheimhaltungsinteresse des Berechtigten deutlich.[1267]

In der Praxis ist es jedoch üblich, seine privaten Dateien – ohne besonderen Kennwortschutz – auf dem personalisierten virtuellen Laufwerk zu speichern, das selbst mit einem Passwort geschützt ist (Benutzername und persönliches Passwort). Auf diese Dateien kann der Arbeitgeber zugreifen, da sie ihm gegenüber nicht durch eine besondere Zugangssicherung geschützt sind.[1268] Ein Dritter, der sich zu dem kennwortgeschützten personalisierten Laufwerk Zugang verschafft, macht sich hingegen gemäß § 202a Abs. 1 StGB strafbar.[1269] Der Arbeitgeber kann jedoch den Zugriff der privaten Ermittler autorisieren, sodass auch sie auf die Dateien zugreifen können.

1265 *Heghmanns*, in: Handbuch Wirtschaftsstrafrecht, 6. Teil, 1. Kap. Rn. 35.

1266 *Schuster*, in: Internal Investigations, Kap. 11 Rn. 127; *Rübenstahl/Debus*, NZWiSt 2012, 129, 130.

1267 *Schuster*, in: Internal Investigations, Kap. 11 Rn. 130; *Schuster*, ZIS 2010, 68, 70.

1268 *Schuster*, in: Internal Investigations, Kap. 11 Rn. 130.

1269 *Schuster*, ZIS 2010, 68, 70.

bb. Subjektiver Tatbestand

In subjektiver Hinsicht genügt ein Handeln mit dolus eventualis.[1270]

cc. Rechtswidrigkeit

Im Rahmen des § 202a StGB wird „unbefugt“ als Hinweis auf die Rechtswidrigkeit gewertet.[1271] In Hinblick auf den Grundsatz der Einheit der Rechtsordnung kommen nicht nur die allgemeinen Rechtfertigungsgründe in Betracht, sondern auch gesetzliche Erlaubnistatbestände, die außerhalb des StGB geregelt sind.[1272] Relevant ist dabei insbesondere eine Rechtfertigung nach § 32 Abs. 1 S. 2 BDSG, vgl. S. 199 f.

dd. Ergebnis

Zusammenfassend lässt sich feststellen, dass die Kontrolle dienstlicher Dateien grundsätzlich nicht gemäß § 202a StGB strafbar ist, da die Daten für den Arbeitgeber bestimmt sind – unabhängig davon, ob die Dateien kennwortgeschützt sind oder nicht. Dienstliche Dateien können daher im Ergebnis ohne Strafbarkeitsrisiko gesichtet werden.[1273]

Auch die Kontrolle privater Dateien ist, sofern kein besonderes Passwort für einzelne Dateien besteht, nicht nach § 202a StGB strafbar.[1274] Lediglich bei einzelnen passwortgeschützten privaten Dateien macht sich der Arbeitgeber gemäß § 202a Abs. 1 StGB strafbar, sofern kein Rechtfertigungsgrund greift.

Abschließend ist anzumerken, dass sich die Ausführungen grundsätzlich auf die Sichtung von Dateien auf firmeneigenen Datenträgern beziehen. Die

---

1270 *Eisele*, Compliance und Datenschutzstrafrecht, S. 56.

1271 *Kargl*, in: NK StGB, § 202a Rn. 16; *Fischer*, § 201 Rn. 9; *Lenckner/Eisele*, in: S/S, § 202 Rn. 11; *Eisele*, Compliance und Datenschutzstrafrecht, S. 56; *Gercke*, in: Gercke/Kraft/Richter, Arbeitsstrafrecht, Kap. 2 Rn. 1181; *Heghmanns*, in: Handbuch Wirtschaftsstrafrecht, 6. Teil, 1. Kap. Rn. 39; *Mölter*, Überwachung und Informationsbeschaffung des Arbeitgebers, S. 183; **a.A.**: *Graf*, in: MüKo StGB, § 202a Rn. 58, 62: „doppelfunktionelle Bedeutung“.

1272 *Mölter*, Überwachung und Informationsbeschaffung des Arbeitgebers, S. 183; so auch: *Rübenstahl/Debus*, NZWiSt 2012, 129, 135; vgl. auch: *Fischer*, § 201 Rn. 9.

1273 *Salvenmoser/Schreier*, in: Handbuch Wirtschaftsstrafrecht, 15. Teil Rn. 109 f.; im Ergebnis auch: *Schuster*, ZIS 2010, 68, 69; *Eisele*, Compliance und Datenschutzstrafrecht, S. 53.

1274 *Schuster*, ZIS 2010, 68, 70; *Schuster*, in: Internal Investigations, Kap. 11 Rn. 130; *Salvenmoser/Schreier*, in: Handbuch Wirtschaftsstrafrecht, 15. Teil Rn. 109, 111; im Ergebnis auch: *Gercke*, in: Gercke/Kraft/Richter, Arbeitsstrafrecht, Kap. 2 Rn. 1178.

Kontrolle geschützter Dateien auf privaten Datenträgern des Mitarbeiters – bspw. ein USB-Stick mit Zugangssicherung – kann nach § 202a StGB strafbar sein.[1275]

b. §§ 43, 44 BDSG – Bußgeld- und Strafvorschriften

Darüber hinaus droht dem Arbeitgeber bzw. den internen Ermittlern eine Sanktionierung nach § 44 Abs. 1 BDSG i.V.m. § 43 Abs. 2 Nr. 1 BDSG, sofern bei der Kontrolle die Grenzen des § 32 Abs. 1 S. 2 BDSG überschritten werden. Zu den Voraussetzungen siehe S. 206 ff.

III. Auswertung von Personalakten

1. Zulässigkeit nach Datenschutzrecht

Unter einer Personalakte im materiellen Sinn versteht man „eine Sammlung von Urkunden und Vorgängen, die die persönlichen und dienstlichen Verhältnisse des Bediensteten betreffen und in einem inneren Zusammenhang mit dem Dienstverhältnis stehen (...)."[1276] Bei der Personalakte handelt es sich somit um eine spezielle dienstliche Akte, für die Sonderrechte gelten.[1277] Hierbei sind sowohl datenschutzrechtliche als auch arbeitsvertragliche Vorschriften zu berücksichtigen.[1278] Grundsätzlich kann der Arbeitgeber oder der zuständige Mitarbeiter der Personalabteilung die Personalakte (als dienstliches Dokument) einsehen.[1279]

Da die Akte jedoch personenbezogene Daten des Arbeitnehmers enthält, ist im Rahmen interner Untersuchungen das BDSG zu beachten, sodass externen Ermittlern nur ein Einsichts- und Kontrollrecht gewährt werden darf, wenn die Voraussetzungen des § 32 Abs. 1 S. 2 BDSG vorliegen.[1280] Die Informationen unterliegen dem Schutz des allgemeinen Persönlichkeitsrechts,[1281] sodass eine Abwägung mit den Interessen des Arbeitgebers stattzufinden hat. Sind die Informationen für die Ermittlungen jedoch erheblich, überwiegt regelmäßig das

---

1275 *Schuster*, in: Internal Investigations, Kap. 11 Rn. 130.

1276 BAGE 136, 156, 158; so auch: BAG, NZA 1988, 654, 655; BAG, ArbuR 1981, 124.

1277 *Mengel*, in: Internal Investigations, Kap. 13 Rn. 12.

1278 *Salvenmoser/Schreier*, in: Handbuch Wirtschaftsstrafrecht, 15. Teil Rn. 173.

1279 *Mengel*, in: Internal Investigations, Kap. 13 Rn. 12; *Vogt*, NJOZ 2009, 4206, 4210; *Spehl/Momsen/Grützner*, CCZ 2014, 2, 4.

1280 *Mengel*, in: Internal Investigations, Kap. 13 Rn. 12; *Pohle*, in: Deutsch-Amerikanische Korruptionsverfahren, § 9 Rn. 27; im Ergebnis auch: *Renners*, Private Investigation und Arbeitsrecht, S. 179.

1281 *Bissels/Lützeler*, BB 2012, 189, 191; *Vogt*, NJOZ 2009, 4206, 4210; *Mengel/Ulrich*, NZA 2006, 240, 242; *Mengel*, Compliance und Arbeitsrecht, Kap. 4 Rn. 11.

berechtigte Interesse des Arbeitgebers das Persönlichkeitsrecht des Arbeitnehmers. Bedient sich der Arbeitgeber für die Durchführung der internen Untersuchungen eines Dritten, muss er die besondere Vertraulichkeit sicherstellen und Vorkehrungen gegen eine unbefugte Offenlegung treffen.[1282] Dazu zählt bspw. auch die Schwärzung offensichtlich unbedeutender Informationen.[1283] Somit kann den privaten Ermittlern nur ein Einsichtsrecht gewährt werden, wenn es für die Ermittlungen gerade auf die Informationen aus der Personalakte ankommt.[1284]

2. *Strafbarkeitsrisiken*

Eine Strafbarkeit wegen des Ausspähens von Daten gemäß § 202a StGB scheidet aus, sofern es sich um eine Personalakte in Papierform handelt. Sie genügt schon nicht dem Datenbegriff des Absatzes 2, weil es an einer nicht unmittelbar wahrnehmbaren Speicherung fehlt.[1285]

Werden bei der Kontrolle die Grenzen des § 32 Abs. 1 S. 2 BDSG überschritten, droht dem Arbeitgeber bzw. den internen Ermittlern jedoch eine Sanktionierung nach § 44 Abs. 1 BDSG i.V.m. § 43 Abs. 2 Nr. 1 BDSG. Zu den Voraussetzungen siehe S. 206 ff.

IV. Zusammenfassung

Dienstliche Dokumente in Papierform darf der Arbeitgeber einsehen bzw. durch die externen Ermittler kontrollieren lassen. Der Mitarbeiter ist zur Herausgabe der dienstlichen Unterlagen verpflichtet. Private Dokumente hingegen darf der Unternehmer grundsätzlich nicht einsehen. Ausnahmsweise kann die Kontrolle privater Dokumente im Einzelfall zulässig sein, wenn ein konkreter Verdacht auf eine schwere Straftat vorliegt. Ein Strafbarkeitsrisiko nach § 202 StGB besteht

---

1282 *Bissels/Lützeler*, BB 2012, 189, 191; *Mengel/Ulrich*, NZA 2006, 240, 242; *Mengel*, Compliance und Arbeitsrecht, Kap. 4 Rn. 13; so auch: *Schürrle/Olbers*, CCZ 2010, 178, 181; *Klengel/Mückenberger*, CCZ 2009, 81, 86 und *Mengel*, in: Internal Investigations, Kap. 13 Rn. 12 weisen darauf hin, dass Rechtsanwälte und Wirtschaftsprüfer bereits berufsrechtlich zur Verschwiegenheit verpflichtet sind, was letztlich zugunsten eines Einsichtsrechts beachtet werden müsse.

1283 *Bissels/Lützeler*, BB 2012, 189, 191.

1284 *Vogt*, NJOZ 2009, 4206, 4211; *Vogt*, NJW 2009, 3755; *Mengel*, in: Internal Investigations, Kap. 13 Rn. 12.

1285 Vgl.: *Renners*, Private Investigation und Arbeitsrecht, S. 177.

nur für den Fall, dass der Arbeitgeber verschlossene, private Dokumente des Arbeitnehmers kontrolliert.

Auch dienstliche Dateien in elektronischer Form dürfen vom Arbeitnehmer eingesehen werden. Eine Kontrolle privater Dateien ist ihm hingegen grundsätzlich untersagt, es sei denn, es besteht ein konkreter Verdacht der Begehung einer schweren Straftat. Bei der Kontrolle privater Dateien, die einzeln durch ein Passwort besonders gesichert sind, droht eine Strafbarkeit wegen Ausspähens von Daten nach § 202a Abs. 1 StGB.

Auch die Zulässigkeit der Kontrolle der Personalakte richtet sich grundsätzlich nach § 32 Abs. 1 S. 2 BDSG. Danach ist der Arbeitgeber berechtigt die Personalakte einzusehen. Den externen Ermittlern kann hingegen nur Einsicht gewährt werden, wenn es im Rahmen der Untersuchung gerade maßgeblich auf den Inhalt der Personalakte ankommt.

In allen drei Konstellationen droht zudem eine Sanktionierung nach § 44 Abs. 1 BDSG i.V.m. § 43 Abs. 2 Nr. 1 BDSG, sofern die Grenzen des § 32 Abs. 1 S. 2 BDSG überschritten werden.

C. Interviews

I. Einleitung[1286]

Regelmäßig schließen sich Befragungen der Mitarbeiter an das Dokumentenscreening an,[1287] sei es, weil sie verdächtig sind selber eine Straftat begangen zu haben oder an ihr beteiligt gewesen zu sein (diese Mitarbeiter werden in aller Regel vor allem betroffen sein[1288]), sei es, weil sie Wahrnehmungen gemacht haben, die zu der Aufklärung der Verdachtsfälle beitragen könnten.[1289] Derartige Befragungen sind das „Mittel der ersten Wahl“[1290], da sie eine schnelle Informationsgewinnung ermöglichen und häufig Anhaltspunkte für die weiteren

1286 Einen Überblick zur Vernehmungslehre bietet *Tsambikakis*, in: Internal Investigations, Kap. 7 Rn. 24 ff.

1287 *Reeb*, Internal Investigations, S. 95; *Wastl/Litzka/Pusch*, NStZ 2009, 68, 69; *Knauer/Buhlmann*, AnwBl 2010, 387; beispielhafter Ablauf einer Befragung (Siemens) bei: *Rödiger*, Strafverfolgung von Unternehmen, S. 229 ff.; vgl. zur Planung, zum Ablauf und zur Fragetechnik *Wisskirchen/Glaser*, DB 2011, 1447 ff.

1288 *Knauer/Buhlmann*, AnwBl 2010, 387.

1289 *Rudkowski*, NZA 2011, 612.

1290 *Lützeler/Müller-Sartori*, CCZ 2011, 19; vgl. auch: *Wisskirchen/Glaser*, DB 2011, 1447: „einträglichste, wenngleich auch heikelste Informationsquelle“; so auch: *Wisskirchen/Glaser*, in: Soziale Marktwirtschaft, S. 209, 213.

Ermittlungen geben.[1291] Insbesondere bei dem Verdacht straffälligen oder bußgeldbewehrten Verhaltens von Mitarbeitern, hat das Unternehmen in der Regel ein großes Interesse daran, diese zu den Vorwürfen zu befragen. Aber auch nichtverdächtige Mitarbeiter werden regelmäßig zu den Unregelmäßigkeiten befragt. In ihrer Position haben sie möglicherweise Wahrnehmungen gemacht, die dem Unternehmen bei der Aufklärung der Verdachtsfälle hilfreich sein können.[1292] Daher werden Mitarbeiter regelmäßig nach der konzernweiten Sichtung der Unterlagen mit den gefundenen Beweismitteln im Rahmen von sog. Interviews konfrontiert.[1293] Sie gelten als zentrales[1294] und unverzichtbares Mittel der Sachverhaltsaufklärung.[1295]

Hierbei kommt es allerdings regelmäßig zu einem Interessenkonflikt zwischen dem betroffenen Arbeitnehmer, der sich ggf. nicht selbst belasten möchte, und dem Arbeitgeber, dem es in erster Linie um die Aufklärung der Verdachtsfälle und die vollumfängliche Kooperation mit den (Strafverfolgungs-)Behörden geht.[1296] Die Interviewer üben daher häufig enormen Druck auf die Mitarbeiter aus, um diese trotz der Sorge der Selbstbelastung und den damit verbundenen arbeits-, zivil- sowie strafrechtlichen Folgen zur Aussage zu bewegen. Dabei wird den Arbeitnehmern häufig mit Kündigung, Gehaltskürzung, Abmahnung oder sonstigen arbeitsrechtlichen Sanktionen gedroht, sollten sie nicht kooperieren.[1297] Dem Arbeitnehmer drohen daher sowohl bei der Offenlegung seines

---

1291 *Lützeler/Müller-Sartori*, CCZ 2011, 19; vgl. auch: *Reidlinger*, in: Unternehmensinterne Untersuchungen, S. 121, 134: „Interne kartellrechtliche Untersuchungen stehen und fallen regelmäßig mit der Kooperationswilligkeit der eigenen Mitarbeiter…“.

1292 *Rübenstahl*, WiJ 2012, 17 f.

1293 *Jahn* StV 2009, 41, 42; *Knauer/Buhlmann* AnwBl 2010, 387; *Momsen*, ZIS 2011, 508, 510; *Reeb*, Internal Investigations, S. 95; zu den sich daraus ergebenden Gefahren hinsichtlich der Kronzeugenregelung § 46b StGB: *Dann*, CCZ 2010, 30, 33 f.

1294 *Behrens*, RIW 2009, 22, 28; *Wuttke*, Straftäter im Betrieb, S. 133; *Breßler/Kuhnke/Schulz/Stein*, NZG 2009, 721; *Reidlinger*, in: Unternehmensinterne Untersuchungen, S. 121, 134; *v. Rosen*, Internal Investigations bei Compliance Verstößen, S. 57; *Theile*, StV 2011, 381; *Göpfert/Merten/Siegrist*, NJW 2008, 1703, 1705.

1295 *Behrens*, RIW 2009, 22, 28; *Rödiger*, Strafverfolgung von Unternehmen, S. 225; *Krull*, in: Bay, Handbuch Internal Investigations, Kap. 3 Rn. 24.

1296 *Behrens*, RIW 2009, 22, 28; im Ergebnis auch: *Knauer/Buhlmann*, AnwBl 2010, 387, 389; *Knauer*, ZWH 2012, 81, 84; *Dann/Schmidt*, NJW 2009, 1851: „Interessengegensatz“.

1297 *Rödiger*, Strafverfolgung von Unternehmen, S. 226; vgl. auch: *Momsen*, ZIS 2011, 508, 512 und *Knauer/Buhlmann*, AnwBl 2010, 387, 388, die von massiver Druckausübung sprechen; *Schürrle/Olbers*, CCZ 2010, 178, 179 halten eine solche Druckausübung für unzulässig.

Wissens als auch bei Schweigen Sanktionen.[1298] Dieser Konflikt gipfelt nicht selten in der aus Mitarbeitersicht bedenklichen Strategie „talk or walk“[1299] – Aussage oder Kündigung[1300]. Der so aufgebaute persönliche und wirtschaftliche Druck nimmt dem Mitarbeiter de facto jegliche Entscheidungsfreiheit und zwingt ihn zur Kooperation.[1301]

Festzuhalten ist aber auch, dass die Ausübung mitunter erheblichen Drucks zur Erlangung der Aussage nicht von vornherein rechtswidrig ist.[1302] Die Grenze ist erst erreicht, wenn die Handlung den Tatbestand des § 240 Abs. 1 StGB erfüllt, siehe unten S. 314 ff.

Verschlechtert wird die Situation der betroffenen Mitarbeiter zudem durch den Umstand, dass die privaten Ermittlerteams, anders als die Staatsanwaltschaft nach § 160 Abs. 2 StPO, nicht zur Ermittlung der entlastenden Beweise verpflichtet sind. Dadurch droht nicht zuletzt die „Gefahr einseitiger und verzerrter Ermittlungsergebnisse“.[1303] Berichtet wird zudem, dass die Interviews atmosphärisch oftmals einer strafrechtlichen Vernehmung gleichen.[1304]

II. Beteiligung des Betriebsrates[1305]

Dem Betriebsrat steht bei Durchführung der Interviews grundsätzlich kein Mitbestimmungsrecht zu, insbesondere § 87 Abs. 1 Nr. 1 BetrVG ist nicht einschlägig.[1306] Denn der möglicherweise begangene Compliance-Verstoß betrifft nicht

---

1298 *Rödiger*, Strafverfolgung von Unternehmen, S. 226; *Fritz/Nolden*, CCZ 2010, 170, 172; *Fritz*, CCZ 2011, 156, 159.

1299 *Lützeler/Müller-Sartori*, CCZ 2011, 19.

1300 *Wuttke*, Straftäter im Betrieb, S. 147 Fn. 803; *Lützeler/Müller-Sartori*, CCZ 2011, 19.

1301 *Knauer*, in: Verhandlungen 67. DJT 2008, L 159, 160; *Momsen*, ZIS 2011, 508, 510, 512; *Reeb*, Internal Investigations, S. 103; Rödiger, Strafverfolgung von Unternehmen, S. 227; *Knauer/Buhlmann*, AnwBl 2010, 387, 388; im Ergebnis auch: *v. Rosen*, BB 2009, 230, 231; siehe auch: *Gerst*, CCZ 2012, 1, 2.

1302 *Theile*, StV 2011, 381, 384; **a.A.**: wohl *Schürrle/Olbers*, CCZ 2010, 178, 179, die die Druckausübung zur Erzwingung einer Aussage für unzulässig halten.

1303 *Theile*, StV 2011, 381, 384; so auch: *Knierim*, StV 2009, 324, 325; vgl. auch: *Wehnert*, StraFo 2012, 253, 254; *Schuster*, NZWiSt 2012, 28, 29.

1304 *v. Rosen*, BB 2009, 230, 231; *Rudkowski*, NZA 2011, 612; *Dann/Schmidt*, NJW 2009, 1851, 1852; *Wastl/Litzka/Pusch*, NStZ 2009, 68, 71; *Maschmann*, NZA-Beilage 2012, 50, 55; *Westpfahl*, in: Verhandlungen 67. DJT 2008, L 128, 129.

1305 Dazu ausführlich: *Böhm*, Non-Compliance und Arbeitsrecht, S. 98 ff.

1306 *Wisskirchen/Glaser*, in: Soziale Marktwirtschaft, S. 209, 216; *Rübenstahl*, WiJ 2012, 17, 23; *Rudkowski*, NZA 2011, 612, 615; *Knauer*, ZWH 2012, 81, 85; *Kienast*, in: Deutsch-Amerikanische Korruptionsverfahren, § 8 Rn. 45; vgl. aber: *Vogt*, NJOZ

das Ordnungsverhalten im Betrieb,[1307] sondern das Verhältnis zwischen Arbeitgeber und Arbeitnehmer untereinander.[1308] Interviews zur Aufklärung von Regelverstößen sind somit dem nicht mitbestimmungspflichtigen Arbeitsverhalten zuzuordnen,[1309] da sie sich auf die arbeitsvertragliche Leistungspflicht des Arbeitnehmers beziehen und der Arbeitgeber mit der Anweisung, an einem Interview teilzunehmen, die Arbeitspflicht des Arbeitnehmers konkretisiert,[1310] vgl. S. 262. Interviews beziehen sich zudem nur auf einzelne mutmaßliche Rechtsverstöße und einzelne Mitarbeiter, die möglicherweise involviert sind.[1311]

Sofern zur Durchführung der Befragung jedoch Fragebögen an die Arbeitnehmer verteilt werden, die auf Weisung beantwortet werden sollen,[1312] kann dem Betriebsrat ein Mitbestimmungsrecht gemäß § 94 Abs. 1 BetrVG zustehen.[1313] Dies gilt auch für standardisierte Fragen, die im Interview gestellt werden.[1314] Allerdings dürften bei internen Untersuchungen derartige Fragen kaum eine Rolle spielen, da sie zum einen zu schematisch sind und gezieltes Nachfragen, das vom konkreten Gesprächsverlauf abhängt, nicht zulassen und zum

---

2009, 4206, 4218; vgl. auch: *Leipold*, NJW-Spezial 2011, 56: Mitbestimmungsrecht, sofern generelle Regelungen zur Mitarbeiterbefragung; *Lelley*, Compliance im Arbeitsrecht, Rn. 553: Mitbestimmungsrecht bei Ermittlung privater Umstände; *Weiße*, in: Moosmayer/Hartwig, Interne Untersuchungen, S. 41, 45: Mitbestimmungsrecht, sofern Fragen über das sonstige Verhalten des Mitarbeiters im Betrieb gestellt werden.

1307 *Wisskirchen/Glaser*, DB 2011, 1447, 1449; *Zimmer/Heymann*, BB 2010, 1853, 1854; *v. Rosen*, Internal Investigations bei Compliance-Verstößen, S. 106; **a.A.**: *Wybitul/Böhm*, RdA 2011, 362, 365: Fragen, die sich nicht auf den eigenen Arbeitsbereich beziehen, zählen zum Ordnungsverhalten.

1308 *Rübenstahl*, WiJ 2012, 17, 23; *Zimmer/Heymann*, BB 2010, 1853, 1855; *Rudkowski*, NZA 2011, 612, 615.

1309 *Kania*, in: Erfurter Kommentar Arbeitsrecht, § 87 BetrVG Rn. 21a.

1310 Vgl.: *Kania*, in: Erfurter Kommentar Arbeitsrecht, § 87 BetrVG Rn. 21.

1311 *Rudkowski*, NZA 2011, 612, 615; *Rübenstahl*, WiJ 2012, 17, 23.

1312 *Bissels/Lützeler*, BB 2012, 189, 190.

1313 *Weiße*, in: Moosmayer/Hartwig, Interne Untersuchungen, S. 41, 46; *Göpfert/Merten/Siegrist*, NJW 2008, 1703, 1708; *Wisskirchen/Glaser*, DB 2011, 1447, 1450; *Böhm*, Non-Compliance und Arbeitsrecht, S. 104 f.; *Wybitul/Böhm*, RdA 2011, 362, 365; *Schürrle/Olbers*, CCZ 2010, 178; *Mengel/Ullrich*, NZA 2006, 240, 245; *Knauer*, ZWH 2012, 81, 85; *Bissels/Lützeler*, BB 2012, 189, 190 Fn. 23; *Lelley*, Compliance im Arbeitsrecht, Rn. 554.

1314 *Breßler/Kuhnke/Schulz/Stein*, NZG 2009, 721, 725; *Mengel/Ullrich*, NZA 2006, 240, 245; *Mengel*, in: Internal Investigations, Kap. 13 Rn. 60.

anderen bei Detailfragen zu suggestiv sind und so unbefangene Antworten der Mitarbeiter verhindern.[1315]

Zeitaufwendiger, aber in aller Regel auch ergiebiger, ist hingegen die Einzelbefragung der Mitarbeiter.[1316] Dabei sollten zunächst grundsätzlich die Zeugen interviewt werden und erst im Anschluss daran die Beschuldigten.[1317] Dem Betriebsrat steht in diesem Fall ein allgemeines Informationsrecht gemäß § 80 Abs. 2 BetrVG zu.[1318] Ein Recht, auch über einzelne Erkenntnisse der Interviews informiert zu werden, besteht hingegen nicht.[1319]

III. Anwendbares Recht

Bei der Beurteilung der Rechtmäßigkeit und der Grenzen der Mitarbeiterbefragungen stellt sich zunächst die Frage nach dem anwendbaren Recht. Eine gesetzliche Normierung der Rechte und Pflichten der Parteien im Rahmen eines Interviews findet sich – zumindest bislang – nicht.[1320]

In aller Regel wird der Arbeitgeber selbst die Untersuchung durchführen oder aber private Ermittler engagieren, sodass es sich letztlich um eine Untersuchung des Arbeitgebers handelt. Damit finden jedenfalls die arbeitsrechtlichen bzw. die arbeitsvertraglichen Regelungen Anwendung.[1321] Da es sich bei den Ermittlungen dementsprechend um private (Arbeitgeber-)Ermittlungen handelt, finden die Vorschriften der StPO hingegen grundsätzlich weder direkt noch analog Anwendung.[1322] Daher droht die Gefahr der Umgehung der strafprozessualen

---

1315 *Wisskirchen/Glaser*, DB 2011, 1447, 1450.

1316 *Bissels/Lützeler*, BB 2012, 189, 190; *Mengel/Ullrich*, NZA 2006, 240, 243.

1317 *Wisskirchen/Glaser*, DB 2011, 1447; *Wisskirchen/Glaser*, in: Soziale Marktwirtschaft, S. 209, 213.

1318 *Weiße*, in: Moosmayer/Hartwig, Interne Untersuchungen, S. 41, 46; *Leipold*, NJW-Spezial 2011, 56; *Rudkowski*, NZA 2011, 612, 615; *Dann/Schmidt*, NJW 2009, 1851, 1854; *Wisskirchen/Glaser*, in: Soziale Marktwirtschaft, S. 209, 216; *Wisskirchen/Glaser*, DB 2011, 1447, 1449; *Breßler/Kuhnke/Schulz/Stein*, NZG 2009, 721, 724 f.; *Vogel/Glas*, DB 2009, 1747, 1749; *Mengel/Ullrich*, NZA 2006, 240, 244; *Vogt*, NJOZ 2009, 4206, 4219.

1319 *Rudkowski*, NZA 2011, 612, 615; *Knauer*, ZWH 2012, 81, 87.

1320 *Lützeler/Müller-Sartori*, CCZ 2011, 19; *Dann/Schmidt*, NJW 2009, 1851, 1852; *Theile*, StV 2011, 381; *Momsen*, ZIS 2011, 508, 516 spricht sich für den Erlass von Normen aus, die die Rechte und Pflichten von Arbeitgebern und Arbeitnehmern im Rahmen interner Ermittlungen festlegen.

1321 *Rübenstahl*, WiJ 2012, 17, 18.

1322 *Rübenstahl*, WiJ 2012, 17, 18; im Ergebnis auch: *Rödiger*, Strafverfolgung von Unternehmen, S. 226, 247; *Momsen*, ZIS 2011, 508, 514; *Jahn*, in: Verhandlungen 67.

Rechte des Beschuldigten. Von Bedeutung ist insbesondere, ob der nemo tenetur-Grundsatz zugunsten des Arbeitnehmers Anwendung finden kann,[1323] siehe S. 282 ff.

Fraglich ist auch, wie die von der Bundesrechtsanwaltskammer (BRAK) im November 2010 herausgegebenen Thesen zum Unternehmensanwalt[1324] im Strafrecht[1325] einzuordnen sind. Dabei ist hier insbesondere die These Nr. 3 von Bedeutung. Danach soll der Unternehmensanwalt bei seiner Tätigkeit die allgemeinen Gesetze und die sich aus den rechtsstaatlichen Grundsätzen ergebenden Standards wahren (These Nr. 3.2). Ausdrücklich weist aber auch die BRAK darauf hin, dass der Rechtsanwalt bei den internen Untersuchungen an kein unmittelbar anwendbares gesetzliches Verfahrensrecht gebunden ist und bei der Befragung der Mitarbeiter insbesondere die Vorschriften der StPO keine Geltung beanspruchen. Dennoch fordert die BRAK den Ermittler auf, vor allem die in § 136a StPO normierten Grenzen einer Befragung einzuhalten. Der Anwalt dürfe also den Befragten weder bedrängen, sich selbst zu belasten noch auf seine Rechte zu verzichten, die ihm als Zeuge oder Beschuldigter in einem Strafverfahren zustünden. Zudem dürfe auch die Aussage nicht mit der Androhung arbeitsrechtlicher Konsequenzen erzwungen werden.[1326]

Aus den Thesen der BRAK, die dem Unternehmensanwalt weitrechende Pflichten auferlegen und dem Mitarbeiter dementsprechend weitreichende Rechte einräumen, können jedoch keine Rechtspflichten für den ermittelnden Rechtsanwalt erwachsen, denn für den Großteil des Geforderten gibt es keine

---

DJT 2008, L 139, 142; siehe aber auch *Lammer*, in: Verhandlungen 67. DJT 2008, L 125, 127, der zumindest hinsichtlich der Verwertbarkeit privat erlangter Kenntnisse, für den Fall, dass diese gezielt zu Aufklärungszwecken erlangt wurden, die Geltung der strafprozessualen Verfahrensgrundsätze fordert.

1323 *Rödiger*, Strafverfolgung von Unternehmen, S. 248.

1324 BRAK, Stellungnahme-Nr. 35/2010, S. 3: Rechtsanwälte, die „Unternehmen im Hinblick auf drohende oder bereits anhängige Ermittlungsverfahren und sich hieraus ergebende (mögliche) Konsequenzen" beraten.

1325 BRAK-Stellungnahme-Nr. 35/2010; abgedruckt bei: *Ignor*, CCZ 2011, 143 ff.

1326 BRAK, Stellungnahme-Nr. 35/2010, S. 10 f.; so auch: *Leipold*, NJW-Spezial 2011, 56; vgl. auch: *Taschke*, NZWiSt 2012, 89, 93, der sich für Befolgung der Thesen ausspricht; *Knierim*, in: FS Volk, S. 247, 262, der im Falle eines Verstoßes der Privatermittler gegen § 136a StPO von einem Verwertungsverbot ausgeht; zu den Grenzen, die dem Rechtsanwalt durch die BRAO und BORA gesetzt werden vgl.: *Renners*, Private Investigation und Arbeitsrecht, S. 72 f., 151 f. und *Wewerka*, Internal Investigations, S. 146 f.

rechtliche Grundlage. Vielmehr ist in den Thesen lediglich eine rechtspolitische Überzeugung zu erkennen.[1327]

Hinsichtlich des § 136a StPO, der verbotene Vernehmungsmethoden nennt, ist zunächst festzuhalten, dass er grundsätzlich nicht auf die Befragung durch private Ermittler anwendbar ist, da er sich ausschließlich an die staatlichen Strafverfolgungsbehörden richtet.[1328] Auch eine analoge Anwendung muss mangels vergleichbarer Interessenlage ausscheiden. Die Norm ist gerade vom Subordinationsverhältnis geprägt, das zwischen Arbeitgeber und Arbeitnehmer jedoch nicht besteht.[1329] Darüber hinaus bestehe schon kein Grund zur Ausweitung, „da der Bürger bereits durch die allgemeinen Strafnormen, …, ausreichend geschützt ist."[1330]

Davon abgesehen wäre die Geltung der Thesen aber wohl auch verfehlt, denn sie sind „strafverteidigungsgeprägt"[1331]. Die Übertragung der für den Verteidiger im Ermittlungsverfahren entwickelten Standards auf den unternehmensintern ermittelnden Rechtsanwalt vermag nicht zu überzeugen. Letzterer agiere vornehmlich vor einem arbeits- und gesellschaftsrechtlichen Hintergrund, der mit der Situation der Suche nach den Mandanten entlastenden Beweise häufig nicht vergleichbar ist. Gerade unternehmensinterne Ermittlungen finden zudem regelmäßig vor oder gänzlich ohne staatliche Ermittlungsmaßnahmen statt. In diesem Falle StPO-Normen analog anzuwenden, erscheine insoweit fernliegend. Anders als der Verteidiger ermittle der untersuchende Rechtsanwalt häufig nicht in Bezug auf einen Strafprozess, sodass – zumindest die strafprozessuale – Verwertbarkeit

1327 *Rübenstahl*, WiJ 2012, 17, 19; zustimmend: *Tsambikakis*, in: Internal Investigations, Kap. 7 Rn. 44; *Schuster*, in: Internal Investigations, Kap. 11 Rn. 103; kritische Würdigung bei *Momsen/Grützner*, DB 2011, 1792 ff.; vgl. aber auch: *Greeve/Tsambikakis*, in: Internal Investigations, Kap. 17 Rn. 76 ff. und *Gädigk*, in: Internal Investigations, Kap. 18 Rn. 22, die die Statuierung von Mindeststandards befürworten.

1328 BGHSt 44, 129, 134; *Meyer-Goßner*, § 136a Rn. 2 f.; *Klengel/Mückenberger*, CCZ 2009, 81; *Raum*, StraFo 2012, 395, 398; *Salvenmoser/Schreier*, in: Handbuch Wirtschaftsstrafrecht, 15. Teil Rn. 45; *Gleß*, in: L/R, StPO, § 136a Rn. 10.

1329 *Reeb*, Internal Investigations, S. 122.

1330 *Salvenmoser/Schreier*, in: Handbuch Wirtschaftsstrafrecht, 15. Teil Rn. 45; **a.A.**: *Leipold*, NJW-Spezial 2011, 56, wonach sich der Unternehmensanwalt bei Befragungen an die gesetzlichen Regelungen zu halten habe, die von Ermittlungsbeamten einzuhalten sind; so auch: *v. Rosen*, BB 2009, 230, 231, der dies zumindest für den Fall verlangt, dass die Anwälte faktisch die Rolle von Staatsanwälten einnehmen; bzgl. § 136a StPO auch: *Bittmann/Molkenbur*, wistra 2009, 373, 374; *Wewerka*, Internal Investigations, S. 147.

1331 *Rübenstahl*, WiJ 2012, 17, 19.

von Beweisen für ihn nicht im Vordergrund steht. Vielmehr gehe es häufig im Hinblick auf die Schadens- und Gefahrenabwehr um eine schnelle Informationsgewinnung.[1332]

Kritisch sieht dies auch *Momsen*. Er bemängelt, dass weder die privaten Ermittler bzw. das sie beauftragende Unternehmen noch die Strafverfolgungsbehörden ein Interesse an einer internen Ermittlung nach StPO-Standards hätten. Letztere müssten eine faktische Kompetenzverlagerung fürchten, für erstere verliere die arbeitsvertragliche Aussagepflicht auf Grund des Verlustes arbeitsrechtlicher Druckmittel erheblich an Bedeutung.[1333] Auch *Rübenstahl* sieht die Forderungen der BRAK eher kritisch und spricht sich zumindest grundsätzlich gegen die Übertragung der StPO-Standards auf die Durchführung interner Untersuchungen aus.[1334] *Brockhaus* bemängelt eine zu starke Gewichtung der Individualinteressen der Mitarbeiter und eine nicht ausreichende Berücksichtigung der Unternehmensinteressen an einer effektiven Sachverhaltsaufklärung.[1335]

Festzuhalten ist aber auch, dass gerade für den Fall der Kooperation der internen Ermittler mit den Strafverfolgungsbehörden die Einhaltung der rechtsstaatlichen Standards, wie es die BRAK fordert, durchaus sinnvoll sein kann. Dies gilt zum einen hinsichtlich der Kooperationsbereitschaft der Behörden, die eine Nichteinhaltung rechtsstaatlicher Standards nicht unbedingt begrüßen, und zum anderen hinsichtlich der späteren Verwertbarkeit der gewonnen Erkenntnisse, die letztlich immer von einer Interessenabwägung abhängt, bei der auch die konkreten Umstände der Beweisgewinnung Berücksichtigung finden können.[1336]

Letztlich gelten auch bei der Durchführung der Mitarbeiterbefragung die vom StGB[1337] und vom Daten- und Arbeitsrecht gesetzten Grenzen. Da auch die Befragung eine Datenerhebung i.S.d. § 3 Abs. 3 BDSG darstellt,[1338] ist auch hier eine Erlaubnisnorm i.S.d. § 4 Abs. 1 BDSG erforderlich. Auf Grund der in

1332 *Rübenstahl*, WiJ 2012, 17, 19 f.; *Rödiger*, Strafverfolgung von Unternehmen, S. 249 stellt heraus, dass der staatlichen Strafverfolgung eine „völlig andere Interessenkonstellation zugrunde liegt."

1333 *Momsen*, ZIS 2011, 508, 514.

1334 *Rübenstahl*, WiJ 2012, 17, 19 f.

1335 *Brockhaus*, in: Internal Investigations, Kap. 26 Rn. 73.

1336 Im Ergebnis: *Rübenstahl*, WiJ 2012, 17, 20; *v. Rosen*, Internal Investigations bei Compliance-Verstößen, S. 90; *Kempf/Schilling*, in: …, § 10 Rn. 51.

1337 *Rübenstahl*, WiJ 2012, 17, 29; *Momsen*, ZIS 2011, 508, 514.

1338 *Renners*, Private Investigation und Arbeitsrecht, S. 146; *Gola/Schomerus*, BDSG, § 4 Rn. 18; *Wybitul*, in: Internal Investigations, Kap. 11 Rn. 43; *Maschmann*, in: Compliance und Strafrecht, S. 85, 88.

§ 32 Abs. 2 BDSG getroffenen Ausnahmeregelung kann dabei grundsätzlich auf § 32 Abs. 1 S. 2 BDSG zurückgegriffen werden,[1339] sofern dabei personenbezogene Daten eines Beschäftigten erhoben werden.

IV. Amnestieprogramme

1. Allgemeines[1340]

Die Mitarbeiterbefragung stellt eine der wichtigsten Quellen der Informationsgewinnung dar,[1341] denn die Mitarbeiter eines Unternehmens sind in aller Regel die „Wissensträger"[1342]. Allerdings ist es für die internen Ermittler zumeist nicht leicht, an dieses Wissen zu gelangen, da die Mitarbeiter häufig auf dem schmalen Grat zwischen bloßem Mitwisser und Täter wandeln.[1343] Der einfache Hinweis auf die bestehende Auskunftspflicht wird einen aussageunwilligen Mitarbeiter daher in der Regel nicht dazu bewegen, eine (ggf. selbstbelastende) Aussage zu tätigen.[1344] Die Furcht vor dem Verlust des Arbeitsplatzes, der Geltendmachung von Schadensersatzansprüchen und vor allem strafrechtlicher Verfolgung ist häufig zu groß.[1345] Um diese „Mauer des Schweigens"[1346] zu durchbrechen, wird

1339 *Maschmann*, NZA-Beilage 2012, 50, 55; *Leipold*, NJW-Spezial 2011, 56, 57; *Wybitul*, BB 2009, 1582, 1584; *Vogel/Glas*, DB 2009, 1747, 1750; *Kort*, DB 2011, 651, 655; *Kienast*, in: Deutsch-Amerikanische Korruptionsverfahren, § 8 Rn. 52; *Spehl/Gruetzner*, in: Corporate Internal Investigations, § 6 Rn. 45; vgl. auch: *Müller-Bonanni*, AnwBl 2010, 651, 653: Interviews fallen zwar unter den Wortlaut, dies entspreche aber nicht dem Willen des Gesetzgebers.

1340 Eine Aufzählung von Vor- und Nachteilen einer Amnestie findet sich bei *Leisner*, in: Internal Investigations, Kap. 9 Rn. 6 ff.

1341 *Brückner*, BB Special 4/2010, 21, 26; *Fritz/Nolden*, CCZ 2010, 170, 174; *Weiße*, in: Moosmayer/Hartwig, Interne Untersuchungen, S. 41, 58: „essentiell für den Aufklärungserfolg".

1342 *Göpfert/Merten/Siegrist*, NJW 2008, 1703, 1704; *Theile*, StV 2011, 381, 384; *Weiße*, in: Moosmayer/Hartwig, Interne Untersuchungen, S. 41, 58; *Rödiger*, Strafverfolgung von Unternehmen, S. 226; *Kahlenberg/Schwinn*, CCZ 2012, 81; *Böhm*, WM 2009, 1923, 1924.

1343 *Göpfert/Merten/Siegrist*, NJW 2008, 1703, 1704; auch: *Weiße*, in: Moosmayer/Hartwig, Interne Untersuchungen, S. 41, 58 f.

1344 *Lützeler/Müller-Sartori*, CCZ 2011, 19, 25; *Weiße*, in: Moosmayer/Hartwig, Interne Untersuchungen, S. 41, 58.

1345 *Weiße*, in: Moosmayer/Hartwig, Interne Untersuchungen, S. 41, 58; *Annuß/Pelz*, BB Special 4/2010, 14, 14 f.; *Breßler/Kuhnke/Schulz/Stein*, NZG 2009, 721.

1346 *Göpfert/Merten/Siegrist*, NJW 2008, 1703, 1704; *Annuß/Pelz*, BB Special 4/2010, 14; *Breßler/Kuhnke/Schulz/Stein*, NZG 2009, 721, 722; *v. Rosen*, Internal Investigations bei Compliance-Verstößen, S. 98; *Maschmann*, in: Corporate Compliance und

häufig eine sog. „Amnestie“[1347] oder Kronzeugenregelung[1348] vereinbart, die für die Mitarbeiter einen Anreiz zur Offenbarung ihres Wissens bieten soll.[1349] Darunter versteht man die Zusage von Vergünstigungen im Falle aktiver Mithilfe bei Aufklärung der Verdachtsfälle, auch wenn der Arbeitnehmer selbst unmittelbar am Verstoß beteiligt war.[1350] Berücksichtigt werden sollte jedoch, dass auf Grund der mit einer Amnestie regelmäßig verbundenen Belastungen für das Unternehmen auf sie nur als „letztes Mittel der internen Sachverhaltsaufklärung“ zurückgegriffen werden sollte.[1351] Zudem kann eine zeitliche Befristung sinnvoll sein, um zu verhindern, dass Mitarbeiter zunächst abwarten, ob ihr Fehlverhalten entdeckt wird, um erst dann die Amnestie für sich in Anspruch zu nehmen.[1352]

Üblicherweise wird zwischen zwei Amnestieformen unterschieden: Bei der Generalamnestie werden den Adressaten die Zusagen des Arbeitgebers unabhängig von weiteren Voraussetzungen gemacht. Bei einer Spezialamnestie hingegen macht das Unternehmen die Geltung seiner Zusagen von weiteren Voraussetzungen abhängig. Typischerweise wird vom Adressaten die Teilnahme an der Untersuchung und die nach bestem Wissen wahrheitsgemäße und

---

Arbeitsrecht, S. 149, 179; *Weiße*, in: Moosmayer/Hartwig, Interne Untersuchungen, S. 41, 58.

1347 Vgl. z.B. Siemens: http://www.siemens.com/responsibility/report/07/de/fokus/compli-ance.htm.

1348 *Maschmann*, in: Corporate Compliance und Arbeitsrecht, S. 149, 179; *Wuttke*, Straftäter im Betrieb, S. 149; *v. Rosen*, Internal Investigations bei Compliance-Verstößen, S. 98; *Göpfert/Merten/Siegrist*, NJW 2008, 1703, 1704; *Leipold*, NJW-Spezial 2011, 56, 57; vgl. auch: *Breßler/Kuhnke/Schulz/Stein*, NZG 2009, 721, 722 Fn. 9 halten den Begriff „Kronzeugenregelung“ für verfehlt.

1349 *Weiße*, in: Moosmayer/Hartwig, Interne Untersuchungen, S. 41, 59; *Rödiger*, Strafverfolgung von Unternehmen, S. 227; *Göpfert/Merten/Siegrist*, NJW 2008, 1703, 1704; *Sieg*, in: FS Buchner, S. 859, 870; *Kahlenberg/Schwinn*, CCZ 2012, 81; *Wastl/Pusch*, RdA 2009, 376, 377; *Breßler/Kuhnke/Schulz/Stein*, NZG 2009, 721.

1350 *Lelley*, Compliance im Arbeitsrecht, Rn. 647; vgl. aber auch: *Weiße*, in: Moosmayer/Hartwig, Interne Untersuchungen, S. 41, 61 f.: Amnestie müsse ausscheiden, sofern sich der Mitarbeiter unrechtmäßig bereichert hat, Initiator oder Anstifter ist.

1351 *Annuß/Pelz*, BB Special 4/2010, 14, 21; dazu *Leisner*, in: Internal Investigations, Kap. 9 Rn. 31: „wohl eine etwas zu restriktive Einschätzung“.

1352 *Kahlenberg/Schwinn*, CCZ 2012, 81, 82; *Moosmayer*, Compliance, S. 101; vgl. auch: *Krull*, in: Bay, Handbuch Internal Investigations, Kap. 3 Rn. 49.

umfassende[1353] Aussage verlangt.[1354] Teilweise werden die Zusagen des Arbeitgebers allerdings nur unter dem Vorbehalt einer Verurteilung gemacht, sodass sich der Arbeitnehmer im Falle seiner Verurteilung nicht auf die im Rahmen der Amnestie gemachten Zusagen berufen kann.[1355]

Sinnvoll erscheint die Vereinbarung einer Amnestie vor allem, wenn ein Sachverhalt vorliegt, der im Falle der Nichtaufklärung potentiell schwerwiegende materielle oder immaterielle Auswirkungen für das Unternehmen haben kann, wie bspw. Korruptions- oder Kartellrechtsverstöße.[1356] Zudem sollte der Kenntnis des betroffenen Mitarbeiters ein besonderer Aufklärungswert[1357] zukommen.[1358]

2. *Inhalt und typische Bestandteile einer Amnestie*[1359]

Die Vereinbarung einer Amnestie ist an keine feststehenden Rechtsfolgen geknüpft.[1360] Typischerweise sagt der Arbeitgeber dem Mitarbeiter aber im Rahmen eines Amnestieprogrammes zu, von bestimmten Konsequenzen, insbesondere

---

1353 Vollumfängliche Kooperation: *Annuß/Pelz*, BB Special 4/2010, 14, 15; *Göpfert/Drägert/Woyte*, ZWH 2012, 132; *Weiße*, in: Moosmayer/Hartwig, Interne Untersuchungen, S. 41, 61; *Wastl/Litzka/Pusch*, NStZ 2009, 68, 69; *Knauer/Buhlmann*, AnwBl 2010, 387, 388; *Sieg*, in: FS Buchner, S. 859, 870; *Leisner*, in: Internal Investigations, Kap. 9 Rn. 64; *Kienast*, in: Deutsch-Amerikanische Korruptionsverfahren, § 8 Rn. 25; *Annuß/Pelz*, BB Special 4/2010, 14, 15; im Ergebnis auch: *Kahlenberg/Schwinn*, CCZ 2012, 81, 82; *Göpfert/Merten/Siegrist*, NJW 2008, 1703, 1704; vgl. auch: *Breßler/Kuhnke/Schulz/Stein*, NZG 2009, 721, 723: auflösenden Bedingung (§ 158 Abs. 2 BGB).

1354 *Breßler/Kuhnke/Schulz/Stein*, NZG 2009, 721, 722; *Mengel*, in: Internal Investigations, Kap. 13 Rn. 66; *Krull*, in: Bay, Handbuch Internal Investigations, Kap. 3 Rn. 50 f.

1355 *Momsen*, ZIS 2011, 508, 510; *Roxin*, StV 2012, 116, 119; auch *Breßler/Kuhnke/Schulz/Stein*, NZG 2009, 721, 723: Amnestievereinbarungen unterscheiden teilweise in Hinblick auf die Schwere der Verfehlung, sodass bspw. Vorsatztaten oder Verbrechen ausgenommen sind.

1356 *Weiße*, in: Moosmayer/Hartwig, Interne Untersuchungen, S. 41, 60; vgl. auch: *Leisner*, in: Internal Investigations, Kap. 9 Rn. 20 ff., der eine Reihe von Situationen aufzählt, in denen die Vereinbarung einer Amnestie sinnvoll erscheint und in den Rn. 27 ff. Gründe aufzählt, die dagegen sprechen.

1357 *Moosmayer*, Compliance, S. 101 fordert einen „echten Mehrwert".

1358 *Weiße*, in: Moosmayer/Hartwig, Interne Untersuchungen, S. 41, 61; im Ergebnis auch: *Annuß/Pelz*, BB Special 4/2010, 14, 15: Es wird erwartet, dass Mitarbeiter ungefragt alle den Untersuchungsgegenstand betreffenden Kenntnisse offenbaren.

1359 Zu den typischen Regelungen in Amnestieprogrammen: *Annuß/Pelz*, BB Special 4/2010, 14, 15 ff.; *Leisner*, in: Internal Investigations, Kap. 9 Rn. 42 ff.

1360 *Breßler/Kuhnke/Schulz/Stein*, NZG 2009, 721, 727.

von der Kündigung und der Geltendmachung von Schadensersatzansprüchen, abzusehen und bestimmte Verpflichtungen, wie die Freistellung von Verteidigerkosten und/oder der Verzicht auf die Weiterleitung individualisierter Informationen an die Strafverfolgungsbehörden (also vor allem das Absehen vom Stellen einer Strafanzeige, -antrag), einzugehen.[1361] Insoweit spricht man von einer sog. arbeits-, zivil- und strafrechtlichen Amnestie.[1362]

Der Begriff der Amnestie ist jedoch mitunter irreführend.[1363] Er darf nicht darüber hinwegtäuschen, dass – überspitzt dargestellt – die Vereinbarung einer Amnestie im Ergebnis für den Arbeitnehmer häufig nichts anderes bedeutet als: „Entweder Du kooperierst vollständig, oder Du erhältst eine Verdachtskündigung!“[1364]

a. Absehen von arbeitsrechtlichen Sanktionen

Da sich die interne Ermittlung anlässlich eines Verdachtsfalles häufig auf ein Fehlverhalten eines Mitarbeiters bezieht, das in aller Regel eine Pflichtverletzung darstellt, die den Arbeitgeber zu arbeitsrechtlichen Sanktionen berechtigt,[1365] wird im Rahmen einer Amnestie von Seiten des Arbeitgebers typischerweise die Zusage gemacht, von der einseitigen Auflösung des Arbeitsverhältnisses abzusehen.[1366] Der Kündigungsverzicht gilt als „typischer Kern eines Amnestieprogramms“.[1367] Weniger schwerwiegende Sanktionen wie die Abmahnung oder Versetzung werden regelmäßig allerdings nicht vom arbeitsrechtlichen Sanktionsausschluss ausgeschlossen, damit dem Unternehmen gewisse Handlungsmöglichkeiten gegen den entsprechenden Mitarbeiter verbleiben.[1368]

1361 *Leipold*, NJW-Spezial 2011, 56, 57; *Kahlenberg/Schwinn*, CCZ 2012, 81, 83; zu einzelnen Zusagen vgl.: *Annuß/Pelz*, BB Special 4/2010, 14, 15 ff.; *Göpfert/Merten/Siegrist*, NJW 2008, 1703, 1704; *Breßler/Kuhnke/Schulz/Stein*, NZG 2009, 721, 722 f.; *Knauer/Buhlmann*, AnwBl 2010, 387, 388; *Lützeler/Müller-Sartori*, CCZ 2011, 19, 25.

1362 *Rödiger*, Strafverfolgung von Unternehmen, S. 289.

1363 *Kolbe*, NZA 2009, 228, 229; *Weiße*, in: Moosmayer/Hartwig, Interne Untersuchungen, S. 41, 60; *Knauer*, ZWH 2012, 81, 84: „missverständlich“.

1364 *Momsen*, ZIS 2011, 508, 515; so auch: *Knauer*, in: Verhandlungen 67. DJT 2008, L 159; der Begriff „Amnestie“ wird von *Knauer/Buhlmann*, AnwBl 2010, 387, 388 als „nicht ohne zynischen Witz“ bezeichnet.

1365 *Breßler/Kuhnke/Schulz/Stein*, NZG 2009, 721, 722.

1366 *Leisner*, in: Internal Investigations, Kap. 9 Rn. 43 ff.; *Kienast*, in: Deutsch-Amerikanische Korruptionsverfahren, § 8 Rn. 28.

1367 *Annuß/Pelz*, BB Special 4/2010, 14, 15.

1368 *Göpfert/Drägert/Woyte*, ZWH 2012, 132; *Sieg*, in: FS Buchner, 857, 870; *Leisner*, in: Internal Investigations, Kap. 9 Rn. 46.

b. Schutz vor Schadenersatzansprüchen

Dem Mitarbeiter droht unter Umständen auf Grund seines Fehlverhaltens von Unternehmensseite Schadensersatzforderungen ausgesetzt zu sein.[1369] Diese können ein für ihn mitunter existenzbedrohendes Ausmaß annehmen.[1370] Im Rahmen einer Amnestievereinbarung sagen Unternehmen daher regelmäßig zu, entsprechende Schadensersatzansprüche gegen den Mitarbeiter nicht geltend zu machen[1371] oder auf sie zu verzichten.[1372]

c. Schutz vor Strafverfolgung

Die Mitarbeiter haben ein Interesse daran, im Falle einer (selbstbelastenden) Aussage möglichst einen Schutz vor Strafverfolgung durch das Unternehmen zu erlangen.[1373] Dabei ist aber zu beachten, dass der Arbeitgeber lediglich privatrechtliche Konsequenzen ausschließen, Straffreiheit hingegen naturgemäß nicht gewähren kann.[1374] Es ist jedoch zu befürchten, dass dem juristischen Laien

---

1369 *Breßler/Kuhnke/Schulz/Stein*, NZG 2009, 721, 722.

1370 *Annuß/Pelz*, BB Special 4/2010, 14, 16.

1371 *Breßler/Kuhnke/Schulz/Stein*, NZG 2009, 721, 722: „Stillhaltevereinbarung" (pactum de non petendo); so auch: *Göpfert/Drägert/Woyte*, ZWH 2012, 132, 134: „Stillhalteabkommen".

1372 *Breßler/Kuhnke/Schulz/ Stein*, NZG 2009, 721, 722; siehe auch: *Annuß/Pelz*, BB Special 4/2010, 14, 16, die vor einem generellen Verzicht der Schadensersatzansprüche dringend warnen und vielmehr lediglich die Zusage der Nichtdurchsetzung des Schadensersatzanspruches empfehlen; so auch: *Leisner*, in: Internal Investigations, Kap. 9 Rn. 48 f.; vgl. auch: *Wastl/Pusch*, RdA 2009, 376 ff. zu den haftungsrechtlichen Konsequenzen einer Amnestie, insbesondere in Hinblick auf die Geltendmachung von Schadensersatzansprüchen ggü. beteiligten nicht amnestierten Führungskräften.

1373 *Breßler/Kuhnke/Schulz/Stein*, NZG 2009, 721, 722; vgl. auch: *Gerst*, CCZ 2012, 1, 4 f., der zur Steigerung der Kooperationsbereitschaft des Mitarbeiters vorschlägt, das Interview von einer Person durchführen zu lassen, die strafprozessual „im Lager" des Mitarbeiters steht, um zu gewährleisten, dass Ergebnisse privater Ermittlungen so lange vor staatlichem Zugriff sicher sind, bis der Betroffene mit der Weitergabe einverstanden ist; **a.A.**: *Fritz*, CCZ 2011, 156, 160.

1374 *Leisner*, in: Internal Investigations, Kap. 9 Rn. 55; *Theile*, StV 2011, 381, 384; *Leipold*, NJW-Spezial 2011, 56, 57; *Göpfert/Drägert/Woyte*, ZWH 2012, 132, 133; *Gerst*, CCZ 2012, 1, 2; *Wastl/Litzka/Pusch*, NStZ 2009, 68, 71; *Momsen*, ZIS 2011, 508, 515; *Rödiger*, Strafverfolgung von Unternehmen, S. 289; *Moosmayer*, Compliance, S. 100; *Knauer/Buhlmann*, AnwBl 2010, 387, 392; *v. Rosen*, Internal Investigations bei Compliance-Verstößen, S. 90 geht davon aus, dass der Arbeitgeber den Mitarbeiter darauf hinweisen muss, dass die Amnestie die Strafverfolgungsbehörden nicht bindet;

durch eine Amnestievereinbarung häufig der Eindruck vermittelt wird, dass er eine Verschonung vor strafrechtlicher Verfolgung erlangt.[1375] Die Einleitung des Strafverfahrens steht jedoch lediglich im Ausnahmefall zur Disposition des Unternehmens (absolute Antragsdelikte), sodass das Unternehmen im Rahmen einer Amnestie nur die Zusage machen kann, keine Strafanzeige bzw. keinen Strafantrag zu stellen.[1376]

Für den Mitarbeiter ergibt sich daraus die missliche Situation, dass selbst für den Fall, dass ihm von Seiten des Unternehmens die Vertraulichkeit der Untersuchung zugesichert wurde, die Ergebnisse des Interviews zur Staatsanwaltschaft gelangen können, bspw. im Wege des Urkundenbeweises oder der Zeugenvernehmung des interviewenden Ermittlers.[1377] Das anwaltliche Zeugnisverweigerungsrecht aus § 53 Abs. 1 S. 1 Nr. 3 StPO greift hier nicht zugunsten des beschuldigten Mitarbeiters ein, da es ausschließlich die Mandatsbeziehung zwischen Rechtsanwalt und Unternehmen schützt, das den Anwalt ohne Weiteres von seiner Schweigepflicht entbinden kann, § 53 Abs. 2 S. 1 StPO.[1378] Die Entbindung von der Schweigepflicht hat für das Unternehmen den Vorteil, dass hierdurch seine Unnachgiebigkeit in der Aufklärung der Verdachtsfälle sowohl gegenüber den Behörden als auch der Öffentlichkeit verdeutlicht wird. Das Unternehmen kann sich dadurch nach außen hin als Opfer einer kriminellen Handlung darstellen.[1379]

d. Zusicherung von Vertraulichkeit

Amnestieregelungen enthalten darüber hinaus regelmäßig Bestimmungen zur vertraulichen Behandlung der Aussage. Eine Weitergabe der Informationen ist häufig nur im Kreise der die Untersuchung führenden Personen und an

---

vgl. auch: *Sieg*, in: FS Buchner, S. 859, 870, der sich dafür ausspricht, aus Gründen der Fairness den Arbeitnehmer darüber zu informieren.

1375 *Momsen*, ZIS 2011, 508, 515; *Knauer/Buhlmann*, AnwBl 2010, 387, 393.

1376 *Breßler/Kuhnke/Schulz/Stein*, NZG 2009, 721, 722, 727; vgl. auch: *Rübenstahl/Skoupil*, WiJ 2012, 177 ff.: Grds. keine Pflicht zur Erstattung einer Strafanzeige.

1377 Vgl. dazu aber S. 290 ff. (Beweisverwertungsverbot).

1378 *Rödiger*, Strafverfolgung von Unternehmen, S. 228; *Theile*, StV 2011, 381, 384; beachte in diesem Zusammenhang auch den Beschluss des LG Hamburg NJW 2011, 942 ff., wonach Interviewprotokolle nicht dem Beschlagnahmeverbot des § 97 Abs. 1 Nr. 3 StPO unterliegen; **a.A.**: LG Mannheim, wistra 2012, 400, 407, sofern Interviewprotokolle im Gewahrsamsbereich der Rechtsanwälte; ebenso: LG Bonn, NZWiSt 2013, 21 ff.

1379 *Theile*, StV 2011, 381, 384.

Mitglieder der Unternehmensleitung, ggf. noch an den Compliance-Beauftragten gestattet.[1380]

Dabei sollte allerdings berücksichtigt werden, dass für den Fall, dass eine gesetzliche Offenlegungspflicht (Bsp.: § 15 WpHG; § 131 AktG; § 51a GmbHG) existiert, eine Ausnahme besteht.[1381] Das Unternehmen kann damit die Vertraulichkeit nicht im vollen Umfang zusagen[1382] und sollte daher eine entsprechende Ausnahme von der Vertraulichkeitszusage für das Bestehen gesetzlicher Veröffentlichungs- oder Informationspflichten vorsehen.[1383]

e. Übernahme von Verteidigerkosten und Geldstrafen[1384]

Bestandteil eines Amnestieprogrammes ist häufig zudem die Zusage des Unternehmens, im Falle der Einleitung eines Strafverfahrens die Verteidigerkosten, die dem Mitarbeiter in diesem Zusammenhang entstehen, zu übernehmen.[1385] Teilweise wird darüber hinaus auch vereinbart, dass das Unternehmen eventuell gegen den Mitarbeiter verhängte Geldstrafen oder -bußen übernimmt.[1386]

Da Mitarbeiter, die im Rahmen eines Interviews aussagen, stets befürchten müssen, später strafrechtlich belangt zu werden,[1387] kann gerade auch die Übernahme der Rechtsanwaltskosten durch das Unternehmen eine entscheidende (finanzielle) Erleichterung für den Mitarbeiter bedeuten und so die

1380 *Breßler/Kuhnke/Schulz/Stein*, NZG 2009, 721, 723; *Wisskirchen/Glaser*, DB 2011, 1447, wonach dem Zeugen Vertraulichkeit nur in dem Sinne zugesichert werden könne, dass der „Adressatenkreis … so klein wie möglich (aber so groß wie nötig)" gehalten wird; so auch: *Wisskirchen/Glaser*, in: Soziale Marktwirtschaft, S. 209, 213; *Kahlenberg/Schwinn*, CCZ 2012, 81, 83, die entsprechenden Hinweis im Amnestieprogramm fordern; *Schürrle/Olbers*, CCZ 2010, 178, 179 fordern wohl generell einen solchen Hinweis.

1381 *Breßler/Kuhnke/Schulz/Stein*, NZG 2009, 721, 723, 725.

1382 *Breßler/Kuhnke/Schulz/Stein*, NZG 2009, 721, 725.

1383 *Breßler/Kuhnke/Schulz/Stein*, NZG 2009, 721, 726.

1384 Vorsicht ist bei Übernahme der Verfahrenskosten geboten, da insoweit ein Bestandteil des steuerpflichtigen Arbeitslohns vorliegen kann, *Kahlenberg/Schwinn*, CCZ 2012, 81, 85.

1385 *Breßler/Kuhnke/Schulz/Stein*, NZG 2009, 721, 723; *Leisner*, in: Internal Investigations, Kap. 9 Rn. 51 ff.; zur steuerlichen Behandlung der Übernahme von Strafverteidigungskosten: *Beckschäfer*, ZWH 2012, 345 ff.

1386 *Breßler/Kuhnke/Schulz/Stein*, NZG 2009, 721, 722 f.; *Annuß/Pelz*, BB Special 4/2010, 14, 15, 17; *Leisner*, in: Internal Investigations, Kap. 9 Rn. 58 ff.

1387 *Rödiger*, Strafverfolgung von Unternehmen, S. 228.

Kooperationsbereitschaft steigern.[1388] Zu beachten ist allerdings, dass die Übernahme der Verteidigerkosten unter Umständen nur unter weiteren Voraussetzungen zugesagt wird, wie bspw. der fehlenden (vorsätzlichen) Strafbarkeit des Mitarbeiters[1389] oder der Unterordnung unter die Verteidigungsstrategie des Unternehmens.[1390]

3. *Vergaberechtliche Grenzen der Amnestie*

Bei der Vereinbarung einer Amnestie sollte das Unternehmen stets die Auswirkungen auf das Vergaberecht berücksichtigen, denn Unternehmen sind bspw. nach § 6 EG Abs. 4 VOL/A zwingend von öffentlichen Vergabeverfahren auszuschließen, wenn einer ihrer (noch beschäftigten) Mitarbeiter wegen eines der dort aufgezählten Delikte (Bsp.: Betrug, Bestechung) rechtskräftig verurteilt wurde, sog. zwingender Ausschluss. Unternehmen, an deren Zuverlässigkeit gezweifelt wird, können bspw. gemäß § 16 Abs. 1 Nr. 2 lit. c VOB/A und § 6 Abs. 5 lit. c VOL/A von der Teilnahme an öffentlichen Ausschreibungen ausgeschlossen werden, sog. fakultativer Ausschluss.[1391] Zudem enthalten zahlreiche landesrechtliche Gesetze Regelungen, wonach ein Unternehmen in ein sog. Korruptionsregister eingetragen werden kann, was faktisch ebenfalls den Ausschluss von öffentlichen Ausschreibungen für mehrere Jahren bedeuten kann, sog. Vergabesperre[1392], vgl. S. 13 ff.

Die vergaberechtliche Zuverlässigkeit kann allerdings durch eine sog. Selbstreinigung wiederhergestellt werden. Dafür ist grundsätzlich erforderlich, dass sich das Unternehmen ernsthaft und nachhaltig darum bemüht, die Vorfälle

---

1388 *Annuß/Pelz*, BB Special 4/2010, 14, 16; *Sieg*, in: FS Buchner, S. 859, 870; *Kahlenberg/Schwinn*, CCZ 2012, 81, 84 f.; *Weiße*, in: Moosmayer/Hartwig, Interne Untersuchungen, S. 41, 64, wonach dies im Hinblick auf die arbeitsrechtliche Fürsorgepflicht sogar geboten sein könne.

1389 *Göpfert/Merten/Siegrist*, NJW 2008, 1703, 1704; *Knauer/Buhlmann*, AnwBl 2010, 387, 388; *Spehl/Gruetzner*, in: Corporate Internal Investigations, § 6 Rn. 175; *Annuß/Pelz*, BB Special 4/2010, 14, 16; *Knauer*, ZWH 2012, 81, 85; *Kahlenberg/Schwinn*, CCZ 2012, 81, 85, vgl. auch S. 84, wonach Amnestiegewährung grds. unter der Bedingung stehen kann; zu Einschränkungen der Amnestie: *Breßler/Kuhnke/Schulz/Stein*, NZG 2009, 721, 723.

1390 *Göpfert/Merten/Siegrist*, NJW 2008, 1703, 1704 f.; *Spehl/Gruetzner*, in: Corporate Internal Investigations, § 6 Rn. 175.

1391 *Annuß/Pelz*, BB Special 4/2010, 14, 18; *Breßler/Kuhnke/Schulz/Stein*, NZG 2009, 721, 726.

1392 *Breßler/Kuhnke/Schulz/Stein*, NZG 2009, 721, 726.

umfassend aufzuklären, die erforderlichen organisatorischen und personellen Konsequenzen zu ergreifen, um künftige Verstöße zu verhindern, mit den Ermittlungsbehörden und der Vergabestelle zusammenzuarbeiten und für einen eventuell entstandenen Schaden Ersatz zu leisten, vgl. S. 40 f.

Auf der einen Seite fordert die Rechtsprechung[1393] vom Unternehmen für die Selbstreinigung grundsätzlich die unverzügliche und vollständige Trennung vom Täter.[1394] Dabei könnten jedoch auch weniger weitreichende personelle Konsequenzen ergriffen werden, sofern der Täter lediglich eine untergeordnete Hilfsposition im Unternehmen einnahm und nicht federführend an der Verfehlung beteiligt war.[1395] Auf der anderen Seite fordert die Rechtsprechung aber gleichzeitig eine umfassende Aufklärung der Verdachtsfälle, die wiederum ohne Gewährung einer Amnestie möglicherweise gar nicht erfolgen könnte[1396]. Wie der Ausgleich dieser beiden Aspekte gelingen kann, ist Frage des Einzelfalles.[1397] Festzuhalten ist jedoch, dass der Verzicht auf jegliche personelle Maßnahmen im Zuge einer Generalamnestie jedenfalls nicht mit den Anforderungen an eine vergaberechtliche Selbstreinigung zu vereinbaren ist.[1398] Darüber hinaus sollte Mitgliedern der obersten Leitungsorgane und anderen mit zentralen Führungsrollen befassten Mitarbeitern grundsätzlich keine Amnestie gewährt werden. Für alle anderen sollten einfache Disziplinarmaßnahmen vorbehalten werden. Eine Amnestie sollte zudem nur gewährt werden, wenn andere Aufklärungsmaßnahmen keinen Erfolg hatten.[1399]

4. *Beseitigung von Amnestiezusagen*[1400]

Hält sich der Mitarbeiter nicht an die im Rahmen der Amnestievereinbarung gemachten Zusagen, vor allem umfänglich und wahrheitsgemäß auszusagen, fühlt

---

1393 Vgl. nur: OLG Brandenburg, NZBau 2008, 277, 279; LG Berlin, NZBau 2006, 397, 399.

1394 *Breßler/Kuhnke/Schulz/Stein*, NZG 2009, 721, 726; *Rödiger*, Strafverfolgung von Unternehmen, S. 291.

1395 *Breßler/Kuhnke/Schulz/Stein*, NZG 2009, 721, 726; vgl. auch: *Annuß/Pelz*, BB Special 4/2010, 14, 18: Bsp.: Versetzung des Täters in anderen Unternehmensbereich, sodass er keine Einwirkungsmöglichkeiten mehr auf vergaberechtlich relevante Vorgänge hat.

1396 *Breßler/Kuhnke/Schulz/Stein*, NZG 2009, 721, 727.

1397 *Rödiger*, Strafverfolgung von Unternehmen, S. 291.

1398 *Breßler/Kuhnke/Schulz/Stein*, NZG 2009, 721, 726, 727.

1399 *Breßler/Kuhnke/Schulz/Stein*, NZG 2009, 721, 727.

1400 Ausführlich dazu: *Göpfert/Drägert/Woyte*, ZWH 2012, 132, 135 ff.

auch der Arbeitgeber sich nicht länger an die Amnestievereinbarung gebunden und möchte sich in aller Regel von dieser lösen.[1401]

Zur Beseitigung einer Amnestiezusage sind verschiedene Möglichkeiten in Betracht zu ziehen. Zu denken ist zum einen an einen automatischen Wegfall des Schutzes durch Eintritt der Wirkungslosigkeit der Amnestiezusage oder durch Eintritt einer auflösenden oder aufschiebenden Bedingung und zum anderen an eine nachträgliche Beseitigung des Schutzes durch Ausübung eines Kündigungs-, Widerrufs- oder Rücktrittsrechts.[1402]

Vorzugswürdig erscheint letztlich die Vereinbarung eines Widerrufsvorbehaltes, der es dem Arbeitgeber ermöglicht, die Amnestiezusage zu widerrufen und gegen den Mitarbeiter vorzugehen, ohne dass er Beweisschwierigkeiten zu fürchten braucht. Der Widerruf sollte ausdrücklich für die Fälle der unvollständigen oder wahrheitswidrigen Aussage vorgesehen werden. Zu berücksichtigen ist jedoch, dass der Widerrufsvorbehalt an den §§ 305 ff. BGB zu messen ist.[1403]

5. *Beteiligung des Betriebsrates*

Amnestieversprechen können das Mitbestimmungsrecht des Betriebsrates nach § 87 Abs. 1 Nr. 1 BetrVG auslösen. Der notwendige abstrakt-generelle Regelungscharakter fehlt bei individuellen Zusagen. Wird die Amnestie jedoch kollektiv gewährt (zumindest könnte die Amnestie grundsätzlich auf eine Vielzahl von Mitarbeitern Anwendung finden[1404]), besteht ein Mitbestimmungsrecht, da das betriebliche Zusammenleben und -wirken der Arbeitnehmer betroffen ist, das als „betriebliches Ordnungsverhalten" in den Regelungsbereich des § 87 Abs. 1 Nr. 1 BetrVG fällt.[1405] Ein Mitbestimmungsrecht besteht auch, wenn die Amnestiegewährung einer abstrakten Regel folgt, wie bspw. Gewährung der Amnestie für alle Mitarbeiter, die sich bis zu einem bestimmten Datum aktiv an der Aufklärung beteiligen.[1406]

Hinsichtlich der Entscheidung, ob eine Amnestieregelung eingeführt wird, besteht jedoch kein Mitbestimmungsrecht des Betriebsrates,[1407] vielmehr obliegt

---

1401 *Göpfert/Drägert/Woyte*, ZWH 2012, 132 f.

1402 *Göpfert/Drägert/Woyte*, ZWH 2012, 132, 135.

1403 *Göpfert/Drägert/Woyte*, ZWH 2012, 132, 138.

1404 *Weiße*, in: Moosmayer/Hartwig, Interne Untersuchungen, S. 41, 65.

1405 *Maschmann*, in: Corporate Compliance und Arbeitsrecht, S. 149, 182; im Ergebnis auch: *Lelley*, Compliance im Arbeitsrecht, Rn. 652; *Göpfert/Merten/Siegrist*, NJW 2008, 1703, 1708; **a.A.**: *Mengel*, in: Internal Investigations, Kap. 13 Rn. 79.

1406 *Lelley*, Compliance im Arbeitsrecht, Rn. 652 f.; vgl. auch: BAGE 78, 224.

1407 *Breßler/Kuhnke/Schulz/Stein*, NZG 2009, 721, 725; *Mengel*, in: Internal Investigations, Kap. 13 Rn. 79; *Kahlenberg/Schwinn*, CCZ 2012, 81, 84.

diese Entscheidung dem Arbeitgeber. Lediglich bei der Ausgestaltung der Regelung ist der Betriebsrat ggf. zur Mitbestimmung berechtigt.[1408] Es besteht jedoch ein Informationsrecht gemäß § 80 Abs. 2 S. 1 BetrVG.[1409]

Unabhängig von einer Verpflichtung zur Beteiligung des Betriebsrates kann es sinnvoll sein, ihn frühzeitig zu involvieren und einvernehmlich die Befragungen durchzuführen,[1410] da er ggf. bei der Vermittlung des Amnestieprogrammes bei den Arbeitnehmern unterstützend tätig werden kann.[1411]

6 *Strafbarkeitsrisiken hinsichtlich der Gewährung von Amnestien*

a. § 266 StGB – Untreue

Gemäß § 266 Abs. 1 StGB ist strafbar, wer die ihm eingeräumte Befugnis, über fremdes Vermögen zu verfügen oder einen anderen zu verpflichten, missbraucht oder die ihm obliegende Pflicht, fremde Vermögensinteressen wahrzunehmen, verletzt und dadurch dem, dessen Vermögensinteressen er zu betreuen hat, einen Nachteil zufügt.

Die Vereinbarung eines Amnestieprogrammes, bei dem betroffenen Arbeitnehmern der Verzicht auf Schadensersatzansprüche, die Übernahme von Verteidigerkosten und Geldsanktionen zugesagt wird, birgt für den Vorstand bzw. die Geschäftsführung die Gefahr, sich gemäß § 266 Abs. 1 StGB wegen Untreue strafbar zu machen, sofern sich die Durchführung oder Ausgestaltung des Amnestieprogrammes als pflichtwidrig erweist und daraus für das Unternehmen wirtschaftliche Nachteile entstehen.[1412]

aa. Verpflichtungs- oder Verfügungsbefugnis

Die Befugnis, über fremdes Vermögen zu verfügen oder einen anderen zu verpflichten, beschreibt eine Rechtsstellung, die den Täter nach außen in Stande setzt, Vermögensrechte eines anderen wirksam zu ändern, zu übertragen oder aufzuheben oder ihn mit einer Verbindlichkeit zu belasten.[1413] Die Verfügungs- oder Verpflichtungsbefugnis kann dabei auf Gesetz, behördlichem Auftrag oder Rechtsgeschäft beruhen.

1408 *Göpfert/Merten/Siegrist*, NJW 2008, 1703, 1708.

1409 *Kahlenberg/Schwinn*, CCZ 2012, 81, 84.

1410 *Breßler/Kuhnke/Schulz/Stein*, NZG 2009, 721, 725.

1411 *Weiße*, in: Moosmayer/Hartwig, Interne Untersuchungen, S. 41, 65; im Ergebnis auch: *Breßler/Kuhnke/Schulz/Stein*, NZG 2009, 721, 725.

1412 *Annuß/Pelz*, BB Special 4/2010, 14, 17.

1413 *Perron*, in: S/S, § 266 Rn. 4.

Sowohl dem Vorstand einer AG als auch der Geschäftsführung einer GmbH ist die Verpflichtungs- und Verfügungsbefugnis auf Grund gesetzlicher Regelungen als Inhaber einer bestimmten Stellung eingeräumt, vgl. § 78 AktG und § 35 Abs. 1 GmbHG.[1414] Der Arbeitgeber selbst hat zwangsläufig keine entsprechende Befugnis, da er ausschließlich über sein eigenes Vermögen verfügt.[1415] Er läuft somit nicht Gefahr, sich durch die Vereinbarung einer Amnestie wegen Untreue strafbar zu machen.

bb. Vermögensbetreuungspflicht

Weitere Voraussetzung der Untreue ist das Bestehen einer Vermögensbetreuungspflicht. Dabei muss die Vermögensbetreuung ein typischer und wesentlicher Inhalt einer fremdnützig ausgerichteten Geschäftsbesorgung sein. Erforderlich ist darüber hinaus, dass dem Pflichtigen eine gewisse Selbstständigkeit bei der Erfüllung seiner Pflichten eingeräumt ist, sodass er eigenverantwortliche Entscheidungen treffen kann.[1416]

Der Geschäftsführer einer GmbH ist dieser gegenüber vermögensbetreuungspflichtig, vgl. §§ 35, 43 GmbHG.[1417] Ebenso ist der Vorstand der AG gegenüber vermögensbetreuungspflichtig, vgl. §§ 78, 93 AktG.[1418]

cc. Missbrauch der Befugnis

Fraglich ist jedoch, ob im Falle der Vereinbarung eines Amnestieprogrammes ein Missbrauch der Befugnis vorliegt. Dies ist zu bejahen, wenn sich der Täter im Rahmen seines rechtlichen Könnens hält, die im Innenverhältnis gezogenen Grenzen seines rechtlichen Dürfens dabei aber überschreitet.[1419]

Vorstand und Geschäftsführung sind gemäß § 93 Abs. 1 S. 1 AktG bzw. § 43 Abs. 1 GmbHG verpflichtet, die Sorgfalt eines ordentlichen und gewissenhaften Geschäftsleiters an den Tag zu legen.[1420] Gemäß § 93 Abs. 1 S. 2 AktG[1421] liegt

1414 *Perron*, in: S/S, § 266 Rn. 8.

1415 Vgl.: *Böhm*, Non-Compliance und Arbeitsrecht, S. 269.

1416 Vgl. nur: *Kindhäuser*, in: NK StGB, § 266 Rn. 33 f.

1417 *Kindhäuser*, in: NK StGB, § 266 Rn. 58; *Dierlamm*, MüKo StGB, § 266 Rn. 92; *Esser*, in: Anwaltkommentar StGB, § 266 Rn. 281.

1418 *Kindhäuser*, in: NK StGB, § 266 Rn. 58; *Dierlamm*, MüKo StGB, § 266 Rn. 95.

1419 Vgl. nur: *Kühl*, in: L/K, § 266 Rn. 6; *Kindhäuser*, in: NK StGB, § 266 Rn. 61; *Wittig*, in: Beck'OK StGB, § 266 Rn. 13.

1420 *Annuß/Pelz*, BB Special 4/2010, 14, 17; *Breßler/Kuhnke/Schulz/Stein*, NZG 2009, 721, 723; *Horrer/Patzschke*, CCZ 2013, 94, 95.

1421 Auf die GmbH entsprechend anwendbar: *Fleischer*, in: MüKo GmbHG, § 42 Rn. 66; *Haas/Ziemons*, in: Michalski, GmbHG, § 43 Rn. 68.

keine Pflichtverletzung[1422] vor, wenn bei einer unternehmerischen Entscheidung vernünftigerweise angenommen werden durfte, auf der Grundlage angemessener Information zum Wohle der Gesellschaft zu handeln (sog. Business Judgement Rule[1423]).[1424] Die Vorschrift soll den Bereich des unternehmerischen Handlungsspielraums aus dem Tatbestand der Sorgfaltspflichtverletzung nach Satz 1 ausgrenzen.[1425]

Das BVerfG[1426] führt in einem Beschluss vom 23.6.2010 zur Auslegung des § 266 StGB aus, dass das Ziel sein müsse, „*die Anwendung des Untreuetatbestands auf Fälle klarer und deutlicher (evidenter) Fälle pflichtwidrigen Handelns zu beschränken ... Tatbestandsbegrenzende Funktion hat auch die jüngere Rechtsprechung, die eine Pflichtverletzung im Sinne des § 266 StGB nur dann bejaht, wenn sie gravierend ist (...). Der gegen die Rechtsprechung erhobene Einwand, dass sich dem Wortlaut des Tatbestands das Erfordernis einer gravierenden Pflichtverletzung nicht entnehmen lasse (...), überzeugt angesichts der dargelegten Notwendigkeit einer Beschränkung (Restriktion) des sehr weiten Wortlauts nicht.*“ Die zivilrechtliche Pflichtwidrigkeit allein führt daher nicht in jedem Falle dazu, dass eine tatbestandliche Untreuehandlung vorliegt. Dafür ist vielmehr erforderlich, dass es sich um eine gravierende Pflichtverletzung handelt.[1427] Auf Grund des weiten unternehmerischen Handlungsspielraums erfüllen somit nur eindeutig unvertretbare Handlungen den Tatbestand des § 266 StGB.[1428]

(I) Unternehmerische Entscheidung

Die unternehmerische Entscheidung ist „infolge ihrer Zukunftsbezogenheit durch Prognosen und nicht justiziable Einschätzungen geprägt. Dies unterscheidet sie von der Beachtung gesetzlicher, satzungsmäßiger oder anstellungsvertraglicher

---

1422 *Hölters*, in: Hölters, AktG, § 93 Rn. 4, 29; *Breßler/Kuhnke/Schulz/Stein*, NZG 2009, 721, 723: unwiderlegbare Vermutung.

1423 Dazu: *Esser*, in: Anwaltkommentar StGB, § 266 Rn. 72 ff.

1424 Vgl.: *Annuß/Pelz*, BB Special 4/2010, 14, 18; *Göpfert/Drägert/Woyte*, ZWH 2012, 132, 134; *Breßler/Kuhnke/Schulz/Stein*, NZG 2009, 721, 723 f.; *Horrer/Patzschke*, CCZ 2013, 94, 95; *Leipold*, NJW-Spezial 2011, 56, 57.

1425 BT-Drs. 15/5092, S. 11.

1426 BVerfGE 126, 170, 210 f.

1427 BGHSt 47, 187, 197; BGHSt 47, 148 152; *Gercke*, in: Gercke/Kraft/Richter, Arbeitsstrafrecht, Kap. 4 Rn. 204; *Dierlamm*, in: MüKo StGB, § 266 Rn. 174; **a.A.**: BGHSt 50, 331 (Mannesmann); dazu auch: *Esser*, in: Anwaltkommentar StGB, § 266 Rn. 75, 88 f., 297 f.

1428 *v. Rosen*, Internal Investigations bei Compliance-Verstößen, S. 66; *Esser*, in: Anwaltkommentar StGB, § 266 Rn. 297a.

Pflichten ohne tatbestandlichen Beurteilungsspielraum."[1429] Erforderlich ist somit eine Entscheidung, deren Folgen ungewiss sind und für die Verhaltensalternativen bestehen.[1430]

Bei der Frage, ob bzw. mit welchem Inhalt eine Amnestievereinbarung getroffen werden soll, spielen stets zukunftsbezogene Aspekte eine Rolle, wie etwa die Aufklärbarkeit des Verdachtsfalles mit und ohne Amnestie und die Folgen für das Unternehmen. Vorstand bzw. Geschäftsführung haben daher eine Prognoseentscheidung zu treffen, bei der sie die Vorteile der Gewährung einer Amnestie mit den damit verbundenen Nachteilen gegeneinander abwägen müssen. Dabei steht ihnen ein Handlungsspielraum hinsichtlich der Frage zu, ob eine Amnestievereinbarung getroffen werden soll, welche Mitarbeiter für eine Amnestie in Betracht kommen, mit welchem Inhalt die Amnestie vereinbart wird und unter welchen Voraussetzungen sie gewährt wird.

(II) Auf Grundlage angemessener Informationen

Eine angemessene Informationslage liegt vor, wenn der Informationsstand ein Niveau erreicht hat, „das es unter Berücksichtigung des zeitlichen Vorlaufs, der Art und Bedeutung der zu treffenden Entscheidung, der tatsächlichen und rechtlichen Möglichkeiten des Informationszugangs und des Verhältnisses von Kosten und Nutzen der weiteren Informationsbeschaffung nachvollziehbar erscheinen lässt, dass sie (= Geschäftsleitung) davon abgesehen hat, weitere Informationen zu beschaffen."[1431]

Problematisch ist jedoch, dass im Zeitpunkt der Gewährung der Amnestie der Verdachtsfall noch nicht aufgeklärt ist. Vielmehr soll der Mitarbeiter gerade durch die Amnestievereinbarung zur Aussage bewegt werden. Bevor konkrete Amnestiezusagen gemacht werden, muss daher geprüft werden, welche anderen Möglichkeiten der Informationsbeschaffung zur Verfügung stehen. Insbesondere die Auswertung der vorhandenen geschäftlichen Unterlagen und der bereits getätigten Aussagen ist der Geschäftsleitung regelmäßig zumutbar, sodass diese Maßnahmen zunächst ergriffen werden müssen.[1432] Sofern die Amnestieerklärung hinreichend konkret gefasst ist und nur unter der Bedingung einer umfassenden Auskunft gewährt wird, ist es nicht erforderlich,

1429 BT-Drs. 15/5092, S. 11; so auch: *Hölters*, in: Hölters, AktG, § 93 Rn. 30.

1430 *Bürgers/Israel*, in: Heidelberger Kommentar AktG, § 93 Rn. 11.

1431 *Breßler/Kuhnke/Schulz/Stein*, NZG 2009, 721, 724.

1432 *Göpfert/Drägert/Woyte*, ZWH 2012, 132, 135; *Breßler/Kuhnke/Schulz/Stein*, NZG 2009, 721, 724; vgl. auch: *Kahlenberg/Schwinn*, CCZ 2012, 81, 82; *Taschke*, NZWiSt 2012, 89, 90.

zunächst eine Mitarbeiterbefragung ohne Amnestieprogramm durchzuführen, denn insbesondere die schnelle Durchführung der internen Ermittlung liegt im Unternehmensinteresse.[1433]

(III) Handeln zum Wohle der Gesellschaft

Grundsätzlich ist das Wohl des Unternehmens bei der Gewährung einer Amnestie in der zügigen und umfassenden Aufklärung der Verdachtsfälle und der damit verbundenen Verbesserung des Systems, bspw. der Beseitigung eines Korruptionsnetzwerks, zu erblicken.[1434] Für das Unternehmen kann die Aufklärung der Verdachtsfälle und die Abwendung weiterer potentieller materieller und immaterieller Schäden sinnvoller sein als die Geltendmachung von Schadensersatzforderungen gegen den Mitarbeiter und dessen Kündigung.[1435]

Im Rahmen der vorzunehmenden Abwägung ist maßgeblich, ob das Ermittlungsziel auch mit anderen Mitteln hätte erreicht werden können bzw. welche konkreten Zusagen in der Amnestieregelung erforderlich waren, um eine umfangreiche Kooperation zu erreichen.[1436] Amnestieregelungen sind daher grundsätzlich nur zulässig, wenn zu erwarten ist, dass allein dadurch der bisher schweigende Mitarbeiter zur Aussage bewegt werden kann und durch die Aufklärung größerer Schaden von dem Unternehmen abgewendet werden kann.[1437] Eine Amnestie darf somit nur erhalten, wer sie sich durch eine Gegenleistung verdient. Eine Generalamnestie nach dem Motto „Schwamm drüber" scheidet daher aus.[1438] Bei der Abwägung muss insbesondere auch berücksichtigt werden, welche Risiken für das Unternehmen mit der Gewährung der Amnestie verbunden sind.[1439]

1433 *Breßler/Kuhnke/Schulz/Stein*, NZG 2009, 721, 724.

1434 *Göpfert/Drägert/Woyte*, ZWH 2012, 132, 135.

1435 *Weiße*, in: Moosmayer/Hartwig, Interne Untersuchungen, S. 41, 59; im Ergebnis auch: *Moosmayer*, Compliance, S. 100 f.

1436 *Annuß/Pelz*, BB Special 4/2010, 14, 18.

1437 *Maschmann*, in: Corporate Compliance und Arbeitsrecht, S. 149, 179; *v. Rosen*, Internal Investigations bei Compliance-Verstößen, S. 98; *Wuttke*, Straftäter im Betrieb, S. 151.

1438 *Maschmann*, in: Corporate Compliance und Arbeitsrecht, S. 149, 179 f.; *Wuttke*, Straftäter im Betrieb, S. 151; *Göpfert/Merten/Siegrist*, NJW 2008, 1703, 1704; im Ergebnis auch: *v. Rosen*, Internal Investigations bei Compliance-Verstößen, S. 98; *Kahlenberg/Schwinn*, CCZ 2012, 81, 82; *Moosmayer*, Compliance, S. 101.

1439 *Annuß/Pelz*, BB Special 4/2010, 14, 18.

(IV) Gutgläubigkeit

Ungeschriebenes, aber denklogisches Tatbestandsmerkmal des § 93 Abs. 1 S. 2 AktG ist darüber hinaus, dass der Vorstand bzw. die Geschäftsführung in gutem Glauben handelt. Hält ein Vorstandsmitglied oder Geschäftsführer seine Handlung selbst für falsch, handelt es pflichtwidrig und ist nicht schutzwürdig.[1440]

(V) Zulässigkeit einzelner Amnestiezusagen

Typischerweise wird dem Mitarbeiter im Rahmen einer Amnestievereinbarung zugesagt, auf die Geltendmachung von Schadensersatzansprüchen zu verzichten und eine Geldstrafe, -buße oder -auflage sowie die Verteidigerkosten zu übernehmen. Fraglich ist jedoch, ob eine derartige Amnestiezusage zum Wohle des Unternehmens gemacht werden kann oder ob damit nicht vielmehr ein Missbrauch der Befugnis i.S.d. § 266 StGB verbunden ist.

(1) Verzicht auf Schadensersatzansprüche

Häufig wird im Rahmen einer Amnestievereinbarung von Seiten des Unternehmens auf die Geltendmachung der Schadensersatzansprüche verzichtet. Fraglich ist, ob darin ein Missbrauch i.S.d. § 266 Abs. 1 StGB zu sehen ist.

Ausgangspunkt dieser Diskussion bildet das sog. ARAG/Garmenbeck-Urteil des BGH vom 21.4.1997[1441]. Im konkreten Fall ging es um die Verpflichtung des Aufsichtsrates, Schadensersatzansprüche der AG gegenüber Vorstandsmitgliedern geltend zu machen. Danach hat der Aufsichtsrat die Schadensersatzansprüche grundsätzlich zu verfolgen, sofern er zu dem Ergebnis gelangt, dass die gerichtliche Geltendmachung der Ansprüche zu einem Ausgleich des entstandenen Schadens führt. Nur im Ausnahmefall darf davon abgesehen werden, wenn gewichtige Gründe des Gesellschaftswohls dagegen sprechen und diese Umstände die Gründe, die für eine Rechtsverfolgung sprechen, überwiegen oder ihnen zumindest gleichwertig sind.[1442]

Über den konkreten Streitgegenstand hinaus hat der BGH damit Handlungspflichten des Unternehmens als Opfer von Pflichtverletzungen festgelegt. Diese können als „allgemeine Rechtsdurchsetzungspflicht für Gesellschaftsorgane“ eingeordnet werden.[1443] Somit ist der Vorstand auch gegenüber Mitarbeitern des Unternehmens grundsätzlich dazu verpflichtet,

1440 *Hölters*, in: Hölters, AktG, § 93 Rn. 40.

1441 BGHZ 135, 244.

1442 BGHZ 135, 244, 253 ff.

1443 *Kolbe*, NZA 2009, 228, 231.

realisierbare Schadensersatzansprüche geltend zu machen, um sich nicht wegen Untreue strafbar zu machen.[1444] Danach muss der Schadensersatzanspruch der Gesellschaft gegen den delinquenten Mitarbeiter geltend gemacht werden, sofern eine Prozessrisikoanalyse zu dem Ergebnis führt, dass Sanktionen rechtlich zulässig, prozessual durchsetzbar und wirtschaftlich zu realisieren sind.[1445]

Hinsichtlich der Frage, ob der Verzicht auf Schadensersatzansprüche gegenüber einem Mitarbeiter im Rahmen einer Amnestievereinbarung einen Missbrauch darstellt, sind letztlich die Nachteile des Anspruchsverzichts mit den Vorteilen der Mitwirkung des Arbeitnehmers abzuwägen.[1446] Grundsätzlich muss dabei das Aufklärungsinteresse das Sanktionsinteresse des Unternehmens überwiegen und der Sanktionsverzicht zur Bedeutung der Aufklärung angemessen sein.[1447] Das Informationsinteresse muss im konkreten Einzelfall das Interesse an Schadensersatz und Kündigung des Arbeitnehmers überwiegen.[1448] Im Rahmen der Abwägung müssen dabei ein verbleibendes Prozessrisiko, Kosten- und Bonitätsrisiken sowie die Auswirkungen auf andere Verfahren Berücksichtigung finden.[1449] Weitere Aspekte im Rahmen der Abwägung können die Förderung oder Beschleunigung einer internen Untersuchung, die rasche Aufarbeitung und Beendigung einer öffentlich bekannt gewordenen Affäre sowie die Wahrung des Betriebsfriedens sein.[1450] Zudem sind die Folgen für die Rechts- und Regeltreue über den Einzelfall hinaus zu bedenken, da der Verzicht auf Rechte eine negative Vorbildwirkung haben kann, sodass andere Mitarbeiter annehmen, Rechtsverstöße würden vom Unternehmen nicht sanktioniert.[1451] Ein Generalverzicht,

---

1444 *Taschke*, NZWiSt 2012, 89, 90; vgl. auch: *Böhm*, Non-Compliance und Arbeitsrecht, S. 269, wonach den Arbeitgeber keine Pflicht zur Durchsetzung der Regressansprüche trifft, vielmehr „Obliegenheit gegenüber sich selbst".

1445 *Kolbe*, NZA 2009, 228, 231.

1446 *Göpfert/Merten/Siegrist*, NJW 2008, 1703, 1704; vgl. auch: BGHZ 135, 244, 255 f.

1447 *Rödiger*, Strafverfolgung von Unternehmen, S. 291; *Lützeler/Müller-Sartori*, CCZ 2011, 19, 25; *Göpfert/Merten/Siegrist*, NJW 2008, 1703, 1704; *Sieg*, in: FS Buchner, S. 859, 870; *Schürrle/Olbers*, CCZ 2010, 178, 181 f. fordern daher erst nach Aussage des Mitarbeiters darüber zu entscheiden, ob auf Ansprüche gegen ihn verzichtet werden kann.

1448 *Weiße*, in: Moosmayer/Hartwig, Interne Untersuchungen, S. 41, 60; *Göpfert/Merten/Siegrist*, NJW 2008, 1703, 1704.

1449 *v. Rosen*, Internal Investigations bei Compliance-Verstößen, S. 66; *Böhm*, Non-Compliance und Arbeitsrecht, S. 270.

1450 *Böhm*, Non-Compliance und Arbeitsrecht, S. 270; vgl. auch: BGHZ 135, 244, 255.

1451 *Göpfert/Merten/Siegrist*, NJW 2008, 1703, 1704; *Annuß/Pelz*, BB Special 4/2010, 14, 21; so auch: *Schürrle/Olbers*, CCZ 2010, 178, 182.

also ein Verzicht auf Sanktionen ohne jede Gegenleistung, ist damit jedenfalls unzulässig.[1452]

Der Verzicht auf Schadensersatzansprüche gegen beteiligte Mitarbeiter kann eine Verletzung der sich aus § 93 Abs. 1 S. 1 AktG und § 43 Abs. 1 GmbHG ergebenden Pflichten darstellen.[1453] Somit besteht bei Gewährung einer Amnestie zumindest die Gefahr, sich durch die Aufgabe valider Rechtspositionen, insbesondere Schadensersatzansprüchen, der Untreue strafbar zu machen.[1454]

(2) Übernahme der Geldstrafe, -buße oder -auflage[1455]

Umstritten ist auch, wann die Übernahme von Zahlungsverpflichtungen mit Sanktionscharakter noch mit § 93 Abs. 1 S. 1 AktG und § 43 Abs. 1 GmbHG vereinbar ist.

Zunächst kann festgehalten werden, dass der Vorwurf der Untreue wegen Übernahme von Geldstrafen, -bußen und -auflagen jedenfalls nicht deshalb ausscheidet, weil dem Mitarbeiter ein entsprechender Anspruch zusteht. Der delinquente Arbeitnehmer darf die aus der Verletzung seiner Berufspflichten entstehenden Kosten der Strafverfolgung nicht für erforderlich halten und daher auch nicht deren Ersatz nach § 670 BGB verlangen, da er es selber in der Hand hat, Geldsanktionen durch normkonformes Verhalten zu vermeiden.[1456]

Teilweise wird vertreten, dass die Übernahme von Geldsanktionen stets unzulässig sei, wenn die Handlung des Mitarbeiters selbst pflichtwidrig war und zu Schadensersatzansprüchen des Unternehmens geführt hat.[1457] Auch der BGH hat in einem Urteil vom 7.11.1990 entschieden, dass wegen Untreue strafbar ist, wer veranlasst, dass aus dem Verbandsvermögen einer Körperschaft des öffentlichen Rechts die Geldstrafen für Bedienstete bezahlt werden.[1458]

1452 *Sieg*, in: FS Buchner, S. 859, 870.

1453 *Rödiger*, Strafverfolgung von Unternehmen, S. 291; *Wuttke*, Straftäter im Betrieb, S. 150; *Leipold*, NJW-Spezial 2011, 56, 57; im Ergebnis auch: *Lützeler/Müller-Sartori*, CCZ 2011, 19, 25.

1454 *Weiße*, in: Moosmayer/Hartwig, Interne Untersuchungen, S. 41, 60; *Moosmayer*, Compliance, S. 100.

1455 Dazu: *Stoffers*, JR 2010, 239, 242 ff.; *Horrer/Patzschke*, CCZ 2013, 94 ff.

1456 *Stoffers*, JR 2010, 239, 242 f.; *Hoffmann/Wißmann*, StV 2001, 249, 250; *Poller*, StraFo 2005, 274, 275 f.; im Ergebnis auch: *Kranz*, ZJS 2008, 471, 474; vgl. aber auch: *Kapp*, NJW 1992, 2796, 2800: „Strafgelder im Einzelfall erstattungsfähige Vermögensopfer"; *Gercke*, in: Gercke/Kraft/Richter, Arbeitsstrafrecht, Kap. 4 Rn. 201.

1457 Vgl. *Fleischer*, WM 2005, 909, 917.

1458 BGH, Urt. v. 7.11.1990 – 2 StR 439/90, Tz. 47 (juris).

Die Entscheidung ist jedoch nicht ohne Weiteres auf private Unternehmen übertragbar, da in dem vom BGH zu entscheidenden Fall zur Bezahlung der Geldstrafen öffentliche Gelder eingesetzt wurden.[1459] Deshalb habe hier vielmehr stets eine Einzelfallprüfung zu erfolgen.[1460] Richtigerweise wird man auch insoweit zu prüfen haben, ob dem Unternehmen durch die Übernahme von Geldstrafen, -bußen oder -auflagen ein entsprechender Vorteil entsteht.[1461] Dabei muss eine Orientierung am Unternehmenswohl stattfinden, das bspw. in der Vermeidung von negativer Publizität und Imageschäden, dem Geheimhaltungsinteresse, der Bewahrung des Vertrauens aktueller und potentieller Kunden und Anteilseigner, der Bindung des Begünstigten an das Unternehmen oder der Verhinderung der Abwanderung von anderen qualifizierten Kräften gesehen werden kann.[1462] Ein Missbrauch lässt sich insbesondere auch dann verneinen, wenn die Übernahme der Geldsanktion erforderlich ist, um einen Mitarbeiter zur Kooperation zu bewegen, dessen Aussage dem Unternehmen ein hohes Bußgeld ersparen kann (z.B. im Rahmen der Zusammenarbeit mit einer Kartellbehörde aufgrund einer Kronzeugenregelung).[1463]

(3) Übernahme der Verteidigerkosten[1464]

Auch die Übernahme der Verteidigerkosten durch das Unternehmen könnte eine untreuerelevante Handlung darstellen, da das Unternehmen keine wirtschaftlich

---

1459 *Kahlenberg/Schwinn*, CCZ 2012, 81, 85; *Stoffers*, JR 2010, 239, 243; im Ergebnis auch: *Horrer/Patzschke*, CCZ 2013, 94, 96; *Kapp*, NJW 1992, 2796, 2797; *Minoggio*, Firmenverteidigung, Rn. 1162.

1460 *Kahlenberg/Schwinn*, CCZ 2012, 81, 85; *Kapp*, NJW 1992, 2796, 2797; *Horrer/Patzschke*, CCZ 2013, 94, 96.

1461 *Annuß/Pelz*, BB Special 4/2010, 14, 17; *Seier*, in: Handbuch Wirtschaftsstrafrecht, 5. Teil, 2. Kap. Rn. 229; *Poller*, StraFo 2005, 274, 278 f.; *Hoffmann/Wißmann*, StV 2001, 249, 251; *Kapp*, NJW 1992, 2796, 2797; im Ergebnis auch: *Stoffers*, JR 2010, 239, 243 f.

1462 *Seier*, in: Handbuch Wirtschaftsstrafrecht, 5. Teil, 2. Kap. Rn. 229; *Horrer/Patzschke*, CCZ 2013, 94, 97; *Kranz*, ZJS 2008, 471, 474; *Poller*, StraFo 2005, 274, 279; *Hoffmann/Wißmann*, StV 2001, 249, 251; *Stoffers*, JR 2010, 239, 244 f.; vgl. auch: *Kapp*, NJW 1992, 2796, 2797.

1463 *Kahlenberg/Schwinn*, CCZ 2012, 81, 85; vgl. auch: *Moosmayer*, Compliance, S. 100 f.; zur sog. „Bonusregelung" des Bundeskartellamtes: Bundeskartellamt, Bekanntmachung Nr. 9/2006; Tätigkeitsbericht des Bundeskartellamtes 2011/2012, S. 32: „systematische unternehmensinterne Aufklärung von Kartellrechtsverstößen (wird) durch erhebliche Reduktion oder sogar vollständigen Erlass der Geldbuße" belohnt.

1464 Dazu: *Brockhaus*, ZWH 2012, 169, 170 ff.; *Stoffers*, JR 2010, 239, 246 ff.

messbare Gegenleistung für die Zahlung erhält.[1465] Die Pflichtwidrigkeit der Handlung würde jedoch entfallen, sofern der Mitarbeiter einen Anspruch auf die Übernahme der Verteidigerkosten hat.[1466] Diskutiert wird in diesem Zusammenhang vor allem § 670 BGB analog. Voraussetzung für einen Erstattungsanspruch, der sich lediglich auf die „erforderlichen" Kosten bezieht, ist danach, dass der Tatvorwurf in unmittelbarem Zusammenhang mit der ausgeübten Tätigkeit steht.[1467] Ob der Arbeitnehmer einen Anspruch auf Übernahme der Verteidigungskosten hat, ist umstritten. Teilweise wird ein entsprechender Anspruch bejaht.[1468] Andere bemängeln, dass viele Einzelfragen („erforderlich"; Anspruchsinhaber; Verurteilung) bisher noch ungeklärt seien, sodass sich ein Anspruch nicht ohne Weiteres annehmen lasse.[1469]

Die Pflichtwidrigkeit der Handlung entfällt jedenfalls auch, wenn die Kostenübernahme auf Basis einer sachgerechten Ermessensentscheidung getroffen wurde.[1470] Eine grundlegende Entscheidung hat der BGH dazu ebenfalls in dem bereits angesprochenen Urteil vom 7.11.1990 getroffen. Danach ist für öffentliche Unternehmen die Übernahme der Verteidigerkosten zumindest grundsätzlich rechtlich zulässig, sofern ein eigenes Interesse des Unternehmens am Ausgang des Verfahrens gegen den Mitarbeiter besteht.[1471] Die Grundsätze dieser Entscheidung gelten erst recht für privatwirtschaftliche Unternehmen, da diesen gegenüber dem öffentlichen Bereich ein wesentlich weiterer Ermessensspielraum zusteht.[1472] Danach ist die Entscheidung zur Übernahme der Kosten pflichtgemäß, wenn sie ordnungsgemäßem Wirtschaften entspricht und die Entscheidung somit im Unternehmensinteresse liegt. Dabei können eine Vielzahl von Faktoren eine Rolle spielen: (1) Kann dem Unternehmen eine Geldbuße nach § 30 OWiG drohen?; (2) Imageschäden und die damit verbundenen wirtschaftlichen Folgen; (3) Drohen wirtschaftliche Schäden auf Grund der Beeinträchtigung des Ablaufs des Geschäftsbetriebes?; (4) Bemühungen, den betroffenen Mitarbeiter im Unternehmen zu halten; (5) Auswirkungen auf das Betriebsklima

---

1465 *Brockhaus*, ZWH 2012, 169, 170.

1466 *Brockhaus*, ZWH 2012, 169, 170; *Stoffers*, JR 2010, 239, 247; vgl. dazu: *v. Dalwigk*, in: Münchener Anwaltshandbuch Strafverteidigung, § 42 Rn. 37 ff.

1467 BAGE 79, 294, 297.

1468 *Stoffers*, JR 2010, 239, 246 f.

1469 *Brockhaus*, ZWH 2012, 169, 171.

1470 *Brockhaus*, ZWH 2012, 169, 172.

1471 BGH, Urt. v. 7.11.1990 – 2 StR 439/90, Tz. 31 ff. (juris).

1472 *Brockhaus*, ZWH 2012, 169, 172; *Poller*, StraFo 2005, 274, 283.

/ Vertrauensschutz.[1473] Solange sich die Entscheidung an diesen Kriterien ausrichtet und im Unternehmensinteresse liegt, scheidet eine Pflichtwidrigkeit und somit eine Strafbarkeit wegen Untreue aus.[1474]

dd. Ergebnis

Sowohl dem Vorstand als auch der Geschäftsführung ist eine von § 266 Abs. 1 Alt. 1 StGB geforderte Verpflichtungs- und Verfügungsbefugnis nach § 78 AktG bzw. § 35 Abs. 1 GmbHG eingeräumt. Zudem trifft beide eine Vermögensbetreuungspflicht. Gemäß § 93 Abs. 1 S. 2 AktG liegt keine Pflichtverletzung vor, wenn bei einer unternehmerischen Entscheidung vernünftigerweise angenommen werden durfte, auf der Grundlage angemessener Information zum Wohle der Gesellschaft zu handeln. Bevor konkrete Amnestiezusagen gemacht werden, muss daher geprüft werden, welche anderen Möglichkeiten der Informationsbeschaffung zur Verfügung stehen.

Hinsichtlich der Zulässigkeit des Verzichts auf Schadensersatzansprüche ist insbesondere das ARAG/Garmenbeck-Urteil des BGH zu berücksichtigen. Danach müssen realisierbare Schadensersatzansprüche grundsätzlich gegenüber Mitarbeitern des Unternehmens geltend gemacht werden. Bei Gewährung einer Amnestie besteht daher zumindest die Gefahr, sich durch den Verzicht auf Schadensersatzansprüche der Untreue strafbar zu machen. Sofern das Aufklärungsinteresse des Unternehmens jedoch das Sanktionsinteresse überwiegt und der Sanktionsverzicht zur Bedeutung der Aufklärung angemessen ist, scheidet eine Strafbarkeit wegen Untreue aus.

Auch im Hinblick auf die Zulässigkeit der Übernahme von Geldstrafen, -bußen oder -auflagen und der Verteidigungskosten ist zu prüfen, ob dem Unternehmen durch die Übernahme ein entsprechender Vorteil entsteht. Die Übernahme der Verteidigerkosten ist grundsätzlich zulässig, sofern ein eigenes Interesse des Unternehmens am Ausgang des Verfahrens gegen den Mitarbeiter besteht.

b. § 258 StGB – Strafvereitelung

Die Zusage der vertraulichen Behandlung der Informationen erfüllt nicht den Tatbestand des § 258 Abs. 1 StGB, wonach strafbar ist, wer absichtlich oder wissentlich vereitelt, dass ein anderer wegen einer rechtswidrigen Tat bestraft wird. Strafvereitelung wird typischerweise durch die Beseitigung von Spuren oder

---

1473 *Brockhaus*, ZWH 2012, 169, 173.

1474 *Brockhaus*, ZWH 2012, 169, 173; verbleibendes Strafbarkeitsrisiko lässt sich durch Einverständnis der Vermögensinhaber ausschließen, *Brockhaus*, ZWH 2012, 169, 174; so auch: *Stoffers*, JR 2010, 239, 245.

durch Fluchthilfe begangen. Anders gestaltet sich die Situation jedoch hier. Es werden keine Beweise vernichtet, vielmehr geht es lediglich um die Zurückhaltung von im Rahmen interner Ermittlungen gewonnenen Erkenntnissen. Dies beeinträchtigt die staatliche Strafermittlung jedoch nicht. Die Ermittlungsbehörden werden lediglich nicht besser gestellt.[1475]

Teilweise wird in Amnestieprogrammen eine Übernahme von Geldsanktionen durch das Unternehmen vereinbart. Darin ist allerdings nach überwiegender Auffassung keine Vollstreckungsvereitelung zu erblicken,[1476] da es nicht Sinn des § 258 Abs. 2 StGB ist, ein gefühltes Strafübel zu erzwingen.[1477]

Auch die Übernahme der Verteidigerkosten durch das Unternehmen erfüllt nicht den Straftatbestand des § 258 StGB. Dagegen spricht schon, dass der Verteidiger Organ der Rechtspflege ist und seine Mandatierung die Grundlage für ein faires Verfahren bildet. Außerdem erfolgt die Honorarzahlung nicht zu Vereitelungszwecken. Die Übernahme der Kosten dient vielmehr der effektiven Verteidigung des Mitarbeiters.[1478]

c. § 138 StGB – Nichtanzeige geplanter Straftaten

Häufig wird in Amnestieprogrammen darüber hinaus vereinbart, dass das Unternehmen vom Stellen einer Strafanzeige absieht. Dem Arbeitgeber sowie den privaten Ermittlern droht deshalb jedoch regelmäßig keine Strafbarkeit wegen Nichtanzeige geplanter Straftaten. Eine Anzeigepflicht von Privatpersonen besteht nur für die in § 138 StGB aufgezählten Delikte, „die aber in der betrieblichen Praxis keine Rolle spielen."[1479] Strafbar ist zudem nur die Nichtanzeige *geplanter* Taten. Im Rahmen interner Ermittlungen geht es jedoch vor allem um die Aufklärung von bereits begangenen Straftaten.

1475 *Maschmann*, in: Corporate Compliance und Arbeitsrecht, S. 149, 180.

1476 BGHSt 37, 226, 229 ff.; *Cramer/Pascal*, in: MüKo StGB, § 258 Rn. 35; *Altenhain*, in: NK StGB, § 258 Rn. 65; *Stree/Hecker*, in: S/S, § 258 Rn. 29; *Horrer/Patzschke*, CCZ 2013, 94; *Annuß/Pelz*, BB Special 4/2010, 14, 17; *Kahlenberg/Schwinn*, CCZ 2012, 81, 85; *Kranz*, ZJS 2008, 471, 473.

1477 *Stree/Hecker*, in: S/S, § 258 Rn. 29; *Altenhain*, in: NK StGB, § 258 Rn. 65.

1478 *Brockhaus*, ZWH 2012, 169, 170; *Krekeler*, in: Münchener Anwaltshandbuch Strafverteidigung, § 40 Rn. 109 f.

1479 *Maschmann*, in: Corporate Compliance und Arbeitsrecht, S. 149, 180.

V. Teilnahmepflicht der Mitarbeiter

Der Arbeitgeber hat im Rahmen seines Weisungsrechts nach § 106 GewO die Möglichkeit, den Arbeitnehmer zur (passiven[1480]) Teilnahme an einem Interview zu verpflichten.[1481] Danach kann der Arbeitgeber grundsätzlich Inhalt, Ort und Zeit der Arbeitsleistung sowie die Ordnung und das Verhalten der Arbeitnehmer im Betrieb näher bestimmen. Die Verpflichtung zur Teilnahme am Interview betrifft dies, sodass der Arbeitnehmer zur Teilnahme an einem Interview verpflichtet werden kann.[1482] Gemäß § 106 S. 1 GewO muss die Weisung dabei billigem Ermessen entsprechen. Erforderlich ist daher ein sachlicher Grund – liegt bei Befragung zur Aufklärung interner Verdachtsfälle vor – und ein nach Ort, Termin und Dauer angemessenes Interview.[1483] Der Arbeitnehmer ist auch nach Beendigung des Arbeitsverhältnisses zur Teilnahme verpflichtet.[1484]

VI. Aussagepflicht[1485] des verdächtigen Arbeitnehmers

Für den Unternehmer ist vor allem entscheidend, ob die Mitarbeiter über die reine Teilnahmepflicht hinaus auch eine Pflicht zur (ggf. selbstbelastenden)

1480 *Wuttke*, Straftäter im Betrieb, S. 135; *Stück*, DB 2007, 1137, 1138 spricht von „rein physischer Präsenz".

1481 *Haefcke*, CCZ 2014, 39; *Rübenstahl*, WiJ 2012, 17, 20; *v. Rosen*, Internal Investigations bei Compliance-Verstößen, S. 93 f.; *Rudkowski*, NZA 2011, 612; *Stück*, DB 2007, 1137, 1138; *Rödiger*, Strafverfolgung von Unternehmen, S. 225 Fn. 1411; *Lelley*, Compliance im Arbeitsrecht, Rn. 546; *Weiße*, in: Moosmayer/Hartwig, Interne Untersuchungen, S. 41, 50; *Klasen/Schaefer*, BB 2012, 641, 644; *Maschmann*, NZA-Beilage 2012, 50, 55; *Gola*, ZD 2013, 379; im Ergebnis auch: *Maschmann*, in: Corporate Compliance und Arbeitsrecht, S. 149, 170; *Lützeler/Müller-Sartori*, CCZ 2011, 19, 22; vgl. aber: *Wuttke*, Straftäter im Betrieb, S. 163 f., wonach sich die Teilnahmepflicht eines „Zeugen" nicht aus dem Direktionsrecht, sondern aus arbeitsvertraglicher Rücksichtnahmepflicht ergebe.

1482 *Lützeler/Müller-Sartori*, CCZ 2011, 19, 22; *Lelley*, Compliance im Arbeitsrecht, Rn. 546; im Ergebnis auch: *Maschmann*, in: Corporate Compliance und Arbeitsrecht, S. 149, 170; *Wuttke*, Straftäter im Betrieb, S. 134; *Rudkowski*, NZA 2011, 612.

1483 *Lützeler/Müller-Sartori*, CCZ 2011, 19, 22; *Wuttke*, Straftäter im Betrieb, S. 135; *Stück*, DB 2007, 1137, 1138.

1484 *Klasen/Schaefer*, BB 2012, 641, 644.

1485 Zur Erweiterbarkeit der Aussagepflichten, vgl. *Böhm*, Non-Compliance und Arbeitsrecht, S. 173 ff., wonach zumindest Erweiterung der Selbstbezichtigungspflicht ausgeschlossen sei; zur Benachrichtigungspflicht, also Anzeigepflicht compliancerelevanter Tatsachen ohne Nachfrage des Arbeitgebers, *Böhm*, Non-Compliance und Arbeitsrecht, S. 160 ff.

Aussage trifft. Maßgebliches Kriterium für die Reichweite der Aussagepflicht des Arbeitnehmers ist der Bezug der Information zu seinem Arbeitsbereich[1486].

Sofern der Mitarbeiter zur Aussage verpflichtet ist, sich aber weigert, begeht er eine Pflichtverletzung, auf die der Arbeitgeber mit arbeitsrechtlichen Sanktionen, wie bspw. Einbehalten von Entgelt[1487], Abmahnung oder (Androhen einer) Kündigung, reagieren kann.[1488] Darüber hinaus kann der Arbeitgeber im Falle der Verweigerung der Auskunft den Mitarbeiter zumindest theoretisch auf Erfüllung der Aussagepflicht verklagen und diesen Titel gemäß § 888 Abs. 1 ZPO (Anordnung von Zwangsgeld / Zwangshaft) vollstrecken.[1489] Dieses Vorgehen kostet den Arbeitgeber aber so viel Zeit, dass er davon in aller Regel keinen Gebrauch machen wird.[1490]

1486 *Reeb*, Internal Investigations, S. 95; *Rödiger*, Strafverfolgung von Unternehmen, S. 260; *Jahn*, StV 2009, 41, 43; *Göpfert/Merten/Siegrist*, NJW 2008, 1703, 1705; *Greeve/Tsambikakis*, in: Internal Investigations, Kap. 17 Rn. 18.

1487 Zu den Problemen und Gefahren in diesem Bereich: *Wuttke*, Straftäter im Betrieb, S. 142; *Göpfert/Merten/Siegrist*, NJW 2008, 1703, 1706 f.; auch: *Lützeler/Müller-Sartori*, CCZ 2011, 19, 24.

1488 *Böhm*, Non-Compliance und Arbeitsrecht, S. 154; *Böhm*, WM 2009, 1923, 1926; *Wuttke*, Straftäter im Betrieb, S. 142 f.; *Göpfert/Merten/Siegrist*, NJW 2008, 1703, 1706 f.; *Diller*, DB 2004, 313, 315; *Dann/Schmidt*, NJW 2009, 1851, 1854 nennen zudem Versagung Betriebsrente; zu Sanktionsmöglichkeiten: *Lützeler/Müller-Sartori*, CCZ 2011, 19, 24; vgl. auch: *Fritz/Nolden*, CCZ 2010, 170, 174 und *Leipold*, NJW-Spezial 2011, 56: Eingriffs- und Zwangsbefugnisse haben die internen Ermittler nicht; *Wisskirchen/Glaser*, DB 2011, 1447, 1448 weisen jedoch darauf hin, dass sich in der Praxis selten die Gelegenheit biete, Sanktionen zu verhängen, da vor allem „Erinnerungslücken" bestünden; in diese Richtung auch: *Köck*, in:Unternehmensinterne Untersuchungen, S. 73, 79 f.

1489 *Wuttke*, Straftäter im Betrieb, S. 141 f.; *Lützeler/Müller-Sartori*, CCZ 2011, 19, 24; *Bittmann/Molkenbur*, wistra 2009, 373, 375; *Klasen/Schaefer*, BB 2012, 641, 646; *Momsen*, ZIS 2011, 508, 513; vgl. auch: *Knauer/Buhlmann*, AnwBl 2010, 387, 389 und *Böhm*, Non-Compliance und Arbeitsrecht, S. 156 f., wonach § 888 Abs. 3 ZPO nicht entgegensteht, da dieser nur die Hauptleistungspflicht betrifft; ebenso: *Böhm*, WM 2009, 1923, 1925; **a.A.**: *Raum*, StraFo 2012, 395, 397, der das Bestehen des arbeitsrechtlichen Zwanges an sich und dessen Durchsetzung und Vollstreckbarkeit nach § 888 ZPO bezweifelt; so auch: *Wewerka*, Internal Investigations, S. 240; *Gerst*, CCZ 2012, 1, 3.

1490 *Lützeler/Müller-Sartori*, CCZ 2011, 19, 24; *v. Rosen*, Internal Investigations bei Compliance-Verstößen, S. 98; *Göpfert/Merten/Siegrist*, NJW 2008, 1703, 1708: „häufig kein gangbarer Weg".

Zu berücksichtigen ist allerdings auch, dass dem Arbeitgeber mit § 888 ZPO ein Instrument an die Hand gegeben ist, mit staatlicher Hilfe seine privatrechtlichen Auskunftsansprüche gegen den Mitarbeiter durchzusetzen, sodass der Arbeitnehmer im Ergebnis mit staatlicher Hilfe ggf. auch zur Selbstbelastung gezwungen wird. Die Vereinbarkeit mit dem nemo tenetur-Grundsatz wird daher teilweise bezweifelt.[1491] *Gerst* fordert „zumindest eine verfassungskonforme Reduktion des § 888 Abs. 1 S. 1 ZPO …, wonach der Einsatz von Zwangsmitteln zur Erzwingung einer Selbstbelastung ausgeschlossen ist."[1492] Zur Vereinbarkeit einer selbstbelastenden Aussage mit dem nemo tenetur-Grundsatz siehe unten S. 282 ff.

1. Vertraglich geschuldete Tätigkeit

Eine Verpflichtung zur Aussage besteht jedenfalls dann, wenn die Auskunftserteilung bereits einen Teil der vertraglich geschuldeten Tätigkeit darstellt. Wurde die Auskunftserteilung ausdrücklich vereinbart oder gehört sie zu den Aufgaben, die notwendigerweise zu den üblichen Aufgaben des Arbeitsbereiches zählt, ist sie als Hauptleistungspflicht einzustufen. Davon ist allerdings nur im Ausnahmefall (bspw. Compliance-Mitarbeiter[1493]) auszugehen.[1494] Eine Beschränkung der Auskunftspflicht ergibt sich grundsätzlich nur aus dem Vereinbarten,[1495] sodass auch eine selbstbelastende Aussage getätigt werden müsste.

2. §§ 666, 675 Abs. 1 BGB – persönlicher Arbeitsbereich

a. Anspruchsgrundlage

Eine Auskunftspflicht des Arbeitnehmers besteht darüber hinaus nach §§ 666, 675 Abs. 1 BGB (analog[1496]) für solche Informationen, die im Zusammenhang

1491 *Gerst*, CCZ 2012, 1, 3; vgl. auch: *Momsen*, ZIS 2011, 508, 513: dennoch keine staatlich veranlasste Aussage, arbeitsrechtliche Aufklärung bleibe privatrechtlicher Konflikt.

1492 *Gerst*, CCZ 2012, 1, 3.

1493 *v. Rosen*, Internal Investigations bei Compliance-Verstößen, S. 95; *Böhm*, Non-Compliance und Arbeitsrecht, S. 147; *Böhm*, WM 2009, 1923, 1924.

1494 *Böhm*, Non-Compliance und Arbeitsrecht, S. 147; *Böhm*, WM 2009, 1923, 1924; *Wewerka*, Internal Investigations, S. 230; *Kienast*, in: Deutsch-Amerikanische Korruptionsverfahren, § 8 Rn. 5; im Ergebnis auch: *Bittmann/Molkenbur*, wistra 2009, 373, 375; *Fritz/Nolden*, CCZ 2010, 170 Fn. 1.

1495 *Böhm*, Non-Compliance und Arbeitsrecht, S. 148; *Böhm*, WM 2009, 1923, 1924.

1496 *Wisskirchen/Glaser*, in: Soziale Marktwirtschaft, S. 209, 213; *Wisskirchen/Glaser*, DB 2011, 1447, 1448; *Sieg*, in: FS Buchner, S. 859, 862; *Reichold*, in: Münchener Handbuch Arbeitsrecht, § 49 Rn. 5.

mit der vertraglich geschuldeten Arbeitsaufgabe stehen.[1497] Die Auskunftserteilung ist als Nebenleistungspflicht zu qualifizieren.[1498] Der Arbeitnehmer erbringt in Erfüllung seiner vertraglich geschuldeten Arbeitsleistung eine entgeltliche Geschäftsbesorgung iSv § 675 BGB.[1499] Zudem besorgt er dabei ein fremdes Geschäft i.S.d. §§ 662, 675 BGB. Über § 675 Abs. 1 BGB findet auch die Vorschrift des § 666 BGB Anwendung, die den Beauftragten (hier: Arbeitnehmer) verpflichtet, dem Auftraggeber (hier: Arbeitgeber) die erforderlichen Nachrichten zu geben, auf Verlangen Auskunft zu erteilen und Rechenschaft abzulegen.[1500] Da es sich im Rahmen dieser Normen aber um eine Tätigkeit im fremden Rechtskreis handelt, bezieht sich die Auskunftspflicht auch nur auf die dem Arbeitnehmer unmittelbar übertragenen bzw. wahrgenommenen Aufgaben.[1501] Der Arbeitnehmer muss also über den Inhalt und die Reichweite seiner Zuständigkeit, insbesondere über seine eigenen Aktivitäten am Arbeitsplatz und die daraus resultierenden Arbeitsergebnisse[1502], Auskunft erteilen.[1503]

Andere stützen den Auskunftsanspruch auf die §§ 611, 241 Abs. 2, 242 BGB.[1504] Dies vermag letztlich jedoch nicht zu überzeugen. Zwar könnte der Auskunftsanspruch hinsichtlich des persönlichen Arbeitsbereiches theoretisch auch auf §§ 611, 241 Abs. 2, 242 BGB gestützt werden. Der auf §§ 666, 675 BGB gestützte Anspruch ist allerdings kaum eingeschränkt, sodass der allgemeine

---

1497 BGH, NJW-RR 1989, 614; BGHZ 41, 318, 321; *Krull*, in: Bay, Handbuch Internal Investigations, Kap. 3 Rn. 4; *Böhm*, Non-Compliance und Arbeitsrecht, S. 148; *Böhm*, WM 2009, 1923, 1924; *Bittmann/Molkenbur*, wistra 2009, 373, 375; *Dann/Schmidt*, NJW 2009, 1851, 1852; *Momsen*, ZIS 2011, 508, 513; *Diller*, DB 2004, 313; *Göpfert/Merten/Siegrist*, NJW 2008, 1703, 1705; *Jahn*, StV 2009, 41, 43; *Schneider*, NZG 2010, 1201, 1204; *Fritz/Nolden*, CCZ 2010, 170; *Wastl/Litzka/Pusch*, NStZ 2009, 68, 70; *Rödiger*, Strafverfolgung von Unternehmen, S. 260, 294; *Reeb*, Internal Investigations, S. 95 Fn. 246; *Rübenstahl*, WiJ 2012, 17, 20, 22; *v. Rosen*, Internal Investigations bei Compliance-Verstößen, S. 95.

1498 *Böhm*, Non-Compliance und Arbeitsrecht, S. 148.

1499 BGH, NJW-RR 1989, 614; *Böhm*, Non-Compliance und Arbeitsrecht, S. 148; *Fritz/Nolden*, CCZ 2010, 170; *Rödiger*, Strafverfolgung von Unternehmen, S. 260.

1500 BGH, NJW-RR 1989, 614; *Diller*, DB 2004, 313; *Fritz/Nolden*, CCZ 2010, 170, 171.

1501 BGH, NJW-RR 1989, 614; BGHZ 41, 318, 321; *Böhm*, Non-Compliance und Arbeitsrecht, S. 148; *Böhm*, WM 2009, 1923, 1924; *Diller*, DB 2004, 313; *Fritz/Nolden*, CCZ 2010, 170, 171; *Rödiger*, Strafverfolgung von Unternehmen, S. 294.

1502 *Diller*, DB 2004, 313; *Sieg*, in: FS Buchner, S. 859, 862; *Rödiger*, Strafverfolgung von Unternehmen, S. 294; *Wuttke*, Straftäter im Betrieb, S. 137.

1503 *Rübenstahl*, WiJ 2012, 17, 20.

1504 *Kreitner*, in: Personalbuch 2013, Auskunftspflichten Arbeitnehmer, Rn. 34; so wohl auch: *Rudkowski*, NZA 2011, 612, 613.

Auskunftsanspruch aus §§ 611, 241 Abs. 2, 242 BGB hier schlicht keine Relevanz hat,[1505] vgl. dazu unten S. 273 ff.

Wieder andere sehen den Anknüpfungspunkt der Auskunftspflicht im Rahmen des persönlichen Arbeitsbereiches in § 106 GewO. Danach könne der Arbeitgeber seinen Mitarbeiter anweisen, Auskunft zu erteilen.[1506] Dagegen spricht jedoch, dass der Arbeitgeber gemäß § 106 S. 2 GewO nur die Ordnung und das Verhalten der Arbeitnehmer im Betrieb näher bestimmen kann. Ob und wie die Einhaltung der Ordnungs- und Verhaltensregeln kontrolliert und überwacht werden darf, regelt die Norm hingegen nicht.[1507] Der Arbeitgeber kann daher keinen Auskunftsanspruch aus § 106 GewO ableiten.

b. Reichweite der Auskunftspflicht

§ 666 BGB enthält einen selbstständigen Auskunftsanspruch, sodass ein berechtigtes Interesse des Auftraggebers an der Information grundsätzlich nicht erforderlich ist.[1508] Die Auskunft darf allerdings verweigert werden, wenn an ihr kein vernünftiges Interesse besteht.[1509] Ob der Auftraggeber sich die Information selbst oder auf anderweitige Weise beschaffen könnte, spielt hingegen keine Rolle.[1510]

Die Bindung der Auskunftspflicht an den Arbeits- oder Verantwortungsbereich[1511] hat zur Folge, dass insbesondere Arbeitnehmer in Führungspositionen (leitende Angestellte[1512]) oder in besonderen Vertrauensstellungen (bspw. Compliance-Beauftragte[1513]) eine eher weitreichende Auskunftspflicht trifft, denn die Reichweite ihrer Tätigkeit ist naturgemäß groß. Ein Mitglied des Vorstands oder der Geschäftsführer selbst ist daher regelmäßig vollumfänglich hinsichtlich

---

1505 *Rödiger*, Strafverfolgung von Unternehmen, S. 281.

1506 *Lützeler/Müller-Sartori*, CCZ 2011, 19, 20; *Bissels/Lützeler*, BB 2012, 189, 190; *Klasen/Schaefer*, BB 2012, 641, 645; *Mengel*, Compliance und Arbeitsrecht, Kap. 4 Rn. 20; *Mengel/Ullrich*, NZA 2006, 240, 243.

1507 *Reeb*, Internal Investigations, S. 95 Fn. 246.

1508 *Rödiger*, Strafverfolgung von Unternehmen, S. 295.

1509 BGH, NJW 1998, 2969; *Rödiger*, Strafverfolgung von Unternehmen, S. 295.

1510 BGH, NJW 1998, 2969; *Rödiger*, Strafverfolgung von Unternehmen, S. 295; *Diller*, DB 2004, 313, 314.

1511 *Böhm*, Non-Compliance und Arbeitsrecht, S. 148.

1512 *Böhm*, Non-Compliance und Arbeitsrecht, S. 148 f.; *Böhm*, WM 2009, 1923, 1924; sie sind gem. §§ 666 Alt. 1, 675 Abs. 1 BGB bereits zur Anzeige aller Compliance-Verstöße ihrer Mitarbeiter verpflichtet, losgelöst von einer Nachfrage des Arbeitgebers, *Böhm*, Non-Compliance und Arbeitsrecht, S. 162.

1513 *Böhm*, Non-Compliance und Arbeitsrecht, S. 149; *Böhm*, WM 2009, 1923, 1924.

seiner Ressortzuständigkeit und der Aufgaben in der Gesamtverantwortung des Leitungsorgans zur Auskunft verpflichtet.[1514] Da zu den Aufgaben eines leitenden Angestellten auch die Führung und Überwachung der Mitarbeiter zählt, ist er in besonderem Maße zur Mitwirkung verpflichtet, sodass ihn im Rahmen seiner besonderen Treue- und Überwachungspflicht eine Auskunftspflicht trifft.[1515] Das Gleiche gilt für einen Compliance-Beauftragten, zu dessen Aufgaben gerade die Überwachung des gesetzestreuen Verhaltens der Mitarbeiter zählt.[1516] Der Arbeitnehmer ist grundsätzlich auch zur belastenden Aussage zuungunsten Dritter verpflichtet.[1517] Die Grenze verläuft allerdings dort, wo seine Überwachungspflichten enden.[1518] Vgl. dazu S. 298 ff.

Nicht entscheidend ist, ob das Vertragsverhältnis noch besteht, da die Auskunftspflicht aus §§ 666, 675 BGB auch nach Beendigung des Vertrages Bestand hat, sodass selbst der bereits gekündigte Arbeitnehmer dem Arbeitgeber gegenüber immer noch zur Auskunft verpflichtet ist.[1519] Voraussetzung ist aber (selbstverständlich), dass sich das Auskunftsverlangen auf einen Zeitpunkt bezieht, zu dem das Arbeitsverhältnis noch angedauert hat.[1520]

c. Pflicht zur selbstbelastenden Aussage?

Damit ist allerdings bisher nur festzuhalten, dass der Mitarbeiter hinsichtlich seines persönlichen Arbeitsbereiches zur Aussage verpflichtet ist. Ob er in diesem Rahmen auch zu selbstbelastenden Angaben verpflichtet ist, ist damit noch nicht entschieden.

1514 *Rübenstahl*, WiJ 2012, 17, 20; im Ergebnis auch: *Weiße*, in: Moosmayer/Hartwig, Interne Untersuchungen, S. 41, 50.

1515 *Böhm*, Non-Compliance und Arbeitsrecht, S. 148 f.; *Böhm*, WM 2009, 1923, 1924; *Göpfert/Merten/Siegrist*, NJW 2008, 1703, 1706.

1516 *Böhm*, WM 2009, 1923, 1924.

1517 *Lützeler/Müller-Sartori*, CCZ 2011, 19, 20; *Vogt*, NJOZ 2009, 4206, 4212; *Mengel*, Compliance und Arbeitsrecht, Kap. 4 Rn. 21.

1518 BGH, NJW-RR 1989, 614, 615; BAGE 6, 82, 83 ff.

1519 *Diller*, DB 2004, 313; *Wuttke*, Straftäter im Betrieb, S. 138; *Göpfert/Merten/Siegrist*, NJW 2008, 1703, 1707; *Rödiger*, Strafverfolgung von Unternehmen, S. 294; *Wuttke*, Straftäter im Betrieb, S. 138; *Diller*, DB 2004, 313; *Reichold*, in: Münchener Handbuch Arbeitsrecht, § 49 Rn. 5.

1520 *Böhm*, Non-Compliance und Arbeitsrecht, S. 153, der allerdings zusätzlich fordert, dass der Arbeitgeber keine andere Möglichkeit hat, an die Information einfacher zu gelangen, 153 f.

aa. Architekten-Fall[1521]

Verwiesen wird in diesem Zusammenhang vor allem auf das Architekten-Urteil des BGH[1522] vom 30.4.1964. In dem konkreten Fall machte der Kläger gegen seinen Architekten, dem neben der Planung und Bauaufsicht auch die Ausschreibung, Vergabe und Schlussabrechnung mit den Handwerkern oblag, den Auskunftsanspruch aus §§ 666, 675 Abs. 1 BGB geltend, da er vermutete, sein Architekt habe sich von verschiedenen am Bau beteiligten Firmen einen Vorteil versprechen lassen. Der BGH entschied, dass der beauftragte Architekt nicht berechtigt ist, die Aussage allein aus dem Grund zu verweigern, dass er sich damit einer strafbaren Handlung bezichtigen musste.[1523] Gerade in diesem Falle komme dem Auskunftsanspruch eine besondere Bedeutung zu.[1524] Einen allgemeinen Rechtssatz, wonach sich niemand selbst belasten müsse, gebe es nicht.[1525]

bb. Übertragbarkeit auf das Arbeitsverhältnis

Ob die Grundsätze des Architekten-Urteils auf das Arbeitsverhältnis übertragen werden können und der Arbeitnehmer somit auch zur selbstbelastenden Aussage verpflichtet ist, ist umstritten.

(I) Übertragbarkeit

Überwiegend wird davon ausgegangen, dass die Grundsätze des Architekten-Urteils übertragbar sind, sodass hinsichtlich der Auskunftspflicht des Arbeitnehmers innerhalb seines persönlichen Arbeitsbereiches grundsätzlich keinerlei Zumutbarkeitserwägungen stattfinden, die die Auskunftspflicht einschränken könnten.[1526] Die Pflicht zur Aussage reiche damit sogar soweit, dass eine selbstbelastende Aussage vom Arbeitnehmer gefordert werden könne.[1527] Auch sie berufen sich darauf, dass im Rahmen der §§ 666, 675 BGB kein

---

1521 BGHZ 41, 318.

1522 BGHZ 41, 318.

1523 BGHZ 41, 318, 322 ff.

1524 BGHZ 41, 318, 322; so auch: BGHZ 109, 260, 268.

1525 BGHZ 41, 318, 323 ff.

1526 *Böhm*, Non-Compliance und Arbeitsrecht, S. 149; *Fritz/Nolden*, CCZ 2010, 170, 172; im Ergebnis auch: *Klasen/Schaefer*, BB 2012, 641, 646; *Diller*, DB 2004, 313, 314; *Mengel/Ullrich*, NZA 2006, 240, 243; **a.A.**: *Rudkowski*, NZA 2011, 612, 613.

1527 *Rödiger*, Strafverfolgung von Unternehmen, S. 299; *Böhm*, Non-Compliance und Arbeitsrecht, S. 150; *Böhm*, WM 2009, 1923, 1924; *Lützeler/Müller-Sartori*, CCZ 2011, 19, 20; *Bissels/Lützeler*, BB 2012, 189, 190; *Diller*, DB 2004, 313, 314; *Kienast*, in: Deutsch-Amerikanische Korruptionsverfahren, § 8 Rn. 17; *Göpfert/Merten/Siegrist*, NJW 2008, 1703, 1705; *Bittmann/Molkenbur*, wistra 2009, 373, 378 f.; *Fritz/Nolden*,

allgemeingültiger Rechtsgrundsatz bestehe, der besagt, dass niemand verpflichtet sei sich selbst zu belasten.[1528] Dem Arbeitgeber sei schließlich nur so eine Leistungskontrolle möglich.[1529] Zudem könne dem Auskunftsverlangen des Arbeitgebers ein besonders hohes Gewicht beigemessen werden, sofern der unmittelbare Arbeitsbereich betroffen ist,[1530] da die Rechtsfolgen von Straftaten in diesem Bereich gerade auch den Unternehmer selbst treffen.[1531] Sofern es um Auskünfte im Zusammenhang mit der vertraglich geschuldeten Leistung gehe, falle die vorzunehmende Abwägung der widerstreitenden Interessen von Arbeitnehmer und Arbeitgeber daher grundsätzlich zugunsten des Arbeitgebers aus. In diesem Bereich trete die Selbstbelastungsfreiheit somit regelmäßig zurück.[1532]

Auch der Vorbehalt des Unternehmens, die Informationen an die deutschen[1533] Strafverfolgungsbehörden weiterzugeben, führe nicht zu einem Auskunftsverweigerungsrecht des Arbeitnehmers nach § 275 Abs. 3 BGB, da dem

---

CCZ 2010, 170, 172; *Wisskirchen/Glaser*, DB 2011, 1447, 1448; *Schürrle/Olbers*, CCZ 2010, 178; *Wisskirchen/Glaser*, in: Soziale Marktwirtschaft, S. 209, 214; *Vogt*, NJOZ 2009, 4206, 4213; *Wuttke*, Straftäter im Betrieb, S. 141, sofern Beweisverwertungsverbot besteht, zudem sei Auskunftspflicht nur ultima ratio; wohl auch: LAG Hamm, CCZ 2010, 237, 238; *Spehl/Gruetzner*, in: Corporate Internal Investigations, § 6 Rn. 115; *Reeb*, Internal Investigations, S. 95 f.; *v. Rosen*, Internal Investigations bei Compliance-Verstößen, S. 96; *Rübenstahl*, WiJ 2012, 17, 22; *Seiler*, in: MüKo BGB, § 666 Rn. 9; **a.A.**: *Maschmann*, in: Corporate Compliance und Arbeitsrecht, S. 149, 173 ff.; *Rudkowski*, NZA 2011, 612, 613; *Bauer*, StraFo 2012, 488, 489 f.; *Wastl/Litzka/Pusch*, NStZ 2009, 68, 73; *Dann/Schmidt*, NJW 2009, 1851, 1853 f.; wohl auch: *Jahn*, StV 2009, 41, 44.

1528 *Diller*, DB 2004, 313, 314; *Lützeler/Müller-Sartori*, CCZ 2011, 19, 20, die in „seltenen Ausnahmefällen" ein überwiegendes schutzwürdiges Persönlichkeitsinteresse des Arbeitnehmers für möglich halten; vgl.: BGHZ 41, 318, 323 ff.

1529 *Lützeler/Müller-Sartori*, CCZ 2011, 19, 20; Rödiger, Strafverfolgung von Unternehmen, S. 299; *Mengel/Ullrich*, NZA 2006, 240, 243.

1530 *Reeb*, Internal Investigations, S. 96.

1531 *Rödiger*, Strafverfolgung von Unternehmen, S. 300.

1532 Vgl.: *Lützeler/Müller-Sartori*, CCZ 2011, 19, 20; *Reeb*, Internal Investigations, S. 96.

1533 Zur Auskunftserteilung bei Kooperation des Unternehmens mit DOJ und SEC: *Rödiger*, Strafverfolgung von Unternehmen, S. 301 ff., wonach dem Arbeitnehmer im Ergebnis Auskunftsverweigerungsrecht wegen persönlicher Unzumutbarkeit, § 275 Abs. 3 BGB, zusteht, sofern sich das Unternehmen die Weitergabe individualisierter Daten an DOJ / SEC vorbehält; vgl. auch: *Wastl/Litzka/Pusch*, NStZ 2009, 68 ff.

Arbeitnehmer selbstbelastende Aussagen im Bereich der §§ 666, 675 Abs. 1 BGB grundsätzlich zumutbar seien.[1534]

(II) Fehlende Übertragbarkeit[1535]

Andere gehen hingegen davon aus, dass den Mitarbeiter keine Pflicht zur selbstbelastenden Aussage trifft, soweit er damit zugleich kündigungsrelevante Tatsachen offenbaren müsste.[1536] Ihm stehe vielmehr ein Schweigerecht zu.[1537]

Insbesondere *Maschmann* spricht sich gegen die Verpflichtung des Arbeitnehmers zu einer selbstbelastenden Aussage aus.[1538] Er differenziert nach dem Zweck der Mitarbeiterbefragung: Dient sie präventiven Zwecken, komme kein Schweigerecht des Arbeitnehmers in Betracht, da ihn insoweit eine Schadensabwendungspflicht treffe. Dient die Befragung hingegen repressiven Zwecken, stehe dem Arbeitnehmer ein Schweigerecht zu.[1539]

Es sei nicht nachvollziehbar, weshalb der Täter im Strafverfahren schweigen dürfe, im Zivilverfahren aber zur (selbstbelastenden) Aussage verpflichtet sei, wenn diese doch regelmäßig zum Anlass eines Strafverfahrens genommen werden könne, in dem der Arbeitnehmer dann wiederum nicht zur Aussage verpflichtet sei.[1540] Mit der herrschenden Meinung würden alle strafprozessualen Vorkehrungen zum Schutz vor Selbstbezichtigungen umgangen.[1541] Zudem müsse aber vor allem auch beachtet werden, dass der Arbeitnehmer nicht verpflichtet sei, Erklärungen zu möglichen Kündigungsgründen abzugeben, da die Beweislast hinsichtlich des Kündigungsgrundes gemäß § 1 Abs. 2 S. 4 KSchG

1534 *Rödiger*, Strafverfolgung von Unternehmen, S. 303: Zudem bestehe ein Schutz durch das strafrechtliche Beweisverwertungsverbot.

1535 *Bauer*, StraFo 2012, 488, 489.

1536 *Mengel*, Compliance und Arbeitsrecht, Kap. 4 Rn. 21 Fn. 603; *Kreiter*, in: Personalbuch 2013, Auskunftspflichten Arbeitnehmer, Rn. 34; *Rudkowski*, NZA 2011, 612, 613; **a.A.**: *Rödiger*, Strafverfolgung von Unternehmen, S. 297; *Böhm*, Non-Compliance und Arbeitsrecht, S. 150; *Böhm*, WM 2009, 1923, 1924.

1537 *Rudkowski*, NZA 2011, 612, 613; *Bauer*, StraFo 2012, 488, 489.

1538 *Maschmann*, in: Corporate Compliance und Arbeitsrecht, S. 149, 173; so auch: *Wuttke*, Straftäter im Betrieb, S. 140.

1539 *Maschmann*, in: Corporate Compliance und Arbeitsrecht, S. 149, 175; *Maschmann*, NZA-Beilage 2012, 50, 56; *Maschmann*, in: Compliance und Strafrecht, S. 85, 95 f.

1540 *Maschmann*, in: Corporate Compliance und Arbeitsrecht, S. 149, 173; so auch: *Wuttke*, Straftäter im Betrieb, S. 140, die bemängelt, dass das Schweigerecht entwertet würde, sei der Arbeitnehmer ggü. dem Arbeitgeber zur selbstbelastenden Aussage verpflichtet, weil dieser ja die Strafverfolgungsbehörden informieren könnte.

1541 *Maschmann*, NZA-Beilage 2012, 50, 55.

dem Arbeitgeber auferlegt sei.[1542] Treffe den Arbeitnehmer eine (selbstbelastende) Aussagepflicht, dann könnte jede Nicht-Kooperation mit empfindlichen Sanktionen belegt werden. Dies sei jedoch unverhältnismäßig und in vergleichbaren Fällen vom Gesetzgeber anders gelöst, vgl. bspw. die Ausdehnung des Schweigerechts des Beamten gemäß § 20 Abs. 1 S. 3 BDG auf das Vorstadium vor Einleitung eines förmlichen Verfahrens.[1543] Es leuchte nicht ein, warum dies im Arbeitsrecht grundlegend anders sein soll.[1544] Zwar dürfe das Kontrollinteresse des Arbeitgebers nicht vollkommen außer Acht gelassen werden, doch sei die Strafverfolgung nicht Sache des Arbeitgebers. Vielmehr müsse bei repressiven Ermittlungen vor allem der Arbeitnehmer geschützt werden. Seine Nicht-Kooperation dürfe daher nicht sanktioniert werden; ggf. müsse gar über ein „Recht zur Lüge" nachgedacht werden. Kooperiert der Arbeitnehmer nicht, so könne der Arbeitgeber jederzeit die staatlichen Strafverfolgungsbehörden einschalten oder zu anderen Ermittlungsmaßnahmen greifen.[1545] Auch hier beanspruche der nemo tenetur-Grundsatz Geltung.[1546]

(III) Stellungnahme

Grundsätzlich ist davon auszugehen, dass der Arbeitnehmer gemäß §§ 666, 675 BGB im persönlichen Arbeitsbereich auch zu selbstbelastenden Aussagen verpflichtet ist. Die insbesondere von *Maschmann* dagegen vorgebrachten Argumente können letztlich nicht überzeugen. Schon sein Ansatz, nach dem Zweck der Befragung zu differenzieren, ist verfehlt. Die Differenzierung macht im Rahmen interner Ermittlungen keinen Sinn, da in aller Regel sowohl präventive als auch repressive Zwecke verfolgt werden: Zunächst soll der Verdachtsfall aufgeklärt werden, um sodann zu entscheiden, ob die gewonnenen Erkenntnisse zur Verbesserung der Kontrollsysteme des Unternehmens genutzt

1542 *Maschmann*, in: Corporate Compliance und Arbeitsrecht, S. 149, 174; *Maschmann*, NZA-Beilage 2012, 50, 56; vgl. auch: *Rübenstahl*, WiJ 2012, 17, 22, der die Möglichkeit einer Verdachtskündigung als Argument gegen die Selbstbelastungspflicht nicht gelten lässt.

1543 *Maschmann*, in: Corporate Compliance und Arbeitsrecht, S. 149, 174; vgl. auch: *v. Rosen*, Internal Investigations bei Compliance-Verstößen, S. 97: „…dass die Weigerung des Mitarbeiters, eine Frage zu beantworten, allein nicht ausreicht, um eine Kündigung zu begründen."

1544 *Maschmann*, NZA-Beilage 2012, 50, 56.

1545 *Maschmann*, in: Corporate Compliance und Arbeitsrecht, S. 149, 175 f.; *Maschmann*, in: Compliance und Strafrecht, S. 85, 96.

1546 *Maschmann*, in: Corporate Compliance und Arbeitsrecht, S. 149, 175; im Ergebnis auch: *v. Rosen*, Internal Investigations bei Compliance-Verstößen, S. 95.

werden können.[1547] Dies könne sich laut *Maschmann* allerdings nicht zu Lasten des Arbeitnehmers auswirken. Vielmehr müsse der Arbeitgeber notfalls über den Zweck der Befragung informieren. Unterlässt er dies, sei die repressive Nutzung der Aussage unzulässig.[1548]

Maschmann verkennt darüber hinaus, dass sich das Urteil des BAG[1549], wonach der Arbeitnehmer grundsätzlich nicht verpflichtet sein könne, außergerichtlich kündigungsrelevante Tatsachen offenbaren zu müssen, es sei denn, es besteht eine besondere rechtliche Grundlage, auf den allgemeinen vertraglichen Auskunftsanspruch bezog. Anders als dort, handelt es sich bei dem Auskunftsanspruch gemäß § 666 BGB jedoch um eine besondere rechtliche Grundlage i.S.d. Entscheidung.[1550] Es handelt sich dabei um einen gesetzlichen Auskunftsanspruch.[1551] Das Urteil des BAG betraf somit eine ganz andere Konstellation und ist daher nicht übertragbar. Somit ist eine Einschränkung der Auskunftspflicht auf Grund der Regelung der Beweislasttragung in § 1 Abs. 2 S. 4 KSchG hinsichtlich des persönlichen Arbeitsbereiches abzulehnen.[1552]

Teilweise wird zudem darauf hingewiesen, dass der Streit ohnehin theoretischer Natur sei, da in der Praxis eher Erinnerungslücken auftreten als die auf den nemo tenetur-Grundsatz gestützte Aussageverweigerung.[1553]

1547 *Rödiger*, Strafverfolgung von Unternehmen, S. 298; *Wuttke*, Straftäter im Betrieb, S. 140 f.; im Ergebnis auch: *Wisskirchen/Glaser*, DB 2011, 1447, 1448; *Fritz/Nolden*, CCZ 2010, 170, 176; das Praxis-Problem erkennt aber auch *Maschmann*, NZA-Beilage 2012, 50, 56; *Maschmann*, in: Compliance und Strafrecht, S. 85, 96.

1548 *Maschmann*, NZA-Beilage 2012, 50, 56; *Maschmann*, in: Compliance und Strafrecht, S. 85, 96.

1549 BAGE 81, 15.

1550 *Rödiger*, Strafverfolgung von Unternehmen, S. 297; *Böhm*, Non-Compliance und Arbeitsrecht, S. 150; *Böhm*, WM 2009, 1923, 1924.

1551 *Rödiger*, Strafverfolgung von Unternehmen, S. 297.

1552 *Rödiger*, Strafverfolgung von Unternehmen, S. 297; *Böhm*, Non-Compliance und Arbeitsrecht, S. 150; *Böhm*, WM 2009, 1923, 1924; im Ergebnis auch: *Wewerka*, Internal Investigations, S. 240, da es anderenfalls zu einer „nicht hinnehmbaren Verkürzung der Interessen des Arbeitgebers“ komme; vgl. auch: *Göpfert/Merten/Siegrist,* NJW 2008, 1703, 1708.

1553 *Wisskirchen/Glaser*, DB 2011, 1447, 1448; *Wisskirchen/Glaser*, in: Soziale Marktwirtschaft, S. 209, 214; vgl. auch: *Groß*, wistra 2012, 259; *v. Rosen*, Internal Investigations bei Compliance-Verstößen, S. 97 f.: Arbeitnehmer wird eher arbeitsrechtliche Sanktion, als die Gefahr eines Strafverfahrens auf Grund selbst belastender Aussage hinnehmen.

3. §§ 611, 241 Abs. 2 BGB – *allgemeiner Auskunftsanspruch / arbeitsvertragliche Nebenpflicht*[1554]

a. Allgemeines

Bezieht sich das Auskunftsverlangen des Arbeitgebers auf einen Umstand, der zwar nicht der vertraglich geschuldeten Arbeitsaufgabe zuzuordnen ist, aber noch dem dienstlichen Bereich angehört, wie bspw. Wahrnehmungen während einer Dienstreise[1555], ist der Mitarbeiter nach §§ 611, 241 Abs. 2 BGB zur Aussage verpflichtet, wenn das Unternehmen in entschuldbarer Weise über Bestehen oder Umfang seiner Rechte im Unklaren ist und der in Anspruch genommene Arbeitnehmer die zur Beseitigung der Ungewissheit erforderliche Auskunft unschwer selbst geben kann.[1556] Der Auskunftsanspruch des Arbeitgebers ergibt sich aus dem Grundsatz von Treu und Glauben und den Rücksichtnahmepflichten des Arbeitnehmers. Da das Arbeitsverhältnis ein Dauerschuldverhältnis ist, sind diese Rücksichtnahmepflichten besonders stark ausgeprägt.[1557] Daraus lässt sich auch der Umfang des Auskunftsanspruches ableiten, der sich nur auf den dienstlichen Bereich bezieht. Erlangt der Arbeitnehmer privat Kenntnis von Gesetzesübertretungen im Unternehmen, trifft ihn keine Pflicht zur Auskunft nach §§ 611, 241 Abs. 2 BGB.[1558]

Dieser allgemeine zivilrechtliche Auskunftsanspruch wurde von der Rechtsprechung[1559] unter Berufung auf die §§ 242, 241 Abs. 2, 261[1560] BGB entwickelt, besteht aber auch im Rahmen eines Arbeitsverhältnisses. Ein Bezug zum Arbeitsbereich des Arbeitnehmers ist hier nicht erforderlich.[1561] Führungskräfte sind dabei grundsätzlich auf Grund ihrer Treupflicht in besonderem Maße

---

1554 *Böhm*, Non-Compliance und Arbeitsrecht, S. 151; *Böhm*, WM 2009, 1923, 1924; *Rödiger*, Strafverfolgung von Unternehmen, S. 281; *Wybitul*, BB 2009, 606, 610.

1555 *Rödiger*, Strafverfolgung von Unternehmen, S. 281; *Wuttke*, Straftäter im Betrieb, S. 137; *Jahn*, StV 2009, 41, 44; *Göpfert/Merten/Siegrist*, NJW 2008, 1703, 1705.

1556 *Reeb*, Internal Investigations, S. 96; *Rübenstahl*, WiJ 2012, 17, 20; *Böhm*, Non-Compliance und Arbeitsrecht, S. 151; *Böhm*, WM 2009, 1923, 1924 f.; *Bittmann/Molkenbur*, wistra 2009, 373, 375; *Dann/Schmidt*, NJW 2009, 1851, 1852 f.; *Fritz/Nolden*, CCZ 2010, 170, 171.

1557 *Böhm*, Non-Compliance und Arbeitsrecht, S. 151; *Böhm*, WM 2009, 1923, 1925; *Rieble*, ZIP 2003, 1273, 1275.

1558 *Böhm*, Non-Compliance und Arbeitsrecht, S. 151; *Böhm*, WM 2009, 1923, 1925.

1559 Ursprung: RGZ 108, 1, 7.

1560 In der damaligen Fassung noch Abgabe der eidesstattlichen Versicherung bzw. des Offenbarungseids.

1561 *Diller*, DB 2004, 313, 313 f.

verpflichtet.[1562] Der allgemeine Auskunftsanspruch besteht auch nach Beendigung des Arbeitsverhältnisses fort.[1563]

b. Voraussetzungen

Das BAG hat folgende kumulative Voraussetzungen für das Bestehen des allgemeinen vertraglichen Auskunftsanspruches aufgestellt:[1564] (aa.) Der Arbeitgeber muss ein „berechtigtes, billigenswertes und schutzwürdiges Interesse" an der Auskunft haben. (bb.) Die Auskunftserteilung muss dem Arbeitnehmer zumutbar sein. Sofern die Frage einen Eingriff in das allgemeine Persönlichkeitsrecht des Arbeitnehmers darstellt, hat eine Abwägung der widerstreitenden Interessen nach dem Grundsatz der Verhältnismäßigkeit stattzufinden. (cc.) Die gesetzlichen Beweislastregeln dürfen nicht unzulässig durch die Gewährung des Auskunftsanspruches verändert werden, sodass der Arbeitnehmer grundsätzlich nicht verpflichtet ist, außergerichtlich Erklärungen zu möglichen Kündigungsgründen abzugeben.

aa. Berechtigtes Interesse des Arbeitgebers

Der Arbeitgeber muss ein berechtigtes, billigenswertes und schutzwürdiges Interesse an der Auskunft des Arbeitnehmers haben. Im Rahmen der unternehmensinternen Ermittlungen geht es um die Aufklärung strafrechtlicher Verdachtsfälle oder sonstigen Fehlverhaltens im Unternehmen. Daher hat der Arbeitgeber in aller Regel ein berechtigtes Interesse an der Information.[1565] Dafür spricht auch, dass die Unternehmensleitung mögliche Pflichtverletzungen untersuchen und sich gegen Schadensersatzansprüche Dritter verteidigen muss. Zudem besteht ein Interesse daran, eigene Ansprüche gegen den Täter durchzusetzen, sich gegen eine Verbandsgeldbuße oder Verfallsanordnung zu

---

1562 *Bissels/Lützeler*, BB 2012, 189, 190; *Mengel*, Compliance und Arbeitsrecht, Kap. 4 Rn. 19; im Ergebnis auch: *Göpfert/Merten/Siegrist*, NJW 2008, 1703, 1706; *Bittmann/Molkenbur*, wistra 2009, 373, 375; *Lützeler/Müller-Sartori*, CCZ 2011, 19.

1563 *Rödiger*, Strafverfolgung von Unternehmen, S. 286; *Wuttke*, Straftäter im Betrieb, S. 138.

1564 BAGE 81, 15, 22; ebenso: *Böhm*, Non-Compliance und Arbeitsrecht, S. 151 f.; *Göpfert/Merten/Siegrist*, NJW 2008 1703, 1705; *Dann/Schmidt*, NJW 2009, 1851, 1853.

1565 *Rödiger*, Strafverfolgung von Unternehmen, S. 287; im Ergebnis auch: *Dann/Schmidt*, NJW 2009, 1851, 1853; *Schürrle/Olbers*, CCZ 2010, 178, 180.

verteidigen[1566] und glaubhaft einen Wandel der Unternehmenspolitik einzuleiten.[1567]

bb. Zumutbarkeit / Interessenabwägung

Der Anspruch ist allerdings durch den Grundsatz der Zumutbarkeit begrenzt. Für den Arbeitnehmer dürfen also keine übermäßigen Belastungen entstehen.[1568]

Maßgeblich sind dabei vor allem die Höhe des drohenden Schadens, ein (Mit-)Verschulden des Arbeitgebers und des Arbeitnehmers, die möglichen negativen Folgen für den Arbeitnehmer und die zur Verfügung stehenden anderen Mittel zur Schadensabwehr.[1569] Der Auskunftsanspruch ist daher ausgeschlossen, wenn der Arbeitgeber sich die Information auch anderweitig beschaffen könnte.[1570] Dabei muss allerdings bedacht werden, dass den Mitarbeiterbefragungen regelmäßig breit angelegte Dokumentenscreenings vorangehen, sodass der Arbeitgeber bereits versucht hat, die Informationen anderweitig zu erhalten.[1571]

Sofern das Interview Fragen beinhaltet, bei deren Beantwortung der Arbeitnehmer sich selbst belasten müsste, greifen sie in sein allgemeines Persönlichkeitsrecht ein, sodass eine Abwägung der Interessen nach dem Grundsatz der Verhältnismäßigkeit zu erfolgen hat.[1572] Auf Seiten des Arbeitgebers steht in erster Linie das Aufklärungsinteresse, wohingegen es dem Arbeitnehmer vor allem

1566 *Rödiger*, Strafverfolgung von Unternehmen, S. 287 f.; vgl. auch *Stetter*, in: FS Widmaier, S. 801 ff. zur Relevanz der Korruptionsprävention im Rahmen der Verfallsanordnung; vgl. auch: *Krause*, StraFo 2011, 437, 446.

1567 *Theile*, StV 2011, 381, 384.

1568 BAGE 81, 15, 22; *Reeb*, Internal Investigations, S. 96; *v. Rosen*, Internal Investigations bei Compliance-Verstößen, S. 95; *Wuttke*, Straftäter im Betrieb, S. 138; *Böhm*, Non-Compliance und Arbeitsrecht, S. 151; *Böhm*, WM 2009, 1923, 1925; *Göpfert/Merten/Siegrist*, NJW 2008, 1703, 1705; *Rödiger*, Strafverfolgung von Unternehmen, S. 287; *Diller*, DB 2004, 313, 314; *Fritz/Nolden*, CCZ 2010, 170, 172: Grenze der Zumutbarkeit gem. § 275 Abs. 3 BGB.

1569 *Fritz/Nolden*, CCZ 2010, 170, 172; in diese Richtung auch: *Renners*, Private Investigation und Arbeitsrecht, S. 148; vgl. auch: *Diller*, DB 2004, 313, 314.

1570 BAGE 81, 15, 22; *Rödiger*, Strafverfolgung von Unternehmen, S. 287; *Böhm*, Non-Compliance und Arbeitsrecht, S. 151 f.; *Böhm*, WM 2009, 1923, 1925; *Schürrle/Olbers*, CCZ 2010, 178; *Göpfert/Merten/Siegrist*, NJW 2008, 1703, 1705; *Dann/Schmidt*, NJW 2009, 1851, 1853; *Wisskirchen/Glaser*, DB 2011, 1447, 1448.

1571 *Rödiger*, Strafverfolgung von Unternehmen, S. 287.

1572 *Rödiger*, Strafverfolgung von Unternehmen, S. 287; *Dann/Schmidt*, NJW 2009, 1851, 1853; vgl. auch: BAGE 81, 15, 22.

um die Selbstbelastungsfreiheit geht.[1573] Zu berücksichtigen ist in jedem Fall, dass sich der Arbeitnehmer – selbst für den Fall einer Amnestievereinbarung – der Gefahr eines Strafverfahrens aussetzt.[1574] Ob den Arbeitnehmer letztlich eine Pflicht zur Selbstbelastung trifft, ist umstritten.

(I) Keine Pflicht zur Selbstbelastung

Teilweise wird vertreten, dass die Interessenabwägung regelmäßig zugunsten der Selbstbelastungsfreiheit ausfallen müsse, sodass der Arbeitnehmer nicht zu einer selbstbelastenden Aussage verpflichtet sei.[1575] Dies bedeute aber nicht, dass dem Arbeitnehmer ein „Recht zur Lüge" zugebilligt werde. Solange es sich bei den Fragen des Arbeitgebers nicht um unzulässige, also das Persönlichkeitsrecht des Arbeitnehmers verletzende, Fragen handelt, sei er nicht berechtigt zu lügen, sondern nur zu schweigen.[1576]

(II) Pflicht zur Selbstbelastung

Andere nehmen hingegen an, dass die vorzunehmende Interessenabwägung grundsätzlich zu Gunsten des Arbeitgebers ausfalle, sodass eine Pflicht des Arbeitnehmers zur selbstbelastenden Auskunft anzunehmen sei.[1577] Allein die

---

1573 *Reeb*, Internal Investigations, S. 96; *v. Rosen*, Internal Investigations bei Compliance-Verstößen, S. 96.

1574 *Rödiger*, Strafverfolgung von Unternehmen, S. 286.

1575 *Reeb*, Internal Investigations, S. 96; *Wuttke*, Straftäter im Betrieb, S. 138; *Rödiger*, Strafverfolgung von Unternehmen, S. 289; *Knauer/Buhlmann*, AnwBl 2010, 387, 390; so auch: *Göpfert/Merten/Siegrist*, NJW 2008, 1703, 1705; *Jahn*, StV 2009, 41, 44; *Dann/Schmidt*, NJW 2009, 1851, 1853; *Vogt*, NJOZ 2009, 4206, 4213; *Haefcke*, CCZ 2014, 39, 40; *Rieble*, ZIP 2003, 1273, 1277; *Wisskirchen/Glaser*, DB 2011, 1447, 1448; *Bissels/Lützeler*, BB 2012, 189, 190; *Lützeler/Müller-Sartori*, CCZ 2011, 19; wohl auch: BGH, NJW-RR 1989, 614, 615; LAG Rheinland-Pfalz, Urt. v. 7.9.2004 – 11 Sa 2018/03 (juris).

1576 *Lützeler/Müller-Sartori*, CCZ 2011, 19, 20; im Ergebnis auch: *Rödiger*, Strafverfolgung von Unternehmen, S. 289; *Göpfert/Merten/Siegrist*, NJW 2008, 1703, 1705 f.

1577 ArbG Saarlouis, ZIP 1984, 364, 365; *Lützeler/Müller-Sartori*, CCZ 2011, 19, 20; *Fritz/Nolden*, CCZ 2010, 170, 172 (Korruption); wohl auch: LAG Hamm, CCZ 2010, 237, 238 f.; vgl. zu LAG Hamm aber: *Dann*, CCZ 2010, 239, der vor einer Verallgemeinerung des Urteils warnt, da es lediglich die Fallkonstellation der Aufklärung unmittelbarer Schädigungen des Unternehmens betreffe, dabei sei stets „eine umfassende und sorgfältige Abwägung aller widerstreitenden Interessen im Einzelfall erforderlich".

Gefahr, sich selbst belasten zu müssen, könne im Rahmen der Interessenabwägung nicht dazu führen, dass sie zu Gunsten des Arbeitnehmers ausfalle.[1578]

Teilweise wird dabei auf das Architekten-Urteil des BGH[1579] verwiesen.[1580] Dabei wird jedoch verkannt, dass diese Entscheidung zu § 666 BGB erging und damit eine gesetzliche Auskunftspflicht zum Inhalt hatte. Für den allgemeinen Auskunftsanspruch können nicht dieselben Maßstäbe gelten, da es insoweit an einer ausdrücklichen Regelung fehlt, die einen solchen Eingriff in das allgemeine Persönlichkeitsrecht (Selbstbelastungsfreiheit) gestattet.[1581]

(III) Vermittelnde Ansichten

Rödiger gesteht dem Arbeitnehmer nur für den Fall, dass keine Amnestievereinbarung geschlossen wurde, zu, sich nicht selbst belasten zu müssen. Ist hingegen eine umfassende Amnestie vereinbart, sei er zu selbstbelastenden Aussagen verpflichtet, da die Interessenabwägung dann zugunsten des Arbeitgebers ausfalle. Zwar kann dem Arbeitnehmer keine Straffreiheit gewährt werden, sodass ihm trotz Amnestie ein strafrechtliches Verfahren droht. Dennoch bestünde für den Arbeitnehmer keine übermäßige Belastung, sofern der Arbeitgeber auf schwerwiegende Sanktionen verzichtet und die Interessen des Arbeitnehmers durch die Gewährung eines Beweisverwertungsverbotes geschützt werden. Damit habe der Arbeitgeber letztlich selber in der Hand, eine Auskunftspflicht des Arbeitnehmers herbeizuführen, wenn sein Informationsinteresse sein Sanktionsinteresse übersteigt.[1582]

Auch *Dann* unterscheidet zwischen zwei Fallkonstellationen: Soweit es um die Aufklärung unmittelbarer Schädigungen des Unternehmens geht, sei es angemessen den Arbeitnehmer zu einer selbstbelastenden Aussage zu verpflichten.[1583] Geht es hingegen um die Aufklärung vermeintlich im Unternehmensinteresse

---

1578 LAG Hamm, CCZ 2010, 237, 238 f.; *Böhm*, Non-Compliance und Arbeitsrecht, S. 152; *Böhm*, WM 2009, 1923, 1925; im Ergebnis auch: ArbG Saarlouis, ZIP 1984, 364, 365; vgl. auch: *Schürrle/Olbers*, CCZ 2010, 178 f., die zwar grds. davon ausgehen, dass die Gefahr einer Selbstbelastung an sich nicht dazu führt, dass der Arbeitnehmer nicht auszusagen braucht. Für den Fall aber, dass er damit rechnen muss, dass der Arbeitgeber die Informationen an die StA weitergeben wird, „kann er möglicherweise eher die Aussagen, die ihn belasten würden, verweigern."; **a.A.**: *Reichold*, in: Münchener Handbuch Arbeitsrecht, § 49 Rn. 7.

1579 BGHZ 41, 318, siehe oben S. 268.

1580 *Diller*, DB 2004, 313, 314.

1581 *Rödiger*, Strafverfolgung von Unternehmen, S. 288.

1582 *Rödiger*, Strafverfolgung von Unternehmen, S. 289 f.

1583 *Dann*, CCZ 2010, 239.

begangener Taten, so sei zumindest in (uneigennützigen) Bestechungsfällen zu bezweifeln, ob das Unternehmensinteresse schwerer wiegt als „die grundrechtlich fundierte Selbstbelastungsfreiheit des Wissensträgers.“ Bei Kartellrechtsverstößen sei jedoch wiederum von einer Selbstbelastungspflicht (unter Annahme eines entsprechenden Verwertungsverbotes) des Arbeitnehmers auszugehen.[1584]

(IV) Stellungnahme

Weder die Annahme, den Arbeitnehmer treffe immer eine Pflicht zur selbstbelastenden Aussage, noch die Annahme, er sei grundsätzlich nicht dazu verpflichtet, können überzeugen, da sie zu einseitig auf die Interessen des Arbeitgebers bzw. des Arbeitnehmers abstellen. Vielmehr ist eine differenziertere Betrachtung erforderlich. Die von *Rödiger* vertretene Ansicht, bei der die Annahme einer Aussagepflicht am Bestehen einer Amnestievereinbarung festgemacht wird, gelangt zu einem interessengerechten Ergebnis. Sowohl das Aufklärungsinteresse des Arbeitgebers als auch das Arbeitnehmerinteresse, sich nicht selbst belasten zu müssen, werden dabei in einen sachgerechten Ausgleich gebracht, indem eine selbstbelastende Aussagepflicht nur angenommen wird, wenn der Arbeitnehmer durch eine Amnestie – und ein Beweisverwertungsverbot, siehe dazu S. 290 ff. – geschützt wird.

cc. Beweislastumkehr

Das BAG hat zudem den Grundsatz aufgestellt, dass der Arbeitnehmer nicht verpflichtet ist, eine außergerichtliche Erklärung zu möglichen Kündigungsgründen abzugeben. Der Grund dafür liegt in der Beweislastregelung des § 1 Abs. 2 S. 4 KSchG, wonach der Arbeitgeber die Tatsachen zu beweisen hat, die die Kündigung rechtfertigen.[1585] Damit es nicht zu einer Beweislastumkehr kommt, ist dem Arbeitnehmer hinsichtlich kündigungsrelevanter Tatsachen grundsätzlich ein Auskunftsverweigerungsrecht zuzugestehen.[1586]

Von diesem Grundsatz werden allerdings einige Ausnahmen zugelassen. So ist der Arbeitnehmer bspw. zur Auskunft verpflichtet, wenn das Arbeitsverhältnis bereits beendet ist.[1587] Eine Ausnahme muss zudem gelten, wenn der Arbeitgeber hinreichend substantiiert darlegen kann, dass ein Schadensersatzanspruch

1584 *Dann*, CCZ 2010, 239 f.

1585 BAGE 81, 15, 22 f.

1586 BAGE 81, 15, 22 f.; BAG, NJW 2009, 1897, 1898; *Rödiger*, Strafverfolgung von Unternehmen, S. 283; so wohl auch: *Böhm*, Non-Compliance und Arbeitsrecht, S. 152; *Böhm*, WM 2009, 1923, 1925.

1587 *Rödiger*, Strafverfolgung von Unternehmen, S. 286.

gegen den Arbeitnehmer dem Grunde nach besteht und nur der Umfang unklar ist. Die allgemeinen Beweisgrundsätze werden dann nicht unterlaufen.[1588]

Soweit noch kein konkreter Verdacht gegen den befragten Mitarbeiter besteht[1589] und die Durchführung der Interviews erst eine weitere Klärung der Verdachtsfälle bringen soll,[1590] trifft den Mitarbeiter grundsätzlich keine Aussagepflicht hinsichtlich kündigungsrelevanter Tatsachen.[1591] Anders ist die Situation allerdings zu beurteilen, wenn eine Amnestie vereinbart wurde und der Arbeitgeber in deren Rahmen auf die Kündigung verzichtet hat.[1592] Zwar kann grundsätzlich auf das Recht zur außerordentlichen Kündigung aus wichtigem Grund im Voraus nicht wirksam verzichtet werden.[1593] Sofern der Arbeitgeber aber bereits einen Verdacht (gegen einen bestimmten Arbeitnehmer[1594]) hegt und im Amnestieprogramm den Sachverhalt in Umrissen schildert, für den er auf Kündigung verzichten will, kann er wirksam auf sein Kündigungsrecht verzichten.[1595] Im Falle einer Amnestie ist der Arbeitnehmer damit auch hinsichtlich kündigungsrelevanter Tatsachen auskunftspflichtig.[1596]

Teilweise wird dem Arbeitgeber darüber hinaus ein Auskunftsanspruch zugebilligt, wenn die Auskunft des Arbeitnehmers von „gewissem Gewicht für die Aufklärung des Sachverhaltes ist“.[1597] Insoweit habe der Arbeitgeber ein besonderes, schutzwürdiges Informationsinteresse. Die besondere rechtliche Grundlage der Auskunftspflicht wird in der allgemeinen Pflicht des Arbeitnehmers gesehen, drohende Schäden vom Arbeitgeber abzuwehren.[1598] Kommt der Auskunft des Arbeitnehmers ein besonderes Gewicht für die Aufklärung eines Verdachtsfalles

1588 *Rödiger*, Strafverfolgung von Unternehmen, S. 284.

1589 *Rödiger*, Strafverfolgung von Unternehmen, S. 284; *Jahn*, StV 2009, 41, 44; *Knauer/Buhlmann*, AnwBl 2010, 387, 393.

1590 *Rödiger*, Strafverfolgung von Unternehmen, S. 284; *Momsen*, ZIS 2011, 508, 516.

1591 *Rödiger*, Strafverfolgung von Unternehmen, S. 284.

1592 *Rödiger*, Strafverfolgung von Unternehmen, S. 284 f.

1593 Etwa: *Müller-Glöge*, in: Erfurter Kommentar Arbeitsrecht, § 626 BGB Rn. 194 f.; *Stoffels*, in: Beck'OK BGB, § 626 Rn. 18.

1594 *Breßler/Kuhnke/Schulz/Stein*, NZG 2009, 721, 724.

1595 *Rödiger*, Strafverfolgung von Unternehmen, S. 285 f.; *Annuß/Pelz*, BB Special 4/2010, 14, 16; so wohl auch: *Breßler/Kuhnke/Schulz/Stein*, NZG 2009, 721, 724, die lediglich einen Verzicht „ins Blaue hinein“ für unwirksam halten.

1596 *Rödiger*, Strafverfolgung von Unternehmen, S. 286.

1597 *Böhm*, Non-Compliance und Arbeitsrecht, S. 152; *Böhm*, WM 2009, 1923, 1925.

1598 *Böhm*, Non-Compliance und Arbeitsrecht, S. 152, weist zudem darauf hin, dass das Informationsinteresse des Arbeitgebers nicht mit seinem Beweisführungsinteresse im Kündigungsschutzprozess identisch sei; ebenso: *Böhm*, WM 2009, 1923, 1925.

zu, so sei er, bspw. für den Fall, dass die SEC mit Geldbußen gegen das Unternehmen droht, zur Schadensminderung verpflichtet.[1599]

c. Ergebnis

Zusammenfassend kann festgestellt werden, dass ein Auskunftsanspruch des Arbeitgebers aus §§ 611, 241 Abs. 2 BGB gegen den Arbeitnehmer nur besteht, wenn der Arbeitgeber ein berechtigtes, schutzwürdiges Interesse an der Aussage hat und die Auskunftserteilung für den Arbeitnehmer zumutbar ist. Das Aufklärungsinteresse des Arbeitgebers überwiegt grundsätzlich, sofern der Arbeitnehmer sich mit seiner Aussage nicht selber belasten muss.

Umstritten ist hingegen, ob der Arbeitnehmer darüber hinaus auch zu einer selbstbelastenden Aussage verpflichtet ist. Im Rahmen einer Interessenabwägung müssen die wiederstreitenden Interessen des Arbeitgebers und des Arbeitnehmers in Ausgleich gebracht werden. Dabei muss berücksichtigt werden, dass das BAG davon ausgeht, dass der Arbeitnehmer auf Grund der gesetzlichen Beweislastregel des § 1 Abs. 2 S. 4 KSchG grundsätzlich nicht verpflichtet ist, außergerichtliche Erklärungen zu möglichen Kündigungsgründen abzugeben. Letztlich trifft den Arbeitnehmer eine Pflicht zur selbstbelastenden Aussage nur, sofern eine umfassende Amnestievereinbarung vorliegt. Dabei werden zum einen die Interessen beider Seiten hinreichend berücksichtigt, zum anderen erübrigt sich insoweit das Problem der Beweislastumkehr, da der Arbeitgeber auf sein Kündigungsrecht verzichtet.

4. *§ 242 BGB – allgemeine Treuepflicht*

Eine Auskunftspflicht wird darüber hinaus aus der arbeitsrechtlichen Treuepflicht hergeleitet.[1600] Sie beinhaltet als Ausprägung von „Treu und Glauben" die Pflicht zur Wahrung der Interessen des Arbeitgebers (sog. Obhutspflicht), alles zu unterlassen, was den Arbeitgeber schädigen könnte (sog. Rücksichtnahmepflicht) und drohende Gefahren abzuwenden (sog. Schadensabwehrpflicht).[1601] Die eigenständige Bedeutung des Anspruches aus § 242 BGB ist allerding neben der Auskunftspflicht nach §§ 611, 241 Abs. 2 BGB gering. In Betracht kommt letztlich nur der außerdienstliche Bereich. Die Anforderungen an einen

---

1599 *Böhm*, WM 2009, 1923, 1925.

1600 *Reeb*, Internal Investigations, S. 97 Fn. 254; *Fritz/Nolden*, CCZ 2010, 170, 171 f.

1601 BGH, NJW-RR 1989, 614, 615; *Fritz/Nolden*, CCZ 2010, 170, 172; Pflicht zur Schadensabwehr nennen auch: *Diller*, DB 2004, 313, 314; *Jahn*, StV 2009, 41, 44; *Dann/Schmidt*, NJW 2009, 1851, 1852.

Anspruch sind dementsprechend besonders hoch.[1602] Ein Auskunftsanspruch des Arbeitgebers ist daher nur gegeben, wenn die Auskunft dem Arbeitnehmer zumutbar ist, eine umfassende Interessenabwägung stattgefunden hat und ihm keine übermäßigen Belastungen entstehen.[1603] Sofern sich der Arbeitnehmer mit der Aussage selber belasten müsste, fällt die Interessenabwägung grundsätzlich zugunsten des allgemeinen Persönlichkeitsrechts aus.[1604] In aller Regel trifft den Arbeitnehmer daher keine Pflicht zur selbstbelastenden Aussage.[1605] Letztlich kann den Arbeitnehmer eine (selbstbelastende) Auskunftspflicht im Bereich des § 242 BGB somit nur treffen, wenn dem Arbeitgeber ohne die Information eine existenzgefährdende Belastung droht oder Schäden an überragend wichtigen Rechtsgütern, vor allem Leib und Leben, zu befürchten sind.[1606]

5. *Zusammenfassung*

Zunächst kann festgehalten werden, dass der Arbeitgeber im Rahmen seines Weisungsrechts nach § 106 GewO die Möglichkeit hat, den Arbeitnehmer zur Teilnahme am Interview zu verpflichten. Für den Unternehmer ist aber vor allem entscheidend, ob die Mitarbeiter auch eine Pflicht zur (ggf. selbstbelastenden) Aussage trifft. Maßgebliches Kriterium für die Reichweite des Auskunftsanspruches ist der Bezug der Information zum Arbeitsbereich. Als Faustregel gilt: „Je näher die konkrete Information die geschuldete Arbeitsleistung tangiert, desto eher besteht eine vollumfängliche Aussagepflicht.“[1607]

Eine Verpflichtung zur Aussage besteht jedenfalls dann, wenn die Auskunftserteilung ausnahmsweise bereits einen Teil der vertraglich geschuldeten Tätigkeit darstellt. Der Arbeitnehmer ist in diesem Bereich auch zu einer selbstbelastenden Aussage verpflichtet.

1602 *Böhm*, Non-Compliance und Arbeitsrecht, S. 153.

1603 BAGE 81, 15, 22; *Böhm*, Non-Compliance und Arbeitsrecht, S. 153; so auch: *Klengel/Mückenberger*, CCZ 2009, 81, 82.

1604 *Reeb*, Internal Investigations, S. 97; im Ergebnis auch: *Dann/Schmidt*, NJW 2009, 1851, 1852 f.; auch *Rübenstahl*, WiJ 2012, 17, 21 geht davon aus, dass sich der Mitarbeiter nicht auf Grund seiner Treuepflicht eigeninitiativ selbst belasten muss.

1605 BGH, NJW-RR 1989, 614, 615; *Rödiger*, Strafverfolgung von Unternehmen, S. 289; *Böhm*, Non-Compliance und Arbeitsrecht, S. 153; *Diller*, DB 2004, 313, 314; *Lützeler/Müller-Sartori*, CCZ 2011, 19, 20; *Bittmann/Molkenbur*, wistra 2009, 373, 376; *Rieble*, ZIP 2003, 1273, 1277.

1606 *Böhm*, Non-Compliance und Arbeitsrecht, S. 153.

1607 *Reeb*, Internal Investigations, S. 97.

Ein Auskunftsanspruch besteht zudem nach §§ 666, 675 Abs. 1 BGB für den persönlichen Arbeitsbereich. Zwar ist umstritten, ob den Arbeitnehmer auch eine Pflicht zur selbstbelastenden Aussage trifft, jedoch ist im Hinblick auf den Architekten-Fall des BGH davon auszugehen.

Darüber hinaus besteht ein Auskunftsanspruch des Arbeitgebers gemäß §§ 611, 241 Abs. 2 BGB hinsichtlich solcher Umstände, die zwar nicht der vertraglich geschuldeten Arbeitsaufgabe, doch aber dem dienstlichen Bereich zuzuordnen sind, wenn ein berechtigtes, schutzwürdiges Interesse an der Aussage besteht und die Auskunftserteilung für den Arbeitnehmer zumutbar ist. Auch hier ist umstritten, ob eine Pflicht zur selbstbelastenden Aussage besteht. Davon ist nach überzeugender Ansicht jedoch nur auszugehen, wenn eine umfassende Amnestievereinbarung vorliegt.

Eine Auskunftspflicht wird zudem aus der arbeitsrechtlichen Treuepflicht, § 242 BGB, hergeleitet. Der Anspruch ist letztlich jedoch nur für den außerdienstlichen Bereich von Bedeutung. Die vorzunehmende Interessenabwägung fällt dabei grundsätzlich zugunsten des Arbeitnehmers aus. Der Arbeitgeber hat daher nur einen Auskunftsanspruch, sofern sich der Arbeitnehmer nicht selbst belasten muss.

VII. Anwendbarkeit des nemo tenetur-Grundsatzes: Selbstbezichtigungspflicht oder Aussageverweigerungsrecht?[1608]

Der Arbeitnehmer ist zivil- bzw. arbeitsrechtlich zur selbstbelastenden Aussage verpflichtet, wenn die Auskunftserteilung zur vertraglich geschuldeten Leistung zählt, sich auf den persönlichen Arbeitsbereich oder – sofern eine Amnestievereinbarung vorliegt – auf den dienstlichen Bereich bezieht, vgl. S. 262 ff. Fraglich ist allerdings, ob dieses Ergebnis mit dem nemo tenetur-Grundsatz vereinbar ist oder ob dieser nicht vielmehr zu einem Aussageverweigerungsrecht des Arbeitnehmers führen müsste.

1. Allgemeines

Das Arbeitsrecht selbst regelt die Frage der Selbstbelastungsfreiheit nicht,[1609] sodass der Kern dieser Diskussion die Frage nach der Anwendbarkeit des nemo tenetur-Grundsatzes im Rahmen von internen – privaten – Ermittlungen betrifft. Die Selbstbelastungsfreiheit ist eines der zentralen Rechte des Beschuldigten im

---

1608 Dazu sehr ausführlich: *Wewerka*, Internal Investigations, S. 212 ff.

1609 *v. Rosen*, Internal Investigations bei Compliance-Verstößen, S. 96; *Fritz/Nolden*, CCZ 2010, 170, 175.

Ermittlungs- und Strafverfahren[1610]. Danach ist niemand verpflichtet an seiner eigenen Überführung oder Verurteilung mitzuwirken, insbesondere sich selbst zu belasten – nemo tenetur se ipsum accusare.[1611] Im Gemeinschuldner-Beschluss des BVerfG aus dem Jahre 1981 heißt es dazu: „Unzumutbar und mit der Würde des Menschen unvereinbar wäre ein Zwang, durch eigene Aussagen die Voraussetzungen für eine strafrechtliche Verurteilung … liefern zu müssen."[1612]

Ungeachtet der nach wie vor nicht abschließend geklärten Frage nach dem konkreten Anknüpfungspunkt, ist der nemo tenetur-Grundsatz jedenfalls verfassungsrechtlich gewährleistet.[1613] Die Verfassung bindet jedoch in erster Linie den Staat, nicht aber Privatpersonen, sodass der nemo tenetur-Grundsatz grundsätzlich nur vor staatlich veranlasstem Aussagezwang schützt.[1614]

Ausdruck findet dieser die Strafprozessordnung prägende Grundsatz vor allem in §§ 136, 136a, 163a Abs. 3, 4 StPO. Gemäß § 136 Abs. 1 S. 2 StPO ist der Beschuldigte bei seiner ersten Vernehmung über sein Aussageverweigerungsrecht zu belehren. § 136a StPO nennt unzulässige Vernehmungsmethoden und statuiert ein Beweisverwertungsverbot für den Fall der Missachtung des Verbotes. Auch in der Hauptverhandlung ist der Angeklagte nicht verpflichtet auszusagen, § 243 Abs. 5 S. 1 StPO. Gemäß § 55 Abs. 2 StPO ist auch der Zeuge über sein Auskunftsverweigerungsrecht zu belehren. Er kann damit die Auskunft auf solche Fragen verweigern, deren Beantwortung ihn selbst (oder einem der in § 52 Abs. 1 StPO bezeichneten Angehörigen) in die Gefahr bringen würde, wegen einer Straftat oder einer Ordnungswidrigkeit verfolgt zu werden.[1615] Niederschlag gefunden hat der nemo tenetur-Grundsatz zudem in Art. 6 Abs. 1 der Europäischen Menschenrechtskonvention (EMRK) und Art. 14 Abs. 3g des Internationalen Paktes über bürgerliche und politische Rechte (IPBPR).

1610 BGHSt 52, 11, 17: „Grundprinzipien eines rechtsstaatlichen Strafverfahrens"; *Rödiger*, Strafverfolgung von Unternehmen, S. 265: „gehört zu den fundamentalen rechtsstaatlichen Prinzipien unseres Strafverfahrens"; *Roth*, ZStrR 2011, 296, 297.

1611 Vgl. nur: BGHSt 52, 11, 16 f.; *Beulke*, Strafprozessrecht, Rn. 125; *Kindhäuser*, Strafprozessrecht, § 6 Rn. 14.

1612 BVerfGE 56, 37, 49.

1613 *Wastl/Litzka/Pusch*, NStZ 2009, 68, 69; Teil des allgemeinen Persönlichkeitsrechts: *Fritz/Nolden*, CCZ 2010, 170, 173; *v. Rosen*, Internal Investigations bei Compliance-Verstößen, S. 95; *Schürrle/Olbers*, CCZ 2010, 178; Teil des Rechtsstaatsprinzips: BVerfGE 56, 37, 43.

1614 *Knauer/Buhlmann*, AnwBl 2010, 387, 389; *Momsen*, ZIS 2011, 508, 513; *Knauer*, ZWH 2012, 81, 86; *Rödiger*, Strafverfolgung von Unternehmen, S. 319.

1615 Dazu: *Wewerka*, Internal Investigations, S. 223 ff.; Aufzählung bei *Fritz/Nolden*, CCZ 2010, 170, 173.

2. *§ 136 StPO (analog)*

Eine direkte Anwendung des § 136 StPO als einfachgesetzliche Ausprägung der Selbstbelastungsfreiheit muss im Falle interner Ermittlungen ausscheiden, da der auf die Mitarbeiter wirkende Aussagezwang lediglich vertraglicher bzw. rein faktischer Natur ist, nicht aber staatlich veranlasst.[1616] Zwar wird die Aussagepflicht des Arbeitnehmers mit gesetzlichen Normen begründet, doch handelt es sich letztlich nicht um eine gesetzliche Pflicht. Die Aussagepflicht knüpft vielmehr an den (Arbeits-)Vertragsschluss an.[1617]

Somit kommt nur eine analoge Anwendung der Vorschrift in Betracht. Diese scheitert jedoch schon an der vergleichbaren Interessenlage, denn § 136 StPO will den Beschuldigten nur vor der irrtümlichen Annahme einer Aussagepflicht bei amtlichen Auskunftsverlangen schützen[1618]. Im Rahmen von internen Ermittlungen aber handelt es sich offensichtlich nicht um eine staatliche, sondern vielmehr um eine private, arbeitsrechtliche Befragung, die gerade von keiner Amtsperson durchgeführt wird.[1619] Zudem stehen Arbeitgeber und Mitarbeiter in einem besonderen Pflichtverhältnis zueinander. Es erscheint daher sinnvoller, auch im Rahmen einer internen Ermittlung die Rechte und Pflichten nach den arbeitsrechtlichen Vorschriften zu bestimmen und nicht auf die Vorschriften zur staatlichen Strafverfolgung zurückzugreifen, denen eine „völlig andere Interessenkonstellation zugrunde liegt."[1620]

3. *Geltung des nemo tenetur-Grundsatzes?*

Der nemo tenetur-Grundsatz könnte jedoch im Verhältnis zwischen Arbeitnehmer und Arbeitgeber Geltung beanspruchen.

Überwiegend wird die Anwendbarkeit des nemo tenetur-Grundsatzes im Verhältnis Privater mit dem Argument abgelehnt, dass es an einem staatlichen Zwang zur Aussage fehlt.[1621] Da der Grundsatz aus der Verfassung abgeleitet

---

1616 *Knauer/Buhlmann*, AnwBl 2010, 387, 389 f., 392; *Momsen*, ZIS 2011, 508, 513.

1617 *Knauer/Buhlmann*, AnwBl 2010, 387, 389.

1618 BGHSt 42, 139, 147.

1619 *Knauer/Buhlmann*, AnwBl 2010, 387, 392; im Ergebnis auch: *Krey*, Zur Problematik privater Ermittlungen des durch eine Straftat Verletzten, S. 52; **a.A.**: *Maschmann*, in: Corporate Compliance und Arbeitsrecht, S. 149, 175 geht von Hinweispflicht des Arbeitgebers entsprechend der Vorschrift § 136 Abs. 1 S. 2 StPO aus, die in dessen Fürsorgepflicht begründet liege.

1620 *Rödiger*, Strafverfolgung von Unternehmen, S. 249.

1621 *Fritz/Nolden*, CCZ 2010, 170, 175; *Knauer/Buhlmann*, AnwBl 2010, 387, 389 f.; *Momsen*, ZIS 2011, 508, 513; *Spehl/Gruetzner*, in: Corporate Internal Investigations, § 6 Rn. 119.

wird, Adressat dieser aber nur der Staat ist, Art. 1 Abs. 3 GG, seien Private nicht daran gebunden. Im Falle von internen Ermittlungen handelt es sich jedoch gerade nicht um staatliche (oder staatlich veranlasste[1622]) Ermittlungen, sondern vielmehr um innerhalb des arbeitsvertraglichen Verhältnisses geführte private Untersuchungen.[1623] Das BVerfG geht allerdings von einer mittelbaren Drittwirkung der Grundrechte aus. Danach strahlen die Grundrechte in das Privatrecht aus.[1624] Im Rahmen der internen Ermittlungen kommen als „Einfallstor" des nemo tenetur-Grundsatzes § 242 BGB und § 275 Abs. 3 BGB in Betracht.[1625]

a. Anwendbarkeit des nemo tenetur-Grundsatzes

Teilweise wird die Anwendbarkeit des nemo tenetur-Grundsatzes im Arbeitsverhältnis bejaht, sodass der Arbeitnehmer nicht zur selbstbelastenden Aussage verpflichtet ist. Insoweit sei ihm ein Aussageverweigerungsrecht zuzugestehen.[1626] Teilweise wird der Anwendungsbereich des nemo tenetur-Grundsatzes auch auf sog. faktische Mitwirkungspflichten erweitert.[1627]

Für die Anwendbarkeit des nemo tenetur-Grundsatzes im Rahmen einer Mitarbeiterbefragung könnte sprechen, dass der Arbeitnehmer als Beschuldigter

---

1622 *Wastl/Litzka/Pusch*, NStZ 2009, 68, 71 gehen hinsichtlich SEC-Ermittlungen von einer staatlichen Veranlassung aus; **a.A.**: *Knauer/Buhlmann*, AnwBl 2010, 387, 390; *Theile*, StV 2011, 381, 383 Fn. 25; *Bittmann/Molkenbur*, wistra 2009, 373, 374.

1623 *Theile*, StV 2011, 381, 383; *Momsen*, ZIS 2011, 508, 513.

1624 BVerfGE 73, 261, 269; BVerfGE 7, 198, 205: „objektive Wertordnung", „verfassungsrechtliche Grundentscheidung für alle Bereiche des Rechts".

1625 *Rödiger*, Strafverfolgung von Unternehmen, S. 271; vgl. auch: *Wastl/Litzka/Pusch*, NStZ 2009, 68, 70, wonach Mitwirkungspflichten zu einer Kollision mit dem nemo tenetur-Prinzip führen können.

1626 *Esser*, in: L/R, EMRK/IPBPR, Art. 6 EMRK Rn. 911; *Leipold*, NJW-Spezial 2011, 56; *Rudkowski*, NZA 2011, 612, 613; *Moosmayer*, Compliance, S. 99; *Maschmann*, in: Corporate Compliance und Arbeitsrecht, S. 149, 173 ff.; *v. Rosen*, BB 2009, 230, 231; *Wastl/Litzka/Pusch*, NStZ 2009, 68, 73; so wohl auch: *Roxin*, StV 2012, 116, 121; *Westpfahl*, in: Verhandlungen 67. DJT 2008, L 128, 129; *Salvenmoser/Schreier*, in: Handbuch Wirtschaftsstrafrecht, 15. Teil Rn. 174; *Jahn*, StV 2009, 41, 44; *Engelhart*, Sanktionierung von Unternehmen und Compliance, S. 760 f.; bei SEC-Beteiligung: *Minoggio*, Firmenverteidigung, Rn. 1276; *Dann/Schmidt*, NJW 2009, 1851, 1853 f.; **a.A.**: *Lützeler/Müller-Sartori*, CCZ 2011, 19, 20; *Reeb*, Internal Investigations, S. 102; *Böhm*, WM 2009, 1923, 1927.

1627 *Wastl/Litzka/Pusch*, NStZ 2009, 68, 71; vgl. auch: *Reeb*, Internal Investigations, S. 103; **a.A.**: *Jahn*, StV 2009, 41, 45; Verhandlungen 67. DJT 2008, L 180, Abstimmung: Wirtschaftlicher Druck allein genügt nicht zur Annahme eines strafrechtlichen Verwertungsverbotes; ebenso: *Theile*, StV 2011, 381, 385.

in einem späteren Strafverfahren sich unstreitig auf das Schweigerecht berufen könnte, § 136 Abs. 1 S. 2 StPO. Teilweise wird daher vorgeschlagen, den Arbeitnehmer aus Gründen der Fairness wie einen Zeugen im Strafverfahren zu behandeln. Der Mitarbeiter wäre damit verpflichtet wahrheitsgemäß aussagen, könnte jedoch die Aussage verweigern, sofern er sich selber belasten müsste.[1628] Der Grundsatz sei faktisch nichts wert, wenn der Arbeitnehmer im Strafverfahren selbst zwar nicht zur selbstbelastenden Aussage verpflichtet sei, im Interview gegenüber dem Arbeitgeber aber aussagen müsste und die Strafverfolgungsbehörden dann auf diese Auskünfte zurückgreifen könnten. Das Aussageverweigerungsrecht im Strafverfahren sei entkernt, bevor es überhaupt entstanden ist.[1629]

Andere schlagen vor, dem Arbeitnehmer analog § 384 Nr. 2 ZPO ein Auskunftsverweigerungsrecht zuzugestehen,[1630] da die vor- und außergerichtliche Aussagepflicht des Arbeitnehmers nicht weiter gehen dürfe als diejenige gegenüber staatlichen Gerichten.[1631] Dagegen wird jedoch eingewandt, dass schon keine planwidrige Regelungslücke bestehe[1632], da das BGB ausreichend Möglichkeiten beinhalte, um den Arbeitnehmer hinreichend zu schützen. Die Entscheidung, dass der Arbeitnehmer zumindest unter bestimmten Voraussetzungen zur selbstbelastenden Aussage verpflichtet ist, beruhe auf einer Anwendung und Auslegung des geltenden Rechts, bei der die widerstreitenden Interessen hinreichend beachtet seien. Gegen eine Analogie bestünden daher sowohl rechtsdogmatische als auch praktische Erwägungen.[1633]

b. Keine Anwendbarkeit des nemo tenetur-Grundsatzes

Die Gegenansicht geht hingegen davon aus, dass der nemo tenetur-Grundsatz zwischen Arbeitgeber und Arbeitnehmer keine Anwendung finden könne,

---

1628 *v. Rosen*, Internal Investigations bei Compliance-Verstößen, S. 89.

1629 *Jahn*, StV 2009, 41, 44; *Theile*, StV 2011, 381, 384 f.; *Esser*, in: L/R, EMRK/IPBPR, Art. 6 EMRK Rn. 910: „Wertungswiderspruch"; *Rudkowski*, NZA 2011, 612, 613; im Ergebnis auch: *Wewerka*, Internal Investigations, S. 229; *v. Rosen*, BB 2009, 230, 231: Aushebelung des strafprozessualen nemo tenetur-Grundsatzes ist„keinesfalls hinnehmbar"; *Schaefer*, NJW-Spezial 2010, 120, 121: „In der Konsequenz dieser Rechtsprechung (bezugnehmend auf OLG Hamm, CCZ 2010, 237 f.) verblasst der Selbstbelastungsschutz als hochgepriesener Garant eines rechtsstaatlichen Verfahrens zur bloßen Fiktion."

1630 *Jahn*, StV 2009, 41, 44.

1631 *Jahn*, StV 2009, 41, 44; *Rieble*, ZIP 2003, 1273, 1277; *Diller*, DB 2004, 313, 317.

1632 So auch: BGHZ 41, 318, 322 f.

1633 *Böhm*, Non-Compliance und Arbeitsrecht, S. 159 f.

sodass dieser auch zur selbstbelastenden Aussage verpflichtet sei. Ggf. müsse insoweit jedoch ein Beweisverwertungsverbot angenommen werden.

aa. Gemeinschuldner-Beschluss des BVerfG

Wegweisend hinsichtlich der Geltung des nemo tenetur-Grundsatzes außerhalb des Strafverfahrens ist der Gemeinschuldner-Beschluss des BVerfG aus dem Jahre 1981.[1634] Gegenstand des Beschlusses ist die Frage der Vereinbarkeit außerstrafrechtlicher Auskunftspflichten mit der strafrechtlichen Selbstbelastungsfreiheit. Dabei ging es konkret um die (selbstbelastende) Auskunftspflicht eines Gemeinschuldners nach § 100 Konkursordnung (KO) a.F.[1635] gegenüber dem Konkursverwalter. Das BVerfG ist davon ausgegangen, dass sich der Gemeinschuldner auf der zivilrechtlichen Ebene nicht auf den nemo tenetur-Grundsatz berufen könne, da diesem Grundsatz außerhalb des Strafverfahrens kein absoluter Schutz zukomme. Vielmehr sei eine Abwägung der Selbstbezichtigungsfreiheit mit den Interessen Dritter vorzunehmen. Fällt die Abwägung zulasten der Selbstbelastungsfreiheit aus, billigt das BVerfG dem Gemeinschuldner dafür als Ausgleich ein Beweisverwertungsverbot im Strafverfahren zu, um sein allgemeines Persönlichkeitsrecht hinreichend zu schützen.[1636]

Aus Anlass des Beschlusses erließ der Gesetzgeber den § 97 Abs. 1 InsO[1637], wonach den Schuldner gegenüber dem Insolvenzgericht, dem Insolvenzverwalter und dem Gläubigerausschuss eine uneingeschränkte Auskunftspflicht trifft. Gemäß § 97 Abs. 1 S. 2 InsO ist davon ausdrücklich auch eine selbstbelastende Aussage umfasst. Als Ausgleich dafür bestimmt § 97 Abs. 1 S. 3 InsO jedoch, dass eine entsprechende Auskunft nur mit Zustimmung des Schuldners im Straf- oder Ordnungswidrigkeitenverfahren verwendet werden darf. Damit besteht nicht nur ein Verwertungs-, sondern vielmehr ein Verwendungsverbot, sodass eine selbstbelastende Auskunft des Schuldners weder verwertet noch zum Anlass für weitere Ermittlungen genommen werden darf.[1638] Insoweit geht der

---

1634 BVerfGE 56, 37.

1635 Der zum 1.1.1999 aufgehobene § 100 KO lautete: „Der Gemeinschuldner ist verpflichtet, dem Verwalter, dem Gläubigerausschusse und auf Anordnung des Gerichts der Gläubigerversammlung über alle das Verfahren betreffenden Verhältnisse Auskunft zu geben."

1636 BVerfGE 56, 37, 49 ff.

1637 *Jahn*, StV 2009, 41, 43; vgl. auch: BT-Drs. 12/2443, S. 142, wonach der Gesetzgeber die Entscheidung zumindest ausdrücklich in Bezug nimmt.

1638 *Passauer/Stephan*, in: MüKo InsO, § 97 Rn. 16; *Bittmann/Molkenbur*, wistra 2009, 373, 375.

§ 97 InsO noch über die Vorgaben des BVerfG hinaus,[1639] das lediglich ein Beweisverwertungsverbot gefordert hatte.[1640]

bb. Übertragbarkeit des Gemeinschuldner-Beschlusses

Für die Aussagepflicht des Arbeitnehmers fehlt jedoch eine dem § 97 InsO entsprechende gesetzliche Regelung.[1641] Fraglich ist daher, ob die Grundsätze des Gemeinschuldner-Beschlusses auf die arbeitsrechtlichen Auskunftspflichten übertragen werden können.

Das OLG Karlsruhe[1642] hat sich explizit mit dieser Problematik auseinandergesetzt. Im Leitsatz der Entscheidung heißt es, die vom BVerfG im Gemeinschuldner-Beschluss entwickelten Grundsätze seien auf die Rechtsstellung des Arbeitnehmers gegenüber dem Arbeitgeber nicht anwendbar.

Auf den konkreten Fall bezogen ist dies richtig, da die betroffene Arbeitnehmerin gegenüber ihrem Arbeitgeber nicht zu einer Aussage verpflichtet war. Allerdings kann daraus nicht die Schlussfolgerung gezogen werden, dass die Grundsätze des Gemeinschuldner-Beschlusses grundsätzlich nicht auf das Rechtsverhältnis von Arbeitgeber und Arbeitnehmer übertragen werden können.[1643]

(I) Übertragbarkeit

Anders als beim Gemeinschuldner ist bei der hier zu beurteilenden Konstellation keine staatliche Stelle (Konkursgericht) beteiligt.[1644] Eine erzwingbare gesetzliche Auskunftspflicht sei aber dennoch gegeben, da der Arbeitgeber die Möglichkeit hat, über § 888 Abs. 1 ZPO seinen Auskunftsanspruch zu vollstrecken.[1645]

Zudem sei die Interessenlage im Falle der arbeitsrechtlichen Auskunftspflicht des Arbeitnehmers mit der des Gemeinschuldners vergleichbar. In beiden Konstellationen stünden sich das Informationsinteresse des Auskunftsberechtigten und das Interesse des Verpflichteten, sich nicht selbst belasten zu müssen,

---

1639 *Bittmann/Molkenbur*, wistra 2009, 373, 375.

1640 BVerfGE 56, 37, 50.

1641 *Rödiger*, Strafverfolgung von Unternehmen, S. 273; *Fritz/Nolden*, CCZ 2010, 170, 175; *Böhm*, WM 2009, 1923, 1927.

1642 OLG Karlsruhe, Beschl. v. 6.9.1988 – 1 Ss 68/88; Kurzwiedergabe: NStZ 1989, 287 f.

1643 *Böhm*, WM 2009, 1923, 1928.

1644 *Rödiger*, Strafverfolgung von Unternehmen, S. 275; *Fritz/Nolden*, CCZ 2010, 170, 175.

1645 *Rödiger*, Strafverfolgung von Unternehmen, S. 276; **a.A.**: *Raum*, StraFo 2012, 395, 397.

gegenüber.[1646] Die Grundsätze des Gemeinschuldner-Beschlusses seien daher übertragbar.[1647] Dem Arbeitnehmer stünde somit kein Aussageverweigerungsrecht unter Berufung auf den nemo tenetur-Grundsatz zu.[1648] Sofern der Arbeitnehmer zur selbstbelastenden Aussage verpflichtet ist, sei sein allgemeines Persönlichkeitsrecht jedoch durch ein strafrechtliches Beweisverwertungsverbot zu schützen.[1649]

Auch *Rübenstahl* spricht sich dafür aus, die Probleme im Zusammenhang mit der Umgehung von Rechten des betroffenen Mitarbeiters im Strafverfahren nicht durch ein Aussageverweigerungsrecht, „sondern mit den Mechanismen und im Rahmen des Regelungsgehalts der StPO zu lösen". Dem Gemeinschuldner-Beschluss folgend sei der Schutz der Gläubiger bzw. des Auftraggebers vorrangig. Dementsprechend sei die Auskunftspflicht nicht durch die Gefahr der Selbstbelastung einzuschränken, da der Schutz des Arbeitnehmers über ein strafrechtliches Verwertungsverbot gewährleistet werden könne. Der Schutz des Arbeitnehmers vor den Gefahren der Strafverfolgung und die Wahrung des nemo tenetur-Prinzips müssten dem Strafverfahren vorbehalten bleiben.[1650]

(II) Fehlende Übertragbarkeit

Gegen eine Übertragbarkeit der Grundsätze des Gemeinschuldner-Beschlusses wird teilweise jedoch eingewandt, dass es sich im Bereich der arbeitsrechtlichen Auskunftspflicht um eine rein private Zwangsausübung handele.[1651]

1646 *Rödiger*, Strafverfolgung von Unternehmen, S. 278.

1647 ArbG Saarlouis, ZIP 1984, 364; *Rödiger*, Strafverfolgung von Unternehmen, S. 280; *Böhm*, WM 2009, 1923, 1928; im Ergebnis auch: *Lützeler/Müller-Sartori*, CCZ 2011, 19, 20; *Theile*, StV 2011, 381, 385; **a.A.**: *Raum*, StraFo 2012, 395, 397; *Wastl/Litzka/Pusch*, NStZ 2009, 68, 73, allerdings nur für den Fall der SEC-Ermittlungen.

1648 ArbG Saarlouis, ZIP 1984, 364, 365; *Lützeler/Müller-Sartori*, CCZ 2011, 19, 20; **a.A.**: *Wastl/Litzka/Pusch*, NStZ 2009, 68, 73; *Raum*, StraFo 2012, 395, 397.

1649 ArbG Saarlouis, ZIP 1984, 364, 365; *Rödiger*, Strafverfolgung von Unternehmen, S. 280, 300, 304 ff.; *Bittmann/Molkenbur*, wistra 2009, 373, 378; *Böhm*, Non-Compliance und Arbeitsrecht, S. 160 und WM 2009, 1923, 1929 nimmt ein Beweisverwertungsverbot gem. § 97 Abs. 1 S. 3 InsO analog an.

1650 *Rübenstahl*, WiJ 2012, 17, 22 f.

1651 *Raum*, StraFo 2012, 395, 397; so wohl auch: *Knauer/Buhlmann*, AnwBl 2010, 387, 389 f.; *Jahn*, StV 2009, 41, 44; *Momsen/Grützner*, DB 2011, 1792, 1795; vgl. auch: *Taschke*, NZWiSt 2012, 89, 93, der sich gegen eine pauschale Übertragung der Grundsätze des Gemeinschuldnerbeschlusses ausspricht, sich aber auf die Frage der Verwertbarkeit bezieht; gegen eine Übertragbarkeit auch: *Ignor*, CCZ 2001, 143;

(III) Stellungnahme

Letztere Ansicht verkennt, „dass bereits die Schaffung einer durch staatliche Zwangsmaßnahmen durchsetzbaren uneingeschränkten Auskunftspflicht durch den Gesetzgeber einen staatlichen Zwang vermittelt."[1652] *Böhm* argumentiert, dass auf Grund der Möglichkeit des Arbeitgebers, seinen Auskunftsanspruch gemäß § 888 Abs. 1 ZPO durchzusetzen, „auch über dem Arbeitnehmer das Damoklesschwert eines staatlich geregelten Verfahrens zur Erzwingung der Auskunft" schwebt.[1653] Daher überzeugt vielmehr erstere Ansicht, die davon ausgeht, dass die Grundsätze des Gemeinschuldner-Beschlusses auf das Arbeitsverhältnis übertragen werden können, da die Interessenlage des Arbeitnehmers mit der des Schuldners zumindest vergleichbar ist. Dementsprechend bleibt es dabei, dass der Arbeitnehmer unter bestimmten Voraussetzungen zur selbstbelastenden Aussage verpflichtet ist.

cc. Beweisverwertungsverbot?

Darüber hinaus stellt sich jedoch die Frage, ob der Arbeitnehmer bei Verneinung der Anwendbarkeit des nemo tenetur-Grundsatzes im Arbeitsverhältnis und der damit verbundenen Ablehnung eines Aussageverweigerungsrechtes, nicht durch ein Beweisverwertungs- oder ein Beweisverwendungsverbot im Strafverfahren geschützt werden muss.

(I) Annahme eines Beweisverwertungsverbotes

(1) § 97 Abs. 1 S. 3 InsO analog

Insbesondere *Böhm* spricht sich für eine analoge Anwendung des § 97 Abs. 1 S. 3 InsO aus. Die Voraussetzungen einer Analogie – planwidrige Regelungslücke und vergleichbare Interessenlage – lägen vor: Eine entsprechende gesetzliche Regelung für die hier zu beurteilende Konstellation existiert nicht. Zudem könne auch das Auskunftsinteresse des Arbeitgebers das allgemeine Persönlichkeitsrecht des Arbeitnehmers überwiegen und einen Anspruch auf eine selbstbelastende Aussage rechtfertigen. Erforderlich ist darüber hinaus, dass, ähnlich wie im Insolvenzverfahren, ein staatlich geregeltes Verfahren zur zwangsweisen Durchsetzung der Auskunftspflicht besteht. Dabei wird auf § 888 Abs. 1 ZPO und auf die Lage des Arbeitnehmers verwiesen, der dem faktischen Zwang durch den Arbeitgeber ausgesetzt sei. Der Arbeitgeber könne mitunter existenzgefährdende

---

Szesny, GWR 2011, 169; *Schuster*, NZWiSt 2012, 28, 30; vgl. auch: LG Hamburg, NJW 2011, 942, 944.

1652 *Rödiger*, Strafverfolgung von Unternehmen, S. 276 f.

1653 *Böhm*, WM 2009, 1923, 1928.

Maßnahmen ergreifen, um seinen Auskunftsanspruch durchzusetzen. Letztlich dürfe es somit keinen Unterschied machen, ob der Arbeitnehmer faktischem Zwang oder dem Zwang eines staatlich geordneten Verfahrens ausgesetzt ist. Die Gefährdungslage des Arbeitnehmers sei letztlich mit der des Gemeinschuldners vergleichbar.[1654] Daher erscheine es willkürlich, für den Insolvenzschuldner ein strafrechtliches Verwendungsverbot zu schaffen, für den auskunftspflichtigen Arbeitnehmer aber nicht mal ein Verwertungsverbot.[1655]

Fritz/Nolden sprechen sich hingegen gegen die Übertragbarkeit des § 97 Abs. 1 S. 3 InsO aus, da dort eine staatliche Instanz beteiligt sei, die über die Möglichkeit zur Ausübung von Zwang gegenüber dem zur Auskunft Verpflichteten verfügt. Im Bereich der Auskunftspflichten des Arbeitnehmers habe der Arbeitgeber hingegen allein die Möglichkeit, seinen Anspruch im Zivilprozess durchzusetzen.[1656]

(2) Beweisverwertungsverbot im Hinblick auf nemo tenetur

Mehrheitlich wird davon ausgegangen, dass hinsichtlich der selbstbelastenden Aussage ein Beweisverwertungsverbot besteht.[1657] Damit ist nicht nur die selbstbelastende Aussage des Mitarbeiters selbst, sondern auch das darüber angefertigte Protokoll unverwertbar.[1658] Außerdem verbietet sich die Vernehmung des Interviewers als Zeuge vom Hörensagen.[1659] Sofern man von einer umfassenden zivilrechtlichen Aussagepflicht ausgehen würde, ohne gleichzeitig ein entsprechendes Verwertungsverbot anzunehmen, sei das Schweigerecht im Rahmen des Strafprozesses entwertet. Es drohe ausgehölt zu werden.[1660]

1654 *Böhm*, WM 2009, 1923, 1926 ff.; *Kienast*, in: Deutsch-Amerikanische Korruptionsverfahren, § 8 Rn. 18.

1655 *Böhm*, WM 2009, 1923, 1928; so wohl auch: *Wehnert*, StraFo 2012, 253, 257; **a.A.**: LG Hamburg, NJW 2011, 942, 944; *Theile*, StV 2011, 381, 385 (Ausnahmecharakter).

1656 *Fritz/Nolden*, CCZ 2010, 170, 175; vgl. auch: *Rübenstahl*, WiJ 2012, 17, 30.

1657 LAG Hamm CCZ 2010, 237, 239; ArbG Saarlouis ZIP 1984, 364, 365; *Stuefer*, JSt 2011, 184, 185; *Wuttke*, Straftäter im Betrieb, S. 141; *Bittmann/Molkenbur*, wistra 2009, 373, 378; *Rödiger*, Strafverfolgung von Unternehmen, S. 304; *Roxin*, StV 2012, 116, 120; *Fritz*, CCZ 2011, 156, 159 f.; *Minoggio*, Firmenverteidigung, Rn. 1274 f.; *v. Galen*, NJW 2011, 945: „Lösung *mit* Selbstbezichtigungspflicht und *ohne* Verwertungsverbot verstößt gegen die Verfassung".

1658 *Rödiger*, Strafverfolgung von Unternehmen, S. 314; *Wewerka*, Internal Investigations, S. 298; vgl. auch: BGHSt 46, 1, 3 ff.

1659 *Wewerka*, Internal Investigations, S. 298.

1660 *Böhm*, WM 2009, 1923, 1926; *Theile*, StV 2011, 381, 385; *Dann/Schmidt*, NJW 2009, 1851, 1855.

Auch *Theile* nimmt ein Beweisverwertungsverbot an und stützt dieses auf Art. 2 Abs. 1, Art. 1 Abs. 1 GG. Die Verwertung der Aussage stelle einen unverhältnismäßigen Eingriff in das allgemeine Persönlichkeitsrecht dar, weil damit eine Entfremdung des zunächst allein zivilrechtlichen Informationszweckes verbunden sei.[1661] Dabei werde „der traditionelle Anwendungsbereich des nemo tenetur-Grundsatzes über ein bloßes Schweigerecht hinaus dahin erweitert, dass der Beschuldigte nicht einmal passiv die Verwertung der im Zuge von „Internal Investigations" getätigten Aussage erdulden muss."[1662]

Teilweise wird insoweit die Annahme eines Beweisverwendungsverbotes vorgezogen.[1663] Das Verwertungsverbot habe Fernwirkung.[1664] Die durch die Aussage erlangten Informationen dürften daher weder zum Ansatzpunkt für weitere Ermittlungen herangezogen, noch zur Schaffung selbstständiger Beweismittel genutzt werden.[1665] Eine unangemessene Erschwerung der Strafverfolgung sei nicht zu befürchten.[1666] Die Annahme der Fernwirkung des Beweisverwertungsverbotes sei vielmehr erforderlich, um den Schutz vor Selbstbelastung im Falle des Zusammentreffens privater und staatlicher Ermittlungen gewährleisten zu können. Anderenfalls laufe der Schutz leer, wenn die Strafverfolgungsbehörden die erzwungene Aussage als solche zwar nicht verwerten, sie wohl aber zum Ausgangspunkt weiterer Ermittlungen oder zur Schaffung selbstständiger Beweismittel nutzen dürften.[1667] Für die Annahme der Fernwirkung spreche zudem die Regelung des § 97 Abs. 1 S. 3 InsO.[1668]

1661 *Theile*, StV 2011, 381, 385; so auch: *Heußner*, Sondervotum BVerfGE 56, 37, 52 ff.

1662 *Theile*, StV 2011, 381, 385.

1663 *Gerst*, CCZ 2012, 1, 3; *Rotsch*, in: Handbuch Wirtschaftsstrafrecht, 1. Teil, 4. Kap. Rn. 52; *Theile*, StV 2011, 381, 385 f.; *Heußner*, Sondervotum BVerfGE 56, 37, 53 f.: Verwertungs- und Offenbarungsverbot; *Wastl/Litzka/Pusch*, NStZ 2009, 68, 73; **a.A.**: *Bittmann/Molkenbur*, wistra 2009, 373, 378.

1664 *Theile*, StV 2011, 381, 385; *Dann*, CCZ 2010, 239, 240; *Rödiger*, Strafverfolgung von Unternehmen, S. 308 ff., 310; *Rotsch*, in: Handbuch Wirtschaftsstrafrecht, 1. Teil, 4. Kap. Rn. 52; **a.A.**: *Bittmann/Molkenbur*, wistra 2009, 373, 378; vgl. auch: *Rödiger*, Strafverfolgung von Unternehmen, S. 312 ff., wonach die Fernwirkung ende, sofern die Strafverfolgungsbehörden bei rechtmäßigem Vorgehen das Beweismittel aufgefunden hätten (hypothetischer Kausalverlauf).

1665 *Theile*, StV 2011, 381, 386; *Rotsch*, in: Handbuch Wirtschaftsstrafrecht, 1. Teil, 4. Kap. Rn. 52.

1666 *Theile*, StV 2011, 381, 386.

1667 *Theile*, StV 2011, 381, 386; *Rödiger*, Strafverfolgung von Unternehmen, S. 310 f.; *Rotsch*, in: Handbuch Wirtschaftsstrafrecht, 1. Teil, 4. Kap. Rn. 52.

1668 *Rödiger*, Strafverfolgung von Unternehmen, S. 311.

(3) Ausnahme: Freiwillige Aussage

In Hinblick auf das Bestehen eines Beweisverwertungsverbotes muss beachtet werden, dass dafür von vornherein nur ein begrenzter Anwendungsbereich besteht. Soweit der Mitarbeiter gar nicht zu der selbstbelastenden Aussage verpflichtet ist, bspw. bei freiwilliger Selbstbelastung in der irrigen Annahme einer Aussagepflicht, sollen die entsprechenden Auskünfte ohnehin verwertbar sein.[1669] Generell gilt, dass ein Verwertungs- bzw. Verwendungsverbot nicht in Betracht kommt, wenn es sich um eine freiwillige Selbstbelastung handelt, da insofern keine Zwangssituation vorliegt.[1670]

Grundsätzlich hat die Vereinbarung einer Amnestie keine Auswirkungen auf die Verwertbarkeit der Aussage, da der Zwang zur (selbstbelastenden) Aussage bestehen bleibt. Vorsicht ist allerdings geboten, sofern sich der Arbeitnehmer zur vollumfänglichen Aussage (in aller Regel Voraussetzung der Amnestiegewährung), und damit zu Auskünften, die über die aus dem Arbeitsverhältnis gehenden Pflichten hinausgehen, verpflichtet sieht. Insoweit handelt es sich um freiwillige Aussagen, die strafrechtlich jedenfalls verwertbar sind. Der Arbeitnehmer muss also abwägen, ob er mit den zivilrechtlichen oder aber den strafrechtlichen Konsequenzen seines Handelns konfrontiert werden möchte.[1671]

In der Praxis ist jedoch nicht immer deutlich, ob der Arbeitnehmer tatsächlich freiwillig oder doch vielmehr aufgrund des Aussagezwanges sein Wissen offenbart hat. Diese „objektive Unsicherheit“ soll sich prozessual nicht zulasten des Arbeitnehmers auswirken. Daher wird gefordert, dass bei ernsten Zweifeln an der Freiwilligkeit der Aussage, diese „zur Sicherung des Schweigerechts des Beschuldigten [als] nur mit seiner Einwilligung strafprozessual verwertbar“ ist.[1672]

(II) Ablehnung eines Beweisverwertungsverbotes

Andere verwehren dem Arbeitnehmer nicht nur ein Aussageverweigerungsrecht, sondern gehen darüber hinaus davon aus, dass die selbstbelastende Aussage im

1669 *Dann/Schmidt*, NJW 2009, 1851, 1855; *Jahn*, StV 2009, 41, 45; *Bittmann/Molkenbur*, wistra 2009, 373, 377; *Momsen*, ZIS 2011, 508, 513; *Esser*, in: L/R, EMRK/IPBPR, Art. 6 EMRK Rn. 911; im Ergebnis auch: *Knauer/Buhlmann*, AnwBl 2010, 387, 390; **a.A.**: *Rödiger*, Strafverfolgung von Unternehmen, S. 306.

1670 *Böhm*, WM 2009, 1923, 1929; *Rödiger*, Strafverfolgung von Unternehmen, S. 307; *Minoggio*, Firmenverteidigung, Rn. 1278.

1671 *Böhm*, WM 2009, 1923, 1929; vgl. auch: *Minoggio*, Firmenverteidigung, Rn. 1278, der dem Arbeitnehmer rät, schriftlich fixieren zu lassen, dass seine Aussage nur auf Grund der Erzwingbarkeit erfolgt.

1672 *Bittmann/Molkenbur*, wistra 2009, 373, 377.

Prozess verwertbar ist. Ein Beweisverwertungsverbot könne zumindest nicht im Hinblick auf den nemo tenetur-Grundsatz angenommen werden.[1673]

c. Stellungnahme

Der Arbeitnehmer kann sich im Rahmen des Arbeitsverhältnisses nicht auf den nemo tenetur-Grundsatz berufen, sodass er grundsätzlich auch zu einer selbstbelastenden Aussage verpflichtet ist. Das von der Gegenansicht vorgebrachte Argument, der durch das Schweigerecht begründete Schutz des Beschuldigten im Strafverfahren laufe bei Verneinung des nemo tenetur-Grundsatzes leer, kann letztlich nicht überzeugen. Die Rechte des Beschuldigten können hinreichend durch die Annahme eines Beweisverwertungs- oder Verwendungsverbotes geschützt werden. Da der Arbeitgeber die Möglichkeit hat, über § 888 Abs. 1 ZPO seinen Auskunftsanspruch zwangsweise durchzusetzen, kann insoweit auf die im Gemeinschuldner-Beschluss festgelegten Grundsätze zurückgegriffen werden.

Im Hinblick auf die Situation des Arbeitnehmers und den Druck, dem er im Rahmen eines Interviews ausgesetzt ist, ist es gerechtfertigt, zu seinem Schutz im Strafverfahren ein Beweisverwertungsverbot anzunehmen.[1674] Dieses Ergebnis ist jedoch nicht mit einer Analogie zu § 97 InsO zu erreichen, da der Arbeitgeber im Gegensatz dazu nur die Möglichkeit hat, den Auskunftsanspruch zivilrechtlich durchzusetzen. Daher muss zur Begründung des Verwertungsverbotes vielmehr auf den nemo tenetur-Grundsatz zurückgegriffen werden. Die Verneinung eines Aussageverweigerungsrechts bei gleichzeitiger Ablehnung eines Beweisverwertungsverbotes würde den Arbeitnehmer einseitig belasten. Sein im Strafverfahren geltendes Schweigerecht würde erheblich an Bedeutung verlieren. Teilweise wird daher gar ein Beweisverwendungsverbot gefordert. Grundsätzlich ist die Annahme der Fernwirkung eines Beweisverwertungsverbotes jedoch äußerst umstritten. Die Rechtsprechung ist diesbezüglich sehr zurückhaltend, da insbesondere die Erschwerung der Wahrheitssuche befürchtet wird. In der hier zu beurteilenden Konstellation ist der Arbeitnehmer jedoch ausreichend durch ein Beweisverwertungsverbot geschützt, das nicht nur der Verwertung der

---

1673 *Knauer/Buhlmann*, AnwBl 2010, 387, 390 ff. nehmen aber Verwertungsverbot wegen Verstoßes gegen fair trial-Grundsatz an; so auch: *Wewerka*, Internal Investigations, S. 301; *Momsen*, ZIS 2011, 508, 513 ff.; vgl. auch: *Schuster*, NZWiSt 2012, 28, 30; LG Hamburg, NJW 2011, 942, 944.

1674 Vgl. aber *Gerst*, CCZ 2012, 1, 3, wonach es aus Sicht des Arbeitnehmers beinahe fahrlässig sei, sich darauf zu verlassen, dass die Aussage im Strafverfahren einem Beweisverwertungsverbot unterliegt, da die Rechtsprechung zurückhaltend mit der Annahme von Verwertungsverboten ist; **a.A.**: LG Hamburg, NJW 2011, 942, 944.

Aussage an sich, sondern auch der Verwertung des Interviewprotokolls entgegensteht. Zudem darf auch der Interviewer nicht als Zeuge vom Hörensagen gehört werden. Dem Beweisverwertungsverbot kommt daher keine Fernwirkung zu.

4. *Zusammenfassung*

Der Arbeitnehmer ist zur selbstbelastenden Aussage verpflichtet, wenn die Auskunftserteilung zur vertraglich geschuldeten Leistung zählt, sich auf den persönlichen Arbeitsbereich oder – sofern eine Amnestievereinbarung vorliegt – auf den dienstlichen Bereich bezieht. Es ist jedoch umstritten, ob dieses Ergebnis mit dem nemo tenetur-Grundsatz vereinbar ist. Danach ist niemand verpflichtet an seiner eigenen Überführung oder Verurteilung mitzuwirken.

Das Arbeitsrecht selbst regelt die Frage der Selbstbelastungsfreiheit nicht, sodass es im Kern der Diskussion um die Anwendbarkeit des nemo tenetur-Grundsatzes im Rahmen von internen Ermittlungen geht. Eine direkte Anwendung des § 136 StPO als einfachgesetzliche Ausprägung der Selbstbelastungsfreiheit muss im Falle interner Ermittlungen ausscheiden, da der auf die Mitarbeiter wirkende Aussagezwang lediglich vertraglicher bzw. rein faktischer Natur ist, nicht aber staatlich veranlasst. Die analoge Anwendung der Vorschrift scheitert an der vergleichbaren Interessenlage, denn § 136 StPO will den Beschuldigten nur vor der irrtümlichen Annahme einer Aussagepflicht bei amtlichen Auskunftsverlangen schützen.

Teilweise wird bereits die Anwendbarkeit des nemo tenetur-Grundsatzes im Arbeitsverhältnis bejaht, sodass der Arbeitnehmer nicht zur selbstbelastenden Aussage verpflichtet ist. Insoweit sei ihm ein Aussageverweigerungsrecht zuzugestehen.

Mit der hier vertretenen Ansicht kann sich der Arbeitnehmer im Rahmen des Arbeitsverhältnisses hingegen nicht auf den nemo tenetur-Grundsatz berufen, sodass er auch zu einer selbstbelastenden Aussage verpflichtet ist. Das von der Gegenansicht vorgebrachte Argument, das Schweigerecht des Beschuldigten liefe bei Verneinung des nemo tenetur-Grundsatzes leer, kann letztlich nicht überzeugen, da die Rechte des Beschuldigten durch die Annahme eines Beweisverwertungs- oder Verwendungsverbotes geschützt werden können. Insoweit kann auf die im Gemeinschuldner-Beschluss festgelegten Grundsätze zurückgegriffen werden. Im Hinblick auf die Situation des Arbeitnehmers und den Druck, dem er im Rahmen eines Interviews ausgesetzt ist, ist es gerechtfertigt zu seinem Schutz im Strafverfahren ein Beweisverwertungsverbot anzunehmen. Zur Begründung des Verwertungsverbotes muss auf den nemo tenetur-Grundsatz zurückgegriffen werden. Die gleichzeitige Ablehnung eines Aussageverweigerungsrechts und eines Verwertungsverbotes würde den Arbeitnehmer einseitig belasten. Die im Strafverfahren geltende Selbstbelastungsfreiheit würde erheblich an Bedeutung verlieren. Teilweise wird daher gar ein Beweisverwendungsverbot gefordert. Dagegen spricht jedoch, dass die Rechtsprechung diesbezüglich mit Blick auf die dadurch erschwerte Wahrheitsfindung sehr zurückhaltend ist. Generell gilt, dass ein Verwertungs- oder Verwendungsverbot nicht in Betracht kommt, wenn es sich um eine freiwillige Selbstbelastung handelt, da insofern keine Zwangssituation vorliegt.

Letztlich wird somit überwiegend die Schutzbedürftigkeit des Arbeitnehmers anerkannt. Dabei zeichnen sich jedoch zwei unterschiedliche Sichtweisen ab: Die eine, die ihm bereits im Zeitpunkt der Befragung ein Aussageverweigerungsrecht unter Verweis auf den nemo tenetur-Grundsatz gewährt und die andere, die den Schutz auf zweiter Ebene mit der Annahme eines Beweisverwertungsverbotes greifen lässt. Grundsätzlich muss gelten: „Je weiter man die zivilrechtliche Aussagepflicht zieht, desto eher wird man von einem strafrechtlichen Beweisverwertungs- oder -verwendungsverbot ausgehen müssen – und umgekehrt."[1675]

VIII. Fair trial-Grundsatz[1676]

Soweit dem Arbeitnehmer eine Berufung auf den nemo tenetur-Grundsatz verwehrt wird, wird teilweise zur Begründung eines Beweisverwertungsverbotes auch auf den sog. fair trial-Grundsatz zurückgegriffen.

1. Allgemeines

Der fair trial-Grundsatz ist im deutschen Recht nicht ausdrücklich normiert, lässt sich aber aus der Verfassung ableiten. Zum Teil wird er aus dem Rechtsstaatsprinzip des Art. 20 Abs. 3 GG, dem allgemeinen Persönlichkeitsrecht des Art. 2 Abs. 1 i.V.m. Art. 1 Abs. 1 GG, der Menschenwürde, Art. 1 Abs. 1 GG, oder dem Sozialstaatsprinzip aus Art. 20 Abs. 1, 28 Abs. 1 S. 1 GG hergeleitet. Zudem lässt sich der Fairnessgrundsatz auch Art. 6 Abs. 1 S. 1 EMRK und § 14 Abs. 1 S. 1 IPBPR entnehmen.[1677]

1675 *Theile*, StV 2011, 381, 383.

1676 Ausführlich zum fair trial-Grundsatz im Zusammenhang mit internen Ermittlungen: *Wewerka*, Internal Investigations, S. 270 ff.

1677 *Wewerka*, Internal Investigations, S. 271; vgl. nur: BVerfGE 122, 248, 271; BVerfGE 130, 1, 25.

Die zentrale Forderung des Grundsatzes ist, dass der Beschuldigte nicht als bloßes Objekt erscheinen darf. Vielmehr muss er zu jedem Zeitpunkt des Verfahrens als Subjekt behandelt werden, sodass er die Möglichkeit hat, zur Wahrung seiner Rechte auf den Gang und den Ausgang des Verfahrens Einfluss zu nehmen.[1678] Das BVerfG führt in seinem Beschluss vom 7.12.2011 aus: *„Eine Verletzung des Rechts auf ein faires Verfahren liegt erst vor, wenn eine Gesamtschau auf das Verfahrensrecht auch in seiner Auslegung und Anwendung durch die Fachgerichte ergibt, dass rechtsstaatlich zwingende Folgerungen nicht gezogen worden sind oder rechtsstaatlich Unverzichtbares preisgegeben worden ist…"*[1679] Somit ist für die Frage, ob ein Verstoß gegen den fair trial-Grundsatz vorliegt, nicht ein einzelner Verfahrensverstoß maßgeblich, sondern vielmehr die Gesamumstände des Verfahrens. Ist dieses insgesamt rechtsstaatlich und fair verlaufen, scheidet ein Verstoß gegen das Fairnessgebot aus.[1680]

2. *Fair trial im Rahmen des Interviews*

Der BGH hat bereits in verschiedenen Fallkonstellationen einen Verstoß gegen den fair trial-Grundsatz angenommen. Im sog. Hörfallen-Beschluss nahm er an, dass der nemo tenetur-Grundsatz zwar nicht verletzt sei, die Maßnahme einem Verstoß aber nahekomme, sodass ein Beweisverwertungsverbot wegen eines Verstoßes gegen das Recht auf ein faires Verfahren in Betracht komme.[1681] Im Hinblick auf die Hörfallen-Entscheidung müsse bei einer Aussage im Rahmen eines Interviews daher erst recht ein Verwertungsverbot bestehen, da sich der Arbeitnehmer – anders als der Betroffene in der vom BGH zu entscheidenden Konstellation, der frei entscheiden konnte sich zu äußern – in einer erheblichen Zwangslage befindet.[1682]

In einer weiteren Entscheidung[1683] führte der BGH aus, dass auch Beweise, die zulässigerweise erhoben wurden, auf Grund einer Gesamtschau der Umstände und der besonderen Situation des Angeklagten zu einem Beweisverwertungsverbot führen können. Dieses Urteil wird hinsichtlich der Interview-Situation für übertragbar gehalten:[1684] Auch die Beweisgewinnung im Rahmen von internen

1678 *Wewerka*, Internal Investigations, S. 272 f.; vgl. nur: BVerfGE 26, 66, 71; BVerfGE 122, 248, 271 f.

1679 BVerfGE 130, 1, 25.

1680 *Wewerka*, Internal Investigations, S. 279 f.

1681 BGHSt 42, 139, 156 f.

1682 *Knauer/Buhlmann*, AnwBl 2010, 387, 391; *Momsen*, ZIS 2011, 508, 514.

1683 BGHSt 53, 294.

1684 *Knauer/Buhlmann*, AnwBl 2010, 387, 391.

Ermittlungen sei an sich rechtlich nicht zu beanstanden. Die Umstände der Beweisgewinnung seien jedoch in faktischer Hinsicht nicht hinnehmbar. Zum einen bestehe eine Nähe zu § 136a StPO und zum anderen zum nemo tenetur-Grundsatz. Da eine „überbordende[n] faktische[n] Gesamtzwangslage" vorliege, sei in erheblicher Weise in das Recht auf ein faires Verfahren eingegriffen worden.[1685]

Die große Anzahl der „Beinaheverstöße" im Laufe der privaten Ermittlungen führe letztlich dazu, dass die Verfahrensrechte des Arbeitnehmers verkürzt und damit einhergehend seine Verteidigungsmöglichkeiten im sich anschließenden Strafverfahren erheblich beeinträchtigt seien. Die Betrachtung der Gesamtumstände (planmäßiges, systematisches Vorgehen; Kooperation mit Strafverfolgungsbehörden; Verwendung der Ergebnisse im Strafverfahren) führe letztlich zu der Annahme eines Verstoßes gegen das Fairnessgebot.[1686] Daher sei ein Beweisverwertungsverbot anzunehmen.[1687]

Knauer weist jedoch darauf hin, dass ein Verwertungsverbot im Falle der internen Untersuchung keinesfalls zwangsläufig vorliegt. Vielmehr komme es stets auf die konkrete Ausgestaltung der Ermittlungen an, die Einfluss auf die Verwertbarkeit der Ergebnisse habe, wie bspw. eine umfassende Information und Belehrung des Arbeitnehmers.[1688]

3. *Stellungnahme*

Sofern man nicht bereits im Hinblick auf den nemo tenetur-Grundsatz von einem Beweisverwertungsverbot ausgeht, sollte dies zumindest auf den fair trial-Grundsatz gestützt werden.

IX. Aussagepflicht hinsichtlich Fehlverhalten Dritter

Mitarbeiter, die selbst keiner Straftat verdächtig sind, sondern lediglich über ihre Wahrnehmungen im Unternehmen befragt werden sollen, sind als „Zeugen"

1685 *Knauer/Buhlmann*, AnwBl 2010, 387, 392; so auch: *Knauer/Gaul*, NStZ 2013, 192, 193 f.; *Momsen*, ZIS 2011, 508, 514; vgl. auch Aufzählung bei: *Wewerka*, Internal Investigations, S. 281 ff.

1686 *Wewerka*, Internal Investigations, S. 292; *Momsen/Grützner*, DB 2011, 1792, 1795: Einzelfall.

1687 *Wewerka*, Internal Investigations, S. 294 (selbstständiges Verwertungsverbot); *Knauer/Gaul*, NStZ 2013, 192, 194; vgl. auch: *Spehl/Gruetzner*, in: Corporate Internal Investigations, § 6 Rn. 119; *Spehl/Momsen/Grützner*, CCZ 2014, 2, 5.

1688 *Knauer*, ZWH 2012, 81, 86; so auch: *Knauer/Gaul*, NStZ 2013, 192, 194.

zu interviewen. Dabei gelten dieselben Grundsätze wie bei der Befragung der verdächtigen Mitarbeiter, vgl. S. 262 ff. Somit muss auch der unverdächtige Mitarbeiter grundsätzlich wahrheitsgemäß und vollständig Auskunft über Art und Umfang der eigenen Leistung, über den eigenen Arbeitsbereich sowie über Wahrnehmungen im Zusammenhang mit der Arbeitsleistung erteilen.[1689] Umstritten ist jedoch, ob den Arbeitnehmer hierbei eine Aussagepflicht hinsichtlich des Fehlverhaltens Dritter trifft. Die äußerste Grenze bilden jedenfalls die Vorschriften des StGB, wobei insbesondere § 186 StGB (Üble Nachrede) Berücksichtigung finden muss.

Bittmann/Molkenbur differenzieren: Genügt zur Befriedigung des Auskunftsinteresses des Arbeitgebers bereits die Darlegung des Sachverhaltes an sich, so sei die Nennung der Beteiligten nicht erforderlich. Hat das Unternehmen jedoch ein berechtigtes Interesse daran, die Namen aller Beteiligten zu erfahren (Bsp.: Kündigung sämtlicher Beteiligter; Schadensersatzforderungen), treffe den Arbeitnehmer eine umfassende Auskunftspflicht, sodass er auch die Namen der Beteiligten preisgeben müsse.[1690]

Überzeugender ist insoweit aber der Ansatz von *Rudkowski*, die zunächst in Anlehnung an die Rechtsprechung[1691] zur Anzeigepflicht des Arbeitnehmers davon ausgeht, dass den „Zeugen-Arbeitnehmer" eine Aussagepflicht trifft, sofern er eine Kontrollfunktion gegenüber dem delinquenten Mitarbeiter ausübt.[1692] Darüber hinaus trifft den Arbeitnehmer, der keine Kontrollfunktion innehat, eine Auskunftspflicht, wenn das Fehlverhalten in seinem Arbeitsbereich stattgefunden hat.[1693] Außerhalb des eigenen Arbeitsbereiches ist er hingegen nur eingeschränkt verpflichtet, Auskunft über Fehlverhalten Dritter zu geben. Insofern

1689 *Rudkowski*, NZA 2011, 612, 613 f.

1690 *Bittmann/Molkenbur*, wistra 2009, 373, 378.

1691 BGH, NJW-RR 1989, 614, 615; BAGE 6, 82.

1692 *Rudkowski*, NZA 2011, 612, 614 fordert zusätzlich, dass sich die schädigende Handlung in seinem Aufgabenbereich ereignet hat und Wiederholungsgefahr besteht; *Wuttke*, Straftäter im Betrieb, S. 165; *Maschmann*, in: Corporate Compliance und Arbeitsrecht, S. 149, 179; *Reichold*, in: Münchener Handbuch Arbeitsrecht, § 49 Rn. 10; zu den Benachrichtigungspflichten vgl. auch: *Böhm*, Non-Compliance und Arbeitsrecht, S. 160 ff.

1693 *Rudkowski*, NZA 2011, 612, 614; so auch: *Rübenstahl*, WiJ 2012, 17, 21; *Lützeler/Müller-Sartori*, CCZ 2011, 19, 20; *Wisskirchen/Glaser*, in: Soziale Marktwirtschaft, S. 209, 213 f.; *Wisskirchen/Glaser*, DB 2011, 1447, 1448; *Göpfert/Merten/Siegrist*, NJW 2008, 1703, 1705; *Vogt*, NJOZ 2009, 4206, 4212; *Rieble*, ZIP 2003, 1273, 1276; im Ergebnis wohl auch: *Mengel/Ullrich*, NZA 2006, 240; *Wuttke*, Straftäter im Betrieb, S. 164.

hat eine Interessenabwägung stattzufinden, bei der das allgemeine Persönlichkeitsrecht des Arbeitnehmers auf der einen und das Arbeitgeberinteresse auf der anderen Seite Berücksichtigung finden muss. Nach *Rudkowski* ist dem Arbeitnehmer eine Aussagepflicht zumindest zumutbar, sofern ein nicht nur unerheblicher Schaden droht oder bereits eingetreten ist.[1694] Teilweise wird vertreten, dass eine Pflicht zur Offenlegung des Fehlverhaltens Dritter nur bestünde, sofern es sich um eine schwere Pflichtverletzung handelt oder Wiederholungsgefahr besteht.[1695] Andere gehen davon aus, dass außerhalb des eigenen Arbeitsbereiches nur den Mitarbeiter mit Führungsaufgaben die Pflicht zur Tätigung von Dritten belastenden Aussagen trifft.[1696] Teilweise wird jedoch auch angenommen, dass es dem Arbeitnehmer nicht zumutbar sei, den Arbeitgeber auf das Fehlverhalten eines anderen Mitarbeiters hinzuweisen.[1697]

X. Rechte der Mitarbeiter im Rahmen einer Befragung

Es wird diskutiert, ob dem Mitarbeiter bei einer Befragung das Recht zusteht, ein Mitglied des Betriebsrates oder einen Rechtsanwalt hinzuziehen und ob er ein ggf. angefertigtes Interviewprotokoll einsehen darf.

1. Hinzuziehung eines Mitgliedes des Betriebsrates

Ein genereller Anspruch auf Hinzuziehung eines Betriebsratsmitgliedes zu jedem Personalgespräch besteht nicht.[1698] Im BetrVG finden sich einige abschließende[1699] Regelungen, die dem Mitarbeiter in besonderen Situationen explizit das Recht einräumen, ein Betriebsratsmitglied hinzuzuziehen, vgl. §§ 81 Abs. 4 S. 3,

1694 *Rudkowski*, NZA 2011, 612, 614; Aussagepflicht bei Abwehr von Personenschäden oder erheblichen Sachschäden: *Wuttke*, Straftäter im Betrieb, S. 165; *Fritz/Nolden*, CCZ 2010, 170, 172; *Müller/Glöge*, in: MüKo BGB, § 611 Rn. 1082; *Maschmann*, in: Corporate Compliance und Arbeitsrecht, S. 149, 179.

1695 BAGE 22, 375, 377; LAG Hamm, BB 1994, 2352; *Lützeler/Müller-Sartori*, CCZ 2011, 19; *Bissels/Lützeler*, BB 2012, 189, 190; *Reichold*, in: Münchener Handbuch Arbeitsrecht, § 49 Rn. 10; *Greeve/Tsambikakis*, in: Internal Investigations, Kap. 17 Rn. 17; *Klengel/Mückenberger*, CCZ 2009, 81, 82 (Missstände und Straftaten).

1696 *Rübenstahl*, WiJ 2012, 17, 21; *Wisskirchen/Glaser*, DB 2011, 1447, 1448; so wohl auch: *Göpfert/Merten/Siegrist*, NJW 2008, 1703, 1706.

1697 *Diller*, DB 2004, 313, 314; *Böhm*, Non-Compliance und Arbeitsrecht, S. 153; vgl. auch: BGH, NJW-RR 1989, 614.

1698 BAGE 134, 56, 59; *Stück*, DB 2007, 1137, 1139; im Ergebnis auch: *Lützeler/Müller-Sartori*, CCZ 2011, 19, 21.

1699 *Lützeler/Müller-Sartori*, CCZ 2011, 19, 21; *Stück*, DB 2007, 1137, 1139.

82 Abs. 2 S. 2, 83 Abs. 1 S. 2, 84 Abs. 1 S. 2 BetrVG. Unabhängig davon, ob dem Arbeitnehmer bei der Durchführung eines Interviews ein entsprechendes Recht zusteht, kann die Erlaubnis, ein Betriebsratsmitglied hinzuziehen, die Aussagebereitschaft erhöhen.[1700]

a. § 82 Abs. 2 S. 2 BetrVG

Das Recht auf Hinzuziehung eines Betriebsratsmitgliedes im Rahmen eines Interviews könnte sich aus § 82 Abs. 2 BetrVG ergeben, wonach der Arbeitnehmer bei einem Gespräch hinsichtlich seiner Leistungen und der Möglichkeiten seiner beruflichen Entwicklung im Betrieb das Recht auf Hinzuziehung eines Betriebsratsmitgliedes hat.

Teilweise wird vertreten, dass die Aufklärung vorsätzlicher Handlungen im Unternehmen eine „Leistungsbeurteilung" i.S.d. § 82 Abs. 2 BetrVG darstelle.[1701] Darüber hinaus betreffe ein Gespräch, das das Arbeitsverhältnis möglicherweise beendet, die Möglichkeiten der beruflichen Entwicklung des Arbeitnehmers. Dementsprechend habe der Arbeitnehmer bei der Durchführung eines Interviews das Recht auf Hinzuziehung eines Betriebsratsmitgliedes.[1702] Zudem gebiete auch der Zweck der Vorschrift, ein mögliches Ungleichgewicht im Verhältnis zwischen Arbeitnehmer und Arbeitgeber auszugleichen, dem Arbeitnehmer ein Recht auf Hinzuziehung eines Betriebsratsmitgliedes zuzugestehen.[1703]

Diese Ansicht verkennt jedoch, dass die Situation des § 82 Abs. 2 BetrVG nicht mit einem Interview im Rahmen interner Ermittlungen vergleichbar ist. Anders als dort geht es bei dem Interview nicht um die Beurteilung der Leistung des Mitarbeiters, sondern vielmehr um die Ermittlung eines Sachverhaltes.[1704]

1700 *Weiße*, in: Moosmayer/Hartwig, Interne Untersuchungen, S. 41, 47; *Müller-Bonanni*, AnwBl 2010, 651, 653; *Brockhaus*, in: Internal Investigations, Kap. 26 Rn. 75; *Kienast*, in: Deutsch-Amerikanische Korruptionsverfahren, § 8 Rn. 24; auch *Lützeler/Müller-Sartori*, CCZ 2011, 19, 21 halten die Teilnahme eines Vertreters des Betriebsrates u.U. für förderlich; zustimmend: *Spehl/Gruetzner*, in: Corporate Internal Investigations, § 6 Rn. 126.

1701 *Salvenmoser/Schreier*, in: Handbuch Wirtschaftsstrafrecht, 15. Teil Rn. 201; im Ergebnis auch: *Maschmann*, in: Corporate Compliance und Arbeitsrecht, S. 149, 176.

1702 *Wuttke*, Straftäter im Betrieb, S. 144 f.

1703 *Wuttke*, Straftäter im Betrieb, S. 145.

1704 *Rübenstahl*, WiJ 2012, 17, 23; *Böhm*, Non-Compliance und Arbeitsrecht, S. 206; *Bissels/Lützeler*, BB 2012, 189, 190; *Vogt*, NJOZ 2009, 4206, 4213; *Mengel/Ullrich*, NZA 2006, 240, 243 f.; *Wisskirchen/Glaser*, DB 2011, 1447, 1448; im Ergebnis auch: *Wisskirchen/Glaser*, in: Soziale Marktwirtschaft, S. 209, 214 f.; *Schürrle/Olbers*, CCZ 2010, 178, 179; *Müller-Bonanni*, AnwBl 2010, 651, 653; so wohl auch: *Kienast*, in:

Wird der Mitarbeiter als „Zeuge" befragt, greift § 82 Abs. 2 S. 2 BetrVG jedenfalls nicht ein, da der Mitarbeiter nur Auskunft über das Verhalten eines Dritten geben soll. Sein persönliches berufliches Fortkommen ist nicht betroffen.[1705]

Unabhängig davon, ob im Einzelfall die Voraussetzungen vorliegen, hat der Arbeitnehmer jedenfalls kein Recht auf Hinzuziehung eines Betriebsratsmitgliedes, wenn die Befragung nicht durch einen Personalverantwortlichen des Unternehmens, sondern vielmehr durch einen externen Ermittler durchgeführt wird.[1706]

b. § 84 Abs. 1 S. 2 BetrVG

In Betracht kommt zudem ein Recht auf Hinzuziehung eines Betriebsratsmitgliedes gemäß § 84 Abs. 1 S. 2 BetrVG. Vorausgesetzt ist jedoch, dass es zwischen dem Arbeitnehmer und dem Arbeitgeber bereits vor dem Interview zu einem Konflikt gekommen ist. Im Rahmen eines Interviews zur Aufklärung von Verdachtsfällen scheint das jedoch fernliegend, insbesondere, wenn der Arbeitnehmer lediglich als „Zeuge" befragt werden soll. Im Einzelfall mag eine Ausnahme gelten, wenn ein verdächtiger Arbeitnehmer interviewt werden soll und dieser sich bereits im Vorfeld ungerecht behandelt fühlt. Dem Betriebsratsmitglied ist die Teilnahme am Interview allerdings nur insoweit erlaubt, als es den Beschwerdegegenstand zum Inhalt hat oder zumindest ein Zusammenhang zu diesem besteht. In aller Regel wird dem Arbeitnehmer bei Befragungen im Rahmen interner Ermittlungen aber kein Recht auf Hinzuziehung eines Betriebsratsmitgliedes aus § 84 Abs. 1 S. 2 BetrVG zustehen.[1707]

c. Ergebnis

Letztlich hat der Arbeitnehmer bei einer Befragung anlässlich einer internen Untersuchung in aller Regel kein Recht auf Hinzuziehung eines Betriebsratsmitgliedes.[1708]

Deutsch-Amerikanische Korruptionsverfahren, § 8 Rn. 24; *Rudkowski*, NZA 2011, 612, 615; sofern es sich bei dem Interviewten um einen leitenden Angestellten handelt, scheidet ein Recht auf Hinzuziehung eines Betriebsratsmitgliedes nach § 82 Abs. 2 S. 2 BetrVG jedenfalls aus, § 5 Abs. 3 BetrVG.

1705 *Wuttke*, Straftäter im Betrieb, S. 166.

1706 *Wewerka*, Internal Investigations, S. 143 f.; *Salvenmoser/Schreier*, in: Handbuch Wirtschaftsstrafrecht, 15. Teil Rn. 202.

1707 *Rübenstahl*, WiJ 2012, 17, 23.

1708 *v. Rosen*, Internal Investigations bei Compliance-Verstößen, S. 101; *Rübenstahl*, WiJ 2012, 17, 23; *Böhm*, Non-Compliance und Arbeitsrecht, S. 206; *Bissels/Lützeler*, BB 2012, 189, 190; *Wisskirchen/Glaser*, in: Soziale Marktwirtschaft, S. 209, 214;

2. *Hinzuziehung eines Rechtsanwaltes*

Hinsichtlich des Rechts des Befragten auf Hinzuziehung eines Rechtsanwaltes während des Interviews besteht keine gesetzliche Regelung.[1709] Daher ist umstritten, ob ein entsprechender Anspruch des Arbeitnehmers besteht.

a. Anspruch auf Hinzuziehung

Die Rechtsprechung erkennt teilweise einen Anspruch auf Beistand eines Rechtsanwaltes während des Interviews an.[1710] Auch nach den Thesen der BRAK soll der private Ermittler die sich aus der rechtsstaatlichen Ordnung ergebenden Standards wahren. Dazu zähle vor allem das Recht des Befragten, einen eigenen Anwalt seiner Wahl bei dem Interview hinzuzuziehen.[1711] Auch Stimmen aus der Literatur fordern einen Anspruch auf Hinzuziehung.[1712] Dabei wird der Anspruch teilweise mit der arbeitsvertraglichen Fürsorgepflicht des Arbeitgebers begründet.[1713] Die Verpflichtung zu einer entsprechenden Belehrung und zur Übernahme der Kosten durch das Unternehmen gehe jedoch zu weit und sei nicht mehr von der Fürsorgepflicht umfasst.[1714]

Wisskirchen/Glaser, DB 2011, 1447, 1448; *Klengel/Mückenberger*, CCZ 2009, 81, 82; *Vogt*, NJOZ 2009, 4206, 4213; *Mengel*, in: Internal Investigations, Kap. 13 Rn. 42; *Spehl/Gruetzner*, in: Corporate Internal Investigations, § 6 Rn. 124; *Moosmayer*, Compliance, S. 100; **a.A.**: *Bührer*, in: Moosmayer/Hartwig, Interne Untersuchungen, S. 101, 114; *Maschmann*, NZA-Beilage 2012, 50, 56 hinsichtlich Befragungen zu repressiven Zwecken.

1709 *Lützeler/Müller-Sartori*, CCZ 2011, 19, 21.

1710 Vgl.: ArbG Münster, NJW 1988, 793; ArbG Berlin, Urt. v. 8.7.2005, Az. 28 Ca 10016/05 (juris).

1711 BRAK, Stellungnahme-Nr. 35/2010, S. 10.

1712 *v. Rosen*, BB 2009, 230, 231; *Bührer*, in: Moosmayer/Hartwig, Interne Untersuchungen, S. 101, 114.

1713 Im Ergebnis: *Sidhu/v. Saucken/Ruhmannseder*, NJW 2011, 881, 883; so wohl auch: *Dann/Schmidt*, NJW 2009, 1851, 1852 zumindest bei Weitergabe der Informationen an Strafverfolgungsbehörden; *Leipold*, NJW-Spezial 2011, 56; *Gerst*, CCZ 2012, 1, 4; *Weiße*, in: Moosmayer/Hartwig, Interne Untersuchungen, S. 41, 52 weist in diesem Zusammenhang darauf hin, dass „je stärker der Arbeitgeber auf der Auskunftsverpflichtung des Mitarbeiters bis hin zur Selbstbelastung besteht, um so eher sollte dem Mitarbeiter auf Wunsch die Teilnahme eines Rechtsanwaltes gestattet werden."; *Moosmayer*, in: Moosmayer/Hartwig, Interne Untersuchungen, S. 127, 135: „rechtsstaatlich gebotene Selbstverständlichkeit".

1714 *Moosmayer*, in: Moosmayer/Hartwig, Interne Untersuchungen, S. 127, 135; **a.A.**: BRAK, Stellungnahme-Nr. 35/2010, S. 10.

b. Kein Anspruch auf Hinzuziehung

Andere lehnen den Anspruch des Arbeitnehmers auf Hinzuziehung eines Rechtsanwaltes grundsätzlich ab.[1715] Teilweise wird dies mit dem Argument begründet, dass das Arbeitsverhältnis einen personenbezogenen Charakter hat und damit gewisse Haupt- und Nebenpflichten einhergehen.[1716] Da der Arbeitnehmer verpflichtet ist, am Interview teilzunehmen, könne er die Erfüllung dieser höchstpersönlichen Dienstpflicht (vgl. § 613 BGB) nicht von der Teilnahme eines Rechtsanwaltes abhängig machen. Daher bestehe kein Anspruch auf Anwesenheit eines rechtlichen Beistandes.[1717]

c. Vermittelnde Ansicht

Eine vermittelnde Ansicht lehnt zwar grundsätzlich einen Anspruch des Mitarbeiters auf Anwesenheit eines Rechtsanwaltes ab, lässt jedoch einige Ausnahmen zu,[1718] wonach jedoch stets der Einzelfall maßgeblich sei.[1719]

Eine Ausnahme wird für den Fall gemacht, dass der Arbeitgeber einen Rechtsanwalt hinzuzieht. Der Grundsatz der Waffengleichheit gebiete, dass in diesem Falle auch der Arbeitnehmer einen Anwalt hinzuziehen darf.[1720]

1715 *Mengel/Ullrich*, NZA 2006, 240, 244; *Göpfert/Merten/Siegrist*, NJW 2008, 1703, 1708; *Stück*, DB 2007, 1137, 1139; *Schürrle/Olbers*, CCZ 2010, 178, 179; *Klengel/Mückenberger*, CCZ 2009, 81, 82; *Wewerka*, Internal Investigations, S. 99; *Bissels/Lützeler*, BB 2012, 189, 190; *Schneider*, NZG 2010, 1201, 1204; *Diller*, DB 2004, 313, 315; *Vogt*, NJOZ 2009, 4206, 4213; *Moosmayer*, Compliance, S. 100.

1716 LAG Hamm, MDR 2001, 1361; *Rübenstahl*, WiJ 2012, 17, 24; *Stück*, DB 2007, 1137, 1139.

1717 *v. Rosen*, Internal Investigations bei Compliance-Verstößen, S. 101; *Rübenstahl*, WiJ 2012, 17, 24; *Lelley*, Compliance im Arbeitsrecht, Rn. 548; *Stück*, DB 2007, 1137, 1139; *Spehl/Gruetzner*, in: Corporate Internal Investigations, § 6 Rn. 127; im Ergebnis auch: LAG Hamm, MDR 2001, 1361; *Göpfert/Merten/Siegrist*, NJW 2008, 1703, 1708.

1718 *Wuttke*, Straftäter im Betrieb, S. 147; *Rudkowski*, NZA 2011, 612, 614; *Wisskirchen/Glaser*, DB 2011, 1447, 1448; *Wisskirchen/Glaser*, in: Soziale Marktwirtschaft, S. 209, 215; *Göpfert/Merten/Siegrist*, NJW 2008, 1703, 1708; *Mengel*, in: Internal Investigations, Kap. 13 Rn. 43.

1719 *Wuttke*, Straftäter im Betrieb, S. 147 f.

1720 LAG Hamm, MDR 2001, 1361, 1362; *Maschmann*, in: Corporate Compliance und Arbeitsrecht, S. 149, 176; *Maschmann*, in: Compliance und Strafrecht, S. 85, 97; *Rudkowski*, NZA 2011, 612, 614; *Mengel*, in: Internal Investigations, Kap. 13 Rn. 43; *Knauer*, ZWH 2012, 81, 85; *Lelley*, Compliance im Arbeitsrecht, Rn. 549; *Maschmann*, NZA-Beilage 2012, 50, 56; *Wuttke*, Straftäter im Betrieb, S. 147; *Wisskirchen/Glaser*, DB 2011, 1447, 1448; *Wisskirchen/Glaser*, in: Soziale Marktwirtschaft, S. 209,

Eine weitere Ausnahme soll für den Fall gelten, dass strafrechtliche Aspekte des Mitarbeiterverhaltens erörtert werden sollen,[1721] bzw. bereits ein Straftatverdacht gegen ihn besteht.[1722] Wird der Arbeitnehmer als „Verdächtiger" interviewt, sodass die Gefahr einer Selbstbelastung besteht, soll ihm ein Recht auf Hinzuziehung eines Rechtsanwaltes gewährt werden. Sofern er jedoch bloß als „Zeuge" befragt wird, sei keine besondere Schutzbedürftigkeit erkennbar, die einen solchen Anspruch begründen könne.[1723] *Rübenstahl* stellt zumindest in Frage, dass der Arbeitgeber die Befragung des Arbeitnehmers ohne anwaltlichen Beistand arbeitsrechtlich erzwingen könne, wenn der Arbeitnehmer bereits im Voraus einer Straftat verdächtig ist und diese mögliche Tat Gegenstand des Interviews sein soll. In dieser Situation könne die Rücksichtnahme- und Fürsorgepflicht des Arbeitgebers an Bedeutung gewinnen und gebieten, die Teilnahme eines Rechtsanwaltes zuzulassen.[1724]

d. Stellungnahme

Dem Arbeitnehmer grundsätzlich einen Anspruch auf Hinzuziehung eines Rechtsanwaltes zuzugestehen, kann nicht überzeugen, da es sich bei der Teilnahme am Interview um die Erfüllung einer höchstpersönlichen Dienstpflicht handelt. Ihm hingegen stets den Beistand eines Anwaltes zu verwehren,

---

215; *Kienast*, in: Deutsch-Amerikanische Korruptionsverfahren, § 8 Rn. 22; *Weiße*, in: Moosmayer/Hartwig, Interne Untersuchungen, S. 41, 52: „Akt der Fairness und Chancengleichheit"; *Böhm*, Non-Compliance und Arbeitsrecht, S. 205 sieht im Grundsatz der Waffengleichheit wohl generell Argument für Duldungspflicht; *Bissels/Lützeler*, BB 2012, 189, 190: „sollte" dem Arbeitnehmer zumindest zugestanden werden; **a.A.**: *Rübenstahl*, WiJ 2012, 17, 33.

1721 ArbG Berlin, Urt. v. 8.7.2005 – 28 Ca 10016/05 (juris); *Wisskirchen/Glaser*, DB 2011, 1447, 1448; *Wisskirchen/Glaser*, in: Soziale Marktwirtschaft, S. 209, 215.

1722 *Rübenstahl*, WiJ 2012, 17, 24; so wohl auch: *Lützeler/Müller-Sartori*, CCZ 2011, 19, 22: Hinzuziehung eines Rechtsanwaltes bei besonderer Sensibilität der Angelegenheit oder wegen Schwere der strafrechtlichen Vorwürfe; *Bissels/Lützeler*, BB 2012, 189, 190: Rechtsanwalt, wenn Arbeitnehmer fürchtet, sich selbst belasten zu müssen.

1723 *Böhm*, Non-Compliance und Arbeitsrecht, S. 205; im Ergebnis auch: *Dann/Schmidt*, NJW 2009, 1851, 1852; *Mengel/Ullrich*, NZA 2006, 240, 244; *Kienast*, in: Deutsch-Amerikanische Korruptionsverfahren, § 8 Rn. 22; in diese Richtung auch: *Wuttke*, Straftäter im Betrieb, S. 147 f., 166, die Anspruch nicht bei jedem Straftatverdacht für erforderlich hält und ihn vielmehr von der Schwere des vorgeworfenen Delikts und der Schwierigkeit der Beurteilung der Sach- oder Rechtslage abhängig macht.

1724 ArbG Berlin, Urt. v. 8.7.2005 - Az. 28 Ca 10016/05 (juris); *Rübenstahl*, WiJ 2012, 17, 24; im Ergebnis wohl auch: *Göpfert/Merten/Siegrist*, NJW 2008, 1703, 1708.

scheint zumindest in einigen Konstellationen mit der Fürsorgepflicht des Arbeitgebers zu kollidieren. Letztlich ist daher die vermittelnde Ansicht vorzuziehen, wonach der Arbeitnehmer zumindest auf Verlangen einen Rechtsanwalt zum Interview hinzuziehen darf, sofern der Arbeitgeber selber einen Anwalt hinzuzieht oder aber bereits ein Straftatverdacht gegen den Arbeitnehmer besteht.

Unabhängig davon, ob ein entsprechender Anspruch anerkannt wird, kann das Beisein eines Rechtsbeistandes dazu führen, dass Hemmschwellen beim Arbeitnehmer abgebaut werden und die Kooperationsbereitschaft steigt.[1725] Sinn kann die Zulassung auch für den Fall machen, dass der Mitarbeiter anderenfalls seine Mitwirkung verweigert.[1726] Dabei ist grundsätzlich zu beachten, dass der Arbeitnehmer, der nicht zu der Aussage verpflichtet ist, diese von Bedingungen, wie bspw. der Hinzuziehung eines Rechtsanwaltes abhängig machen kann. *Lützeler* und *Müller-Sartori* weisen darauf hin, dass es aus Unternehmersicht hingegen sinnvoll sein könne, zumindest ein erstes Interview ohne einen Rechtsbeistand des Arbeitnehmers durchzuführen, da dieser seinem Mandanten häufig eher zu einem zurückhaltenden Aussageverhalten rate.[1727]

3. *Einsichtnahmerecht in das Protokoll*

Als ein weiteres Recht des Arbeitnehmers im Rahmen der Durchführung eines Interviews wird die Einsichtnahme in das über die Befragung angefertigte Protokoll[1728] diskutiert. Verwiesen wird in diesem Zusammenhang vor allem auf § 83 Abs. 1 S. 1 BetrVG. Danach hat der Arbeitnehmer das Recht, in die über ihn geführte Personalakte Einsicht zu nehmen. Umstritten ist jedoch, ob das Interviewprotokoll Teil der Personalakte ist. Das BAG definiert den Begriff der Personalakte als „Sammlung von Urkunden und Vorgängen ..., die die persönlichen und dienstlichen Verhältnisse des Mitarbeiters betreffen und in einem inneren Zusammenhang mit dem Dienstverhältnis stehen."[1729]

Teilweise wird die Erstellung eines Protokolls und die Abstimmung und Freigabe durch den interviewten Arbeitnehmer unabhängig vom Bestehen eines

---

1725 *v. Rosen*, Internal Investigations bei Compliance-Verstößen, S. 101; *Schürrle/Olbers*, CCZ 2010, 178, 179; *Annuß/Pelz*, BB Special 4/2010, 14, 19: „sinnvoll".

1726 *Göpfert/Merten/Siegrist*, NJW 2008, 1703, 1708; *Spehl/Gruetzner*, in: Corporate Internal Investigations, § 6 Rn. 129.

1727 *Lützeler/Müller-Sartori*, CCZ 2011, 19, 22; vgl. dazu: *Greeve/Tsambikakis*, in: Internal Investigations, Kap. 17 Rn. 54.

1728 *Wisskirchen/Glaser*, DB 2011, 1447, 1449 empfehlen detailliertes (Wort-)Protokoll; **a.A.**: *Schürrle/Olbers*, CCZ 2010, 178, 179.

1729 BAG, NZA 1988, 654, 655; so auch: BAGE 136, 156, 158; BAG, ArbuR 1981, 124.

entsprechenden Rechtsanspruches angeraten, um u.a. die Gewähr der Amnestie beurteilen zu können.[1730] Auch *Lützeler* und *Müller-Sartori* erachten die Anfertigung einer Gesprächszusammenfassung als sinnvoll. Sie befürworten die Gegenzeichnung durch den Arbeitnehmer, um ihn ggf. später (in einem Prozess) mit seiner Aussage konfrontieren zu können.[1731] Andere raten hingegen ausdrücklich von der Unterzeichnung ab. Eine entsprechende Mitteilung vor Beginn des Interviews führe zu einem zurückhaltenden Aussageverhalten; eine Unterzeichnung ohne Vorankündigung zu langwieriger Durchsicht und Änderungswünschen.[1732]

a. Einsichtnahmerecht

Teilweise wird vertreten, dass die Aufzeichnungen Bestandteil der Personalakte seien, sodass dem Arbeitnehmer gemäß § 83 Abs. 1 S. 1 BetrVG[1733] ein Einsichtnahmerecht zustehe.[1734] Das Argument, bei den Protokollen handele es sich bloß

1730 *Annuß/Pelz*, BB Special 4/2010, 14, 20; vgl. auch: *Leipold*, NJW-Spezial 2011, 56, der zur Erstellung eines Protokoll rät.

1731 *Lützeler/Müller-Sartori*, CCZ 2011, 19, 23; Befürwortung der Unterzeichnung zu Beweiszwecken: *Gropp-Stadler/Wolfgramm*, in: Moosmayer/Hartwig, Interne Untersuchungen, S. 15, 40; *Bührer*, in: Moosmayer/Hartwig, Interne Untersuchungen, S. 101, 113; *Leisner*, in: Internal Investigations, Kap. 9 Rn. 82; *Brockhaus*, in: Internal Investigations, Kap. 26 Rn. 78; so wohl auch: *v. Rosen*, Internal Investigations bei Compliance-Verstößen, S. 57; *Wewerka*, Internal Investigations, S. 151; **a.A.**: *Schürrle/Olbers*, CCZ 2010, 178, 179, die zum Schutz des Mitarbeiters von dessen Kenntnisnahme / Genehmigung des Protokolls abraten, sodass es ggü. dem Mitarbeiter kein selbstständiges Beweismittel darstellt.

1732 *Wisskirchen/Glaser*, DB 2011, 1447, 1449; vgl. auch: *Wisskirchen/Glaser*, in: Soziale Marktwirtschaft, S. 209, 215.

1733 Für leitende Angestellte gilt § 26 Abs. 1 SprAuG, *Klasen/Schaefer*, DB 2012, 1384 Fn. 1.

1734 *Maschmann*, in: Corporate Compliance und Arbeitsrecht, S. 149, 177; *Maschmann*, NZA-Beilage 2012, 50, 56; *Maschmann*, in: Compliance und Strafrecht, S. 85, 97; *Annuß/Pelz*, BB Special 4/2010, 14, 20; *Wewerka*, Internal Investigations, S. 103; *Sieg*, in: FS Buchner, S. 859, 864; *Wuttke*, Straftäter im Betrieb, S. 148; *Rödiger*, Strafverfolgung von Unternehmen, S. 250; *Klasen/Schaefer*, DB 2012, 1384; *Böhm*, Non-Compliance und Arbeitsrecht, S. 206: Damit gehe Anspruch auf Berichtigung des Protokolls einher, S. 207; *Fritz/Nolden*, CCZ 2010, 170, 176 f. betonen, dass Anspruch auch besteht, wenn Dritter personenbezogene Daten des Arbeitnehmers gesammelt hat oder aufbewahrt; Anspruch bejahen auch: BRAK, Stellungnahme-Nr. 35/2010, S. 11.

um Notizen, die nicht an Dritte weitergegeben werden, lassen sie nicht gelten.[1735] Keine Bedeutung habe zudem, ob das Interview im Wortlaut oder nur sinngemäß protokolliert wurde.[1736] Unerheblich sei darüber hinaus, ob der Protokollführer eigene Einschätzungen aufgenommen hat, bspw. hinsichtlich der Glaubwürdigkeit oder Reaktion des Befragten. Dies zeige ein Vergleich mit anderen typischerweise in der Personalakte enthaltenen Schriftstücken, wie bspw. der Leistungsbeurteilung. Auch bei dieser handele es sich um eine rein subjektive Einschätzung, ohne dass deren Qualifikation als Teil der Personalakte bezweifelt würde.[1737] Entscheidend sei letztlich allein der Inhalt der Mitschriften. Handele es sich dabei um die Fixierung von Vorgängen, die die persönlichen und dienstlichen Verhältnisse des Mitarbeiters betreffen und die in einem inneren Zusammenhang mit dem Dienstverhältnis stehen, gehöre das Protokoll zur Personalakte.[1738]

b. Kein Einsichtnahmerecht

Andere hingegen qualifizieren die Interviewprotokolle nicht als Teil der Personalakte, da sie gerade nicht die persönlichen und dienstlichen Verhältnisse des Arbeitnehmers beträfen.[1739] Ein Einsichtnahmerecht des Arbeitnehmers könne dementsprechend nicht auf § 83 Abs. 1 S. 1 BetrVG gestützt werden.

Rübenstahl argumentiert, dass sich in der Rechtsprechung der Arbeitsgerichte weder besondere Anforderungen an das Verfahren oder die Form der Protokollierung noch Anhaltspunkte dafür, dass die Prüfung und Freigabe des Protokolls durch den Arbeitnehmer Voraussetzung für dessen Verwertbarkeit ist, fänden. Dem Arbeitnehmer stehe daher kein Einsichtnahmerecht zu.[1740] Außerdem enthalte das Protokoll auch Daten anderer Arbeitnehmer. Darüber hinaus könne die Einsicht zur Gefährdung der Ermittlungen führen.[1741] Dabei sei zudem zu

---

1735 *Sieg*, in: FS Buchner, S. 859, 864; *Wewerka*, Internal Investigations, S. 103 unter Verweis auf BAG, ArbuR 1981, 124, das einen materiellen Aktenbegriff vertritt (= Personalakte erfasst den Inhalt der den Arbeitnehmer betreffenden Vorgänge).

1736 *Sieg*, in: FS Buchner, S. 859, 865.

1737 *Sieg*, in: FS Buchner, S. 859, 865; **a.A.**: Rübenstahl, WiJ 2012, 17, 25.

1738 *Sieg*, in: FS Buchner, S. 859, 865.

1739 *Wisskirchen/Glaser*, DB 2011, 1447, 1449; *Wisskirchen/Glaser*, in: Soziale Marktwirtschaft, S. 209, 216; *Kienast*, in: Deutsch-Amerikanische Korruptionsverfahren, § 8 Rn. 42; auch *Spehl/Gruetzner*, in: Corporate Internal Investigations, § 6 Rn. 130 lehnen ein Einsichtnahmerecht ab.

1740 *Rübenstahl*, WiJ 2012, 17, 25; zustimmend: *Tsambikakis*, in: Internal Investigations, Kap. 7 Rn. 41.

1741 *Wisskirchen/Glaser*, DB 2011, 1447, 1449.

berücksichtigen, dass der Interviewer weitere, über den bloßen Wortlaut der Befragung hinausgehende Informationen in das Protokoll aufnehmen kann (Bsp.: persönliche Eindrücke; Vermerk über Relevanz einer Aussage), auf deren Kenntnis der Arbeitnehmer jedenfalls keinen Anspruch habe. Insofern solle man besser von einem „einseitigen Gesprächsvermerk" des Arbeitgebers sprechen.[1742]

c. Vermittelnde Ansicht

Eine dritte Ansicht erkennt zwar grundsätzlich ein Einsichtnahmerecht des Arbeitnehmers an, nimmt jedoch gewisse Einschränkungen vor.

Böhm bspw. will die Grenze des Einsichtsrechts dort ziehen, wo es sich nicht mehr um Gesprächsprotokolle handelt, sondern vielmehr um „persönliche[n] Aufzeichnungen des Interviewers ohne offiziellen Charakter, die nur seine Gedanken widerspiegeln."[1743]

Andere ziehen die Grenze des Einsichtsrechts – in Anlehnung an die Regelung im Strafverfahren nach § 147 StPO – dort, wo der Ermittlungszweck gefährdet wird, sodass erst nach Abschluss der unternehmensinternen Ermittlungen dem Arbeitnehmer die Einsicht in seine Personalakte gewährt werden könne.[1744] Dies sei dem Mitarbeiter zumutbar und schränke sein Einsichtsrecht auch nicht unverhältnismäßig ein.[1745] Dem Arbeitgeber müsse dementsprechend bis zur Beendigung der Ermittlungen ein Leistungsverweigerungsrecht gemäß § 242 BGB zustehen.[1746] Dagegen wird jedoch vorgebracht, dass dem Arbeitgeber, anders als im Strafverfahren, keine Disziplinargewalt zukomme, die ein Einsichtsrecht versagen könnte.[1747] Zudem müsse sich der Arbeitnehmer effektiv auf seine Verteidigung vorbereiten können – auch schon vor Abschluss der Ermittlungen.[1748]

1742 *Rübenstahl*, WiJ 2012, 17, 25.

1743 *Böhm*, Non-Compliance und Arbeitsrecht, S. 207.

1744 *Fritz/Nolden*, CCZ 2010, 170, 177; *Klasen/Schaefer*, DB 2012, 1384, 1387 begründen dies zudem mit Hinweis auf nicht rechtskräftig abgeschlossenen Kündigungsschutzprozess, wobei anerkannt sei, dass dem Arbeitnehmer kein Anspruch auf Einsicht in die Prozessakten zusteht, dies müsse erst recht für die Ermittlungsphase gelten; vgl. auch: *Wisskirchen/Glaser*, DB 2011, 1447, 1449, die in der Gefährdung des Ermittlungszwecks ein Argument gegen das Bestehen eines Einsichtsrechts sehen.

1745 *Fritz/Nolden*, CCZ 2010, 170, 177.

1746 *Fritz/Nolden*, CCZ 2010, 170, 177; *Klasen/Schaefer*, DB 2012, 1384, 1387.

1747 *Maschmann*, in: Corporate Compliance und Arbeitsrecht, S. 149, 177.

1748 *Böhm*, Non-Compliance und Arbeitsrecht, S. 207; vgl. auch: VGH Kassel, ArbuR 1991, 60.

d. Stellungnahme

Auch bei der Frage, ob dem Arbeitnehmer ein Einsichtnahmerecht in das Interviewprotokoll gewährt werden soll, müssen die gegenläufigen Interessen des betroffenen Arbeitnehmers und des Arbeitgebers in Ausgleich gebracht werden. Dem Mitarbeiter stets ein Einsichtnahmerecht in das Protokoll zu gewähren, kann nicht überzeugen, da der Ermittlungszweck dadurch gefährdet werden kann. Nach Abschluss der unternehmensinternen Ermittlungen greift dieses Argument jedoch nicht mehr durch, sodass dem Arbeitnehmer ein Einsichtsrecht gewährt werden kann. Die Grenze verläuft jedoch dort, wo der Interviewer neben dem reinen Wortlautprotokoll eigene Einschätzungen in das Protokoll aufgenommen hat.

4. *Zusammenfassung*

Zusammenfassend lässt sich feststellen, dass der Mitarbeiter im Rahmen der Befragung grundsätzlich kein Recht auf Hinzuziehung eines Betriebsratsmitgliedes nach § 82 Abs. 2 S. 2 BetrVG oder § 84 Abs. 1 S. 2 BetrVG hat. Er darf jedoch zumindest auf Verlangen einen Rechtsanwalt zum Interview hinzuziehen, sofern der Arbeitgeber selber einen Anwalt hinzuzieht oder aber bereits ein Straftatverdacht gegen den Arbeitnehmer besteht. Ein Einsichtnahmerecht in das Interviewprotokoll besteht nur, sofern die internen Ermittlungen abgeschlossen sind und das Protokoll keine eigenen Einschätzungen des Interviewers enthält.

XI. Aussagepflicht gegenüber externen Ermittlern

Häufig lässt der Arbeitgeber die unternehmensinternen Untersuchungen durch externe Ermittler durchführen. Mitarbeiterbefragungen werden dementsprechend nicht vom Arbeitgeber selbst vorgenommen, sondern vielmehr von Dritten. Fraglich ist jedoch, ob Arbeitnehmer auch gegenüber externen Ermittlern zur Aussage verpflichtet sind.

Teilweise wird zwar grundsätzlich eine arbeitsrechtliche Aussagepflicht anerkannt, der Mitarbeiter sei aber gegenüber den externen privaten Ermittlern nicht zur Aussage verpflichtet.[1749] Dies kann jedoch nicht überzeugen, da der Arbeitgeber berechtigt ist, sich im Personalgespräch (nichts anderes ist letztlich

1749 *Jahn*, StV 2009, 41, 44 f. (allerdings für den Fall der Beteiligung der SEC); *Nestler*, in: Internal Investigations, Kap. 1 Rn. 53; **a.A.**: *Bittmann/Molkenbur*, wistra 2009, 373, 376 f.; *Theile*, StV 2011, 381, 384; *v. Rosen*, Internal Investigations bei Compliance-Verstößen, S. 94.

auch eine Befragung im Rahmen unternehmensinterner Untersuchungen[1750]) vertreten zu lassen.[1751] Die Aussagepflicht des Arbeitnehmers gegenüber einem externen Ermittler kann daher nicht anders beurteilt werden. Sofern der Arbeitnehmer also gegenüber dem Arbeitgeber verpflichtet ist, Auskunft zu erteilen, sind diese Auskünfte in gleichem Umfang auch gegenüber den vom Unternehmen beauftragten externen Ermittlen zu erteilen.[1752]

Andere gehen davon aus, dass der Arbeitnehmer zumindest im Bereich der §§ 611, 241 Abs. 2 BGB nicht zur Aussage gegenüber externen Ermittlern verpflichtet sei, sofern diese die Informationen nicht nur an den Arbeitgeber, sondern auch an Dritte (insbesondere SEC und DOJ) weitergeben, da das Strafverfolgungsrisiko damit ansteige. Die Aussagepflicht sei damit für den Arbeitnehmer stets unzumutbar.[1753] Diese Ansicht verkennt jedoch, dass die Ermittler die Untersuchung zwar grundsätzlich unabhängig durchführen, doch letztlich vom Unternehmen beauftragt wurden und somit auch nur dem Unternehmen verpflichtet sind. Eine Weitergabe der Informationen an Dritte kommt nur nach Absprache mit dem Unternehmen in Betracht. Ein erhöhtes Strafverfolgungsrisiko entsteht also nicht auf Grund des Einsatzes externer Ermittler, sondern auf Grund der Durchführung unternehmensinterner Untersuchungen an sich. Letztlich führt der Einsatz externer Ermittler als Interviewer damit nicht zu einer Einschränkung der Aussagepflicht.[1754]

Es gibt verschiedene Wege, wie der Transfer des Auskunftsanspruches des Unternehmens auf die externen Ermittler rechtlich stattfinden kann.[1755] „Sehr

1750 *Lützeler/Müller-Sartori*, CCZ 2011, 19; *Weiße*, in: Moosmayer/Hartwig, Interne Untersuchungen, S. 41, 49.

1751 *Lützeler/Müller-Sartori*, CCZ 2011, 19, 22; *Bittmann/Molkenbur*, wistra 2009, 373, 376.

1752 *Theile*, StV 2011, 381, 384; *Bittmann/Molkenbur*, wistra 2009, 373, 377; Göpfert/Merten/Siegrist, NJW 2008, 1703, 1706; *Rödiger*, Strafverfolgung von Unternehmen, S. 261; *Wewerka*, Internal Investigations, S. 235; *Greeve/Tsambikakis*, in: Internal Investigations, Kap. 17 Rn. 21; *Kienast*, in: Deutsch-Amerikanische Korruptionsverfahren, § 8 Rn. 38.

1753 *Böhm*, Non-Compliance und Arbeitsrecht, S. 196 f.; im Ergebnis wohl auch: *Wastl/Litzka/Pusch*, NStZ 2009, 68, 73; *Göpfert/Merten/Siegrist*, NJW 2008, 1703, 1706 machen das Bestehen eines Aussageverweigerungsrechts von der tatsächlichen Gefahr strafrechtlicher Sanktionierung im konkreten Einzelfall abhängig.

1754 *Rödiger*, Strafverfolgung von Unternehmen, S. 292.

1755 Hierzu ausführlich: *Böhm*, Non-Compliance und Arbeitsrecht, S. 191 ff.; *Rödiger*, Strafverfolgung von Unternehmen, S. 261 ff.

praxistauglich"[1756] sei dabei vor allem die Ermächtigung des externen Ermittlers durch den Arbeitgeber nach § 185 BGB analog zur teilweisen Ausübung seines Direktionsrechts,[1757] da die Ermittler den Arbeitnehmer so im eigenen Namen zur Auskunftserteilung anweisen können.[1758]

In der Praxis wird in der Regel jedoch ein Vertreter des Unternehmens am Interview teilnehmen, sodass sich diese Frage letztlich häufig gar nicht stellt. Nicht zuletzt sei eine allein durch den externen Ermittler durchgeführte Mitarbeiterbefragung „praxisuntauglich", da die Kooperationsbereitschaft des Arbeitnehmers gegenüber einem Fremden eher gering sein wird.[1759]

XII. Belehrungspflicht?

Eine Belehrungspflicht, wie sie bspw. in den USA besteht – sog. „Upjohn warnings", eine Belehrung darüber, dass das Unternehmen die Informationen an die (Strafverfolgungs-)Behörden weitergeben kann und dass die internen Ermittler allein im Auftrag des Unternehmens tätig werden[1760] –, besteht in Deutschland grundsätzlich nicht.[1761]

Dennoch wird teilweise gefordert, dass der Mitarbeiter belehrt werden müsse. Die geforderten Belehrungspflichten des Arbeitgebers stehen dabei zwangsläufig in einem engen Zusammenhang zu den dem Arbeitnehmer zugestandenen Rechten. Teilweise wird gefordert, dass der Mitarbeiter darüber zu informieren sei, dass er sich nicht selbst belasten müsse und seine Aussage freiwillig erfolge.[1762] Mit der hier vertretenen Ansicht ist der Mitarbeiter jedoch in bestimmten

---

1756 *Böhm*, Non-Compliance und Arbeitsrecht, S. 197.

1757 *Rödiger*, Strafverfolgung von Unternehmen, S. 262; *Böhm*, Non-Compliance und Arbeitsrecht, S. 196.

1758 *Rödiger*, Strafverfolgung von Unternehmen, S. 263; *Böhm*, Non-Compliance und Arbeitsrecht, S. 203.

1759 *v. Rosen*, Internal Investigations bei Compliance-Verstößen, S. 94.

1760 *Lützeler/Müller-Sartori*, CCZ 2011, 19, 23; *Jahn*, StV 2009, 41, 42; *Dann/Schmidt*, NJW 2009, 1851, 1852; Begriffsursprung: U.S. Supreme Court, Upjohn Co. v. United States - 449 U.S. 383 (1981).

1761 *Lützeler/Müller-Sartori*, CCZ 2011, 19, 23; *Roxin*, StV 2012, 116, 119; *Schürrle/Olbers*, CCZ 20120, 178, 179; *Raum*, StraFo 2012, 395, 397; *Kienast*, in: Deutsch-Amerikanische Korruptionsverfahren, § 8 Rn. 35; im Ergebnis auch: *Rübenstahl*, WiJ 2012, 17, 25; *Rudkowski*, NZA 2011, 612; *Klengel/Mückenberger*, CCZ 2009, 81, 83.

1762 *Leipold*, NJW-Spezial 2011, 56; **a.A.**: *Wisskirchen/Glaser*, DB 2011, 1447, 1448, wonach diese Ansicht auf dem Missverständnis beruhe, dass es sich bei dem Interview um eine strafrechtliche Ermittlung handele, was jedoch gerade nicht der Fall ist.

Konstellationen zu einer selbstbelastenden Aussage verpflichtet, sodass eine derartige (pauschale) Belehrung von vornherein ausscheiden muss.[1763]

Andere fordern, dass der Arbeitgeber den Mitarbeiter zunächst darüber aufzuklären habe, dass die Aussage ggf. der Staatsanwaltschaft zur Verfügung gestellt wird und – im Falle einer Amnestievereinbarung –, dass die Strafverfolgungsbehörden nicht an die Amnestie gebunden sind.[1764] Die BRAK fordert darüber hinaus, dass der Unternehmensanwalt den Befragten darüber belehrt, dass ihm ein Recht auf Konsultierung eines Anwaltes zustehe. Außerdem müsse der Mitarbeiter darüber belehrt werden, dass er das Recht habe, dass eine Niederschrift angefertigt wird, in die er Einsicht verlangen könne und die er genehmigen müsse.[1765] *Wisskirchen/Glaser* fordern, dass der Beschuldigte zu Beginn des Interviews darüber informiert werden sollte, dass er nicht als Zeuge befragt wird, sondern unter Verdacht steht.[1766]

Dabei wird allerdings verkannt, dass derartige Belehrungspflichten dem Arbeitsrecht als Teil des Zivilrechts grundsätzlich fremd und dem Strafprozessrecht entnommen sind. Eine Übernahme der Belehrungsvorschriften der StPO sei jedoch widersprüchlich.[1767] Vor allem gleicht das zivilrechtliche Verhältnis zwischen Arbeitnehmer und Arbeitgeber nicht dem öffentlich-rechtlichen Verhältnis zwischen Strafverfolgungsbehörde und Beschuldigtem. Darüber hinaus ist der arbeitsgerichtlichen Rechtsprechung nicht zu entnehmen, dass der Arbeitnehmer über die Möglichkeit der Weitergabe der Unterlagen an die Staatsanwaltschaft oder die Nutzung des Protokolls in einem Verfahren belehrt werden müsse.[1768]

1763 Vgl.: *Wisskirchen/Glaser*, DB 2011, 1447, 1448; *Theile*, StV 2011, 381, 383; *Lützeler/Müller-Sartori*, CCZ 2011, 19, 23.

1764 *v. Rosen*, Internal Investigations bei Compliance-Verstößen, S. 90; *Leipold*, NJW-Spezial 2011, 56, 57; *Weiße*, in: Moosmayer/Hartwig, Interne Untersuchungen, S. 41, 53; *Kienast*, in: Deutsch-Amerikanische Korruptionsverfahren, § 8 Rn. 35: „Gebot der Fairness“; **a.A.**: *Rübenstahl*, WiJ 2012, 17, 25; *Rudkowski*, NZA 2011, 612; *Raum*, StraFo 2012, 395, 398.

1765 BRAK, Stellungnahme-Nr. 35/2010, S. 10 f.; vgl. auch: *Knierim*, in: FS Volk, S. 247, 262; *v. Rosen*, BB 2009, 230, 231, der verlangt, dass ein Hinweis auf das Recht der Aussageverweigerung und der Hinzuziehung eines Rechtsbeistandes erfolgt.

1766 *Wisskirchen/Glaser*, DB 2011, 1447; vgl. auch: *Knauer/Gaul*, NStZ 2013, 192, 193 f., die zur Wahrung des fair trial-Grundsatzes eine Belehrung fordern.

1767 *Rübenstahl*, WiJ 2012, 17, 25; *Rudkowski*, NZA 2011, 612; auch *Jahn*, in: Verhandlungen 67. DJT 2008, L 139, 142 spricht sich gegen die analoge Anwendung des § 136 Abs. 1 StPO aus.

1768 *Rübenstahl*, WiJ 2012, 17, 25.

Eine Belehrung des Arbeitnehmers kann aber in Hinblick auf die Fürsorgepflicht des Arbeitgebers geboten sein.[1769] Auch *Momsen* spricht sich – unabhängig vom Bestehen eines entsprechenden Anspruches – für eine umfassende Aufklärung des Mitarbeiters über die Rechtslage durch die Unternehmensanwälte vor Beginn des Interviews aus.[1770]

XIII. Strafbarkeitsrisiken

Auch bei der Durchführung von Mitarbeiterbefragungen bestehen für den Arbeitgeber und die internen Ermittler einer Reihe von Strafbarkeitsrisiken.

1. § 240 StGB – Nötigung

Verdächtigen Mitarbeitern werden im Rahmen eines Interviews häufig (arbeitsstrafrechtliche) Sanktionen in Aussicht gestellt, sollten sie sich nicht an der Sachverhaltsaufklärung beteiligen. Darin könnte eine Nötigung gemäß § 240 Abs. 1 StGB zu sehen sein. Danach ist strafbar, wer einen Menschen rechtswidrig mit Gewalt oder durch Drohung mit einem empfindlichen Übel zu einer Handlung, Duldung oder Unterlassung nötigt.

a. Nötigungshandlung

Im Rahmen der Durchführung von Mitarbeiterinterviews kommt insbesondere die Drohung mit einem empfindlichen Übel in Betracht. Darunter versteht man das Inaussichtstellen eines zukünftigen Übels, auf dessen Eintritt der Drohende Einfluss zu haben vorgibt.[1771] „Übel“ beschreibt jede als nachteilig empfundene Veränderung der Außenwelt.[1772] Als „empfindlich“ wird das Übel eingestuft, wenn Werteinbußen zu erwarten sind, die geeignet sind, einen besonnenen Menschen zu dem mit der Drohung erstrebten Verhalten zu bestimmen.[1773]

1769 *Weiße*, in: Moosmayer/Hartwig, Interne Untersuchungen, S. 41, 53, vgl. auch S. 63: Belehrung essentiell, um dem Mitarbeiter informierte Entscheidung zu ermöglichen.

1770 *Momsen*, ZIS 2011, 508, 412; so auch: *Haefcke*, CCZ 2014, 39, 40; *Wewerka*, Internal Investigations, S. 153; *Gropp-Stadler/Wolfgramm*, in: Moosmayer/Hartwig, Interne Untersuchungen, S. 15, 40, die eine Belehrung hinsichtlich der Rechte, Pflichten und möglichen Konsequenzen befürworten; *Bührer*, in: Moosmayer/Hartwig, Interne Untersuchungen, S. 101, 114.

1771 Vgl. nur: *Toepel*, in: NK StGB, § 240 Rn. 94; *Valerius*, in: Beck'OK StGB, § 240 Rn. 35.

1772 Vgl. nur: *Toepel*, in: NK StGB, § 240 Rn. 103; *Valerius*, in: Beck'OK StGB, § 240 Rn. 36.

1773 Vgl. nur: *Eser/Eisele*, in: S/S, § 240 Rn. 10; *Valerius*, in: Beck'OK StGB, § 240 Rn. 37.

Das Inaussichtstellen arbeitsrechtlicher Sanktionen – insbesondere der Kündigung – oder der Geltendmachung von Schadensersatzansprüchen ist aus Sicht des betroffenen Arbeitnehmers stets als empfindliches Übel anzusehen, da für ihn damit mitunter existenzgefährdende Folgen verbunden sind.[1774] Unerheblich ist dabei, ob die Zufügung des angedrohten Übels (un)zulässig ist.[1775]

Wird der Arbeitnehmer hingegen zur Aussage überredet, getäuscht oder mit leeren Versprechungen dazu gebracht, droht dem Arbeitgeber keine strafrechtliche Sanktionierung wegen Nötigung.[1776]

b. Nötigungserfolg

Nötigungserfolg ist ein Handeln, Dulden oder Unterlassen seitens des Opfers, das kausal auf dem Nötigungsmittel beruht.[1777] Sofern der Mitarbeiter auf Grund der Drohung eine Aussage tätigt, liegt der Nötigungserfolg vor.

c. Vorsatz

Der Arbeitgeber bzw. interne Ermittler stellt dem Arbeitnehmer die (arbeitsrechtlichen) Sanktionen in Aussicht, gerade damit dieser zur Aussage veranlasst wird. Er handelt somit vorsätzlich.

d. Rechtswidrigkeit – § 240 Abs. 2 StGB

Eine Rechtfertigung nach den allgemeinen Rechtfertigungsgründen scheidet auch in dieser Konstellation regelmäßig aus. Fraglich ist bereits, ob im Zeitpunkt des Interviews überhaupt noch ein gegenwärtiger Angriff i.S.d. § 32 StGB vorliegt. Abgesehen davon ist die Mitarbeiterbefragung an sich jedenfalls keine Abwehrhandlung im eigentlichen Sinne, da sie nur der Aufklärung einer – bereits begangenen – Straftat dient. Auch die Voraussetzungen des rechtfertigenden Notstandes liegen in aller Regel nicht vor, da der Arbeitgeber die Möglichkeit hat, staatliche Hilfe in Anspruch zu nehmen.

Gemäß § 240 Abs. 2 StGB ist die Tat jedoch nur rechtswidrig, wenn das Nötigungsmittel zu dem angestrebten Zweck als verwerflich anzusehen ist. Dabei hat eine umfassende Abwägung unter Berücksichtigung sämtlicher Umstände des

---

1774 *Schuster*, in: Internal Investigations, Kap. 11 Rn. 114.

1775 *Schuster*, in: Internal Investigations, Kap. 11 Rn. 114; *Lackner/Kühl*, § 240 Rn. 13; **a.A.**: *Rödiger*, Strafverfolgung von Unternehmen, S. 253.

1776 *Renners*, Private Investigation und Arbeitsrecht, S. 144.

1777 Vgl. nur: *Eser/Eisele*, in: S/S, § 240 Rn. 12, 14; *Valerius*, in: Beck'OK StGB, § 240 Rn. 5.

jeweiligen Einzelfalles stattzufinden.[1778] Im Rahmen der zu prüfenden Zweck-Mittel-Relation findet auch das Interesse des Arbeitgebers Berücksichtigung, Rechtsverstöße aufzuklären, da hieraus für das Unternehmen Verbindlichkeiten, Geldbußen oder sonstige Nachteile entstehen könnten.[1779] Darüber hinaus ist in der Abwägung zu berücksichtigen, ob die angedrohten Sanktionen zulässig sind, ggf. eine Amnestievereinbarung existiert und eine arbeitsrechtliche Verpflichtung zur Aussage besteht.[1780]

Sofern der Mitarbeiter zur Aussage verpflichtet ist, aber nicht aussagt, verletzt er seine Pflichten aus dem Arbeitsvertrag, sodass der Arbeitgeber arbeitsrechtlich zum Einsatz verschiedener Sanktionen berechtigt ist.[1781] Droht der Arbeitgeber dem Arbeitnehmer für den Fall der Nichtbeantwortung der Fragen hingegen bspw. an, eine unberechtigte Strafanzeige zu erstatten, macht er sich wegen Nötigung strafbar.[1782]

e. Ergebnis

Zusammenfassend lässt sich somit feststellen, dass der Arbeitgeber oder interne Ermittler sich gemäß § 240 Abs. 1 StGB wegen Nötigung strafbar machen kann, wenn er mit einer unzulässigen Sanktion droht oder dem Arbeitnehmer mit Sanktionen droht, obwohl dieser nicht zur Aussage verpflichtet ist. Besteht hingegen eine Aussagepflicht des Arbeitnehmers und droht der Arbeitgeber lediglich, zu zivilrechtlich zulässigen Sanktionen zu greifen, ist er grundsätzlich nicht wegen Nötigung strafbar[1783].

2. § 239 StGB – Freiheitsberaubung

Nach § 239 Abs. 1 StGB wird bestraft, wer einen Menschen einsperrt oder auf andere Weise der Freiheit beraubt. Geschützt wird die Freiheit des Einzelnen, seinen Aufenthaltsort selbstbestimmt jederzeit ändern zu können. Im Rahmen eines Interviews kann diese Vorschrift an Bedeutung gewinnen, sofern der

---

1778 *Wewerka*, Internal Investigations, S. 261; vgl. auch: *Schuster*, in: Internal Investigations, Kap. 11 Rn. 116 f.

1779 *Raum*, StraFo 2012, 395, 398; so auch: *Wewerka*, Internal Investigations, S. 262.

1780 *Wewerka*, Internal Investigations, S. 262.

1781 *Rödiger*, Strafverfolgung von Unternehmen, S. 253; *Reeb*, Internal Investigations, S. 104: Ankündigung der Maßnahme als „statthaften Hinweis"; so wohl auch: *Pietrek*, Die strafrechtliche Verantwortlichkeit des Betriebsinhabers, S. 112.

1782 *Renners*, Private Investigation und Arbeitsrecht, S. 144.

1783 *Rödiger*, Strafverfolgung von Unternehmen, S. 253; *Schuster*, in: Internal Investigations, Kap. 11 Rn. 117.

Arbeitnehmer bspw. am Verlassen seines Büros gehindert wird. Sollte er jedoch – trotz Unbehagens – mit seinem Verbleib am Ort der Befragung einverstanden sein, kommt eine Strafbarkeit wegen Freiheitsberaubung nicht in Betracht. Sein Einverständnis hat tatbestandsausschließende Wirkung.[1784]

3. § 132 StGB – Amtsanmaßung

Nach § 132 StGB ist strafbar, wer sich unbefugt mit der Ausübung eines öffentlichen Amtes befasst oder eine Handlung vornimmt, welche nur kraft eines öffentlichen Amtes vorgenommen werden darf.

Sofern sich der private Ermittler gegenüber dem Arbeitnehmer als zur Vernehmung berechtigte Amtsperson ausgibt, bspw. um Eindruck auf den Befragten zu machen oder ihn einzuschüchtern, so droht ihm eine Strafbarkeit nach § 132 StGB. Ausreichend ist insoweit bereits, dass aus Sicht eines objektiven Dritten durch schlichtes Handeln der äußere Anschein der Vornahme einer hoheitlichen Handlung erweckt wird.[1785] Die Praxisrelevanz wird grundsätzlich eher gering sein.[1786] Führen jedoch professionelle private Ermittler die Befragungen durch, so kann aus der Perspektive des Arbeitnehmers durchaus der Eindruck entstehen, es handele sich um zivil gekleidete staatliche Ermittler. Handelt der Interviewende mit entsprechendem Vorsatz, droht eine Strafbarkeit wegen Amtsanmaßung.[1787] Die privaten Ermittler sollten daher möglichst zu Beginn des Interviews klarstellen, dass sie keine staatliche Funktion innehaben, sondern vom Arbeitgeber zur Durchführung der Interviews eingesetzt sind.

4. § 201 StGB – Verletzung der Vertraulichkeit des Wortes[1788]

Arbeitgeber und interne Ermittler sind nicht berechtigt, das Interview ohne Einwilligung des Arbeitnehmers auf einen Tonträger aufzunehmen, § 201 Abs. 1 Nr. 1 StGB. Die Anfertigung einer schriftlichen Gesprächszusammenfassung, die den Verlauf und Inhalt der Befragung erfasst, ist aber zulässig.[1789]

1784 *Renners*, Private Investigation und Arbeitsrecht, S. 145.

1785 *Reeb*, Internal Investigations, S. 106; *Renners*, Private Investigation und Arbeitsrecht, S. 145 f.; im Ergebnis auch: *Klengel/Mückenberger*, CCZ 2009, 81, 82; dazu: *Schuster*, in: Internal Investigations, Kap. 11 Rn. 107.

1786 *Reeb*, Internal Investigations, S. 106.

1787 *Renners*, Private Investigation und Arbeitsrecht, S. 146.

1788 Zu den Voraussetzungen siehe S. 333 ff.

1789 *Lützeler/Müller-Sartori*, CCZ 2011, 19, 23.

5. *§ 185 StGB – Beleidigung*

In Ausnahmefällen kann auch eine Strafbarkeit nach § 185 StGB in Betracht kommen. Die Grenze zur Beleidigung kann bei bewusster Bloßstellung vor Kollegen überschritten sein oder, wenn ehrenrührige Tatsachen – wie die unwahre Behauptung der Begehung eines Diebstahls o.ä. – gegenüber dem Betroffenen geäußert werden.[1790] Bei Äußerung unwahrer ehrenrühriger Tatsachen gegenüber Dritten kommt eine Strafbarkeit wegen übler Nachrede nach § 186 StGB oder wegen Verleumdung gemäß § 187 StGB in Betracht.[1791]

6. *§§ 43, 44 BDSG – Bußgeld- und Strafvorschriften*

Werden bei der Durchführung einer Mitarbeiterbefragung personenbezogene Daten eines Beschäftigten erhoben, kommt eine Sanktionierung nach § 44 Abs. 1 BDSG i.V.m. § 43 Abs. 2 Nr. 1 BDSG in Betracht, sofern dabei die Grenzen des jeweiligen Erlaubnistatbestands des BDSG überschritten werden.

XIV. Zusammenfassung

Regelmäßig schließen sich Befragungen der Mitarbeiter an das Dokumentenscreening an. Interviews stellen eine der wichtigsten Quellen der Informationsgewinnung dar, weil die Mitarbeiter in aller Regel die „Wissensträger“ sind. Hierbei kommt es allerdings regelmäßig zu einem Interessenkonflikt zwischen dem betroffenen Arbeitnehmer, der sich ggf. nicht selber belasten möchte und dem Arbeitgeber, dem es in erster Linie um die Aufklärung der Verdachtsfälle und die Kooperation mit den Behörden geht.

Um die „Mauer des Schweigens“ zu durchbrechen, wird häufig eine sog. Amnestie vereinbart, die für die Mitarbeiter einen Anreiz zur Offenbarung ihres Wissens bieten soll. Darunter versteht man die Zusage von Vergünstigungen im Falle aktiver Mithilfe bei Aufklärung der Verdachtsfälle, auch wenn der Arbeitnehmer selbst unmittelbar am Verstoß beteiligt war. Typischerweise sagt der Arbeitgeber dem Mitarbeiter zu, von der Kündigung und der Geltendmachung von Schadensersatzansprüchen abzusehen, auf Strafanzeige zu verzichten und ihn von den Verteidigerkosten und ggf. Geldsanktionen freizustellen.

Bei der Vereinbarung eines Amnestieprogrammes laufen Vorstand und Geschäftsführung allerdings Gefahr, sich auf Grund einzelner Zusagen wegen Untreue strafbar zu machen. Gemäß § 93 Abs. 1 S. 2 AktG liegt jedoch

1790 *Renners*, Private Investigation und Arbeitsrecht, S. 146.

1791 *Renners*, Private Investigation und Arbeitsrecht, S. 146 Fn. 652.

keine Pflichtverletzung vor, wenn bei einer unternehmerischen Entscheidung vernünftigerweise angenommen werden durfte, auf der Grundlage angemessener Information zum Wohle der Gesellschaft zu handeln. In Hinblick auf das ARAG/Garmenbeck-Urteil des BGH müssen realisierbare Schadensersatzansprüche grundsätzlich gegenüber Mitarbeitern des Unternehmens geltend gemacht werden. Sofern das Aufklärungsinteresse des Unternehmens jedoch das Sanktionsinteresse überwiegt, scheidet eine Strafbarkeit wegen Untreue aus. Auch im Hinblick auf die Zulässigkeit der Übernahme von Geldsanktionen und den Verteidigungskosten ist zu prüfen, ob dem Unternehmen durch die Übernahme ein entsprechender Vorteil entsteht.

Unabhängig davon, ob eine Amnestievereinbarung besteht, hat der Arbeitgeber im Rahmen seines Weisungsrechts nach § 106 GewO die Möglichkeit, den Arbeitnehmer zur Teilnahme am Interview zu verpflichten. Maßgebliches Kriterium für die Reichweite des Auskunftsanspruches ist der Bezug der Information zum Arbeitsbereich. Als Faustregel gilt: „Je näher die konkrete Information die geschuldete Arbeitsleistung tangiert, desto eher besteht eine vollumfängliche Aussagepflicht."[1792]

Eine Verpflichtung zur (selbstbelastenden) Aussage ist jedenfalls dann anzunehmen, wenn die Auskunftserteilung ausnahmsweise bereits einen Teil der vertraglich geschuldeten Tätigkeit darstellt. Hinsichtlich des persönlichen Arbeitsbereiches besteht ein Auskunftsanspruch nach §§ 666, 675 Abs. 1 BGB. Zwar ist umstritten, ob den Arbeitnehmer insoweit auch eine Pflicht zur selbstbelastenden Aussage trifft, jedoch ist im Hinblick auf den Architekten-Fall des BGH davon auszugehen. Darüber hinaus trifft den Arbeitnehmer gemäß §§ 611, 241 Abs. 2 BGB eine Pflicht zur Aussage über Umstände, die zwar nicht der vertraglich geschuldeten Arbeitsaufgabe, doch aber dem dienstlichen Bereich zuzuordnen sind, wenn ein berechtigtes, schutzwürdiges Interesse an der Aussage besteht und die Auskunftserteilung für den Arbeitnehmer zumutbar ist. Nach überzeugender Ansicht ist der Arbeitnehmer insoweit nur zur selbstbelastenden Aussage verpflichtet, wenn eine umfassende Amnestievereinbarung vorliegt. Eine Auskunftspflicht wird zudem aus der arbeitsrechtlichen Treuepflicht, § 242 BGB, hergeleitet. Der Anspruch ist letztlich jedoch nur für den außerdienstlichen Bereich von Bedeutung. Der Arbeitgeber hat insoweit nur einen Auskunftsanspruch, sofern sich der Arbeitnehmer nicht selbst belasten muss.

Die Vereinbarkeit der Pflicht zur selbstbelastenden Aussage mit dem nemo tenetur-Grundsatz ist umstritten. Dieser besagt, dass niemand verpflichtet ist, an

1792 *Reeb*, Internal Investigations, S. 97.

seiner eigenen Überführung oder Verurteilung mitzuwirken. Das Arbeitsrecht selbst regelt die Frage der Selbstbelastungsfreiheit nicht. Eine direkte Anwendung des § 136 StPO als einfachgesetzliche Ausprägung der Selbstbelastungsfreiheit muss im Falle interner Ermittlungen ausscheiden, da der auf die Mitarbeiter wirkende Aussagezwang nicht staatlich veranlasst ist. Die analoge Anwendung der Vorschrift scheitert an der vergleichbaren Interessenlage.

Teilweise wird dem Arbeitnehmer mit Hinweis auf den nemo tenetur-Grundsatzes jedoch ein Aussageverweigerungsrecht zugestanden. Mit der hier vertretenen Ansicht kann sich der Arbeitnehmer allerdings nicht auf den nemo tenetur-Grundsatz berufen, sodass er auch zu einer selbstbelastenden Aussage verpflichtet ist. Seine Rechte werden durch die Annahme eines Beweisverwertungsverbotes geschützt. Insoweit kann auf die im Gemeinschuldner-Beschluss vom BVerfG festgelegten Grundsätze zurückgegriffen werden. Teilweise wird zur Begründung eines Beweisverwertungsverbotes auch auf den sog. fair trial-Grundsatz zurückgegriffen.

Der Mitarbeiter hat im Rahmen der Befragung grundsätzlich kein Recht auf Hinzuziehung eines Betriebsratsmitgliedes. Er darf jedoch zumindest auf Verlangen einen Rechtsanwalt zum Interview hinzuziehen, sofern der Arbeitgeber selber einen Anwalt hinzuzieht oder aber bereits ein Straftatverdacht gegen den Arbeitnehmer besteht. Ein Einsichtnahmerecht in das Interviewprotokoll besteht nur, sofern die internen Ermittlungen abgeschlossen sind und das Protokoll keine eigenen Einschätzungen des Interviewers enthält. Eine Belehrungspflicht, wie sie bspw. in den USA besteht – sog. „Upjohn warnings" –, besteht in Deutschland grundsätzlich nicht.

Dem Arbeitgeber und den internen Ermittlern drohen auch bei Durchführung der Interviews Strafbarkeitsrisiken. So kann sich der Arbeitgeber bzw. interne Ermittler wegen Nötigung gemäß § 240 Abs. 1 StGB strafbar machen, wenn er mit einer unzulässigen Sanktion droht oder dem Arbeitnehmer mit Sanktionen droht, obwohl dieser nicht zur Aussage verpflichtet ist. Besteht hingegen eine Aussagepflicht des Arbeitnehmers und droht der Arbeitgeber lediglich mit zivilrechtlich zulässigen Sanktionen, ist er grundsätzlich nicht wegen Nötigung strafbar. Zudem droht eine Strafbarkeit nach § 239 Abs. 1 StGB, sofern der Arbeitnehmer am Verlassen seines Büros gehindert wird. Gibt sich der private Ermittler ihm gegenüber als zur Vernehmung berechtigte Amtsperson aus, so droht eine Strafbarkeit nach § 132 StGB. Sofern bei Durchführung des Interviews personenbezogene Daten eines Beschäftigten erhoben und dabei die Grenzen des jeweiligen Erlaubnistatbestandes des BDSG überschritten werden, kommt zudem eine Sanktionierung nach § 44 Abs. 1 BDSG i.V.m.§ 43 Abs. 2 Nr. 1 BDSG in Betracht.

D. Kontrolle des Postverkehrs

I. Einleitung

Eine weitere Maßnahme im Rahmen unternehmensinterner Untersuchungen ist die Postkontrolle. Auch diese richtet sich nach § 32 Abs. 1 S. 2 BDSG, sofern dabei personenbezogene Daten eines verdächtigen Beschäftigten erhoben werden. Die Zulässigkeit der Kontrolle hängt dabei maßgeblich von der Natur des Schriftstückes ab. Dienstpost, also Schriftstücke, die an das Unternehmen adressiert sind, darf der Arbeitgeber uneingeschränkt öffnen und kontrollieren, da seine Interessen überwiegen.[1793] Dabei ist unerheblich, ob zusätzlich auch der Name eines Mitarbeiters vermerkt ist.[1794] Anders ist die Situation jedoch zu beurteilen, wenn es um Privatpost geht, der Brief also etwa mit einem Hinweis „persönlich / vertraulich" gekennzeichnet ist. In diesem Falle darf der Arbeitgeber die Post grundsätzlich nicht öffnen.[1795] Davon kann lediglich im Falle des Vorliegens eines konkreten Verdachts auf eine schwere Straftat eine Ausnahme gemacht werden, sofern keine andere Möglichkeit zur Aufklärung besteht. Rein private Briefe, die in keinem Zusammenhang zum Verdacht stehen, dürfen hingegen nicht kontrolliert werden, vgl. S. 147, 150.

II. Strafbarkeitsrisiken

Arbeitgeber und interne Ermittler sind auch im Rahmen der Postkontrolle gewissen Strafbarkeitsrisiken ausgesetzt.

1793 *Mölter*, Überwachung und Informationsbeschaffung des Arbeitgebers, S. 242 f.; *Wuttke*, Straftäter im Betrieb, S. 162; im Ergebnis auch: *Ernst*, NZA 2002, 585, 588; *Klengel/Mückenberger*, CCZ 2009, 81, 83.

1794 *Wuttke*, Straftäter im Betrieb, S. 162; *Ernst*, NZA 2002, 585, 588; *Vogel/Glas*, DB 2009, 1747, 1752; im Ergebnis auch: *Hoss*, Internet- und E-Mail-Überwachung, S. 83; *Schürrle/Olbers*, CCZ 2010, 178, 180; *Renners*, Private Investigation und Arbeitsrecht, S. 176.

1795 *Wuttke*, Straftäter im Betrieb, S. 162; *Hoss*, Internet- und E-Mail-Überwachung, S. 83 f.; *Ernst*, NZA 2002, 585, 588.

1. § 206 StGB – Verletzung des Post- oder Fernmeldegeheimnisses

In aller Regel gestattet der Arbeitgeber seinen Arbeitnehmern nicht die Inanspruchnahme der Briefverarbeitungsstruktur des Unternehmens zu privaten Zwecken[1796]. Eine Strafbarkeit des Arbeitgebers aus § 206 StGB wegen Verletzung des Postgeheimnisses scheidet somit von vornherein aus.[1797]

2. § 202 StGB – Verletzung des Briefgeheimnisses[1798]

Der Arbeitgeber und die internen Ermittler könnten sich jedoch gemäß § 202 StGB strafbar machen, wenn eine Postkontrolle im Unternehmen durchführt wird. Danach ist strafbar, wer unbefugt einen verschlossenen Brief, der nicht zu seiner Kenntnis bestimmt ist, öffnet (Abs. 1 Nr. 1), sich vom Inhalt ohne Öffnen des Verschlusses unter Anwendung technischer Mittel Kenntnis verschafft (Nr. 2) oder sich unbefugt vom Inhalt eines Schriftstückes, das nicht zu seiner Kenntnis bestimmt und durch ein verschlossenes Behältnis gegen Kenntnisnahme besonders gesichert ist, Kenntnis verschafft, nachdem er dazu das Behältnis geöffnet hat (Abs. 2).

a. Objektiver Tatbestand

aa. Tatobjekt

(I) Verschlossener Brief – § 202 Abs. 1 Nr. 1, 2 StGB

Unter einem „Brief" versteht man eine von einer Person an eine andere Person gerichtete schriftliche Mitteilung.[1799] Befindet sich der Brief in einem zugeklebten Briefumschlag, handelt es sich um einen verschlossenen Brief, sodass er taugliches Tatobjekt ist.[1800]

(II) Verschlossenes Behältnis – § 202 Abs. 2 StGB

Wird ein (offener) Brief bspw. in einem verschlossenen Tresor, Schreibtisch oder Aktenschrank aufbewahrt, ist er ebenfalls taugliches Tatobjekt.[1801]

1796 Definition für geschäftsmäßiges Erbringen von Postdiensten in § 4 Nr. 4 PostG.

1797 *Gercke*, in: Gercke/Kraft/Richter, Arbeitsstrafrecht, Kap. 2 Rn. 1131; *Mölter*, Überwachung und Informationsbeschaffung des Arbeitgebers, S. 229.

1798 Eine ausführliche Darstellung des § 202 StGB findet sich bei der Verwertung von Unterlagen in Papierform, sodass hier nur die sich in Hinblick auf die Postkontrolle ergebenden Besonderheiten dargestellt werden.

1799 *Mölter*, Überwachung und Informationsbeschaffung des Arbeitgebers, S. 232; *Lenckner/Eisele*, in: S/S, § 202 Rn. 4.

1800 *Mölter*, Überwachung und Informationsbeschaffung des Arbeitgebers, S. 233; *Renners*, Private Investigation und Arbeitsrecht, S. 174.

1801 Vgl.: *Renners*, Private Investigation und Arbeitsrecht, S. 174.

bb. Nicht zu seiner Kenntnis bestimmt

Nach § 202 StGB macht sich der Arbeitgeber jedoch nur strafbar, wenn der entsprechende Brief nicht zu seiner Kenntnis bestimmt ist. Grundsätzlich ist insoweit auf den Willen des Absenders abzustellen.[1802]

(I) Dienstpost

Obwohl bei ausgehender Dienstpost der Arbeitnehmer Absender ist und somit sein Wille maßgeblich ist, ist die dienstliche Post grundsätzlich zur Kenntnis des Arbeitgebers bestimmt. Er kann somit auch sein Einverständnis zur Öffnung der Post durch Dritte, wie bspw. die privaten Ermittler, erteilen.[1803] Dienstpost zählt, wie auch dienstliche Dokumente und E-Mails, als betrieblich veranlasste Tätigkeit des Arbeitnehmers. Er handelt für den Arbeitgeber und erfüllt damit seine arbeitsvertraglichen Pflichten.[1804] Anderen geht dies zu weit. Es komme vielmehr auf den Willen des Arbeitnehmers als Verfügungsberechtigter an.[1805] Dienstliche Briefe des Arbeitnehmers seien daher für den auf dem Brief vermerkten Adressaten, nicht jedoch für den Arbeitgeber bestimmt.[1806] Er müsse den Arbeitnehmer anweisen, ihm die Schriftstücke auszuhändigen oder den Inhalt mitzuteilen. Selbst öffnen dürfe er dienstliche Korrespondenz hingegen allein auf Grund seiner Stellung als Arbeitgeber nicht.[1807] Selbst wenn man dieser engeren Auffassung folgt, gelangt man jedoch zur Straflosigkeit des Arbeitgebers, der jedenfalls nicht rechtswidrig handelt,[1808] da die Kontrolle der Dienstpost auf § 32 Abs. 1 S. 2 BDSG gestützt werden kann, vgl. S. 321.

Auch bei eingehender Dienstpost ist grundsätzlich der Wille des Absenders maßgeblich. Regelmäßig ist somit entscheidend, an wen das Schriftstück adressiert ist. Ist jedoch nicht ausdrücklich durch den Vermerk „vertraulich / persönlich“ oder Ähnliches nach außen erkennbar, dass der Brief ausschließlich an einen Mitarbeiter gerichtet ist, so muss der Absender davon ausgehen, dass der Arbeitgeber von seinem Direktionsrecht Gebrauch gemacht und die Post zentral

1802 *Salvenmoser/Schreier*, in: Handbuch Wirtschaftsstrafrecht, 15. Teil Rn. 168; *Mölter*, Überwachung und Informationsbeschaffung des Arbeitgebers, S. 238.

1803 *Schuster*, in: Internal Investigations, Kap. 11 Rn. 124.

1804 Vgl. S. 189 f., 220.

1805 *Mölter*, Überwachung und Informationsbeschaffung des Arbeitgebers, S. 237.

1806 *Mölter*, Überwachung und Informationsbeschaffung des Arbeitgebers, S. 239.

1807 *Mölter*, Überwachung und Informationsbeschaffung des Arbeitgebers, S. 237 f.

1808 *Mölter*, Überwachung und Informationsbeschaffung des Arbeitgebers, S. 238.

(bspw. durch eine Poststelle) öffnen lässt. In einem solchen Fall ist das Öffnen der Post durch den Arbeitgeber bzw. den privaten Ermittler sanktionslos.[1809]

(II) Privatpost

Anders als Dienstpost ist die private Post der Mitarbeiter jedenfalls nicht zur Kenntnis des Arbeitgebers bestimmt, sodass diesbezüglich eine Strafbarkeit nach § 202 StGB in Betracht kommt.

cc. Tathandlungen

Tathandlung des § 202 Abs. 1 Nr. 1 StGB ist das Öffnen eines entsprechenden Briefes. Der Täter muss das durch den Verschluss geschaffene Hindernis beseitigen und den Inhalt zur Kenntnis nehmen können, wobei es auf die tatsächliche Kenntnisnahme nicht ankommt, vgl. S. 220. Reißt der Arbeitgeber bspw. einen noch zugeklebten (privaten) Briefumschlag auf, „öffnet" er diesen.

Im Rahmen des § 202 Abs. 1 Nr. 2 StGB ist Tathandlung das Kenntnisverschaffen vom Inhalt des Schriftstückes ohne Öffnung des Verschlusses unter Anwendung technischer Hilfsmittel. Dabei muss der Täter den Inhalt des Schriftstückes zur Kenntnis nehmen.[1810] Nutzt der Arbeitgeber bspw. ein Durchleuchtungsgerät[1811] und kontrolliert so den Brief, liegt eine Tathandlung i.S.d. § 202 Abs. 1 Nr. 2 StGB vor.

Tathandlung des § 202 Abs. 2 StGB ist das Kenntnisverschaffen nach Öffnen des Behältnisses. Erforderlich ist, dass das Behältnis gerade zur Verschaffung der Kenntnis geöffnet wurde, vgl. S. 221. Bricht der Arbeitgeber bspw. einen verschlossenen Schreibtisch auf und liest anschließend den darin enthaltenen Brief, handelt er tatbestandsmäßig.

1809 *Salvenmoser/Schreier*, in: Handbuch Wirtschaftsstrafrecht, 15. Teil Rn. 168; im Ergebnis auch: *Ernst*, NZA 2002, 585, 588; *Schuster*, in: Internal Investigations, Kap. 11 Rn. 124; *Renners*, Private Investigation und Arbeitsrecht, S. 175; *Gercke*, in: Gercke/Kraft/Richter, Arbeitsstrafrecht, Kap. 2 Rn. 1135; *Mölter*, Überwachung und Informationsbeschaffung des Arbeitgebers, S. 238; *Eisele*, Compliance und Datenschutzstrafrecht, S. 25.

1810 *Mölter*, Überwachung und Informationsbeschaffung des Arbeitgebers, S. 240; *Eisele*, Compliance und Datenschutzstrafrecht, S. 24.

1811 *Weidemann*, Beck'OK StGB, § 202 Rn. 12; *Eisele*, Compliance und Datenschutzstrafrecht, S. 25.

b. Subjektiver Tatbestand

Im Rahmen des § 202 Abs. 1 Nr. 1 StGB genügt es, dass der Täter mit dolus eventualis handelt.[1812] Bei § 202 Abs. 1 Nr. 2 StGB muss zusätzlich hinsichtlich des Kenntnisverschaffens unter Anwendung technischer Mittel eine besondere Absicht vorliegen.[1813] Für § 202 Abs. 2 StGB ist erforderlich, dass der Täter das Behältnis sowohl vorsätzlich öffnet, als auch vorsätzlich von dem Schriftstück Kenntnis erlangt, vgl. S. 221.

c. Rechtswidrigkeit

„Unbefugt" wird überwiegend als Hinweis auf die Rechtswidrigkeit verstanden.

Letztlich kommt im Rahmen der unternehmensinternen Ermittlungen vor allem eine Rechtfertigung nach § 32 Abs. 1 S. 2 BDSG in Betracht. Sofern der Arbeitgeber danach zur Kontrolle der Post berechtigt war, handelt er nicht rechtswidrig.

d. Ergebnis

Damit besteht ein Strafbarkeitsrisiko für den Fall, in dem der Arbeitgeber bzw. der private Ermittler einen mit dem Vermerk „persönlich / vertraulich" gekennzeichneten zugeklebten Brief öffnet (Abs. 1 Nr. 1)[1814] oder sich von dessen Inhalt unter Anwendung technischer Mittel (Abs. 1 Nr. 2) Kenntnis verschafft. Aber auch bereits geöffnete Privatpost, die sich bspw. im verschlossenen Schreibtisch des Mitarbeiters befindet, darf nicht gelesen werden (Abs. 2).[1815] Dienstliche Post kann hingegen ohne Strafbarkeitsrisiko eingesehen werden, da die Dienstpost bereits für den Arbeitgeber bestimmt, seine Handlung aber zumindest nicht rechtswidrig ist.

3. §§ 43, 44 BDSG – Bußgeld- und Strafvorschriften

Werden bei der Postkontrolle die Grenzen des jeweiligen Erlaubnistatbestandes des BDSG – insbesondere die Voraussetzungen des § 32 Abs. 1 S. 2 BDSG – überschritten, droht eine Sanktionierung nach § 44 Abs. 1 BDSG i.V.m. § 43 Abs. 2 Nr. 1 BDSG.

1812 *Eisele*, Compliance und Datenschutzstrafrecht, S. 26; *Lenckner/Eisele*, in: S/S, § 202 Rn. 15; *Graf*, in: MüKo StGB, § 202 Rn. 35.

1813 *Lenckner/Eisele*, in: S/S, § 202 Rn. 15; *Kargl*, in: NK StGB, § 202 Rn. 18; *Eisele*, Compliance und Datenschutzstrafrecht, S. 26.

1814 Vgl.: *Schuster*, in: Internal Investigations, Kap. 11 Rn. 125; *Mölter*, Überwachung und Informationsbeschaffung des Arbeitgebers, S. 237.

1815 *Schuster*, in: Internal Investigations, Kap. 11 Rn. 125.

III. Zusammenfassung

Briefe, die nicht durch einen ausdrücklichen Vermerk als privat gekennzeichnet sind, dürfen durch den Arbeitgeber bzw. den privaten Ermittler geöffnet werden, insofern droht ihnen keine Strafbarkeit. Private Post darf hingegen grundsätzlich nicht geöffnet werden. Auch das Kenntnisverschaffen des Inhaltes eines privaten Briefes unter Zuhilfenahme technischer Mittel oder nach Öffnung eines verschlossenen Behältnisses ist unzulässig. Insoweit droht eine Strafbarkeit nach § 202 StGB. Bei Überschreiten der Grenzen des Erlaubnistatbestandes des BDSG droht zudem eine Sanktionierung nach § 44 Abs. 1 BDSG i.V.m.§ 43 Abs. 2 Nr. 1 BDSG.

E. Kontrolle und Auswertung von Telefonaten und Verbindungsdaten – Telefonüberwachung

Der Arbeitgeber erhofft sich unter Umständen auch aus den Inhalts- und Verbindungsdaten der Kommunikation der Arbeitnehmer per Telefon Hinweise auf Tat und Täter. Die Telefonüberwachung kann daher auch im Rahmen einer unternehmensinternen Ermittlung eine Rolle spielen. Bei der Kontrolle der Telefonate gelten die Grundsätze der E-Mail-Kontrolle entsprechend,[1816] sodass auf die dortigen Ausführungen verwiesen werden kann, vgl. S. 123 ff. Die Zulässigkeit der Überwachung des Telefonverkehrs hängt dementsprechend von der innerbetrieblichen Regelung hinsichtlich des Nutzungsumfanges ab. Es ist zwischen dienstlicher und privater Natur der Gespräche zu unterscheiden.[1817] Maßgeblich ist zudem, ob der Arbeitgeber lediglich auf die Verbindungsdaten zurückgreifen will oder darüber hinaus eine Inhaltskontrolle vornehmen möchte.

Die Einführung eines Telefondatenerfassungssystems bzw. eines Systems zur Überwachung der gesamten Kommunikation löst ein Mitbestimmungsrecht des Betriebsrates gemäß § 87 Abs. 1 Nr. 6 BetrVG aus.[1818]

1816 *Lelley*, Compliance im Arbeitsrecht, Rn. 457.

1817 *v. Steinau-Steinrück/Glanz*, NJW-Spezial 2008, 402.

1818 *Klengel/Mückenberger*, CCZ 2009, 81, 84; *Salvenmoser/Schreier*, Handbuch Wirtschaftsstrafrecht, 15. Teil Rn. 138; *Panzer*, Mitarbeiterkontrolle und neue Medien, S. 249.

I. Verbindungsdaten

Bei den Telefonverbindungsdaten handelt es sich um personenbezogene Daten i.S.d. BDSG,[1819] sodass für die Kontrolle dieser Daten eine Erlaubnisnorm erforderlich ist. Insoweit ist auch hier vor allem § 32 Abs. 1 S. 2 BDSG von Bedeutung. Zwar liegt kein Eingriff in das Recht am eigenen Wort vor, da keine Gesprächsinhalte erfasst werden, doch wird bei der Kontrolle der Verbindungsdaten in das Recht auf informationelle Selbstbestimmung eingegriffen.[1820] Hinsichtlich des mitbetroffenen Dritten ist § 28 Abs. 1 S. 1 Nr. 2 BDSG einschlägig.[1821]

Hat der Arbeitgeber die private Nutzung gestattet, so ist er nach herrschender Meinung Dienstanbieter i.S.d. TKG, sodass insoweit auch auf die Zulässigkeit der Kontrolle nach den Vorschriften des TKG einzugehen ist.

1. Dienstgespräche oder dienstlich veranlasste Gespräche

Nach ganz überwiegender Meinung findet bei dienstlichen Gesprächen das BDSG Anwendung, vgl. S. 92 f. Im Rahmen der bei § 32 Abs. 1 S. 2 BDSG angezeigten Verhältnismäßigkeitsprüfung ist eine umfassende Interessenabwägung vorzunehmen. Die Kontrolle der Verbindungsdaten dienstlicher Kommunikation berührt das Persönlichkeitsrecht des Arbeitnehmers – wenn auch „ganz schwach" –, weil Aussagen zur Arbeitsweise und -leistung gemacht werden können.[1822] Der Arbeitgeber hat hingegen ein Interesse an der Aufklärung der Verdachtsfälle. Da dienstliche Verbindungsdaten nur einen sehr geringen Persönlichkeitsbezug aufweisen, ist in aller Regel von einem überwiegenden Interesse des Arbeitgebers auszugehen.[1823] Die Erfassung und Kontrolle von dienstlichen Telefonverbindungsdaten, also Datum, Uhrzeit und Kosten, ist somit grundsätzlich zulässig.[1824]

1819 *Thüsing*, Arbeitnehmerdatenschutz und Compliance, Rn. 329; Mölter, Überwachung und Informationsbeschaffung des Arbeitgebers, S. 135 f.; *Mengel*, BB 2004, 1445, 1448; *Renners*, Private Investigation und Arbeitsrecht, S. 181.

1820 *Thüsing*, Arbeitnehmerdatenschutz und Compliance, Rn. 330; *Wellhöner/Byers*, BB 2009, 2310, 2313; *Mengel*, BB 2004, 1445, 1448.

1821 *Renners*, Private Investigation und Arbeitsrecht, S. 186.

1822 *Mölter*, Überwachung und Informationsbeschaffung des Arbeitgebers, S. 135.

1823 *Mölter*, Überwachung und Informationsbeschaffung des Arbeitgebers, S. 139.

1824 BAGE 52, 88; *Mölter*, Überwachung und Informationsbeschaffung des Arbeitgebers, S. 140; *Wellhöner/Byers*, BB 2009, 2310, 2313; *Altenburg/v. Reinersdorff/Leister*, MMR 2005, 135, 136.

Fraglich ist jedoch, ob der Arbeitgeber auch die vollständige Zielnummer kontrollieren darf. Teilweise wird vertreten, dass die Zielnummer lediglich in verkürzter Form, aus der sich jedoch die Identität des Gesprächspartners erkennen lässt, kontrolliert werden darf.[1825] Andere halten hingegen die Erfassung der vollständigen Zielnummer für zulässig, da die Nummern aus dem Bereich des Arbeitgebers stammen und dieser das Recht habe, die Nummern getätigter dienstlicher Anrufe zu erfragen.[1826]

Auch bei eingehenden Anrufen stehen dem Kontrollrecht des Arbeitgebers wohl keine überwiegenden schutzwürdigen Interessen des Anrufers entgegen, da dieser im Falle eines ISDN-Anschlusses selbst entscheiden kann, ob er seine Telefonnummer übermittelt.[1827] § 28 Abs. 1 S. 1 Nr. 2 BDSD ist insoweit der maßgebliche Erlaubnistatbestand.[1828]

2. *Privatgespräche*

Auch bei der Kontrolle der Verbindungsdaten privater Gespräche ist die Privatsphäre des Arbeitnehmers betroffen, da Aussagen über das private Telefonverhalten gemacht werden können.[1829]

a. Zulässigkeit nach BDSG

Mit der hier vertretenen Ansicht findet das BDSG auch bei privaten Gesprächen Anwendung, unabhängig davon, ob die private Nutzung gestattet ist. Die Interessenabwägung im Rahmen des § 32 Abs. 1 S. 2 BDSG fällt regelmäßig zugunsten des Arbeitgebers aus, da keine Inhaltsdaten, sondern nur Verbindungsdaten betroffen sind, sodass lediglich ein geringer Persönlichkeitsbezug besteht, vgl. S. 129.

Teilweise wird jedoch die Speicherung der kompletten Zielnummer als unzulässig erachtet, da der Persönlichkeitsschutz des Arbeitnehmers und darüber

---

1825 *Ernst*, NZA 2002, 585, 589.

1826 *Mölter*, Überwachung und Informationsbeschaffung des Arbeitgebers, S. 140; im Ergebnis auch: BAGE 52, 88; *Renners*, Private Investigation und Arbeitsrecht, S. 184; wohl auch: *Altenburg/v. Reinersdorff/Leister*, MMR 2005, 135, 136.

1827 Vgl.: *Gola/Wronka*, Handbuch Arbeitnehmerdatenschutz, Rn. 1156; *Gola*, MMR 1999, 322, 328.

1828 *Renners*, Private Investigation und Arbeitsrecht, S. 186.

1829 *Mölter*, Überwachung und Informationsbeschaffung des Arbeitgebers, S. 125; vgl. auch: *Renners*, Private Investigation und Arbeitsrecht, S. 186.

hinaus die grundgesetzliche Wertentscheidung für einen freien und ungehinderten Fernsprechverkehr in Art. 10 GG berücksichtigt werden müsse.[1830]

b. Zulässigkeit nach TKG

Soweit man mit der herrschenden Meinung im Falle gestatteter Privatnutzung der Telekommunikationseinrichtungen das TKG anwendet, richtet sich die Zulässigkeit der Kontrolle privater Verbindungsdaten nach dem TKG. Hier kann grundsätzlich auf die Ausführungen zur Kontrolle der Logfiles im Rahmen des E-Mail-Screenings verwiesen werden, vgl. S. 129 ff.

Das Fernmeldegeheimnis schützt auch die näheren Umstände der Telekommunikation, § 88 Abs. 1 S. 1 TKG. Darunter fallen die Verbindungsdaten, die im TKG als „Verkehrsdaten" bezeichnet werden, § 3 Nr. 30 TKG.[1831] Die Kontrolle der Verbindungsdaten stellt somit einen Eingriff in das Fernmeldegeheimnis dar, der einer Rechtfertigung bedarf. Insbesondere § 100 Abs. 3 TKG, der eine Speicherung zur Aufdeckung und Unterbindung einer rechtswidrigen Inanspruchnahmen erlaubt, kann im Fall interner Ermittlungen nicht herangezogen werden.[1832] Im Ergebnis ist damit die Kontrolle der Verbindungsdaten privater Telefonate nach den Vorschriften des TKG grundsätzlich unzulässig.[1833] Teilweise wird hiervon jedoch im Falle eines begründeten Missbrauchsverdachts eine Ausnahme zugelassen,[1834] vgl. schon oben im Rahmen des E-Mail-Screenings, S. 132. Da § 88 Abs. 3 S. 3 TKG aber ausdrücklich bestimmt, dass eine Verwendung der Daten nur zulässig ist, soweit das TKG oder eine andere gesetzliche Vorschrift dies vorsieht und sich dabei ausdrücklich auf Telekommunikationsvorgänge bezieht, vermag es nicht zu überzeugen, im Falle des Straftatverdachts eine Ausnahme zuzulassen.

II. Inhaltskontrolle

Das Interesse des Arbeitgebers ist jedoch – ähnlich der E-Mail-Kontrolle – hinsichtlich des Inhaltes der Kommunikation häufig sehr viel größer. Fraglich ist

---

1830 *Klengel/Mückenberger*, CCZ 2009, 81, 84; *Salvenmoser/Schreier*, Handbuch Wirtschaftsstrafrecht, 15. Teil Rn. 137; im Ergebnis auch: *Mengel*, BB 2004, 1445, 1451; *Däubler*, Internet und Arbeitsrecht, Rn. 275; vgl. auch: BAGE 52, 88, 100 f.

1831 *Mölter*, Überwachung und Informationsbeschaffung des Arbeitgebers, S. 125.

1832 Vgl.: *Mölter*, Überwachung und Informationsbeschaffung des Arbeitgebers, S. 129; oben S. 130 f.

1833 Im Ergebnis: *Thüsing*, Arbeitnehmerdatenschutz und Compliance, Rn. 334; *Gola*, MMR 1999, 322, 327.

1834 *Wellhöner/Byers*, BB 2009, 2310, 2312; *Mengel*, BB 2004, 1445, 1451.

daher, ob er auch zulässigerweise eine Inhaltskontrolle der Telefonate vornehmen darf. Dabei muss zwischen Dienst- und Privatgesprächen differenziert werden.

1. *Dienstgespräche*

Die Rechtmäßigkeit der Inhaltskontrolle von Dienstgesprächen richtet sich nach den Vorschriften des BDSG, vgl. S. 92 f. Da auch die Inhaltsdaten dienstlicher Gespräche als personenbezogene Daten einzuordnen sind[1835] und das Abhören und Aufnehmen von Telefongesprächen eine Datenerhebung und Speicherung darstellt, ist dafür gemäß § 4 Abs. 1 BDSG eine Erlaubnisnorm erforderlich.[1836]

Maßgeblich ist im Rahmen interner Ermittlungen zur Aufklärung eines Straftatverdachts erneut vor allem § 32 Abs. 1 S. 2 BDSG. Dabei ist die Überwachung der dienstlichen Telefonate wesentlich strenger zu beurteilen als die Inhaltskontrolle der E-Mails, da hier stets ein Eingriff in das Recht am gesprochenen Wort vorliegt.[1837]

Die Kontrolle von Telefonaten zur Verdachtsaufklärung ist als legitimer Zweck anerkannt und geeignet. Im Rahmen der Erforderlichkeit stellt insbesondere die Befragung der Arbeitnehmer keine gleich wirksame Maßnahme dar, weil weder die Vollständigkeit noch die Richtigkeit der Angaben überprüft werden kann. Zudem wäre diese Maßnahme sehr viel aufwendiger.[1838] Im Rahmen der Angemessenheit hat sodann eine umfangreiche Abwägung der widerstreitenden Interessen stattzufinden. Auf Seiten des Arbeitnehmers spielt vor allem das Persönlichkeitsrecht, insbesondere in der Ausprägung als Recht auf informationelle Selbstbestimmung und als Recht am eigenen Wort,[1839] auf das sich der Arbeitnehmer auch bei Dienstgesprächen berufen kann,[1840] eine Rolle.

Grundsätzlich ist das heimliche Abhören oder Aufzeichnen dienstlicher Gespräche unzulässig.[1841] Im Hinblick auf § 32 Abs. 1 S. 2 BDSG kann „nur unter

---

1835 *Mölter*, Überwachung und Informationsbeschaffung des Arbeitgebers, S. 93; *Mengel*, BB 2004, 1445, 1448.

1836 *Mölter*, Überwachung und Informationsbeschaffung des Arbeitgebers, S. 94.

1837 *Wellhöner/Byers*, BB 2009, 2310, 2313.

1838 *Mölter*, Überwachung und Informationsbeschaffung des Arbeitgebers, S. 100.

1839 *Mölter*, Überwachung und Informationsbeschaffung des Arbeitgebers, S. 100; *Mengel*, BB 2004, 1445, 1448; vgl. auch: BVerfGE 34, 238, 246 f.

1840 BVerfG, NJW 1992, 815; *Pauly/Osnabrügge*, in: Handbuch Internet.Arbeitsrecht, § 4 Rn. 43; *Panzer*, Mitarbeiterkontrolle und neue Medien, S. 235; *Eisele*, Compliance und Datenschutzstrafrecht, S. 21; *Mengel*, BB 2004, 1445, 1449; *Ernst*, NZA 2002, 585, 589.

1841 BVerfG, NJW 1992, 815; *Mengel*, BB 2004, 1445, 1449; *Schmidt*, BB 2009, 1295, 1298; *Vogt*, NJOZ 2009, 4206, 4213; *Grosjean*, DB 2003, 2650, 2651; *Salvenmoser/Schreier*,

engen Bedingungen" die Maßnahme ausnahmsweise zulässig sein.[1842] Bei der Abwägung ist auch die Schwere der Straftat zu berücksichtigen. *Mölter* schlägt daher eine Orientierung am Katalog des § 100a StPO vor, der eine Aufzählung von Delikten enthält, bei denen der Gesetzgeber den Strafverfolgungsbehörden einen Eingriff in die Telekommunikation zulässt. Leichtere oder Bagatelldelikte werden das Arbeitnehmerinteresse in aller Regel jedenfalls nicht überwiegen.[1843] Ausnahmsweise kann das heimliche Mithören und Aufzeichnen somit zulässig sein, wenn ein begründeter Verdacht einer (schweren[1844]) Straftat gegen den Arbeitnehmer besteht.[1845]

2. *Privatgespräche*

a. Zulässigkeit nach BDSG

Da der Arbeitgeber in aller Regel kein berechtigtes dienstliches Interesse an den Privatgesprächen des Arbeitnehmers hat, überwiegen grundsätzlich die Interessen des betroffenen Arbeitnehmers. Die Inhaltskontrolle privater Gespräche ist daher grundsätzlich nicht erlaubt.[1846] In der besonderen Konstellation der unternehmensinternen Untersuchungen wird die Telefonüberwachung jedoch gerade zum Zwecke der Aufklärung eines Straftatverdachts durchgeführt. Dies muss zugunsten des Arbeitgebers berücksichtigt werden. Um das Persönlichkeitsrecht des Arbeitnehmers ausreichend zu wahren, ist der Arbeitgeber jedoch nur ausnahmsweise zur Kontrolle berechtigt, wenn es sich um einen dringenden

---

Handbuch Wirtschaftsstrafrecht, 15. Teil Rn. 139; *Riesenhuber*, in: Beck'OK Datenschutzrecht, § 32 BDSG Rn. 149.

1842 *Mölter*, Überwachung und Informationsbeschaffung des Arbeitgebers, S. 102; im Ergebnis auch: *Lindemann/Simon*, BB 2001, 1950, 1951; *Gola*, Datenschutz am Arbeitsplatz, Rn. 315.

1843 *Mölter*, Überwachung und Informationsbeschaffung des Arbeitgebers, S. 102.

1844 *Eisele*, Compliance und Datenschutzstrafrecht, S. 24; *Gola*, Datenschutz am Arbeitsplatz, Rn. 315.

1845 *Oberwetter*, NZA 2008, 609, 611; *Wellhöner/Byers*, BB 2009, 2310, 2313; *Dann/Gastell*, NJW 2008, 2945, 2948; *Lindemann/Simon*, BB 2001, 1950, 1951; *Mengel*, BB 2004, 1445, 1449; *Altenburg/v. Reinersdorff/Leister*, MMR 2005, 135, 136; *Vogt*, NJOZ 2009, 4206, 4214; *Panzer*, Mitarbeiterkontrolle und neue Medien, S. 236; *Biegel*, Überwachung von Arbeitnehmern, S. 71, 79; *Spehl/Gruetzner*, in: Corporate Internal Investigations, § 6 Rn. 83; so wohl auch: *Schmidt*, BB 2009, 1295, 1298; **a.A.**: *Pohle*, in: Deutsch-Amerikanische Korruptionsverfahren, § 9 Rn. 53.

1846 *Mölter*, Überwachung und Informationsbeschaffung des Arbeitgebers, S. 194; *Höld*, Die Überwachung von Arbeitnehmern, S. 200; *Schmidt*, BB 2009, 1295, 1298; im Ergebnis auch: *Grosjean*, DB 2003, 2650, 2651.

Verdacht einer schweren Straftat handelt, der nicht anders aufgeklärt werden kann.[1847] Rein private Telefonate, die in keinerlei Zusammenhang zum Untersuchungsgegenstand stehen, dürfen hingegen nicht vom Arbeitgeber abgehört werden.

b. Zulässigkeit nach TKG

Sofern man mit der herrschenden Meinung im Falle der gestatteten privaten Nutzung der Telekommunikationseinrichtungen von der Anwendbarkeit des TKG ausgeht, ist zu beachten, dass das Abhören von Telefonaten einen Eingriff in das Fernmeldegeheimnis darstellt, der einer Rechtfertigung bedarf. Letztlich enthält das TKG jedoch keine Befugnisnorm zur Überwachung des Inhaltes privater Kommunikation,[1848] vgl. S. 162 f. Teilweise wird jedoch auch hier eine Ausnahme für den Fall zugelassen, dass gegen den betroffenen Mitarbeiter ein begründeter Verdacht einer Straftat besteht.[1849] Dieses Ergebnis lässt sich allerdings mit der jetzigen Gesetzesfassung kaum vereinbaren, da ein Erlaubnistatbestand i.S.d. § 88 Abs. 3 S. 3 TKG nicht existiert. Somit kann festgehalten werden, dass der Arbeitgeber bei Anwendung des TKG nicht dazu berechtigt ist, private Telefonate von Arbeitnehmern zu kontrollieren,[1850] vgl. S. 169 f.

III. Ausnahme: Besondere Berufsgruppen

Eine Ausnahme von der Zulässigkeit der Telefonkontrolle ist bei Mitarbeitern und Gremien mit Sonderstatus zu machen (Berufsgruppen des § 203 StGB und Betriebsratsmitglieder).[1851] Geschützt ist dabei allerdings nur der unmittelbar be-

---

1847 *Schumacher/Fausten*, in: Handbuch Internet.Arbeitsrecht, § 1 Rn. 45; *Hanau/Hoeren*, Private Internetnutzung durch Arbeitnehmer, S. 64; *Vehslage*, AnwBl 2001, 145, 148; im Ergebnis auch: *Biegel*, Überwachung von Arbeitnehmern, S. 71, 79.

1848 *Mölter*, Überwachung und Informationsbeschaffung des Arbeitgebers, S. 91; im Ergebnis auch: *Gola/Wronka*, Handbuch Arbeitnehmerdatenschutz, Rn. 1188; *Mengel*, BB 2004, 1445, 1451.

1849 *Wellhöner/Byers*, BB 2009, 2310, 2312; *Vietmeyer/Byers*, MMR 2010, 807, 809; so wohl auch: *Oberwetter*, NZA 2008, 609, 611; *Panzer*, Mitarbeiterkontrolle und neue Medien, S. 238; *Schmidt*, BB 2009, 1295, 1298; vgl. auch: *Mengel*, BB 2004, 1445, 1451: „Notstands- oder Notwehrlage"; *Altenburg/v. Reinersdorff/Leister*, MMR 2005, 135, 137: „in seltenen Ausnahmefällen".

1850 *Renners*, Private Investigation und Arbeitsrecht, S. 179, 196.

1851 BAGE 54, 67 (angestellter Psychologe); *Gola*, Datenschutz am Arbeitsplatz, Rn. 287 ff.; *Gola/Wronka*, Handbuch Arbeitnehmerdatenschutz, Rn. 1160 ff.; im Ergebnis auch: *Salvenmoser/Schreier*, Handbuch Wirtschaftsstrafrecht, 15. Teil Rn. 137; *Riesenhuber*, in: Beck'OK Datenschutzrecht, § 32 BDSG Rn. 149.

rufliche Bereich, also gerade die Gespräche mit Betreuten, Beschwerdeführern, etc. Kann diese Kommunikation jedoch nicht von anderer getrennt werden, gilt der Kontrollschutz für sämtliche Kommunikation.[1852] Vgl. dazu die Ausführungen im Rahmen des E-Mail-Screenings, S. 150 f.

IV. Strafbarkeitsrisiken

Dem Arbeitgeber und den privaten Ermittlern drohen auch bei der Durchführung von Telefonüberwachungen Strafbarkeitsrisiken. Insbesondere § 201 StGB setzt der Untersuchungsmaßnahme Grenzen.

1. § 201 StGB – Verletzung der Vertraulichkeit des Wortes

Gemäß § 201 Abs. 1 StGB macht sich strafbar, wer unbefugt das nichtöffentlich gesprochene Wort eines anderen auf einen Tonträger aufnimmt (Nr. 1), eine solche Aufnahme gebraucht oder einem Dritten zugänglich macht (Nr. 2). Strafbar ist zudem nach § 201 Abs. 2 StGB, wer unbefugt das nicht zu seiner Kenntnis bestimmte nichtöffentlich gesprochene Wort eines anderen mit einem Abhörgerät abhört (Nr. 1) oder ein aufgenommenes oder abgehörtes nichtöffentlich gesprochenes Wort eines anderen im Wortlaut oder seinem wesentlichen Inhalt nach öffentlich mitteilt (Nr. 2).

Überwiegend wird als Rechtsgut des § 201 StGB das allgemeine Persönlichkeitsrecht in seiner Ausprägung als Recht auf Wahrung der Unbefangenheit des nichtöffentlich gesprochenen Wortes angesehen.[1853]

a. Objektiver Tatbestand

aa. Nichtöffentlich gesprochenes Wort

Das gesprochene Wort beschreibt alle unmittelbaren, akustisch wahrnehmbaren Äußerungen von Gedankeninhalten mittels lautbarer Zeichen.[1854] Eine nichtöffentliche Äußerung liegt vor, wenn sie nicht für einen größeren, nach Zahl und Individualität unbestimmten oder nicht durch persönliche oder sachliche Beziehungen miteinander verbundenen Personenkreis bestimmt oder unmittelbar verstehbar ist.[1855]

1852 *Gola*, Datenschutz am Arbeitsplatz, Rn. 290.

1853 *Graf*, in: MüKo StGB, § 201 Rn. 2; *Lackner/Kühl*, § 201 Rn. 1; *Kargl*, in: NK StGB, § 201 Rn. 2; *Eisele*, Compliance und Datenschutzstrafrecht, S. 18.

1854 *Heuchemer*, in: Beck'OK StGB, § 201 Rn. 3.

1855 *Heuchemer*, in: Beck'OK StGB, § 201 Rn. 4; *Lackner/Kühl*, § 201 Rn. 2; *Graf*, in: MüKo StGB, § 201 Rn. 14.

Telefongespräche sind grundsätzlich von § 201 StGB geschützt.[1856] Somit fällt die Inhaltskontrolle in den Tatbestand des § 201 StGB, nicht aber die Kontrolle der Verbindungsdaten.[1857]

bb. Tathandlung

Bei den Tathandlungen geht es allein um die Aufzeichnung und das Abhören. Das bloße Mitschreiben oder Belauschen ist nicht erfasst. Eine solche Überwachungsmaßnahme bliebe damit straflos.[1858]

(I) Aufnahme auf einen Tonträger – § 201 Abs. 1 Nr. 1 StGB

Unter einer Aufnahme versteht man die Fixierung der Äußerung auf einem beliebigen Tonträger in einer Weise, in der die akustische Wiedergabe möglich ist.[1859] Teilweise wird zwar gefordert, dass das Aufnehmen ohne das Wissen des Betroffenen erfolgen müsse.[1860] Diese Ansicht vermag jedoch nicht zu überzeugen, da sie schon nicht vom Wortlaut der Norm gedeckt ist.[1861] Zudem begibt sich der Betroffene nicht aus dem Schutzbereich des Persönlichkeitsrechts, nur weil er dessen Beeinträchtigung kennt.[1862] Die herrschende Meinung fasst daher vielmehr auch das offene Aufzeichnen darunter. Ggf. muss aber das Vorliegen einer (konkludenten) Einwilligung geprüft werden.[1863]

Nehmen der Arbeitgeber oder die internen Ermittler Telefonate der Arbeitnehmer auf, handeln sie tatbestandsmäßig.

1856 *Mölter*, Überwachung und Informationsbeschaffung des Arbeitgebers, S. 49; *Heuchemer*, in: Beck'OK StGB, § 201 Rn. 3.

1857 *Mölter*, Überwachung und Informationsbeschaffung des Arbeitgebers, S. 123.

1858 *Eisele*, Compliance und Datenschutzstrafrecht, S. 18; *Gercke*, in: Gercke/Kraft/Richter, Arbeitsstrafrecht, Kap. 2 Rn. 1171; *Klengel/Mückenberger*, CCZ 2009, 81, 84.

1859 *Heuchemer*, in: Beck'OK StGB, § 201 Rn. 5; *Mölter*, Überwachung und Informationsbeschaffung des Arbeitgebers, S. 51.

1860 *Lenckner/Eisele*, in: S/S, § 201 Rn. 13.

1861 *Graf*, in: MüKo StGB, § 201 Rn. 22; *Mölter*, Überwachung und Informationsbeschaffung des Arbeitgebers, S. 52.

1862 *Mölter*, Überwachung und Informationsbeschaffung des Arbeitgebers, S. 52.

1863 *Gola*, Datenschutz am Arbeitsplatz, Rn. 320; *Mölter*, Überwachung und Informationsbeschaffung des Arbeitgebers, S. 52; im Ergebnis auch: *Heuchemer*, in: Beck'OK StGB, § 201 Rn. 6; *Kargl*, in: NK StGB, § 201 Rn. 10.

(II) Gebrauchen oder Zugänglichmachen einer Aufnahme – § 201 Abs. 1 Nr. 2 StGB

Gebraucht wird eine Aufnahme, wenn die technischen Möglichkeiten des Tonträgers ausgenutzt werden, bspw. durch Abspielen oder Kopieren der Aufnahme.[1864] Der Täter braucht dabei keine Kenntnis vom Inhalt zu nehmen.[1865] Ein Zugänglichmachen liegt vor, wenn durch Übergabe der Aufnahme der Gebrauch oder die Kenntnisnahme ermöglicht wird.[1866] Auch der Empfänger der Kopie ist gemäß § 201 Abs. 1 Nr. 2 StGB strafbar.[1867]

Der Arbeitgeber, der aufgenommene Telefonate der Arbeitnehmer an die externen Ermittler weitergibt, macht die Aufnahme Dritten zugänglich und läuft damit Gefahr, sich nach § 201 Abs. 1 Nr. 2 StGB strafbar zu machen. Dasselbe Strafbarkeitsrisiko droht dem internen Ermittler, der die Aufnahme entgegennimmt und für den Arbeitgeber kontrolliert.

(III) Abhören mit einem Abhörgerät – § 201 Abs. 2 S. 1 Nr. 1 StGB

Abhören beschreibt das unmittelbare Zuhören oder Hörbarmachen für andere.[1868] Ein Abhörgerät ist eine technische Vorrichtung, die das gesprochene Wort über dessen normalen Klangbereich hinaus durch Verstärkung oder Übertragung unmittelbar wahrnehmbar macht,[1869] bspw. Wanze oder Richtmikrophon.[1870]

Problematisch ist die Einordnung von Lautsprechern, Zweithörern und sonstigen Mithöreinrichtungen. Teilweise wird davon ausgegangen, dass es sich dabei nicht um Abhörgeräte handele, da das Mithören üblich sei und man damit rechnen müsse.[1871] § 201 StGB sei daher nicht erfüllt, „wenn es sich bei dem Abhörgerät um die üblichen und zugelassenen Mithöreinrichtungen handelt."[1872]

1864 *Heuchemer*, in: Beck'OK StGB, § 201 Rn. 7.

1865 *Kargl*, in: NK StGB, § 201 Rn. 14; *Lenckner/Eisele*, in: S/S, § 201 Rn. 17; *Heuchemer*, in: Beck'OK StGB, § 201 Rn. 7; *Eisele*, Compliance und Datenschutzstrafrecht, S. 19.

1866 *Eisele*, Compliance und Datenschutzstrafrecht, S. 20; *Heuchemer*, in: Beck'OK StGB, § 201 Rn. 7.

1867 *Eisele*, Compliance und Datenschutzstrafrecht, S. 19.

1868 *Heuchemer*, in: Beck'OK StGB, § 201 Rn. 10.

1869 *Heuchemer*, in: Beck'OK StGB, § 201 Rn. 11; *Lenckner/Eisele*, in: S/S, § 201 Rn. 19; *Mölter*, Überwachung und Informationsbeschaffung des Arbeitgebers, S. 61; *Eisele*, Compliance und Datenschutzstrafrecht, S. 20.

1870 *Salvenmoser/Schreier*, Handbuch Wirtschaftsstrafrecht, 15. Teil Rn. 145; *Schuster*, in: Internal Investigations, Kap. 11 Rn. 143.

1871 BGHSt 39, 335, 343; BGH, NJW 1982, 1397, 1398; *Graf*, in: MüKo StGB, § 201 Rn. 33; *Lackner/Kühl*, § 201 Rn. 5; *Heuchemer*, in: Beck'OK StGB, § 201 Rn. 11.

1872 *Gola*, Datenschutz am Arbeitsplatz, Rn. 312.

Diese Argumentation kann hingegen nicht überzeugen, da allein die Üblichkeit des Mithörens den Tatbestand nicht ausschließen kann.[1873] Der Tatbestand ist in solchen Fällen nur ausgeschlossen, wenn das gesprochene Wort zur Kenntnis des Abhörenden bestimmt ist, was nicht die bloße Kenntnis vom Mithören, sondern vielmehr das Einverständnis des Beschäftigten voraussetzt.[1874] Daher ist davon auszugehen, dass auch Lautsprecher, Zweithörer und sonstige Mithöreinrichtungen als Abhörgeräte i.S.d. § 201 StGB anzusehen sind.[1875]

Voraussetzung des § 201 Abs. 2 Nr. 1 StGB ist zudem, dass das abgehörte Wort nicht zur Kenntnis des Abhörenden bestimmt war. Die Bestimmung trifft grundsätzlich der Sprechende,[1876] sodass dessen subjektiver Wille entscheidend ist.[1877] Anders als Dienstpost sind dienstliche Telefonate grundsätzlich nicht zur Kenntnis des Arbeitgebers bestimmt.[1878]

Festgehalten werden kann, dass der Arbeitgeber, der besondere technische Vorrichtungen nutzt, um Telefonate der Arbeitnehmer abzuhören, tatbestandsmäßig handelt. Lauscht er hingegen nur mit bloßem Ohr an der Wand oder Tür, handelt er nicht tatbestandsmäßig. Auch das einfache Mithören am Telefon selbst ist nicht erfasst.[1879]

(IV) Öffentliches Mitteilen – § 201 Abs. 2 S. 1 Nr. 2 StGB

Ein öffentliches Mitteilen liegt vor, wenn der Inhalt für einen nach Zahl und Individualität unbestimmten oder für einen nicht durch persönliche Beziehungen innerlich verbundenen größeren bestimmten Kreis von Personen zugänglich gemacht wird.[1880] Selbst wenn der Arbeitgeber im Rahmen der internen Ermittlungen den Inhalt der Telefonate an die Staatsanwaltschaft oder die

1873 *Schünemann*, in: LK StGB, § 201 Rn. 21; *Lenckner/Eisele*, in: S/S, § 201 Rn. 19; *Eisele*, Compliance und Datenschutzstrafrecht, S. 21.

1874 *Eisele*, Compliance und Datenschutzstrafrecht, S. 21; so auch: *Lenckner/Eisele*, in: S/S, § 201 Rn. 19; *Kargl*, in: NK StGB, § 201 Rn. 17.

1875 *Kargl*, in: NK StGB, § 201 Rn. 17; *Lenckner/Eisele*, in: S/S, § 201 Rn. 19; *Fischer*, § 201 Rn. 7a; *Panzer*, Mitarbeiterkontrolle und neue Medien, S. 310; *Schünemann*, in: LK StGB, § 201 Rn. 21; *Eisele*, Compliance und Datenschutzstrafrecht, S. 21.

1876 *Gercke*, in: Gercke/Kraft/Richter, Arbeitsstrafrecht, Kap. 2 Rn. 1171; *Heuchemer*, in: Beck'OK StGB, § 201 Rn. 12.

1877 *Mölter*, Überwachung und Informationsbeschaffung des Arbeitgebers, S. 56.

1878 *Biegel*, Überwachung von Arbeitnehmern, S. 77 f.; wohl auch: *Lenckner/Eisele*, in: S/S, § 201 Rn. 21; *Kargl*, in: NK StGB, § 201 Rn. 15.

1879 *Mölter*, Überwachung und Informationsbeschaffung des Arbeitgebers, S. 60.

1880 *Heuchemer*, in: Beck'OK StGB, § 201 Rn. 14; *Graf*, in: MüKo StGB, § 201 Rn. 36.

internen Ermittler weitergibt, handelt es sich dabei um kein öffentliches Mitteilen i.S.d. § 201 Abs. 2 S. 1 Nr. 2 StGB.

(V) Unbefugt

Umstritten ist, wie im Rahmen des § 201 StGB das Merkmal „unbefugt" einzuordnen ist. Teilweise wird vertreten, dass darin allein ein Hinweis auf die Rechtswidrigkeit als allgemeines Deliktsmerkmal zu sehen ist.[1881] Andere gehen von einer Doppelfunktion aus: Tatbestandsausschließendes Einverständnis und Hinweis auf die allgemeinen Rechtfertigungsgründe.[1882]

b. Subjektiver Tatbestand

Der Täter muss mit Eventualvorsatz handeln.[1883]

c. Rechtswidrigkeit

Als Rechtfertigungsgründe kommen sowohl spezielle Befugnisnormen des TKG und des BDSG als auch die allgemeinen Rechtfertigungsgründe in Betracht.[1884]

aa. Spezielle Befugnisnormen

Auf spezielle Befugnisnormen außerhalb des Strafrechts kann wegen des Grundsatzes der Einheit der Rechtsordnung zurückgegriffen werden.[1885] Das Aufzeichnen oder Abhören von Gesprächen ist dementsprechend nicht strafbar, soweit die Maßnahme auf Grund einer Norm des TKG oder BDSG zulässig ist.[1886]

(I) BDSG

Mit der hier vertretenen Auffassung findet stets das BDSG Anwendung. In Betracht kommt insbesondere eine Rechtfertigung über § 32 Abs. 1 S. 2 BDSG. Danach ist der Arbeitgeber berechtigt, eine Inhaltskontrolle von Dienst- und

---

1881 *Heuchemer*, in: Beck'OK StGB, § 201 Rn. 6; *Graf*, in: MüKo StGB, § 201 Rn. 40; *Gercke*, in: Gercke/Kraft/Richter, Arbeitsstrafrecht, Kap. 2 Rn. 1172; *Mölter*, Überwahung und Informationsbeschaffung des Arbeitgebers, S. 69.

1882 *Lenckner/Eisele*, in: S/S, § 201 Rn. 29; *Eisele*, Compliance und Datenschutzstrafrecht, S. 19.

1883 *Heuchemer*, in: Beck'OK StGB, § 201 Rn. 15; *Graf*, in: MüKo StGB, § 201 Rn. 58; *Kargl*, in: NK StGB, § 201 Rn. 21; *Eisele*, Compliance und Datenschutzstrafrecht, S. 22.

1884 *Gola*, Datenschutz am Arbeitsplatz, Rn. 429.

1885 *Mölter*, Überwachung und Informationsbeschaffung des Arbeitgebers, S. 70.

1886 *Mölter*, Überwachung und Informationsbeschaffung des Arbeitgebers, S. 71; im Ergebnis wohl auch: *Biegel*, Überwachung von Arbeitnehmern, S. 78.

Privatgesprächen durchzuführen, sofern gegen den betroffenen Mitarbeiter ein konkreter Verdacht auf eine (schwere) Straftat besteht, der nicht anders aufgeklärt werden kann, vgl. S. 328 f.

(II) TKG

Die herrschende Meinung wendet im Falle der gestatteten privaten Nutzung jedoch das TKG an. Im Ergebnis existiert im TKG keine Regelung, die die Kontrolle privater Inhaltsdaten rechtfertigt, siehe oben S. 332.

bb. Allgemeine Rechtfertigungsgründe

Eine Rechtfertigung kann grundsätzlich auch über die allgemeinen Rechtfertigungsgründe erfolgen. Grundsätzlich denkbar wäre zwar die Rechtfertigung der Tat auf Grund einer Einwilligung des betroffenen Arbeitnehmers und seines Gesprächspartners[1887] bzw. der mutmaßlichen Einwilligung, doch wird in aller Regel keine ausdrückliche Einwilligung vorliegen und selbst im Falle rein dienstlicher Gespräche wird man regelmäßig nicht davon ausgehen können, dass der Arbeitnehmer eingewilligt hätte.[1888]

Somit bleiben letztlich nur die allgemeinen Rechtfertigungsgründe der §§ 32, 34 StGB.[1889] Soweit allerdings mit der herrschenden Meinung das TKG im Falle der gestatteten privaten Nutzung Anwendung findet, scheiden die allgemeinen Rechtfertigungsgründe auf Grund des § 88 Abs. 3 S. 3 TKG von vornherein aus,[1890] vgl. S. 163 ff.

(I) Notwehr

Gemäß § 32 Abs. 2 StGB ist Notwehr die Verteidigung, die erforderlich ist, um einen gegenwärtigen rechtswidrigen Angriff von sich oder einem anderen abzuwenden. Fraglich ist bereits, ob im Zeitpunkt des Abhörens oder Aufnehmens überhaupt noch ein gegenwärtiger Angriff vorliegt. Als Angriff kommt etwa der Verrat von Betriebs- oder Geschäftsgeheimnissen in Betracht, der jedoch mit der Beendigung der Äußerung abgeschlossen ist.[1891]

Abgesehen davon ist sowohl das Abhören als auch das Aufnehmen der Telefongespräche an sich keine Abwehrhandlung im eigentlichen Sinne. In Betracht

1887 BVerfGE 85, 386.

1888 *Gercke*, in: Gercke/Kraft/Richter, Arbeitsstrafrecht, Kap. 2 Rn. 1172.

1889 *Gercke*, in: Gercke/Kraft/Richter, Arbeitsstrafrecht, Kap. 2 Rn. 1172.

1890 *Mölter*, Überwachung und Informationsbeschaffung des Arbeitgebers, S. 92.

1891 *Mölter*, Überwachung und Informationsbeschaffung des Arbeitgebers, S. 111 f.; vgl. aber auch: *Maschmann*, NZA 2002, 13, 18.

kommen könnte lediglich die Einordnung als Vorbereitung oder erster Schritt der Verteidigung. Allerdings wird der Angriff durch das Abhören oder Aufnehmen nur wahrgenommen. Auch die spätere Verwertung stellt keine Abwehr, sondern nur die Verfolgung des bereits beendeten Angriffes dar, sodass eine Rechtfertigung der Tat nach § 201 StGB in aller Regel nicht gelingt.[1892]

(II) Rechtfertigender Notstand

Voraussetzung des rechtfertigenden Notstandes ist das Vorliegen einer gegenwärtigen, nicht anders abwendbaren Gefahr, § 34 S. 1 StGB. Da der Arbeitgeber in aller Regel aber die Möglichkeit hat, staatliche Hilfe in Anspruch zu nehmen, scheidet eine Rechtfertigung nach § 34 StGB ebenfalls aus.[1893]

d. Ergebnis

Der Arbeitgeber läuft stets Gefahr sich nach § 201 StGB wegen Verletzung der Vertraulichkeit des Wortes strafbar zu machen, wenn er Telefonate der Mitarbeiter auf einem Tonträger aufzeichnet, mit einem Abhörgerät abhört oder diese Aufnahmen an private Ermittler weitergibt. Ein Strafbarkeitsrisiko droht dabei aber auch letzteren. Eine Rechtfertigung der Tat ist jedoch gegeben, sofern die Maßnahme auf § 32 Abs. 1 S. 2 BDSG gestützt werden kann. Geht man mit der herrschenden Meinung von der Anwendbarkeit des TKG aus, scheidet eine Rechtfertigung hingegen aus.

Eine Tat nach § 201 StGB wird nur auf Antrag verfolgt, § 205 Abs. 1 S. 1 StGB.

2. § 202b StGB – Abfangen von Daten[1894]

Gemäß § 202b StGB ist strafbar, wer unbefugt sich oder einem anderen unter Anwendung von technischen Mitteln nicht für ihn bestimmte Daten aus einer nichtöffentlichen Datenübermittlung oder aus der elektromagnetischen Abstrahlung einer Datenverarbeitungsanlage verschafft.

Nur ein Abfangen der Telefonate während des Übertragungsvorganges erfüllt den Tatbestand des § 202b StGB. So macht sich der Arbeitgeber bspw. bereits strafbar, wenn er unter Anwendung technischer Mittel ein Telefonat mithört.[1895] Ist das Abfangen jedoch nach § 32 Abs. 1 S. 2 BDSG zulässig, ist die Tat

---

1892 *Mölter*, Überwachung und Informationsbeschaffung des Arbeitgebers, S. 113 f.

1893 *Mölter*, Überwachung und Informationsbeschaffung des Arbeitgebers, S. 118; *Schuster*, in: Internal Investigations, Kap. 11 Rn. 145.

1894 Vgl. die Ausführungen im Rahmen des E-Mail-Screenings, S. 178 ff.

1895 Vgl.: *Weidemann*, Beck'OK StGB, § 202b Rn. 9; *Eisele*, in: S/S, § 202b Rn. 7; *Lackner/Kühl*, § 202b Rn. 3.

gerechtfertigt. § 202b StGB enthält eine Subsidiaritätsklausel, wonach die Strafbarkeit entfällt, wenn die Tat in einer anderen Vorschrift mit schwererer Strafe bedroht ist. Hinsichtlich der Überwachung von Telefongesprächen ist insbesondere § 201 StGB zu beachten, sodass § 202b StGB insoweit zurücktritt.[1896]

3. *§ 206 StGB – Verletzung des Post- oder Fernmeldegeheimnisses*[1897]

Nach herrschender Meinung ist der Arbeitgeber bei gestatteter privater Nutzung der Telekommunikationseinrichtungen als Anbieter i.S.d. TKG anzusehen, sodass er das Fernmeldegeheimnis wahren muss. Somit droht dem Arbeitgeber bei der Telefonüberwachung eine Strafbarkeit nach § 206 Abs. 1 StGB, sofern er Inhalts- oder Verbindungsdaten privater Telefonate an Externe, wie bspw. die internen Ermittler, weitergibt. Eine Rechtfertigung scheidet im Rahmen unternehmensinterner Ermittlungen regelmäßig aus.

4. *§§ 43, 44 BDSG – Bußgeld- und Strafvorschriften*

Werden im Rahmen der Telefonüberwachung die Grenzen des jeweiligen Erlaubnistatbestandes des BDSG überschritten, droht eine Sanktionierung nach § 44 Abs. 1 BDSG i.V.m. § 43 Abs. 2 Nr. 1 BDSG.

5. *Strafbarkeitsrisiken nach dem TKG*

Sofern man mit der herrschenden Meinung davon ausgeht, dass das TKG im Falle der gestatteten privaten Nutzung der Telekommunikationseinrichtungen Anwendung findet, muss der Arbeitgeber auch die §§ 148 f. TKG berücksichtigen, vgl. S. 211 f. Im Zusammenhang mit der Telefonüberwachung kommt nur § 148 Abs. 1 Nr. 1 TKG in Betracht. Danach macht sich strafbar, wer entgegen § 89 S. 1 oder S. 2 TKG eine Nachricht abhört oder den Inhalt einer Nachricht oder die Tatsache ihres Empfangs einem anderen mitteilt. Der Arbeitgeber macht sich jedoch nur strafbar, sofern das abgehörte Telefonat nicht für ihn bestimmt war. Zwar sind sowohl dienstliche als auch private Gespräche nicht für den Arbeitgeber bestimmt, doch ist bei dienstlichen Telefonaten das TKG grundsätzlich nicht anwendbar. Ein Strafbarkeitsrisiko droht also regelmäßig nur beim Abhören privater Telefonate.

1896 *Mölter*, Überwachung und Informationsbeschaffung des Arbeitgebers, S. 121.
1897 Vgl. die Ausführungen im Rahmen des E-Mail-Screenings, S. 153 ff.

V. Zusammenfassung

Zusammenfassend lässt sich festhalten, dass die Kontrolle von dienstlichen Telefonverbindungsdaten grundsätzlich zulässig ist, da die im Rahmen des § 32 Abs. 1 S. 2 BDSG vorzunehmende Interessenabwägung zugunsten des Arbeitgebers ausfällt. Sofern man mit der hier vertretenen Ansicht davon ausgeht, dass das BDSG auch bei gestatteter privater Nutzung Anwendung findet, ist ebenso die Kontrolle der privaten Verbindungsdaten zulässig.

Der Arbeitgeber hat jedoch in aller Regel ein sehr viel größeres Interesse an dem Inhalt der Kommunikation. Inwieweit er auch zulässigerweise eine Inhaltskontrolle vornehmen darf, hängt maßgeblich davon ab, ob es sich um Dienst- oder Privatgespräche handelt. Grundsätzlich gilt, dass das heimliche Abhören oder Aufzeichnen dienstlicher und privater Gespräche unzulässig ist. Ausnahmsweise kann das heimliche Mithören jedoch zulässig sein, wenn ein begründeter Verdacht einer (schweren) Straftat besteht. Bei der Kontrolle privater Telefonate wird zusätzlich gefordert, dass keine anderen Aufklärungsmöglichkeiten vorhanden sind. Rein private Telefonate, die in keinerlei Zusammenhang zum Untersuchungsgegenstand stehen, dürfen hingegen nicht vom Arbeitgeber abgehört werden. Geht man hingegen mit der herrschenden Meinung davon aus, dass das TKG im Falle gestatteter privater Nutzung Anwendung findet, ist der Arbeitgeber nicht berechtigt private Telefonate der Arbeitnehmer zu kontrollieren, da kein Erlaubnistatbestand i.S.d. § 88 Abs. 3 S. 3 TKG existiert.

Auch bei der Telefonüberwachung drohen eine Reihe von Strafbarkeitsrisiken. So läuft der Arbeitgeber stets Gefahr sich wegen § 201 StGB strafbar zu machen, wenn er Telefonate der Mitarbeiter auf einem Tonträger aufzeichnet, mit einem Abhörgerät abhört oder diese Aufnahmen an private Ermittler weitergibt. Ein Strafbarkeitsrisiko droht dabei aber auch den internen Ermittlern. Eine Rechtfertigung der Tat ist über § 32 Abs. 1 S. 2 BDSG möglich. Geht man hingegen mit der herrschenden Meinung von der Anwendbarkeit des TKG aus, scheidet eine Rechtfertigung aus. Der Arbeitgeber ist zudem gemäß § 202b StGB strafbar, wenn er unter Anwendung technischer Mittel ein Telefonat mithört und die Tat nicht nach § 32 Abs. 1 S. 2 BDSG zulässig ist. Sofern die Grenzen des § 32 BDSG überschreiten sind, droht zudem eine Sanktionierung nach § 44 Abs. 1 BDSG i.V.m. § 43 Abs. 2 Nr. 1 BDSG.

Sofern man der herrschenden Meinung folgt und davon ausgeht, dass der Arbeitgeber bei gestatteter privater Nutzung der Telekommunikationseinrichtungen als Anbieter i.S.d. TKG anzusehen ist, droht ihm bei der Telefonüberwachung darüber hinaus eine Strafbarkeit nach § 206 Abs. 1 StGB, sofern er Inhalts- oder Verbindungsdaten privater Telefonate an Externe, wie bspw. die internen

Ermittler, weitergibt. Bei Anwendung des TKG droht dem Arbeitgeber auch ein Strafbarkeitsrisiko nach § 148 Abs. 1 Nr. 1 TKG.

F. Inaugenscheinnahme des Arbeitsplatzes

Auch die Inaugenscheinnahme von Gegenständen oder Räumlichkeiten zählt zu den möglichen Maßnahmen im Rahmen einer unternehmensinternen Untersuchung.

Keine rechtlichen Bedenken bestehen grundsätzlich bei der Inaugenscheinnahme von Büros im Gebäude des Arbeitgebers, die mit dessen Einwilligung erfolgen. Auch bei der Inaugenscheinnahme eines unverschlossenen Aktenkoffers, Schreibtisches oder einer Jacke bestehen keine Strafbarkeitsrisiken.[1898] Im Rahmen dessen ist auch die Fertigung von Fotos und Kopien zulässig.[1899] Vorsicht ist jedoch bei verschlossenen Schriftstücken geboten, hier droht eine Strafbarkeit wegen Verletzung des Briefgeheimnisses gemäß § 202 StGB,[1900] vgl. S. 218 ff. Sofern es sich um Räumlichkeiten des Arbeitgebers handelt, kann dieser den privaten Ermittlern in Ausübung seines Hausrechts eine Erlaubnis zum Betreten erteilen. Damit liegt ein tatbestandsausschließendes Einverständnis vor, sodass eine Strafbarkeit wegen Hausfriedensbruchs (§ 123 StGB) ausscheidet. Der Mitarbeiter des entsprechenden Büros muss hingegen nicht zustimmen.[1901]

Bevor Räumlichkeiten anderer Firmen, bspw. einer selbstständigen Vertriebsgesellschaft, betreten werden, sollte stets geklärt werden, ob ein Untermietverhältnis besteht. In diesem Falle hätte nicht mehr der Arbeitgeber, sondern vielmehr der (Unter-)Mieter das Hausrecht. Die Einwilligung des Arbeitgebers wäre insoweit unerheblich. Im Raum stünde vielmehr eine Strafbarkeit nach

---

1898 *Salvenmoser/Schreier*, in: Handbuch Wirtschaftsstrafrecht, 15. Teil Rn. 105; *Schuster*, in: Internal Investigations, Kap. 11 Rn. 121; *Klengel/Mückenberger*, CCZ 2009, 81, 85.

1899 *Salvenmoser/Schreier*, in: Handbuch Wirtschaftsstrafrecht, 15. Teil Rn. 105; *Spehl/Momsen/Grützner*, CCZ 2014, 2, 5; *Spehl/Gruetzner*, in: Corporate Internal Investigations, § 6 Rn. 84.

1900 *Salvenmoser/Schreier*, in: Handbuch Wirtschaftsstrafrecht, 15. Teil Rn. 105; *Spehl/Gruetzner*, in: Corporate Internal Investigations, § 6 Rn. 84.

1901 *Schuster*, in: Internal Investigations, Kap. 11 Rn. 121.

§ 123 Abs. 1 StGB.[1902] Auch das heimliche Betreten der Privatwohnung eines verdächtigen Mitarbeiters ist strafbar.[1903]

G. Elektronischer Datenabgleich

I. Begriff

Eine weitere Maßnahme interner Untersuchungen stellt der elektronische Datenabgleich dar. Zur Aufklärung des Straftatverdachts kann es für das Unternehmen sinnvoll sein, Mitarbeiterdaten mit Daten von Lieferanten, Auftragnehmern und anderen Dritten abzugleichen. Insoweit spricht man vom sog. „Mitarbeiter-Screening“[1904]. Wird der Datenabgleich im Rahmen unternehmensinterner Ermittlungen durchgeführt, wird vor allem nach Daten gesucht, die auf den potentiellen Täter der begangenen Straftat zwingend zutreffen müssen.[1905] Unter dem Mitarbeiter-Screening versteht man demnach den systematischen Vergleich der Stammdaten von Mitarbeitern und Dritten mittels spezieller Computerprogramme. Dabei werden insbesondere die Kontonummern und Adressen von Mitarbeitern und Lieferanten miteinander abgeglichen, um mögliche Übereinstimmungen feststellen zu können.[1906] Ein Kontodatenabgleich bietet sich bspw. zur Aufklärung von Korruptionsdelikten an.[1907] Grundsätzlich gilt: Je mehr Rohdaten zur Verfügung stehen, desto effektiver ist der Datenabgleich.[1908]

Zu berücksichtigen ist, dass dem Betriebsrat gemäß § 87 Abs. 1 Nr. 6 BetrVG ein Mitbestimmungsrecht zusteht.[1909]

1902 *Salvenmoser/Schreier*, in: Handbuch Wirtschaftsstrafrecht, 15. Teil Rn. 106; *Schuster*, in: Internal Investigations, Kap. 11 Rn. 122; *Klengel/Mückenberger*, CCZ 2009, 81, 85.

1903 *Schuster*, in: Internal Investigations, Kap. 11 Rn. 122; *Renners*, Private Investigations und Arbeitsrecht, S. 171.

1904 Den Begriff „Mitarbeiter-Screening“ verwenden: *Wewerka*, Internal Investigations, S. 137; *Vogt*, NJOZ 2009, 4206, 4214.

1905 *Wuttke*, Straftäter im Betrieb, S. 179.

1906 *Wewerka*, Internal Investigations, S. 137 Fn. 110; *Vogt*, NJOZ 2009, 4206, 4214.

1907 Vgl.: *Diller*, BB 2009, 438 ff.; *Kock/Francke*, NZA 2009, 646 ff.

1908 *Heinson*, BB 2010, 3084; vgl. auch: *Vogt*, NJOZ 2009, 4206, 4214.

1909 *Steinkühler*, BB 2009, 1294; *Müller-Bonanni*, AnwBl 2010, 651, 654; *Vogt*, NJOZ 2009, 4206, 4218; **a.A.**: *Diller*, BB 2009, 438 f.

II. Datenschutzrechtliche Zulässigkeit

Theoretisch kann der Arbeitgeber den elektronischen Datenabgleich selber durchführen. Sofern sich das Unternehmen allerdings speziell für den Datenabgleich eines Dienstanbieters bedient, liegt in aller Regel eine Auftragsdatenverarbeitung i.S.d. § 11 BDSG vor,[1910] vgl. S. 86 ff.

Da es sich bei Adressen und Kontodaten um personenbezogene Daten i.S.d. § 3 Abs. 1 BDSG handelt und beim Screening Daten erhoben und genutzt werden[1911], beurteilt sich die Zulässigkeit dieser Maßnahme nach den Maßstäben des BDSG. Im Falle der unternehmensinternen Ermittlung kommt dabei vor allem § 32 Abs. 1 S. 2 BDSG in Betracht.[1912] Die Einzelheiten der Zulässigkeit sind jedoch umstritten. Das Verbot der Totalüberwachung steht jedenfalls dem verdachtsunabhängigen permanenten Screening entgegen.[1913] Fraglich ist jedoch, ob der anlassbezogene elektronische Datenabgleich im Rahmen unternehmensinterner Untersuchungen zulässig ist.

Hinsichtlich der personenbezogenen Daten (unternehmensfremder) Dritter, die bei Durchführung eines elektronischen Datenabgleiches mitbetroffen sind, ist § 28 Abs. 1 S. 1 Nr. 2 BDSG maßgeblich, der ebenfalls eine Abwägung der entgegenstehenden Interessen fordert.[1914]

1. Voraussetzungen des § 32 Abs. 1 S. 2 BDSG[1915]

Nach ständiger Rechtsprechung ist ein verdachtsunabhängiger Datenabgleich unzulässig.[1916] Die Schwere des Eingriffes verringert sich jedoch, wenn der Betroffene Anlass zur Überwachung gegeben hat.[1917] Fraglich ist aber, wie konkret der Straftatverdacht sein muss. Besteht bisher nur der allgemeine Verdacht, dass

---

1910 *Thoma*, in: Moosmayer/Hartwig, Interne Untersuchungen, S. 81, 90; *Däubler*, Gläserne Belegschaften?, Rn. 427e.

1911 *Riesenhuber*, in: Beck'OK Datenschutzrecht, § 32 BDSG Rn. 124 f.; vgl. auch: *Heinson*, BB 2010, 3084.

1912 *Lelley*, Compliance im Arbeitsrecht, Rn. 470; *Salvenmoser/Hauschka*, NJW 2010, 331, 333; im Ergebnis auch: *Kort*, in: Bitburger Gespräche, S. 45, 58; *Kort*, DB 2011, 651, 653; *Salvenmoser/Schreier*, in: Handbuch Wirtschaftsstrafrecht, 15. Teil Rn. 134.

1913 *Kock/Francke*, NZA 2009, 646, 648; *Kort*, DB 2011, 651, 653.

1914 *Heinson*, BB 2010, 3084, 3085; *Spehl/Gruetzner*, in: Corporate Internal Investigations, § 6 Rn. 58; vgl. auch S. 74 f.

1915 Ausführlich dazu: S. 64 ff.

1916 Vgl. nur: BVerfGE 115, 320.

1917 BVerfGE 120, 378, 402.

irgendjemand aus dem Unternehmen eine Straftat begangen hat, genügt dies nicht, um die Durchführung eines Datenscreenings auf § 32 Abs. 1 S. 2 BDSG zu stützen.[1918] Breit gefächerte Ermittlungsmaßnahmen wie massenhafte Datenscreenings sind somit praktisch unzulässig, da sie regelmäßig den Personenkreis möglicher Verdächtiger erst konkretisieren sollen.[1919] Bezieht sich der Verdacht hingegen „auf einzelne bestimmte oder bestimmbare Beschäftigte oder Gruppen von Beschäftigten“[1920], kann der elektronische Datenabgleich (deren Daten) grundsätzlich nach Maßgabe des § 32 Abs. 1 S. 2 BDSG durchgeführt werden.

2. *Verhältnismäßigkeit*[1921]

Entscheidend ist auch im Rahmen des elektronischen Datenabgleiches, ob diese Maßnahme im konkreten Fall verhältnismäßig ist.

a. Geeignetheit

Eine Maßnahme ist geeignet, wenn sie zur Erreichung des angestrebten Ziels wenigstens beiträgt. Da der Arbeitgeber auf Grund des Datenabgleiches Hinweise auf den Täter erlangen kann, ist die Maßnahme grundsätzlich geeignet.[1922]

b. Erforderlichkeit

Eine Maßnahme ist erforderlich, wenn kein milderes, gleich geeignetes Mittel existiert.[1923] Möglicherweise stellt die Pseudonymisierung der Daten oder die vorherige Unterrichtung der Betroffenen ein milderes, aber gleich geeignetes Mittel dar.

1918 BRAK, Stellungnahme-Nr. 16/2012, S. 5, *Brink/Schmidt*, MMR 2010, 592, 594; *Pohle*, in: Deutsch-Amerikanische Korruptionsverfahren, § 9 Rn. 29; vgl. aber *Diller*, BB 2009, 438 ff., der die Maßnahme an § 28 Abs. 1 Nr. 2 BDSG misst und zu dem Ergebnis kommt, sie sei zulässig.

1919 *Mansdörfer*, ZWH 2011, 81, 83; im Ergebnis auch: *Steinkühler*, BB 2009, 1294, 1295; *Müller-Bonanni*, AnwBl 2010, 651, 654; vgl. auch: BRAK, Stellungnahme-Nr. 16/2012, S. 9; **a.A.**: wohl *Diller*, BB 2009, 438 ff.

1920 *Wybitul*, Handbuch Datenschutz im Unternehmen, Rn. 203; so auch: *Pohle*, in: Deutsch-Amerikanische Korruptionsverfahren, § 9 Rn. 29; *Thoma*, in: Moosmayer/Hartwig, Interne Untersuchungen, S. 81, 88; *Heinson*, BB 2010, 3084, 3087; *Riesenhuber*, in: Beck'OK Datenschutzrecht, § 32 BDSG Rn. 117; vgl. aber auch: *Brink/Schmidt*, MMR 2010, 592, 594: „Verdacht gegen einen bestimmten Betroffenen“.

1921 Dazu ausführlich: *Thüsing*, Arbeitnehmerdatenschutz und Compliance, Rn. 146 ff.

1922 *Thüsing*, Arbeitnehmerdatenschutz und Compliance, Rn. 147.

1923 *Thüsing*, Arbeitnehmerdatenschutz und Compliance, Rn. 148.

aa. Pseudonymisierung

Teilweise wird vertreten, dass die Pseudonymisierung der Daten ein milderes, gleich wirksames Mittel darstellt, da der Betroffene dann nicht mehr bestimmt werden könne, vgl. § 3 Abs. 6a BDSG.[1924] Dadurch werde die Eingriffsintensität minimiert, ohne jedoch das Ergebnis zu verändern. Die Identität der Betroffenen werde durch die Vergabe eines Pseudonyms verfremdet. Die erhobenen Daten könnten den Personen auf Grund des verwendeten Systems aber weiterhin – im Falle eines „Treffers" – zugeordnet werden.[1925]

Thüsing wendet hingegen ein, dass die Pseudonymisierung der Daten „keinen datenschutzrechtlichen Wert" habe. Die Pseudonymisierung führe zwar dazu, dass der Personenbezug entfällt, sodass die Verwendung nicht mehr an den Maßstäben des BDSG zu messen sei, dies sei jedoch im Falle des Datenabgleiches offensichtlich sinnwidrig. Der Personenbezug sei vielmehr zwingend erforderlich, da es gerade um die Ermittlung einer individuellen Person geht. Die Pseudonymisierung stelle daher letztlich keine gleich geeignete Maßnahme dar.[1926]

bb. Vorherige Unterrichtung

Möglicherweise stellt jedoch die vorherige Unterrichtung der Betroffenen ein milderes, aber dennoch gleich wirksames Mittel dar. Einige Autoren befürworten die Ankündigung des Datenabgleiches und gehen davon aus, dass die Ankündigung die Aufklärungschancen nicht beeinträchtigt.[1927]

Die Unterrichtung der Betroffenen wird zwar teilweise vom BDSG gefordert, „hat aber in der Verhältnismäßigkeitsprüfung des § 32 BDSG keinen Platz."[1928] Dies ergibt sich bereits aus der Systematik des Gesetzes: § 33 BDSG

1924 *Lelley*, Compliance im Arbeitsrecht, Rn. 472; *Wuttke*, Straftäter im Betrieb, S. 183; *Kock/Francke*, NZA 2009, 646, 648; im Ergebnis auch: *Kort*, DB 2011, 651, 653 f.: „jedenfalls bei Massenscreenings möglichst nicht mit unverschlüsselten Daten"; *Thoma*, in: Moosmayer/Hartwig, Interne Untersuchungen, S. 81, 90.

1925 *Wuttke*, Straftäter im Betrieb, S. 183; im Ergebnis auch: *Thoma*, in: Moosmayer/Hartwig, Interne Untersuchungen, S. 81, 90; *Wybitul*, in: Internal Investigations, Kap. 11 Rn. 51; vgl. auch: *Geschonneck/Meyer/Scheben*, BB 2011, 2677, 2678; *Heinson*, BB 2010, 3084, 3088 f.; *Pohle*, in: Deutsch-Amerikanische Korruptionsverfahren, § 9 Rn. 31.

1926 *Thüsing*, Arbeitnehmerdatenschutz und Compliance, Rn. 154.

1927 In diese Richtung: *Wuttke*, Straftäter im Betrieb, S. 182; *Thoma*, in: Moosmayer/Hartwig, Interne Untersuchungen, S. 81, 90; vgl. auch: *Leutheusser-Schnarrenberger*, in: Bitburger Gespräche, S. 33, 42: Die heimliche Überwachung stelle einen tieferen Eingriff in das Persönlichkeitsrecht dar.

1928 *Thüsing*, Arbeitnehmerdatenschutz und Compliance, Rn. 153.

(Benachrichtigung des Betroffenen) wäre überflüssig, wenn diese Verpflichtung bereits im Rahmen der Rechtfertigung nach § 32 BDSG eine Rolle spielen würde. Wäre dem so, wäre jeder Verstoß gegen § 33 BDSG sogleich ein Verstoß gegen § 32 BDSG. Die Unterscheidung in § 43 Abs. 1 Nr. 8 BDSG und Absatz 2 wäre dann sinnlos.[1929]

c. Angemessenheit

Letztlich kommt es auch beim elektronischen Datenabgleich entscheidend auf die im Rahmen der Angemessenheit stattfindende umfassende Abwägung der entgegenstehenden Interessen an.

Dem Arbeitgeber ist an der Aufklärung der Verdachtsfälle gelegen, wohingegen auf Seiten des Arbeitnehmers vor allem das allgemeine Persönlichkeitsrecht, insbesondere das Recht auf informationelle Selbstbestimmung[1930], zu berücksichtigen ist.[1931] Dabei richtet sich das Gewicht des Aufklärungsinteresses zum einen nach der Härte des Tatverdachts und zum anderen nach dem Grad der Rechtsgutsbeeinträchtigung bzw. der Schwere der vermuteten Straftat. Somit ist der Datenabgleich zur Aufdeckung von Bagatelldelikten eher abzulehnen; der Abgleich zur Aufdeckung von Delikten, die die Existenz des Betriebs gefährden, in aller Regel hingegen zu gestatten.[1932]

Die Intensität des Eingriffs bestimmt sich nach unterschiedlichen Kriterien. Dabei spielen die Dauer und Art der Überwachungsmaßnahme[1933] eine Rolle, aber auch welche persönlichkeitsbezogenen Informationen verwendet werden und welche Nachteile[1934] auf Grund der Maßnahme drohen.[1935] § 3 Abs. 9 BDSG definiert besondere Arten personenbezogener Daten, die als besonders schutzwürdig angesehen werden, wie bspw. Angaben über die rassische und ethnische Herkunft oder religiöse Überzeugungen. Bei Durchführung des Datenabgleiches ist daher darauf zu achten, dass derartige Daten nicht verwendet werden. In aller

1929 *Thüsing*, Arbeitnehmerdatenschutz und Compliance, Rn. 153.

1930 *Wuttke*, Straftäter im Betrieb, S. 180 f.

1931 *Lelley*, Compliance im Arbeitsrecht, Rn. 471; *Wuttke*, Straftäter im Betrieb, S. 180 f.; *Steinkühler*, BB 2009, 1294, 1295; vgl. aber auch: *Diller*, BB 2009, 438, 439, der ein schutzwürdiges Interesse des delinquenten Arbeitnehmers ablehnt.

1932 *Wuttke*, Straftäter im Betrieb, S. 183; vgl. auch: *Steinkühler*, BB 2009, 1294, 1295: Datenabgleich generell nur gerechtfertigt, wenn er einziges Mittel ist, um Straftaten aufzuklären.

1933 BAGE 127, 276, 286.

1934 BVerfGE 100, 313, 376; BVerfGE 115, 320, 347.

1935 *Heinson*, BB 2010, 3084, 3088.

Regel sind diese Daten im Rahmen einer internen Untersuchung aber ohnehin nicht von Relevanz.[1936] Grundsätzlich sollten nur Daten verarbeitet werden, die für den konkreten Abgleich erforderlich sind (Grundsatz der Datensparsamkeit, vgl. S. 67 f.). Auch der Untersuchungszeitraum sollte auf das Nötigste beschränkt sein. Erst unmittelbar vor dem Abgleich sollten die Daten zusammengeführt und im Anschluss sofort wieder gelöscht werden. Treffer müssen hingegen nicht gelöscht werden, solange diese für die Ermittlungen noch erforderlich sind.[1937]

Der Eingriff in das allgemeine Persönlichkeitsrecht des Betroffenen sei insgesamt jedoch eher gering, da es sich bei Konto- und Adressdaten um „persönlichkeitsferne" Datenbestände ohne stigmatisierende Wirkung handele.[1938] Sofern der Arbeitgeber den elektronischen Datenabgleich durchführt, um einen konkreten Verdacht einer nicht nur geringfügigen Straftat aufzuklären, würden daher seine Interessen in der Regel überwiegen.[1939]

3. *Ergebnis*

Somit kann festgehalten werden, dass der Arbeitgeber grundsätzlich zur Durchführung eines elektronischen Datenabgleiches berechtigt ist, wenn bereits ein konkreter Verdacht einer nicht nur geringfügigen Straftat gegen einen bestimmten Mitarbeiter oder einen bestimmten Kreis von Mitarbeitern besteht und er sich dabei hinsichtlich Art und Dauer sowie der verwendeten personenbezogenen Daten auf das Nötigste beschränkt.

III. Strafbarkeitsrisiken

Überschreitet der Arbeitgeber bei Durchführung des elektronischen Datenabgleiches die von § 32 Abs. 1 S. 2 BDSG gesetzten Grenzen, droht eine Strafbarkeit gemäß § 44 Abs. 1 BDSG i.V.m. § 43 Abs. 2 Nr. 1 BDSG.[1940] Sofern er den elektronischen Datenabgleich von einem Dienstleister durchführen lässt und diesbezüglich eine Auftragsdatenverarbeitung gemäß § 11 BDSG vorliegt,

1936 Vgl.: *Heinson*, BB 2010, 3084, 3089.
1937 *Heinson*, BB 2010, 3084, 3090.
1938 *Thüsing*, Arbeitnehmerdatenschutz und Compliance, Rn. 194; im Ergebnis auch: *Riesenhuber*, in: Beck'OK Datenschutzrecht, § 32 BDSG Rn. 125; *Beckschulze*, DB 2009, 2097, 2099; *Diller*, BB 2009, 438, 439 lehnt schon Bestehen eines schutzwürdigen Interesses ab.
1939 Vgl.: *Vogt*, NJOZ 2009, 4206, 4214.
1940 Dazu ausführlich S. 206 ff.

droht ihm zudem eine Sanktionierung nach § 43 Abs. 1 Nr. 2b BDSG, wenn er dabei gegen § 11 Abs. 2 S. 2 oder S. 4 BDSG verstößt.

IV. Zusammenfassung

Unter dem sog. Mitarbeiter-Screening versteht man den systematischen Vergleich der Stammdaten von Mitarbeitern und Dritten mittels spezieller Computerprogramme. Die Zulässigkeit der Maßnahme bestimmt sich nach den Maßstäben des BDSG – in Betracht kommt vor allem § 32 Abs. 1 S. 2 BDSG. Hinsichtlich der personenbezogenen Daten Dritter, die bei Durchführung eines elektronischen Datenabgleiches mitbetroffen sind, ist § 28 Abs. 1 S. 1 Nr. 2 BDSG maßgeblich.

Zusammenfassend kann festgehalten werden, dass der Arbeitgeber grundsätzlich zur Durchführung eines elektronischen Datenabgleiches berechtigt ist, wenn bereits ein konkreter Verdacht einer nicht nur geringfügigen Straftat gegen einen bestimmten Mitarbeiter oder einen bestimmten Kreis von Mitarbeitern besteht und er sich dabei hinsichtlich Art und Dauer sowie der verwendeten personenbezogenen Daten auf das Nötigste beschränkt. In diesem Falle überwiegt grundsätzlich das Aufklärungsinteresse des Arbeitgebers das allgemeine Persönlichkeitsrecht des Arbeitnehmers. Breit gefächerte Ermittlungsmaßnahmen wie massenhafte Datenscreenings sind somit praktisch unzulässig, da sie regelmäßig den Personenkreis möglicher Verdächtiger erst konkretisieren sollen.

Überschreitet der Arbeitgeber bei Durchführung des elektronischen Datenabgleiches die von § 32 Abs. 1 S. 2 BDSG gesetzten Grenzen, droht eine Sanktionierung gemäß § 44 Abs. 1 BDSG i.V.m. § 43 Abs. 2 Nr. 1 BDSG. Sofern eine Auftragsdatenverarbeitung vorliegt, droht ihm zudem eine Sanktionierung nach § 43 Abs. 1 Nr. 2b BDSG, wenn er gegen § 11 Abs. 2 S. 2 oder S. 4 BDSG verstößt.

H. Sonstige Strafbarkeitsrisiken

I. § 17 UWG – Verrat von Geschäfts- und Betriebsgeheimnissen

Private Ermittler können sich als unternehmensfremde Dritte nicht gemäß § 17 UWG strafbar machen.[1941] Der Ermittler handelt zudem bei der Weitergabe der Informationen nicht unbefugt, wenn der Unternehmensinhaber zugestimmt hat.[1942]

1941 *Wewerka*, Internal Investigations, S. 135; im Ergebnis auch: *Diemer*, in: Erbs/Kohlhaas, § 17 UWG Rn. 18.

1942 *Wewerka*, Internal Investigations, S. 135.

II. § 203 StGB – Verletzung von Privatgeheimnissen

Auch eine Strafbarkeit des internen Ermittlers nach § 203 Abs. 1 Nr. 3 StGB wegen Verletzung von Privatgeheimnissen scheidet zumeist auf Grund des Einverständnisses des Mandanten mit der Weitergabe aus. Da die Ermittler vom Unternehmen beauftragt sind, besteht allein zu diesem ein Mandatsverhältnis, sodass die Weitergabe von Informationen, die im Rahmen der Befragung eines Mitarbeiters über diesen erlangt wurden, nicht gemäß § 203 StGB strafbar ist.[1943]

III. §§ 119 ff. BetrVG – Straf- und Bußgeldvorschriften

Im Rahmen interner Ermittlungen ist es immer wieder notwendig, den Betriebsrat zu beteiligen. Dabei spielt insbesondere das Mitbestimmungsrecht des Betriebsrates nach § 87 Abs. 1 Nr. 6 BetrVG eine Rolle (Bsp.: E-Mail-Screening, vgl. S. 125 f.). Die §§ 119 - 121 BetrVG enthalten Straf- und Bußgeldvorschriften, die der Sicherstellung der Tätigkeit des Betriebsrates, der Durchsetzung der Geheimhaltungspflicht und der Gewährleistung bestimmter Aufklärungs- und Auskunftsrechte des Betriebsrates dienen.[1944]

1. § 119 BetrVG

Wird das Mitbestimmungsrecht des Betriebsrates nach § 87 BetrVG vom Arbeitgeber missachtet, kommt eine Strafbarkeit nach § 119 Abs. 1 Nr. 2 BetrVG in Betracht. Danach macht sich strafbar, wer die Tätigkeit des Betriebsrates behindert oder stört. Die Vorschrift verstärkt die Regelung des § 78 BetrVG, der Schutzbestimmungen u.a. zugunsten der Betriebsratsmitglieder enthält, und soll dessen Beachtung gewährleisten.[1945]

Die Behinderung der Tätigkeit umfasst jede unzulässige Erschwerung, Störung oder Verhinderung der Betriebsratstätigkeit.[1946] Allerdings ist nicht unmittelbar die Verletzung von Mitbestimmungsrechten unter Strafe gestellt. Erforderlich ist vielmehr, dass die Missachtung eine Behinderung der Amtsführung des Betriebsrates in dem Sinne darstellt, dass eine ordnungsgemäße Aufgabenwahrnehmung signifikant erschwert ist. Dafür genügt nicht jeder einfache Verstoß. Erforderlich

---

1943 *Wewerka*, Internal Investigations, S. 135.

1944 *Werner*, in: Beck'OK Arbeitsrecht, vor § 119 BetrVG.

1945 *Werner*, in: Beck'OK Arbeitsrecht, § 119 BetrVG Rn. 5.

1946 *Thüsing*, Arbeitnehmerdatenschutz und Compliance, Rn. 574.

ist vielmehr eine gewisse Häufigkeit und Intensität.[1947] Grundsätzlich stellt somit die beharrliche Verweigerung von Mitbestimmungsrechten eine Störung bzw. Beeinträchtigung der Betriebsratstätigkeit dar.[1948]

§ 119 BetrVG enthält keine personelle Beschränkung, sodass sich grundsätzlich jeder, der die Betriebsratstätigkeit stört oder behindert, strafbar machen kann.[1949]

Der Täter muss mit Vorsatz handeln, wobei dolus eventualis genügt.[1950]

Gemäß § 119 Abs. 2 BetrVG handelt es sich hierbei um ein absolutes Antragsdelikt.[1951]

2. §§ 120 f. BetrVG

Eine Strafbarkeit nach § 120 BetrVG scheidet aus, da der Täterkreis so weit eingegrenzt ist, dass der Arbeitgeber nicht darunter fällt. Auch eine Sanktionierung nach § 121 BetrVG kommt nicht in Betracht, da sich die Regelung lediglich auf die abschließend aufgezählten Aufklärungs- und Unterrichtungspflichten bezieht, die vom Arbeitgeber verletzt sein müssen. Der im Rahmen interner Ermittlungen relevante § 87 BetrVG ist in der Aufzählung jedoch nicht enthalten.[1952]

I. Zusammenfassung

Der Arbeitgeber kann im Rahmen einer unternehmensinternen Ermittlung auf eine Reihe unterschiedlicher Untersuchungsmaßnahmen zurückgreifen, um den bestehenden Verdacht möglichst umfassend und zeitnah aufzuklären. Welche Maßnahmen im Rahmen einer internen Ermittlung konkret ergriffen werden, hängt vom jeweiligen Einzelfall ab. Am Anfang einer Untersuchung

---

1947 *Thüsing*, Arbeitnehmerdatenschutz und Compliance, Rn. 575; im Ergebnis auch: *Joecks*, in: MüKo StGB, § 119 BetrVG Rn. 20: Hindernis, wenn „Tätigkeit des Organs zumindest zeitweilig unmöglich" / Störung, „wenn die Tätigkeit mehr als nur unerheblich erschwert".

1948 *Thüsing*, Arbeitnehmerdatenschutz und Compliance, Rn. 574; *Kania*, in: Erfurter Kommentar Arbeitsrecht, § 119 BetrVG Rn. 3; *Werner*, in: Beck'OK Arbeitsrecht, § 119 BetrVG Rn. 6.

1949 *Joecks*, in: MüKo StGB, § 119 BetrVG Rn. 34; *Kania*, in: Erfurter Kommentar Arbeitsrecht, § 119 BetrVG Rn. 1; *Werner*, in: Beck'OK Arbeitsrecht, vor § 119 BetrVG; *Thüsing*, Arbeitnehmerdatenschutz und Compliance, Rn. 576.

1950 *Joecks*, in: MüKo StGB, § 119 BetrVG Rn. 24; *Thüsing*, Arbeitnehmerdatenschutz und Compliance, Rn. 577.

1951 *Joecks*, in: MüKo StGB, § 119 BetrVG Rn. 35.

1952 *Thüsing*, Arbeitnehmerdatenschutz und Compliance, Rn. 572.

steht dabei typischerweise die Kontrolle des Daten- und Urkundenbestands, wozu nicht nur Unterlagen und elektronische Dokumente, sondern auch die E-Mail-Korrespondenz der Mitarbeiter zählt. Daran schließen sich regelmäßig Mitarbeiterbefragungen, sog. Interviews, an. Daneben kann der Arbeitgeber ein Interesse daran haben, eine Post- und Telefonkontrolle oder einen Datenabgleich durchzuführen. Die Zulässigkeit der einzelnen Maßnahmen beim verdächtigen Arbeitnehmer richtet sich grundsätzlich nach § 32 Abs. 1 S. 2 BDSG, der einen Erlaubnistatbestand speziell für Maßnahmen zur Aufklärung von Straftaten im Beschäftigungsverhältnis enthält. Bei Überschreiten der Grenzen des § 32 Abs. 1 S. 2 BDSG droht eine Sanktionierung nach § 44 Abs. 1 BDSG i.V.m. § 43 Abs. 2 Nr. 1 BDSG.

Obwohl der Gesetzgeber mit der BDSG-Novelle 2009 nur die bisherige Rechtsprechung festschreiben wollte,[1953] besteht hinsichtlich der Grenzen (noch) zulässigen Handelns häufig eine mitunter große Rechtsunsicherheit. Unsicherheiten bestehen zudem hinsichtlich der Einordnung des Arbeitgebers als Dienstanbieter i.S.d. TKG im Falle der gestatteten privaten Nutzung der Telekommunikationseinrichtungen. Die wohl noch herrschende Meinung geht insoweit von der Anwendbarkeit des TKG aus, sodass der Arbeitgeber insbesondere das Fernmeldegeheimnis zu wahren hat. Die Zulässigkeit der Maßnahmen, die sich auf die Kontrolle der Telekommunikationsmittel beziehen, richtet sich insoweit nicht nach dem BDSG, sondern vielmehr nach den sehr viel engeren Vorschriften des TKG. Der Arbeitgeber läuft daher in zahlreichen Konstellationen Gefahr, sich bei Durchführung einer unternehmensinternen Ermittlung selber strafbar zu machen.

Dabei ist zu beachten, dass die Zulässigkeit einzelner Maßnahmen stets von den Umständen des konkreten Einzelfalles abhängt, sodass eine pauschale Aufzählung von Maßnahmen, die zulässig sind, grundsätzlich nicht erfolgen kann.[1954]

I. E-Mail-Screening

Im Rahmen einer unternehmensinternen Untersuchung spielt das E-Mail-Screening, also die systematische Kontrolle und Durchsicht aller ein- und ausgehenden E-Mails der Mitarbeiter im Hinblick auf einen bestimmten Verdachtsmoment, in der Regel eine zentrale Rolle. Hinsichtlich der Zulässigkeit des E-Mail-Screenings kommt es maßgeblich darauf an, ob der Arbeitgeber nur

1953 BT-Drs. 16/13657, S. 35.

1954 *Wybitul*, in: Internal Investigations, Kap. 11 Rn. 53.

die Logfiles oder auch den Inhalt der E-Mails kontrollieren möchte, ob sich die Kontrolle nur auf dienstliche oder auch auf private E-Mails bezieht und ob der Arbeitgeber die private Nutzung der E-Mail-Funktion gestattet hat.

Sofern der Arbeitgeber lediglich die dienstlichen wie privaten Logfiles, also die Protokolldateien der E-Mails, kontrollieren möchte, ist er dazu grundsätzlich berechtigt, wenn man mit der hier vertretenen Ansicht von der Anwendbarkeit des BDSG ausgeht. Geht man hingegen mit der herrschenden Meinung im Falle der gestatteten privaten Nutzung von der Anwendbarkeit des TKG aus, so ist der Arbeitgeber auf Grund des § 88 Abs. 3 S. 3 TKG selbst bei Bestehen eines Straftatverdachts nicht zur Kontrolle privater E-Mail-Logfiles berechtigt.

Hinsichtlich der Inhaltskontrolle gelten insgesamt strenge Maßstäbe, da der Bezug zum allgemeinen Persönlichkeitsrecht des Arbeitnehmers hier grundsätzlich wesentlich größer ist. Gemäß § 32 Abs. 1 S. 2 BDSG ist der Arbeitgeber jedenfalls zu einer Inhaltskontrolle der dienstlichen E-Mails berechtigt. Sofern ein konkreter Verdacht auf die Begehung einer schweren Straftat eines bestimmten Mitarbeiters besteht, ist er ausnahmsweise darüber hinaus auch befugt, private E-Mails zu kontrollieren. Rein private E-Mails, die keinen Bezug zum Straftatverdacht aufweisen, dürfen jedoch nicht vom Arbeitgeber gelesen werden.

Sofern man mit der herrschenden Meinung im Falle der gestatteten privaten Nutzung der E-Mail-Funktion von der Anwendbarkeit des TKG ausgeht, kann der Arbeitgeber nicht zulässigerweise auf private E-Mails zugreifen, die sich im Übertragungsvorgang oder auf dem Server befinden. Der damit verbundene Eingriff in das Fernmeldegeheimnis kann auch nicht auf Grund eines Straftatverdachts gerechtfertigt werden. Im Fall der sog. Mischnutzung „infiziert" die private Nutzung die dienstliche E-Mail-Korrespondenz, sodass sämtliche E-Mails wie private zu behandeln sind.

Bei der Durchführung des E-Mail-Screenings drohen dem Arbeitgeber und dem privaten Ermittler eine Reihe von Strafbarkeitsrisiken. Es droht eine Strafbarkeit nach § 202a Abs. 1 StGB wegen des Ausspähens von Daten und nach § 202b StGB wegen des Abfangens von Daten. Geht man mit der herrschenden Meinung im Falle der gestatteten privaten Nutzung von der Anwendbarkeit des TKG aus, droht auch eine Strafbarkeit nach § 206 Abs. 1 StGB wegen Verletzung des Fernmeldegeheimnisses und § 148 Abs. 1 Nr. 1 TKG wegen Verstoßes gegen § 89 TKG. Der private Ermittler kann sich im Rahmen des § 206 StGB und des § 148 TKG jedoch nicht als Täter, sondern vielmehr nur als Teilnehmer strafbar machen.

II. Verwertung von Dokumenten, Dateien und Personalakten

Dienstliche Dokumente in Papier- oder elektronischer Form darf der Arbeitgeber einsehen bzw. durch die externen Ermittler kontrollieren lassen. Er ist zudem berechtigt, die Personalakte einzusehen. Private Dokumente hingegen darf er grundsätzlich nicht einsehen. Ausnahmsweise kann die Kontrolle im Einzelfall jedoch zulässig sein, wenn ein konkreter Verdacht auf eine schwere Straftat vorliegt.

Ein Strafbarkeitsrisiko nach § 202 StGB besteht nur für den Fall, dass verschlossene, private (Papier-)Dokumente des Arbeitnehmers kontrolliert werden. Bei der Kontrolle privater elektronischer Unterlagen, die einzeln durch ein Passwort besonders gesichert sind, droht eine Strafbarkeit wegen Ausspähens von Daten nach § 202a Abs. 1 StGB.

III. Interviews

Regelmäßig schließen sich Befragungen der Mitarbeiter an das Dokumentenscreening an. Hierbei kommt es regelmäßig zu einem Interessenkonflikt zwischen dem betroffenen Arbeitnehmer, der sich nicht selber belasten möchte, und dem Arbeitgeber, dem es vor allem um die Aufklärung der Verdachtsfälle geht. Um das Schweigen zu durchbrechen, wird häufig eine sog. „Amnestie“ vereinbart, die für die Mitarbeiter einen Anreiz zur Offenbarung ihres Wissens bieten soll. Darunter versteht man die Zusage von Vergünstigungen im Falle aktiver Mithilfe bei der Aufklärung der Verdachtsfälle, auch wenn der Arbeitnehmer mutmaßlich selbst unmittelbar am Verstoß beteiligt war. Bei der Vereinbarung eines Amnestieprogrammes laufen Vorstand und Geschäftsführung allerdings Gefahr, sich auf Grund einzelner Zusagen wegen Untreue (§ 266 StGB) strafbar zu machen.

Der Arbeitgeber hat die Möglichkeit, den Arbeitnehmer zur Teilnahme am Interview zu verpflichten, § 106 GewO. Maßgebliches Kriterium für die Reichweite des Auskunftsanspruches ist der Bezug der Information zum Arbeitsbereich. Somit besteht gemäß §§ 666, 675 Abs. 1 BGB eine Pflicht des Arbeitnehmers zur (selbstbelastenden) Aussage hinsichtlich seines persönlichen Arbeitsbereiches. Darüber hinaus trifft den Arbeitnehmer gemäß §§ 611, 241 Abs. 2 BGB eine Pflicht zur Aussage über Umstände, die dem dienstlichen Bereich zuzuordnen sind, wenn ein berechtigtes, schutzwürdiges Interesse des Arbeitgebers an der Aussage besteht und die Auskunftserteilung für den Arbeitnehmer zumutbar ist. Eine Pflicht des Arbeitnehmers zur selbstbelastenden Aussage besteht nur, wenn eine umfassende Amnestievereinbarung vorliegt. Eine Auskunftspflicht wird zudem aus der arbeitsrechtlichen Treuepflicht, § 242 BGB, hergeleitet, wobei selbstbelastende Aussagen jedoch nicht mit umfasst sind.

Die Vereinbarkeit der Pflicht zur selbstbelastenden Aussage mit dem nemo tenetur-Grundsatz ist umstritten. Teilweise wird dem Arbeitnehmer ein Aussageverweigerungsrecht zugestanden. Letztlich kann sich der Arbeitnehmer jedoch nicht auf den nemo tenetur-Grundsatz berufen, sodass er auch zu einer selbstbelastenden Aussage verpflichtet ist. Seine Rechte werden durch die Annahme eines Beweisverwertungsverbotes geschützt, das entweder aus dem nemo tenetur- oder aus dem fair trial-Prinzip hergeleitet wird.

Auch bei der Durchführung der Interviews drohen Strafbarkeitsrisiken. Der Arbeitgeber bzw. private Ermittler macht sich gemäß § 240 Abs. 1 StGB strafbar, wenn er mit einer unzulässigen Sanktion droht oder dem Arbeitnehmer mit Sanktionen droht, obwohl dieser nicht zur Aussage verpflichtet ist. In Betracht kommt zudem eine Strafbarkeit nach § 239 und § 132 StGB.

IV. Kontrolle des Postverkehrs

Dienstliche Briefe bzw. solche, die nicht durch einen ausdrücklichen Vermerk als privat gekennzeichnet sind, dürfen durch den Arbeitgeber bzw. den privaten Ermittler geöffnet werden; insofern droht ihnen keine Strafbarkeit. Private Post darf hingegen grundsätzlich nicht geöffnet werden. Auch das Kenntnisverschaffen des Inhaltes eines privaten Briefes unter Zuhilfenahme technischer Mittel oder nach Öffnung eines verschlossenen Behältnisses ist unzulässig. Hier droht eine Strafbarkeit nach § 202 StGB.

V. Telefonüberwachung

Die Kontrolle dienstlicher und privater Telefonverbindungsdaten ist grundsätzlich zulässig, sofern man von der Anwendbarkeit des BDSG ausgeht.

Inwieweit der Arbeitgeber zulässigerweise eine Inhaltskontrolle vornehmen darf, hängt maßgeblich davon ab, ob es sich um Dienst- oder Privatgespräche handelt. Grundsätzlich gilt, dass das heimliche Abhören oder Aufzeichnen dienstlicher und privater Gespräche unzulässig ist. Ausnahmsweise kann das heimliche Mithören jedoch zulässig sein, wenn ein begründeter Verdacht einer (schweren) Straftat besteht, der nicht anders aufgeklärt werden kann. Rein private Telefonate, die in keinerlei Zusammenhang zum Untersuchungsgegenstand stehen, dürfen hingegen nicht abgehört werden. Geht man hingegen mit der herrschenden Meinung davon aus, dass das TKG im Falle gestatteter privater Nutzung Anwendung findet, ist der Arbeitgeber auf Grund des § 88 Abs. 3 S. 3 TKG nicht berechtigt private Telefonate der Arbeitnehmer zu kontrollieren.

Auch bei der Telefonüberwachung drohen Strafbarkeitsrisiken. Zeichnet der Arbeitgeber Telefonate der Mitarbeiter auf einem Tonträger auf, hört er Gespräche mit einem Abhörgerät ab oder gibt diese Aufnahmen an private Ermittler weiter, droht eine Strafbarkeit nach § 201 StGB. Der Arbeitgeber ist zudem gemäß § 202b StGB strafbar, wenn er unter Anwendung technischer Mittel ein Telefonat abhört. Eine Rechtfertigung der Taten ist jedoch über § 32 Abs. 1 S. 2 BDSG möglich. Bei Anwendung des TKG scheidet eine Rechtfertigung hingegen aus. Sofern man der herrschenden Meinung folgt und davon ausgeht, dass der Arbeitgeber bei gestatteter privater Nutzung der Telekommunikationseinrichtungen als Anbieter i.S.d. TKG anzusehen ist, droht ihm bei der Telefonüberwachung darüber hinaus eine Strafbarkeit nach § 206 Abs. 1 StGB und § 148 Abs. 1 Nr. 1 TKG.

VI. Inaugenscheinnahme

Auch die Inaugenscheinnahme von Gegenständen oder Räumlichkeiten zählt zu den möglichen Maßnahmen im Rahmen einer unternehmensinternen Untersuchung. Keine rechtlichen Bedenken bestehen grundsätzlich bei der Inaugenscheinnahme von Büros im Gebäude des Arbeitgebers, die mit dessen Einwilligung erfolgen. Beim Betreten von Räumlichkeiten anderer Firmen droht ggf. eine Strafbarkeit nach § 123 Abs. 1 StGB.

VII. Datenabgleich

Unter dem sog. Mitarbeiter-Screening versteht man den systematischen Vergleich der Stammdaten von Mitarbeitern und Dritten mittels spezieller Computerprogramme. Der Arbeitgeber ist grundsätzlich zur Durchführung eines elektronischen Datenabgleiches berechtigt, wenn bereits ein konkreter Verdacht einer nicht nur geringfügigen Straftat gegen einen bestimmten Mitarbeiter oder einen bestimmten Kreis von Mitarbeitern besteht und er sich dabei hinsichtlich Art und Dauer sowie der verwendeten personenbezogenen Daten auf das Nötigste beschränkt. Breit angelegte Ermittlungsmaßnahmen wie massenhafte Datenscreenings sind hingegen praktisch unzulässig.

Werden bei der Durchführung des elektronischen Datenabgleiches die von § 32 Abs. 1 S. 2 BDSG gesetzten Grenzen überschritten, droht eine Sanktionierung gemäß § 44 Abs. 1 BDSG i.V.m. § 43 Abs. 2 Nr. 1 BDSG.

VIII. Sonstiges

Dem Betriebsrat steht bei der Durchführung einiger Ermittlungsmaßnahmen ein Mitbestimmungsrecht nach § 87 BetrVG zu. Wird dies vom Arbeitgeber missachtet, kommt eine Strafbarkeit nach § 119 Abs. 1 Nr. 2 BetrVG in Betracht. Dabei stellt grundsätzlich allerdings nur die beharrliche Verweigerung von Mitbestimmungsrechten eine Störung bzw. Beeinträchtigung der Betriebsratstätigkeit dar.

Kapitel 4 – Prozessuale Folgeprobleme: Verwertbarkeit privater Beweismittel

A. Einleitung

Der Unternehmer sollte bei der Durchführung der internen Ermittlungen sein Augenmerk nicht allein darauf richten, den Verdachtsfall schnell und umfassend aufzuklären und sich dabei möglichst nicht selber strafbar zu machen, denn das Strafrecht bildet nur die äußerste Grenze des Zulässigen. Im Hinblick auf sich anschließende Zivilprozesse oder Arbeitsgerichtsverfahren, die der Arbeitgeber möglicherweise gegen die betroffenen Mitarbeiter führen muss, um Schadensersatzansprüche oder Kündigungen durchzusetzen, sollte er bei der Durchführung der Ermittlungen stets auch die spätere Verwertbarkeit der erlangten Beweismittel im Blick behalten. Die Frage der Verwertbarkeit privat erlangter Beweise stellt sich auch in einem späteren Strafverfahren.

Dass rechtmäßig erlangte Beweismittel Privater verwertbar sind, ist unstreitig. Es stellt sich jedoch die Frage, ob auch ein in unzulässiger Weise erlangtes Beweismittel verwertet werden kann oder ob nicht vielmehr ein Beweisverwertungsverbot greift, dessen Reichweite in einem zweiten Schritt bestimmt werden müsste.

Eine ausführliche Darstellung und Auseinandersetzung mit den zahlreichen unterschiedlichen Ansichten, die in diesem Bereich vertreten werden, würde den Rahmen dieser Arbeit sprengen. Die Ausführungen beschränken sich daher lediglich auf eine überblicksartige Darstellung der Problematik.

B. Beweisverwertungsverbot

Von einem Verwertungsverbot erfasste Sachverhalte und Beweismittel dürfen nicht zum Gegenstand der Beweiswürdigung gemacht werden.[1955] Ein Urteil kann daher nicht auf den fehlerhaft erhobenen Beweis gestützt werden.[1956]

1955 *Eisenberg*, Beweisrecht der StPO, Rn. 109.

1956 *Grützner/Jakob*, Compliance von A-Z, Stichwort: ‚Beweisverwertungsverbot'; *Eisenberg*, Beweisrecht der StPO, Rn. 109.

I. Strafprozess

Fraglich ist, ob unrechtmäßig durch Private erlangte Beweismittel im Strafverfahren verwertet werden dürfen. Eine gesetzliche Regelung besteht nicht.

1. *Zwei extreme Ansichten*

Die zur Frage der Verwertbarkeit vertretenen Auffassungen reichen von der Annahme, die Beweismittel seien stets verwertbar[1957], bis hin zur Annahme, sie seien generell unverwertbar.[1958] Die beiden extremen Ansichten sind im Ergebnis jedoch abzulehnen. Die Annahme, rechtswidrig erlangte private Beweise seien stets verwertbar, kollidiert mit dem Rechtsstaatsprinzip. Der Staat kann nicht berechtigt sein, unter Verstoß gegen die Menschenwürde erlange Beweise zu verwerten.[1959] Aber auch die generelle Annahme eines Beweisverwertungsverbotes hinsichtlich rechtswidrig gewonnener Beweismittel kann nicht überzeugen, da der Verstoß bereits materiell-rechtlich sanktioniert ist und sich die Beweiserhebungs- und -verwertungsnormen der StPO allein an die staatlichen Strafverfolgungsbehörden richten.[1960]

2. *Vermittelnde Ansicht*

Literatur und Rechtsprechung nehmen überwiegend an, dass auch rechtswidrig von Privaten erlangte Beweismittel im Strafverfahren grundsätzlich verwertet werden dürfen.[1961] Von diesem Grundsatz werden lediglich zwei Ausnahmen zugelassen: (1) analoge Anwendung des § 136a StPO im Falle der Zurechenbarkeit der privaten Ermittlungen an die Strafverfolgungsbehörden[1962] und (2) schwere

1957 *Grünwald*, JZ 1966, 489, 497; *Kleinknecht*, NJW 1966, 1537, 1543.

1958 *Siegert*, NJW 1957, 689, 690; *Hassemer/Matussek*, Das Opfer als Verfolger, S. 77 f.; **a.A.**: *Reeb*, Internal Investigations, S. 108 ff. (insbesondere S. 139 ff.): Er stellt auf die Rechtmäßigkeit der hypothetischen Beweiserhebung durch die Strafverfolgungsbehörden ab.

1959 *Matula*, Private Ermittlungen, S. 165 f.

1960 *Salvenmoser/Schreier*, in: Handbuch Wirtschaftsstrafrecht, 15. Teil Rn. 69.

1961 BVerfGE 34, 238, 248 ff.; BGHSt 36, 167, 173; BGHSt 44, 129, 134; *Roxin/Schünemann*, § 24 Rn. 65; *Sieber*, NJW 2008, 881, 886; *Senge*, in: KK StPO, Vor § 48 Rn. 52; *Pauckstadt-Maihold*, in: KMR, § 136a Rn. 5.

1962 BGHSt 44, 129, 134; *Jahn*, StV 2009, 41, 45; *Pauckstadt-Maihold*, in: KMR, § 136a Rn. 5; *Roxin/Schünemann*, § 24 Rn. 65; vgl. auch: *Eisenberg*, Beweisrecht der StPO, Rn. 401.

Verletzung der Menschenwürde.[1963] Die Vertreter dieser Ansicht berufen sich darauf, dass der Verstoß im Rahmen der Beweisgewinnung bereits materiellrechtlich sanktioniert sei. Zudem richteten sich die Beweiserhebungs- und Verwertungsnormen der StPO allein an die staatlichen Strafverfolgungsbehörden.[1964] Außerdem sei zu berücksichtigen, dass die Rechtsprechung sehr zurückhaltend mit der Annahme von Beweisverwertungsverboten ist, da das Ziel des Strafverfahrens die Erforschung der Wahrheit ist. Die Nichtverwertung von Beweismitteln stehe dazu im Widerspruch.[1965] Die Annahme eines Beweisverwertungsverbotes sei vielmehr stets „begründungsbedürftige Ausnahme".[1966]

Dem folgend wären die Erkenntnisse aus privaten Ermittlungen im Strafprozess grundsätzlich verwertbar, seien sie auch in unzulässiger Weise erlangt worden. Es wurde bereits festgestellt, dass die privaten Ermittlungen im Rahmen unternehmensinterner Ermittlungen grundsätzlich nicht den staatlichen Ermittlungsbehörden zugerechnet werden können.[1967] Auch die zweite Ausnahme, wonach Beweise, die „in extrem menschenrechtswidriger Weise oder unter schwerer Verletzung der Menschenwürde"[1968] erlangt wurden, nicht verwertet werden dürfen, wird im Rahmen unternehmensinterner Ermittlungen in aller Regel nicht in Betracht kommen.

Gegen diese Meinung wird jedoch vorgebracht, dass allein die Annahme eines Beweisverwertungsverbotes im Falle einer extremen Menschenrechtsverletzung nicht weit genug reiche. Zudem sei nicht klar definiert, wann eine

---

1963 *Pauckstadt-Maihold*, in: KMR, § 136a Rn. 5; *Meyer-Goßner*, § 136a Rn. 3 (Bsp.: Folter, Marter, Einkerkerung); *Roxin/Schünemann*, § 24 Rn. 65; *Kleinknecht*, NJW 1966, 1537, 1543; *Salvenmoser/Schreier*, in: Handbuch Wirtschaftsstrafrecht, 15. Teil Rn. 69; *Klengel/Mückenberger*, CCZ 2009, 81; *Diemer*, in: KK StPO, § 136a Rn. 3; *Eisenberg*, Beweisrecht der StPO, Rn. 401 (Bsp.: folterähnliche Maßnahmen); *Krey*, Zur Problematik privater Ermittlungen des durch eine Straftat Verletzten, S. 100; *Beulke*, Strafprozessrecht, Rn. 479 (Bsp.: Folter); OLG Hamburg, NJW 2005, 2326, 2329: Foltermaßnahmen.

1964 *Salvenmoser/Schreier*, in: Handbuch Wirtschaftsstrafrecht, 15. Teil Rn. 69.

1965 *Raum*, StraFo 2012, 395, 397.

1966 BGHSt 56, 138, 145; *Raum*, StraFo 2012, 395, 397; so auch: BVerfG, NJW 2009, 3225.

1967 Dies gilt zumindest für rein nationale Sachverhalte. Bei Beteiligung der SEC oder des DOJ wird hingegen teilweise davon ausgegangen, dass es sich um staatlich veranlasste Ermittlungen handelt, vgl. oben Fn. 1623; auch: *Jahn*, StV 2009, 41, 45; *Rödiger*, Strafverfolgung von Unternehmen, S. 244; *Theile*, StV 2011, 381, 385; zum Vorliegen einer „quasi-staatlichen Maßnahme": *Dann/Schmidt*, NJW 2009, 1851, 1852.

1968 *Salvenmoser/Schreier*, in: Handbuch Wirtschaftsstrafrecht, 15. Teil Rn. 69.

Menschenrechtsverletzung als extrem einzuordnen sei,[1969] sodass Rechtsunsicherheiten bestünden.

Teilweise wird (darüber hinaus) gefordert, dass im Falle der Beweisgewinnung durch strafrechtlich sanktioniertes Verhalten, ein Beweisverwertungsverbot folgen muss.[1970] Sofern Arbeitgeber und interne Ermittler bei Durchführung von Untersuchungsmaßnahmen gegen Strafgesetze verstoßen, würde eine Verwertung der gewonnenen Beweismittel danach stets ausscheiden.

3. *Abwägungslehre*

Eine weitere Auffassung nimmt eine Abwägung der widerstreitenden Interessen vor,[1971] sog. Abwägungslehre. Innerhalb dieser Ansicht werden zahlreiche unterschiedliche Ansätze vertreten. Grundsätzlich kann jedoch festgehalten werden, dass danach – von den Ausnahmefällen abgesehen – das rechtswidrige Verhalten Privater an sich unbeachtlich ist. Maßgeblich sei vielmehr der Akt der staatlichen Verwertung selbst. Nur wenn das Individualinteresse des Betroffenen das staatliche Verfolgungsinteresse überwiegt, komme ein Beweisverwertungsverbot in Betracht.[1972] Insbesondere bei Vorliegen eines Grundrechtsverstoßes im Rahmen der Beweisgewinnung müsse eine Abwägung vorgenommen werden.[1973] Sofern der Kernbereich betroffen ist, sei dabei stets von einem Beweisverwertungsverbot auszugehen.[1974] Im Rahmen der Abwägung müsse zum einen der Schutz vor Grundrechtseingriffen und die Intensität des Eingriffs berücksichtigt werden und zum anderen das Strafverfolgungsinteresse des Staates und die Schwere der

---

1969 *Matula*, Private Ermittlungen, S. 166; *Mende*, Grenzen privater Ermittlungen durch den Verletzten einer Straftat, S. 174.

1970 *Raum*, StraFo 2012, 395, 398; *Müssig*, GA 1999, 119, 138 f.; *Jahn*, in: Verhandlungen 67. DJT 2008, L 139, 142; *Krey*, Zur Problematik privater Ermittlungen des durch eine Straftat Verletzten, S. 100; vgl. auch: Verhandlungen 67. DJT 2008, L 180, Abstimmung V. 12.: Die Erkenntnisse aus Ermittlungen von Privatpersonen … c) sind unverwertbar, wenn sie … (cc) mit strafbaren Mitteln erlangt worden sind (angenommen 41:11:8), (dd) unter Verletzung der Menschenwürde erlangt worden sind (angenommen 53:1:8).

1971 *Haffke*, GA 1973, 65, 83; wohl auch: *Raum*, StraFo 2012, 395, 398.

1972 *Rödiger*, Strafverfolgung von Unternehmen, S. 254 f.; so wohl auch: *Raum*, StraFo 2012, 395, 398, der jedoch auch bei Vorliegen einer Straftat von der Unverwertbarkeit ausgeht.

1973 *Matula*, Private Ermittlungen, S. 207.

1974 *Matula*, Private Ermittlungen, S. 205.

Tat.[1975] *Matula* formuliert: „Umso erheblicher die verfolgte Kriminalität, desto intensiver dürfen die Mittel der Strafverfolgung ausgestaltet sein.“[1976]

Für die Abwägungslehre spricht insbesondere, dass ihr eine große Flexibilität zukommt und sie die Berücksichtigung der Besonderheiten des jeweiligen Einzelfalles ermöglicht.[1977] Genau darin ist jedoch andererseits auch die Kritik an ihr begründet. Befürchtet wird eine Vielzahl von Einzelfallentscheidungen, die große Rechtsunsicherheiten mit sich bringen.[1978]

Bei privaten Ermittlungen im Rahmen einer unternehmensinternen Untersuchung wird regelmäßig in das allgemeine Persönlichkeitsrecht der betroffenen Mitarbeiter eingegriffen. Die Menschenwürde oder der Kernbereich des Persönlichkeitsrechts werden dabei in aller Regel jedoch nicht berührt. Daher hat eine Abwägung der Interessen der betroffenen Arbeitnehmer gegen das staatliche Strafverfolgungsinteresse stattzufinden. Dabei muss auf Seiten der Mitarbeiter die Schwere des Eingriffes berücksichtigt werden. Dem steht auf der anderen Seite jedoch die wesentlich erleichterte Sachverhaltsaufklärung, die Schwere der Straftaten sowie die von Seiten des Unternehmens nachvollziehbaren Gründe für die Durchführung eigener Ermittlungen gegenüber. Regelmäßig wird daher nicht davon auszugehen sein, dass die Beweismittel einem Verwertungsverbot unterliegen.[1979]

4. Zusammenfassung

Letztlich kann somit festgestellt werden, dass der Arbeitgeber selbst bei rechtswidriger Beweisgewinnung wohl nicht befürchten muss, dass die gewonnenen Beweismittel in einem Strafverfahren nicht verwertet werden dürfen. Eine Beweisgewinnung, die einen extremen Menschenrechtsverstoß darstellt, wird in aller Regel nicht vorliegen, da dafür bspw. erforderlich wäre, dass der Arbeitgeber oder private Ermittler den Arbeitnehmer foltert, um an die Aussage zu gelangen. Auch unter Zugrundelegung der Abwägungslehre gelangt man regelmäßig zu dem Ergebnis, dass die Strafverfolgungsinteressen überwiegen, sofern es um die Aufklärung von nicht nur geringfügigen Straftaten geht. Lediglich die Ansicht,

---

1975 *Matula*, Private Ermittlungen, S. 201, 205.

1976 *Matula*, Private Ermittlungen, S. 205.

1977 *Matula*, Private Ermittlungen, S. 167; *Hassemer/Matussek*, Das Opfer als Verfolger, S. 79.

1978 In diese Richtung: *Mende*, Grenzen privater Ermittlungen durch den Verletzten einer Straftat, S. 73, 177.

1979 *Matula*, Private Ermittlungen, S. 220 ff.

die auch bei strafrechtlich sanktionierter Beweisgewinnung ein Verwertungsverbot annimmt, gelangt bei einer Strafbarkeit des Arbeitgebers oder privaten Ermittlers zu einem abweichenden Ergebnis.

Auf der anderen Seite muss der Arbeitnehmer stets damit rechnen, dass auch rechtswidrig im Rahmen einer unternehmensinternen Ermittlung erlangte Beweismittel in einem Strafverfahren gegen ihn verwertet werden können. Hierbei ist jedoch zu berücksichtigen, dass nach überzeugender Ansicht die selbstbelastende Aussage im Rahmen eines Interviews regelmäßig einem Beweisverwertungsverbot unterliegt – unabhängig von der Zulässigkeit der Beweiserhebung, vgl. S. 290 ff.

II. Zivilprozess

1. Grundsätze der Verwertbarkeit

Das Zivilprozessrecht kennt keine normierten Beweisverwertungsverbote.[1980] Vielmehr gelten – ebenso wie im Arbeitsgerichtsverfahren – die Dispositionsmaxime und der Beibringungsgrundsatz. Das Gericht darf daher – anders als im Strafverfahren – nur den von den Parteien vorgetragenen Sachverhalt und die von ihnen vorgebrachten Beweise verwerten, ist aber andersherum auch daran gebunden.[1981] Bei der Entscheidungsfindung ist das Gericht dementsprechend verpflichtet, den Sachvortrag und die Beweise zu berücksichtigen, § 286 ZPO i.V.m. Art. 103 Abs. 1 GG.[1982] Daraus folgt, dass die Verwertung von vorgebrachten Beweismitteln grundsätzlich erfolgen muss. Eine Ausnahme bedarf einer besonderen Legitimation.[1983] Fraglich ist, ob dieser Grundsatz auch im Falle rechtswidrig erlangter Beweismittel gilt. Die ZPO enthält jedoch keine ausdrückliche Regelung zur Beweisverwertung.[1984] Eine Regelung, die besagt, dass

1980 *Vogt*, NJOZ 2009, 4206, 4216; *Greeve/Tsambikakis*, in: Internal Investigations, Kap. 17 Rn. 24; Lützeler/Müller-Sartori, CCZ 2011, 19, 23.

1981 BAG, NZA 2008, 1008, 1010; BAG, NZA 2011, 571, 573.

1982 BAGE 105, 356, 361; BAG, NZA 2008, 1008, 1010.

1983 *Höld*, Die Überwachung von Arbeitnehmern, S. 480; *Schlewing*, NZA 2004, 1071, 1073.

1984 *Jahn*, StV 2009, 41, 45; *Prütting*, in: MüKo ZPO, § 284 Rn. 65; *Bergwitz*, NZA 2012, 353; *Balthasar*, JuS 2008, 35; *Kratz/Gubbels*, NZA 2009, 652, 655; vgl. auch: BGHZ 153, 165, 170; *Dauster/Braun*, NJW 2000, 313, 317 ff., die daher schon die Existenz und Notwendigkeit der Verwertungsverbote ablehnen, zudem sehe bereits das materielle Recht eine Sanktionierung der rechtswidrigen Beweiserlangung vor, außerdem werde erheblich in die Struktur des Zivilverfahrensrechts eingegriffen, allein der Gesetzgeber könne daher über ein Beweisverwertungsverbot entscheiden.

rechtswidrig erlangte Beweismittel per se nicht im Prozess verwendet werden dürfen, sucht man vergeblich.[1985] Vielmehr muss im Einzelfall auf die allgemeinen Grundsätze zurückgegriffen werden.[1986] In Rechtsprechung und Literatur ist jedoch umstritten, ob hinsichtlich materiell rechtswidrig erlangter Beweismittel ein Verwertungsverbot besteht. Im Wesentlichen werden drei unterschiedliche Meinungen vertreten.[1987]

a. Annahme eines Beweisverwertungsverbotes

Teilweise wird vertreten, dass in unrechtmäßiger Weise erlangte Beweise grundsätzlich einem Beweisverwertungsverbot unterliegen.[1988] Begründet wird dies mit dem Grundsatz der Einheit der Rechtsordnung und von Treu und Glauben.[1989]

Diese Argumente vermögen jedoch nicht zu überzeugen, da zwischen der Erlangung und der Verwertung eines Beweises zu trennen sei.[1990] Aus einer unzulässigen Beweiserhebung folgt also gerade nicht automatisch auch ein Verwertungsverbot.[1991] Zudem wird übersehen, dass der Beweisführer ein Recht auf rechtliches Gehör, Art. 103 Abs. 1 GG, und ein faires Verfahren hat, womit ein verfassungsrechtlicher Anspruch auf Beweiserhebung einhergeht. Das Gericht ist verpflichtet, „beiden Parteien in gleicher Weise Recht zu gewähren."[1992] Die generelle Annahme eines Verwertungsverbotes wegen unrechtmäßiger Beweiserhebung erscheint schon deshalb bedenklich.[1993] Vielmehr sind angebotene Beweismittel grundsätzlich vom Gericht zu berücksichtigen.[1994]

1985 *Bissels/Lützeler*, BB 2012, 189, 190; *Salvenmoser/Schreier*, in: Handbuch Wirtschaftsstrafrecht, 15. Teil Rn. 73; *Panzer*, Mitarbeiterkontrolle und neue Medien, S. 291.

1986 *Kratz/Gubbels*, NZA 2009, 652, 655.

1987 *Salvenmoser/Schreier*, in: Handbuch Wirtschaftsstrafrecht, 15. Teil Rn. 73; *Prütting*, in: MüKo ZPO, § 284 Rn. 65.

1988 LG Frankfurt a.M., NJW 1982, 1056; so wohl auch: LG Kassel, NJW-RR 1990, 62.

1989 Vgl.: *Leipold*, in: Stein/Jonas, ZPO, § 284 Rn. 87; **a.A.**: *Prütting*, in: MüKo ZPO, § 284 Rn. 66; *Werner*, NJW 1988, 993, 999.

1990 *Altenburg/Leister*, NJW 2006, 469, 471; *Bergwitz*, NZA 2012, 353; *Schlewing*, NZA 2004, 1071, 1073; *Werner*, NJW 1988, 993, 997, 999.

1991 BAG, NZA 2008, 1008, 1010; *Bergwitz*, NZA 2012, 353; *Werner*, NJW 1988, 993, 999; vgl. auch: BGHZ 166, 283, 288 f.

1992 *Dauster/Braun*, NJW 2000, 313, 317.

1993 *Dauster/Braun*, NJW 2000, 313, 317; im Ergebnis auch: *Bergwitz*, NZA 2012, 353, 354.

1994 *Bergwitz*, NZA 2012, 353, 354; *Werner*, NJW 1988, 993, 998.

b. Ablehnung eines Beweisverwertungsverbotes[1995]

Teilweise wurde auch die Ansicht vertreten, dass Beweise im Zivilprozess grundsätzlich unabhängig von der materiell rechtlichen Lage verwertet werden können. Ob Beweismittel in unzulässiger Weise erlangt wurden, spiele hier grundsätzlich keine Rolle, da die Verschaffung und die Verwertung von Beweisen strikt zu trennen sei.[1996] Als Argument wurde auf das Interesse an der Wahrheitsfindung hingewiesen.[1997] Die im Zivilprozess geltende Dispositionsmaxime bringe es jedoch mit sich, dass die Parteien dem Gericht übereinstimmend auch unwahre Tatsachen vorlegen können, an die das Gericht dann bei der Entscheidungsfindung gebunden ist. Daher könne das Argument nicht überzeugen.[1998]

c. Vermittelnde Ansicht – Abwägung im Einzelfall

BVerfG[1999], BGH[2000] und die herrschende Lehre[2001] vertreten eine differenzierte Ansicht, wonach in jedem Einzelfall eine umfassende Güter- und Interessenabwägung zu erfolgen hat. Ob ein in rechtswidriger Weise erlangter Beweis verwertbar ist, hängt dabei maßgeblich von dem Verhältnis der Schwere des Verstoßes und dem zivilrechtlichen Beweisführungsinteresse ab.[2002] Die Tatsache, dass das Beweismittel schlicht rechtswidrig erlangt wurde, reiche allein nicht zur Annahme eines Beweisverwertungsverbotes aus. Ein Verstoß gegen einfaches Recht ziehe daher grundsätzlich kein Beweisverwertungsverbot nach sich. Liegt jedoch ein Verstoß gegen grundrechtliche Positionen, insbesondere das allgemeine Persönlichkeitsrecht, vor, komme hingegen (regelmäßig[2003]) ein Verwertungsverbot

---

1995 *Salvenmoser/Schreier*, in: Handbuch Wirtschaftsstrafrecht, 15. Teil Rn. 75: Diese Ansicht wird allerdings nicht mehr vertreten.

1996 *Werner*, NJW 1988, 993, 1002.

1997 *Werner*, NJW 1988, 993, 1002; **a.A.**: *Fischer*, BB 1999, 154, 155.

1998 *Dauster/Braun*, NJW 2000, 313, 317; im Ergebnis auch: *Prütting*, in: MüKo ZPO, § 284 Rn. 66.

1999 Vgl. nur: BVerfGE 106, 28; BVerfGE 34, 238.

2000 Vgl. nur: BGH, NJW 1991, 1180; BGH, NJW 1994, 2289.

2001 *Salvenmoser/Schreier*, in: Handbuch Wirtschaftsstrafrecht, 15. Teil Rn. 76; *Balthasar*, JuS 2008, 35; *Bergwitz*, NZA 2012, 353, 354; *Lützeler/Müller-Sartori*, CCZ 2011, 19, 24; *Vogt*, NJOZ 2009, 4206, 4216; *Panzer*, Mitarbeiterkontrolle und neue Medien, S. 292 ff.; *Kiethe*, MDR 2005, 965, 966; im Ergebnis auch: *Prütting*, in: MüKo ZPO, § 284 Rn. 65 f.

2002 *Klengel/Mückenberger*, CCZ 2009, 81, 82; *Salvenmoser/Schreier*, in: Handbuch Wirtschaftsstrafrecht, 15. Teil Rn. 76; auch: *Fischer*, BB 1999, 154, 155.

2003 *Salvenmoser/Schreier*, in: Handbuch Wirtschaftsstrafrecht, 15. Teil Rn. 76; *Prütting*, in: MüKo ZPO, § 284 Rn. 67; *Bergwitz*, NZA 2012, 353, 354; *Lelley*, Internet am

in Betracht.[2004] Überwiegt jedoch ein für die Verwertung sprechendes Interesse des Beweisführers das Persönlichkeitsrecht des Betroffenen, so sei auch hier ausnahmsweise von einer Verwertbarkeit des Beweises auszugehen.[2005] Insofern sei stets eine Einzelfallentscheidung zu treffen.[2006] Allein das Interesse des Beweisführers, sich ein Beweismittel für zivilrechtliche Ansprüche zu verschaffen, genügt jedoch nicht.[2007] Insoweit müssten weitere Interessen auf Seiten des Beweisführers hinzutreten, die für die Verwertbarkeit sprechen.[2008] Insbesondere Notwehr- oder notwehrähnliche Situationen könnten im Rahmen einer umfassenden Interessen- und Güterabwägung rechtfertigend wirken.[2009] In einer derartigen Situation habe der Arbeitgeber letztlich keine andere Möglichkeit, als die Pflichtverletzung des Arbeitnehmers durch einen Eingriff in dessen allgemeines Persönlichkeitsrecht zu unterbinden.[2010]

Bei der vorzunehmenden Abwägung stets zu berücksichtigen sei, dass das Rechtsstaatsprinzip aus Art. 20 Abs. 3 GG der Rechtspflege hohe Bedeutung zumisst. Hinzukomme das Recht auf rechtliches Gehör, Art. 103 Abs. 1 GG, und § 286 ZPO, sodass eingebrachte Beweismittel grundsätzlich auch vom Gericht

Arbeitsplatz, Rn. 165; *Panzer*, Mitarbeiterkontrolle und neue Medien, S. 294; vgl. auch: BVerfG, NJW 1992, 815, 816; BGHZ 27, 284, 290; **a.A.**: *Balthasar*, JuS 2008, 35, 39 spricht sich gegen die Annahmen aus, dass im Regelfall ein Verwertungsverbot besteht, da es zum Automatismus werde, obwohl Persönlichkeitsrecht und Recht auf rechtliches Gehör gleichranging sind.

2004 *Salvenmoser/Schreier*, in: Handbuch Wirtschaftsstrafrecht, 15. Teil Rn. 76; *Prütting*, in: MüKo ZPO, § 284 Rn. 66; *Rhotert*, BB 1999, 1378; *Panzer*, Mitarbeiterkontrolle und neue Medien, S. 292.

2005 *Salvenmoser/Schreier*, in: Handbuch Wirtschaftsstrafrecht, 15. Teil Rn. 76; *Lelley*, Internet am Arbeitsplatz, Rn. 165; *Vogt*, NJOZ 2009, 4206, 4216 f.

2006 *Salvenmoser/Schreier*, in: Handbuch Wirtschaftsstrafrecht, 15. Teil Rn. 76; *Vogt*, NJOZ 2009, 4206, 4216; *Panzer*, Mitarbeiterkontrolle und neue Medien, S. 292.

2007 BVerfGE 117, 202, 241; BVerfGE 106, 28, 49 f.; BGHZ 27, 284, 290; BGH, NJW 2003, 1727, 1728; BAGE 105, 356, 361; BAG, NZA 2008, 1008, 1012; *Salvenmoser/Schreier*, in: Handbuch Wirtschaftsstrafrecht, 15. Teil Rn. 76; *Bergwitz*, NZA 2012, 353, 354.

2008 BVerfGE 117, 202, 241; BVerfGE 106, 28, 49 f.; BAGE 105, 356, 361; BAG, NZA 2008, 1008, 1012; *Salvenmoser/Schreier*, in: Handbuch Wirtschaftsstrafrecht, 15. Teil Rn. 76; *Balthasar*, JuS 2008, 35, 36; *Bergwitz*, NZA 2012, 353, 354.

2009 BVerfGE 117, 202, 242; BGHZ 27, 284, 289 f.; BGH, NJW 2003, 1727, 1728; BAGE 105, 356, 361; BAG, NZA 2008, 1008, 1012; *Klengel/Mückenberger*, CCZ 2009, 81, 82; *Salvenmoser/Schreier*, in: Handbuch Wirtschaftsstrafrecht, 15. Teil Rn. 76; *Bergwitz*, NZA 2012, 353, 354; *Balthasar*, JuS 2008, 35, 36; *Dzida/Grau*, NZA 2010, 1201, 1203.

2010 *Lelley*, Internet am Arbeitsplatz, Rn. 165.

berücksichtigt werden müssen.[2011] Im Rahmen der Abwägung sei neben der Intensität des Eingriffs auch der Umstand beachtlich, ob der Beweisführer für die Art und Weise der Beweisbeschaffung einen nachvollziehbaren Anlass hatte und es um Straftaten geht, die praktisch nicht anders aufgeklärt werden können.[2012]

Auch hier finden sich zahlreiche unterschiedliche Ansätze. Teilweise wird bspw. vertreten, dass Beweismittel, die durch eine Straftat erlangt wurden, grundsätzlich nicht verwertbar seien.[2013] Andere stellen maßgeblich auf den Schutzzweck der verletzten Norm ab, wobei allerdings auf die Verwertung im Prozess abzustellen sei und nicht auf die Erlangung des Beweismittels.[2014]

Auch diese vermittelnde Position wird jedoch kritisiert. Sie führe zu Einzelfallentscheidungen und allen damit verbundenen Unwägbarkeiten, wie insbesondere der Ungewissheit hinsichtlich des Bestehens eines Verwertungsverbotes.[2015]

d. Stellungnahme

Die beiden zuerst genannten extremen Ansichten können nicht überzeugen. Da weder die Wahrheitspflicht im Zivilprozess den absoluten Vorrang genießt noch allein die Rechtswidrigkeit der Beweiserlangung in jedem Falle zur Annahme eines Verwertungsverbotes führen kann, überzeugt weder die generelle Ablehnung noch die generelle Annahme eines Beweisverwertungsverbotes.[2016] Zustimmung verdient vielmehr die vermittelnde Ansicht, die eine Abwägung im Einzelfall vornimmt. Sie bietet die nötige Flexibilität, um im Einzelfall zu interessengerechten Ergebnissen zu gelangen.

Bei einem Verstoß gegen § 32 BDSG gelten die dargestellten, allgemeinen Grundsätze,[2017] sodass allein aus einem Verstoß gegen datenschutzrechtliche

---

2011 BAGE 105, 356, 361; LAG Hessen, Urt. v. 2.3.2011 – 6 Sa 872/10 (juris); *Balthasar*, JuS 2008, 35; *Bergwitz*, NZA 2012, 353, 354.

2012 *Balthasar*, JuS 2008, 35, 39; *Vogt*, NJOZ 2009, 4206, 4216 f.

2013 *Prütting*, in: MüKo ZPO, § 284 Rn. 67 (hinsichtlich §§ 201 bis 203 StGB).

2014 *Prütting*, in: MüKo ZPO, § 284 Rn. 66; *Balthasar*, JuS 2008, 35; *Leipold*, in: Stein/Jonas, ZPO, § 284 Rn. 88; im Ergebnis wohl auch: *Bergwitz*, NZA 2012, 353, 354.

2015 *Dauster/Braun*, NJW 2000, 313, 317.

2016 *Prütting*, in: MüKo ZPO, § 284 Rn. 66; *Höld*, Die Überwachung von Arbeitnehmern, S. 480; *Dauster/Braun*, NJW 2000, 313, 317; *Panzer*, Mitarbeiterkontrolle und neue Medien, S. 292.

2017 *Seifert*, in: Simitis, BDSG, § 32 Rn. 190, 193; im Ergebnis auch: *Salvenmoser/Schreier*, in: Handbuch Wirtschaftsstrafrecht, 15. Teil Rn. 81; noch zu § 28 BDSG: *Kock/Francke*, NZA 2009, 646, 651; vgl. zur Verwertbarkeit von Beweisen aus Videoüberwachung, § 6b Abs. 3 BDSG: *Bergwitz*, NZA 2012, 353, 355 ff.; *Grimm/Schiefer*, RdA 2009, 329, 339 ff.; vgl. auch: LAG Hamm, RDV 2005, 170.

Bestimmungen kein Verwertungsverbot resultiert, sofern kein (schwerwiegender) Eingriff in das Persönlichkeitsrecht vorliegt.[2018] Bei der Durchführung der unternehmensinternen Untersuchungen findet regelmäßig jedoch ein Eingriff in das allgemeine Persönlichkeitsrecht der betroffenen Arbeitnehmer statt, sodass eine Abwägung der Interessen erforderlich ist. Überschreitet der Arbeitgeber bei Durchführung der internen Ermittlungen die Grenzen des § 32 BDSG, kann daher ein Verwertungsverbot hinsichtlich der gewonnenen Beweismittel bestehen. Lediglich im Ausnahmefall kann ein Beweismittel, das durch eine rechtswidrige, in das allgemeine Persönlichkeitsrecht des Betroffenen eingreifende Maßnahme gewonnen wurde, verwertet werden. Maßgeblich sind dabei jedoch stets die konkreten Umstände des Einzelfalles. Zugunsten des Arbeitgebers ist dabei zu berücksichtigen, dass er zur Aufklärung eines Straftatverdachts gehandelt hat.[2019]

2. *Verwertungsverbot des Sachvortrags*

Im Zivil- und Arbeitsgerichtsverfahren muss – anders als im Strafverfahren – zwischen Beweisverwertungsverboten und „Sachvortragsverwertungsverboten“ unterschieden werden.[2020] Von einem Beweisverwertungsverbot spricht man, wenn eine Partei zum Beweis einer streitigen Tatsache ein Beweismittel vorlegt, das möglicherweise auf Grund der rechtswidrigen Gewinnung nicht verwertet werden darf. Ein „Sachvortragsverwertungsverbot“ wird hingegen hinsichtlich unstreitiger Tatsachen diskutiert, deren Kenntnis jedoch auf rechtswidrige Weise erlangt wurde.

Da im Zivilrecht die Dispositionsmaxime und der Beibringungsgrundsatz gelten, darf das Gericht nur die von den Parteien vorgebrachten Beweise verwerten, ist aber zugleich auch an den Parteivortrag gebunden. Ein Verwertungsverbot von Sachvorträgen kennt das Zivilprozessrecht daher grundsätzlich nicht. Sachvorträge sind entweder unschlüssig oder unbewiesen, nicht aber unverwertbar.[2021] Ist eine Tatsache unbestritten, bedarf es keiner Beweiserhebung, sodass sich die Frage nach dem Bestehen eines Beweisverwertungsverbotes gar nicht stellt.[2022] Zu prüfen ist dennoch, ob eine rechtswidrig erlangte Tatsachenkenntnis,

---

2018 *Kort*, in: Bitburger Gespräche, S. 45, 75; *Kock/Francke*, NZA 2009, 646, 651; anders wohl: *Weißnicht*, MMR 2003, 448, 451.

2019 Vgl.: LAG Hamm, DuD 2013, 50.

2020 *Bergwitz*, NZA 2012, 353, 359; *Dzida/Grau*, NZA 2010, 1201; *Balthasar*, JuS 2008, 35 Fn. 1.

2021 BAG, NZA 2008, 1008, 1010; BAG, NZA 2011, 571, 573.

2022 *Bergwitz*, NZA 2012, 353, 359; *Lunk*, NZA 2009, 457.

auf die sich der unstreitige Sachvortrag bezieht, im Prozess verwertbar ist. Ausnahmsweise komme ein Sachvortragsverwertungsverbot in Betracht, „wenn der Schutzzweck der bei der Informationsgewinnung verletzten Norm einer gerichtlichen Verwertung der Information zwecks Vermeidung eines Eingriffs in höherrangige Rechtspositionen dieser Partei zwingend entgegensteht.“[2023] Dementsprechend kommt ein Verwertungsverbot nur in Betracht, wenn in verfassungsrechtlich geschützte Grundpositionen einer Prozesspartei eingegriffen wird.[2024] Das Gericht ist bei der Urteilsfindung gemäß Art. 1 Abs. 3 GG an die Grundrechte gebunden. Daraus folgt zwar nicht, dass jede unzulässig erlangte Information nicht verwertet werden darf, doch muss im Einzelfall eine unzulässig erlangte Information unverwertbar sein, „wenn mit ihrer gerichtlichen Verwertung ein erneuter Eingriff in rechtlich geschützte, hochrangige Positionen der anderen Prozesspartei oder die Perpetuierung eines solchen Eingriffs verbunden wäre, und dies auch durch schutzwürdige Interessen der Gegenseite … nicht gerechtfertigt werden könnte“.[2025] Im Wesentlichen sei im Rahmen der vorzunehmenden Güterabwägung damit derselbe Prüfungsmaßstab anzulegen wie bei den Beweisverwertungsverboten.[2026]

Das BAG begründet die Annahme eines Sachvortragsverwertungsverbotes damit, dass der Prozessgegner objektiv zutreffende Tatsachen auf Grund seiner prozessualen Wahrheitspflicht nicht bestreiten kann, da ihm insoweit kein Recht

---

2023 BAG, NZA 2011, 571, 573; so auch: BAG, NZA 2008, 1008, 1011; LAG Hessen, Urt. v. 21.1.2013 – 17 Sa 904/12, Tz. 23 (juris); **a.A.**: LAG Mecklenburg-Vorpommern, Urt. v. 18. 5. 2004 – 1 Sa 387/03, Tz 47 f. (juris); LAG Sachen-Anhalt, Urt. v. 15. 4. 2008 – 11 Sa 522/07, Tz. 41 (juris); vgl. aber auch: OLG Karlsruhe, NJW 2000, 1577, 1578: Sachvortragsverbot bei rechtswidriger Erlangung der Kenntnis; ausdrücklich gegen OLG Karlsruhe: *Kümpers*, Einsatz elektronischer Informations- und Kommunikationssysteme am Arbeitsplatz, S. 216, Arg.: dogmatische Bedenken, Verstoß gegen Dispositions- und Verhandlungsmaxime.

2024 BAG, NZA 2008, 1008, 1010.

2025 BAG, NZA 2011, 571, 573; so auch: BAG, NZA 2008, 1008, 1010 f.; **a.A.**: LAG Sachsen-Anhalt, Urt. v. 15.4.2008 – 11 Sa 522/07, Tz. 41 (juris, Vorinstanz), das Sachvortragsverwertungsverbot ganz grds. ablehnt und die Partei auf Möglichkeit des Bestreitens der Tatsache verweist; BAG, NZA 2011, 571, 574 wendet dagegen jedoch ein, dass der Partei kein Recht zur Lüge zustehe und diese ggf. gar dem Vorwurf des Versuchs eines Prozessbetruges ausgesetzt sei, weshalb Auffassung des LAG nicht überzeuge; dazu auch: *Lunk*, NZA 2009, 457, 458 f.

2026 *Bergwitz*, NZA 2012, 353, 359.

zur Lüge zusteht. Jedenfalls könne er nicht dazu verpflichtet sein, wider besseres Wissen einen richtigen Sachvortrag zu bestreiten.[2027]

Festzuhalten bleibt aber, dass auch das BAG grundsätzlich das Bestehen eines Sachvortragsverwertungsverbotes ablehnt. Lediglich in engen Ausnahmefällen könne im Einzelfall zu dem Ergebnis gelangt werden, dass unzulässig erlangte Informationen trotz Nichtbestreitens im Prozess nicht verwertet werden dürfen.[2028]

Für den Arbeitgeber bedeutet dies, dass im (absoluten) Ausnahmefall selbst unbestrittene Tatsachen, deren Kenntnis jedoch auf einer rechtswidrigen Untersuchungsmaßnahme beruht, einem „Sachvortragsverwertungsverbot" unterliegen und daher nicht verwertet werden dürfen. Voraussetzung dafür ist jedoch, dass der Schutzzweck der verletzten Norm der Verwertung zwingend entgegensteht. Mit der Verwertung muss ein erneuter oder perpetuierender Eingriff in rechtlich geschützte, hochrangige Positionen des Arbeitnehmers verbunden sein, der nicht durch schutzwürdige Interessen des Arbeitgebers gerechtfertigt ist.

III. Arbeitsgerichtsverfahren

1. Rechtswidrige Beweisgewinnung

Auch im Arbeitsgerichtsgesetz (ArbGG) finden sich keine Regelungen zur Verwertbarkeit rechtswidrig erlangter Beweise.[2029] Im Arbeitsgerichtsverfahren gelten grundsätzlich jedoch besonders strenge Maßstäbe für die Verwertbarkeit rechtswidrig erlangter Beweismittel. Hintergrund ist das zwischen Arbeitnehmer und Arbeitgeber bestehende Ungleichgewicht und die generell angenommene Schutzbedürftigkeit des Arbeitnehmers.[2030] Auch im Arbeitsrecht ist umstritten, welche Auswirkungen die rechtswidrige Beweisgewinnung auf die Verwertbarkeit der Beweise im Arbeitsgerichtsverfahren hat.

2027 BAG, NZA 2011, 571, 574; zustimmend: *Maschmann*, NZA-Beilage 2012, 50, 57 f.; **a.A.**: LAG Sachen-Anhalt, Urt. v. 15. 4. 2008 – 11 Sa 522/07, Tz. 41 (juris).

2028 BAG, NZA 2008, 1008, 1010 f.; BAG, NZA 2011, 571, 573; zustimmend: *Bergwitz*, NZA 2012, 353, 359; im Ergebnis wohl auch: *Lunk*, NZA 2009, 457, 458 f., der jedoch erhebliche Bedenken äußert; **a.A.**: *Grimm/Schiefer*, RdA 2009, 319, 342; *Dzida/Grau*, NZA 2010, 1201, 1205 f.; ablehnend wohl auch: LAG Hessen, Urt. v. 2.3.2011 – 6 Sa 872/10 (juris).

2029 ArbG Düsseldorf, ZD 2011, 185, 187; *Grimm/Strauf*, ZD 2011, 188, 189; *Dzida/Grau*, NZA 2010, 1201, 1202.

2030 *Klengel/Mückenberger*, CCZ 2009, 81, 82; *Salvenmoser/Schreier*, in: Handbuch Wirtschaftsstrafrecht, 15. Teil Rn. 77.

a. Zwei extreme Ansichten

Teilweise wird vertreten, dass der Wahrheitsfindung vor dem Persönlichkeitsrecht des betroffenen Arbeitnehmers absoluter Vorrang gebührt, sodass eine materiell rechtswidrige Beweisgewinnung nicht zu einem Verwertungsverbot führt.[2031] Andere vertreten, dass generell jede rechtswidrige Beweisgewinnung zu einem Verwertungsverbot im späteren Prozess führt.[2032] Diese beiden extremen Ansichten können jedoch nicht überzeugen, da eine Abwägung der gegenläufigen Interessen des Arbeitgebers und des Arbeitnehmers nicht stattfindet.[2033]

b. Vermittelnde Ansicht

Überwiegend wird daher eine vermittelnde Ansicht vertreten, die eine Abwägung der Interessen vornimmt. Danach führt nicht jeder materiell rechtliche Verstoß im Rahmen der Beweisgewinnung auch zu einem Verwertungsverbot.[2034] Ein solches ist vielmehr nur anzunehmen, wenn ein Beweismittel unter unverhältnismäßiger Verletzung von Grundrechten erlangt wurde.[2035]

Ist das Beweismittel durch einen rechtswidrigen Eingriff in verfassungsrechtlich geschützte Grundrechtspositionen anderer erlangt worden, so droht stets ein Beweisverwertungsverbot.[2036] Grundsätzlich dürfen derart rechtswidrig erlangte Beweismittel im Arbeitsgerichtsverfahren also nicht verwertet werden.[2037] Nur

---

2031 *Sauer*, Prozessrechtslehre, 1951, S. 138; **a.A.**: BAG, NZA 2008, 1008, 1010; LAG Hessen, Urt. v. 2.3.2011 – 6 Sa 872/10 (juris); ArbG Düsseldorf, ZD 2011, 185, 187; *Grimm/Strauf*, ZD 2011, 188, 189.

2032 *Ernst*, NZA 2002, 585, 590; *Beckschulze/Henkel*, DB 2001, 1491, 1497; *Däubler*, Internet und Arbeitsrecht, Rn. 271; so wohl auch: LAG Baden-Württemberg, BB 1999, 1439; *Weißnicht*, MMR 2003, 448, 451; **a.A.**: BAG, NZA 2008, 1008, 1010; *Bergwitz*, NZA 2012, 353.

2033 *Kratz/Gubbels*, NZA 2009, 652, 655; im Ergebnis auch: *Hiebl/Becker*, in: Münchener Anwaltshandbuch Strafverteidigung, § 30 Rn. 122.

2034 BAG, NZA 2008, 1008, 1010 f.; *Kock/Francke*, NZA 2009, 646, 651; *Dzida/Grau*, NZA 2010, 1201, 1202; *Hiebl/Becker*, in: Münchener Anwaltshandbuch Strafverteidigung, § 30 Rn. 122; *Rübenstahl*, WiJ 2012, 17, 26.

2035 *Lunk*, NZA 2009, 457, 464; *Grimm/Strauf*, ZD 2011, 188, 189; *Rübenstahl*, WiJ 2012, 17, 26; vgl. auch: BAGE 105, 356.

2036 BAGE 87, 31, 38; BAG, NZA 2008, 1008, 1011; *Salvenmoser/Schreier*, in: Handbuch Wirtschaftsstrafrecht, 15. Teil Rn. 77; *Thüsing*, Arbeitnehmerdatenschutz und Compliance, Rn. 525; *Gola*, Datenschutz am Arbeitsplatz, Rn. 473; *Maschmann*, NZA 2002, 13, 21; *Däubler*, Gläserne Belegschaften?, Rn. 429: „da sonst das rechtswidrige Tun nachträglich „belohnt" würde".

2037 BAGE 87, 31, 38; *Salvenmoser/Schreier*, in: Handbuch Wirtschaftsstrafrecht, 15. Teil Rn. 77; *Ernst*, NZA 2002, 585, 590; *Mengel*, BB 2004, 2014, 2021.

ausnahmsweise darf ein rechtswidrig erlangtes Beweismittel verwertet werden, wenn die schutzwürdigen Interessen des Arbeitgebers das Persönlichkeitsrecht des Arbeitnehmers überwiegen.[2038] Wurde bei der Beweisgewinnung gegen ein Strafgesetz verstoßen, so sei der Beweis regelmäßig nicht verwertbar, es sei denn, zu Gunsten des Arbeitgebers greifen Rechtfertigungsgründe ein oder es handelt sich um die berechtigte Wahrnehmung höherrangiger Interessen.[2039]

Auch *Kratz/Gubbels* stimmen dieser Ansicht im Wesentlichen zu, bemängeln aber, dass überwiegend im Rahmen der Abwägung direkt auf die unrechtmäßige Erlangung des Beweismittels abgestellt werde. Richtig sei jedoch vielmehr eine Trennung der materiellen und prozessualen Rechtmäßigkeit, sodass das Bestehen eines Verwertungsverbotes an die Rechtswidrigkeit der Verwertung im Prozess anknüpfe.[2040] Die Verwertung des Beweismittels müsse einen erneuten bzw. perpetuierenden Eingriff in höherrangige Rechtpositionen des Betroffenen darstellen.[2041] Zumindest mittelbar stehe die Beweisverwertung jedoch im Zusammenhang mit der rechtswidrigen Beweiserlangung, da die Beweisverwertung im Prozess, im Falle einer rechtswidrigen Erlangung des Beweises, grundsätzlich auch rechtswidrig sei.[2042] Somit fielen die materielle Zulässigkeit der Arbeitnehmerüberwachung und die prozessuale Verwertbarkeit letztlich doch häufig zusammen.[2043]

c. Stellungnahme

Der Arbeitgeber muss insbesondere im Arbeitsgerichtsverfahren befürchten, dass rechtswidrig erlangte Beweismittel einem Verwertungsverbot unterliegen. *Kratz/Gubbels* stellen zusammenfassend fest, dass letztlich jede Verwertung eines rechtswidrig, unter Verstoß gegen das allgemeine Persönlichkeitsrecht erlangten Beweises im Prozess rechtswidrig ist, da bereits im Rahmen der Beurteilung der Rechtmäßigkeit der Kontrollmaßnahme eine Interessenabwägung stattgefunden

---

2038 *Salvenmoser/Schreier*, in: Handbuch Wirtschaftsstrafrecht, 15. Teil Rn. 77; *Maschmann*, NZA 2002, 13, 21; **a.A.**: *Kratz/Gubbels*, NZA 2009, 652, 656, die die Existenz von Ausnahmen bezweifeln.

2039 *Salvenmoser/Schreier*, in: Handbuch Wirtschaftsstrafrecht, 15. Teil Rn. 77.

2040 *Kratz/Gubbels*, NZA 2009, 652, 656; so schon *Werner*, NJW 1988, 993, 1000.

2041 BAG, NZA 2008, 1008, 1010 f.; BAGE 87, 31, 38; LAG Hessen, Urt. v. 2.3.2011 – 6 Sa 872/10 (juris); *Kratz/Gubbels*, NZA 2009, 652, 656; *Bergwitz*, NZA 2012, 353, 354; *Panzer*, Mitarbeiterkontrolle und neue Medien, S. 293; *Haußmann/Krets*, NZA 2005, 259, 263.

2042 *Kratz/Gubbels*, NZA 2009, 652, 656; vgl. auch: *Panzer*, Mitarbeiterkontrolle und neue Medien, S. 293 f.

2043 *Höld*, Die Überwachung von Arbeitnehmern, S. 490.

hat. Es sei „... kaum denkbar, dass die Kontrollmaßnahme des Arbeitgebers einen rechtswidrigen Eingriff in das Persönlichkeitsrecht des Arbeitnehmers darstellt, die Verwertung der dadurch gewonnen Beweise aber rechtmäßig sein soll."[2044]

2. *Nichteinbeziehung des Betriebsrates*[2045]

Im Rahmen interner Ermittlungen spielt vor allem das Mitbestimmungsrecht des Betriebsrates nach § 87 Abs. 1 Nr. 6 BetrVG eine Rolle. Fraglich ist, ob ein unter Missachtung dieses Rechts gewonnenes Beweismittel in einem sich anschließenden Arbeitsgerichtsverfahren gegen den betroffenen Mitarbeiter verwertet werden kann oder ob aus der Nichteinbeziehung des Betriebsrates ein Beweisverwertungsverbot resultiert.

a. Annahme eines Beweisverwertungsverbotes

Teilweise wird bei Verstoß gegen Mitbestimmungsrechte des Betriebsrates grundsätzlich ein Beweisverwertungsverbot angenommen.[2046] Begründet wird dies unter anderem mit der Schutzrichtung der Mitbestimmungsrechte.[2047] Zudem gebiete die Theorie der Wirksamkeitsvoraussetzung, dass eine unter Verletzung der Mitbestimmungsrechte getroffene Maßnahme nicht nur rechtswidrig, sondern sogar unwirksam sei. Daher sei es konsequent, dem Arbeitgeber die Verwertung des so erlangten Beweismittels im Prozess zu versagen.[2048]

2044 *Kratz/Gubbels*, NZA 2009, 652, 656; *Höld*, Die Überwachung von Arbeitnehmern, S. 491: „zumindest im Individualarbeitsrecht ... ein Scheinproblem".

2045 Dazu ausführlich: *Holzinger*, Beweisverwertungsverbote bei mitbestimmungswidrig erlangten Beweisen im arbeitsgerichtlichen Verfahren.

2046 LAG Bremen, RDV 2006, 24; *Fischer*, BB 1999, 154, 156 f.; *Röckl/Fahl*, NZA 1998, 1035, 1041; *Bayreuther*, NZA 2005, 1038, 1043; *Maschmann*, NZA 2002, 13, 21 nimmt Verwertungsverbot nur an, wenn verletztes Mitbestimmungsrecht dem individuellen Schutz einzelner Arbeitnehmer dient; *Gola*, Datenschutz am Arbeitsplatz, Rn. 476: „regelmäßig nicht verwertet werden dürfen, es sei denn, dass der Betriebsrat nachträglich zugestimmt hat oder zumindest zuvor hätte zustimmen müssen"; so wohl auch: LAG Hamm, Urt. v. 5.4.2006 – 3 Sa 1376/05; *Weißnicht*, MMR 2003, 448, 452: „in der Regel".

2047 *Fischer*, BB 1999, 154, 155 f.; *Hiebl/Becker*, in: Münchener Anwaltshandbuch Strafverteidigung, § 30 Rn. 127; *Gola*, Datenschutz am Arbeitsplatz, Rn. 476.

2048 *Hiebl/Becker*, in: Münchener Anwaltshandbuch Strafverteidigung, § 30 Rn. 125, 127; *Fischer*, BB 1999, 154, 155; *Maschmann*, NZA 2002, 13, 21; *Röckl/Fahl*, NZA 1998, 1035, 1038; *Bayreuther*, NZA 2005, 1038, 1043; **a.A.**: BAG, NZA 2008, 1008, 1011; LAG Hessen, Urt. v. 2.3.2011 – 6 Sa 872/10 (juris); *Schlewing*, NZA 2004, 1071, 1077.

Dagegen wird jedoch vorgebracht, dass zwischen den betriebsverfassungsrechtlichen Rechtsfolgen und den Rechtsfolgen zwischen Arbeitnehmer und Arbeitgeber unterschieden werden müsse. Im Prozess zwischen diesen beiden könne daraus kein Verwertungsverbot hergeleitet werden.[2049] Zudem werde nicht ausreichend berücksichtigt, dass zwischen der Beweiserlangung und der Verwertung unterschieden werden müsse.[2050]

b. Grundsätzliche Ablehnung

Überwiegend wird angenommen, dass allein der Verstoß gegen Mitbestimmungsrechte des Betriebsrates nicht zu einem Beweisverwertungsverbot führt.[2051] Die Sanktionen des Verstoßes gegen das Mitbestimmungsrecht seien in § 23 Abs. 3 BetrVG abschließend geregelt, einer darüber hinausgehenden Sanktionierung bedürfe es nicht.[2052] Zudem bezwecke § 87 Abs. 1 BetrVG keinen Individualschutz, der über den bereits nach allgemeinem Persönlichkeitsrecht vermittelten Schutz hinausgeht.[2053]

Auch das BAG geht davon aus, dass „für ein Verwertungsverbot [kann] allenfalls ein Verstoß gegen das Persönlichkeitsrecht und nicht ein Verstoß gegen

---

2049 *Altenburg/Leister*, NJW 2006, 469, 471; im Ergebnis auch: *Höld*, Die Überwachung von Arbeitnehmern, S. 498 f.

2050 BAG, NZA 2008, 1008, 1010; *Grimm/Schiefer*, RdA 2009, 329, 341; *Thüsing*, Arbeitnehmerdatenschutz und Compliance, Rn. 565.

2051 BAGE 105, 356, 364 f.; BAG, NZA 2008, 1008, 1010 f.; zustimmend *Lunk*, NZA 2009, 457, 463; LAG Hessen, Urt. v. 2.3.2011 - 6 Sa 872/10 (juris); ArbG Düsseldorf, ZD 2011, 185; zustimmend *Grimm/Strauf*, ZD 2011, 188, 189; *Wybitul/Böhm*, RdA 2011, 362, 363; *Rhotert*, BB 1999, 1378; *Altenburg/Leister*, NJW 2006, 469, 470, 472; *Grimm/Schiefer*, RdA 2009, 329, 341; *Schlewing*, NZA 2004, 1071, 1074; *Haußmann/Krets*, NZA 2005, 259, 263; *Mengel/Ullrich*, NZA 2006, 240, 246; *Grosjean*, DB 2003, 2650, 2653 f.; *Kort*, in: Bitburger Gespräche, S. 45, 75; *Höld*, Die Überwachung von Arbeitnehmern, S. 503; *Lelley*, Internet am Arbeitsplatz, Rn. 165; *Panzer*, Mitarbeiterkontrolle und neue Medien, S. 307; *Salvenmoser/Schreier*, in: Handbuch Wirtschaftsstrafrecht, 15. Teil Rn. 79; *Kock/Francke*, NZA 2009, 646, 651; *Böhm*, Non-Compliance und Arbeitsrecht, S. 122.

2052 BAG, NZA 2008, 1008, 1011; LAG Hessen, Urt. v. 2.3.2011 - 6 Sa 872/10 (juris); *Altenburg/Leister*, NJW 2006, 469, 471; *Grimm/Schiefer*, RdA 2009, 329, 341; *Grimm/Strauf*, ZD 2011, 188, 189; *Grosjean*, DB 2003, 2650, 2654; so wohl auch: *Thüsing*, Arbeitnehmerdatenschutz und Compliance, Rn. 570 f., der aber im Ergebnis der vermittelnden Ansicht folgt.

2053 BAG, NZA 2008, 1008, 1011; *Schlewing*, NZA 2004, 1071, 1075, 1077; *Grimm/Strauf*, ZD 2011, 188, 189.

die Regelung des § 87 Abs. 1 Nr. 1 BetrVG" entscheidend sein kann.[2054] Somit kommt ein Beweisverwertungsverbot nur in Betracht, wenn bedeutsame Grundrechtspositionen des Arbeitnehmers verletzt wurden. Ob dies der Fall ist, ist anhand einer Abwägung zu ermitteln.[2055] Im Rahmen der Interessenabwägung ist das Beweisinteresse des Arbeitgebers einerseits und das allgemeine Persönlichkeitsrecht des Arbeitnehmers andererseits zu berücksichtigen.[2056] Nach Durchführung der Abwägung ist dann in jedem Einzelfall zu entscheiden, ob ausnahmsweise ein Beweisverwertungsverbot vorliegt.[2057]

C. Fernwirkung

Sofern ein Beweisverwertungsverbot angenommen wird, stellt sich die Frage nach der Reichweite dieses Verbotes. Fraglich ist, ob dem Verwertungsverbot Fernwirkung zukommt, ob also auch solche Beweise von dem Verwertungsverbot umfasst sind, die erst auf Grund von Informationen gewonnen wurden, die ihrerseits aus einem unverwertbaren Beweisergebnis stammen.[2058]

I. Strafprozess

Die Übernahme der aus dem angloamerikanischen Rechtsraum bekannten *„fruit of the poisonous tree-doctrine"* wird im deutschen Strafverfahren grundsätzlich abgelehnt.[2059] Die mit der Doktrin begründeten Beweisverbote dienen vor allem der Disziplinierung der Polizei, wohingegen die Beweisverbote in Deutschland vielmehr die Rechtsstaatlichkeit des Verfahrens gewährleisten sollen.[2060] Gegen

---

2054 BAG, NZA 2008, 1008, 1011.

2055 BAG, NZA 2008, 1008, 1011; *Lützeler/Müller-Sartori*, CCZ 2011, 19, 24; *Salvenmoser/Schreier*, in: Handbuch Wirtschaftsstrafrecht, 15. Teil Rn. 80; *Thüsing*, Arbeitnehmerdatenschutz und Compliance, Rn. 566; so wohl auch: *Panzer*, Mitarbeiterkontrolle und neue Medien, S. 307; vgl. auch: *Rübenstahl*, WiJ 2012, 17, 26.

2056 *Salvenmoser/Schreier*, in: Handbuch Wirtschaftsstrafrecht, 15. Teil Rn. 80; *Rhotert*, BB 1999, 1378, 1379.

2057 *Salvenmoser/Schreier*, in: Handbuch Wirtschaftsstrafrecht, 15. Teil Rn. 80; *Rhotert*, BB 1999, 1378 f.

2058 *Eisenberg*, Beweisrecht der StPO, Teil 1, Kap. 3 Rn. 403.

2059 BGHSt 27, 355, 357 f.; BGHSt 34, 362, 364; BGHSt 51, 1, 8; *Meyer-Goßner*, Einl. Rn. 57; *Salvenmoser/Schreier*, in: Handbuch Wirtschaftsstrafrecht, 15. Teil Rn. 72; *Krey*, Zur Problematik privater Ermittlungen des durch eine Straftat Verletzten, S. 101; **a.A.**: *Rödiger*, Strafverfolgung von Unternehmen, S. 309.

2060 *Salvenmoser/Schreier*, in: Handbuch Wirtschaftsstrafrecht, 15. Teil Rn. 72; *Meyer-Goßner*, Einl. Rn. 57.

die Annahme einer Fernwirkung der Beweisverwertungsverbote spricht zudem, dass ein Fehler in der Beweiserhebung nicht das gesamte Strafverfahren blockieren darf.[2061] Darüber hinaus spricht auch das Interesse an einer wirksamen Strafverfolgung und der Wahrheitsermittlung gegen die Annahme der Fernwirkung von Verwertungsverboten.[2062] Wenn schon bei Verstößen der Strafverfolgungsbehörden im Rahmen der Beweisgewinnung eine Fernwirkung des Verwertungsverbotes nicht besteht, so hat dies erst recht für private Ermittlungshandlungen zu gelten.[2063]

II. Zivilprozess[2064] und Arbeitsgerichtsverfahren

Das LAG Baden-Württemberg ist in einem Urteil von 1999 in der dort konkret zu beurteilenden Konstellation davon ausgegangen, dass dem Beweisverwertungsverbot Fernwirkung zukommt.[2065] Hierbei handelt es sich jedoch um eine Einzelfallentscheidung die nicht verallgemeinerbar ist.[2066] Vielmehr wird auch im Zivil- und Arbeitsgerichtsverfahren eine Fernwirkung von Beweisverwertungsverboten grundsätzlich verneint, da sie dem deutschen Prozessrecht schlicht fremd ist.[2067] Gegen die Annahme der Fernwirkung spreche zudem, dass die Frage, ob ein Beweismittel tatsächlich nur auf Grund des nicht verwertbaren Beweises erlangt wurde oder nicht auch ohne dieses hätte erlangt werden können, häufig nur schwer zu beantworten sein wird.[2068] Ausnahmsweise könne das Verwertungsverbot jedoch Fernwirkung haben, wenn die Verwertung des auf dem rechtswidrigen Beweismittel basierenden Beweises durch das Gericht verfassungsrechtlich garantierte Rechte der Prozesspartei verletzt.[2069] In aller Regel wird das Gericht jedoch mit der Verwertung dieses („zweiten“) Beweises nicht in

---

2061 BGHSt 27, 355, 358; BGHSt 34, 362, 364; BGHSt 35, 32, 34; BGHSt 51, 1, 8; *Salvenmoser/Schreier*, in: Handbuch Wirtschaftsstrafrecht, 15. Teil Rn. 72.

2062 BGHSt 35, 32, 34.

2063 *Salvenmoser/Schreier*, in: Handbuch Wirtschaftsstrafrecht, 15. Teil Rn. 72; *Krey*, Zur Problematik privater Ermittlungen des durch eine Straftat Verletzten, S. 101.

2064 Weitgehend offen gelassen in BGHZ 166, 283.

2065 LAG Baden-Württemberg, BB 1999, 1439.

2066 *Bergwitz*, NZA 2012, 353, 359.

2067 *Bergwitz*, NZA 2012, 353, 359; *Grimm/Schriefer*, RdA 2009, 329, 342; *Riesenhuber*, in: Beck'OK Datenschutzrecht, § 32 BDSG Rn. 166; im Ergebnis auch: *Dzida/Grau*, NZA 2010, 1201, 1206; **a.A.**: *Balthasar*, JuS 2008, 35, 36.

2068 *Bergwitz*, NZA 2012, 353, 359.

2069 *Dzida/Grau*, NZA 2010, 1201, 1206; vgl. auch: *Greeve/Tsambikakis*, in: Internal Investigations, Kap. 17 Rn. 26.

das allgemeine Persönlichkeitsrecht des Betroffenen eingreifen, sodass eine Fernwirkung des Verwertungsverbotes grundsätzlich nicht in Betracht kommt.[2070]

D. Zusammenfassung

Der Arbeitgeber sollte bei der Durchführung der unternehmensinternen Untersuchungen auch an die Verwertbarkeit der gewonnen Beweismittel in sich anschließenden Prozessen denken. Ein Verwertungsverbot hinsichtlich rechtswidrig erlangter Beweismittel kann grundsätzlich sowohl im Straf- als auch im Zivil- und Arbeitsgerichtsverfahren drohen. Dabei ist grundsätzlich jeweils der vermittelnden Ansicht zu folgen, die eine Abwägung der Interessen im konkreten Einzelfall vornimmt. Dabei ist das allgemeine Persönlichkeitsrecht des Arbeitnehmers auf der einen und das Beweisverwertungsinteresse des Arbeitgebers auf der anderen Seite zu berücksichtigen. Im Strafprozess ist im Rahmen der Abwägung hingegen auf das Strafverfolgungsinteresse des Staates abzustellen.

Von einem Verwertungsverbot ist im Zivil- und Arbeitsgerichtsverfahren das sog. „Sachvortragsverwertungsverbot" zu unterscheiden, das ausnahmsweise im Einzelfall der Verwertung unstreitiger Sachvorträge entgegenstehen kann, wenn die Kenntnis auf rechtswidrige Weise erlangt wurde.

Im Einzelfall kann dem Verwertungsverbot auch eine Fernwirkung zukommen.

2070 *Dzida/Grau*, NZA 2010, 1201, 1206.

Kapitel 5 – Zusammenfassung

A. Kapitel 1 – Einführung

Der Begriff „Compliance" beschreibt all jene Maßnahmen, die von Seiten des Unternehmens ergriffen werden, um das rechtmäßige Verhalten aller Unternehmensangehörigen zu gewährleisten. Dabei spielen präventive ebenso wie repressive Aspekte eine Rolle. Zu den Bestandteilen eines effektiven Compliance-Programmes zählt insbesondere auch die Durchführung interner Untersuchungen zur Aufklärung eines bestehenden Straftatverdachts, sog. Internal Investigations, die gewissermaßen als repressive Seite der Compliance verstanden werden können. Als Auslöser einer solchen unternehmensinternen Untersuchung kommen vor allem (anonyme) Hinweise im Rahmen eines Hinweisgebersystems in Betracht. Dabei geht es dem Unternehmen nicht nur um die Aufklärung strafrechtlicher Verdachtsfälle, sondern auch um die eigene Entlastung. Durch die rückhaltlose Aufklärung soll zudem das Vertrauen der Öffentlichkeit, der Kunden und Geschäftspartner zurückgewonnen bzw. gewahrt werden.

Bei Durchführung der internen Ermittlungen bedient sich das Unternehmen häufig externer, privater Ermittler. Unabhängig davon, ob das Unternehmen die Untersuchung selber vornimmt oder vornehmen lässt, sind die Untersuchungsmaßnahmen nicht an den Vorgaben der StPO, sondern vielmehr am Arbeits-, Datenschutz- und Strafrecht zu messen.

Das Unternehmen hat häufig Interesse daran, zunächst eigene Untersuchungen durchzuführen ohne dass eine Beteiligung der staatlichen Strafverfolgungsbehörden stattfindet. So besteht die Möglichkeit, Beweismaterial zu sichern, den möglichen Täter zu identifizieren und unbeeinträchtigt von der Einflussnahme der Behörden die straf-, zivil- und arbeitsrechtlichen Handlungsoptionen abzuwägen. Die Vorteile einer internen Ermittlung sind somit für die Unternehmen enorm: Negative Presse wird verhindert, das Image gepflegt, unter Umständen gelingt sogar die Selbstentlastung durch die Ermittlung einer Einzelperson als „schwarzes Schaf". Diese „Selbstreinigung" führt unter anderem dazu, dass das Unternehmen die für die Teilnahme an öffentlichen Ausschreibungen nötige Zuverlässigkeit wiederherstellt und damit möglicher Vertragspartner öffentlicher Auftraggeber bleibt. In der Praxis hat sich zudem gezeigt, dass Staatsanwaltschaften in der Regel zu erheblichen Zugeständnissen bereit sind, wenn das

Unternehmen interne Ermittlungen vornimmt und den Sachverhalt von sich aus aufklärt. Auf der anderen Seite ist der mitunter ehebliche personelle und finanzielle Aufwand einer internen Untersuchung zu berücksichtigen. Möglicherweise werden durch die internen Ermittlungen zudem wesentlich weitreichendere Rechtsverletzungen aufgedeckt, als es bei einer Ermittlung durch die staatlichen Strafverfolgungsbehörden möglich wäre.

Anders als bei staatsanwaltschaftlich geführten Ermittlungen handelt es sich bei internen Untersuchungen um eine private Ermittlungstätigkeit. Die StPO selbst enthält an keiner Stelle ein ausdrückliches Verbot privater Ermittlungen. Zwar hat der Gesetzgeber bisher nicht konkret zu dieser Frage Stellung genommen, doch hat er mit der Einführung des § 32 Abs. 1 S. 2 BDSG zumindest gezeigt, dass er von der grundsätzlichen Zulässigkeit privater Untersuchungen ausgeht. Anderenfalls hätte die Regelung keinen Anwendungsbereich, da das BDSG sich offenkundig nicht an Staatsanwaltschaft und Polizei richtet, sondern vielmehr an Privatpersonen. Letztlich ist daher davon auszugehen, dass private Untersuchungen vor, neben und nach staatsanwaltlichen Ermittlungen zulässig sind, solange sie die staatliche Ermittlungstätigkeit nicht behindern.

B. Kapitel 2 – Beschäftigtendatenschutz

Bisher existiert in Deutschland weder eine einheitliche Regelung noch ein Gesetz, das den Beschäftigtendatenschutz umfassend regelt. Die maßgeblichen Normen finden sich vielmehr „verstreut" im TKG, TMG und BDSG sowie in den Landesdatenschutzgesetzen. Im Rahmen der internen Untersuchungen spielen aber vor allem das BDSG und das TKG eine Rolle. Die Vorschriften des TKG haben dabei auf Grund des § 1 Abs. 3 S. 1 BDSG (Prinzip der Subsidiarität des BDSG) Vorrang vor den Normen des BDSG.

Im Rahmen der unternehmensinternen Ermittlungen ist vor allem § 32 Abs. 1 S. 2 BDSG von Bedeutung. Danach dürfen personenbezogene Daten eines Beschäftigten nur dann zur Aufdeckung von Straftaten erhoben, verarbeitet oder genutzt werden, wenn tatsächliche Anhaltspunkte den Verdacht begründen, dass der Betroffene eine Straftat begangen hat. Weitere Voraussetzung ist, dass „die Erhebung, Verarbeitung oder Nutzung zur Aufdeckung erforderlich ist und das schutzwürdige Interesse des Beschäftigten an dem Ausschluss der Erhebung, Verarbeitung oder Nutzung nicht überwiegt, insbesondere Art und Ausmaß im Hinblick auf den Anlass nicht unverhältnismäßig sind." Wichtig ist dabei, dass sich der Verdacht auf eine Straftat, die einen gewissen Bezug zum Beschäftigungsverhältnis aufweist, und einzelne bestimmte Beschäftigte oder Gruppen von Beschäftigten bezieht. § 32 Abs. 1 S. 2 BDSG setzt zudem voraus, dass die Maßnahme zur Aufdeckung der Straftat erforderlich ist. Maßgeblich für die vorzunehmende Interessenabwägung ist dabei der Grundsatz der Verhältnismäßigkeit.

Hinsichtlich der personenbezogenen Daten (unternehmensfremder) Dritter, die bei der Durchführung einer Maßnahme mitbetroffen sind, ist hingegen § 28 Abs. 1 S. 1 Nr. 2 BDSG maßgeblich, der ebenfalls eine Abwägung der entgegenstehenden Interessen fordert.

Gemäß § 1 Abs. 3 S. 1 BDSG sind jedoch grundsätzlich vorrangig die Vorschriften des TKG zu befolgen, sofern dieses tatsächlich einschlägig ist. Relevant ist dies im Bereich der Telekommunikation. Im Rahmen unternehmensinterner Untersuchungen kommt der Frage, ob der Arbeitgeber bei seinen Ermittlungen an das Fernmeldegeheimnis gebunden ist, zentrale Bedeutung zu. Sollte dies der Fall sein, so würde er seine Ermittlungen an den engen Voraussetzungen der §§ 88 ff. TKG messen lassen müssen.

Im Falle der dienstlichen Nutzung der Telekommunikationsmittel ist man sich weitgehend einig, dass der Arbeitgeber nicht als Dienstanbieter i.S.d. TKG einzuordnen ist, sodass nicht das TKG, sondern vielmehr das BDSG zur Anwendung kommt. Zu diesem Ergebnis gelangt man auch bei der verbotenen und der nicht geregelten privaten Nutzung. In beiden Konstellationen kann weder auf Grund der Duldung an sich noch auf Grund einer daraus entstehenden betrieblichen Übung ein Anspruch des Arbeitnehmers auf private Nutzung der Telekommunikationseinrichtungen hergeleitet werden. Stark umstritten ist die Anwendbarkeit des TKG im Rahmen der gestatteten privaten Nutzung. Nach der hier vertretenen Auffassung überzeugen jedoch die Argumente gegen die Anwendbarkeit des TKG, insbesondere der Verweis auf die mit der Einordnung des Arbeitgebers als Dienstanbieter verbundenen Rechtsfolgen und die Tatsache, dass das TKG ersichtlich nicht auf das Verhältnis Arbeitnehmer – Arbeitgeber abgestimmt ist.

Zusammenfassend lässt sich somit festhalten, dass mit der hier vertretenen Meinung letztlich in allen Konstellationen das BDSG zur Anwendung gelangt. Im Rahmen der unternehmensinternen Untersuchungen richtet sich die Zulässigkeit der Ermittlungsmaßnahmen, die sich auf die Kontrolle der Nutzung der Telekommunikationseinrichtungen beziehen, somit nach den Vorschriften des BDSG.

C. Kapitel 3 – Strafbarkeitsrisiken einzelner Ermittlungsmaßnahmen

Der Arbeitgeber kann im Rahmen einer unternehmensinternen Ermittlung auf eine Reihe unterschiedlicher Untersuchungsmaßnahmen zurückgreifen, um den bestehenden Verdacht möglichst umfassend und zeitnah aufzuklären. Welche Maßnahmen konkret ergriffen werden hängt vom jeweiligen Einzelfall ab. Am Anfang einer Untersuchung steht dabei typischerweise jedoch die Kontrolle des Daten- und Urkundenbestands, wozu nicht nur Unterlagen und elektronische Dokumente, sondern auch die E-Mail-Korrespondenz der Mitarbeiter zählt. Daran schließen sich regelmäßig Mitarbeiterbefragungen, sog. Interviews, an. Die Zulässigkeit der einzelnen Maßnahmen richtet sich grundsätzlich nach § 32 Abs. 1 S. 2 BDSG. Werden die Grenzen des § 32 BDSG überschritten, droht das Risiko nach § 44 Abs. 1 BDSG i.V.m. § 43 Abs. 2 Nr. 1 BDSG bestraft zu werden. Die (noch) herrschende Meinung geht jedoch davon aus, dass der Arbeitgeber im Falle der gestatteten privaten Nutzung der Telekommunikationseinrichtungen als Dienstanbieter i.S.d. TKG einzuordnen ist. Die Zulässigkeit der Maßnahmen, die sich auf die Kontrolle der Telekommunikationsmittel beziehen, richtet sich insoweit nicht nach dem BDSG, sondern vielmehr nach den sehr viel engeren Vorschriften des TKG. Da nicht nur hinsichtlich der Grenzen der Zulässigkeit einzelner Maßnahmen, sondern auch hinsichtlich der Einordnung des Arbeitgebers als Dienstanbieter i.S.d. TKG mitunter große Unsicherheiten bestehen, läuft der Arbeitgeber in zahlreichen Konstellationen Gefahr, sich bei Durchführung einer unternehmensinternen Ermittlung selber strafbar zu machen.

Dem Betriebsrat steht bei der Durchführung einiger Ermittlungsmaßnahmen ein Mitbestimmungsrecht nach § 87 BetrVG zu. Wird dies vom Arbeitgeber missachtet, kommt eine Strafbarkeit nach § 119 Abs. 1 Nr. 2 BetrVG in Betracht.

I. E-Mail-Screening

Im Rahmen einer unternehmensinternen Untersuchung spielt das E-Mail-Screening, also die systematische Kontrolle und Durchsicht aller ein- und ausgehenden E-Mails der Mitarbeiter im Hinblick auf einen bestimmten Verdachtsmoment, eine zentrale Rolle.

Sofern der Arbeitgeber lediglich die dienstlichen wie privaten Logfiles, also die Protokolldateien der E-Mails, kontrollieren möchte, ist er dazu grundsätzlich berechtigt, wenn man mit der hier vertretenen Ansicht von der Anwendbarkeit des BDSG ausgeht. Geht man hingegen mit der herrschenden Meinung im Falle der gestatteten privaten Nutzung von der Anwendbarkeit des TKG aus, so ist der Arbeitgeber auf Grund des § 88 Abs. 3 S. 3 TKG selbst bei Bestehen eines Straftatverdachts nicht zur Kontrolle privater E-Mail-Logfiles berechtigt.

Hinsichtlich der Inhaltskontrolle gelten insgesamt strengere Maßstäbe, da der Bezug zum allgemeinen Persönlichkeitsrecht des Arbeitnehmers hier grundsätzlich wesentlich größer ist. Der Arbeitgeber ist jedenfalls zu einer Inhaltskontrolle der dienstlichen E-Mails berechtigt, sofern ein konkreter Verdacht auf die Begehung einer Straftat eines bestimmten Mitarbeiters besteht. Ausnahmsweise ist er darüber hinaus auch befugt, private E-Mails zu kontrollieren, wenn ein dringender Verdacht auf eine schwere Straftat besteht. Sofern man mit der herrschenden Meinung im Falle der gestatteten privaten Nutzung der E-Mail-Funktion von der Anwendbarkeit des TKG ausgeht, kann der Arbeitgeber hingegen nicht zulässigerweise auf private E-Mails zugreifen, die sich im Übertragungsvorgang oder auf dem Server befinden. Der damit verbundene Eingriff in das Fernmeldegeheimnis kann auch nicht auf Grund eines Straftatverdachts gerechtfertigt werden.

Bei der Durchführung des E-Mail-Screenings drohen dem Arbeitgeber und dem privaten Ermittler eine Reihe von Strafbarkeitsrisiken. Es droht eine Strafbarkeit nach § 202a Abs. 1 StGB wegen des Ausspähens von Daten und nach § 202b StGB wegen des Abfangens von Daten. Geht man mit der herrschenden Meinung im Falle der gestatteten privaten Nutzung von der Anwendbarkeit des TKG aus, droht auch eine Strafbarkeit nach § 206 Abs. 1 StGB wegen Verletzung des Fernmeldegeheimnisses und § 148 Abs. 1 Nr. 1 TKG wegen Verstoßes gegen § 89 TKG.

II. Kontrolle und Auswertung von Dokumenten, Dateien und Personalakten

Dienstliche Dokumente in Papier- oder elektronischer Form darf der Arbeitgeber einsehen. Er ist zudem berechtigt, die Personalakte zu kontrollieren. Private Dokumente hingegen darf er grundsätzlich nicht einsehen. Ausnahmsweise kann die Kontrolle privater Dokumente im Einzelfall zulässig sein, wenn ein konkreter Verdacht auf eine schwere Straftat vorliegt.

Ein Strafbarkeitsrisiko nach § 202 StGB besteht nur für den Fall, dass der Arbeitgeber verschlossene, private (Papier-)Dokumente des Arbeitnehmers kontrolliert. Bei der Kontrolle privater elektronischer Unterlagen, die einzeln durch ein Passwort besonders gesichert sind, droht eine Strafbarkeit wegen Ausspähens von Daten nach § 202a Abs. 1 StGB.

III. Interviews

Regelmäßig schließen sich Befragungen der Mitarbeiter an das Dokumentenscreening an. Um den Arbeitnehmer, der sich nicht selber belasten möchte, zur Aussage zu bringen, wird häufig eine sog. „Amnestie" vereinbart, die für die Mitarbeiter einen Anreiz zur Offenbarung ihres Wissens bieten soll. Darunter versteht man die Zusage von Vergünstigungen im Falle aktiver Mithilfe bei Aufklärung der Verdachtsfälle, auch wenn der Arbeitnehmer selbst unmittelbar am Verstoß beteiligt war. Bei der Vereinbarung eines Amnestieprogrammes laufen Vorstand und Geschäftsführung allerdings Gefahr, sich auf Grund einzelner Zusagen wegen Untreue strafbar zu machen.

Maßgebliches Kriterium für die Reichweite des Auskunftsanspruches des Arbeitgebers ist der Bezug der Information zum Arbeitsbereich. Somit besteht gemäß §§ 666, 675 Abs. 1 BGB eine Pflicht zur (selbstbelastenden) Aussage hinsichtlich des persönlichen Arbeitsbereiches. Darüber hinaus trifft den Arbeitnehmer gemäß §§ 611, 241 Abs. 2 BGB eine Pflicht zur Aussage über Umstände, die dem dienstlichen Bereich zuzuordnen sind. Insoweit besteht eine Selbstbelastungspflicht jedoch nur, wenn eine umfassende Amnestievereinbarung vorliegt.

Die Vereinbarkeit der Pflicht zur selbstbelastenden Aussage mit dem nemo tenetur-Grundsatz ist umstritten. Teilweise wird dem Arbeitnehmer ein Aussageverweigerungsrecht zugestanden. Der Arbeitnehmer kann sich jedoch nicht auf den nemo tenetur-Grundsatz berufen. Seine Rechte werden vielmehr durch die Annahme eines Beweisverwertungsverbotes geschützt.

Auch bei der Durchführung der Interviews drohen dem Arbeitgeber bzw. internen Ermittler Strafbarkeitsrisiken. Eine Strafbarkeit gemäß § 240 Abs. 1 StGB droht, wenn mit einer unzulässigen Sanktion gedroht wird oder dem Arbeitnehmer mit Sanktionen gedroht wird, obwohl dieser nicht zur Aussage verpflichtet ist. In Betracht kommt zudem eine Strafbarkeit nach § 239 und § 132 StGB.

IV. Kontrolle des Postverkehrs

Dienstliche Briefe bzw. solche, die nicht durch einen ausdrücklichen Vermerk als privat gekennzeichnet sind, dürfen durch den Arbeitgeber bzw. den privaten Ermittler geöffnet werden, insofern droht ihnen keine Strafbarkeit. Private Post darf hingegen grundsätzlich nicht geöffnet werden. Hier droht eine Strafbarkeit nach § 202 StGB.

V. Kontrolle und Auswertung von Telefonaten und Verbindungsdaten – Telefonüberwachung

Die Kontrolle dienstlicher und privater Telefonverbindungsdaten ist grundsätzlich zulässig, sofern man von der Anwendbarkeit des BDSG ausgeht.

Grundsätzlich gilt jedoch, dass das heimliche Abhören oder Aufzeichnen dienstlicher und privater Gespräche unzulässig ist. Ausnahmsweise kann das heimliche Mithören zulässig sein, wenn ein begründeter Verdacht einer (schweren) Straftat besteht, der nicht anders aufgeklärt werden kann. Rein private Telefonate, die in keinerlei Zusammenhang zum Untersuchungsgegenstand stehen, dürfen jedoch nicht abgehört werden. Geht man hingegen mit der herrschenden Meinung davon aus, dass das TKG im Falle gestatteter privater Nutzung Anwendung findet, ist der Arbeitgeber auf Grund des § 88 Abs. 3 S. 3 TKG nicht berechtigt private Telefonate der Arbeitnehmer zu kontrollieren.

Zeichnet der Arbeitgeber Telefonate der Mitarbeiter auf einem Tonträger auf, hört er Gespräche mit einem Abhörgerät ab oder gibt er diese Aufnahmen an private Ermittler weiter, droht eine Strafbarkeit nach § 201 StGB. Ein Strafbarkeitsrisiko droht zudem nach § 202b StGB, wenn unter Anwendung technischer Mittel ein Telefonat mitgehört wird. Eine Rechtfertigung der Taten ist jedoch über § 32 Abs. 1 S. 2 BDSG möglich. Bei Anwendung des TKG scheidet eine Rechtfertigung hingegen aus. Sofern man der herrschenden Meinung folgt und davon ausgeht, dass der Arbeitgeber bei gestatteter privater Nutzung der Telekommunikationseinrichtungen als Anbieter i.S.d. TKG anzusehen ist, droht ihm bei der Telefonüberwachung darüber hinaus eine Strafbarkeit nach § 206 Abs. 1 StGB und § 148 Abs. 1 Nr. 1 TKG.

VI. Inaugenscheinnahme des Arbeitsplatzes

Keine rechtlichen Bedenken bestehen grundsätzlich bei der Inaugenscheinnahme von Büros im Gebäude des Arbeitgebers, die mit dessen Einwilligung erfolgen. Bei Betreten von Räumlichkeiten anderer Firmen droht ggf. eine Strafbarkeit nach § 123 Abs. 1 StGB.

VII. Elektronischer Datenabgleich

Unter dem sog. Mitarbeiter-Screening versteht man den systematischen Vergleich der Stammdaten von Mitarbeitern und Dritten mittels spezieller Computerprogramme. Der Arbeitgeber ist grundsätzlich zur Durchführung eines elektronischen Datenabgleiches berechtigt, wenn bereits ein konkreter Verdacht einer nicht nur geringfügigen Straftat gegen einen bestimmten Mitarbeiter oder einen bestimmten Kreis von Mitarbeitern besteht und er sich dabei hinsichtlich Art und Dauer sowie der verwendeten personenbezogenen Daten auf das Nötigste beschränkt. Breit angelegte Ermittlungsmaßnahmen wie massenhafte Datenscreenings sind hingegen praktisch unzulässig.

Werden bei der Durchführung des elektronischen Datenabgleiches die von § 32 Abs. 1 S. 2 BDSG gesetzten Grenzen überschritten, droht eine Sanktionierung nach § 44 Abs. 1 BDSG i.V.m. § 43 Abs. 2 Nr. 1 BDSG.

D. Kapitel 4 – Prozessuale Folgeprobleme: Verwertbarkeit privater Beweismittel

Der Arbeitgeber sollte bei der Durchführung der unternehmensinternen Untersuchungen auch die Verwertbarkeit der gewonnen Beweismittel in sich anschließenden Straf-, Zivil- oder Arbeitsgerichtsverfahren im Blick haben. Hinsichtlich der Frage, ob ein Verwertungsverbot rechtswidrig erlangter Beweismittel besteht, ist grundsätzlich der vermittelnden Ansicht zu folgen, die eine Abwägung der Interessen im konkreten Einzelfall vornimmt. Dabei ist das allgemeine Persönlichkeitsrecht des Arbeitnehmers auf der einen und das Beweisverwertungsinteresse des Arbeitgebers auf der anderen Seite zu berücksichtigen. Im Strafprozess ist im Rahmen der Abwägung hingegen auf das Strafverfolgungsinteresse des Staates abzustellen.

Literaturverzeichnis

Achenbach, Hans: Verbandsgeldbuße und Aufsichtspflichtverletzung (§§ 30 und 130 OWiG) – Grundlagen und aktuelle Probleme. NZWiSt 2012, 321 ff.

Almunia, Joaquín: Compliance and Competition policy. Speech/10/586 v. 25.10.2010. Abrufbar unter: http://europa.eu/rapid/pressReleasesActio n.do ?reference=SPEECH/10/586&format=HTML&aged=0&language=EN&guiL anguage=en

Altenburg, Stephan /Leister, Thomas: Die Verwertbarkeit mitbestimmungswidrig erlangter Beweismittel im Zivilprozess. NJW 2006, 469 ff.

Altenburg, Stephan / v. Reinersdorff, Wolfgang / Leister, Thomas: Telekommunikation am Arbeitsplatz. MMR 2005, 135 ff.

Annuscheit, Rainer: Whistleblowing und Hinweisgebersysteme. compliancemagazin vom 02.04.2009. Abrufbar unter: http://www.compliancemagazin.de/compliancefachbeitraege/entscheidungshilfen/whistleblowinghinweisgeberlr n020409.html

Annuß, Georg / Pelz, Christian: Amnestieprogramme – Fluch oder Segen?. BB Special 4 (zu BB 2010, Heft 50), 14 ff.

AnwaltKommentar StGB: Hrsg. von Leipold, Klaus / Tsambikakis, Michael / Zöller, Mark. C.F. Müller, Heidelberg, München, Landsberg, Frechen, Hamburg, 2. Auflage 2014 (zit. *Bearbeiter*, in: Anwaltkommentar StGB)

Balke, Barbara / Müller, Andreas: Arbeitsrechtliche Aspekte beim betrieblichen Einsatz von e-mails. DB 1997, 326 ff.

Balthasar, Stephan: Beweisverwertungsverbote im Zivilprozess. JuS 2008, 35 ff.

Barton, Dirk-M.: Strafbarkeit der E-Mail-Kontrolle durch den Arbeitgeber: „Rechtfertigungsgründe" und „Irrtum" (Teil 2). jurisPR-StrafR 15/2012 Anm. 1

Barton, Dirk-M.: Keine Strafbarkeit des Arbeitgebers gemäß § 206 StGB infolge „Irrtums" gemäß § 17 StGB – neuere Arbeitsgerichtsrechtsprechung als Grundlage für einen „Verbotsirrtum" (Teil 1). jurisPR-StrafR 14/2012 Anm. 1

Barton, Dirk-M.: Betriebliche Übung und private Nutzung des Internetarbeitsplatzes. „Arbeitsrechtliche Alternativen" zur Wiedereinführung der alleinigen dienstlichen Verwendung. NZA 2006, 460 ff.

Barton, Dirk-M.: E-Mail-Kontrolle durch Arbeitgeber. Drohen unliebsame strafrechtliche Überraschungen?. CR 2003, 839 ff.

Battis, Ulrich / Bultmann, Peter: Rechtsprobleme eines Korruptionsregisters. Die Sperre bei der Vergabe öffentlicher Aufträge. ZRP 2003, 152 ff.

Bauer, Wolfram: Keine Beschlagnahmefreiheit für Unterlagen eines mit internen Ermittlungen beauftragten Rechtsanwaltes. StraFo 2012, 488 ff.

Bay, Karl-Christian: Handbuch Internal Investigations. Erich Schmidt, Berlin, 2013 (zit. *Bearbeiter*, in: Bay, Handbuch Internal Investigations)

Bayreuther, Frank: Videoüberwachung am Arbeitsplatz. NZA 2005, 1038 ff.

beck-aktuell Gesetzgebung: Entwicklungsgeschichte zum Beschäftigtendatenschutz. Meldung v. 29.1.2013. Abrufbar unter: http://gesetzgebung.beck.de/node/1002468

Beck'scher Online-Kommentar Arbeitsrecht: Hrsg. von Rolfs, Christian / Giesen, Richard / Kreikebohm, Ralf / Udsching, Peter. Beck, München, Stand 1.12.2013, Edition 30 (zit. *Bearbeiter*, in: Beck'OK Arbeitsrecht)

Beck'scher Online-Kommentar BGB: Hrsg. von Bamberger, Heinz Georg / Roth, Herbert. Beck, München, Stand 1.12.2013, Edition 30 (zit. *Bearbeiter*, in: Beck'OK BGB)

Beck'scher Online-Kommentar Datenschutzrecht: Hrsg. von Wolff, Heinrich Amadeus / Brink, Stefan. Beck, München, Stand 1.11.2013, Edition 6 (zit. *Bearbeiter*, in: Beck'OK Datenschutzrecht)

Beck'scher Online-Kommentar GG: Hrsg. von Epping, Volker / Hillgruber, Christian. Beck, München, Stand 1.11.2013, Edition 19 (zit. *Bearbeiter*, in: Beck'OK GG)

Beck'scher Online-Kommentar StGB: Hrsg. von von Heintschel-Heinegg, Bernd. Beck, München, Stand 22.7.2013, Edition 23 (zit. *Bearbeiter*, in: Beck'OK StGB)

Beck'scher TKG-Kommentar: Hrsg. von Geppert, Martin / Schütz, Raimund. Beck, München, 4. Auflage 2013 (zit. *Bearbeiter*, in: Beck TKG)

Beckschäfer, Sebastian: Die steuerliche Behandlung der Übernahme von Strafverteidigungskosten durch Unternehmen. ZWH 2012, 345 ff.

Beckschulze, Martin: Internet- und E-Mail-Einsatz am Arbeitsplatz. DB 2009, 2097 ff.

Beckschulze, Martin: Internet-, Intranet- und E-Mail-Einsatz am Arbeitsplatz – Rechte der Beteiligten und Rechtsfolgen bei Pflichtverletzungen –. DB 2007, 1526 ff.

Beckschulze, Martin: Internet-, Intranet- und E-Mail-Einsatz am Arbeitsplatz – Rechte der Beteiligten und Rechtsfolgen bei Pflichtverletzungen –. DB 2003, 2777 ff.

Beckschulze, Martin / Henkel, Wolfram: Der Einfluss des Internets auf das Arbeitsrecht. DB 2001, 1491 ff.

Behling, Thorsten B.: Compliance versus Fernmeldegeheimnis. Wo liegen die Grenzen bei E-Mail-Kontrollen als Antikorruptionsmaßnahme?. BB 2010, 892 ff.

Behrens, Alexander: Internal Investigations: Hintergründe und Perspektiven anwaltlicher „Ermittlungen" in deutschen Unternehmen. RIW 2009, 22 ff.

Benz, Jochen / Klindt, Thomas: Compliance 2020 – ein Blick in die Zukunft. BB 2010, 2977 ff.

Bergwitz, Christoph: Prozessuale Verwertungsverbote bei unzulässiger Videoüberwachung. NZA 2012, 353 ff.

Berliner Kommentar zum Telekommunikationsgesetz: Schriftenreihe Kommunikation & Recht, Band 21. Hrsg. von Säcker, Franz Jürgen. Verlag Recht und Wirtschaft, Frankfurt a.M., 2. Auflage 2009 (zit. *Bearbeiter*, in: Berliner Kommentar TKG)

Berndt, Thomas / Hoppler, Ivo: Whistleblowing ein integraler Bestandteil effektiver Corporate Governance. BB 2005, 2623 ff.

Beulke, Werner: Strafprozessrecht. C.F. Müller, Heidelberg, München, Landsberg, Frechen, Hamburg, 12. Auflage 2012

Biegel, Andreas: Überwachung von Arbeitnehmern durch technische Einrichtungen. Kovač, Hamburg, 2000

Bissels, Alexander / Lützeler, Martin: Compliance-Verstöße im Ernstfall: Der Weg zu einer verhaltensbedingten Kündigung. BB 2012, 189 ff.

Bittmann, Folker / Molkenbur, Josef: Private Ermittlungen, arbeitsrechtliche Aussagepflicht und strafprozessuales Schweigerecht. wistra 2009, 373 ff.

Bloesinger, Hubert: Grundlagen und Grenzen privater Internetnutzung am Arbeitsplatz. BB 2007, 2177 ff.

Bock, Dennis: Criminal Compliance. Nomos, Baden-Baden, 2011

Bock, Dennis: Strafrechtliche Aspekte der Compliance-Diskussion - § 130 OWiG als zentrale Norm der Criminal Compliance. ZIS 2009, 68 ff.

Böhm, Wolf-Tassilo: Non-Compliance und Arbeitsrecht: interne Ermittlungen, Sanktionen und Regressansprüche nach Rechts- und Regelverstößen von Arbeitnehmern. Nomos, Baden-Baden, 2011

Böhm, Wolf-Tassilo: Strafrechtliche Verwertbarkeit der Auskünfte von Arbeitnehmern bei unternehmensinternen Untersuchungen – Ein Beitrag zur aktuellen Compliance-Debatte –. WM 2009, 1923 ff.

Brandi, Axel: Ermittlungspflicht des Aufsichtsrates über die wirtschaftliche Situation des Unternehmens „am Vorstand vorbei"?. ZIP 2000, 173 ff.

Brandt, Jochen: Betriebsvereinbarungen als datenschutzrechtliche „Öffnungsklauseln"?. DuD 2010, 213 ff.

Breßler, Steffen / Kuhnke, Michael / Schulz, Stephan / Stein, Roland: Inhalt und Grenzen von Amnestien bei Internal Investigations. NZG 2009, 721 ff.

Briegel, Torsten: Einrichtung und Ausgestaltung unternehmensinterne Whistleblowing-Systeme. Gabler, Wiesbaden, 2009

Brink, Stefan / Schmidt, Stephan: Die rechtliche (Un-)Zulässigkeit von Mitarbeiterscreenings. Vom schmalen Pfad der Legalität. MMR 2010, 592 ff.

Brockhaus, Matthias: Kapitel 26 – „Illegale Internal Investigations". In: Knierim, Thomas C. / Rübenstahl, Markus / Tsambikakis, Michael (Hrsg.), Internal Investigations: Ermittlungen im Unternehmen. C.F. Müller, Heidelberg, München, Landsberg, Frechen, Hamburg, 2013, S. 925 ff.

Brockhaus, Matthias: Die Übernahme der Kosten für die Strafverteidigung durch das Unternehmen aus strafrechtlicher Perspektive. ZWH 2012, 169 ff.

Brückner, Andreas: Die Aufarbeitung von Compliance-Verstößen – Praktische Erfahrungen und Fallstricke. BB Special 4 (zu BB 2010, Heft 50), 21 ff.

Buchert, Rainer: Der externe Ombudsmann – ein Erfahrungsbericht. Hinweisgeber brauchen Vertrauen und Schutz. CCZ 2008, 148 ff.

Buchert, Rainer / Jacob-Hofbauer, Caroline: Kapitel 8 – Hinweisgebersysteme des Unternehmens. In: Knierim, Thomas C. / Rübenstahl, Markus / Tsambikakis, Michael (Hrsg.), Internal Investigations: Ermittlungen im Unternehmen. C.F. Müller, Heidelberg, München, Landsberg, Frechen, Hamburg, 2013, S. 223 ff.

Bundesanstalt für Finanzdienstleistungsaufsicht (BaFin): Rundschreiben 4/2010: Mindestanforderungen an die Compliance-Funktion und die weiteren Verhaltens-, Organisations- und Transparenzpflichten nach §§ 31 ff. WpHG für Wertpapierdienstleistungsunternehmen (MaComp). Abrufbar unter: http://www.bafin.de/SharedDocs/Veroeffentlichungen/DE/Rundschreiben/rs_1004_wa_macomp.html;jsessionid=10473165A6E206FE4821180BF25E6AB3.1_cid298?nn=2818068#doc2676654bodyText38

Bundeskartellamt: Pressemitteilung des Bundeskartellamtes vom 23.07.2013. Bundeskartellamt ahndet erneut Absprachen von Schienenherstellern – Knapp 100 Mio. Euro Bußgeld wegen Absprachen zu Lasten von Nahverkehrsunternehmen, Privat-, Regional- und Industriebahnen sowie Bauunternehmen. Abrufbar unter: http://www.bundeskartellamt.de/SharedDocs/Meldung/DE/Pressemitteilungen/2013/23_07_2013_Schienen.html

Bundeskartellamt: Pressemitteilung des Bundeskartellamtes vom 5.07.2012. Bundeskartellamt verhängt erste Bußgelder im Schienenfall. Abrufbar unter: http://www.bundeskartellamt.de/SharedDocs/Meldung/DE/Pressemitteilungen/2012/05_07_2012_Schienenkartell.html?nn=3591568

Bundeskartellamt: Tätigkeitsbericht 2011/2012: BT-Drs. 17/13675. Abrufbar unter: http://www.bundeskartellamt.de/SharedDocs/Publikation/DE/Taetigkeitsberichte/Bundeskartellamt%20-%20T%C3%A4tigkeitsbericht%202012.html

Bundeskartellamt: Bekanntmachung Nr. 9/2006 über den Erlass und die Reduktion von Geldbußen in Kartellsachen – Bonusregelung – vom 7. März 2006. Abrufbar unter: http://www.bundeskartellamt.de/SharedDocs/Publikation/DE/Bekanntmachungen/Bekanntmachung%20-%20Bonusregelung.pdf?__blob=publicationFile&v=7

Bundesrechtsanwaltskammer (BRAK): Stellungnahme zu der Vorschrift des § 32d Abs. 3 BDSG-E des Gesetzentwurfs der Bundesregierung vom 15.12.2010 (BT-Drucksache 17/4230) – Stellungnahme-Nr. 16/2012. Abrufbar unter: http://www.brak.de/zur-rechtspolitik/stellungnahmen-pdf/stellungnahmen-deutschland/2012/april/stellungnahme-der-brak-2012-16.pdf

Bundesrechtsanwaltskammer (BRAK): Thesen der Bundesrechtsanwaltskammer zum Unternehmensanwalt im Strafrecht – Stellungnahme-Nr. 35/2010. Abrufbar unter: http://www.brak.de/zur-rechtspolitik/stellungnahmen-pdf/stellungnahmen-deutschland/2010/november/stellungnahme-der-brak-2010-35.pdf

Bürkle, Jürgen: Die Compliance-Praxis im Finanzdienstleistungssektor nach Solvency II. CCZ 2008, 50 ff.

Bürkle, Jürgen: Corporate Compliance als Standard guter Unternehmensführung des Deutschen Corporate Governance Kodex. BB 2007, 1797 ff.

Bürkle, Jürgen: Corporate Compliance – Pflicht oder Kür für den Vorstand der AG?. BB 2005, 565 ff.

Burtscher, Bertram: Datenschutzrechtliche Aspekte bei Internal investigations. In: Kustor, Thomas (Hrsg.), Unternehmensinterne Untersuchungen: Handbuch für Internal Investigations. Linde, Wien, 2010, S. 89 ff.

Bussmann, Kai-D. / Matschke, Sebastian: Die Zukunft der unternehmerischen Haftung bei Compliance-Verstößen. CCZ 2009, 132 ff.

Bussmann, Kai-D. / Salvenmoser, Steffen: Der Wert von Compliance und Unternehmenskultur. CCZ 2008, 192 ff.

Cauers, Lutz / Haas, Klaus / Jakob, Alexander / Kremer, Friedhelm / Schartmann, Bernd / Welp, Oliver: Ist der gegenwärtig viel diskutierte Begriff „Compliance" nur alter Wein in neuen Schläuchen?. DB 2008, 2717 ff.

Cornelius, Kai / Tschoepe, Sven: Strafrechtliche Grenzen der zentralen E-Mail-Filterung und -Blockade. Ein Beitrag zu OLG Karlsruhe, 10.1.2005 – 1 Ws 152/054, K&R 2005, 181. K&R 2005, 269 ff.

Dann, Matthias: Die neue Kronzeugenregelung: ein Störfaktor aus Compliance-Sicht?. CCZ 2010, 30 ff.

Dann, Matthias: Anmerkung zu LAG Hamm, Urteil v. 3.3.2009 – 14 Sa 1689/08 (CCZ 2010, 237 ff.). CCZ 2010, 239 f.

Dann, Matthias: Compliance-Untersuchungen im Unternehmen: Herausforderung für den Syndikus – Zum Zusammenspiel von Rechtsabteilung und externen Anwälten bei internen Ermittlungen. AnwBl 2009, 84 ff.

Dann, Matthias: „Korruptionsregister" – keine Prävention zum Sparpreis. In: Hiebl, Stefan (Hrsg.), Festschrift für Volkmar Mehle zum 65. Geburtstag am 11.11.2009. Nomos, Baden-Baden, 2009, S. 127 ff.

Dann, Matthias / Dann, Runhild: Vergaberegister – viel Bewegung, wenig Fortschritt?. ZRP 2010, 256 ff.

Dann, Matthias / Gastell, Roland: Geheime Mitarbeiterkontrollen: Straf- und arbeitsrechtliche Risiken bei unternehmensinterner Aufklärung. NJW 2008, 2945 ff.

Dann, Matthias / Schmidt, Kerstin: Im Würgegriff der SEC? – Mitarbeiterbefragungen und die Selbstbelastungsfreiheit. NJW 2009, 1851 ff.

Dannecker, Gerhard: Das Unternehmen als „Good Corporate Citizen" – ein Leitbild der europäischen Rechtsentwicklung? In: Alwart, Heiner (Hrsg.),

Verantwortung und Steuerung von Unternehmen in der Marktwirtschaft. Hampp, München, Mering, 1998, S. 5 ff.

Datenschutzgruppe: Arbeitsdokument zur Überwachung der elektronischen Kommunikation von Beschäftigten vom 29.5.2002. Abrufbar unter: http://ec.europa.eu/justice/policies/privacy/docs/wpdocs/2002/wp55_de.pdf

Däubler, Wolfgang: Gläserne Belegschaften? Das Handbuch zum Arbeitnehmerdatenschutz. Bund-Verlag, Frankfurt a.M., 5. Auflage 2010

Däubler, Wolfgang: Internet und Arbeitsrecht. Bund-Verlag, Frankfurt a.M., 4. Auflage 2013

Däubler, Wolfgang / Klebe, Thomas / Wedde, Peter / Weichert, Thilo: Bundesdatenschutzgesetz: Kompaktkommentar zum BDSG. Bund-Verlag, Frankfurt a.M., 3. Auflage 2009 (zit. *Bearbeiter*, in: DKWW, BDSG)

Dauster, Manfred / Braun, Franz: Verwertung fremder Daten im Zivilprozess und zivilprozessuale Beweisverbote. NJW 2000, 313 ff.

Deiters, Gerhard: Betriebsvereinbarung Kommunikation. Beschäftigteninteressen und Compliance bei privater Nutzung von Kommunikationsmitteln in Unternehmen. ZD 2012, 109 ff.

Deutsch, Markus / Diller, Martin: Die geplante Neuregelung des Arbeitnehmerdatenschutzes in § 32 BDSG. DB 2009, 1462 ff.

Deutscher Anwaltverein (DAV): Stellungnahme zum Entwurf eines Gesetzes zur Einführung der strafrechtlichen Verantwortlichkeit von Unternehmen und sonstigen Verbänden des Landes Nordrhein-Westfalen – Stellungnahme-Nr. 54/2013. Abrufbar unter: http://anwaltverein.de/downloads/DAV-SN54–13.pdf

Dieckmann, Roman: Inhaltliche Ausgestaltung von Regelungen zur privaten Internetnutzung im Betrieb. NZA 2003, 1009 ff.

Diedrich, Kay: Vollharmonisierung des EU-Datenschutzrechts – bereits geltende Vorgaben für deutsche Datenschutzgesetze. Maßstäbe für richtlinienkonforme Auslegung und Anwendbarkeit nach EuGH ASNEF/FECEMD vom 24.11.2011. CR 2013, 408 ff.

Dieners, Peter / Reese, Ulrich: Die Herausforderung Internationaler Compliance-Projekte. Eine Betrachtung am Beispiel der Pharma- und Medizinprodukteindustrie. azur 2011, S. 143 ff.

Diller, Martin: „Konten-Ausspäh-Skandal" bei der Deutschen Bahn: Wo ist das Problem?. BB 2009, 438 ff.

Diller, Martin: Der Arbeitnehmer als Informant, Handlanger und Zeuge im Prozess des Arbeitgebers gegen Dritte. DB 2004, 313 ff.

Domke, Nicole / Stehr, Melanie: Ignorieren oder vorbereiten?. Schutz vor Antitrust Verstößen durch „Compliance"-Programme. Working Papers der Fachhochschule für Wirtschaft Berlin. Paper No. 42, 06/2008. Abrufbar unter: http://www.hwr-berlin.de/fileadmin/downloads_internet/Forschung/Veroeffentlichungen/Working_paper/working_paper_42.pdf

Dornseif, Maximilian / Schumann, Kay H. / Klein, Christian: Tatsächliche und rechtliche Risiken drahtloser Computernetzwerke. DuD 2002, 226 ff.

dpa: Gestoppt! Bundesregierung zieht Notbremse beim Beschäftigtendatenschutz. In: Haufe.de v. 26.2.2013. Abrufbar unter: http://www.haufe.de/personal/arbeitsrecht/beschaeftigtendatenschutz-gesetz-von-bundesregierung-gestoppt_76_167180.html

Dreher, Meinrad / Hoffmann, Jens: Sachverhaltsaufklärung und Schadenswiedergutmachung bei der vergaberechtlichen Selbstreinigung. NZBau 2012, 265 ff.

Dzida, Boris / Grau, Timon: Verwertung von Beweismitteln bei Verletzung des Arbeitnehmerdatenschutzes. NZA 2010, 1201 ff.

Eckhardt, Sebastian: Private Ermittlungsbeiträge im Rahmen der staatlichen Strafverfolgung. Lang, Frankfurt a.M., Berlin, Bern, Bruxelles, New York, Oxford, Wien, 2009

Eidam, Gerd: Unternehmen und Strafe: Vorsorge- und Krisenmanagement. Luchterhand, Köln, 3. Auflage 2008

Eisele, Dieter / Faust, Alexander: § 109 – Verhaltensregeln und Compliance. In: Schimansky, Herbert / Bunte, Hermann-Josef / Lwowski, Hans Jürgen (Hrsg.), Bankrechts-Handbuch Band II. Beck, München, 4. Auflage 2011.

Eisele, Jörg: Compliance und Datenschutzstrafrecht. Strafrechtliche Grenzen der Arbeitnehmerüberwachung. Nomos, Baden-Baden, 2012.

Eisele, Jörg: Arbeitnehmerüberwachung und Compliance unter Berücksichtigung der Cyber-crime-Konvention. ZIS 2012, 402 ff.

Eisenberg, Ulrich: Beweisrecht der StPO. Spezialkommentar. Beck, München, 7. Auflage 2011 neue Auflage.

Ems, Guido (Hrsg.): Die BDSG-Novelle 2009. Ihr Ratgeber für die Praxis. BWR-media, Bonn, 2009.

Engelhart, Marc: Sanktionierung von Unternehmen und Compliance: Eine rechtsvergleichende Analyse des Straf- und Ordnungswidrigkeitenrechts in Deutschland und den USA. Duncker & Humblot, Berlin, 2. Auflage 2012

Engelhart, Marc: Reform der Compliance-Regelungen der United States Sentencing Guidelines. NZG 2011, 126 ff.

Erbs, Georg / Kohlhaas, Max: Beck'sche Kurz-Kommentare, Band 17, Strafrechtliche Nebengesetzte. Hrsg. von Ambs, Friedrich. Beck, München, 196. Ergänzungslieferung, Stand November 2013 (zit. *Bearbeiter*, in: Erbs/Kohlhaas)

Erfurter Kommentar zum Arbeitsrecht: Beck'sche Kurz-Kommentare, Band 51. Hrsg. von Müller-Glöge, Rudi / Preis, Ulrich / Schmidt, Ingrid. Beck, München, 14. Auflage 2014 (zit. *Bearbeiter*, in: Erfurter Kommentar Arbeitsrecht)

Ernst, Stefan: Anmerkung zu LG Lüneburg, Beschluss vom 28.3.2011 – 26 Qs 45/11 (NJW 2011, 2225 ff.). NJW 2011, 2227

Ernst, Stefan: Der Arbeitgeber, die E-Mail und das Internet. NZA 2002, 585 ff.

Eufinger, Alexander: Zu den historischen Ursprüngen der Compliance. CCZ 2012, 21 f.

Feldmann, Thorsten: Unterliegen Arbeitgeber der Pflicht zur Vorratsdatenspeicherung gem. § 113a TKG? Erwiderung auf Koch, NZA 2008, 911. NZA 2008, 1398 f.

Fischer, Julian: Arbeitnehmerschutz beim E-Mail-Verkehr. Von der funktionalen Bestimmung bis zum Fernmeldegeheimnis. ZD 2012, 265 ff.

Fischer, Thomas: Strafgesetzbuch mit Nebengesetzen. Beck, München, 61. Auflage 2014

Fischer, Ulrich: Prozessuales Verwertungsverbot für mitbestimmungswidrig erlangte Beweismittel. BB 1999, 154 ff.

Fleck, Ulrike: Brauchen wir ein Arbeitnehmerdatenschutzgesetz?. BB 2003, 306 ff.

Fleischer, Holger: Haftungsfreistellung, Prozesskostenersatz und Versicherung für Vorstandsmitglieder – eine rechtsvergleichende Bestandsaufnahme zur Enthaftung des Managements. WM 2005, 909 ff.

Fleischer, Holger: Vorstandsverantwortlichkeit und Fehlverhalten von Unternehmensangehörigen – Von der Einzelüberwachung zur Errichtung einer Compliance-Organisation. AG 2003, 291 ff.

Fleischmann, Michael: Betriebliche Übung zur Privatnutzung üblicher elektronischer Kommunikationsmittel. Erwiderung auf Koch, NZA 2008, 911. NZA 2008, 1397

Forst, Gerrit: Grundfragen der Datenschutz-Compliance. DuD 2010, 160 ff.

Fritz, Hans Joachim: Anmerkung zu LG Hamburg, Beschluss vom 15.10.2010 – 608 Qs 18/10 (CCZ 2011, 155 f.). CCZ 2011, 156 ff.

Fritz, Hans-Joachim: Whistleblowing – Denunziation oder Wettbewerbsvorteil? Inhalt und Grenzen des Whistleblowings im Rahmen von Corporate Compliance. In: Maschmann, Frank (Hrsg.), Corporate Compliance und Arbeitsrecht. Mannheimer Arbeitsrechtstag 2009. Nomos, Baden-Baden, 2009, S. 111 ff.

Fritz, Hans-Joachim / Nolden, Dagmar: Unterrichtungspflichten und Einsichtsrechte des Arbeitsnehmers im Rahmen von unternehmensinternen Untersuchungen. CCZ 2010, 170 ff.

Fülbier, Ulrich / Splittgerber, Andreas: Keine (Fernmelde-)Geheimnisse vor dem Arbeitgeber?. NJW 2012, 1995 ff.

Gädigk, Cornelia: Kapitel 18 – Außensicht der Strafjustiz. In: Knierim, Thomas C. / Rübenstahl, Markus / Tsambikakis, Michael (Hrsg.), Internal Investigations: Ermittlungen im Unternehmen. C.F. Müller, Heidelberg, München, Landsberg, Frechen, Hamburg, 2013, S. 529 ff.

Gaede, Karsten: Der grundrechtliche Schutz gespeicherter E-Mails beim Provider und ihre weltweite strafprozessuale Überwachung. Zugleich Besprechung zu LG Hamburg, Beschl. vom 8.1.2008 – 619 Qs 1/08. StV 2009, 96 ff.

von Galen, Margarete Gräfin: Anmerkung zu LG Hamburg, Beschluss vom 15.10.2010 – 608 Qs 18/10 (NJW 2011, 942 ff.). NJW 2011, 945.

Gercke, Björn: Außerstrafrechtliche Nebenfolgen in Wirtschaftsstrafverfahren – ein Überblick. wistra 2012, 291 ff.

Gercke, Björn / Kraft, Oliver / Richter, Marcus: Arbeitsstrafrecht: Strafrechtliche Risiken und Risikomanagement. C.F. Müller, Heidelberg, München, Landsberg, Frechen, Hamburg, 2012 (zit. *Bearbeiter*, in: Gercke/Kraft/Richter, Arbeitsstrafrecht).

Gercke, Marco / Brunst, Phillip W.: Praxishandbuch Internetstrafrecht. Kohlhammer, Stuttgart, 2009 (zit. *Bearbeiter*, in: Praxishandbuch Internetstrafrecht).

Gerst, Hans-Joachim: Unternehmensinteresse und Beschuldigtenrechte bei Internal Investigations – Problemskizze und praktische Lösungswege –. CCZ 2012, 1 ff.

Geschonneck, Alexander / Meyer, Jörg / Scheben, Barbara: Anonymisierung im Rahmen der forensischen Datenanalyse. BB 2011, 2677 ff.

Glaum, Martin / Thomaschewski, Dieter / Weber, Silke: Auswirkungen des Sarbanes-Oxley Acts auf deutsche Unternehmen: Kosten, Nutzen, Folgen für Us-Börsennotierungen. Dt. Aktieninst., Frankfurt a.M. 2006

Gliss, Hans / Kramer, Philipp: Arbeitsnehmerdatenschutz. Aktionsfelder für Betriebsräte. Bund-Verlag, Frankfurt a.M., 2006

Gola, Peter: Mitarbeiterbefragungen – datenschutzrechtliche Vorgaben und Grenzen – Offenbarungspflicht und Schweigerecht bei der Datenerhebung. ZD 2013, 379 ff.

Gola, Peter: Datenschutz am Arbeitsplatz. Handlungshilfen beim Einsatz von Intranet und Internet, E-Mail und Telefon, Video- und Ortungstechnik. Datakontext, Heidelberg, München, Landsberg, Frechen, Hamburg, 4. Auflage 2012

Gola, Peter: Neuer Tele-Datenschutz für Arbeitnehmer?. Die Anwendung von TKG und TDDSG im Arbeitsverhältnis. MMR 1999, 322 ff.

Gola, Peter / Klug, Christoph: Die Entwicklung des Datenschutzrechts in den Jahren 2009/2010. NJW 2010, 2483 ff.

Gola, Peter / Schomerus, Rudolf: BDSG Bundesdatenschutzgesetz Kommentar. Beck, München, 11. Auflage 2012 (zit. *Gola/Schomerus*, BDSG)

Gola, Peter / Wronka, Georg: Handbuch Arbeitnehmerdatenschutz: Rechtsfragen und Handlungshilfen für die betriebliche Praxis. Datakontext, Heidelberg, München, Landsberg, Frechen, Hamburg, 6. Auflage 2013

Golombek, Tine: Pflichten von Geschäftsleitungs- und Überwachungsorganen bei Verdacht auf Unregelmäßigkeiten im Unternehmen. WiJ 2012, 162 ff.

Göpfert, Burkard / Drägert, Carolin / Woyte, Nadine: Beseitigung von Amnestiezusagen. ZWH 2012, 132 ff.

Göpfert, Burkard / Merten, Frank / Siegrist, Carolin: Mitarbeiter als „Wissensträger“ – Ein Beitrag zur aktuellen Compliance-Diskussion. NJW 2008, 1703 ff.

Görtz, Laura: Unternehmensstrafrecht: Entwurf eines Verbandsstrafgesetzbuchs. WiJ 2014, 8 ff.

Greeve, Gina / Tsambikakis, Michael: Kapitel 17 – Individualvertretung im Strafverfahren. In: Knierim, Thomas C. / Rübenstahl, Markus / Tsambikakis, Michael (Hrsg.), Internal Investigations: Ermittlungen im Unternehmen. C.F. Müller, Heidelberg, München, Landsberg, Frechen, Hamburg, 2013, S. 503 ff.

Grimm, Detlef / Schiefer, Jennifer: Videoüberwachung am Arbeitsplatz. RdA 2009, 329 ff.

Grimm, Detlef / Strauf, Hendrik: Anmerkung zu ArbG Düsseldorf, Urteil vom 3.5.2011 - 11 Ca 7326/10 (ZD 2011, 185 ff.). ZD 2011, 188 f.

Grobys, Marcel: Wir brauchen ein Arbeitnehmerdatenschutzgesetz!. Replik auf Fleck, BB 2003, 306. BB 2003, 682 f.

Grobys, Marcel / v. Steinau-Steinrück, Robert: Anmerkung zu VGH Kassel, Beschluss vom 19.5.2009 – 6 A 2672/08.Z. NJW-Spezial 2009, 483 f.

Grosjean, Sascha R.: Überwachung von Arbeitnehmern – Befugnisse des Arbeitgebers und mögliche Beweisverwertungsverbote. DB 2003, 2650 ff.

Groß, Bernd: Compliance – Fraud – Investigation. wistra 2012, 259 f.

Grunewald, Barbara: Interne Aufklärungspflichten von Vorstand und Aufsichtsrat. NZG 2013, 841 ff.

Grünwald, Gerald: Beweisverbote und Verwertungsverbote im Strafverfahren. JZ 1966, 489 ff.

Grützner, Thomas / Jakob, Alexander: Compliance von A-Z. Beck, München, 2010

Grützner, Thomas / Leisch, Franz Clemens: §§ 130, 30 OWiG – Probleme für Unternehmen, Geschäftsleitung und Compliance-Organisation – Sechs Probleme aus der geänderten Praxis der Ermittlungsbehörden. DB 2012, 787 ff.

Haefcke, Maren: Beschlagnahmefähigkeit der Interviewprotokolle einer Internal Investigation. CCZ 2014, 39 ff.

Haffke, Bernhard: Schweigepflicht, Verfahrensrevision und Beweisverbot. GA 1973, 65 ff.

Hamm, Rainer: Compliance vor Recht? – Anwälte bei der Bewältigung eines „Datenskandals". NJW 2010, 1332 ff.

Hamm, Rainer: Von Transparenzdelikten im neuen Strafrecht und transparenter Verteidigung. Ein Beitrag zur prozessualen Klimaforschung. In: Kempf, Eberhard (Hrsg.), Festschrift für Christian Richter II – Verstehen und Widerstehen. Nomos, Baden-Baden, 2006, S. 179 ff.

Hanau, Peter / Hoeren, Thomas: Private Internetnutzung durch Arbeitnehmer – Die arbeits- und betriebsverfassungsrechtlichen Probleme –. Beck, München, 2003

Härting, Niko: E-Mail und Telekommunikationsgeheimnis – Die drei Gesichter der E-Mail: Telekommunikation, Datensatz, elektronischer Brief. CR 2007, 311 ff.

Hassemer, Ines M. / Witzel, Michaela: Filterung und Kontrolle des Datenverkehrs. Ist die Filterung von E-Mails im Unternehmen rechtmäßig?. ITRB 2006, 139 ff.

Hassemer, Winfried / Matussek, Karin: Das Opfer als Verfolgter: Ermittlungen des Verletzten im Strafverfahren. Lang, Frankfurt a.M., Berlin, Bern, New York, Paris, Wien, 1996

Hauschka, Christoph E.: Compliance als Teil einer modernen Unternehmensführung. Der Stand der Compliance-Diskussion: Nicht nur ein Thema für die Großen. AnwBl 2010, 629 ff.

Hauschka, Christoph E.: § 1 – Einführung. In: Hauschka, Christoph E. (Hrsg.), Corporate Compliance: Handbuch der Haftungsvermeidung im Unternehmen. Beck, München, 2. Auflage 2010, S. 1 ff.

Hauschka, Christoph E.: Compliance, Compliance-Manager, Compliance-Programme: Eine geeignete Reaktion auf gestiegene Haftungsrisiken für Unternehmen und Management?. NJW 2004, 257 ff.

Haußmann, Katrin / Krets, Jérôme: EDV-Betriebsvereinbarungen im Praxistest. NZA 2005, 259 ff.

Heghmanns, Michael: 6. Teil, 1. Kap. – Straftaten gegen die betriebliche Datenverarbeitung. In: Achenbach, Hans / Ransiek, Andreas (Hrsg.), Handbuch Wirtschaftsstrafrecht. C.F. Müller, Heidelberg, München, Landsberg, Frechen, Hamburg, 3. Auflage 2012, S. 741 ff.

von Hehn, Paul A.: Internal Investigations als Chance für bessere Compliance – Thema wird in der Compliance-Diskussion zu stiefmütterlich behandelt. Börsen-Zeitung Nr. 221, 15

von Hehn, Paul A. / Hartung, Wilhelm: Unabhängige interne Untersuchungen in Unternehmen als Instrument guter Corporate Governance – auch in Europa?. DB 2006, 1909 ff.

Heidelberger Kommentar zum Aktiengesetz: Hrsg. von Bürgers, Tobias / Körber, Torsten. Müller, Heidelberg 2008 (zit. *Bearbeiter*, in: Heidelberger Kommentar AktG)

Heidrich, Joerg: Anmerkung zu OLG Karlsruhe, Beschluss vom. 10.1.2005 – 1 Ws 152/04 (MMR 2005, 178 ff.). MMR 2005, 181 f.

Heidrich, Joerg / Tschoepe, Sven: Rechtsprobleme der E-Mail-Filterung. MMR 2004, 75 ff.

Heinson, Dennis: Compliance durch Datenabgleiche. BB 2010, 3084 ff.

Herrmann, Klaus / Soiné, Michael: Durchsuchung persönlicher Datenspeicher und Grundrechtsschutz. NJW 2011, 2922 ff.

Hild, Eckart C.: Outsourcing von Compliance-Funktionen: Anwalt als Ombudsmann. Erfahrungen als Ombudsmann der Deutschen Bahn AG. AnwBl 2010, 641 ff.

Hoffmann, Volker H. / Wißmann, Anke C.: Die Erstattung von Geldstrafen, Geldauflagen und Verfahrenskosten im Strafverfahren durch Wirtschaftsunternehmen gegenüber ihren Mitarbeitern. StV 2001, 249 ff.

Höld, Florian: Die Überwachung von Arbeitnehmern: nicht-technische Überwachungsmethoden, technische Überwachungsmethoden und ärztliche Untersuchungen. Kovač, Hamburg, 2006

Hölters, Wolfgang (Hrsg.): Aktiengesetz. Vahlen, München, 2. Auflage 2014 (zit. *Bearbeiter*, in: Hölters, AktG)

Holzinger, Esther: Beweisverwertungsverbot bei mitbestimmungswidrig erlangten Beweisen im arbeitsgerichtlichen Verfahren. Lang, Frankfurt a.M., Berlin, Bern, Bruxelles, New York, Oxford, Wien, 2009

Holzner, Stefan: Neues zur Regelung der Nutzung von E-Mail und Internet am Arbeitsplatz?. ZRP 2011, 12 ff.

Hoppe, Christian: Private Nutzung betrieblicher Informations- und Kommunikationsmittel am Arbeitsplatz: in Deutschland, Österreich und der Schweiz. Kovač, Hamburg, 2010

Hoppe, René / Braun, Frank: Arbeitnehmer-E-Mails: Vertrauen ist gut - Kontrolle ist schlecht. Auswirkungen der neuesten Rechtsprechung des BVerfG auf das Arbeitsverhältnis. MMR 2010, 80 ff.

Hopson, Mark D. / Graham Koehler, Kristin: Effektive ethische Compliance-Programme im Sinne der United States Federal Sentencing Guidelines. CCZ 2008, 208 ff.

Horrer, Philipp / Patzschke, Andrew: Strafrechtlicher Umgang mit Fremdzahlungen von Geldbußen, -strafen und -auflagen durch Unternehmen für ihre Mitarbeiter – Können sich Unternehmensverantwortliche strafbar machen, wenn ein Unternehmen Geldstrafen, Geldbußen und Geldauflagen für seine Mitarbeiter zahlt?. CCZ 2013, 94 ff.

Horvath, Günther: Gesellschaftsrechtliche Aspekte von Internal Investigations. In: Kustor, Thomas (Hrsg.), Unternehmensinterne Untersuchungen: Handbuch für Internal Investigations. Linde, Wien, 2010, S. 51 ff.

Hoss, Dennis: Internet- und E-Mail-Überwachung am Arbeitsplatz. Kassel University Press, Kassel, 2009

Hoven, Elisa: Der nordrhein-westfälische Entwurf eines Verbandsstrafgesetzbuchs – Eine kritische Betrachtung von Begründungsmodell und Voraussetzungen der Straftatbestände. ZIS 2014, 19 ff.

Hülsberg, Frank / Engels, Oliver: Wirtschaftskriminalität und Compliance – „Who is he typical fraudster"? Zwei aktuelle KPMG-Studien. ZWH 2011, 14 ff.

Ignor, Alexander: Rechtsstaatliche Standards für interne Erhebungen in Unternehmen. Die „Thesen zum Unternehmensanwalt im Strafrecht" des Strafrechtsausschusses der Bundesrechtsanwaltskammer. CCZ 2011, 143 ff.

Jahn, Joachim: Das Ende der Unschuldsvermutung. Internal Investigations, Compliance und „Know your Customer" – die Strafverfolgung wird privatisiert. AnwBl 2013, 207

Jahn, Matthias: Ermittlungen in Sachen Siemens/SEC – Legitimer Baustein des globalisierten Wirtschaftsstrafverfahren oder rechtswidriges Parallelverfahren zur Strafprozessordnung? – Eine Problemskizze. StV 2009, 41 ff.

Jandt, Silke: Fernmeldegeheimnis im Arbeitsverhältnis bei erlaubter E-Mail-Nutzung zu privaten Zwecken. Zugleich Kommentar zu LAG Berlin-Brandenburg, Urt. V. 16.2.2011 – 4 Sa 2132/10, K&R 2011, 608 (Heft 9). K&R 2011, 631 f.

Jofer, Robert / Wegerich, Christine: Betriebliche Nutzung von E-Mail-Diensten; Kontrollbefugnisse des Arbeitgebers. K&R 2002, 235 ff.

Joussen, Jacob: Mitarbeiterkontrollen: Was muss, was darf das Unternehmen wissen? NZA-Beilage 2011, 35 ff.

Kahlenberg, Harald / Schwinn, Hannes: Amnestieprogramme bei Compliance-Untersuchungen im Unternehmen. CCZ 2012, 81 ff.

Kapp, Thomas: Dürfen Unternehmen ihren (geschäftsleitenden) Mitarbeitern Geldstrafen bzw. -bußen erstatten?. NJW 1992, 2796 ff.

Kappel, Jan / Lagodny, Otto: Der UK Bribery Act – Ein Strafgesetz erobert die Welt? – Ein kritischer Diskussionsanstoß. StV 2012, 695 ff.

Karlsruher Kommentar zur Strafprozessordnung mit GVG, EGGVG und EMRK: Hrsg. von Hannich, Rolf. Beck, München, 7. Auflage 2013 (zit. *Bearbeiter*, in: KK StPO)

Kempermann, Philip: Strafbarkeit nach § 206 StGB bei Kontrolle von Mitarbeiter-E-Mails? Rechtskonforme Lösungen zur Einhaltung von Compliance-Maßnahmen. ZD 2012, 12 ff.

Kempf, Eberhard: § 10 – Der Unternehmensanwalt. In: Volk, Klaus (Hrgs.), Münchener Anwaltshandbuch Verteidigung in Wirtschafts- und Steuerstrafsachen. Beck, München, 2006, S. 363 ff.

Kempf, Eberhard / Schilling, Hellen: § 10 – Der Unternehmensanwalt. In: Volk, Klaus (Hrgs.), Münchener Anwaltshandbuch Verteidigung in Wirtschafts- und Steuerstrafsachen. Beck, München, 2. Auflage 2014, S. 370 ff.

Kern, Linda: Podiumsdiskussion – Handlungsbedarf im Arbeitnehmerdatenschutz. In: Theisen, Otto (Hrsg.), Bitburger Gespräche in München, Band 1, Datenschutz im Arbeitsverhältnis. Mohr Siebeck, Tübingen, 2012, S. 117 ff.

Keul, Thomas / Wulf, Martin: Rechtliche Rahmenbedingungen des anwaltlichen Ombudsmannes. ZWH 2011, 50 ff.

Kienast, Rainer: § 8 – Mitarbeiterbefragungen. In: Wessing, Jürgen / Dann, Matthias (Hrsg.), Deutsch-Amerikanische Korruptionsverfahren: Ermittlungen in Unternehmen – SEC-DOJ-FCPA-SOX und die Folgen. Beck, München, 2012, S. 271 ff.

Kindhäuser, Urs: Strafprozessrecht. Nomos, Baden-Baden, 3. Auflage 2013

Kirmes, Raoul: Forensic Investigation und die Friedenspflicht. WiJ 2013, 150 ff.

Kirsch, Marcus: Datenschutz in Unternehmen: Leitfaden für datenschutzrechtliche Fragestellungen im Rahmen unternehmerischer IT-Compliance. Hrsg. von Logemann, Thorsten. Intersoft Consulting Services, Hamburg, 2011

Klasen, Evelyn / Schaefer, Sandra: Einsichtsrechte von Arbeitnehmern und Beteiligten bei unternehmensinternen Untersuchungen. DB 2012, 1384 ff.

Klasen, Evelyn / Schaefer, Sandra: Whistleblower, Zeugen und „Beschuldigter“ – Informationsweitergabe im Spannungsfeld grundrechtlicher Positionen. BB 2012, 641 ff.

Kleinknecht, Theodor: Die Beweisverbote im Strafprozeß. NJW 1966, 1537 ff.

Kleinknecht, Theodor / Müller, Hermann / Reitberger, Leonhard: Kommentar zur Strafprozessordnung. Hrsg. von von Heintschel-Heinegg, Bernd / Stöckel,

Worzalla, Michael (Hrsg.), Gesellschaft für Marketing und Service der Deutschen Arbeitgeber (GDA), Berlin, 2006

Leutheusser-Schnarrenberger, Sabine: Handlungsbedarf im Datenschutz aus Sicht der Bundesregierung. In: Theisen, Otto (Hrsg.), Bitburger Gespräche in München, Band 1, Datenschutz im Arbeitsverhältnis. Mohr Siebeck, Tübingen, 2012, S. 33 ff.

Liedtke, Werner: 1. Abschnitt, Teil 7, 2. Kapitel – Computerleistungen als Gegenstand des Arbeitsvertrages. In: Kilian, Wolfgang / Heussen, Benno (Hrsg.), Computerrechts-Handbuch: Informationstechnologie in der Rechts- und Wirtschaftspraxis. Beck, München, Stand: August 2013 (32. Ergänzungslieferung)

Liese, Jens: Much Adoe About Nothing? oder: Ist der Vorstand einer Aktiengesellschaft verpflichtet, eine Compliance-Organisation zu implementieren?. BB Special 5 (zu BB 2008, Heft 25), 17 ff.

Lindemann, Achim / Simon, Oliver: Betriebsvereinbarungen zur E-Mail-, Internet- und Intranet-Nutzung. BB 2001, 1950 ff.

Lomas, Paul / Kramer, Daniel J.: Corporate Internal Investigations: An International Guide. Oxford University Press, Oxford, 2008

Löwe/Rosenberg: Die Strafprozessordnung und das Gerichtsverfassungsgesetz - Großkommentar. Band 4 (§§ 112 - 150). Hrsg. von Erb, Volker / Esser, Robert / Franke, Ulrich / Graalmann-Scheerer, Kirsten / Hilger, Hans / Ignor, Alexander. De Gruyter, Berlin, New York, 26. Auflage 2007 (zit. *Bearbeiter*, in: L/R, StPO)

Löwe/Rosenberg: Die Strafprozessordnung und das Gerichtsverfassungsgesetz – Großkommentar. Band 11 – EMRK/IPBPR. Hrsg. von Erb, Volker / Esser, Robert / Franke, Ulrich / Graalmann-Scheerer, Kirsten / Hilger, Hans / Ignor, Alexander. De Gruyter, Berlin, New York, 26. Auflage 2012 (zit. *Bearbeiter*, in: L/R, EMRK/IPBPR)

Löwisch, Manfred: Fernmeldegeheimnis und Datenschutz bei der Mitarbeiterkontrolle. DB 2009, 2782 ff.

Lunk, Stefan: Prozessuale Verwertungsverbote im Arbeitsrecht. NZA 2009, 457 ff.

Lützeler, Martin / Müller-Sartori, Patrick: Die Befragung des Arbeitnehmers – Auskunftspflicht oder Zeugnisverweigerungsrecht?. CCZ 2011, 19 ff.

Mahnhold, Thilo: Compliance und Arbeitsrecht. Insiderrechtliche Verhaltenskonzepte im nationalen und multinationalen Unternehmen. Lang, Frankfurt a.M., Berlin, Bern, Bruxelles, New York, Oxford, Wien, 2004

Mansdörfer, Marco: Die Zulässigkeit innerbetrieblicher Rasterfahndungen und Datenscreenings. ZWH 2011, 81 ff.

Mark, Jonas: Internal Investigations und das Attorney-Client-Privilege (Anwaltsprivileg) in Deutschland. ZWH 2012, 311 ff.

Maschmann, Frank: Compliance und Mitarbeiterrechte. In: Kuhlen, Lothar / Kudlich, Hans / Ortiz de Urbina, Inigo (Hrsg.), Compliance und Strafrecht. C.F. Müller, Heidelberg, München, Landsberg, Frechen, Hamburg, 2013, S. 85 ff.

Maschmann, Frank: Compliance versus Datenschutz. NZA-Beilage 2012, 50 ff.

Maschmann, Frank: Corporate Compliance und Arbeitsrecht. In: Wieland, Josef / Schack, Axel (Hrsg.), Soziale Marktwirtschaft: Verantwortungsvoll gestalten (Tagungsband – Wiesbadener Gespräche zur Sozialpolitik). Frankfurter Allgemeine Buch, Frankfurt a.M., 2011, S. 184 ff.

Maschmann, Frank: Mitarbeiterkontrolle und private Ermittlungen. In: Maschmann, Frank (Hrsg.), Corporate Compliance und Arbeitsrecht. Mannheimer Arbeitsrechtstag 2009. Nomos, Baden-Baden, 2009, S. 149 ff.

Maschmann, Frank: Virtueller Belegschaftswahlkampf im Netz des Arbeitgebers. NZA 2008, 613 ff.

Maschmann, Frank: Mitarbeiterkontrolle in Theorie und Praxis. In: Maschmann, Frank (Hrsg.), Festschrift für Wolfgang Hromadka zum 70. Geburtstag. Beck, München, 2008, S. 233 ff.

Maschmann, Frank: Zuverlässigkeitstests durch Verführung illoyaler Mitarbeiter?. NZA 2002, 13 ff.

Matula, Martina: Private Ermittlungen: Die eigen und staatlich initiierte Ermittlungstätigkeit von Privatpersonen im Kontext des strafprozessualen Täuschungsverbots. Kovač, Hamburg, 2012

Mende, Boris: Grenzen privater Ermittlungen durch den Verletzten einer Straftat. Berlin-Verlag Spitz, Berlin, 2001

Mengel, Anja: Kapitel 13 – Arbeitsrechtliche Rahmenbedingungen sowie Arbeitsrechtliche Gestaltung, Beratung und Vertretung für das Unternehmen. In: Knierim, Thomas C. / Rübenstahl, Markus / Tsambikakis, Michael (Hrsg.), Internal Investigations: Ermittlungen im Unternehmen. C.F. Müller, Heidelberg, München, Landsberg, Frechen, Hamburg, 2013, S. 335 ff.

Mengel, Anja: Compliance und Arbeitsrecht. Implementierung, Durchsetzung, Organisation. Beck, München, 2009

Mengel, Anja: Kontrolle der E-mail- und Internetkommunikation am Arbeitsplatz. Wege durch einen juristischen Irrgarten. BB 2004, 2014 ff.

Mengel, Anja: Kontrolle der Telefonkommunikation am Arbeitsplatz. Wege durch einen juristischen Irrgarten?. BB 2004, 1445 ff.

Mengel, Anja / Hagemeister, Volker: Compliance und Arbeitsrecht. BB 2006, 2466 ff.

Mengel, Anja / Ullrich, Thilo: Arbeitsrechtliche Aspekte unternehmensinterner Investigations. NZA 2006, 240 ff.

Meyer-Goßner, Lutz: Strafprozessordnung: Gerichtsverfassungsgesetz, Nebengesetze und ergänzende Bestimmungen. Beck, München, 56. Auflage 2013

Minoggio, Ingo: Kap. 15 – Interne Ermittlungen im Unternehmen. In: Böttger, Marcus (Hrsg.), Wirtschaftsstrafrecht in der Praxis. StRR Schriften für die Strafrechtspraxis. ZAP, Münster, 2011, S. 1061 ff.

Minoggio, Ingo: Firmenverteidigung. ZAP, Münster, 2. Auflage 2010

Michalke, Regina: Neue Garantenpflichten? – oder: Haftung des Compliance-Officers. Das obiter dictum des BGH und die Folgen (auch) für die anwaltliche Dienstleistung. AnwBl 2010, 666 ff.

Michalski, Lutz (Hrsg.): Kommentar zum Gesetz betreffend die Gesellschaften mit beschränkter Haftung (GmbH-Gesetz). Band II (§§ 35 - 85 GmbHG, §§ 1 – 4 EGGmbHG. Beck, München, 2. Auflage 2010 (zit. *Bearbeiter*, in: Michalski, GmbHG)

Möller, Reinhard: Privatnutzung des Internet am Arbeitsplatz. Arbeitsrechtliche Rahmenbedingungen der privaten Nutzung des dienstlichen Internetzugangs. ITRB 2005, 142 ff.

Mölter, Thomas: Überwachung und Informationsbeschaffung des Arbeitgebers: strafrechtlicher Schutz der Privatsphäre des Arbeitnehmers am Arbeitsplatz. Kovač, Hamburg, 2012

Momsen, Carsten: Criminal Compliance und Internal Investigations – Haftungsrisiken aus materieller und prozessualer Sicht. In: Rotsch, Thomas (Hrsg.), Criminal Compliance vor den Aufgaben der Zukunft. Nomos, Baden-Baden, 2013, S. 47 ff.

Momsen, Carsten: Internal Investigations zwischen arbeitsrechtlicher Mitwirkungspflicht und strafprozessualer Selbstbelastungsfreiheit. ZIS 2011, 508 ff.

Momsen, Carsten / Grützner, Thomas: Verfahrensregeln für interne Ermittlungen – Kritische Würdigung der Thesen der BRAK zum Unternehmensanwalt im Strafrecht. DB 2011, 1792 ff.

Moosmayer, Klaus: Modethema oder Pflichtprogramm guter Unternehmensführung? – Zehn Thesen zu Compliance. NJW 2012, 3013 ff.

Moosmayer, Klaus: Qualifikation und Aufgaben des Compliance Officers. Der Compliance Officer im Unternehmen: ein neues Tätigkeitsfeld – gerade auch für Anwälte?. AnwBl 2010, 634 ff.

Moosmayer, Klaus: Compliance. Praxisleitfaden für Unternehmen. Beck, München, 2. Auflage 2012

Moosmayer, Klaus / Gropp-Stadler, Susanne: Der Diskussionsentwurf des Bundesministeriums der Justiz zur Änderung der §§ 30, 130 OWiG: Ein Zwischenruf. NZWiSt 2012, 241 ff.

Moosmayer, Klaus / Hartwig, Niels: Interne Untersuchungen. Praxisleitfaden für Unternehmen. Beck, München, 2012 (zit. *Bearbeiter*, in: Moosmayer/Hartwig, Interne Untersuchungen)

Mückenberger, Ole / Müller, Clemens Alexander: Anmerkung zu LAG Berlin-Brandenburg, Urteil vom 16.2.2011 – 4 Sa 2132/10 (BB 2011, 2298 ff.). BB 2011, 2302 f.

Müller-Bonanni, Thomas: Arbeitsrecht und Compliance – Hinweise für die Praxis. Einhaltung von arbeitsrechtlichen Regeln und Arbeitsrecht in der Compliance. AnwBl 2010, 651 ff.

Münchener Anwaltshandbuch IT-Recht: Hrsg. von Leupold, Andreas / Glossner, Silke. Beck, München, 3. Auflage 2013 (zit. *Bearbeiter*, in: Münchener Anwaltshandbuch IT-Recht)

Münchener Anwaltshandbuch Strafverteidigung: Hrsg. von Widmaier, Gunter. Beck, München, 2006 (zit. *Bearbeiter*, in: Münchener Anwaltshandbuch Strafverteidigung)

Münchener Handbuch zum Arbeitsrecht: Band 1, Individualarbeitsrecht. Hrsg. von Richardi, Reinhard / Wlotzke, Otfried / Wißmann, Hellmut / Oetker, Hartmut. Beck, München, 3. Auflage 2009 (zit. *Bearbeiter*, in: Münchener Handbuch Arbeitsrecht)

Münchener Kommentar zum Aktiengesetz: Band II (§§ 76 – 117, MitbestG, DrittelbG). Hrsg. von Goette, Wulf / Habersack, Mathias. Beck, München, 3. Auflage 2008 (zit. *Bearbeiter*, in: MüKo AktG)

Münchener Kommentar zum Bürgerlichen Gesetzbuch: Band 4 (Schuldrecht, Besonderer Teil II, §§ 611 – 704, EFZG, TzBfG, KSchG). Hrsg. von Säcker, Franz Jürgen / Rixecker, Roland. Beck, München, 6. Auflage 2012 (zit. *Bearbeiter*, in: MüKo BGB)

Münchener Kommentar zum Gesetz betreffend die Gesellschaften mit beschränkter Haftung: Band 2 (§§ 35 – 52 GmbHG). Hrsg. von Fleischer, Holger / Goette, Wulf. Beck, München, 2012 (zit. *Bearbeiter*, in: MüKo GmbHG)

Münchener Kommentar zum Strafgesetzbuch: Band 4 (§§ 185 – 262). Hrsg. von Joecks, Wolfgang / Miebach, Klaus. Beck, München, 2. Auflage 2012 (zit. *Bearbeiter*, in: MüKo StGB)

Münchener Kommentar zum Strafgesetzbuch: Band 5 (§§ 263 – 358 StGB). Hrsg. von Joecks, Wolfgang / Miebach, Klaus. Beck, München, 2. Auflage 2014 (zit. *Bearbeiter*, in: MüKo StGB)

Münchener Kommentar zum Strafgesetzbuch: Band 6/1 – Nebenstrafrecht II (Strafvorschriften aus: MarkenG, UrhG, UWG, AO, SchwarzArbG, AÜG, BetrVG, AktG, AWG, BauFordSiG, BörsG, DepotG, GenG, GewO, GmbHG, HGB, InsO, KWG, WpHG, TKG, TMG). Hrsg. von Joecks, Wolfgang / Miebach, Klaus. Beck, München, 2010 (zit. *Bearbeiter*, in: MüKo StGB)

Münchener Kommentar zur Insolvenzordnung: Band 2 (§§ 80 – 216). Hrsg. von Kirchhof, Hans-Peter / Eidenmüller, Horst / Stürner, Rolf. Beck, München 3. Auflage 2013 (zit. *Bearbeiter*, in: MüKo InsO)

Münchener Kommentar zur Zivilprozessordnung mit Gerichtsverfassungsgesetz und Nebengesetzen: Band I (§§ 1 – 354 ZPO). Hrsg. von Krüger, Wolfgang. Beck, München, 4. Auflage 2013 (zit. *Bearbeiter*, in: MüKo ZPO)

Müssig, Bernd: Beweisverbote im Legitimationszusammenhang von Strafrechtstheorie und Strafverfahren. GA 1999, 119 ff.

Near, Janet P. / Miceli, Marcia P.: Organizational Dissidence : The Case of Whistle-Blowing. In: Journal of Business Ethics 4 (1985), S. 1 ff.

Nestler, Nina: Kapitel 1 – Internal Investigations: Definition und rechtstatsächliche Erkenntnisse zu internen Ermittlungen in Unternehmen. In: Knierim, Thomas C. / Rübenstahl, Markus / Tsambikakis, Michael (Hrsg.), Internal Investigations: Ermittlungen im Unternehmen. C.F. Müller, Heidelberg, München, Landsberg, Frechen, Hamburg, 2013, S. 3 ff.

Neundorf, Lutz: § 30 – Datenschutz. In: Hauschka, Christoph E. (Hrsg.), Corporate Compliance: Handbuch der Haftungsvermeidung im Unternehmen. Beck, München, 2. Auflage 2010, S. 808 ff.

Nipperdey, Hans Carl: Gleicher Lohn der Frau für gleiche Leistung. RdA 1950, 121 ff.

NJW-aktuell: Zahlen der Woche. Heft 41/2011, 10

Nolte, Norbert / Becker, Philipp: Anmerkung zu VG Frankfurt/M., Urteil vom 6.11.2008 – 1 K 628/08.F (3) (CR 2009, 125 f.). CR 2009, 126 ff.

Nolte, Norbert / Becker, Thomas: IT-Compliance. BB Special 5 (zu 2008, Heft 25) 23 ff.

Nomos-Kommentar Strafgesetzbuch: Hrsg. von Kindhäuser, Urs / Neumann, Ulfrid / Paeffgen, Hans-Ullrich. Nomos, Baden-Baden, 4. Auflage 2013 (zit. *Bearbeiter*, in: NK StGB)

Oberwetter, Christian: Soziale Netzwerke im Fadenkreuz des Arbeitsrechts. NJW 2011, 417 ff.

Oberwetter, Christian: Arbeitnehmerrechte bei Lidl, Aldi und Co. NZA 2008, 609 ff.

Ohrtmann, Nicola: Korruption im Vergaberecht. Konsequenzen und Prävention – Teil 2: Konsequenzen und Selbstreinigung. NZBau 2007, 278 ff.

Pahlke, Anne-Kathrin: Risikomanagement nach KonTraG – Überwachungspflichten und Haftungsrisiken für den Aufsichtsrat. NJW 2002, 1680 ff.

Palandt, Otto (Hrsg.): Beck'sche Kurz-Kommentare, Band 7, Bürgerliches Gesetzbuch mit Nebengesetzen, insbesondere mit Einführungsgesetz (Auszug) einschließlich Rom I-, Rom II- und Rom III-Verordnungen sowie Haager Unterhaltsprotokoll und EU-Erbrechtsverordnung, Allgemeines Gleichbehandlungsgesetz (Auszug), Wohn- und Betreuungsvertragsgesetz, BGB-Informationspflichten-Verordnung, Unterlassungsklagengesetz, Produkthaftungsgesetz, Erbbaurechtsgesetz, Wohnungseigentumsgesetz, Versorgungsausgleichsgesetz, Lebenspartnerschaftsgesetz, Gewaltschutzgesetz. Beck, München, 72. Auflage 2013 (zit. *Bearbeiter*, in: Palandt)

Pampel, Gunnar: Die Bedeutung von Compliance-Programmen im Kartellordnungswidrigkeitenrecht. BB 2007, 1636 ff.

Pananis, Panos: Vorenthalten von Sozialversicherungsbeiträgen. In: Ignor, Alexander / Rixen, Stephan (Hrsg.), Handbuch Arbeitsstrafrecht. Personalverantwortung als Strafbarkeitsrisiko. Boorberg, Stuttgart, München, Hannover, Berlin, Weimar, Dresden, 2. Auflage 2008, S. 399 ff.

Panzer, Andrea: Mitarbeiterkontrolle und neue Medien. Lang, Frankfurt a.M., Berlin, Bern, Bruxelles, New York, Oxford, Wien, 2004

Panzer-Heemeier, Andrea: Der Zugriff auf dienstliche E-Mails. Neubewertung des Arbeitgebers als Provider?. DuD 2012, 48 ff.

Passarge, Malte: Risiken und Chancen mangelhafter Compliance in der Unternehmensinsolvenz. NZI 2009, 86 ff.

Pauly, Stephan / Osnabrügge, Stephan: § 4 Telefon-, Handy-, Palm-, BlackBerry-, iPhone- und iPad-Nutzung. In: Besgen, Nicolai / Prinz, Thomas (Hrsg.), Handbuch Internet.Arbeitsrecht: Rechtssicherheit bei Nutzung, Überwachung und Datenschutz. Dt. Anwalt-Verl., Bonn, 3. Auflage 2013, S. 143 ff.

Pauthner-Seidel, Jürgen / Stephan, Hans Jürgen: § 27 - Compliance-Managementsysteme für Unternehmensrisiken im Bereich des Wirtschaftsstrafrechts. In: Hauschka, Christoph E. (Hrsg.), Corporate Compliance: Handbuch der Haftungsvermeidung im Unternehmen. Beck, München, 2. Auflage 2010, S. 637 ff.

Piel, Hannah Milena: Tagungsbericht zur internationalen Tagung zum Thema Internal Investigations am 07.12.2012 in Frankfurt. WiJ 2013, 55 ff.

Pies, Ingo / Sass, Peter / Meyer zu Schwabedissen, Henry: Prävention von Wirtschaftskriminalität: Zur Theorie und Praxis der Korruptionsbekämpfung. Hrsg. vom Lehrstuhl für Wirtschaftsethik an der Martin-Luther-Universität Halle-Wittenberg in Zusammenarbeit mit der Sektion Wirtschaftswissenschaften der Stiftung Leucorea in Wittenberg sowie dem Wittenberg-Zentrum für Globale Ethik. Lehrstuhl für Wirtschaftsethik, Univ., Halle (Saale), 2005

Pietrek, Anna Carolin: Die strafrechtliche Verantwortlichkeit des Betriebsinhabers aus Compliance-Pflichten. Kovač, Hamburg, 2012

Pohle, Jan: § 9 – Unterlagen-, Daten- und E-Mailauswertung unter Berücksichtigung datenschutzrechtlicher Aspekte. In: Wessing, Jürgen / Dann, Matthias (Hrsg.), Deutsch-Amerikanische Korruptionsverfahren: Ermittlungen in Unternehmen – SEC-DOJ-FCPA-SOX und die Folgen. Beck, München, 2012, S. 309 ff.

Polenz, Sven: 1. Abschnitt, Teil 13, 7. Kapitel – Telekommunikation und Telemedien. In: Kilian, Wolfgang / Heussen, Benno (Hrsg.), Computerrechts-Handbuch: Informationstechnologie in der Rechts- und Wirtschaftspraxis. Beck, München, Stand: August 2013 (32. Ergänzungslieferung)

Poller, Stefan: Untreue durch Übernahme von Geldsanktionen, Verfahrenskosten und Verteidigerhonoraren?. StraFo 2005, 274 ff.

Preuß, Tamina: Tatbestands- und Verbotsirrtümer bei E-Mail-Kontrollen: Uneinheitliche Rechtsprechung zur Stellung des Arbeitgebers als Erbringer von TK-Diensten. ZD 2012, 543 ff.

Preußner, Joachim / Becker, Florian: Ausgestaltung von Risikomanagementsystemen durch die Geschäftsleitung – Zur Konkretisierung einer haftungsrelevanten Organisationspflicht. NZG 2002, 846 ff.

PricewaterhouseCoopers / Martin-Luther-Universität Halle-Wittenberg (Hrsg.): Compliance und Unternehmenskultur. Zur aktuellen Situation in deutschen Großunternehmen. 2010. Abrufbar unter: http://www.pwc.de/de/risiko-management/assets/studie_Compliance-und-Unternehmenskultur. pdf (zit. PwC-Studie 2010)

PricewaterhouseCoopers / Martin-Luther-Universität Halle-Wittenberg (Hrsg.): Wirtschaftskriminalität 2008 in Handel und Konsumgüterindustrie. Deutsche Unternehmen unterschätzen Risiken. 2008. Abrufbar unter: https://www.pwc.de/de_DE/de/handel-und-konsumguter/assets/PwC_WiKri_Handel-Konsum_270508.pdf (zit. PwC-Studie 2008)

Prieß, Hans-Joachim: Selbstreinigung: Vergaberechtliche „Medizin" als Compliance-Maßnahme. CCZ 2008, 67 ff.

Prieß, Hans-Joachim / Stein, Roland M.: Nicht nur sauber, sondern rein: Die Wiederherstellung der Zuverlässigkeit durch Selbstreinigung. NZBau 2008, 230 ff.

Pröpper, Martin / Römermann, Martin: Nutzung von Internet und E-Mail am Arbeitsplatz (Mustervereinbarung). MMR 2008, 514 ff.

Raffler, Andrea / Hellich, Peter: Unter welchen Voraussetzungen ist die Überwachung von Arbeitnehmer-e-mails zulässig?. NZA 1997, 862 ff.

Rath, Michael: IT-Compliance: Wenn Recht und Wirklichkeit aufeinander stoßen. Herausforderungen bei der praktischen Umsetzung des IT-Rechts. AnwBl 2010, 660 ff.

Rath, Michael / Karner, Sophia: Internetnutzung und Datenschutz am Arbeitsplatz. K&R 2010, 469 ff.

Rath, Michael / Karner, Sophia: Private Internetnutzung am Arbeitsplatz – rechtliche Zulässigkeit und Kontrollmöglichkeiten des Arbeitgebers. K&R 2007, 446 ff.

Raum, Rolf: Die Verwertung unternehmensinterner Ermittlungen. StraFo 2012, 395 ff.

Reeb, Philipp: Internal Investigations. Neue Tendenzen privater Ermittlungen. Duncker & Humblot, Berlin, 2011

Reichert, Jochem: Reaktionspflichten und Reaktionsmöglichkeiten der Organe auf (möglicherweise) strafrechtsrelevantes Verhalten innerhalb des Unternehmens. ZIS 2011, 113 ff.

Reidlinger, Axel: Kartellrechtliche Untersuchungen im Unternehmen. In: Kustor, Thomas (Hrsg.), Unternehmensinterne Untersuchungen: Handbuch für Internal Investigations. Linde, Wien, 2010, S. 121 ff.

Renners, Stephan: Private Investigation und Arbeitsrecht. Kovač, Hamburg, 2007

Rhotert, Manuel: Prozessuales Verwertungsverbot für mitbestimmungswidrig erlangte Beweismittel? Erwiderung auf Fischer, BB 1999, 154. BB 1999, 1378 f.

Richardi, Reinhard: Betriebsverfassungsgesetz mit Wahlordnung. Beck, München 13. Auflage 2012 (zit. *Bearbeiter*, in: Richardi, BetrVG)

Rieble, Volker: Schuldrechtliche Zeugenpflichten von Mitarbeitern. ZIP 2003, 1273 ff.

Ringleb, Henrik-Michael / Kremer, Thomas / Lutter, Marcus / von Werder, Axel: Kommentar zum Deutschen Corporate Governance Kodex. Beck, München, 4. Auflage 2010 (zit. *Bearbeiter*, in: Ringleb/Kremer/Lutter/v. Werder, Kommentar zum DCGK)

Röckl, Johannes / Fahl, Christian: Kündigung nach heimlicher Videoüberwachung. NZA 1998, 1035 ff.

Rödiger, Katja: Strafverfolgung von Unternehmen, Internal Investigations und strafrechtliche Verwertbarkeit von „Mitarbeitergeständnissen". Untersuchung am Beispiel der Siemens-Korruptionsaffäre. Lang, Frankfurt a.M., Berlin, Bern, Bruxelles, New York, Oxford, Wien, 2012

von Rosen, Rüdiger (Hrsg.): Internal Investigations bei Compliance-Verstößen. Praxisleitfaden für die Unternehmensleitung. Dt. Aktieninst., Frankfurt a.M. 2010

von Rosen, Rüdiger: Rechtskollision durch grenzüberschreitende Sonderermittlungen. BB 2009, 230 ff.

Roßnagel, Alexander / Schnabel, Christoph: Das Grundrecht auf Gewährleistung der Vertraulichkeit und Integrität informationstechnischer Systeme und sein Einfluss auf das Privatrecht. NJW 2008, 3534 ff.

Roth, Simon: Das Verhältnis zwischen verwaltungsrechtlichen Mitwirkungspflichten und dem Grundsatz nemo tenetur se ipsum accusare. Zusammenfassung und Würdigung der Rechtsprechung des Europäischen Gerichtshofs für Menschenrechte. ZStrR 2011, 296 ff.

Rotsch, Thomas: 1. Teil, 4. Kap. – Compliance. In: Achenbach, Hans / Ransiek, Andreas (Hrsg.), Handbuch Wirtschaftsstrafrecht. C.F. Müller, Heidelberg, München, Landsberg, Frechen, Hamburg, 3. Auflage 2012, S. 45 ff.

Rotsch, Thomas: Compliance und Strafrecht – Konsequenzen einer Neuentdeckung. In: Joecks, Wolfgang (Hrsg.), Recht – Wirtschaft – Strafe: Festschrift für Erich Samson zum 70. Geburtstag. C.F. Müller, Heidelberg, München, Landsberg, Frechen, Hamburg, 2010, S. 141 ff.

Roxin, Imme: Probleme und Strategien der Compliance-Begleitung in Unternehmen. StV 2012, 116 ff.

Roxin, Claus / Schünemann, Bernd: Strafverfahrensrecht: Ein Studienbuch. Beck, München, 26. Auflage 2009

Rübenstahl, Markus: Internal Investigations (Unternehmensinterne Ermittlungen) – status quo. Teil 1: Interviews in Internal Investigations und deren prozessuale Verwertbarkeit. WiJ 2012, 17 ff.

Rübenstahl, Markus / Debus, Stefanie: Strafbarkeit verdachtsabhängiger E-Mail- und EDV-Kontrollen bei Internal Investigations?. NZWiSt 2012, 129 ff.

Rübenstahl, Markus / Skoupil, Christoph: Internal Investigations, Status Quo – Pflicht zur Strafanzeige?. WiJ 2012, 177 ff.

Rübenstahl, Markus / Tsambikakis, Michael: Neues Unternehmensstrafrecht: Der NRW-Gesetzentwurf zur Einführung der strafrechtlichen Verantwortlichkeit von Verbänden. ZWH 2014, 8 ff.

Rudkowski, Lena: Die Aufklärung von Compliance-Verstößen durch „Interviews". NZA 2011, 612 ff.

Sahan, Oliver: Die Beschlagnahmefreiheit von Rechtsanwaltskorrespondenz – Auswirkungen der gesetzlichen Neuregelung auf Compliance-Beratung und Strafverteidigung. In: Rotsch, Thomas (Hrsg.), Criminal Compliance vor den Aufgaben der Zukunft. Nomos, Baden-Baden, 2013, S. 133 ff.

Sahan, Oliver: Unternehmensinterne Untersuchungen aus rechtsanwaltlicher Perspektive. In: Kuhlen, Lothar / Kudlich, Hans / Ortiz de Urbina, Inigo (Hrsg.), Compliance und Strafrecht. C.F. Müller, Heidelberg, München, Landsberg, Frechen, Hamburg, 2013, S. 171 ff.

Sahan, Oliver / Berndt, Thomas: Neue Kronzeugenregelung – aktive Beendigung von Korruptionssystemen durch effiziente Compliance-Strukturen alternativlos. BB 2010, 647 ff.

Salvenmoser, Steffen / Hauschka, Christoph E.: Korruption, Datenschutz und Compliance. NJW 2010, 331 ff.

Salvenmoser, Steffen / Schreier, Heiko: 15. Teil – Private Ermittlungen. In: Achenbach, Hans / Ransiek, Andreas (Hrsg.), Handbuch Wirtschaftsstrafrecht. C.F. Müller, Heidelberg, München, Landsberg, Frechen, Hamburg, 3. Auflage 2012, S. 1667 ff.

Sassenberg, Thomas / Lammer, Katharina-Patricia: Zulässigkeit der Spam-Filterung im Unternehmen. DuD 2008, 461 ff.

v. Saucken, Alexander: Zur Beschlagnahmefreiheit von Unterlagen im Gewahrsam eines Zeugen nach §§ 160a, 97 Abs. 2 StPO. Anm. zu LG Mannheim, Beschl. v. 03.07.2012 – 24 Qs 1/12. WiJ 2013, 30 ff.

Sauer, Olaf C.: Der Einsatz von Spamfiltern am Arbeitsplatz – Eine kritische Analyse. K&R 2008, 399 ff.

Schaefer, Hans / Baumann, Diethelm: Compliance-Organisation und Sanktionen bei Verstößen. NJW 2011, 3601 ff.

Schaefer, Torsten: Selbstbelastungsschutz außerhalb des Strafverfahrens. NJW-Spezial 2010, 120 f.

Schaub, Günter: Arbeitsrechtshandbuch. Systematische Darstellung und Nachschlagewerk für die Praxis. Beck, München, 15. Auflage 2013 (zit. *Bearbeiter*, in: Schaub, Arbeitsrechtshandbuch)

Scheben, Barbara / Klos, Christian: Analyse von Chatprotokollen und E-Mails – Was ist erlaubt? Was ist verwertbar?. CCZ 2013, 88 ff.

Scheben, Barbara / Klos, Christian / Geschonneck, Alexander: Evidence and Disclosure Management (EDM) – Eine (datenschutz-)rechtliche Analyse. CCZ 2012, 13 ff.

Schemmel, Alexander / Ruhmannseder, Felix / Witzigmann, Tobias: Hinweisgebersysteme: Implementierung in Unternehmen. C.F. Müller, Heidelberg, München, Landsberg, Frechen, Hamburg, 2012

Scheurle, Klaus-Dieter / Mayen, Thomas (Hrsg.): Telekommunikationsgesetz: Kommentar. Beck, München, 2. Auflage 2008 (zit. *Bearbeiter*, in: Scheurle/Mayen, TKG)

Schimmelpfennig, Hans-Christoph / Wenning, Holger: Arbeitgeber als Telekommunikationsdienste-Anbieter? – Eingeschränkter Zugriff auf elektronische Geschäftskorrespondenz bei zugelassener Privatnutzung von E-Mail und Internet am Arbeitsplatz? –. DB 2006, 2290 ff.

Schlegel, Stephan: „Beschlagnahme" von E-Mail-Verkehr beim Provider. Zugleich Besprechung zu BVerfG HHRS 2007 Nr. 125 = (BVerfG 2 BvR 902/06 = Beschluss vom 29. Juni 2006). HRRS 2007, 44 ff.

Schlewing, Anja: Prozessuales Verwertungsverbot für mitbestimmungswidrig erlangte Erkenntnisse aus einer heimlichen Videoüberwachung?. NZA 2004, 1071 ff.

Schmidl, Michael: § 29 – Recht der IT-Sicherheit. In: Hauschka, Christoph E. (Hrsg.), Corporate Compliance: Handbuch der Haftungsvermeidung im Unternehmen. Beck, München, 2. Auflage 2010, S. 701 ff.

Schmidt, Bernd: Vertrauen ist gut, Compliance ist besser! – Anforderungen an die Datenverarbeitung im Rahmen der Compliance-Überwachung –. BB 2009, 1295 ff.

Schmolke, Klaus: Whistleblowing-Systeme als Corporate Governance-Instrument transnationaler Unternehmen. Einheitliche Unternehmenskultur versus nationale Rechtskultur. RIW 2012, 224 ff.

Schneider, Uwe H.: Investigative Maßnahmen und Informationsweitergabe im konzernfreien Unternehmen und im Konzern. NZG 2010, 1201 ff.

Schneider, Uwe H.: Compliance als Aufgabe der Unternehmensleitung. ZIP 2003, 645 ff.

Schönke, Adolf / Schröder, Horst: Strafgesetzbuch, Kommentar. 28. Auflage 2010 (zit. *Bearbeiter*, in: S/S)

Schöttler, Ingo: Schutz von E-Mail-Daten durch das Fernmeldegeheimnis. jurisPR-ITR 4/2009 Anm. 2

Schulz, Martin / Renz, Hartmut: Der erfolgreiche Compliance-Beauftragte – Leitlinien eines branchenübergreifenden Berufsbildes. BB 2012, 2511 ff.

Schumacher, Anja / Fausten, Verena: § 1 Dienstliche und private Nutzung von Internet, Intranet und E-Mail – Individualarbeitsrecht. In: Besgen, Nicolai / Prinz, Thomas (Hrsg.), Handbuch Internet.Arbeitsrecht: Rechtssicherheit bei Nutzung, Überwachung und Datenschutz. Dt. Anwalt-Verl., Bonn, 3. Auflage 2013, S. 35 ff.

Schumann, Kay H.: Das 41. StrÄndG zur Bekämpfung der Computerkriminalität. NStZ 2007, 675 ff.

Schünemann, Bernd: Die aktuelle Forderung eines Verbandsstrafrechts – Ein kriminalpolitischer Zombie. ZIS 2014, 1 ff.

Schürrle, Thomas / Fleck, Franziska: „Whistleblowing Unlimited" – Der U.S. Dodd-Frank Act und die neuen Regeln der SEC zum Whistleblowing. CCZ 2011, 218 ff.

Schürrle, Thomas / Olbers, Lucie Anne Mary: Praktische Hinweise zu Rechtsfragen bei eigenen Untersuchungen im Unternehmen. CCZ 2010, 178 ff.

Schuster, Fabian: Der Arbeitgeber und das Telekommunikationsgesetz. Ein Arbeitgeber unterfällt auch bei Gestattung der privaten Nutzung von Telefon und E-Mail durch die Arbeitnehmer nicht den Pflichten nach dem TKG. CR 2014, 21 ff.

Schuster, Frank Peter: Kapitel 11 Rn. 103 - 151 – Datenschutzrechtliche und strafrechtliche Rahmenbedingungen der Ermittlungen. In: Knierim, Thomas C. / Rübenstahl, Markus / Tsambikakis, Michael (Hrsg.), Internal Investigations: Ermittlungen im Unternehmen. C.F. Müller, Heidelberg, München, Landsberg, Frechen, Hamburg, 2013, S. 311 ff.

Schuster, Frank Peter: Anmerkung zu LG Hamburg, Beschluss vom 15.10.2010 – 608 Qs 18/10 (NZWiSt 2012, 26 ff.). NZWiSt 2012, 28 ff.

Schuster, Frank Peter: IT-gestützte interne Ermittlungen in Unternehmen – Strafbarkeitsrisiken nach den §§ 202a, 206 StGB. ZIS 2010, 68 ff.

Schwarz, Alexandra: Die strafrechtliche Haftung des Compliance-Beauftragten. wistra 2012, 13 ff.

Seffer, Adi / Schneider, Jörg: Behandlung des E-Mail-Accounts ausgeschiedener Organmitglieder. Rechtliche Rahmenbedingungen und praktische Handhabung des personalisierten Accounts nach dem Ausscheiden. ITRB 2007, 264 ff.

Seier, Jürgen: 5. Teil, 2. Kap. – Untreue. In: Achenbach, Hans / Ransiek, Andreas (Hrsg.), Handbuch Wirtschaftsstrafrecht. C.F. Müller, Heidelberg, München, Landsberg, Frechen, Hamburg, 3. Auflage 2012, S. 588 ff.

Sidhu, Karl / von Saucken, Alexander / Ruhmannseder, Felix: Der Unternehmensanwalt im Strafrecht und die Lösung von Interessenkonflikten. NJW 2011, 881 ff.

Sieg, Rainer: Arbeitnehmer im Banne von Compliance-Programmen – zwischen Zivilcourage und Denunziantentum. In: Bauer, Jobst-Hubertus (Hrsg.), Festschrift für Herbert Buchner zum 70. Geburtstag. Beck, München, 2009, S. 859 ff.

Siegert, Karl: Die außergerichtlichen Tonbandaufnahmen und ihre Verwertung im Zivilprozeß. NJW 1957, 689 ff.

Simitis, Spiros (Hrsg.): Bundesdatenschutzgesetz. Nomos, Baden-Baden, 7. Auflage 2011 (zit. *Bearbeiter*, in: Simitis, BDSG)

Spehl, Stephan J. / Gruetzner, Thomas: § 6: Germany. In: Spehl, Stephan J. / Gruetzner, Thomas (Hrsg.), Corporate Internal Investigations – Overview of 13 jurisdictions. Beck, München / Nomos, Baden-Baden / Hart, Portland, Or, 2013, S. 165 ff.

Spehl, Stephan J. / Momsen, Carsten / Grützner, Thomas: Unternehmensinterne Ermittlungen – Ein internationaler Überblick. Teil II: „Zulässigkeit und rechtliche Anforderungen verschiedener Ermittlungsmaßnahmen in ausgewählten Ländern". CCZ 2014, 2 ff.

Spindler, Gerald / Schuster, Fabian: Recht der elektronischen Medien. Kommentar. Beck, München, 2. Auflage 2011 (zit. *Bearbeiter*, in: Spindler/Schuster, Recht der elektronischen Medien)

Spindler, Gerald / Stilz, Eberhard (Hrsg.): Kommentar zum Aktiengesetz, Band 2 (§§ 150 - 410, IntGesR, SpruchG, SE-VO). Beck, München, 2. Auflage 2010 (zit. *Bearbeiter*, in: Spindler/Stilz, AktG)

Stein, Friedrich / Jonas, Martin (Hrsg.): Kommentar zur Zivilprozessordnung, Band 4 (§§ 253 – 327). Mohr Siebeck, Tübingen, 22. Auflage 2008 (zit. *Bearbeiter*, in: Stein/Jonas, ZPO)

von Steinau-Steinrück, Robert / Glanz, Peter: Compliance im Arbeitsrecht – Ein Muss für jedes Unternehmen. NJW-Spezial 2008, 146 f.

von Steinau-Steinrück, Robert / Glanz, Peter: Grenzen der Mitarbeiterüberwachung. NJW-Spezial 2008, 402 f.

Steinherr, Christine / Steinmann, Horst / Olbrich, Thomas: Die U.S.-Sentencing Commission Guidelines. Eine Dokumentation. In: Alwart, Heiner (Hrsg.), Verantwortung und Steuerung von Unternehmen in der Marktwirtschaft. Hampp, München, Mering, 1998, S. 153 ff.

Steinkühler, Bernhard: BB-Forum: Kein Datenproblem bei der Deutschen Bahn AG? Mitnichten!. BB 2009, 1294 f.

Stetter, Sabine: Verantwortungsvoll betriebene Korruptionsprävention in Unternehmen – ein Mittel zur Abwehr drohender Verfallsanordnungen?. In: Schöch, Heinz (Hrsg.), Strafverteidigung, Revision und die gesamten Strafrechtswissenschaften: Festschrift für Gunter Widmaier zum 70. Geburtstag. Heymann, Köln, München, 2008, S. 801 ff.

Stober, Rolf: Ist der Ehrbare Kaufmann der Schlüssel für Compliance-Anforderungen?. NJW 2010, 1573 ff.

Stoffers, Kristian: Untreue durch Zusage der Übernahme von Geldsanktionen und Verteidigungskosten. JR 2010, 239 ff.

Stögmüller, Thomas: Vertraulichkeit und Integrität informationstechnischer Systeme in Unternehmen. Ausstrahlungswirkungen des „neuen" Grundrechts in die Privatwirtschaft. CR 2008, 435 ff.

Stoye, Jörg: Korruptionsregistergesetz, der zweite Versuch – Besser, aber nicht gut genug. ZRP 2005, 265 ff.

Stück, Volker: Rechtliche Aspekte kritischer Personalgespräche. DB 2007, 1137 ff.

Stuefer, Alexi: Wirtschaftsstrafrecht aktuell – Unternehmensinterne Ermittlungen. JSt 2011, 184 f.

Szesny, André-M.: Anmerkung zu LG Hamburg, Beschluss vom 15.10.2010 – 608 Qs 18/10. GWR 2011, 169

Taschke, Jürgen: Zur Entwicklung der Verfolgung von Wirtschafsstrafsachen in der Bundesrepublik Deutschland – Bemerkungen aus der Praxis. NZWiSt 2012, 9 ff.

Taschke, Jürgen: Zur Entwicklung der Verfolgung von Wirtschafsstrafsachen in der Bundesrepublik Deutschland, Teil 2: Zur strafrechtlichen Haftung des Managements. NZWiSt 2012, 41 ff.

Taschke, Jürgen: Zur Entwicklung der Verfolgung von Wirtschafsstrafsachen in der Bundesrepublik Deutschland, Teil 3: Auf dem Weg der Privatisierung der Strafverfolgung. NZWiSt 2012, 89 ff.

Taschke, Jürgen: Die Verteidigung von Unternehmen – Ein neuer Typus von Strafverteidigung. In: Hassemer, Winfried / Kempf, Eberhard / Moccia, Sergio (Hrsg.), In dubio pro libertate : Festschrift für Klaus Volk zum 65. Geburtstag. Beck, München, 2009, S. 801 ff.

Theile, Hans: „Internal Investigations" und Selbstbelastung – Zum Verantwortungstransfer bei Akkumulation privater und staatlicher Ermittlungen –. StV 2011, 381 ff.

Theile, Hans: Strafbarkeitsrisiken der Unternehmensführung aufgrund rechtswidriger Mitarbeiterpraktiken – Kann die Nichteinrichtung einer Compliance-Organisation eine strafbare Untreue nach § 266 StGB begründen? – wistra 2010, 457 ff.

Thüsing, Gregor: Arbeitnehmerdatenschutz und Compliance. Effektive Compliance im Spannungsfeld von reformiertem BDSG, Persönlichkeitsschutz und betrieblicher Mitbestimmung. Beck, München, 2010

Thüsing, Gregor: Datenschutz im Arbeitsverhältnis. Kritische Gedanken zum neuen § 32 BDSG. NZA 2009, 865 ff.

Tiedemann, Jens: Anmerkung zu LAG Berlin-Brandenburg, Urteil vom 16.2.2011 – 4 Sa 2132/10 (ZD 2011, 43 ff.). ZD 2011, 45 ff.

Tiedemann, Jens: Anmerkung zu LAG Niedersachsen, Urteil vom 31.5.2010 – 12 Sa 875/09 (MMR 2010, 639 ff.). MMR 2010, 641 f.

Trüg, Gerson: Die Verbandsgeldbuße gegen Unternehmen. Ist-Zustand und Reformüberlegungen. ZWH 2011, 6 ff.

Trüg, Gerson: Sozialkontrolle durch Strafrecht – Unternehmensstrafrecht. StraFo 2011, 471 ff.

Trüg, Gerson: Zu den Folgen der Einführung eines Unternehmensstrafrechts. wistra 2010, 241 ff.

Tsambikakis, Michael: Kapitel 7 Rn. 24 - 77 – Ermittlungen und Beweissicherungen - Personenbefragungen. In: Knierim, Thomas C. / Rübenstahl, Markus / Tsambikakis, Michael (Hrsg.), Internal Investigations: Ermittlungen im Unternehmen. C.F. Müller, Heidelberg, München, Landsberg, Frechen, Hamburg, 2013, S. 205 ff.

Vehslage, Thorsten: Privates Surfen am Arbeitsplatz. AnwBl 2001, 145 ff.

Verhandlungen des Siebenundsechzigsten Deutschen Juristentages Erfurt 2008: Band II/2. Sitzungsberichte (Diskussion und Beschlussfassung). Hrsg. von der Ständigen Deputation des Deutschen Juristentages. Beck, München, 2009 (zit. *Bearbeiter*, in: Verhandlungen 67. DJT 2008)

Vietmeyer, Katja / Byers, Philipp: Der Arbeitgeber als TK-Anbieter im Arbeitsverhältnis. Geplante BDSG-Novelle lässt Anwendbarkeit des TKG im Arbeitsverhältnis unangetastet. MMR 2010, 807 ff.

Vogel, Joachim: Unrecht und Schuld in einem Unternehmensstrafrecht. StV 2012, 427 ff.

Vogel, Florian / Glas, Vera: Datenschutzrechtliche Probleme unternehmensinterner Ermittlungen. DB 2009, 1747 ff.

Vogt, Volker: Compliance und Investigations – Zehn Fragen aus Sicht der arbeitsrechtlichen Praxis. NJW 2009, 3755 f.

Vogt, Volker: Compliance und Investigations – Zehn Fragen aus Sicht der arbeitsrechtlichen Praxis. NJOZ 2009, 4206 ff.

Wagner, Jens: „Internal Investigations" und ihre Verankerung im Recht der AG. CCZ 2009, 8 ff.

Waltermann, Raimund: Anspruch auf private Internetnutzung durch betriebliche Übung?. NZA 2007, 529 ff.

Wastl, Ulrich: Zwischenruf Privatisierung staatsanwaltschaftlicher Ermittlungen. ZRP 2011, 57 f.

Wastl, Ulrich / Litzka, Philippe / Pusch, Martin: SEC-Ermittlungen in Deutschland – eine Umgehung rechtsstaatlicher Mindeststandards! – Erste exemplarische Überlegungen zu Hintergründen und rechtlichen Konsequenzen so genannter „Privatermittlungen" unter besonderer Berücksichtigung des Komplexes „Siemens" –. NStZ 2009, 68 ff.

Wastl, Ulrich / Pusch, Martin: Haftungsrechtliche Konsequenzen einer so genannten Mitarbeiter-Amnestie – dargestellt am Beispiel „Siemens". Ein weiteres Lehrstück für die Notwendigkeit der Berücksichtigung deutschen Rechts bei der Anwendung US-amerikanischer Rechtstraditionen. RdA 2009, 376 ff.

Wehnert, Anne: Die Verwertung unternehmensinterner Ermittlungen. StraFo 2012, 253 ff.

Wehnert, Anne: Die US-amerikanischen Richtlinien zur Strafverfolgung von Unternehmen – Ein importiertes Schrecknis auf dem Rückmarsch. NJW 2009, 1190 ff.

Wehnert, Anne: SEC: Kapitulation vor der (un)heimlichen Übermacht?. In: Jung, Heike (Hrsg.), Festschrift für Egon Müller. Nomos, Baden-Baden, 2008, S. 729 ff.

Wehnert, Anne: Das Korruptionsbekämpfungsgesetz NRW – Ende der Unschuldsvermutung. In: Kempf, Eberhard (Hrsg.), Festschrift für Christian Richter II – Verstehen und Widerstehen. Nomos, Baden-Baden, 2006, S. 563 ff.

Wehnert, Anne: Strafverteidigung vor neuen Herausforderungen. In: Beulke, Werner / Müller, Eckhart (Hrsg.), Festschrift zu Ehren des Strafrechtsausschusses der Bundesrechtsanwaltskammer. Luchterhand, Neuwied, 2006, S. 175 ff.

Weißgerber, Michael: Das Einsehen kennwortgeschützter Privatdaten des Arbeitnehmers durch den Arbeitgeber. NZA 2003, 1005 ff.

Weißnicht, Elmar: Die Nutzung des Internet am Arbeitsplatz. MMR 2003, 448 ff.

Wellhöner, Astrid / Byers, Philipp: Datenschutz im Betrieb – Alltägliche Herausforderung für den Arbeitgeber?!. BB 2009, 2310 ff.

Werner, Olaf: Verwertung rechtswidrig erlangter Beweismittel. NJW 1988, 993 ff.

Wessing, Jürgen: Braucht Deutschland ein Unternehmensstrafrecht?. ZWH 2012, 301 ff.

Wewerka, Frederike: Internal Investigations: Private Ermittlungen im Spannungsfeld von strafprozessualen Grundsätzen und Anforderungen eines globalisierten Wirtschaftsstrafverfahrens. Eine Problemanalyse unter besonderer Berücksichtigung des Falles Siemens. Lang, Frankfurt a.M., Berlin, Bern, Bruxelles, New York, Oxford, Wien, 2012

Wiederholt, Norbert / Walter, Andreas: Compliance – Anforderungen an die Unternehmensorganisationspflichten. BB 2011, 968 ff.

Willmann, Helmut: In: Muret-Sanders: Großwörterbuch Englisch – Deutsch Teil 1. Langenscheidt, Berlin, München, Wien, Zürich, New York, 2001.

Wilsing, Hans-Ulrich: § 27 – Risikobereich und Haftung: Geldbußen gegen das Unternehmen. In: Krieger, Gerd / Schneider, Uwe H. (Hrsg.), Handbuch Managerhaftung: Vorstand, Geschäftsführer, Aufsichtsrat. Pflichten und Haftungsfolgen. Typische Risikobereiche. O. Schmidt, Köln, 2. Auflage 2010, S. 790 ff.

Wimmer, Renate: „Gesetzliche Privilegierung“ von internal investigations durch externe Kanzleien? Anm. zu LG Mannheim vom 03.07.2012 – 24 Qs 1/12 / 24 Qs 2/12 und zu v. Saucken, WiJ 2013, 30 ff. WiJ 2013, 102 ff.

Winter, Johannes: Vorstandsorganisation und Compliance. Lang, Frankfurt a.M., Berlin, Bern, Bruxelles, New York, Oxford, Wien, 2011

Wisskirchen, Gerlind / Glaser, Julia: Unternehmensinterne Untersuchungen. In: Wieland, Josef / Schack, Axel (Hrsg.), Soziale Marktwirtschaft: Verantwortungsvoll gestalten (Tagungsband – Wiesbadener Gespräche zur Sozialpolitik). Frankfurter Allgemeine Buch, Frankfurt a.M., 2011, S. 209 ff.

Wisskirchen, Gerlind / Glaser, Julia: Unternehmensinterne Untersuchungen (Teil I) – Eine praktische Anleitung –. DB 2011, 1392 ff.

Wisskirchen, Gerlind / Glaser, Julia: Unternehmensinterne Untersuchungen (Teil II) – Eine praktische Anleitung –. DB 2011, 1447 ff.

Withus, Karl-Heinz: Bedeutung der geänderten Compliance Anforderungen der US Sentencing Guidelines für deutsche Unternehmen. CCZ 2011, 63 ff.

de Wolf, Abraham: Kollidierende Pflichten: zwischen Schutz von E-Mails und „Compliance“ im Unternehmen. NZA 2010, 1206 ff.

Wolf, Thomas / Mulert, Gerrit: Die Zulässigkeit der Überwachung von E-Mail-Korrespondenz am Arbeitsplatz. BB 2008, 442 ff.

Wuttke, Inken: Straftäter im Betrieb. Utz, München, 2010

Wybitul, Tim: Kapitel 11 Rn. 1 – 102 – Datenschutzrechtliche und strafrechtliche Rahmenbedingungen der Ermittlungen. In: Knierim, Thomas C. / Rübenstahl, Markus / Tsambikakis, Michael (Hrsg.), Internal Investigations: Ermittlungen im Unternehmen. C.F. Müller, Heidelberg, München, Landsberg, Frechen, Hamburg, 2013, S. 291 ff.

Wybitul, Tim: Wie geht es weiter mit dem Beschäftigtendatenschutz? Überblick über die vorgeschlagenen Neuregelungen und Empfehlungen zur raschen Umsetzung. ZD 2013, 99 ff.

Wybitul, Tim: Neue Spielregeln bei E-Mail-Kontrollen durch den Arbeitgeber. Überblick über den aktuellen Meinungsstand und die Folgen für die Praxis. ZD 2011, 69 ff.

Wybitul, Tim: Handbuch Datenschutz im Unternehmen. Verl. Recht und Wirtschaft, Frankfurt a.M., 2011

Wybitul, Tim: Machen sich Arbeitsgeber strafbar, wenn sie betriebliche E-Mail-Zugänge ihrer Beschäftigten kontrollieren? – Beschäftigtendatenschutz. BB 2011, 2241

Wybitul, Tim: „Whistleblowing" – datenschutzkonformer Einsatz von Hinweisgebersystemen? Für und Wider zum rechtskonformen Betrieb. ZD 2011, 118 ff.

Wybitul, Tim: LG Lüneburg: Strafbarkeit privater Ermittlungen nach § 44 BDSG. ZD-Aktuell 2011, 13 f.

Wybitul, Tim: Neue Spielregeln bei E-Mail-Kontrollen durch den Arbeitgeber. Überblick über den aktuellen Meinungsstand und die Folgen für die Praxis. ZD 2011, 69 ff.

Wybitul, Tim: Wie viel Arbeitnehmerdatenschutz ist „erforderlich"?. Erfahrungen und Empfehlungen zum Umgang mit dem neuen § 32 BDSG. BB 2010, 1085 ff.

Wybitul, Tim: Anmerkung zu BGH, Urteil vom 17.7.2009 – 5 StR 394/08 (BB 2009, 2263). BB 2009, 2263 f.

Wybitul, Tim: Das neue Bundesdatenschutzgesetz: Verschärfte Regeln für Compliance und interne Ermittlungen. Vertrauen ist gut, Kontrolle verboten?. BB 2009, 1582 ff.

Wybitul, Tim: Interne Ermittlungen auf Aufforderung von US-Behörden – ein Erfahrungsbericht. Was deutsche Unternehmen bei Untersuchungen von US-Ermittlern beachten sollten. BB 2009, 606 ff.

Wybitul, Tim / Böhm, Wolf-Tassilo: Beteiligung des Betriebsrats bei Ermittlungen durch Unternehmen. RdA 2011, 362 ff.

Zimmer, Mark / Heymann, Robert C. J.: Beteiligungsrechte des Betriebsrats bei unternehmensinternen Ermittlungen. BB 2010, 1853 ff.

Alle angegebenen Internetquellen wurden zuletzt am 20.2.2014 abgerufen.